KB039545

사례중심
기업회생

- 기업가치의 평가와 배분 -

윤덕주

박영사

서 문

'도산절차는 임상'이다. 어떤 회사와 사람을 만나더라도 내용과 쟁점은 모두 다르다. 각자가 처한 상황에 따라 파산절차와 회생절차 등 진입할 절차가 다르고, 절차를 선택한 이후에도 단선적으로 흘러가는 경우는 거의 없다. 임상법으로서의 도산법은 실무 현장을 떠나 독자적으로 존속할 수 없다. 한편, 파산절차와 달리 회생절차는 회계적인 색채가 강하고, 조사위원 등 회계인력의 판단이 중요한 역할을 한다. 그러나 회생절차는 회계 그 자체는 아니다. 계량화 및 수치화하기 어려운 다양한 변수들이 존재하고, 이 또한 임상법으로서의 회생절차의 특색이다. 본서는 도산절차 중 회생절차를 다루면서 접하게 되는 쟁점들에 관한 판단기준을 제공하고, 회생절차의 전체 흐름을 관통하는 청사진을 제공함을 목적으로 한다. 현상을 평가함에 있어서는 일관된 기준이 있어야 하고, 기준과 현상의 간극을 발견함으로써 채무자별 고유한 처방을 발견할 수 있다고 믿기 때문이다. 기준이라고 하여 사변적인 논의에 그치지 아니하고, 해당 기준을 충분히 적용할 수 있도록 관련 서식을 충분히 수록하여 실무자들이 활용할 수 있도록 배려하였다.

본서의 주된 내용은 다음과 같다.

회생절차는 기업가치를 채권자에게 배분하는 절차이다. 기업가치를 채권자에게 배분하고자 한다면, 기업가치의 평가가 먼저 문제될 것이다. 기업가치의 평가와 관련하여 실무에서 채용되고 있는 현금흐름할인법을 전제로 하되, 그 기초가 되는 회계 및 재무이론들이 실제로 어떻게 적용되고 있는지에 관하여 실제의 조사보고서 및 저자가 수행하였던 X기술(주) 사건을 토대로 상세한 설명을 시도하였다. 이에 더 나아가, 여러 곳에서 현행 실무의 문제점 내지 개선점에 관한 저자의 견해를 개진하였다.

기업가치는 채권의 순위에 따라 현금 내지 주식의 형태로 배분될 것인바, 구체적인 배분의 과정과 결과를 전달하기 위하여 기업가치 평가에서 다루었던 X기술(주)의 회생계획을 토대로 기업가치가 배분되는 청사진을 제시하고자 하였다. 그 과정에서 기업가치 배분과 관련한 주요 쟁점들인 청산가치 보장의 원칙, 공정·형평의 원칙, 상대적지분비율법, 채무면제익에 대한 법인세, 중소기업지분보유조항(Equity Retention Plan) 등 주요 쟁점들을 정리하되, 저자의 견해를 밝혔다. 기업가치 배분의 연장선상에서 회생계획의 주요 기재례를 제시하였다. 위 기재례는 특정 기업을 전제로 한 것은 아니며, 가급적 전형적인 사건의 기재례를 빠짐없이 반영하도록 노력하였다.

실무 적용을 위하여 저자가 대리하면서, 실제로 작성한 살아있는 서면들을 다수 제시하였다. ① 본서의 주인공인 X기술(주)와 박원장 사건의 개시신청서, 인가 전 폐지 후 재신청사건의 개시신청서, 인가 전 폐지 사건의 항고장 등을 제시하였다. 특히, 재신청이나 항고와 관련한 서면들은 기존의 서식자료들에서는 찾아보기 어려운 자료들이다.

② 채권자목록 및 시부인표 작성 사례를 제시하였는바, 담보관계가 복잡한 최고 수준 난도의 목록과 시부인표 작성사례를 제시하였다. 모두 동일한 기업을 대상으로 한 것이므로, 목록의 기재가 채권신고 및 조사 이후로 어떻게 달라지는지 확인함으로써 채권확정절차를 이해하는 데 충분한 가이드가 될 것으로 확신한다. 이론적으로는 목록제도와 절차보장의 관계에 관한 기존 판례이론과 대표적인 학설들을 비판적으로 검토하고, 저자의 견해를 제시하였다. 입법론으로 현행 목록 제도를 폐지하고, 일본 민사재생법 101조의 자인제도를 도입할 것을 제안하였다.

③ 본서의 부제는 '기업가치의 평가와 배분'이다. 최초 의도한 부제는 '기업가치의 평가·배분 및 확보'였으나, 여러 사정으로 부제를 변경하였다. 그만큼 기업가치의 확보라는 주제에 관하여 상당한 노력을 투입하였다. 먼저 부인권과 관련하여 저자가 파산관재인 내지 회생절차의 대리인으로 수행한 다수의 사건의 서면들을 공개하였다. 이론적으로는 집행행위 부인을 명백히 하고자 하였고, 채권자 또는 제3자 행위의 부인에 관한 판례이론과 저자의 비판적 견해

를 소개하였다. 도산해지조항의 경우 기존 통설인 무효설을 비판하고, 유효설의 입장에서 무효설이 주장하는 바는 입법으로 해결하여야 함을 명백히 하였다. 도산해지조항과 금융리스계약의 성질에 관한 논의를 결부하여 금융리스 계약은 미이행쌍무계약으로 규율할 것을 주장하였다.

이상에서 적시한 사항 이외에도 본서의 곳곳에 저자의 견해를 제시하였다. 다만, 초판인 관계로 내용상의 완결성, 체계일관성에 주력하다보니 내용적으로 다소 부족한 부분이 있음은 자인하는 바이며, 이는 지속적으로 보완하고자 한다.

끝으로, 본서에서 인용한 여러 저서 및 논문들의 저자 분들, 출판을 허락하여 주신 박영사 안종만 회장님과 편집부의 이승현 과장님, 사랑하는 두 딸 희원, 희선, 아내 김민아에게 감사의 마음을 전한다.

2019. 6. 15.

윤 덕 주

차 례

제 1 장 회생절차의 개요

제2장 기업가치평가의 이론적 기초

제3장 사례 기업의 계속기업가치

제4장 회생절차의 개시와 기관 구성

제5장 회생절차의 채권자

제6장 채권확정 절차

제7장 채무자 재산의 확보

제8장 기업가치의 배분

제9장 회생계획의 주요 기재례

제10장 회생계획의 수행과 종결

제1장 회생절차의 개요

제 1 절 도산절차의 개요

도산절차는 채무자의 자산을 환가 및 처분하여 채권자들 상호간에 권리의 우선순위에 따라 공정하고 형평에 맞게 배당하는 청산형 도산절차인 파산과 채무자의 사업계속을 전제로 장래 발생할 현금흐름을 채권자에게 교부하는 재건형 도산절차인 회생으로 분류할 수 있다.

이 중 회생절차는 재정적 어려움으로 인하여 사업의 계속에 현저한 지장을 초래하지 아니하고는 변제기에 있는 채무를 변제할 수 없는 경우 또는 지급불능이나 부채초과 등 파산의 원인인 사실이 생길 염려가 있는 채무자에 대하여 채권자, 주주 등의 이해관계인의 법률관계를 조정하여 채무자 또는 그 사업의 효율적인 회생을 도모하기 위한 절차라고 정의할 수 있다. 회생절차는 법원의 관리·감독 아래 법적 절차에 따라 진행된다는 점에서 금융기관 등 다수의 채권자들 주도로 사적인 협상을 통하여 구조 조정이 진행되는 '워크아웃(Work-Out)'과 구별된다.

회생절차를 경제적인 관점에서 파악하면 사업을 계속하면서 채무자가 회생계획기간(통상 10년)동안 창출할 현금흐름의 현가 및 회생계획 기간 이후에 가득할 수 있는 현금흐름의 현가를 합산하여 산정한 계속기업가치(Going Concern Value)를 산정하여, 이 금액이 파산적 청산에 의해 환가할 수 있는 자산의 교환가치인 청산가치(Liquidation Value) 상당액을 초과할 경우 기업을 해체·청산하기보다는 존속시키는 것이 채무자 및 채권자 일반의 이익에 부합한다는 사고에 바탕을 두고 있다.

「채무자 회생 및 파산에 관한 법률」(이하 '법' 또는 '채무자회생법')[1]은 청산형의 절차로서 3편에 파산절차를, 재건형으로서 2편의 회생절차, 4편의 개인회생절차를 각 규정하고 있다. 2편의 회생절차는 채무자가 법인인 경우 '법인회생', 채무자가 개인인 경우 '일반회생'으로 통칭한다. 법인회생의 사건번호는 '회합'

1) 그 외 '채무자 회생 및 파산에 관한 법률 시행령'(약칭: 채무자회생법 시행령)[시행 2016. 11. 30.] [대통령령 제27590호, 2016. 11. 22., 일부개정]은 '시행령'으로, '채무자 회생 및 파산에 관한 규칙'[시행 2019. 1. 1.] [대법원규칙 제2820호, 2018. 12. 31., 일부개정]은 '규칙'으로 약칭한다.

으로 부여하고, 합의부가 관할한다. 일반회생의 사건번호는 '회단'으로 부여하고, 단독판사가 관할한다. 양자의 기본적인 절차는 동일하며, 채무자가 개인인 경우는 주주·지분권자가 있을 수 없고, 채권의 권리변경에 있어 출자전환이라는 문제가 발생할 여지가 없다는 기본적 차이가 있다. 그 외 채무자가 개인인 관계로 현금흐름의 차감요인으로서 생계비의 산정이 중요하다. 최근 간이회생절차가 신설되었는바, 법인의 경우 '간회합', 개인의 경우 '간회단'으로 사건번호를 부여한다.

3편의 파산절차는 개인과 법인을 하나의 편으로 편성하여 대체로 공통의 절차로 진행하며, 개인채무자의 면책 및 복권에 대하여 8장에서 따로 규정하고 있다. 개인파산은 20××하단0000호, 면책사건은 20××하면00호와 같은 방식으로 사건번호를 부여하고, 동일한 단독판사가 담당한다. 법인파산은 20××하합0000호와 같은 방식으로 사건번호를 부여하고 합의부가 관할한다.

4편의 절차는 통상 개인회생으로 지칭하며, 사건번호는 '개회'로 부여하고, 단독판사가 관할한다. 4편의 회생절차는 담보된 채권 10억원 이하, 기타 채권 5억원 이하의 제한이 있는 관계로 이러한 제한을 초과하는 채무자는 2편의 회생절차를 이용할 수밖에 없음은 주의를 요한다. 파산 및 다른 회생절차와 달리 채권조사절차가 없음이 특색이다. 채권조사절차가 없는 관계로 부채증명 등 제반 계산자료를 정확히 첨부하여야 한다. 개인회생사건의 기본적인 변제기간은 60개월이었으나, 최근의 개정으로 청산가치보장의 원칙을 준수한다는 전제 하에 36개월로 단축되었다(법 611조 5항, 614조 1항 4호).

제 2 절 회생절차의 기본원리

회생절차를 포함한 도산절차는 권리 확정절차와 권리의 우선순위 및 금액에 따른 배분절차로 대별할 수 있다. 회생절차에서는 목록제도와 채권조사절차를 통해 채권을 확정하고, 이후 이와 같이 확정된 채권들에 대하여 채무자의 향후 자금수지를 토대로 권리변경절차를 거치게 된다.

Ⅰ. 채권자 평등

회생절차를 포함한 도산절차를 지배하는 정신은 채권자평등이다. 채권자 평등을 구현하기 위해서는 ① 민사적 권리를 존중하는 토대 위에 ② 미확정인 권리관계의 확정, ③ 기존 법률관계의 도산절차로의 흡수가 필요하다. 채무자의 관점에서는 재산의 산일을 방지하고, 채권자 평등에 반하여 이탈한 재산은 다시 반환받아야 한다.

민사적으로 이미 확정된 권리관계는 원칙적으로 그 효력을 존중하여야 할 것이다. 가령, 관리인이 미이행쌍무계약인 분양계약을 해지(해제)하였다고 하더라도, 상대방의 계약금 몰취에 관한 권리는 여전히 유효하고, 회생절차개시신청을 타절정산사유로 정한 건설도급계약의 규정도 여전히 유효하다.[2)]

도산절차 내에서 채권자 평등의 원칙을 구현하자면 특정 시점을 기준으로 권리관계를 확정할 필요가 있다. 회생절차의 경우에는 개시결정일이 이러한 역할을 하며, 개시결정일 전일까지 발생한 사유에 기한 청구권 및 그 지연손해금을 절차 참여자들의 권리로 일응 확정한다. 채권자의 상계권 행사도 채권신고기간 내에서만 가능하고, 그 기간을 도과할 경우 상계권을 행사할 수 없다.

회생절차개시 당시 민사소송이 계속 중인 경우라면, 이러한 소송관계는 관리인에 의한 수계, 채권조사확정재판으로 청구취지 변경 등의 조치를 통해 회생절차 내로 흡수하여 채권자평등 원칙에 입각하여 처리하게 된다.

회생절차는 채무자의 영업을 통한 변제를 전제로 하는 것이므로, 채무자의 재산이 산일되지 않도록 변제·차재·처분을 각 금지함으로써 재산을 동결하고, 이탈된 재산을 회수하여 영업수익력을 보존하여야 한다. 전자는 보전처분 및 개시결정을 통해 그 효력이 확보되며, 후자는 부인권, 이사 등에 대한 손해배상청구권 조사·확정 제도를 통해 실현된다.

---

2) 이른바 '도산해지조항'의 효력에 관하여는 후술하는 바와 같이 견해의 대립이 있다.

Ⅱ. 기업가치의 배분: 회생계획을 통한 권리변경과 지배구조변경

확정된 채권에 대하여 회생계획 기간의 영업이익만으로는 완제가 불가능하다면, 분할변제나 변제기의 유예만으로는 부족하고, 그 이상의 채권자에 대한 권리변경이 필요하다. 권리변경의 일반적인 태양은 채무 감축 또는 면제, 감축된 채무의 분할변제, 회생계획 기간 이후의 기업가치를 채권자에게 교부하는 출자전환이 전형적이다.

계속기업가치는 ① 10년간(사채발행의 경우 15년간)의 영업현금흐름의 현가, ② 10년 이후 기간의 영구현금흐름의 현가, ③ 비영업자산의 처분가치로 각 구성된다. 회생계획 기간 동안의 현금흐름과 비영업자산의 처분대금은 공익채권자, 조세 등 채권자에 대한 3년 이상 기간 동안의 분할변제자금, 회생담보권의 변제자금으로 우선 사용되고, 잔액을 회생채권의 변제재원으로 사용한다. 이상의 방법으로 변제되지 못한 부분은 영구기업가치로부터 배분받을 수밖에 없다. 채권자가 영구기업가치를 배분받는다는 의미는, 채무자에 대한 영구적인 채권자의 지위를 보유하도록 한다는 것과 동일한 의미이다. 채무자에 대한 영구적인 채권자와 채무자의 주주는 동의어이고, 이는 채권 잔액을 자본으로 전환한다는 의미를 담고 있다. 이처럼 채권을 자본으로 전환하는 거래형태를 출자전환이라고 표현한다.[3] 경우에 따라서는 차입금을 통해 채권잔액을 변제할 수도 있으나, 이는 기업가치 배분이라고 보기는 어렵다.

회생계획에는 주주의 권리변경에 대한 내용이 반드시 포함되어야 하고(법 193조 1항 1호), 주주는 채권자보다 불리한 내용으로 권리가 변경되어야 한다(법 217조). 출자전환과 기존 주주의 권리감축은 채무자의 기존 지배구조를 변경시키게 된다. 채무자의 이사나 지배인의 중대한 책임이 있는 행위로 인하여 회생절차개시의 원인이 발생한 때에는 회생계획에 그 행위에 상당한 영향력을 행사한 주주 및 그 친족 등 특수관계에 있는 주주가 가진 주식의 2/3 이상을 소

3) 채무면제나 출자전환의 경우 채무면제익이 발생하고, 이는 법인세법상의 익금에 해당한다. 이월결손금이 없는 경우 또는 소진되는 시점에 법인세가 부과될 가능성을 고려하여, 현금흐름을 추정하여야 한다.

각하거나 3주 이상을 1주로 병합하는 방법으로 자본을 감소할 것을 정하여야 한다(법 205조 4항).

회생계획의 채권자·주주의 권리변경에 관하여는 ① 공정·형평의 원칙,[4] ② 평등의 원칙,[5] ③ 청산가치보장의 원칙[6]을 준수하여야 한다.

회생계획은 수행가능하여야 한다(법 231조 3호, 243조 1항 2호). 채무자는 회생계획에서 영업활동, 비영업용자산 매각, 신규차입 등을 통하여 자금을 조달하여 회생채권 등을 변제하고 회생계획기간이 종료될 때까지 정상적인 기업으로 존속할 수 있어야 한다. 따라서 무리하게 변제율을 올리거나, 추상적인 투자유치 계획을 토대로 자금수지를 계획해서는 안 될 것이다.

제 3 절 회생절차의 전형적 프로세스

Ⅰ. 회생절차의 신청권자 및 관할

회생절차개시신청은 채무자의 계속기업가치가 청산가치를 상회하므로 파산적 청산보다는 사업을 계속하면서 일련의 변제계획을 수행하는 것이 채무자는 물론 채권자 전체의 이익에 부합한다는 점을 소명하는 절차라고 할 수 있다.

채무자는 ① 사업의 계속에 현저한 지장을 초래하지 아니하고는 변제기에 있는 채무를 변제할 수 없는 경우 또는 ② 채무자에게 파산의 원인인 사실이 생길 염려가 있는 경우에는 회생절차개시의 신청을 할 수 있다. 위 ②의 사실이 있는 경우에는 채무자 이외에도 일정액 이상의 채권을 가지는 채권자 또는

4) 회생담보권, 회생채권, 주주의 순위를 고려하여 회생계획의 조건에 공정하고 차등에 맞는 차등을 두어야 한다는 것이다(법 217조, 243조 1항 2호). 이에 따라 변제의 순위는 회생담보권자, 회생채권자의 순서를 지켜야 하고, 기존 주주는 이들보다 불리하게 변경되어야 한다.

5) 회생계획의 조건은 회생담보채권자, 회생 채권자, 주주·지분권자 등 같은 성질의 권리를 가진 자 간에는 평등하여야 한다(법 218조).

6) 회생계획에 의한 변제방법이 채무자가 청산할 때 개별 채권자에게 변제하는 것보다 불리하지 않아야 한다(법 243조 1항 4호). 동 원칙은 회생절차를 진행하기 위한 당연한 전제이며, 결의에 반대한 채권자에게도 인가된 회생계획의 구속력이 미치는 이론적 근거가 된다.

일정한 비율 이상의 주식 또는 출자지분을 가지는 주주·지분권자도 신청할 수 있다(법 34조 2항).

회생사건의 관할은 ① 채무자의 보통재판적이 있는 곳, ② 채무자의 주된 사무소나 영업소가 있는 곳 또는 채무자가 계속하여 근무하는 사무소나 영업소가 있는 곳, ③ ①과 ②에 해당하는 곳이 없는 경우에는 채무자의 재산이 있는 곳(채권의 경우에는 재판상의 청구를 할 수 있는 곳) 중 어느 한 곳을 관할하는 회생법원의 관할에 전속한다(법 3조 1항). 위 전속관할 규정에도 불구하고, 채무자의 주된 사무소 또는 영업소의 소재지를 관할하는 고등법원 소재지의 회생법원도 관할권을 갖는다(법 3조 2항).

Ⅱ. 보전처분, 중지명령 및 포괄적 금지명령

계속기업가치와 청산가치를 정확히 산정하고, 채무자의 영업수익력을 보존하자면 채무자의 기존 재산을 채권자들의 일방적인 강제집행으로부터 보호해 둘 필요가 있다. 보전처분 등은 회생절차개시신청 시점부터 개시결정이 있을 때까지 채무자의 재산이 산일되지 않도록 하는 제도라고 할 수 있다.

1. 보전처분

채무자의 업무와 재산에 관하여 가압류, 가처분, 기타 필요한 보전처분, 보전관리인에 의한 관리 등 필요한 임시조치를 의미하며, 신청일로부터 7일 이내에 시행 여부를 결정한다. 보전처분의 주된 내용은 회생절차개시결정이 있기 전까지 채무자의 재산처분을 제한하고, 채무변제 및 차재를 금지함으로써 자산을 동결하는 것이다. 변제행위 및 재산처분행위 외에 어음할인, 융통어음발행, 신규대출 등 신규 채무부담행위, (노무직을 제외한) 임직원 채용행위 등도 금지되고(법 43조), 예외적으로 법원의 허가를 받아야만 위와 같은 행위를 할 수 있다.

2. 중지명령과 포괄적 금지명령

보전처분은 강제집행이나 담보권의 실행을 저지할 수 없으므로 이를 보완하기 위해 진행 중인 채권자의 행위를 중지시키거나 새로운 집행을 중지할 필요가 있다.

가. 중지명령

법원은 필요하다고 인정하는 경우 이해관계인의 신청에 의하거나 직권으로 회생절차개시의 신청에 대한 결정이 있을 때까지 강제집행, 가압류, 가처분, 담보권실행을 위한 경매절차, 체납처분 절차의 중지를 명할 수 있다(법 44조).

나. 포괄적 금지명령

중지명령으로는 회생절차의 목적을 충분히 달성하지 못할 우려가 있다고 인정할 만한 특별한 사정이 있는 때에 법원은 모든 채권자에 대해서 강제집행을 금지하는 명령을 발할 수 있다.

3. 실무 운영

종래의 실무는 포괄적 금지명령에 대해 다소 소극적이었으나, 현재의 실무는 보전처분신청이 이유 있다고 인정할 경우 보전처분에 이어 즉석에서 포괄적 금지명령에 대한 결정을 하고 있다. 신청채무자들도 개시신청을 하면서, 보전처분과 포괄적 금지명령 신청을 함께 하고 있다.

보전처분 결정이 있은 후, 주무관리위원이 채무자 등에게 향후에 진행될 절차의 개요, 각종 허가사항 등 절차 전반을 설명하는 자리를 갖는 것이 일반적이다.

Ⅲ. 회생절차개시결정

채무자가 회생절차개시를 신청한 때에는 법원은 회생절차개시의 신청일로부터 1월 이내에 회생절차개시 여부를 결정한다(법 49조 1항). 법원은 개시결정의 주문, 관리인의 성명 등을 공고하여야 하며, 알고 있는 회생채권자 등에게 위 사항 등을 기재한 서면을 송달하여야 한다(법 51조).

회생절차가 개시되면 채무자의 업무 수행과 재산의 관리 및 처분권한은 관리인에게 전속하며, 부실경영 등 예외적인 상황이 아닌 한 법인인 채무자의 대표자가 관리인으로 선임되며, 중소기업의 경우에는 관리인을 선임하지 않을 수 있다(이른바 '관리인불선임결정').

회생절차개시결정이 있은 후에는 회생절차개시결정의 효력에 의하여 채권자의 권리행사가 당연히 중지·금지된다(법 58조). 채무자의 업무수행권과 재산의 관리·처분권이 관리인에게 전속하고, 관리인은 원칙적으로 회생계획에 의하여만 채무를 변제할 수 있다.

예외적으로 관리인이 채무를 조기변제하려면 소액채권이거나 회생을 위한 불가피한 사정이 있는 등 일정한 요건을 갖추어야 하고 법원의 허가를 받아야 한다(법 132조). 법원은 관리인이 재산처분, 재산양수, 자금차입 등의 차재, 소송제기, 화해·중재, 권리포기, 공익채권 승인 등 채무자의 재산을 처분하거나 신규채무를 부담하는 행위를 하기 전에 미리 법원의 허가를 받도록 할 수 있다(법 61조). 관리인이 채무자의 재산상태에 근본적인 영향을 끼치는 영업의 전부 또는 중요부분을 양도하려면 원칙적으로 회생계획에 의하여야 한다(법 200조). 회생계획 인가 전이라도 관리인이 채무자의 회생을 위하여 필요한 경우 채무자의 영업 또는 사업의 전부 또는 중요한 일부를 양도할 수 있고, 법원의 허가 외 관리위원회, 채권자협의회, 노동조합 등의 의견을 들어야 한다(법 62조).

개시결정과 동시에 조사위원을 선임하여 조사보고서의 제출을 명한다. 통상 조사위원은 2회에 걸쳐 조사보고서를 제출하는바, 1회 보고서의 주된 사항은 계속기업가치가 청산가치를 초과하는지 여부가 주된 내용이다.[7] 회생계획안의 제출 전 또는 그 후에 채무자의 사업을 청산할 때의 가치가 채무자의 사업을 계속할 때의 가치보다 크다는 것이 명백하게 밝혀진 때에는 법원은 청산 등을 내용으로 하는 회생계획안의 작성을 허가하는 경우가 아닌 한, 회생계획 인가결정 전까지 관리인의 신청에 의하거나 직권으로 회생절차폐지의 결정을

7) 2회 보고서의 주된 내용은 채무자가 제출한 회생계획의 수행가능성에 관한 것이다.

할 수 있다(법 286조 2항).

최근에는 구조조정담당임원(Chief Restructuring Officer: CRO)을 선임하여 채무자의 회생 관련 업무부담을 감경하는 동시에 자금수지에 대한 감독을 강화하는 추세이다.

Ⅳ. 채권자목록 제출

관리인은 회생채권자목록, 회생담보권자목록, 주주·지분권자목록을 작성하여 법원이 정한 목록제출기간 안에 제출하여야 한다(법 147조 1항). 목록에 기재한 채권에 대하여 추후 채권신고가 없을 경우 목록의 기재대로 효력이 있다(법 151조, 166조 2호).

종래 의문이 있는 채권은 목록기재에 신중을 기해야 한다는 것이 실무의 입장이었으나, 최근의 실무는 청구의 근거가 없음이 명백한 경우가 아닌 한 목록에 기재할 의무가 있다고 본다. 결국 다툼이 있는 채권이라도 일단 목록에는 기재하고, 채권조사절차에서 부인하여야 할 것이다.

Ⅴ. 채권신고 및 조사

법원은 목록제출기간의 말일부터 1주일 이상 1월 이하의 기간(이하 '신고기간')을 정하여 채권신고기간을 정하고(법 50조 1항 2호), 회생절차에 참가하기를 원하는 회생채권자, 회생담보권자, 주주·지분권자는 신고기간 안에 그 권리를 신고하여야 한다. 목록에 기재된 회생채권, 회생담보권, 주식·출자지분은 신고된 것으로 본다(법 151조, 166조 2호).

관리인, 채무자, 목록에 기재되거나 신고된 채권자와 주주·지분권자는 목록에 기재되었거나 신고된 회생채권이나 회생담보권에 대해 이의를 제출할 수 있다(법 161조). 이의의 대상이 된 권리의 보유자는 이의자 전원을 상대방으로 하여 1월 이내에 채권조사확정재판을 제기할 수 있다(법 170조).

Ⅵ. 조사위원 보고 및 관리인 보고

채권조사기간 종료 직후 조사위원은 계속기업가치가 청산가치를 초과하는지 여부에 관한 의견을 담은 조사보고서를 제출한다. 계속기업가치가 청산가치를 초과한다는 내용의 조사보고서가 제출될 경우 관리인은 위 조사보고서를 토대로 관리인보고서를 제출한다. 관리인보고서는 법원별로 차이는 있으나, 조사보고서의 작성주체를 관리인으로 변경하여 제출하는 경우가 많다. 별도의 형식을 취하는 경우라면 사전에 주무관리위원을 통하여 유사 양식을 교부받아 작성하여야 할 것이다.

청산가치가 계속기업가치를 초과한다는 내용의 조사보고서가 제출된 경우라면 별도로 관리인보고서를 제출하지는 않는다. 이 경우 관리인은 조사보고서의 내용을 검토한 후, 오류가 있다고 판단되는 부분, 자금수지 계산에 있어 누락된 고려사항 등을 기재한 의견서를 제출하고, 조사보고서의 보완을 요청할 필요가 있다. 아무런 조치를 취하지 않을 경우 법원은 특단의 사정이 없는 한, 폐지결정을 하게 된다.

Ⅶ. 보고집회·주요사항 요지통보

관리인은 법원이 정한 기한까지 ① 채무자가 회생절차의 개시에 이르게 된 사정, ② 채무자의 업무 및 재산에 관한 사항, ③ 채무자의 이사 등에 대한 보전처분(법 114조) 또는 손해배상청구권 조사확정재판(법 115조 1항)을 필요로 하는 사정의 유무에 관하여 법원과 관리위원회에 보고하여야 한다(법 92조 1항). 법원은 필요하다고 인정하는 경우 관리인으로 하여금 법 92조 1항 각 호에 규정된 사항에 관하여 보고하게 하기 위한 관계인집회를 소집할 수 있고, 관리인은 위 사항의 요지를 관계인집회에 보고하여야 한다(법 98조 1항).

관계인집회를 소집하게 할 필요성이 인정되지 아니하는 경우에 관리인은 법원의 명에 따라 회생계획 심리를 위한 관계인집회의 개최 또는 법 240조 1항에 따른 서면결의에 부치는 결정 전에 법원이 인정하는 방법으로 위 각 사항의 요지를 법 182조 1항 각 호의 자[8]에게 통지하거나, 법 98조의2 2항에 따른 관계인설명회 개최 후 그 결과를 법원에 보고하여야 한다(법 98조 2항).

Ⅷ. 회생계획안 제출 및 결의

1. 회생계획안 제출

관리인은 조사위원의 조사보고와 목록 및 채권신고를 토대로 조사기간의 만료일로부터 4월 이내(채무자가 개인인 경우 2월 이내)로서 법원이 정한 기간 내에 회생계획안을 제출한다(법 220조, 50조 1항 4호). 회생계획안의 제출자는 회생계획안의 심리를 위한 관계인집회의 기일 또는 법 240조의 규정에 의한 서면결의에 부치는 결정이 있는 날까지는 법원의 허가를 받아 회생계획안을 수정할 수 있다(법 228조). 법원도 이해관계인의 신청에 의하거나 직권으로 회생계획안의 제출자에 대하여 회생계획안을 수정할 것을 명할 수 있다(법 229조 1항).

2. 추완신고 채권에 대한 특별조사기일, 제2·3회 관계인집회

채권신고기간 이후 신고된 채권에 대한 특별조사기일과 회생계획안에 대한 심리를 위한 2회 관계인집회, 회생계획안의 결의를 위한 3회 관계인집회는 통상 병합되어 같은 일시 및 장소에서 개최된다.

가. 특별조사기일

특별조사기일은 관리인이 추완신고된 채권에 대한 시·부인결과를 진술하는 방식에 의한다. 실무상 집회 전에 미리 '추후 보완신고된 회생채권 등의 시·부인명세표'를 작성하여 제출하고, 당일 출석한 채권자들에게 배부한다.

---

8) 관리인, 조사위원·간이조사위원, 채무자, 목록에 기재되어 있거나 신고한 회생채권자·회생담보권자·주주·지분권자, 회생을 위하여 채무를 부담하거나 담보를 제공한 자가 있는 때에는 그 자를 말한다. 한편 의결권을 행사할 수 없는 회생채권자·회생담보권자·주주·지분권자에게는 관계인집회의 기일을 통지하지 아니할 수 있다(법 182조 2항).

나. 제2회 관계인집회

제2회 관계인집회는 회생계획안의 제출자로 하여금 회생계획안의 내용을 설명하도록 하고, 이에 대한 이해관계인들의 의견을 듣는 절차이다(법 225조). 실무적으로는 관리인이 회생계획안의 요지, 관리인보고서를 인쇄하여 배부하는 것이 일반적이다. 채권자 중 회생계획안의 권리변경이나, 변제방법·시기·금액 등에 관하여 이의를 제기하는 경우가 있을 수 있다. 위 이의에 법원이나 회생계획안 제출자가 구속되는 것은 아니지만, 위와 같은 채권자들이 결의에 반대할 것으로 예상되고, 의결권의 비중이 상당하여 가결을 낙관할 수 없다면 제2회 관계인집회를 속행할 필요가 있다.

다. 제3회 관계인집회

2회 관계인집회 종료 후 3회 관계인집회에서 결의가 이루어진다. 회생담보권자조는 채권액 기준 4분의 3 이상, 회생채권자조는 채권액 기준 3분의 2 이상, 주주·지분권자조는 관계인집회에서 의결권을 행사하는 주주·지분권자의 의결권의 총수의 2분의 1 이상이 각 찬성하면 회생계획안은 가결된다. 간이회생절차의 경우 회생채권자조의 경우 ① 의결권을 행사할 수 있는 회생채권자의 의결권의 총액의 3분의 2 이상에 해당하는 의결권을 가진 자의 동의 또는 ② 의결권을 행사할 수 있는 회생채권자의 의결권의 총액의 2분의 1을 초과하는 의결권을 가진 자의 동의 및 의결권자의 과반수의 동의로 족하다(법 293조의8). 채무가 자산을 초과할 경우 주주·지분권자조는 의결권이 없다.

Ⅸ. 회생계획의 인가

가결이 곧 인가는 아니며, 회생계획의 인가를 위한 법정요건을 갖추어야 하는바, 법 243조 1항은 ① 회생계획이 법률의 규정에 적합할 것, ② 공정하고 형평에 맞아야 하며 수행 가능할 것, ③ 회생계획에 대한 결의를 성실·공정한 방법으로 하였을 것, ④ 회생계획에 의한 변제방법이 채무자의 사업을 청산할 때 각 채권자에게 변제하는 것보다 불리하지 아니하게 변제하는 내용일 것 등을 인가의 요건으로 규정하고 있다. ④는 이른바 '청산가치보장의 원칙'으로서, 채권자가 동의할 경우 이 원칙은 적용되지 않는다. 이상의 요건을 인가의 적극적 요건이라 한다.

회생절차개시에 중대한 책임이 있거나 해악을 끼친 채무자의 경영자나 그 특수관계인 등이 회생절차를 남용하여 정당한 채권자 등의 회생을 바탕으로 채무를 감면받은 후 다시 정상화된 기업을 인수하여 경영권을 회복하는 것을 방지하기 위한 취지의 특칙이 있고, 인가의 소극적 요건으로 기능한다.[9]

실무상 의결에 붙이기 전에 법원 및 관리위원(회)에 회생계획안을 제출하고, 사전심사를 거쳐 적법성 문제를 걸러내는 관계로 가결된 회생계획안이 불인가되는 경우는 발생하기 어렵다.

회생계획안 부결 시 ① 회생절차 폐지(인가 전 폐지), ② 속행기일 지정, ③ 권리보호조항을 두고 인가하는 경우(이른바 '강제인가')가 있다. 인가 전 폐지는 법 6조 2항이 규정하고 있는바, '파산선고를 받지 아니한 채무자에 대하여 1. 회생절차개시신청의 기각결정, 2. 회생계획인가 전 회생절차폐지결정, 3. 회생계획불인가결정이 확정된 경우 그 채무자에게 파산의 원인이 되는 사실이 있다고 인정하는 때에는 채무자 또는 관리인의 신청에 의하거나 직권으로 파산을 선고할 수 있다'고 규정하고 있다. 법문의 취지에 비추어 파산선고 여부는 임의적이며, 법원의 재량이라고 할 수 있다. 대표자 심문단계에서 회생계획안이 부결될 경우 파산절차로의 이행을 원하는지 묻기도 하나, 인가 전 폐지 단계에서 파산을 선고하는 경우는 드문 것으로 보인다. 서울회생법원의 실무는 위와 같은 경우에 파산선고를 하지 않는 것을 원칙으로 하고 있다고 한다.[10]

회생계획의 내용을 변경(변제율 상향 등)하여 다시 결의에 부치고자 속행을 구할 수는 있으나, 이 경우에도 법정다수의 동의를 요한다. 법 238조는 회생채권자 조 의결권의 총액의 3분의 1 이상, 회생담보권자 조 의결권의 총액의 2분의 1 이상, 주주·지분권자 조 의결권 총수의 3분의 1 이상의 동의를 속행의 요

---

9) 법 231조의2 1항, 243조의2 1항이 임의적 불인가 결정을, 법 231조의2 2항, 243조의2 2항이 필요적 불인가 결정을 각 규정하고 있다.

10) 회생사건실무(하), 서울중앙지방법원 파산부 실무연구회, 박영사, 제4판(이하 '실무연구회(하)'로 인용함), 282면.

건으로 정하고 있으므로 이를 충족할 수 없다면 회생절차는 폐지될 수밖에 없다.

법 244조(동의하지 아니하는 조가 있는 경우의 인가)는 권리보호조항을 정하는 방법으로서 ① 회생담보권자에 관하여 그 담보권의 목적인 재산을 그 권리가 존속되도록 하면서 신회사에 이전하거나 타인에게 양도하거나 채무자에게 유보하는 방법, ② 회생담보권자에 관하여는 그 권리의 목적인 재산을, 회생채권자에 관하여는 그 채권의 변제에 충당될 채무자의 재산을, 주주·지분권자에 관하여는 잔여재산의 분배에 충당될 채무자의 재산을 법원이 정하는 공정한 거래가격(담보권의 목적인 재산에 관하여는 그 권리로 인한 부담이 없는 것으로 평가한다) 이상의 가액으로 매각하고 그 매각대금에서 매각비용을 공제한 잔금으로 변제하거나 분배하거나 공탁하는 방법, ③ 법원이 정하는 그 권리의 공정한 거래가액을 권리자에게 지급하는 방법, ④ 그밖에 1호 내지 3호의 방법에 준하여 공정하고 형평에 맞게 권리자를 보호하는 방법을 각 규정하고 있다.

X. 회생계획의 수행과 종결

1. 회생계획의 수행

관리인은 인가받은 회생계획을 즉시 수행하며, 회생채권자, 회생담보권자와 주주의 권리는 회생계획의 규정에 따라 변경되며, 회생계획이나 채무자회생법의 규정에 의하여 인정된 권리를 제외하고는 채무자는 모든 회생채권자와 회생담보권자에 대해 그 책임을 면하며, 주주·지분권자의 권리와 채무자의 재산상에 있던 모든 담보권은 소멸된다(법 251조, 252조).

2. 회생절차의 종결

회생계획에 따른 변제가 시작되고, 회생계획 수행에 지장이 없다고 판단되면 법원은 관리인 및 관계인의 신청에 의해 종결결정을 할 수 있다(법 283조). 회생절차가 종결된 경우 채무자의 업무수행권 및 재산의 관리·처분권은 채무자(종결당시의 대표이사 등)에게 복귀되고, 채무자는 더 이상 법원의 감독을 받지 아니한다.

회생절차가 폐지에 의하여 종결된 경우에도 관리인의 권한은 소멸되며, 인가 후 폐지의 경우 필요적 파산선고[11])를 하도록 되어 있으므로 관리·처분권은 파산관재인에게 이전하게 된다.

제4절 간이회생절차의 특칙

Ⅰ. 회생절차에 관한 규정의 적용

부동산임대소득·사업소득·농업소득·임업소득, 그 밖에 이와 유사한 수입을 장래에 계속적으로 또는 반복하여 얻을 가능성이 있는 채무자로서, 회생절차개시의 신청 당시 회생채권 및 회생담보권의 총액이 50억원 이하의 범위에서 대통령령으로 정하는 금액 이하인 채무를 부담하는 자에 대하여는 간이회생절차가 적용된다(법 293조의2). 현 시행령에 의하면 위 금액은 30억원이다(시행령 15조의3).

개인인 소액영업소득자가 신청일 전 5년 이내에 개인회생절차 또는 파산절차에 의한 면책을 받은 사실이 있는 경우에는 신청권이 배제된다(법 293조의4 1항).

간이회생절차는 기본적으로 회생절차이므로, 간이회생절차에서도 회생절차와 마찬가지로 관리인이 재산 및 업무에 관한 관리·처분권을 행사하고, 채권자목록의 제출, 채권신고, 채권조사 및 확정, 채무자의 업무와 재산에 관한 조사가 행해진다.

회생계획안 제출, 심리, 결의 및 인가절차를 거치고, 인가 후 회생계획의 수행 상황에 따라 절차를 폐지하거나 종결하는 점 등 절차 대부분의 점에서 회

11) 법 6조 1항은 "파산선고를 받지 아니한 채무자에 대하여 회생계획인가가 있은 후 회생절차폐지의 결정이 확정된 경우 법원은 그 채무자에게 파산의 원인이 되는 사실이 있다고 인정하는 때에는 직권으로 파산을 선고하여야 한다"고 규정하고 있다.

생절차와 동일하다.

Ⅱ. 간이회생절차를 위한 특칙

간이회생절차는 소액영업소득자를 대상으로 하는 절차로서 신청자격에 제한이 있다. 소액영업소득자는 개시신청 당시 회생채권과 회생담보권 총액이 일정 금액 이하인 영업소득자로서 법인과 개인을 포함한다.

절차적 측면에서 간이회생절차가 회생절차와 구별되는 가장 큰 특징은 간이조사위원 및 회생계획안 가결 요건 완화를 규정한 점이다. 간이조사위원은 간이한 방법으로 조사를 수행할 수 있고, 이 경우 관리인도 법 91조 내지 93조에 따른 관리인의 업무를 간이한 방법으로 행하면 된다. 관리인 보고를 위한 관계인집회의 대체절차로는 법 98조 2항 1호의 주요 사항 요지의 통지를 원칙으로 한다(준칙 201호 5조 3항).

회생계획안 가결 요건과 관련하여 현행 채무자회생법의 가결 요건을 모두 유지하면서, 회생채권자 조의 경우 회생채권자 의결권 총액의 2분의 1 및 의결권자 과반수가 동의하는 경우에도 회생채권자의 조에서 가결된 것으로 보도록 함으로써, 결과적으로 회생계획안의 가결 요건을 완화하였다.

사 견) 위 소액영업자의 범위와 관련하여 급여소득자를 포함시키는 것이 제도의 정신에는 부합할 것이나, 법문상 급여소득자를 소액영업소득자라고 할 수는 없으므로, 급여소득자의 회생절차는 간이회생이 아니라, 일반의 회생절차에 의한다. 위와 같이 급여소득자를 누락한 것은 입법 오류이다. 실무적으로 예납금 산정, 절차의 진행에 있어 간이회생에 준하여 취급할 수 있을 것이다. 그러나 간이회생에 준하여 취급한다고 하더라도 회생채권자 동의율이 2분의 1이 아니라 3분의 2가 적용될 것이므로 근본적인 해결을 위해서는 급여소득자를 포함시키는 개정이 필요하다.

제 5 절 회생사건의 최근 동향

Ⅰ. Fast Track 회생절차

채권자들과 사전 협상이 가능한 대규모 기업에 대해서 기업구조조정 촉진법상 부실징후기업에 대한 구조조정절차(Work Out)와 회생절차를 접목하여 금융기관 등 주요 채권자들 주도로 신속하게(6개월 이내) 구조조정이나 채무조정을 마무리하여 조기에 채무자를 시장으로 복귀시키는 패스트트랙(Fast Track)회생절차가 시행되고 있다.

패스트트랙회생절차의 가장 큰 특징은, 회생계획인가 전에는 '신속한 절차 진행,' 회생계획인가 후에는 '조기 종결'이라고 할 수 있다. 채권자협의회가 기업가치평가, 회생계획안의 작성 및 검토 등 단계에서 주도적·적극적으로 회생절차에 참여할 수 있도록 지원하기 위하여 자금관리위원 파견 권한 또는 구조조정담당임원(CRO) 추천 권한을 부여함과 아울러 자문기관(회계법인, 법무법인)을 채무자의 비용으로 선임해주어 실질적인 자문을 받을 수 있도록 하고 있다.

인가 후 조기 종결을 위해서, ① 인가 후 주주총회를 통한 출자전환 주주의 의결권행사(기업지배권 변동 현실화), ② 채권자협의회의 감사 추천 등 자율적 감독시스템 구축, ③ 1회 조기 변제 후 즉시 종결 또는 종결 파이낸싱(Exit Financing)을 통한 자금조달 후 종결을 추진한다.12)

Ⅱ. 중소기업 회생 컨설팅

각 법원은 중소기업진흥공단과 협정을 체결하고 중소기업 회생컨설팅 제도를 시행하고 있다. ① 도산전문가인 컨설턴트가 사업계획 수립, 절차별 서면 작성, 집회출석 등을 통해 관리인을 보조하고, ② 관리인보고서 작성 시에도

12) 회생사건실무(상), 서울중앙지방법원 파산부 실무연구회, 박영사, 제4판(이하 '실무연구회(상)'으로 인용함), 24－26면, 보다 상세한 논의는 정준영, 기업회생절차의 신속처리 방식: 패스트트랙 기업회생절차, 사단법인 도산법연구회[편], 도산법연구, 제3권 제2호(2012. 11)를 참조하기 바란다.

관리인을 적극적으로 지원하여 관리인보고서를 조사보고서에 갈음한다는 것, ③ 컨설턴트의 보수는 중소기업청 등에서 지원하는 것이 골자이다. 채무자의 주된 관심사는 ③이며, 지원대상에 해당하는지 여부, 관련 예산이 있는지 여부 등을 사전에 확인할 필요가 있다.[13)]

회생사건 담당판사와 관리위원은 채무자가 회생컨설팅 지원 제외 대상에 해당하지 아니하고 회생컨설팅 신청이 필요하다고 판단되는 경우에는 보전처분 시 또는 채무자나 대표자 심문기일에서 회생컨설팅 신청절차 및 사업내용을 안내할 수 있다(준칙 202호 2조). 신청서에 중소기업 진로제시컨설팅 지원대상으로 선정되었음이 명시되어 있는 경우에는 조사위원 보수를 제외한 절차비용만을 예납금으로 납부하게 할 수 있다(준칙 202호 3조). 채무자에 대한 결정 당시 이미 회생컨설팅 지원대상으로 선정된 경우에는 조사위원을 선임하지 아니함을 원칙으로 한다. 채무자에 대한 결정 당시 회생컨설팅 지원대상 심사 중인 경우에는 개시결정 시 조사위원을 선임하지 아니하고, 이후 회생컨설팅 지원대상으로 선정되지 아니하였을 때 조사위원선임결정을 하는 것을 원칙으로 한다(준칙 202호 4조 1항 내지 2항). 위 규정에도 불구하고 법원은 필요한 경우 어느 때라도 조사위원을 선임할 수 있다(준칙 202호 4조 3항).

회생컨설턴트의 주요 업무는 ① 관리인 조사보고서의 작성, ② 관리인이 제출한 회생계획안이 청산가치를 보장하고 수행 가능한지에 대한 조사 및 보고이다(준칙 202호 5조).

조사위원 보수가 포함된 예납금이 납부된 후 채무자가 회생컨설팅 지원대상으로 선정되어 회생컨설턴트가 5조에서 정한 업무를 수행하고 그 업무수행이 적절하다고 법원이 판단하는 경우, 법원은 채무자의 신청이 있으면 회생절차폐지결정이나 종결결정 전이라도 조기에 예납금 중 일부를 환급할 수 있다(준칙 202호 6조).

아직까지는 간이회생 사건의 경우 지원대상이 아니다.

---

13) 중소기업진흥공단 재도전종합지원센터(http://www.rechallenge.co.kr)를 통해 세부적인 정보를 확인할 수 있다.

Ⅲ. 중소기업 맞춤형 회생 프로그램: S-Track[14)]

2017년 말부터 서울회생법원은 중소기업 맞춤형 회생프로그램을 기획한 바 있다. 상당 부분이 현재 시행 중이며, 대부분의 제도들이 시행될 것으로 예상된다.

1. 신청 전 단계

① 서울회생법원의 뉴스타트 상담센터·중소기업진흥공단의 재도전종합지원센터 등을 통한 상담 및 절차안내, ② 간이회생사건에 대하여 변호사 협회와 협업을 통해 중소기업회생지원 신청대리인단 구성 등을 내용으로 한다.

2. 절차진행 단계

① CRO의 협상 및 조정기능 강화, ② 회생계획안 제출 전 협상지원, 회생계획의 수립 및 이행 관련 장애요인 해소 등의 과제를 지원하기 위해 교섭지원조정위원 구성 지원, ③ 인가 전 M&A를 활성화하기 위해 인수대금에서 관리인에게 특별상여금 지급, 경영참여형 사모투자펀드(PEF) 및 금융투자협회의 비상장주식 장외거래 플랫폼(www.K-otcpro.or.kr)을 통한 자금조달 활성화 추진, ④ 중소벤처기업부와의 협력을 통한 '구조개선 전용자금'의 인가 전 활용 모색 등이 주된 내용이다.

3. 인가 후 단계

가. 중소기업지분보유조항(SME Equity Retention Plan)

회생채권자들에게 상환전환우선주를 발행하고, 인가 후 3년 내에 초과수익을 통하여 위 주식을 상환하거나 기존 경영자의 자금으로 매수할 수 있도록 하는 제도이다. 활성화될 경우 기존경영진의 경영권 회복 및 회생채권자들에

14) 이에 대한 자세한 설명은 2017. 11. 22. 서울회생법원 및 서울지방변호사회가 공동 주최한 '중소기업맞춤형회생절차(S-Track) 심포지엄'의 자료집, 7-25면 참조.

대한 변제율 제고라는 순기능이 기대된다.

나. Exit Financing 활성화

회생계획 인가 또는 회생절차 종결 기업에 대하여 정상기업과 동일한 조건으로 신용보증기금으로부터 보증을 제공받아 신규대출을 받을 수 있도록 추진 중이다.

종래 회생절차를 진행하는 채무자의 경우 신용도가 매우 낮으므로 자금차입을 전제로 하는 회생계획은 가급적 피하는 것이 바람직하다는 전제에서, 회생계획 종결에 임박하여 차입을 하는 것으로 자금수지 계획을 작성하였고, 회생계획을 차질 없이 수행하여 절차 종결이 예상되는 경우에는 회생담보권의 완제시점, 채무자의 영업이 개선됨에 따른 신용도의 변화 등 제반사정을 종합하여 위 시기를 앞당길 수 있다고 보았다. 적정차입금 규모와 관련하여 회생채무자의 이자보상비율은 '3'을 적용한다.[15] Exit Financing이 활성화될 경우 자금 차입에 관한 종래의 실무는 큰 변화가 올 것으로 예상된다.

다. 회생계획수행기구(Post Confirmation Liquidation Vehicles: PCLV)

부인권, 비영업용자산 처분, 다수의 채권조사확정재판 등 채무자의 원사업과 무관한 잔무가 있는 경우에 이들 업무를 회생계획수행기구에 위탁하는 것을 내용으로 한다.

---

15) 실무연구회(상), 627면, 한편, 이자보상비율(Times Interest Earned)은 차입규모를 추정하는 방법으로서, 이자 및 법인세 비용 차감 전 이익(영업이익)을 이자비용으로 나눈 값(이자보상비율=영업이익/이자비용)으로 영업활동으로 얻은 이익이 이자비용의 몇 배에 해당하는가를 나타낸다. 이자비용을 공제하기 전의 세전이익이 이자비용의 몇 배수에 해당하는지를 계산하여 재무구조의 안정성 여부를 판단하는 개념이다. 이자보상비율이 1이면 영업활동에서 창출한 돈을 이자지급비용으로 모두 사용한다는 의미이고, 이자보상비율이 1보다 클 경우 해당 기업은 자체 수익으로 금융비용을 충분히 부담할 수 있다는 것을 의미한다. 통상 1.5배 이상이면 이자지급 능력이 충분하다고 본다.

제 6 절 사례기업의 현황

추상적인 이론보다는 사례를 통하여 기업가치평가, 채권신고 및 조사, 회생계획 등을 논의하고자 하며, 법인인 ×기술(주), 개인인 박원장을 중심으로 기술하기로 한다.

Ⅰ. 제조업체: ×기술(주)

Ⅰ. 채무자 회사의 개요

1. 상호, 소재지, 목적사업 등

(1) 상　호: ×기술 주식회사

(2) 본점소재지: 서울시 서초구 반포대로 ○○ 4층(서초동 ○○빌딩)

(3) 관리인: 김대표

(4) 목적사업: 반도체 설계 및 제조 판매업, 전자기기 도소매 및 수출업, 소프트웨어 개발 및 용역업(컨텐츠)

(5) 설립연월일: 2007년 5월 31일

2. 자본금 및 주주현황

조사기준일 현재 채무자 회사의 자본금 및 주주현황은 다음과 같다.

가. 자본금 현황

- 발행예정 주식의 총수: 10,000,000주
- 1주의 액면금액: 금 500원
- 발행한 주식의 총수: 총 1,885,700주(보통주 1,885,700주)
- 자본금: 총 942,850천원(보통주자본금 942,850천원)

나. 주주현황(20××년 9월 17일 기준)

(단위: 주)

성명	보통주	우선주	계	지분율
김대표	510,000	-	510,000	27.05%
이이사	190,000	-	190,000	10.08%

박이사	190,000	-	190,000	10.08%
이○○	151,200	-	151,200	8.02%
신○○	85,050	-	85,050	4.51%
자사주	83,180	-	83,180	4.41%
이○○ 외 49	676,270	-	676,270	35.86%
합 계	1,885,700	-	1,885,700	100.00%

다. 전환사채 발행 현황

- 발행총액: 1,600백만원
- 금액: 1억원권 1종 16매
- 납입금액: 액면금 전액
- 전환조건

  전환가능금액: 권면금액의 100%

  최초의 전환가액 7,487원

  전환으로 발행할 주식의 내용: 기명식 보통주 213,960주

  전환청구 기간: 2012년 4월20일~2017년 4월 17일

3. 주요 연혁: 생략

4. 조직 및 인원 현황

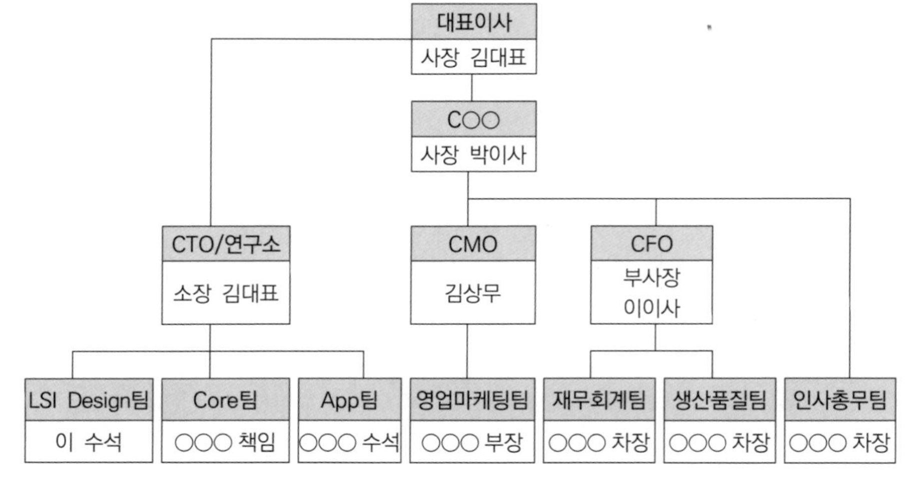

(단위: 명)

구분	임원	직원	합계
연구직	-	13	13
영업/관리직	4	5	9
합 계	4	18	22

5. 노조 유무

노조는 설립되어 있지 않다.

6. 재무 현황

가. 손익현황

채무자의 최근 5개년의 매출액 등 재무현황은 다음과 같다.

(단위: 천원)

과목	20×1년	20×2년	20×3년	20×4년	20×5년	20×6. 9
매출액	1,952,930	4,967,030	10,612,637	8,874,782	10,629,665	2,311,422
매출원가	1,316,748	2,566,633	6,491,925	5,136,119	8,396,433	1,901,867
매출총손익	636,182	2,400,397	4,120,712	3,738,663	2,233,232	409,555
판관비	1,115,213	1,855,029	3,025,521	3,731,459	4,922,784	2,079,152
영업손익(손실)	(479,031)	545,368	1,095,191	7,204	(2,689,552)	(1,669,597)
영업외수익	102,530	88,229	416,953	109,055	234,586	13,488
영업외비용	104,203	145,778	308,842	517,681	451,434	1,491,263
법인세차감전손익	(480,704)	487,819	1,203,302	(401,422)	(2,906,400)	(3,147,372)
법인세 등	-	(847,604)	(864,462)	(935,365)	(63,227)	-
당기순손익	(480,704)	1,335,423	2,067,764	533,943	(2,843,173)	(3,147,372)
(매출원가율)	67.42%	51.67%	61.17%	57.87%	78.99%	82.28%
(매출총이익률)	32.58%	48.33%	38.83%	42.13%	21.01%	17.72%
(판관비율)	57.10%	37.35%	28.51%	42.05%	46.31%	89.95%
(영업이익률)	-24.53%	10.98%	10.32%	0.08%	-25.30%	-72.23%

20×4년까지의 매출액은 설립초기 연구개발로 제품화에 성공한 CCD 카메라용 ISP 제품으로 급격한 매출증가세를 보였으나, 20×4년부터 보안 카메라 시장이 CCD 카메라에서 CIS 카메라로 변화함에 따라 채무자 회사도 이에 대응하기 위하여 신제품을 출시하였으나, 제품 품질 문제로 반품이 발생하는 등의 영향으로 20×6년 9개월간의 매

출액이 23억원으로서 급격한 감소를 보이고 있다. 채무자 회사의 매출원가율은 CCD 카메라용 매출만이 발생한 20×2년부터 20×4년까지는 51.7%, 61.2% 및 57.9%로 높은 이익률을 시현한 바 있다. 20×5년 4월부터 생산한 CIS 카메라용 제품의 불량 및 생산수율 등의 문제로 인하여 20×5년부터 원가율이 큰 폭으로 증가하였으며 이는 채무자 회사의 수익성 저하의 주요 원인이 된 것으로 판단하고 있다. 채무자 회사는 Fabless 회사의 특성상 꾸준한 연구개발활동이 이루어져야 하는 구조로서 연구소를 별도로 운영하여 경상연구개발비 및 무형자산(개발비)으로 대체된 금액이 20×3년부터 20×5년까지 매년 30여 억원에 이른다.

20×6년에 대규모의 손실이 발생한 이유는 매출의 급감 및 이익률 저하로 인하여 회사 비용의 대부분을 차지하는 인건비 등의 고정비를 충당하지 못하였으며, 또한 신제품의 불량으로 인하여 00산업개발(주)을 통하여 홍콩 자회사에 매출한 제품의 반품으로 홍콩 자회사 매입채무를 대위변제한 금액이 비용으로 12여 억원이 반영됨에 따라 대규모의 손실이 발생한 것으로 분석되었다. 한편 20×3년부터 20×5년까지 기업회계기준에 따라 이월결손금 및 이월세액공제가 향후 과세소득을 감소시키는 효과를 반영한 이연법인세 회계를 적용함에 따라 법인세이익이 계상되었다.

채무자 회사의 과거 매출액은 설립이후 CCD카메라용 ISP를 개발 판매하여 20×2년부터 20×3년까지는 중국시장 진입으로 매출이 전년대비 급격히 증가하였으나, 20×4년부터 CCD 방식의 카메라가 CIS 방식으로 변화되면서 중국시장의 축소로 전체 매출액이 감소되었다. 채무자 회사도 CCD카메라에서 CIS카메라로 시장의 변화에 대응하기 위하여 20×3년부터 CIS솔루션(센서+ISP)를 (주)제일테크와 공동 개발하여 20×5년 4월에 제품을 출시하여 기존의 CCD 매출액(34억)에 더하여 106억원의 매출을 시현하였다. 그러나 (주)제일테크와 공동 개발한 CIS용 제품이 (주)제일테크의 공정문제로 인한 불량으로 중국 구입업체 등으로부터 클레임 등으로 제품판매가 중단되어 20×6년 9월까지 매출액이 급격히 감소되었다.

나. 자산부채 현황

채무자의 최근 자산·부채 현황은 다음과 같다.

(단위: 천원)

과목	20×1년	20×2년	20×3년	20×4년	20×5년	20×6년
자산						
Ⅰ. 유동자산	731,952	1,688,549	3,075,318	3,847,474	3,888,699	3,196,236
현금및현금성자산	101,081	168,462	279,259	191,584	15,474	42,918
매출채권	334,035	645,342	1,913,180	1,889,280	953,835	711,323

선급금	8,365	240,734	60,398	186,520	292,998	1,084,638
미수금	-	50	-	-	5,351	121,402
단기대여금	126,875	-	-	-	61,241	61,241
과제예치금	-	-	-	-	40,000	5,295
부가세대급금	-	65,721	140,577	42,555	109,687	4,915
미수법인세환급액	112	45	821	2,596	78	-
이연법인세자산	-	94,284	3,705	156,061	520,310	520,310
기타유동자산	9,659	73,526	8,114	5,874	12,806	18,075
재고자산	151,825	400,385	669,264	1,373,004	1,876,919	626,119
II. 비유동자산	**127,184**	**985,491**	**2,850,552**	**4,995,947**	**5,329,888**	**4,802,727**
장기성예금	40,371	4,267	13,164	27,060	-	-
장기대여금	-	126,875	109,100	164,656	14,300	14,300
유형자산	33,669	34,706	94,587	180,286	279,605	226,980
무형자산	2,174	8,553	659,865	1,944,985	2,688,130	2,353,561
기타비유동자산	50,970	811,090	1,973,836	2,678,960	2,347,853	2,207,886
자산총계	859,136	2,674,040	5,925,870	8,843,421	9,218,587	7,998,963
부채						
I. 유동부채	**697,462**	**1,074,256**	**2,210,856**	**4,123,305**	**7,387,167**	**8,403,612**
매입채무	7,008	214,252	954,742	552,617	1,733,032	2,454,205
단기차입금	598,925	529,541	821,355	1,531,254	3,585,487	3,527,679
미지급금	42,666	234,719	250,231	150,749	127,550	459,547
미지급비용	2,395	2,467	58,362	105,757	98,285	96,807
예수금	20,026	43,323	97,046	171,324	99,453	19,272
전환사채	-	-	-	1,605,979	1,736,356	1,830,133
기타유동부채	26,442	49,954	29,120	5,625	7,004	15,969
II. 비유동부채	**395,539**	**378,871**	**290,011**	**502,532**	**505,135**	**1,416,437**
장기차입금	79,040	29,120	-	-	-	600,000
임대보증금	-	-	-	-	-	7,700
퇴직급여충당부채	121,868	198,191	375,072	588,360	559,694	416,171
퇴직연금자산	(42,665)	(85,736)	(85,061)	(85,828)	(54,559)	(54,559)
장기미지급금	47,459	47,459	-	-	-	-
국고보조금(부채)	189,837	189,837	-	-	-	-
주.임.종장기차입금	-	-	-	-	-	447,125
부채총계	**1,093,001**	**1,453,127**	**2,500,867**	**4,625,837**	**7,892,302**	**9,820,049**
자본						
자본금	878,850	902,850	930,850	942,850	942,850	942,850

자본잉여금	227,146	322,500	456,403	677,464	677,464	677,464
자본조정	-	-	(25,577)	-	(48,125)	(48,125)
이익잉여금(결손금)	(1,339,861)	(4,437)	2,063,327	2,597,270	(245,904)	(3,393,275)
자본총계	(233,865)	1,220,913	3,425,003	4,217,584	1,326,285	(1,821,086)
부채및자본총계	859,136	2,674,040	5,925,870	8,843,421	9,218,587	7,998,963

Ⅱ. 채무자가 속한 산업 및 채무자의 사업에 대한 설명

1. 채무자가 속한 산업의 개요

가. 산업의 특성

CCTV란 Closed Circuit TeleVision의 약어로서, 화상정보를 특정의 목적으로 특정의 수신자에게 전달하며, 주로 유선에 의한 영상정보의 송수신 및 조작이 가능한 시스템이다. 1997년 이후 영상보안기기의 디지털화를 이룬 DVR의 개발로 인해 과거 산업의 발전에 따른 보안의 필요성 증가 때문에 꾸준히 성장해 오던 아날로그 CCTV 시스템은 DVR 시스템으로 대체되고 있다. 또한, 인터넷 네트워크에 기반을 둔 IP 카메라의 발전은 기존의 제한된 공간으로 한정되었던 영상보안 시스템의 한계를 공간 제약이 전혀 없는 전 세계로 연결된 인터넷 공간으로 확장함과 동시에 기존의 전용 DVR 장치의 기능을 PC로 옮겨 놓을 수 있어 다양한 활용 분야를 개척하고 있다. 채무자 회사는 이러한 영상보안 산업에 속한 영상처리 핵심 반도체를 제공하는 팹리스(Fabless) 업체이다.

전 세계적으로 영상보안 시장에선 아직까지 저해상도 아날로그 제품이 주류를 이루고 있으나, 고화질에 대한 Needs 증가, Display 장치의 발전 등으로 인해 고해상도 아날로그 카메라, HD CCTV 카메라, IP 카메라 등의 시장이 새롭게 성장하고 있고, 감시카메라나 DVR에서 처리해야 하는 이미지의 크기가 늘어나면서 영상 처리 프로세서 역시 고해상도 처리기술과 높은 집적화 수준을 요구 받고 있다. 고화질 영상에 대한 Needs와 동시에 다양한 기능에 대한 Needs도 증가하고 있는바, 야간 및 안개 등 열악한 상황에서도 식별 가능한 영상을 볼 수 있는 다양한 영상 처리 기술이 적용되고 있으며, 얼굴인식, 번호판인식, 탐지, 추적 등의 인텔리전트 기능, Big 데이터화 되어 있는 영상정보에서 다양한 고객의 필요 정보를 제공하는 영상분석 기술 등도 점차 요구되고 있다. 과거 CCTV 카메라는 산업용 시장으로 분류되었으나 이제는 차량용 블랙박스, 후방 카메라, 도어폰, 로봇, 홈시큐리티 등으로 산업용을 넘어서 소비재화 되고 있다. 기존의 산업용 시장 역시 지속적으로 성장하면서 새로운 영역에서 역시 시장이 형성되고 있기 때문에 기술개발 및 응용기술능력을 가진 회사에게는 새로운 기회가 열리고 있다.

나. 산업의 성장성

국내의 경우 최근 발생한 강력 범죄 등으로 국내에서도 CCTV에 대한 수요가 급격하게 늘고 있다. 국내에서는 아파트 등 공공주택에서의 CCTV 설치 등이 법제화가 되는 등 CCTV는 사회간접시설로 자리매김하고 있고, 보안업체는 물론 통신업체까지 시장에 진입함으로 영상보안시장은 큰 폭으로 성장할 것으로 예상된다. 한편, 해외의 경우에도 국가기간시설로 자리 잡은 영국처럼 선진국 사회로 진입할수록 영상보안시장이 성장하고 있다. 특히, 테러의 위험이나 사회 안전망이 부족한 국가의 경우에 시장의 성장 폭이 높다. 한편, 홈시큐리티, 차량용 블랙박스, 후방카메라 등의 신규시장이 창출되면서 CCTV, DVR 시스템 및 IP 카메라 등의 보안기기에 대한 수요 증가가 가속화되고 있으며, HD급 이상의 고화질 CCTV에 대한 대체 수요 역시 시장의 규모를 키우고 있다. 기존의 IMS Research 자료에 따르면 영상 보안 시장은 매년 14%씩 성장하고 있으며, 이 중 IP 카메라는 24% 넘게 고속성장하고 있고, 차량용 블랙박스나 후방 카메라 등의 시장 역시 이를 상회하는 시장성장이 이루어지고 있다.

다. 경기변동의 특성

채무자 회사의 제품이 공급되는 영상보안시장은 현재 경기변동에 민감한 일반 소비자보다는 산업, 기업, 관공서 등을 그 수요처로 하기 때문에 일반 소비재보다는 경기변동에 덜 민감한 편이다. 미국의 9·11 테러사건 이후 산업용 보안제품 시장에서 보안의 중요성이 점점 강조되고 있기 때문에 향후 매출도 지속적인 증가를 이룰 것으로 보인다. 물론 가정용 보안 시장이 크게 성장하면 일반 소비자경기에 영향을 받을 수 있으나, 최근 각종 범죄 증가, 독신자나 노년층의 증가, 주 5일 근무제 실시로 인한 생활 패턴의 변화, 보안의식의 증가 등으로 인해 일반 소비자에게도 보안의 중요성이 크게 인식되고 있어 장기적으로는 소비재 경기변동에 크게 영향을 받지 않을 것으로 예상된다.

2. 채무자 사업에 대한 설명

가. 채무자 회사의 사업현황

채무자 회사는 20××년 5월에 보안카메라용 반도체 설계 및 제조, 판매업을 영위할 목적으로 서울 서초구 서초동 ○○빌딩 1층을 임대하여 설립하였으며, 현재는 서울 서초구 서초동 ○○빌딩에 본사 및 연구소를 두고 있으며, 홍콩에 X ASIA PACIFIC Limited라는 100% 자회사를 두고 있다. 채무자 회사는 보안카메라 반도체(ISP－이미지센서영상처리, CMOS IMAGE SENSOR) 설계 및 제작을 주된 사업으로 진행하고 있다.

보안카메라 시장은 이미지센서(Image Sensor) 유형에 따라 CCD카메라와 CIS카메라의 두 가지의 형태의 제품군으로 나누어진다. CCD카메라는 CCD Sensor의 동작에 필요한 전압이 3개 이상의 전원이 필요하고 신호를 처리하는 Chip의 구성이 복잡한 반면, CIS카메라는 단일 전원으로 동작하는 장점으로 구조가 간단하고 Chip의 구성이 간단하다는 특징이 있다. CIS카메라는 센서와 아날로그 및 ISP를 하나로 합친 일체형으로 저조도 및 감도가 떨어져 CCD와 비교해 볼 때 저가의 솔루션이다. CCD카메라는 20×3년까지 시장을 지배하였으나, CIS카메라의 기술적 진화로 화질향상과 저가공략 및 LED 빛을 이용한 저조도 특성 개선으로 20×2년부터 시장에 출시되어 20×4년은 60% 이상의 시장을 장악하고 있는 실정이다.

나. 향후 시장의 전망 및 채무자 회사의 대응방안

전술한 시장변화에 대응하기 위하여 채무자 회사도 @@@기반의 신기술을 활용하여 개발 중이며, 내년부터 양산에 돌입할 예정이다. 다만 현재는 자금문제로 사업파트너를 수배 중에 있으며, 신제품 개발 시 소요되는 비용을 공동으로 분담하고, 양산비용을 절감하기 위하여 동 파트너와 공동개발 및 사업제휴 계약을 체결하고자 한다. 현재 협상 중인 업체가 있으나 계약에 이르기까지는 시간이 필요하며, 실제 계약은 개시결정 이후 법원의 허가를 득하는 형태로 이루어질 수도 있다.

다. 채무자 회사 보유 주요 기술현황: 생략

Ⅲ. 경영파탄의 원인

채무자 회사는 20××년 5월 31일에 설립되어 보안카메라용 이미지처리장치의 설계 및 제조를 주요 사업으로 영위하고 있다. 카메라 관련 기술을 CCD보안카메라에 접목하여 20×2년~20×4년 급속한 성장을 하였으며, 매출액 100억원을 달성하기도 하였다. 자체 기술력을 통해 새로운 제품을 지속적으로 개발함으로서 타사에 비해 기술경쟁력 우위를 점하고 있으며, 최근 개발 중인 ○○○○제품은 개발완료 단계로서 20×6년 말경에 제품생산이 가능할 것으로 기대하고 있다.

채무자 회사가 재정적 어려움에 이르게 된 주요 요인은 다음과 같다.

1. 보안카메라 시장의 기술적 변화에 대한 대응 지연

채무자 회사는 설립 이후 CCD방식의 보안카메라용 이미지처리장치를 제작하였으나, 보안카메라시장이 기술적 수준이 간단하고 원가가 저렴한 CIS방식의 보안카메라용 이미지처리장치를 사용하는 추세로 변화함으로 인하여 중국 신규업체들의 시장진입이 용이하게 되어 저가의 CIS방식 이미지처리장치가 시장을 주도하게 되었다. 이로 인하여 주요 시장인 중국수출이 큰 타격을 입게 되어 매출이 급감하였다.

2. 신규 시장 대응을 위해 개발한 CIS방식 이미지센서의 불량

채무자 회사는 시장이 CIS방식의 저가형 이미지처리장치로 변화함에 따라 이에 대응하기 위하여 ㈜제일테크와 CIS방식 제품 생산을 위한 공동개발 협약을 체결, 20×5년 2월에 개발을 완료하고 ㈜제일테크가 전반부의 센서를 담당하고, 채무자 회사가 이미지처리기능(ISP)를 담당하여 제품을 개발하여 20×5년 5월경부터 ㈜제일테크를 통해 양산을 시작하였다. 그러나, 20×5년부터 ㈜제일테크에서 생산한 반도체 웨이퍼 및 센서에 불량이 발견되고 20×6년 4월경에는 중국 매출거래처로부터 이러한 불량에 대한 클레임이 제기되었다. 채무자 회사가 자체적으로 제품을 시험한 결과 대부분의 제품에서 불량이 발견되었으나, 불량제조공정에 대한 문제가 해결되지 못하여 채무자 회사는 이후 정상적인 제품 매출이 이루어지지 못하고, 반품 재고로 인하여 매출채권이 회수되지 않는 등 재무적 상황이 악화되었다.

3. ㈜제일테크의 채권가압류로 인한 유동성 위기

㈜제일테크로부터 납품된 제품 하자로 인하여 매출이 어려워진 상황에서 ㈜제일테크는 기존에 생산된 제품의 납품을 강요, 불량인 제품 $80만을 납품받았으나 판매가 되지 않았다. 기존 불량으로 판매하지 못하는 재고와 추가로 ㈜제일테크로부터 납품된 재고가 해외자회사 보관분을 포함하여 총 17여 억원에 달함에 따라 주요 매입거래처인 ㈜제일테크에 대한 납품대금의 결제가 지연되었고, 매입대금 결제 지연으로 인하여 ㈜제일테크는 채무자 회사의 주요 은행계좌와 임차보증금, 매출채권에 대하여 가압류를 실행함으로 인하여 채무자 회사는 유동성 위기에 처하게 되었다.

II. 개인사업자: 박원장

I. 채무자의 개요

1. 일반사항

(1) 주 소:

(2) 주민등록번호:

(3) 부양가족: 4명(배우자, 자녀)

2. 이력사항

채무자는 196*년생으로 2010년 3월부터 서울시 강남구 강남대로 ○○○○, ○○층(역삼동 ○○빌딩)에 소재하는 박치과의원을 운영하고 있다.

(1) 채무자의 학력

(2) 채무자의 경력

(3) 채무자의 가족에 대한 설명

채무자의 가족사항은 아래와 같다.

관계	성명	나이	직업	부양유무
배우자	정○○	45세	주부	유
자	박○○	16세	학생	유
자	박○○	14세	학생	유
자	박○○	10세	학생	유

(4) 거주지

II. 파탄의 원인

1. 초기 개업자금의 과다지출

채무자는 광주, 천안에서 치과병원을 운영한 사실이 있다. 2010년 7월 서울 강남구 ○○동 ○○○번지 2층에 개업하면서 자가를 처분하고, 친구 및 친인척 등으로부터 금전을 차용하여 기존 병원을 금 8억원(임대보증금 1억원, 인테리어비, 의료기구 등)에 인수하였다. 위 장소에서 2년간 개업한 후 임대차기간이 만료될 즈음에 건물주가 계약연장을 거부하여 투하자본의 상당 부분을 회수하지 못하는 일이 발생하였다. 이후 현 장소로 2010년 7월 이전 개업하면서 보증금 2억원, 동액상당의 인테리어비, 의료기기재리스 등의 필요로 인하여 다시 개인채무가 증대되었다. 이러한 과정에서 채무자는 개인 재산도 대부분 병원운영에 투입한 관계로 현재는 5천만원-300만원의 월세를 살고 있다.

2. 20×1년~20×3년 귀속 종합소득세에 대한 증액경정결정 및 과태료부과처분

채무자는 임플란트 시술 등 일정 의료행위와 관련하여 현금으로 결제를 받고 매출을 누락한 사실이 있다. 이와 관련하여 위 3년의 과세기간 동안의 매출 등에 관하여 서울지방국세청으로부터 세무조사를 받았고 276,754,994원 상당의 납세고지를 받은 바 있다. 한편 위 증액경정처분에 더하여 위 3년의 기간 동안 현금영수증 미발급금액의 50/100에 해당하는 과태료 549,473,815원이 추가로 고지된 바 있다. 조세채무 등의 경우 즉각적인 납부가 이루어져야 할 것인바, 현 채무자의 수익구조로는 신용을 포함한 모든 변제수단을 강구하더라도 위 채무의 대부분을 변제할 수 없는 상태에 직면하였다.

제2장 기업가치평가의 이론적 기초

제 1 절 기업가치평가의 개요

회생절차 진행의 1단계는 기업가치를 스스로 평가하는 것이다. 신청 단계에서 채무자가 직접 또는 전문인력의 도움을 받아 행한 가치평가는 개시 이후 조사위원의 평가를 통하여 검증과정을 거치게 된다. 이를 염두에 두고 자체 평가를 함에 있어 최대한 보수적인 관점으로 접근하여야 할 것이다.

기업가치는 해당 기업이 미래에 창출한 것으로 예상되는 예상현금흐름의 현재가치의 합계라고 할 수 있다. 수년간 결손상태인 기업이라면 평가시점과 같은 상황이 미래에 달리 호전될 여지가 없는 한 계속기업가치는 청산가치에 미달할 것이 분명하다. 이러한 상황에서 회생절차로 진입할 경우 예상되는 관계법령에 의한 보호조치(보전처분, 강제집행 정지, 개시 후 이자 면제 등)와 장기간 결손을 초래했던 내부 및 외부요인들 중 제거가능한 요소들을 고려하였을 경우 영업이익을 창출할 수 있을 것인지에 관한 판단이 필요하다. 상기의 보호조치와 몇 가지 가정들을 고려해도 계속기업가치가 청산가치에 미달할 것으로 예상된다면 회생절차 진행은 신중을 기해야 한다.

제 2 절 재무제표 분석과 미래 현금흐름에 관한 소명

회생절차는 계속기업가치가 청산가치를 초과함을 전제로 한다. 청산가치와 계속기업가치 산정의 출발점은 과거 재무제표의 분석이다. 과거 재무제표에 대한 분석을 토대로 과거의 추세가 회생계획 기간 및 그 이후의 기간에 걸쳐 일정한 상관성을 가지고 계속될 것인지 여부를 판단하여야 한다. 반면 과거의 추세에 대한 일정한 변경이 필요하다면 소비자(생산자)물가 상승률, 경제성장률, 채무자가 속한 산업의 전망 등 제반 거시경제지표와 채무자가 경제적 파탄에 이른 원인과 자구계획, 채무자의 원가구조, 매출발생 경로, 시장점유율 및 경쟁구조 등 채무자에 특유한 요인들을 종합하여 현금흐름을 추정하는 과정을 거치게 된다.

계속기업가치가 청산가치를 초과할 것인지 여부에 관한 판단은 1차적으로 개시결정과 동시에 선임되는 조사위원의 업무임은 분명하다. 그러나 회생절차의 신청에서부터 채권조사, 관계인집회, 회생계획 작성 등 제반 절차를 이끌어가는 것은 엄연히 신청채무자 및 대리인의 역할이다. 한편 개시신청을 할 것인지와 관련하여 채무자 내부적으로 상당한 진통과 고민의 과정을 겪는 것이 일반적이며, 어음 내지 수표 등의 만기도래에 근접한 시점에 가서야 신청을 결정하는 경우도 많다. 그 결과 공인회계사 등 회계전문가의 정치한 가치평가를 통한 신청서의 작성은 시간 및 비용상 곤란한 경우가 많다. 이론적인 관점에서 생각하면 개시결정 전에 예납명령이 내려지고, 예납비용의 대부분은 조사위원 보수로 사용되는 것이 일반적이므로 신청 단계에서부터 회계사를 관여시키는 것은 절차의 중복이며, 재무적 곤란에 처한 채무자에게 이중의 비용출연을 강요하는 결과가 되고, 신청 단계에 관여한 회계사의 평가결과와 조사위원의 평가결과가 상이하다면 관계인들 간에 불필요한 이견만 낳을 것으로 본다.

신청단계에서 조사위원 보고서와 동일한 수준의 평가결과를 신청서에 반영한다는 것은 불가능하고, 그럴 필요도 없다. 신청서의 기재 및 대표자 심문 등을 종합하여 개시 여부를 판단함에 있어 법관의 자유심증과 관리위원의 전문가로서의 판단이 다시 개입하는 점, 조사위원의 조사결과 계속기업가치가 청산가치를 하회할 경우 회생절차를 폐지하는 법원의 실무를 종합하면 개시 여부에 대한 판단은 소명으로 족하다고 할 것이다. 즉 개시 단계에서는 계속기업가치가 청산가치를 초과한다는 점에 대한 입증(증명)이 필요한 것은 아니며, 현금흐름의 각 구성요소에 대한 합리적 근거에 입각한 소명으로 족하다고 할 것이다.

제 3 절 청산가치의 산정

Ⅰ. 청산가치의 개념

청산가치란 기업이 파산적 청산을 통하여 해체·소멸되는 경우를 상정하고, 개별자산을 분리하여 처분할 때의 가치 합계를 말한다. 회생사건의처리에 관한예규 9조 1항은 "채무자가 사업을 청산할 때의 가치는 채무자가 청산을 통하여 해체·소멸되는 경우에 기업을 구성하는 개별 재산을 분리하여 처분할 때의 가액을 합산한 금액으로서 청산대차대조표상의 개별자산의 가액을 기준으로 하여 산정한다. 다만 유형고정자산은 법원의 부동산입찰절차의 평균 낙찰률을 적용하여 할인한 가액을 기준으로 산정한다"라고 규정하고 있다.

청산가치는 통상적으로 공정가치[1]보다 낮은 것이 일반적이고, 그 차이는 실제로 매우 크다. 청산가치 산정 시 관념적으로 평가시점에서 처분된 것으로 가정하는 것이 일반적이나, 현금 및 현금성자산이 아니라면 각종의 절차비용과 거래비용, 현금화되기까지의 기간을 고려하여야 한다.

영업양도금액은 조직화된 유기적 일체로서의 기능적 재산에 대한 대가인 것으로서, 특정 자산의 청산가치를 산정함에 적절한 금액이라 할 수 없다.[2]

Ⅱ. 청산가치가 회생절차에서 갖는 의미

법원은 채무자의 계속기업가치가 청산가치보다 크다고 인정하는 때에는

1) 공정가치란 측정일에 시장참여자 사이의 정상거래에서 자산을 매도하면서 수취하거나 부채를 이전하면서 지급하게 될 가격이다(K-IFRS 제1113호 공정가치측정 문단 9). 공정가치측정은 특정 자산이나 부채에 대한 것이다. 따라서 공정가치를 측정할 때에는 시장참여자가 측정일에 그 자산이나 부채의 가격을 결정할 때 고려하는 그 자산이나 부채의 특성을 고려한다. 예를 들어 (1) 자산의 상태와 위치, (2) 자산의 매도나 사용에 제약이 있는 경우 등이다(문단 11). 공정가치측정은 자산이나 부채가 측정일에 현행 시장 상황에서 자산을 매도하거나 부채를 이전하는 시장참여자 사이의 정상거래에서 교환되는 것을 가정하며, 해당 거래가 (1) 자산이나 부채의 주된 시장, (2) 주된 시장이 없는 경우에는 가장 유리한 시장에서 이루어질 경우를 가정하여 산정한다(문단 15, 16).

2) 대법원 2004. 12. 10. 자 2002그121 결정.

관리인에게 사업의 계속을 내용으로 하는 회생계획안의 제출을 명하여야 하고(법 220조 1항), 청산가치가 계속기업가치보다 크다고 인정하는 경우[3]에는 채권자 일반의 이익을 해하지 않는 범위 내에서 청산(영업양도, 물적 분할 등 포함)을 내용으로 하는 회생계획안의 작성을 허가할 수 있다(법 222조 1항). 법원은 채권자가 동의하지 않는 한 회생계획안에 의한 채무의 변제가 채무자의 사업을 청산할 때 각 채권자에게 변제하는 것보다 불리하지 않아야 회생계획안을 인가할 수 있다(법 243조 1항 4호). 결국 청산가치는 회생계획안의 내용과 인가 여부를 결정하는 기준이라고 할 수 있다.

회생절차에서 말하는 청산가치는 실제의 청산이 아니라, 청산을 가정할 경우의 가치를 의미함을 주의하여야 한다. 주요 유형자산이나 무형자산의 경우 공정가치를 결정한 후 청산손실을 반영하여 청산가치를 산정하므로, 공정가치를 확인할 1년 이내의 자료가 없다면 원칙적으로 감정평가를 시행하여야 할 것이다.

평가의 목적은 청산가치 산정뿐 아니라, 회생담보권과 회생채권의 분별을 위한 것이다. 따라서 담보의 대상이 되지 않는 자산이라면 가급적 감정평가 수수료 등 추가적 출연을 요하지 않는 대체적평가방법이나 금액을 널리 인정함이 타당하다.

Ⅲ. 청산가치 산정 과정

청산가치란 기업을 개별자산별로 해체하여 매각할 경우를 가정하므로, 청산가치를 산정한다는 것은 재무상태표의 자산항목에 대한 파산적 청산 시의 처분가치를 산정하는 문제로 귀결된다.

주의사항) 자산에 담보권이 설정되어 있을 경우 공정가치에서 피담보채권액을 차감한 금액을 기준으로 청산가치를 산정하는 것은 오류이다. 담보권이 없는 상태에서의 시가를 기준으로 청산손실을 반영한 결과가 청산가치이다. 피

3) 채무자의 청산가치가 계속기업가치보다 명백히 크다고 인정되는 때에는 회생절차의 폐지 결정을 하여야 한다고 규정한 법 285조는 2014. 12. 30. 개정 당시 삭제되었다.

담보채권액의 처리는 비영업자산으로 재분류 후 처분하는 과정에서 자금수지의 문제로 다루는 것이 타당하다. 계속기업가치와 청산가치를 각 소명하는 과정에서 계속기업가치에는 담보권 없는 상태에서의 시가 내지 공정가치를 반영하고, 청산가치에서는 위 자산 관련 경매법원의 평균매각가율을 적용하여 해당 자산의 청산가치를 반영한다. 만약, 위 자산을 영업용 자산으로 계속 보유하고자 한다면, 위 자산의 청산가치는 해당 채무자의 청산가치를 구성할 것이나, 위 자산의 시가상당액이 계속기업가치에는 반영될 수 없으므로, 중요한 영업용 자산이라면 그 처분 여부, 처분할 경우의 대안을 명확히 정리한 후 절차를 진행하여야 할 것이다.

영업양도금액은 각 공장을 중심으로 조직화된 유기적 일체로서의 기능적 재산에 대한 대가인 것으로서, 해당 부문의 청산가치를 산정함에 적절한 금액이라 할 수 없다.[4] 즉, 영업양도를 전제로 한 가치평가는 계속기업가치와 유사한 측면이 있으므로, 청산가치 산정의 기준이 되어서는 안 된다.

구체적으로는 채무자가 작성하는 재무상태표에 기재된 금액에 대한 기업회계기준서 및 감사기준에 입각한 실사가치 산정 및 실사가치에 대한 청산손실 반영의 절차를 거치게 된다. 청산가치는 재무상태표의 자산항목에 대한 평가이므로, 먼저 재무상태표의 구조와 계정과목들을 개괄적으로 살펴본다.

Ⅳ. 재무상태표 및 계정과목들의 개요

재무상태표는 특정시점 현재 기업의 자산, 부채, 자본을 표시하는 재무제표이다. 자산(Asset)은 과거사건의 결과로 기업이 통제하고 있고, 미래경제적 효익이 기업에 유입될 것으로 기대되는 자원이다. 부채(Liability)는 과거사건에 의하여 발생하였으며, 경제적 효익이 내재된 자원이 기업으로부터 유출됨으로써 이행될 것으로 기대되는 현재의무이다. 자본(Equity)은 기업의 자산에서 부채를 차감한 잔여분으로 자기자본이라고 표현할 수 있다.

재무상태표는 기업의 자산은 자기자본과 타인자본(; 부채)의 합으로 구성된

4) 대법원 2004. 12. 10. 자 2002그121 결정.

다는 점을 보여준다. 아울러 특정 시점의 재무정보를 공시하는 것이므로, 재무상태표에 기재된 금액은 특정 회계년도에 발생한 금액이 아니라, 기업의 설립시부터 위 특정 시점까지의 누적된 수치이다.

재무상태표의 자산과 부채는 유동항목과 비유동항목으로 구분하여 표시하며,[5] 세부적으로 1년기준과 정상영업주기기준이 있다. 1년기준은 보고기간 말을 기준으로 1년 이내에 현금화되거나 상환기일이 도래하는 항목은 유동항목, 반대의 경우는 비유동항목으로 분류하는 방법이다.

아래 재무상태표에서 전환사채 상환채무는 전기에 비유동항목이었으나, 당기에 회수기간이 도래함으로써 유동항목으로 변경되었음을 알 수 있다.

다음은 ×기술(주)의 재무상태표이다.

재무상태표

제7기 20×1년 12월 31일 현재

제6기 20×0년 12월 31일 현재

회사명: ×기술(주) (단위: 원)

과목	제7(당)기		제6(전)기	
	금액		금액	
자산				
Ⅰ. 유동자산		3,888,699,218		3,847,472,964
(1) 당좌자산		2,011,778,753		2,474,469,351
현금 및 현금성자산	15,474,273		191,584,280	
매출채권	1,297,052,599		1,889,279,762	
대손충당금	-343,217,351		0	
단기대여금	61,240,500		0	
미수수익	6,360,873		649,035	
미수금	5,350,662		0	

5) K-IFRS 1001호 재무제표표시 문단66의 규정은 다음과 같다.
자산은 다음의 경우에 유동자산으로 분류한다.
(1) 기업의 정상영업주기 내에 실현될 것으로 예상하거나, 정상영업주기 내에 판매하거나 소비할 의도가 있다.
(2) 주로 단기매매 목적으로 보유하고 있다.
(3) 보고기간 후 12개월 이내에 실현될 것으로 예상한다.
(4) 현금이나 현금성자산(기업회계기준서 제1007호의 정의 참조)으로서, 교환이나 부채 상환 목적으로의 사용에 대한 제한 기간이 보고기간 후 12개월 이상이 아니다.
그 밖의 모든 자산은 비유동자산으로 분류한다.

과제예치금	40,000,000		0	
선급금	292,997,657		186,519,666	
선급비용	6,445,118		5,224,541	
부가세대급금	109,686,640		42,554,849	
선납세금	77,520		2,595,960	
이연법인세자산	520,310,262		156,061,258	
(2) 재고자산		1,876,920,465		1,373,003,613
상품	8,543,199		13,883,321	
제품	221,623,615		24,290,573	
원재료	537,078,982		62,313,509	
저장품	2,394,273		0	
재공품	1,107,280,396		1,272,516,210	
II. 비유동자산		5,329,889,871		4,995,947,241
(1) 투자자산		14,300,000		191,716,448
장기금융상품	0		27,060,448	
장기대여금	14,300,000		164,656,000	
(2) 유형자산		279,606,174		180,285,873
차량운반구	8,404,873		8,404,873	
감가상각누계액	-8,403,873		-8,403,873	
비품	104,268,215		76,389,331	
감가상각누계액	-50,667,193		-36,664,967	
연구개발비품	218,675,862		190,491,467	
감가상각누계액	-119,816,802		-75,242,834	
시설장치	93,150,140		47,251,530	
감가상각누계액	-13,985,538		-25,863,320	
비품(생산용)	61,448,000		10,080,000	
감가상각누계액	-13,467,510		-6,156,334	
(3) 무형자산		2,688,129,958		1,944,984,486
산업재산권	10,962,009		9,611,791	
개발비	2,668,263,574		1,922,510,820	
소프트웨어(연)	8,904,375		12,861,875	
(4) 기타 비유동자산		2,347,853,739		2,678,960,434
이연법인세자산	2,131,278,347		2,432,300,114	
임차보증금	172,481,392		202,406,320	
기타보증금	44,094,000		44,254,000	
자산총계		9,218,589,089		8,843,420,205

부채				
Ⅰ. 유동부채		7,387,168,204		2,517,325,672
매입채무	1,733,032,444		552,616,822	
미이지급금	127,550,059		150,748,950	
예수금	99,453,135		171,323,977	
선수금	254,498		0	
단기차입금	3,585,487,220		1,531,253,893	
미지급비용	98,284,918		105,757,030	
선수수익	6,750,000		5,625,000	
유동성 전환사채	1,600,000,000		0	
사채할인 발행차금	-520,703,376			
전환사채 상환할증금	657,059,306			
Ⅱ. 비유동부채		505,135,246		2,108,510,987
퇴직급여 충당부채	559,693,890		588,359,950	
퇴직연금 자산	-54,558,644		-85,827,777	
전환사채			1,600,000,000	
사채 할인발행차금			-651,080,492	
전환사채 상환할증금			657,059,306	
부채총계		7,892,303,450		4,625,836,659
자본				
Ⅰ. 자본금		942,850,000		942,850,000
자본금	942,850,000		942,850,000	
Ⅱ. 자본잉여금		615,917,953		615,917,953
주식 발행 초과금	361,433,760		361,433,760	
자기 주식처분이익	254,484,193		254,484,193	
Ⅲ. 자본조정		13,421,242		61,546,042
자기주식	△48,124,800		0	
전환권대가	61,546,042		61,546,042	
Ⅳ. 기타포괄손익 누계		0		0
Ⅴ. 결손금		245,903,556		-2,597,269,551
미처리 결손금	245,903,556		-2,597,269,551	
(당기순손실)				
당기: 2,843,173,107원				
전기: -533,942,453원				
자본총계		1,326,285,639		4,217,583,546
부채와 자본총계		9,218,589,089		8,843,420,205

1. 유동자산

가. 현금 및 현금성자산과 매출채권

현금 및 현금성자산은 청산가치와 공정가치가 동일한 것이 일반적이므로 청산손실은 발생하지 않는다.

매출채권은 회수과정에 있는 현금성 자산이므로 회수될 금액으로 평가되어야 한다. 따라서 회수가 불확실하거나 또는 회수가 불가능한 금액은 채권에서 감액되어야 한다. 매출채권 중 회수가 불가능한 금액은 자산으로 인정되어서는 안 될 것이므로 비용처리하여야 한다.

재무상태표의 매출채권 아래에 괄호로 표시된 대손충당금은 매출채권 중 회수가 불가능할 것으로 추정하여 비용화한 금액이며 실제 회수가 불가능하다고 판명되면 매출채권과 대손충당금에서 모두 제거하게 된다. 매출채권의 경우 회수비용과 회수기간을 고려하여 일정 부분 감액하여 평가하는 것이 일반적이며, 대손(Bad Debt)이 확정된 경우 그 가액은 '0'이 될 수도 있다. 대손은 기업이 보유하고 있는 매출채권 등이 거래처의 파산 등으로 회수가 불가능한 경우를 말한다. 대손이 발생하면 매출채권 등 자산이 감소하므로 동 금액을 비용(대손상각비)으로 인식한다. 이러한 비용이 대손상각비이다.

대손의 회계처리방법으로 직접상각법(Direct Write-off Method)과 충당금설정법(Allowance Method)이 있으며, 전자는 매출채권이 회수불가능하게 된 시점에 대손상각비를 인식하고 매출채권을 감소시키는 방법이다.[6] 후자는 매출채권이 발생한 회계년도에 매출채권과 관련된 대손예상액을 추정하여 대손상각비로 인식하고, 이를 대손충당금으로 설정하는 방법이며, 대손충당금은 매출채권에

---

6) 가령 20×1년 매출액과 기말매출채권이 각각 ₩80,000과 ₩20,000이었으며, 20×2년 1월 15일에 전기 말 매출채권 중 ₩1,000이 거래처의 부도로 회수불가능하게 된 경우 직접차감법에서는 다음과 같이 회계처리한다.

(20×2. 1. 15) 대손상각비 1,000 매출채권 1,000

그러나 직접차감법 하에서는 대손상각비(비용)가 20×2년 매출액(수익)에 대응되어 부적절한 수익·비용의 대응이 이루어진다. 즉 20×1년 1월 15일자 대손상각비는 20×1년 매출과 관련이 있다는 것이다. 또한 20×1년말 재무상태표에는 기말매출채권이 ₩20,000으로 표시되어 적정한 자산금액을 나타내지 못하고 있다. 왜냐하면 일반 상거래에서 대손은 흔히 발생할 수 있는 사건이므로 재무상태표상의 적정한 매출채권가액은 회수불가능할 것으로 예상되는 금액을 차감한 후의 금액으로 표시되어야 한다는 것이다.

서 차감하는 형식으로 표시한다. 기말 현재 매출채권에 대한 대손상각비를 비용으로 인식하여야 동일 회계기간의 수익과 비용이 경영성과에 반영되며(수익비용대응 원칙), 기말 현재 매출채권 중 회수가 불가능할 것으로 예상되는 금액을 자산에서 차감하여야 매출채권이 회수가능한 금액으로 평가된다(순실현가능가치를 반영).

나. 미수수익과 선급비용[7)]

미수수익이란 발생주의에 의해 수익은 가득되었으나 아직 현금을 회수하지 못한 부분으로 미래 일정시점에 현금을 수취할 권리가 있는 자산을 의미한다. 미수수익의 예로는 미수이자 등이 있다.

가령 20×1년 10월 1일 ₩10,000을 1년만기, 연이자율 10%인 정기예금에 불입한 경우 12월 31일 기말수정분개 시 미수이자 250원(₩10,000*10%*3/12)을 인식한다.

선급비용이란 현금지출은 이루어졌으나 기말시점 현재 아직 용역을 제공받지 못한 부분으로 미래 일정기간동안 비용으로 소멸될 자산을 의미한다. 선급비용의 예로는 선급임차료, 선급보험료 등이 있다.

미수수익과 선급비용은 계약의 제반 조건에 따라 반환받을 수 있는 금액을 확인한 후, 청산가치 산입 여부 및 산입액을 결정하여야 한다.

다. 재고자산

(1) 재고자산 일반론

재고자산은 ① 정상적인 영업과정에서 판매를 위하여 보유중인 자산, ② 정상적인 영업과정에서 판매를 위하여 생산 중인 자산, ③ 생산이나 용역제공에 사용될 원재료나 소모품을 말한다.[8)]

---

7) 위 항목들은 자산으로 계상되는 것이다. 이에 반하여 선수수익과 미지급비용은 부채로 인식한다. 선수수익이란 현금수입은 이미 이루어졌으나 기말시점 현재 아직 수익이 가득되지 못한 부분으로 부채를 의미한다. 미지급비용이란 기중에 용역을 제공받았으나 기말시점 현재 제공받은 용역에 대해서 현금지출이 이루어지지 않은 부분으로 미래 일정시점에 갚아야 할 부채를 의미한다. 미지급비용의 예로는 미지급급여, 미지급이자, 미지급법인세 등이 있다.

8) K-IFRS 1002호 재고자산 문단 6.

재고자산의 순실현가능가치는 정상적인 영업과정의 예상 판매가격에서 예상되는 추가 완성원가와 판매비용을 차감한 금액이며, 공정가치는 측정일에 시장참여자 사이의 정상거래에서 자산을 매도하면서 수취하거나 부채를 이전하면서 지급하게 될 가격이다. 재고자산의 순실현가능가치는 순공정가치와 일치하지 않을 수도 있다.[9)]

재고자산은 취득원가와 순실현가능가치 중 낮은 금액으로 측정한다. (1) 물리적으로 손상된 경우, (2) 완전히 또는 부분적으로 진부화된 경우, (3) 판매가격이 하락한 경우, (4) 완성하거나 판매하는 데 필요한 원가가 상승한 경우에는 재고자산의 원가를 회수하기 어려울 수 있다. 이 경우 재고자산을 취득원가 이하의 순실현가능가치로 감액할 수 있다(저가법). 재고자산의 감액을 초래했던 상황이 해소되거나 경제상황의 변동으로 순실현가능가치가 상승한 명백한 증거가 있는 경우에는 최초의 장부금액을 초과하지 않는 범위 내에서 평가손실을 환입한다. 그 결과 새로운 장부금액은 취득원가와 수정된 순실현가능가치 중 작은 금액이 된다. 판매가격의 하락 때문에 순실현가능가치로 감액한 재고항목을 후속기간에 계속 보유하던 중 판매가격이 상승한 경우가 이에 해당한다.[10)]

재고자산의 취득원가는 ① 매입원가, ② 전환원가 및 ③ 재고자산을 현재의 장소에 현재의 상태로 이르게 하는 데 발생한 기타 원가 모두를 포함한다. 재고자산의 매입원가는 매입가격에 수입관세와 제세금(과세당국으로부터 추후 환급받을 수 있는 금액은 제외), 매입운임, 하역료 그리고 완제품, 원재료 및 용역의 취득과정에 직접 관련된 기타 원가를 가산한 금액이다. 매입할인, 리베이트 및 기타 유사한 항목은 매입원가를 결정할 때 차감한다. 제조기업이 아닌 상기업의 원가는 보통 ①만으로 구성되며, 전환원가 및 기타원가는 제조기업의 원가항목이라고 할 수 있다. 재고자산의 전환원가는 직접노무원가 등 생산량과 직접 관련된 원가를 포함한다. 또한 원재료를 완제품으로 전환하는데 발생하는 고정 및 변동 제조간접원가의 체계적인 배부액을 포함한다. 고정제조간접원가는 공장 건물이나 기계장치의 감가상각비와 수선유지비 및 공장 관리비처럼

9) K-IFRS 1002호 재고자산 문단 7.

10) K-IFRS 1002호 재고자산 문단 28 및 33.

생산량과는 상관없이 비교적 일정한 수준을 유지하는 간접 제조원가를 말한다. 변동제조간접원가는 간접재료원가나 간접노무원가처럼 생산량에 따라 직접적으로 또는 거의 직접적으로 변동하는 간접 제조원가를 말한다. 기타 원가는 재고자산을 현재의 장소에 현재의 상태로 이르게 하는 데 발생한 범위 내에서만 취득원가에 포함된다. 예를 들어 특정한 고객을 위한 비제조간접원가 또는 제품 디자인원가를 재고자산의 원가에 포함하는 것이 적절할 수도 있다.[11)]

기말재고자산은 기말 현재 회사가 보유하고 있는 재고자산 수량을 계산하고, 동 수량에 일정한 방법으로 결정된 단가를 곱한 금액으로 평가된다. 기말재고자산의 수량을 결정하는 방법은 실사법(실지재고조사법)과 계속기록법이 있다. 실사법은 결산일에 창고를 조사하여 기말재고 수량을 파악하고, 판매가능수량 중 기말 재고 수량을 제외한 나머지 수량은 판매되거나 사용된 것으로 간주하는 방법이다. 도난이나 자연감소(감모손실)한 재고수량이 판매수량에 포함되는 문제가 있으나, 장부기록이 간편하고, 실제 재고수량을 기준으로 평가한 재고자산이 공시되므로 외부보고목적에 충실하다. 재고자산을 구입하는 경우 매입계정을 사용하고, 결산일에 실제 재고수량을 파악하여 매출원가를 인식한다. 계속기록법은 당기 판매가능수량 중에서 당기에 실제로 판매된 수량을 차감하여 기말재고 수량을 계산하는 방법이다. 이때 계산된 기말재고수량은 장부상 수량일 뿐이며, 창고에 실제로 보관되어 있는 수량과는 다르다. 도난, 자연감소 등의 이유로 감소한 재고수량을 파악할 수 있어 통제목적으로 적합하나, 외부보고목적으로는 부적합한 방법이다. 실사법과 달리 재고자산 구입 시 매입계정을 설정하지 않고 재고자산(상품)계정으로 회계처리하였다가 판매 시 마다 매출원가를 인식한다. 실무에서는 실사법에 따르되 계속기록법의 장점을 살리기 위하여 기중에는 재고자산의 수량만을 기록하고 회계처리하지 않는 방법을 사용한다고 한다.[12)] 차변합계액과 대변합계액은 항상 일치하므로 차변합계액(기초재고+당기매입)이 집계된 상황에서 대변의 매출원가와 기말재고 중 어느 하나가 결정되면 나머지 하나는 종속적으로 결정된다. 계속기록법에서는 기중

11) K−IFRS 1002호 재고자산 문단 9 내지 16.

12) 김영덕, IFRS 중급회계(상), 도서출판 다임(2008), 313−315면.

판매시마다 매출원가를 기록하여 기말상품이 종속적으로 결정되는 반면, 실지 재고조사법에서는 기중에 매출원가를 기록하지 않고, 기말에 실사에 의해 기말 상품을 먼저 파악한 후 매출원가는 종속적으로 결정된다.

재고자산의 단위원가 결정과 관련한 주요 방법으로 개별법, 선입선출법 (Firtst In First Out: FIFO),[13] 가중평균법 등이 있다. 개별법은 식별되는 재고자산 별로 특정한 원가를 부과하는 방법이다. 이 방법은 외부 매입이나 자가제조를 불문하고, 특정 프로젝트를 위해 분리된 항목[14]에 적절한 방법이다. 그러나 통상적으로 상호 교환가능한 대량의 재고자산 항목에 개별법을 적용하는 것은 적절하지 아니하다. 그러한 경우에는 기말 재고로 남아있는 항목을 선택하는 방식을 이용하여 손익을 자의적으로 조정할 수도 있기 때문이다. 일반적으로 상호 교환될 수 없는 재고자산항목의 원가와 특정 프로젝트별로 생산되는 재화 또는 용역의 원가는 개별법을 사용하여 결정한다. 개별법이 적용되지 않는 재고자산의 단위원가는 선입선출법이나 가중평균법을 사용하여 결정한다.[15] 선입선출법은 먼저 매입 또는 생산된 재고자산이 먼저 판매되고 결과적으로 기말에 재고로 남아 있는 항목은 가장 최근에 매입 또는 생산된 항목이라고 가정하는 방법이다. 가중평균법은 기초 재고자산과 회계기간 중에 매입 또는 생산된 재고자산의 원가를 가중평균하여 재고항목의 단위원가를 결정하는 방법이다.[16] 결국 실제 물량흐름과는 무관하게 원가흐름을 연중 평균적으로 발생한다고 가정하여 계산한 평균단가를 재고자산의 단가로 결정하는 것이라 할 수 있다. 가중평균법에는 총평균법과 이동평균법이 있다. 총평균법은 실사법 하의 가중평균법을 말하며, 한 회계기간의 판매가능상품총액을 총판매가능수량으로 나누어 평균 단위원가를 산출한다. 이동평균법은 계속기록법 하의 가중평균법이며, 매입할 때마다 매입당시까지 재고자산의 취득원가(직전 매입 시 이동평균법으로 평가한 가액)와 새로 구입한 재고자산의 매입금액을 가산하고 이를 판매가

13) 반대의 경우인 후입선출법(Last In First Out: LIFO)도 있으나, 기준서에서 인정하는 방법은 아니다. 이에 관한 설명은 김영덕, 상게서, 323면 참조.

14) 건설업, 조선업, 주문생산업 등이 이에 해당한다.

15) K-IFRS 1002호 재고자산 문단 23 내지 25.

16) K-IFRS 1002호 재고자산 문단 27.

능수량으로 나누어 평균단위원가를 계산한다.[17]

(2) 청산가치 산정 시 고려할 사정들

상기업의 재고자산은 완제품이므로 공정가치와 청산가치의 차이가 크지 않다고 생각할 수 있으나, 파산적 청산을 가정할 경우 그 갭은 매우 크다. 파산절차에서 거래상대방은 심리적으로 제 값을 치르려고 하지 않는 경향이 있고, 가치를 평가하기 위해서는 또 다시 비용이 소요되는 점, 설사 공정가치를 용이하게 확인할 수 있다고 하더라도 파산선고를 받은 기업의 상표 내지 브랜드 가치는 실질적으로 사멸하였다고 보아도 무방한 경우가 많아 일반소비자들이 공정가치 상당을 지급하고 파산재단의 제품을 구매할 것으로 예상하기는 어려운 점 등을 감안하면 상당한 정도의 청산손실을 반영하여야 할 것이다.

제조업체의 재고자산 중 원재료는 취득원가 이상으로 매각하기는 쉽지 않을 것이고, 재공품[18]도 파산재단이 영업을 계속하는 경우가 아닌 한 추가적인 가공이 이루어지지 않아 공정시장가치에 입각한 거래는 어려울 것이다. 동종업계의 기업에 매각이 가능하다면 해당 가액을 청산가치로 적용할 수 있을 것이다.

한계기업의 재고자산 계정은 손실을 감추기 위해 존재하지 않는 재고자산을 계상하거나, 다량의 불량 내지 진부화된 재고를 포함하고 있음에도 평가충당금을 설정하지 않아 순실현가능가치를 반영하지 못하는 경우가 많다. 어느 경우이든 실사조정을 통해 감액하거나, 청산손실을 반영하여야 할 것이다.

재고자산의 청산가치 산정에 관한 조사보고서의 몇 가지 기재를 소개한다.

① 제품, 재공품은 각 공장의 고철매각 단가를 적용하여 산정하였으며, 원재료와 저장품은 동종업계에서 사용되는 범용적인 재료이므로 취득원가의 50%를 청산가치로 산정하였습니다. 임가공제품과 미착품은 회수가능성이 없으므로 전액 감액하였습니다.

② 재고자산은 제대혈, 줄기세포 및 HSCM원료로 구성되어 있습니다. 제대혈 관리 및 연구에 관한 법률 22조에 따르면 회사가 청산할 경우 보건복지부령으로 정하는 바에 따라 처리하거나 다른 제대혈은행에 이관하도록 규정되어 있습니다. 위 법 5조는 제대혈 등 매매행위 등의 금지를 규정하고 있습니다. 이에 회사가 청산할 경우 제대혈 및 줄기세포를 금전을 받고 매각하는 것은 불가능한

17) 강경보, 오준석, 최정인, 황준성, 중급회계, 제3판, 도서출판 피데스(이하 '강경보'로 인용), 92-95면.

18) 제품 또는 반제품이 되기 위해 현재 제조과정 중에 있는 것을 말한다.

것으로 판단되어 청산가치를 "0"으로 산정하였습니다. HSCM원료는 제대혈의 부산물로 화장품 원료로 사용되고 있습니다. 보관중인 HSCM원료가 720,000g으로 대규모인 점과 시장가격을 고려하여 청산손실률 80%를 적용하였습니다.

③ 가설재는 중고품으로 재사용여부가 불확실하여 처분가액이 대단히 낮게 형성될 수밖에 없으므로 재산상태 조사액의 20%를 청산가치로 하였습니다. 상가는 감정가액에 평균경매낙찰가율을 적용하여 산정하였습니다. 평균경매낙찰가율은 ○○경매정보센터(http://www.**.co.kr)에서 제공하는 부동산 소재지별 관할법원의 경매물건 별(용도별) 최근 6개월간의 경매자료(감정가액 및 낙찰가액)을 집계하여 감정가액 대비 낙찰가액 비율을 가중평균하여 산정하였습니다. 미완성공사 중 해운대 현장은 타 업체에 사업양도 시 회수가 가능하다고 판단되나, 기타의 현장은 청산 시 회수가 불가능할 것으로 판단됩니다.

라. 기타 유동자산

재무상태표에 과제예치금이라 기재된 금액은 ×기술(주)가 공공기관이 발주한 연구과제를 수행한 결과가 기준에 미치지 못하거나, 납기지연 등의 사유가 발생할 경우에 손해 등을 담보하기 위하여 예치한 금액이다. 과제를 제대로 수행할 경우 반환받을 수 있는 금액이므로 자산으로 계상한 것이다.

이러한 성격의 금원을 청산가치에 여하히 반영할 것인지는 파산적 청산으로 인해 해당 과제수행과 관련한 계약이 해지될 것인지, 해지될 경우 예치금을 반환받을 수 있는지 등에 관한 계약 내지 협약서의 문언을 검토하여 정하여야 할 것이다.

부가세대급금은 미결산으로 인하여 부가세예수금과 상계제거되지 않은 금액으로 부가세예수금 등과 상계되어 회수가능가액이 없으므로 청산가치는 '0'이며, 청산가치 평가 시 전액을 실사손실로 반영한다.

2. 투자자산

가. 투자부동산

임대수익이나 시세차익 또는 두 가지 모두를 얻기 위하여 소유자나 금융리스의 이용자가 보유하고 있는 부동산[19]으로, ㈎ 재화의 생산이나 용역의 제

19) K-IFRS 1040호 투자부동산, 문단 5.

공 또는 관리목적에 사용[20]하거나, (나) 정상적인 영업과정에서 판매를 목적으로 보유하는 것은 제외한다. 청산가치 산정은 일반적인 유형자산과 동일하게 해당 지역 경매법원의 평균낙찰가율을 적용하면 될 것이다.

나. 금융자산

청산가치 평가에 있어서 건설회사가 보유하는 건설공제조합 등에 대한 출자유가증권이나 상장주식은 전액회수가 가능할 것이므로 공정가치가 곧 청산가치가 될 것이다.

시장성없는 주식은 재무상태표에 취득원가로 계상되어 있는 경우가 많으나, 실제 회수금액은 이에 미치지 못할 것이다. 회수가 어렵거나 회수가치가 낮은 주식 등의 청산가치는 '0'으로 평가할 수도 있다.

3. 유형자산

유형고정자산 중 토지, 건물, 차량 등 범용성이 높은 자산은 상대적으로 평가가 용이할 것이다. 그러나 범용성이 있다 하더라도 규모가 크거나, 대규모의 담보권이 설정되어 있는 경우 등이라면 처분하는 데 많은 시간과 비용이 소요될 것이다. 유형자산의 청산가치는 대체로 해당 지역 경매법원의 평균낙찰가율을 적용하여 산정한다. 지목이나 용도를 고려한 낙찰가율인지, 이를 고려하지 않은 평균낙찰가율인지는 명확하지 않으나, 이를 고려함이 타당하다.

유형자산의 청산가치를 산정함에 있어서는 반드시 장부가에 구애될 필요는 없다. 유형자산의 장부가는 통상 취득원가에서 감가상각누계액을 차감한 액수로 표시될 것이나, 이는 비용의 배분 등 내부적인 회계처리와 세무상의 문제일 뿐 장부가가 곧 청산가치를 의미하는 것은 아니다.

4. 무형자산

특허 등 무형자산은 사용가치와 청산가치에 상당한 차이가 있다. 무형자

---

20) 자가사용부동산이라고 하며, 투자목적으로 보유하는 것이 아니므로 제외한다.

산의 경우에도 범용성에 따라 차이가 있겠으나, 기업 내에서 창출되어 기업의 독자적인 사업활동에만 사용된다면 투자한 자금의 규모에 비하여 청산가치는 매우 낮을 수밖에 없고, 아예 '0'으로 평가하여야 할 경우도 많다.

5. 이연법인세 자산(부채)

자산의 인식은 미래 회계기간에 기업에 유입될 경제적 효익의 형태로 장부금액만큼 회수될 것을 의미한다. 자산의 장부금액이 세무기준액을 초과하는 경우 과세대상 경제적 효익이 세무상 손금으로 차감될 금액을 초과하게 될 것이다. 이러한 차이가 가산할 일시적 차이이며 이로 인하여 미래 회계기간에 법인세를 납부하게 될 의무가 이연법인세부채이다. 자산의 장부금액을 회수할 때 가산할 일시적 차이가 소멸되며 과세소득이 발생한다. 이에 따라 기업은 법인세를 납부하게 될 것이므로, 경제적 효익이 유출될 가능성이 높아진다.

(사례)

취득원가가 150원인 자산의 장부금액이 100원이다. 당해 자산의 세무상 감가상각누계액은 90원이며, 세율은 25%이다. 이 자산의 세무기준액은 60원(취득원가 150원에서 세무상 감가상각누계액 90원을 차감한 금액)이다. 장부금액 100원을 회수하기 위하여 기업은 100원의 과세대상수익을 얻어야 하나 세무상 감가상각비는 60원만큼만 공제할 수 있을 뿐이다. 결과적으로, 기업은 자산의 장부금액을 회수할 때 10원(40원의 25%)의 법인세를 납부할 것이다. 장부금액 100원과 세무기준액 60원의 차이인 40원이 가산할 일시적 차이이다. 그러므로 기업은 자산의 장부금액을 회수할 때 납부할 법인세액인 10원(40원의 25%)을 이연법인세부채로 인식한다. 부채의 인식은 당해 경제적 효익이 있는 자원이 기업으로부터 유출되는 형태로 장부금액만큼 미래 회계기간에 결제될 것을 의미한다. 기업으로부터 유출되는 자원의 일부 또는 전부가 부채를 인식한 기간보다 나중에 과세소득에서 공제될 수 있다. 이러한 경우 부채의 장부금액과 세무기준액 사이에 일시적 차이가 존재하게 된다. 따라서 미래 회계기간에 당해 부채의 일부가 과세소득에서 공제되는 때 회수가능한 법인세만큼 이연법인세자산이 발생한다. 이와 마찬가지로 자산의 장부금액이 세무기준액보다 작다면 당해 일시적 차이는 미래 회계기간에 회수가능한 법인세만큼 이연법인세자산을

발생시킨다.[21]

(사례)

기업이 미지급된 제품보증원가 100원을 부채로 인식한다. 세무상 제품보증원가는 지급되기 전에는 공제되지 아니한다. 법인세율은 25%이다. 당해 부채의 세무기준액은 영(0)(장부금액 100원에서 미래 회계기간에 당해 부채와 관련하여 세무상 공제될 금액을 차감한 금액)이다. 당해 부채를 장부금액으로 결제할 때, 기업의 미래 과세소득이 100원만큼 감소될 것이며 따라서 향후 법인세납부액은 25원(100원의 25%)만큼 감소하게 된다. 장부금액 100원과 세무기준액 영(0)과의 차이 100원이 차감할 일시적 차이이다. 그러므로 미래 회계기간에 법인세납부액이 감소하는 혜택을 볼 수 있을 만큼 충분한 과세소득을 창출할 가능성이 높은 경우, 25원(100원의 25%)의 이연법인세자산을 인식한다.[22]

V. 청산가치의 산정

1. 신청 당시 산정한 청산가치

청산가치 산정표

20××. 7. 31. 현재

계정	장부가액	청산손실률	청산손실	청산가치
현금및현금등가물	58,059,656	0%	0	58,059,656
1) 매출채권	756,961,688	0%	0	756,961,688
2) 단기대여금	75,770,500	100%	75,770,500	0
3) 미수수익	8,999,065	100%	8,999,065	0
4) 미수금	128,865,364	30%	38,659,609	90,205,755
과제예치금	655,814	0%	0	655,814
5) 선급금	1,044,260,855	100%	1,044,260,855	0
6) 선급비용	10,538,447	100%	10,538,447	0
7) 부가세대급금	3,946,930	100%	3,946,930	0

21) K-IFRS 1012호 법인세, 문단 16.

22) K-IFRS 1012호 법인세, 문단 25.

8) 이연법인세자산		520,310,262	100%	520,310,262	0
9) 재고자산	상품	571,344	0%	0	571,344
	제품	226,203,770	70%	158,342,639	67,861,131
	원재료	51,949,382	30%	15,584,815	36,364,567
	저장품	12,707,900	70%	8,895,530	3,812,370
	재공품	379,175,140	70%	265,422,598	113,752,542
장기대여금		14,300,000	0%	0	14,300,000
10) 차량운반구		3,000,000[23]	30%	900,000	2,100,000
11) 비품	비품	29,176,169	100%	29,176,169	0
	연구개발비품	102,845,121	90%	92,560,609	10,284,512
	시설장치	63,577,676	90%	57,219,908	6,357,768
	비품(생산용)	41,554,960	90%	37,399,464	4,155,496
12) 산업재산권		10,086,620	0%	0	10,086,620
13) 개발비		2,378,699,082	100%	2,378,699,082	0
14) 소프트웨어(연)		6,595,834	100%	6,595,834	0
15) 이연법인세자산		2,131,278,347	100%	2,131,278,347	0
임차보증금		121,906,968	0%	0	121,906,968
기타 보증금		2,100,000	0%	0	2,100,000
자산총계		8,184,096,894		6,884,560,663	1,299,536,231

* 청산가치 산정의 출발점인 장부가액은 기말 재무상태표의 금액이 아니라, 신청을 준비하던 시점의 잔액으로서 실사가액과 동일한 의미로 사용된 것이다.

* 청산가치 산정의 근거

1) 비교적 최근에 발생한 매출인 관계로 청산손실을 고려하지 않았다.

2) 및 3) 단기대여금과 미수수익은 전액 해외자회사인 X Asia Pacific. Ltd에 대여한 자회사 운영자금 대여금과 동 대여금에 대하여 인식한 이자수익으로 자회사의 누적결손과 채무자 회사가 매출한 불량재고 등으로 인하여 완전자본잠식상태이므로 단기대여금 및 미수수익의 회수가능성이 없어 전액 실사손실로 반영하였다.

4) 불량처리 비용을 구상하기 위한 금액이 다수를 차지하며, 승소가능성 및 회수비용과 기간 등을 감안하여 청산손실률 30%를 적용하였다.

5) 관계회사인 홍콩 자회사에 지급한 금원으로서 전술한 사정에 의거 회수가능성이 없는 것으로 판단하였다.

6) 주로 보험료로서 현금화될 성질이 아닌 것으로 판단하였다.

7) 현금화 여부가 현재로서는 불확실하고, 예수금과 상계될 것인 점을 각 감안하여 장부계상 금액 전액을 청산손실로 반영하였다.

8) 및 15) 회계상 자산인식 요건(장래의 법인세 감액)을 갖출 경우 자산으로 계상되는 항목이기는 하나, 현금화할 성격은 아닌 것으로 판단하였다.

9) 불량재고가 상당 부분 포함되어 있는 점, 즉시 판매가능한 시장이 형성되어 있다고 보기는 어려운 점, 회수비용

---

23) 내용연수가 경과되어 1,000원의 비망가액만 장부에 계상되어 있었으나, 내용연수가 경과하였다는 것이 경제적 가치가 '0'임을 의미하는 것은 아니다. 조사위원의 청산가치 평가는 채무자 제시액 → 실사가액 → 청산손실 → 청산가치의 순으로 계산하게 되므로, X기술(주)에서 중고차 사이트를 통해 조사한 3,000,000원이 아니라, 채무자 제시액(장부가액)인 1,000원에서 출발하여 청산가치를 산정하게 될 것이다.

및 기간 등을 종합하여 청산가치를 부여하였다.
10) 2004년식으로 주행거리도 20만KM를 상회하는바, 중고차사이트의 거래가액을 참조하여 청산가치를 산정하였다.
11) 내용연수가 경과한 자산이 상당수를 차지하는 점, 집기류는 시장성이 거의 없는 점 등의 사정을 감안하여 청산손실률을 높게 적용하였다.
12) 특허등록비용을 편의상 자산으로 계상해 둔 것이나, 이미 진부화 되어 교환가치는 없는 것으로 판단하였다.
13) 기 투입된 개발비를 자본화한 것이므로 청산을 가정할 경우 현금화될 성질은 아닌 것으로 판단하였다.
14) 연 단위로 계약이 갱신되는 소프트웨어 사용권을 말하며, 채무자 회사가 실시권 등을 갖는 자산이 아닌 관계로 현금화할 성격은 아니다.

2. 조사위원이 파악한 ×기술(주)의 청산가치[24)]

가. 청산가치 산정 내역

(1) 실사를 통한 수정재무상태표 작성

(단위: 천원)

과목		채무자 제시금액	실사조정		실사가치
			차변	대변	
Ⅰ.	유동자산	3,196,236			531,253
(1)	당좌자산	2,570,116			208,815
	현금및현금등가물	42,918			42,918
	매출채권	711,323		551,463	159,860
	단기대여금	61,241		61,241	-
	미수수익	9,362		9,362	-
	미수금	121,402		115,365	6,037
	과제예치금	5,295		5,295	-
	선급금	1,084,638		1,084,638	-
	선급비용	8,713		8,713	-
	부가세대급금	4,914		4,914	-
	이연법인세자산	520,310		520,310	-
(2)	재고자산	626,120			322,438
	제품	216,679		159,839	56,840
	원재료	20,819		15,817	5,002
	저장품	12,708		12,708	-
	재공품	375,914		115,318	260,596
Ⅱ.	비유동자산	4,802,727			729,289

24) 실사가치 산정 방식, 청산손실을 반영하는 기준과 정도를 자세히 전달하고자 조사보고서의 관련 부분에 최소한의 첨삭만을 하였음을 밝힌다.

(1)	투자자산	14,300			14,300
	장기대여금	14,300			14,300
(2)	유형자산	226,981			202,211
	차량운반구	1	3,999		4,000
	비품	27,894		1,193	26,701
	연구개발비품	96,749			96,749
	시설장치	61,700		27,576	34,124
	비품(생산용)	40,637			40,637
(3)	무형자산	2,353,560			436,169
	산업재산권	9,961			9,961
	개발비	2,332,391		1,917,391	415,000
	소프트웨어	11,208			11,208
(4)	기타비유동자산	2,207,886			76,608
	이연법인세자산	2,131,278		2,131,278	-
	임차보증금	74,508			74,508
	기타보증금	2,100			2,100
자산총계		7,998,963			1,260,541

* 채무자 제시금액은 전년도 말의 장부가액을 의미한다.

(2) 실사 기준

① 현금 및 현금성자산

현금 및 현금성자산은 현금과 보통예금으로 구성되어 있으며, 현금보유액의 실재성 확인을 위하여 실사기준일 현재 보통예금의 인출내역과 이후 자금 사용내역에 대하여 증빙을 통해 확인하고, 실사일까지 통장입출금 내역 등을 통하여 실재성을 확인하였다.

② 외상매출금

외상매출금의 실재성 및 정확성을 파악하기 위하여 임직원과의 면담, 원장대사, 거래처와 송수신된 문서 등의 증빙 및 조사기준일 이후 회수내역을 검토하였다. 외상매출금 중 채권 발생일로부터 6개월이 경과한 장기 미회수 채권에 대한 연령분석 및 거래처 부도여부를 포함한 개별분석을 통해 회수가 불확실한 채권을 실사손실로 반영하였다.

(단위: 천원)

(차변)	실사손실	551,463	(대변)	외상매출금	551,463

③ 단기대여금 및 미수수익

단기대여금과 미수수익은 전액 해외자회사인 X Asia Pacific. Ltd에 대여한 자회사 운영자금 대여금과 동 대여금에 대하여 인식한 이자수익으로 자회사의 누적결손과 채무자 회사가 매출한 불량

재고 등으로 인하여 완전자본잠식상태이므로 단기대여금 및 미수수익의 회수가능성이 없어 전액 실사손실로 반영하였다.

(단위: 천원)

(차변)	실사손실	70,603	(대변)	단기대여금	61,241
			(대변)	미수수익	9,362

④ 미수금

미수금은 매입거래처에 대한 제품 불량 클레임 미수금과 미수임대료 등으로 구성되어 있다. 채무자 회사가 ㈜제일테크에 제기한 제품불량에 대한 손해배상소송(2014가합***7)의 향후 소송 결과에 따라 ㈜제일테크에 대한 채무자 회사의 채권 및 채무 금액이 확정될 예정임을 고려할 때, 클레임 미수금은 그 회수가능성이 불확실하므로 ㈜제일테크에 대한 클레임 미수금은 전액 실사손실로 반영하였다. 또한, 미수금 중 임대보증금과 상계된 미수임대료 등도 회수가능성이 없으므로 실사손실로 반영하였다.

(단위: 천원)

(차변)	실사손실	115,365	(대변)	미수금	115,365

⑤ 과제예치금

과제예치금은 채무자 회사가 국책과제 수행을 위하여 부담하는 민간부담금 중 현금부담분을 예치한 금액 중 미환입된 금액으로 국책과제별 국고보조금을 포함한 사용내역을 검토하고 미사용잔액을 장부상 대사확인하였다. 과제예치금은 향후 국책과제를 수행하는 과정에서 국고보조금과 함께 현금으로 유입될 금액을 현금흐름 추정에서 반영하였으므로 재산상태 조사 시에는 전액을 실사손실로 반영하였다.

(단위: 천원)

(차변)	실사손실	5,295	(대변)	과제예치금	5,295

⑥ 선급금

선급금은 해외자회사인 X Asia Pacific. Ltd의 매입대금 지급을 위해 채무자 회사가 대위변제한 선급금과 채무자 회사의 회생관련 법원공탁금 등으로 구성되어 있다. 해외자회사인 X Asia Pacific. Ltd에 대한 선급금은 채무자 회사가 세연산업개발㈜에 매출한 후 세연산업개발㈜이 X Asia Pacific. Ltd에 다시 재매출한 후 제품 불량으로 인하여 제품판매가 이루어지지 않아 미회수된 세연산업개발㈜의 X Asia Pacific. Ltd에 대한 매출채권에 대하여 채무자 회사가 대위 변제한 금액이다. 한편, 해외자회사인 X Asia Pacific. Ltd는 조사기준일 현재 완전자본잠식 등으로 인하여 향후 변제가능성이 없는 것으로 판단되어 전액 실사손실로 반영하였다. 이외 선급금 중 회수가능성이 없는 법원공탁금과 특허권 출원관련 비용 등을 전액 실사손실로 반영하였다.

(단위: 천원)

(차변)	실사손실	1,084,638	(대변)	선급금	1,084,638

⑦ 선급비용

선급비용은 발생한 보험료 등의 기간안분에 따른 인식액으로 정산에 따라 회수가능성이 없으므로 전액 실사손실로 반영하였다.

(단위: 천원)

(차변)	실사손실	8,713	(대변)	선급비용	8,713

⑧ 부가세대급금 및 이연법인세자산

부가세대급금은 미결산으로 인하여 부가세예수금과 상계제거되지 않은 금액으로 부가세예수금 등과 상계되어 회수가능가액이 없으므로 전액 실사손실로 반영하였다. 또한, 이연법인세자산은 향후 실현가능할 것으로 예상되는 법인세부담액이 없으므로 전액 실사손실로 반영하였다.

(단위: 천원)

(차변)	실사손실	525,224	(대변)	부가세대급금	4,914
			(대변)	이연법인세자산	520,310

⑨ 재고자산

재고자산은 채무자 회사의 주요 영업인 보안장비 영상처리장치 제조를 위한 원재료와 재공품, 제품 등으로 구성되어 있다. 시장변화로 인한 장기간 무이동 재고와 불량으로 인하여 판매가능성이 희박한 제품과 관련 원재료 및 재공품은 전액 실사손실로 반영하였다. 또한, CCD방식 중 일부 저가로 판매가 가능할 것으로 판단되는 재고자산에 대하여는 장부가액의 80%를 실사손실로 반영하였다. 상기에서 언급한 재고자산을 제외한 조사기준일까지 판매가 이루어지고 있는 재고자산에 대하여는 장부가액을 실사가액으로 산정하였다.

(단위: 천원)

(차변)	실사손실	303,681	(대변)	제품	159,839
				원재료	15,817
				저장품	12,708
				재공품	115,318

⑩ 유형자산

채무자 회사는 실사기준일 현재 보유중인 유형자산에 대한 감정평가를 받지 아니하여 장부가액을 근거로 자산의 실재성과 감가상각비를 재계산 검토하여 실사손익으로 반영하였다. 다만, 차량운반구는 감정평가를 받지 아니하여 중고차시세(SK엔카 및 다음자동차)를 조회하여 실사가치로 반영하였다.

(단위: 천원)

(차변)	실사손실	24,769	(대변)	비품	1,193
(차변)	차량운반구	3,999	(대변)	시설장치	27,575

⑪ 무형자산

조사기준일 현재 무형자산은 특허취득에 따른 특허권, 연구개발을 통한 개발비 및 소프트웨어 등으로 구성되어 있으며, 자산의 실재성과 감가상각비 재계산검증을 통해 기업회계기준에 따른 감가상각비 차감 후 금액을 재산상태 조사액으로 평가하되, 개발비에 대하여는 개별분석을 통해 중단사업 등을 고려, 개별적으로 식별이 가능하지 않거나 향후 미래 경제적 효익을 합리적으로 추정할 수 없는 개발비는 전액 실사손실로 반영하였으나, 향후 라이선스 기술 이전 협약과 관련된 금액에 대하여는 실사가치로 산정하였다.

(단위: 천원)

(차변)	실사손실	1,917,391	(대변)	개발비	1,917,391

⑫ 기타비유동자산

기타비유동자산은 임차보증금과 제보증금 및 이연법인세자산으로 구성되어 있다. 임차보증금과 제보증금은 관련 증빙을 대사확인하여 실재성을 확인하고 장부가액과의 차이를 실사손익으로 반영하였으며, 이연법인세자산은 향후 실현가능할 것으로 예상되는 법인세부담액이 없으므로 전액 실사손실로 반영하였다.

⑬ 이연법인세자산

향후 실현가능할 것으로 예상되는 법인세부담액이 없으므로 실사 목적상 전액 실사손실로 반영하였다.

(단위: 천원)

(차변)	실사손실	2,131,279	(대변)	이연법인세자산	2,131,279

(3) 부채[25)]

개시신청 시 작성된 채권내역 및 관련증빙, 금융거래확인서 등을 통해 개별업체별로 회생채권 신고액을 확인하고 명세서상 채무 잔액과 대사 확인하여 수정하였다. 채무자 회사는 채권자의 채권신고 서류를 검토하여 채권가액이 타당하지 않은 경우에는 부인하였으며, 일부 채권자는 지연신고함에 따라 채권자가 추후에 증거서류를 보완하거나 추가적으로 채권신고를 하는 경우에 조사기일 현재 부

25) 부채 부분은 청산가치 산정과는 관련이 없다. 다만, 자산과 상호 연관된 항목이 있는 관계로 참고적으로 제시하였다.

인되었던 채무가 시인되어 채무자의 변제의무가 있는 부채가 증가할 수 있다.

(단위: 천원)

(차변)	매입채무(*1)	825,799	(대변)	실사이익	824,561
	부가세예수금(*2)	4,915		예수금	19,526
	미지급비용	39,686		단기차입금	1,600
	전환사채상환할증금(*3)	657,059		유동성전환사채(*3)	303,460
	임대보증금(*4)	7,700		사채할인발행차금(*3)	426,926
	미지급금(*5)	91,389		퇴직급여충당부채	3,476
				미확정구상채무	47,000

(*1) 매입채무
(주)제일테크와의 공동개발사업 약정에 따라 **** 제품을 개발 양산 판매하는 과정에서 발생한 칩공급 대금과 관련한 외상매입금으로 채무자 회사는 해당 칩의 불량으로 인하여 발생한 손해를 근거로 서울중앙지방법원에 (2014가합****7) 손해배상청구 소송을 진행 중이며, 이를 근거로 (주)제일테크 상거래채무 825,799,862원을 부인함에 따라 실사이익으로 반영하였다.

(*2) 부가세예수금
조사기준일 현재의 부가세대급금과 상계처리하여 실사손익으로 반영하였다. 상계처리 후 부가세예수금 잔액은 2,676천원이다.

(*3)전환사채
조사기준일 현재의 전환사채상환할증금 및 사채할인발행차금을 제거하고 전환사채 장부가액과 채권신고 및 시인된 가액과의 차이를 조정하였다.

(*4) 임대보증금
조사기준일 현재 임대계약은 임차인의 귀책사유(임대보증금의 지급지연 및 임차료의 미지급)로 인하여 해지되었으며, 이에 따라 수입 등으로 대체될 금액이므로 전액 제거하여 실사이익으로 인식하였다.

(*5) 미지급금
장부상 미지급금으로 인식된 국책과제관련 민간현금부담금 유예액에 대한 선사용분 50,564천원은 준비년도 이후 국책과제 정부보조금에서 고려(운전자본)되었으므로 전액 제거하여 실사이익으로 인식하였으며, 잔여금액인 40,825천원은 시인된 채권금액과의 차이를 조정한 것이다.

(4) 청산가치 평가

(단위: 천원)

과목		재산상태	청산조정		청산가치
		조사액	차변	대변	
자산					
Ⅰ.	유동자산	531,253			255,778
(1)	당좌자산	208,815			159,046
	현금및현금성자산	42,918			42,918
	매출채권	159,860		47,958	111,902
	미수금	6,037		1,811	4,226
(2)	재고자산	322,438			96,732

	제품	56,840		39,788	17,052
	원재료	5,002		3,501	1,501
	재공품	260,596		182,417	78,179
II.	비유동자산	314,289			160,795
(1)	투자자산	14,300			10,010
	장기대여금	14,300		4,290	10,010
(2)	유형자산	202,212			74,177
	차량운반구	4,000		740	3,260
	비품	26,701		26,701	–
	연구개발비품	96,749		25,832	70,917
	시설장치	34,125		34,125	–
	비품(생산용)	40,637		40,637	–
(3)	무형자산	436,169			415,000
	산업재산권	9,961		9,961	–
	개발비	415,000			415,000
	소프트웨어	11,208		11,208	–
(4)	기타비유동자산	76,608			76,608
	임차보증금	74,508			74,508
	기타보증금	2,100			2,100
자산총계		1,260,542			831,573

(5) 청산가치 산정 기준

① 현금 및 현금성자산

자산의 성격상 파산적 청산이라는 특수상황에도 불구하고 전액 회수 가능하다고 판단되므로 재산상태 조사액을 청산가치로 평가하였다.

② 매출채권

매출채권은 회수 부대비용을 고려, 재산상태조사액 대비 70%를 청산가치로 평가하였다.

③ 기타유동자산

기타유동자산인 미수금에 대하여는 회수 부대비용을 고려, 재산상태조사액 대비 70%를 청산가치로 산정하였다.

④ 재고자산

재고자산은 보안카메라의 부속품인 이미지처리장치 제품 및 관련 원부자재로서 독자적인 기술력을 바탕으로 제작되어 판매 후에도 기술적 서비스가 제공되지 않을 경우 정상적인 판매가 어려우므로 재산상태 조사액의 30%를 청산가치로 평가하였다.

⑤ 투자자산

투자자산은 임직원 장기대여금으로 파산적 청산 시 일반채권과 동일하게 회수 부대비용을 고려, 재산상태 조사액의 70%를 청산가치로 산정하였다.

⑥ 유형자산

유형자산 중 범용성이 있는 차량운반구와 연구개발비품의 경우 재산상태 조사액에 소재지 관할 법원의 각 용도별 최근 기간의 평균 경매낙찰가율(출처: 대법원 경매사이트)을 적용하여 산정하였으며, 비품과 시설장치, 생산용 비품의 경우 처리비용 등을 고려할 때 회수가능가액이 없을 것으로 판단되어 청산가치는 없는 것으로 산정하였다.

⑦ 무형자산

무형자산은 회사 운영을 위한 특허권, 개발비 및 소프트웨어 등으로 채무자 회사의 청산시 타용도로 사용가능성이 없다고 판단되어 회수가능가액이 없는 것으로 산정하였으나, 향후 기술 이전 라이선스 계약과 관련한 금액은 청산가치로 산정하였다.

⑧ 기타비유동자산

임차보증금 및 기타보증금의 성격상 파산적 청산이라는 특수상황에도 불구하고 전액 회수 가능하다고 판단되므로 재산상태 조사액을 청산가치로 평가하였다.

3. 결 어

신청 당시 채무자가 파악한 청산가치와 조사위원이 파악한 청산가치는 상당한 차이가 있음을 확인할 수 있다. 두 가지 평가결과는 일치할 필요가 없고, 일치할 수도 없다. 개시신청이란 계속기업가치가 청산가치를 초과함을 단순히 소명하는 절차이므로, 신청 당시부터 전문가에 의한 정교한 가치평가를 필요로 하는 것은 아니다.

신청을 준비하는 과정에서는 청산가치를 좀 더 높게 산정함으로써 계속기업가치가 청산가치를 초과한다는 기본 전제에 관하여 보다 보수적인 입장에서 소명할 필요가 있다고 본다. 조사위원은 채무자의 신청 및 제시한 자료를 통해 채무자의 상태를 객관적으로 평가함으로써 회생절차를 진행하는 것이 타당한지 여부에 관한 의견을 제시하고, 그 의견을 주축으로 채무자는 회생계획을 준비하게 된다. 만약 신청 당시 채무자가 예상한 청산가치가 조사위원이 산정한 청산가치에 비하여 지나치게 작다면 청산가치를 보장하기 위하여 당초 채무자가 예상한 회생계획의 개요와 비교하여 더욱 많은 변제자금이 소요될 것이므로 자금수지 구상에 차질이 발생할 수 있다.

제 4 절 현재가치 평가의 의미

Ⅰ. 유동성선호와 이자율

이른바 현재가치평가는 계속기업가치 산정의 이론적 전제라고 할 수 있다. 현재 시점에서 사용가능한 100만원의 현금과 1년 후 사용가능한 현금 100만원의 가치를 비교하면 당연히 현재 사용가능한 현금의 가치가 더 높다고 할 수 있다. 이를 유동성선호(Liquidity Preference)라고 한다. 유동성이란 현금화의 가능성을 의미하며, 유동성이 높다는 것은 큰 거래비용을 들이지 않고 단기간에 현금화할 수 있다는 의미이다.

유동성 선호의 발생 이유에 관하여는 ① 수익성 있는 실물투자기회가 존재할 경우 현재의 현금을 투자재원으로 사용할 수 있다는 점, ② 물가가 상승할 경우 미래의 현금은 현재의 현금보다 구매력이 떨어진다는 점, ③ 미래의 불확실성으로 인해 미래의 현금은 실현되지 않을 수 있다는 점 등이 제시된다.

현재의 현금을 더 선호하는 결과 현재의 현금을 포기해야 한다면 당연히 일정한 대가를 요구하게 되며, 그 대가가 이자율이다. 즉 이자율은 발생시점이 서로 다른 화폐의 상대적 가치(이른바 화폐의 시간가치)를 나타내는 척도라고 할 수 있다. 실물투자기회의 생산성과 물가상승의 정도에 대한 대가를 무위험이자율(Risk Free Interest Rate)이라 하고,[26] 불확실성의 정도에 대한 대가를 위험프리미엄(Risk Premium)이라 한다. 따라서 이자율은 무위험이자율과 위험프리미엄의 합으로 표현할 수 있다.

---

26) 유동성 선호의 근거 중 ①과 ②에 관한 것으로, 시장에서 결정되는 요인들이다.

Ⅱ. 현재가치와 미래가치의 관계

금리 10%인 1년 만기 정기예금에 100,000원을 투자할 경우 1년 후 원리금은 110,000원[100,000*(1+10%)=110,000]이다. 이를 바꾸어 생각하면 1년 후 110,000원이 필요할 경우 현 시점에서 100,000원[110,000/(1+10%)=100,000]을 예치하면 된다는 것이다. 10만원을 3년간 예치할 경우 받을 원리금은 133,100원[100,000*$(1+10\%)^3$=133,100]이다.[27] 이는 3년 후 133,100원이 필요하다면 현 시점에서 3년만기 연리 10% 정기예금에 100,000원을 투자하면 된다는 것과 같은 의미이다. 즉 [133,100/$(1+10\%)^3$=100,000]이라는 산식으로 표현할 수 있고, 일반화하면 다음과 같이 표현할 수 있다.

$$현재가치(PV)=CF_1/(1+r)+CF_2/(1+r)^2+ \cdots\cdots CF_n/(1+r)^n$$

Ⅲ. 영구연금의 현가

매기 말 일정한 현금흐름(C)이 영구적으로 발생할 경우를 아래와 같이 상정하여 보자.

t=0	1	2	3	………	∞
	C	C	C	………	C

이러한 현금흐름의 현가는 다시 아래와 같이 표시할 수 있다.

$$PV(영구연금) = C/(1+r) + C/(1+r)^2 + \frac{C}{(1+r)^3} + \cdots = \frac{C}{r}$$

27) 복리를 전제하는 것이며, 복리란 매년 발생한 이자금액이 자동적으로 원래의 정기예금 원본에 가산되어 재투자된다는 의미를 담고 있다.

위 식은 초항이 C/(1+r)이고, 공비가 1/(1+r)인 무한등비급수의 합과 같으므로 무한등비급수의 합 공식에 의거 다음과 같이 계산할 수 있다.

영구연금의 현가(PV) $= \dfrac{C/(1+r)}{[1-1/(1+r)}$

$= C/r$

회생계획기간인 통상 10년의 기간 이후에도 기업은 상당기간 존속하면서 현금흐름을 창출할 것이다(이른바 계속기업의 가정[28]). 한편 영구적인 현금흐름의 변동은 결국 평균에 수렴할 것이므로, 회생기간 이후의 현금흐름은 통상 회생계획의 마지막 년도인 10년차의 현금흐름이 영구히 발생할 것으로 가정하는 것이 일반적이다. 이러한 사고방식이 기업가치를 과대평가하는 것이 아닌가 하는 의문이 제기될 수 있으나 현가계산 기간이 길어질수록 현가는 작아질 것이고, 종국에는 0에 수렴한다는 점에서 이러한 가정은 정당화될 수 있다.

Ⅳ. 일정성장 영구현금흐름의 현가

회생계획 기간 이후의 현금흐름과 관련하여 ×10년도의 현금흐름이 영구히 지속될 것으로 가정하지 않고, 일정 비율로 성장할 것으로 가정하는 경우도 있다. 현금흐름의 성장률을 g라고 하면 마찬가지의 방법으로 현가를 계산할 수 있다.

일정성장 영구현금흐름의 현가(PV)

$= C/(1+r) + C(1+g)/(1+r)^2 + C(1+g)^2/(1+r)^3 + \cdots$

28) 재무제표는 일반적으로 기업이 계속기업(Going Concern)이며, 예상가능한 기간 동안 영업을 계속할 것이라는 가정 하에 작성된다. 따라서 경영활동을 청산하거나 중요하게 축소할 의도나 필요성을 갖고 있다면 재무제표는 계속기업을 가정한 기준과는 다른 기준을 적용하여 작성하여야 하고, 이는 별도로 공시하여야 한다. 계속기업의 가정에 따르면 기업은 당장 청산되지 않으므로 자산을 역사적 원가로 평가할 수 있는 근거를 제공한다.

$$= \frac{C/(1+r)}{[1-(1+g/1+r)]}$$
$$= \frac{C}{r-g}$$

V. 현가 산정 과정의 예시

가. 회생계획 기간의 현금흐름의 현가

가령 향후 10년간 100억원의 현금흐름이 일정하게 발생할 것으로 예측되고, 할인율은 10%라고 가정하면 회생계획기간 동안의 현금흐름은 다음과 같다.

년도	X1	X2	X3	X4	X5
현금흐름	100	100	100	100	100
현가계수	0.90909[29)]	0.82645[30)]	0.75131	0.68301	0.62092
현가	90.909	82.645	75.131	68.301	62.092

년도	X6	X7	X8	X9	X10
현금흐름	100	100	100	100	100
현가계수	0.56447	0.51316	0.46651	0.42410	0.38554
현가	56.447	51.316	46.651	42.41	38.554
계					614.456

나. 영구현금흐름의 현가

회생계획기간 이후의 영구 현금흐름은 ×10년의 현금흐름이 계속적으로 발생한다고 가정하거나, ×10년의 현금흐름이 일정비율(고정성장률)로 성장한다고 가정하는 것이 일반적임은 전술한 바와 같다. 각각의 현금흐름은 다음과 같이 공식화 할 수 있다.

29) 1/(1+10%)
30) $1/(1+10\%)^2$

① 고정성장률 0%인 경우 영구현금흐름=×10년도 현금흐름/할인율
② 고정성장률을 가정하는 경우 영구현금흐름
=×11년도 현금흐름/(할인율-고정성장률)
* ×11년도 현금흐름=×10년도 현금흐름*(1+고정성장률)

고정성장률이 0%인 경우 ×10년 말 영구현금흐름은 (100/10%=1,000억원), 고정성장률 3%를 가정할 경우 ×11년도 현금흐름은 100 * (1+3%)=103이며, 영구현금흐름은 (103/(10%-3%)=1,471억원으로 각 계산된다.

한편 위 각각의 계산결과는 기준시점이 ×10년 말이므로 평가시점인 ×1년 초의 가치를 계산하자면 위 각각의 수치에 대하여 10기간, 10%현가를 다시 한 번 적용하여야 한다. 이에 의할 경우 전자는 1,000억원 * 0.38554=385.54억원, 후자는 1,471 * 0.38554=567.13억원으로 각 계산된다.

제5절 현금흐름할인법(Discounted Cash Flow Method)

Ⅰ. 의 의

현금흐름할인법이란 기업이 향후 창출할 것으로 예상되는 영업현금흐름(Free Cash Flow)[31]을 일정한 할인율을 적용하여 산정한 금액과 비영업가치를 합산하여 기업가치를 산정하는 방법이다.

Ⅱ. 현금흐름할인법과 시장가치비교법

영업현금흐름은 회생계획 기간인 10년 동안의 현금흐름과 그 이후의 영구현금흐름으로 나눌 수 있고, 이들을 현재가치로 평가하는 방식에 의한 기업가치 산정 방식을 현금흐름할인법(Discounted Cash Flow Method)이라 한다.

---
31) 계산의 편의를 위해 현금흐름은 매년도 말에 이루어지는 것으로 가정하는 것이 일반적이다.

시장가치비교법(Market Multiple Method)과 더불어 기업가치 평가의 가장 일반적인 방법이며, 회생사건의처리에관한예규 9조 2항도 "채무자의 사업을 계속할 때의 가치는 채무자의 재산을 해체·청산함이 없이 이를 기초로 하여 기업활동을 계속할 경우의 가치로서 기업의 미래 수익흐름을 현재가치로 할인하는 현금흐름할인법에 의하여 산정한다"라고 규정하고 있다.

다만 DCM은 미래 예측기간 동안 추정재무제표를 사용하여 매기의 현금흐름을 예측하여야 하나 재정적 파탄에 처하여 회생절차가 개시된 채무자 기업의 미래에 대한 예측이 쉬운 것이 아니며, 할인율을 정함에 있어서도 위험요인을 고려하여야 하므로 평가자의 주관에 따라 평가결과가 상당히 달라질 수 있다는 약점이 있다.[32)]

한편 도산기업은 그 자체로 동종산업의 일반기업과 비교하여 위험성이 높다. 더욱이 업종자체가 경기에 민감하거나, 회생절차개시를 신청한 기업이 자구계획으로서 기존의 수익모델과는 상이한 새로운 사업 아이템을 현금흐름의 원천으로 계획하고 이를 토대로 회생계획을 작성하는 경우라면 과거 재무제표 분석을 토대로 도출된 일련의 정보들은 그 자체로 적실성 측면에서 취약함을 면할 수 없다.

그러나 이러한 비판은 DCM에만 국한되는 비판은 아니라고 본다. 시장가치비교법은 그 자체로 적용범위가 제한되는 방법이다. 순이익, 순자산 장부가, 매출액 등 비교가능하고, 표준화된 가격(비율)이 있어야 하고, 비교대상회사가 존재하여야 한다는 제약조건을 충족시켜야 위 방법을 적용할 수 있으나, 재정적 파탄에 처한 회사를 시장의 다른 기업과 비교한다는 것은 어렵고, 실제 회생절차에 참가하는 대부분의 중소기업의 경우 비교대상기업을 물색하기 위한 데이터를 찾기 어려운 것이 현실이다.

DCM은 시장가치비교법에 비하여 비교적 많이 알려져 있는 방법으로서 회계정보의 이해가능성이라는 측면에서는 긍정적인 기능을 갖고 있으며, 시장가치비교법을 적용하기 어려운 상황에서는 어쩔 수 없이 적용할 수밖에 없는 방

32) 윤남근, 도산절차에 있어서 재산 및 기업가치의 평가 고려법학, 56호(2010. 3.), 641면 내지 642면.

법이다. 물론 DCM을 적용함에 있어서 시장가치비교법의 기법을 적용할 조건이 갖추어진 상황이라면 적극적으로 보완·사용하여야 할 것임은 당연하다.

한편 기업가치평가의 가장 중요한 요소가 매출추정과 할인율 산정이라고 본다면 현행 실무가 위험프리미엄의 범위를 정하고 있고, 대부분의 조사보고서가 위험프리미엄을 산정함에 있어 상한치를 적용하고 있는 현실에 비추어 할인율을 낙관적으로 산정하여 기업가치를 과대평가할 위험은 상대적으로 높지 않다는 점에서 적어도 회생절차에서 DCM의 맹점은 상당부분 상쇄되고 있다. 또한 채권자들은 회생계획기간별로 얼마를 변제받을 것인지에 관심이 있고, 이는 회생계획기간의 현금흐름과 자금수지에 대한 분석이 필수적이며, 채권자들의 이러한 관심을 충족시키는 것이 DCM의 가장 큰 장점이라고 하겠다.

Ⅲ. 발생주의 회계와 현금흐름할인법의 관계

현금흐름 산정의 기본적 자료인 재무제표는 발생주의(Accrual Basis)에 입각하여 작성된다. 발생주의 회계는 재무회계의 기본적 특징으로서 재무제표의 기본요소의 정의 및 인식, 측정과 관련이 있다. 다만, 현금흐름표는 발생기준에 따라 작성되지 않는다. 발생주의 회계의 기본적인 논리는 발생기준에 따라 수익과 비용을 인식하는 것이다. 발생기준은 기업실체의 경제적 거래나 사건에 대해 관련된 수익과 비용을 그 현금유출입이 있는 기간이 아니라 당해 거래나 사건이 발생한 기간에 인식하는 것을 말한다. 발생주의 회계는 현금거래뿐 아니라, 신용거래, 재화 및 용역의 교환 또는 무상이전, 자산 및 부채의 가격변동 등과 같이 현금유출입을 동시에 수반하지 않는 거래나 사건을 인식함으로써 기업실체의 자산과 부채, 그리고 이들의 변동에 관한 정보를 제공하게 된다.

발생주의 회계는 발생과 이연의 개념을 포함한다. 발생이란 미수수익과 같이 미래에 수취할 금액에 대한 자산을 관련된 부채나 수익과 함께 인식하거나, 또는 미지급비용과 같이 미래에 지급할 금액에 대한 부채를 관련된 자산이나 비용과 함께 인식하는 회계과정을 의미한다. 발생주의 회계에 의하면, 재화 및 용역을 신용으로 판매하거나 구매할 때 자산과 부채를 인식하게 되고, 현금이 지급되지 않은 이자 또는 급여 등에 대해 부채와 비용을 인식하게 된다. 이연이란 선수수익과 같이 미래에 수익을 인식하기 위해 현재의 현금유입액을 부채로 인식하거나, 선급비용과 같이 미래에 비용을 인식하기 위해 현재의 현금유출액을 자산으로 인식하는 회계과정을 의미한다. 전자의 경우 수익의 인식은 관련 부채에 내재된 의무의 일부 또는 전부가 이행될 때까지 연기된다. 또한 후자의 경우 비용의 인식은 관련 자산에 내재된 미래 경제적 효익의 일부 또는 전부가 사용될 때까지 연기된다. 이연에는 수익과 비용의 기간별 배분이 수반된다. 기간별 배분은 상각이라고도 하며, 이는 매 기간에 일정한 방식에 따라 금액을 감소시켜가는 회계과정을 말한다. 상각의 전형적인 예로는 감가상각 또는 감모상각에 의한 비용을 인식하는 것과 선수수익을 수익으로 인식하는 것을 들 수 있다. 발생주의 회계에서는 현금 유·출입이 수반되지 않는 자산과 부채 항목이 인식될 수 있다. 그러므로 발생주의 회계와 현금주의 회계의 주된 차이는 수익과 비용을 인식하는 시점이 다르다는 데 있다. 기업실체가 재화 및 용역을 생산하기 위해 설비 등에 투자하는 기간과 생산된 재화 및 용역을 판매하여 수익으로 회수하는 기간은 일반적으로 일치하지 않는 경우가 많다. 설비투자에 현금이 지출되는 시점에서부터 판매된 제품의 대가가 현금으로 회수될 때까지는 상당한 기간이 소요될 수 있다. 그러므로 일 년 정도의 짧은 기간에 대해 현금유입과 현금유출만을 단순 대비하는 것은 기업실체의 재무적 성과를 적절히 나타내지 못할 수 있다. 그러나 발생주의 회계에서는 회계기간별로 기업실체의 경영성과를 적절히 측정하기 위하여 발생과 이연의 절차를 통해 수익과 비용을 기간별로 관련시키고 동시에 자산과 부채의 증감도 함께 인식하게 된다.[33] 발생주의에 입각하여 작성된 재무제표는 그 자체로 현금흐름을 반영하는 것은 아니므로 현금흐름 계산 시 차감할 항목과 가산할 항목에 대한 고려가 필요하다.

33) 재무회계개념체계 문단 66－71.

제 6 절 영업현금흐름(Free Cash Flow)의 계산구조

계속기업가치는 정상적인 영업활동이 지속된다는 가정 하에 향후 유입될 것으로 기대되는 총 영업현금흐름을 적절한 할인율로 할인하여 평가한 금액이다.

이자비용과 배당금은 실제로는 현금유출이나, 현금흐름 계산에서 제외하는 대신 그 효과를 할인율에 반영한다. 이자비용과 배당금은 기업가치 배분의 문제이지 기업가치 그 자체는 아니다.

기타포괄손익(Other Comprehensive Income) 항목들은 기업가치 평가에 있어 고려대상이 아니다. 기타포괄손익이란 당기손익에는 해당하지 않지만 주주지분에는 포함되는 항목을 말한다. 포괄손익계산서에는 주주와의 자본거래를 제외한 모든 자본변동을 손익의 원천으로 보고 이를 손익계산서에 포함시켜 보고한다. 기타포괄손익의 항목은 법인세비용을 차감한 순액으로 표시한다. 기타포괄손익의 항목에는 해외사업환산손익,[34] 장기투자된 금융자산과 관련된 평가손익,[35] 현금흐름위험회피 목적으로 투자된 파생상품평가손익,[36] 재평가잉

34) 해외사업환산손익은 해외지점이나 해외사업장의 외화표시 재무제표를 현행환율법으로 환산하는 경우에 발생하는 환산손익이다. 기타포괄손익으로 처리하였다가 차기 이후 발생하는 해외사업환산손익과 상계하며, 해외 사업장을 폐쇄, 매각, 청산하는 시점에 당기손익으로 재분류한다.

35) 기타포괄손익으로 처리하는 금융자산평가손익은 매도가능금융자산평가손익, 만기보유금융자산평가손익이 있다. 매도가능금융자산평가손익은 매도가능금융자산을 공정가치로 평가할 경우 발생하는 평가손익으로 기타포괄손익으로 처리하였다가 처분하거나 손상차손을 인식하는 시점에 처분손익이나 손상차손으로 재분류한다. 매도가능금융자산을 만기보유금융자산으로 보유목적을 변경하는 경우에는 관련 기타포괄손익은 만기보유금융자산평가손익으로 계정대체하고 동 금액도 기타포괄손익으로 처리된다. 동 금액은 이자수익의 성격이므로 잔여만기까지의 기간에 유효이자율법으로 상각하여 이자수익에 가감하는 방식으로 재분류한다.

* 유효이자율법이란 채권자와 채무자가 당해 채권·채무 발생 당시에 합의된 이자율만큼의 투자수익률(부담이자율)이 유지되도록 이자수익과 이자비용을 인식하는 방법이다. 투자수익률(부담이자율)이 일정률로 유지되어야 하는 이유는 자금을 대여하거나 차입할 경우 일정률의 이자를 보장받거나, 부담하기로 상호 약정하고 자금을 수수한 것이기 때문이다.

36) 향후 위험회피대상항목인 미래예상거래가 발생하는 시점에 손익으로 대체하는 방식으로

여금,[37] 확정급여 제도와 관련하여 발생하는 재측정손익[38]이 있으며 기타포괄손익의 잔액을 기타포괄손익누계액의 과목으로 자본에 계상한다. 기타포괄손익누계액은 개념상으로는 수익과 비용에 해당되어 당기순손익 계산에 포함되어야 하지만, 실현주의 원칙 및 대응원칙에 따를 경우에는 미실현손익에 해당하는 항목들을 이연처리한 금액이다. 기타포괄손익은 향후에 재분류조정을 통하여 당기손익 또는 이익잉여금으로 대체된다. 기타포괄손익과 관련된 항목들은 미실현손익이라는 특징을 가지며, 원칙적으로 기업가치평가에는 영향이 없다.

영업현금흐름의 계산구조는 다음과 같다.

Ⅰ. 출발점으로서의 영업이익(Earning Before Interest and Tax: EBIT)

EBIT는 반복적·경상적 손익만을 반영하여야 한다. 이자비용(수익), 외화환산손익, 영업중단(Discontinued Operation)손익, 특별손익, 비영업용자산에 대한 투자로 인한 손익 등은 제외한다.

그 결과 EBIT와 영업이익은 대체로 동일한 개념이라고 할 수 있다. 물론 영업외손익 항목 중 영업활동과 관련된 손익의 비중이 큰 경우 양자의 차이가 발생할 수 있으나, 영업외손익에 포함되는 영업활동 관련 손익은 추정이 곤란한 경우가 많아 영업이익과 EBIT를 동일하게 인식하는 것이 일반적이다.

Ⅱ. 법인세 비용 차감

영업이익에서 법인세비용을 차감한 금액을 세후영업이익(Net Operating Profit Less Adjusted Tax: NOPLAT)이라고도 한다.

재분류한다.

37) 유형자산이나 무형자산을 재평가할 때 발생하는 재평가차액은 기타포괄손익으로 처리한 후 당해 자산을 처분하는 시점, 상각되어 비용처리하는 시점에 재평가잉여금을 이익잉여금으로 대체할 수 있다.

38) 계속 이연하거나 즉시 이익잉여금으로 대체할 수 있다.

Ⅲ. 비현금비용 가산

비현금비용은 감가상각비, 무형자산상각비와 같이 현금지출을 수반하지 않으면서도 영업이익의 산정 과정에서 공제된 비용이므로 현금흐름을 계산할 때는 가산하여야 한다. 감가상각 대상 자산에 대한 투자액(자본적 지출 포함)은 해당 시점에 즉시 현금유출로 처리한다.

감가상각은 취득원가를 기간배분하는 과정에 불과하므로 감가상각비를 현금유출로 취급하면 취득원가를 이중으로 계상하는 결과가 된다.

한편 감가상각비는 손금항목이므로 법인세액을 감소시킨다는 점에서 감가상각비의 절세효과만큼 현금흐름이 증가한다.

Ⅳ. 운전자본 순증가액 차감

운전자본은 매출채권, 재고자산, 선급비용 등 영업활동 자산에서 매입채무, 미지급비용, 예수금 등 영업활동 관련 부채를 차감하여 계산한다. 매출채권의 순증가액과 재고자산의 순증가액은 차감하고, 매입채무 및 미지급금의 순증가분은 가산한다. 영업현금흐름 계산의 출발점인 영업이익은 발생주의 회계에 기초한 것이므로 현금흐름할인법이 전제로 삼는 현금주의와의 차이를 조정해 주기 위하여 운전자본을 차감하는 것이다. 영업활동을 하다보면 유동자산과 유동부채는 계속 증감변동한다. 유동자산의 증가는 유동자산의 구입에 따른 현금유출을 발생시키고, 유동부채의 증가는 부채의 증가에 따른 현금유입을 발생시킨다. 이 과정에서 전년도와 비교하여 운전자본이 증가하면 순현금유출이 발생하고, 운전자본이 감소하면 순현금유입이 발생한다. 즉 전년 대비 증가액은 현금유출, 감소액은 현금유입으로 계산한다.[39]

39) 강진홍·조한웅, 기업가치평가실무, 영화조세통람, 개정5판(이하 '강진홍 외'로 인용), 71면 내지 72면.

V. 순투자액 차감

비용은 자산의 감소나 부채의 증가와 관련하여 미래 경제적 효익이 감소하고 이를 신뢰성 있게 측정할 수 있을 때 포괄손익계산서에 인식한다. 이는 부채의 증가나 자산의 감소에 대한 인식과 동시에 비용을 인식한다는 의미이며, 수익·비용 대응원칙이라 표현한다. 예를 들어, 종업원급여의 발생에 따라 부채의 증가가 인식되며 설비의 감가상각에 따라 자산의 감소가 인식된다. 비용은 발생된 원가와 특정 수익항목의 가득 간에 존재하는 직접적인 관련성을 기준으로 포괄손익계산서에 인식한다. 수익에 원가를 대응시키는 과정에는 동일한 거래나 그 밖의 사건에 따라 직접 그리고 공통으로 발생하는 수익과 비용을 동시에 또는 통합하여 인식하는 것이 포함된다. 재화의 판매에 따라 수익이 발생됨과 동시에 매출원가를 구성하는 다양한 비용요소가 인식되는 것이 그 예이다. 경제적 효익이 여러 회계기간에 걸쳐 발생할 것으로 기대되고 수익과의 관련성이 단지 포괄적으로 또는 간접적으로만 결정될 수 있는 경우 비용은 체계적이고 합리적인 배분절차를 기준으로 포괄손익계산서에 인식된다. 이러한 비용 인식 절차는 유형자산, 영업권, 특허권과 상표권 같은 자산의 사용과 관련된 비용을 인식하기 위하여 자주 필요하다. 이러한 경우에 관련된 비용은 감가상각비 또는 상각비로 표시된다. 이 배분절차는 해당 항목과 관련된 경제적 효익이 소비되거나 소멸되는 회계기간에 비용을 인식하는 것을 목적으로 한다.[40]

유형자산 취득시점에 현금의 유출이 발생하며, 수익·비용대응원칙에 입각하여 해당 자산의 내용연수에 걸쳐 감가상각한다. 자본적 지출도 현금유출로 인식하나, 자본적 지출과 연관된 감가상각비는 비현금성 항목이므로 현금유입으로 인식한다.

---

40) K-IFRS 재무보고를 위한 개념체계, 문단 4.50, 4.51.

제 7 절 영업이익의 추정

매출액에서 매출원가를 차감한 매출총이익에서 판매비와 관리비를 차감한 것이 영업이익이다. 전술한 바와 같이 영업이익과 EBIT는 동일한 개념으로 보아도 무방하다. 먼저 매출, 매출원가, 판매비와 관리비 추정을 통해 추정 영업이익을 산정하고, 여기에 몇 가지 항목을 가감하여 잉여현금흐름을 산정하는 과정을 구체적인 사례를 통하여 살펴본다.

Ⅰ. 매출의 추정

1. 과거 실적 분석

실무적으로는 과거의 매출실적에 GDP 성장률, 인구증가율, 소비자(생산자) 물가상승률 등 거시경제지표나 개별분석을 통해 예측된 성장률을 반영하여 추정한다. 이러한 거시경제지표를 활용하여 매출(성장률)을 추정하기 위해서는 해당기업의 매출이 원용하고자 하는 거시지표들과 일정부분 상관관계가 있어야 한다. 소비재를 생산 및 판매하는 업체라면 소비자물가상승률이 장기적인 매출성장의 전망치와 일정 상관관계를 가질 수 있고, 급여소득자라면 임금상승률, 소비자물가상승률, 의사라면 의료비 지출 증가율, 소비자물가 상승률 등이 유효한 지표가 될 수 있을 것이다. 특정지표만이 유일하다고 할 수는 없고, 산업별, 업종별 특성 및 개별 채무자의 사업구조 등을 가장 정확히 반영한다고 판단되는 지표를 찾는 것이 중요하다고 본다. 매출액 또는 매출성장률을 추정하는 방식은 시장규모와 시장점유율을 각각 추정하는 방법, 단일의 변수로서 매출성장률을 추정하는 방법, 매출의 구성요소인 매출물량과 매출단가를 각각 추정하여 매출액을 예측하는 방법이 있다.[41]

---

41) 강진홍 외 상게서, 157면 내지 174면.

2. 과거의 손익 자료를 신빙할 수 없거나, 신규사업이 주된 수입원인 경우

매출의 추정은 결국 평가대상 업체가 속한 산업의 전반적인 동향 및 전망, 평가대상 업체의 경쟁력, 생산능력, 향후 투자 내지 사업추진계획, 신제품의 개발, 시장환경의 변화, 연구개발계획 등을 종합적으로 고려하여야 할 것이다. 기존 사업에서 신규사업으로 전환하는 내용의 사업계획이라면 특별히 보수적인 자금수지분석이 필요하다. 수출·입 업체라면 해외시장분석, 해당 제품의 성장 전망 등에 관한 주요 연구기관 등의 예측치에 의존할 수밖에 없으나, 이러한 자료들을 보다 보수적인 관점에서 검증할 필요가 있다. 주요 거래처의 협력업체에 관한 정책이나 해외시장 등으로의 협력업체 다변화 가능성, 건설업의 경우 회생절차를 진행할 경우 적격심사 등에서 불이익을 받을 가능성이 있고, 자금조달에 있어 높은 이율을 지급하여야 할 뿐 아니라 해당 자금은 공익채권이 될 가능성이 높은 점 등 채무자의 업종별로 필요한 고려를 하여야 한다.

3. 가치평가의 출발점: 1차년도 매출 추정

실무상 ×1년도의 매출을 추정한 후 이후 일정비율로 매출이 성장하는 것으로 가정하는 것이 일반적이다. 결국 1차년도의 매출을 정확히 추정하는 것이 계속기업가치평가의 출발점이자 가장 중요한 과제라고 할 것이다.

사례: 회생계획 기간 매출액 및 매출성장률의 추정

1. 과거의 매출 추세 분석

아래의 자료는 자동차부품을 생산하는 특정기업의 과거매출 및 향후 회생계획기간 동안의 매출추정내역이다.

(단위: 백만원)

구분	20×1년	20×2년	20×3	20×4	20×5	20×6년 8개월
매출액	6,155	5,415	4,318	4,624	3,877	2,735
성장률	N/A	▲12.0%	▲20.3%	7.1%	▲16.1%	5.8%(*)

* 과거의 자료는 20×1년과 같은 형식으로 표기하고, 회생계획기간은 단순히 ×1년이라고만 표기하였다.

구분	준비년도	×1년	×2년	×3년	×4년	×5년
매출액	1,433	4,572	4,959	5,207	5,468	5,741
성장률	N/A	6.33 %	8.48%	5.00%	5.00%	5.00%
구분	×6년	×7년	×8년	×9년	×10년	합계
매출액	6,028	6,330	6,646	6,978	7,327	60,694
성장률	5.00%	5.00%	5.00%	5.00%	5.00%	

2. 증감의 원인

서브프라임모기지사태 및 리먼브라더스파산 등 세계 금융위기의 영향으로 인해 해외 및 내수 시장 불황, 주거래업체인 ××㈜의 **협력부품업체 다변화정책**으로 인해 매출감소하였으나, 20×5년 이후 품질개선 노력의 결과 불량건수 대폭 감소하였고, 고객사의 인식변화로 회사에 대한 발주물량이 다시 경쟁협력업체로부터 이전되어 매출이 증가추세에 있다.

3. 회사의 매출 구조

회사 주요 매출처들의 국내매출과 수출매출의 비중을 고려할 경우 회사의 매출비중은 국내매출이 11% 정도이고 수출매출은 89% 정도로 예상되며, 세계 자동차시장의 경기변동에 민감한 구조이다.

4. 매출 및 증가율 추정

20×6년도의 매출액은 8개월분 실제 매출액에 회사가 입수한 향후 5개월분 발주계획 물량을 기준으로 추정한 4개월(9월~12월) 매출계획분을 가산하여 산정하였다.

회생계획기간 1차년도인 ×1년의 매출추정은 한국자동차산업연구소가 발간한 “20×6년 경영환경전망” 보고서에 따른 20×6년 자동차판매대수 증가율, 회사의 내수 및 수출비중, 20×6년 전기대비 매출증가율(10.90%)간의 상관관계를 분석한 후, 이러한 상관관계가 ×1년도에도 지속되는 것을 가정하여 ×1년 매출증가율(6.33%)을 추정하였다.

×1년 이후의 매출증가율은 미래 경제환경의 불확실성 및 과거 회사가 달성한 매출액 추세 등을 종합적으로 고려하여 볼 때, ×1년도의 추정 매출증가율보다 다소 낮은 5%의 매출증가율을 회생계획 기간 동안 달성하는 것으로 추정하였다.

Ⅱ. 매출원가의 추정

1. 원가의 흐름

제조기업은 외부에서 구입한 생산요소(원재료, 노동력, 생산설비 및 기타용역)를 제조활동에 투입하여 제품을 생산하고 이를 판매한다는 점에서 상기업과 차이가 있다. 상기업의 경우 구매한 상품을 판매하는 시점에 매출원가를 발생시키지만,[42] 제조기업의 제조원가를 구성하는 직접재료비, 직접노무비, 제조간접비는 제조활동에 투입될 경우 재공품계정으로 집계되고, 제품이 완성될 경우 완성된 제품의 제조원가(당기 제품제조원가)는 제품계정으로 대체된다. 제품이 판매되면 판매된 제품의 원가는 매출원가로서 당기비용으로 인식된다.

제조활동에서 발생하는 원가 또는 제품제조에 소비되거나 공헌하는 원가를 제조원가라고 하고, 직접재료비, 직접 노무비, 제조간접비를 제조원가 3요소라고 한다.

제조원가의 3요소	내용	비고
직접재료비	특정제품에 추적 가능한 재료원가	매입부대비용 포함
직접노무비	특정제품에 추적가능한 생산직 급여	원천징수세액은 예수금으로서 노무원가에 포함
제조간접비	기타 모든 원가	간접재료비 및 간접노무비 포함
	다양한 생산제품에 공통적으로 연관되므로, 제품별원가계산을 위해서는 인위적인 배부기준에 의하여 해당제품들에 배부	

* 직접재료비 + 직접노무비 = 직접원가(기본원가)

* 직접노무비 + 제조간접비 = 가공원가(전환원가)

가령 자동차에 투입된 철판과 엔진의 원가, 가구에 투입된 목재의 원가는 특정 자동차나 특정 가구에 직접 추적할 수 있다. 반면 자동차의 용접에 사용되는 용접재료, 가구에 사용되는 접착제 등과 같이 제조과정에 투입된 원재료 중에서 제품생산에 필요하기는 하나, 어떤 제품을 생산하는데 투입되었는지 추적이 불가능한 것, 추적이 가능하더라도 비용이 많이 발생하여 추적하는 것이 비경제적인 것들은 간접재료원가로서 제조간접비에 포함된다. 생산감독자 급

42) 판매될 때마다 매출원가를 인식할 것인지, 기말에 일괄하여 인식할 것인지의 차이만 있다.

여의 경우 제품생산에 반드시 필요하나, 어떤 제품을 생산하는데 투입되었는지 추적이 불가능하며, 추적이 가능하더라도 비용을 고려하면 비경제적이므로 간접노무비로 분류한다.

실무상으로는 아래와 같이 구별하는 것이 일반적이다.

항목	직접원가	간접원가
재료원가	직접재료비	간접재료비: 보조재료비, 소모공구, 기구, 비품비
노무원가	직접노무비	간접노무비: 감독직 및 검사직 등 임금 등
제조경비	직접경비(외주가공비, 설계비 등)	간접경비: 전력비, 통신비, 가스, 수도료, 수선비, 감가상각비, 재산세, 난방비 등

직접재료원가는 (기초원재료+당기매입분)에서 기말 원재료를 차감한 금액이다. 이 금액이 생산과정에 당기에 투입된 금액이며, 재공품계정으로 대체된다. 마찬가지로 당기에 투입된 직접노무비 및 제조간접비가 재공품계정으로 대체되며, 이를 당기총제조원가(=직접재료원가+직접노무원가+제조간접원가)라고 부른다. 당기에 제품이 완성되면 완성된 제품의 원가(당기제품제조원가[43])가 재공품계정의 대변에서 제품계정의 차변으로 대체된다. 제품이 판매되면 매출원가를 제품계정의 대변에서 매출원가계정의 차변으로 대체한다(매출원가=기초제품+당기제품제조원가−기말제품).

그 외 원가행태에 따라 변동원가와 고정원가로 분류할 수도 있다. 변동원가는 관련 범위[44] 내에서 조업도[45]의 변동에 따라 정비례하여 총원가가 변동하는 원가이고, 고정원가는 관련 범위 내에서 조업도의 변동과 관계없이 총원가가 일정한 원가이다.

2. 항목별 추정기준

가. 재료비 추정

재료비는 매출추정결과에 비례하는 것으로 가정할 수 있다. 회사의 생산

43) 당기제품제조원가=기초재공품원가+당기 총제조원가−기말재공품원가.

44) 조업도와 원가 간에 일정한 관계가 유지되는 구간을 말한다.

45) 생산능력의 이용정도, 기업이 보유한 자원의 활용정도를 말한다. 생산량, 판매량, 직접노동시간, 기계가동시간, 재료소비량 등으로 측정한다.

활동이 합리적이어서 과다한 재고를 보유하고 있지 않으며, 재료시장이 안정적이어서 재료확보가 용이하고 구매단가가 안정적이면 재료비 추정은 어렵지 않을 것이나, 재료시장이 불안정하고, 공급자위주의 시장이라면 재료산업 분석을 통해 향후 확보가능한 물량을 예측해야 하며, 물량의 확보가 가능하더라도 단가의 변동성이 높을 수 있으므로 이를 고려해야 한다.[46]

나. 인건비 추정

채무자의 급여대장 등을 토대로 직급별 1인당 평균급여를 산정한 후, 이를 향후 인력수급계획에 대입하여 추정한다.

여기에 회생계획기간 동안 물가상승률만큼 급여를 증가시키고, 퇴직급여는 급여의 1/12을 매년 추가적으로 반영하는 경우가 많다.

다. 경비추정

변동성경비는 조업도(매출액)의 변동에 비례하여 변동하는 항목이므로, 과거 매출액 대비 평균 변동성 경비율 등 매출액과 관련된 비율을 적용할 수 있다. 고정성경비는 조업도(매출액) 변동과 관계없이 일정한 항목이며, 설비 임차료, 감가상각비, 재산세, 보험료 등이 이에 해당한다. 다만 감가상각비는 별도로 추정하는 것이 원칙이다. 일정 수준 이상으로 매출이 증가할 경우 조정이 필요한지 여부 및 추정기간 내 비경상적 항목이 발생할 가능성을 고려하여야 한다.[47]

사례: 매출원가의 추정

1. 매출원가의 집계

추정 매출원가 내역은 다음과 같다.

(단위: 원)

구분	준비년도	×1년	×2년	×3년	×4년	×5년
재료비	809,387,400	2,666,175,566	2,906,926,884	3,052,273,228	3,204,886,890	3,365,131,234
인건비	220,134,940	686,184,590	716,211,601	742,354,321	797,710,858	826,797,401

46) 강진홍 외, 상게서, 177면.

47) 강진홍 외, 상게서 186면.

제조경비	157,470,167	500,221,118	538,960,366	564,648,420	591,579,717	619,815,077
계	1,186,992,507	3,852,581,273	4,162,098,851	4,359,275,969	4,594,177,465	4,811,743,712
매출액 대비율	82.81%	84.26%	83.92%	83.71%	84.02%	83.81%
구분	×6년	×7년	×8년	×9년	×10년	합계
재료비	3,533,387,796	3,710,057,186	3,895,560,045	4,090,338,047	4,294,854,949	35,528,979,224
인건비	889,347,314	952,483,129	987,102,853	1,056,172,088	1,094,538,276	8,969,037,370
제조경비	649,418,312	680,456,383	712,999,552	747,121,544	782,899,721	6,545,590,377
계	5,072,153,421	5,342,996,697	5,595,662,450	5,893,631,679	6,172,292,947	51,043,606,972
매출액 대비율	84.13%	84.41%	84.19%	84.45%	84.23%	84.10%

제품매출원가는 20×1년부터 20×6년 8월까지 제조원가명세서를 기초로 하여 추정하였다. 위 기간 동안의 매출원가율 및 제조원가명세서는 다음과 같다.

(단위: 원)

구분	20×1년	20×2년	20×3	20×4	20×5	20×6년 8개월
매출액	6,155,796,534	5,415,526,901	4,318,709,479	4,624,217,439	3,877,497,336	2,735,878,735
매출원가	5,147,940,659	4,436,000,000	3,625,258,856	3,815,222,708	6,059,926,012	2,854,189,018
매출총이익	1,007,855,875	979,526,901	693,450,623	808,994,731	(2,182,428,676)	(118,310,283)
매출원가율	83.63%	81.91%	83.94%	82.51%	156.28%	104.32%

(단위: 원)

재료비	3,442,671,274	3,056,986,166	2,332,069,450	2,214,100,856	2,871,954,631	1,574,293,520
인건비	957,121,460	766,810,467	632,472,961	1,010,550,062	890,843,057	386,329,958
제조경비	608,191,157	666,955,723	635,026,733	848,319,033	1,667,206,836	871,767,621
총제조비용	5,007,983,891	4,490,752,356	3,599,569,144	4,072,969,951	5,430,004,524	2,832,391,099

20×5년과 20×6년 8월의 매출원가율은 각각 156.28%와 104.32%로 매출원가가 매출액을 초과하고 있는바, 이는 과거년도의 회계분식(원재료 매입비용축소, 감가상각비 미인식, 재고자산 과대계상 등)을 통해 비용을 과소계상한 부분을 20×5년도에 일시에 인식

하고 그 이후기간부터는 정상적으로 회계처리함으로 인해 발생된 것이다.

2. 재료비의 추정

재료비는 20×1년부터 20×6년 8월까지 기간동안 총제조비용의 60% 정도를 차지하고 있으며, 제품매출 추정 시 사용된 품목별 매출수량에 대한 원재료 소요량을 산출한 후 품목별 원재료 매입단가를 이용하여 재료비를 추정하되, 불량발생 및 안전재고 확보 등의 차원에서 매출수량 대비 1% 추가 투입을 가정하였다. 또한, 매입단가는 ×1년 이후 매년 물가상승률(3.27%)만큼 증가하는 것으로 가정하였다.

3. 인건비(퇴직급여, 외주용역비, 복리후생비 포함) 추정

생산단계별 향후예상소요인원 및 생산단계별 실제 급여내역을 기초로 총급여를 추정하고, 총급여를 이용하여 퇴직급여, 복리후생비를 추정하였다. 제품불량 등으로 외주용역비 지출이 많았던 과거자료보다는 20×6년도의 비용발생분이 회사의 현황을 적절히 반영하고 있다고 판단하여 20×6년도 8개월분의 매출액 대비 외주용역비 비율(3.2%)이 회생기간 동안 유지되는 것으로 가정하였다. 매년 급여액의 1/12을 퇴직급여로 가정하고, 복리후생비는 20×6년 8개월 동안의 급여액 대비 복리후생비 비율(11.2%)이 회생기간 동안 유지되는 것으로 가정하였다.

4. 제조경비 추정

회사의 연도별 제조경비의 추정내역은 다음과 같다.

(단위: 원)

	준비년도	×1년	×2년	×3년	×4년	×5년
변동비	134,748,789	429,830,290	466,270,105	489,583,610	514,062,790	539,765,930
고정비	22,721,378	70,390,828	72,690,261	75,064,810	77,516,927	80,049,147
합계	157,470,167	500,221,118	538,960,366	564,648,420	591,579,717	619,815,077
매출액 대비율	11.0%	10.9%	10.9%	10.8%	10.8%	10.8%

	×6년	×7년	×8년	×9년	×10년	합계
변동비	566,754,227	595,091,938	624,846,535	656,088,861	688,893,305	5,705,936,380
고정비	82,664,085	85,364,445	88,153,017	91,032,683	94,006,417	839,653,997
합계	649,418,312	680,456,383	712,999,552	747,121,544	782,899,721	6,545,590,377
매출액 대비율	10.8%	10.7%	10.7%	10.7%	10.7%	10.8%

변동제조경비의 경우 20×6년 8개월분의 매출액 대비 변동제조경비 비율 (9.4%)이 회생기간동안 매년 발생하는 것을 가정하였다. 고정비 성격의 제조경비에 대하여는 20×1년부터 20×5년도 기간 동안의 평균발생액 68,164,133원을 기준으로 물가상승률을 감안하여 매년 3.27%씩 증가되는 것으로 추정하였다.

Ⅲ. 판매비와 관리비의 추정

매출 및 매출원가에 대한 추정이 이루어질 경우 해당 매출 및 원가구조하에서 어느 정도의 판관비가 소요될 것인지는 상당 부분 위 추정결과에 의하여 종속적으로 결정된다. 단 감가상각비는 별도로 추정한다.

① 각 판관비 항목별 과거 비용 발생내역, 향후 비용 발생 추이, 향후 인력계획 및 투자계획, 거시경제지표에 대한 전망자료 등을 통하여 추정하는 것이 판관비 추정의 일반원칙이다. ② 인건비의 경우 향후 채무자의 추정기간 동안의 예상되는 필요인원을 기준으로 현재의 급여수준을 바탕으로 물가상승률을 감안하여 추정하는 경우가 많고, 채무자의 사정에 따라서는 준비년도 및 1차년도까지는 급여를 동결하고, 이후 기간 동안에는 매년 물가상승률만큼 급여가 상승하는 것으로 가정하는 경우도 있다. 그 외 감사(CRO)에 대한 급여도 추가적으로 반영한다. 퇴직급여는 급여의 1/12을 매년 추가적으로 반영하는 것이 일반적이다. ③ 인건비와 연동하여 발생하는 복리후생비(여비교통비, 사무용품비, 통신비 등)은 과거 인건비 대비 평균비율을 적용하여 향후 추정기간 동안의 인건비 연동 변동비를 각 항목별로 추정하여 산출한다. ④ 매출액과 연동되어 발생하는 판관비(광고선전비 등)가 있을 경우 과거의 매출액 대비 비율과 향후 매출전망 등을 고려하여 추정한다. ⑤ 고정비는 비용의 발생원인과 추세를 검토하여 평균금액 또는 전기 발생금액 중 유의성이 있는 금액을 적용하여 기준금액을 산정하고 물가상승률만큼 계속적으로 증가하는 것으로 추정한다. 과거 발생한 고정비 중 금액적 중요성이 미미하거나, 향후 발생되지 않을 것으로 예상되는 비용(회생신청 관련 지급수수료, 법률자문수수료 등)은 추정에서 제

외한다.[48)]

사례: 판매비와 관리비의 추정

1. 판매비와 관리비 추정내역 집계

회사의 연도별 판매비와 관리비의 추정내역은 다음과 같다.

(단위: 원)

	준비년도	×1년	×2년	×3년	×4년	×5년
인건비	107,866,475	316,686,554	327,031,648	337,714,682	348,746,695	393,276,974
변동 판관비	16,965,239	54,116,802	58,704,673	61,639,907	64,721,902	67,957,997
고정 판관비	43,445,162	134,593,112	138,989,821	143,530,155	148,218,807	153,060,621
합 계	168,276,875	505,396,468	524,726,142	542,884,744	561,687,404	614,295,593
판관 비율	11.7%	11.1%	10.6%	10.4%	10.3%	10.7%

	×6년	×7년	×8년	×9년	×10년	합계
인건비	406,124,022	475,931,953	491,479,063	545,218,780	563,029,260	4,313,106,107
변동 판관비	71,355,897	74,923,692	78,669,877	82,603,371	86,733,539	718,392,895
고정 판관비	158,060,601	163,223,914	168,555,896	174,062,055	179,748,082	1,605,488,226
합 계	635,540,521	714,079,559	738,704,836	801,884,205	829,510,881	6,636,987,229
판관 비율	10.5%	11.3%	11.1%	11.5%	11.3%	10.9%

2. 인건비 등의 추정

판매비와 관리비 중 인건비에 대하여 향후 회사에서 예상하는 필요인원을 기준으로 현재의 급여수준을 바탕으로 예상 급여상승률을 감안하여 추정하였다. 향후 관리직 예상인원은 회생기간 동안 최소의 인원을 유지하는 것을 계획하고 있으며 법원 선임 구조조정전문가가 증원된 점을 고려하였다.

48) 위 서술은 주로 제조업을 영위하는 기업의 몇 가지 조사보고서들을 토대로 조사위원들이 공통적으로 사용하는 평가기법들의 요지를 저자가 정리한 것이다.

임원은 관리인 1명, 총괄임원 1명, 구조조정전문가(감사) 1명으로 구분하여 관리인 및 총괄임원의 경우 매월 4,000,000원, 구조조정전문가는 매월 2,500,000원으로 추정하되, 나머지 인원에 대해서는 20×6년 기준 인력 및 급여가 유지되는 것을 가정하였으며 예상물가상승률(3.27%)만큼의 임금인상을 가정하였다. 관리인, 총괄임원 및 구조조정전문가를 제외한 나머지 직원에 대해서 연봉의 1/12만큼의 퇴직급여가 발생하는 것으로 가정하였고, 20×6년 8개월분 급여대비 발생비율인 4.5%의 복리후생비가 향후 발생할 것으로 가정하였다.

3. 기타 판매·관리비의 추정

변동판관비는 20×6년 8개월분 발생비용이 과거 년도의 수치보다 적절하다고 판단하고, 8개월분의 매출액 대비 변동판관비 비율(1.2%)이 회생기간동안 매년 발생하는 것으로 가정하였다.

고정판관비는 20×1년부터 20×5년 동안의 평균발생액을 기초로 물가상승률(3.27%) 추정치만큼 증가되는 것으로 추정하였다.

Ⅳ. 영업이익의 추정

이상의 사례를 통해 추정한 영업이익의 내역은 다음과 같다.

사례: 영업이익의 추정

상기의 매출액, 매출원가 및 판매비와 관리비의 추정을 바탕으로 산출된 연도별 영업이익은 다음과 같다.

(단위: 원)

구분	준비년도	×1년	×2년	×3년	×4년	×5년
매출액	1,433,333,714	4,572,139,390	4,959,752,629	5,207,740,261	5,468,127,274	5,741,533,637
매출원가	1,186,992,507	3,852,581,273	4,162,098,851	4,359,275,969	4,594,177,465	4,811,743,712
매출총이익	246,341,207	719,558,116	797,653,779	848,464,291	873,949,809	929,789,925
판관비	168,276,875	505,396,468	524,726,142	542,884,744	561,687,404	614,295,593

영업이익	78,064,332	214,161,648	272,927,636	305,579,547	312,262,405	315,494,333
영업이익률	5.45%	4.68%	5.50%	5.87%	5.71%	5.49%
구분	×6년	×7년	×8년	×9년	×10년	합계
매출액	6,028,610,319	6,330,040,835	6,646,542,877	6,978,870,021	7,327,813,522	60,694,504,479
매출원가	5,072,153,421	5,342,996,697	5,595,662,450	5,893,631,679	6,172,292,947	51,043,606,972
매출총이익	956,456,898	987,044,138	1,050,880,427	1,085,238,342	1,155,520,575	9,650,897,507
판관비	635,540,521	714,079,559	738,704,836	801,884,205	829,510,881	6,636,987,229
영업이익	320,916,377	272,964,579	312,175,591	283,354,136	326,009,694	3,013,910,278
영업이익률	5.32%	4.31%	4.70%	4.06%	4.45%	4.97%

제 8 절 영업현금흐름의 산정: 영업이익에 대한 가감항목 분석

Ⅰ. 영업외 손익 추정

영업외 손익의 주된 항목 중 이자비용은 채무변제계획이 확정되어야 반영될 수 있으며, 계속기업가치 산정시 재무구조나 금융비용은 할인율에 반영되어 산정되므로 이자비용은 논의의 편의상 없는 것으로 가정하며, 그 외 영업외 손익 항목은 일관성이 없고 일정한 패턴이 없으므로 고려하지 않는 경우가 일반적이다.

Ⅱ. 법인세비용

현금흐름을 파악하는 것이 목적이므로 납부할 법인세를 기준으로 하며,

이연법인세자산(부채)는 고려하지 않는다. 영업이익에 귀속될 법인세만이 고려대상이므로 총부담법인세를 계산한 후 영업외손익에 귀속될 법인세는 차감하여야 한다. 영업외손익에 귀속될 법인세는 계산이 곤란하거나 추가적인 정보가 없는 경우가 많으므로 한계세율을 적용하거나, 현 시점에서 유효한 법인세율이 추정기간 동안 유지될 것으로 가정한다.[49]

Ⅲ. 비현금비용

비현금비용의 대표적인 예는 감가상각비이다. 감가상각은 유형자산의 취득원가를 그 자산의 사용기간 동안 각 회계기간의 비용으로 배분하는 과정이다. 이때 각 회계기간에 배분된 비용을 감가상각비라고 한다.

유형자산은 영업활동에 사용하는 자산이므로 사용기간 동안 비용으로 배분하여야 기업의 재무상태와 경영성과가 올바르게 측정된다(수익·비용 대응 원칙). 감가상각비를 회계기간 동안 계속적으로 인식하는 것은 불가능한 것이므로 기말수정분개 과정에서 당기 감가상각비를 인식한다.[50]

---

49) 강진홍 외, 상게서 138면 내지 140면.

50) 주요한 감가상각 방법은 다음과 같다.

1. 정액법
   감가상각대상금액×1/내용년수
   감가상각대상금액＝취득원가－잔존가치
   * 내용연수란 자산의 예상사용기간을 말한다.
2. 정률법
   연간 감가상각비＝기초장부금액×상각률
   기초장부금액＝취득원가－감가상각누계액
   $상각률 = 1 - \sqrt[n]{\frac{잔존가액}{취득원가}}$, n＝내용연수
3. 이중체감법
   연간 감가상각비＝기초장부금액×상각률
   상각률＝(1/내용연수)×2
4. 연수합계법
   연간 감가상각비＝감가상각대상금액×내용연수역순/내용연수합계
   가령 기초에 취득한 자산의 내용연수가 3년, 취득원가 100만원, 잔존가치 10만원이라면 1기말 감가상각비는 (100만원－10만원) * 3/(1＋2＋3)으로 계산된다.
5. 생산량비례법
   회계기간 감가상각비＝감가상각대상금액×실제생산량/총예상생산량

감가상각비는 기존자산에 대한 상각비와 연도별 투자계획을 기초로 한 신규자산에 대한 감가상각비를 별도로 산정하여 추정하는 것이 원칙이다.

Ⅳ. 운전자본순증가액의 계산

1. 회전율 분석

운전자본의 증감을 분석하기 위해서는 회전율에 대한 이해가 선행되어야 한다.

가. 매출채권회전율

매출채권의 평균회수기간과 관련되며, 비율이 높을수록 효율성이 높다.
매출채권회전율
=매출액/평균매출채권
=매출액/(기초매출채권+기말매출채권)/2
가령 위 수치가 20이라면 평균매출채권 대비 20배의 매출이 발생한다는 의미를 담고 있다.
* 매출채권회수기간
=365일/매출채권회전율=365일/20=18.25일

나. 재고자산회전율

매출액/평균재고자산
=매출액/(기초재고자산 + 기말재고자산)/2
* 매출액 대신 매출원가를 이용하기도 한다.
* 재고자산평균회전기간
=365/재고자산회전율
재고자산을 매입한 날로부터 판매되는 날까지의 평균기간을 나타낸다.

다. 매입채무회전율

외상으로 구입한 재고자산이나 원재료 대금의 결제속도를 나타내는 지표이며, 높을수록 지불능력이 우수하다고 할 수 있다.

매출액/평균매입채무
=매출액/(기초매입채무+기말매입채무)/2
* 매출액 대신 매출원가를 이용하기도 한다.
* 매입채무 회전기간
=365/매입채무회전율

2. 운전자본의 계산

회전율을 이용하여 아래의 산식에 의거 기말운전자본을 계산할 수 있다.

기말 매출채권=매출액/매출채권회전율
기말재고자산=매출액(매출원가)/재고자산회전율
기말매입채무=매출액(매출원가)/매입채무회전율

위 산식을 이용하여 연도별 기말운전자본을 계산한 후 당기와 전기의 금액 차이를 운전자본순증감액으로 인식하고, 현금흐름 계산 시에는 반대의 부호를 적용한다. 즉 운전자본순증가액이 (+)이면 현금흐름에서는 차감하고, 반대의 경우라면 가산한다.

3. 운전자본 순증감액 계산 사례

(단위: 만원)

구분		×1	×2	×3
매출액		8,000	8,500	9,000
매출원가		7,500	7,800	8,300

	매출채권회전율	4			
	재고자산회전율	3			
	매입채무회전율	14			
운전자본	매출채권	2,000	*8,000/4	2,125	2,250
	재고자산	2,667	*8,000/3	2,833	3,000
	매입채무	571	*8,000/14	607	642
순운전자본		4,096		4,351	4,608
순운전자본 증감		NA		255	257

4. 조사보고서의 몇 가지 기재례

① 운전자본에 대한 투자는 구매, 판매 등의 기본적인 영업활동 과정에서 필수적으로 발생하는 것으로 회사가 영업활동을 수행하기 위하여 필요한 투자 중 매출채권, 재고자산 등의 영업관련 유동자산 및 매입채무 등 영업관련 유동부채의 전기 대비 순증감액을 운전자본에 대한 투자금액으로 추정하였습니다. 이 경우 운전자본에 대한 투자는 일반적으로 매출채권 등의 회수기간, 매입채무 등의 지급기간과 관련이 있으므로 운전자본 등에 대한 투자는 회사의 과거년도의 매출채권 및 매입채무의 회전기일과 담당자 인터뷰 등의 회사의 현황을 반영하여 연도말 잔액을 산출하고 직전년도의 잔액과의 차액을 운전자본에 대한 투자금액으로 가정하였습니다.

② 매출채권, 재고자산, 매입채무 및 미지급금 회전율 추정 시, 채무자의 과거 5개년 평균 회전율(매출채권: 9.8회, 재고자산: 10.0회, 매입채무: 9.1회, 미지급금: 32.0회)을 이용하였으나, 준비년도 매출채권은 채무자 계획에 따라 매출액의 한 달 치만 계상하였습니다. 매입채무와 미지급금은 준비년도 말까지는 회사의 신용 상황을 고려하여 전액 현금 지급하는 것으로 가정하여 잔액을 “0”으로 간주하였고, 준비년도 이후에는 신용 조건 호전으로 인하여 점차 신용거래 비중을 증가시키는 것으로 반영하였습니다. 조사기준일 현재 매출채권 및 재고자산은 재산상태조사액을 반영하였으며, 매입채무 및 미지급금은 전액 회생채권으로 분류됨에 따라 기초잔액을 0으로 반영하였습니다.

③ 운전자본에 대한 투자는 구매, 판매 등의 기본적인 영업활동 과정에서 필수적으로 발생하는 것으로 회사가 영업활동을 수행하기 위하여 필요한 투자 중 매출채권, 재고자산 등의 영업관련 유동자산 및 매입채무 등 영업관련 유동부채의 전기 대비 순증감액을 운전자본에 대한 투자금액으로 추정하여야 합니다. 이 경우 운전자본에 대한 투자는 일반적으로 매출채권 등의 회수기간, 매입채무 등의 지급기간과 관련이 있으므로 운전자본 등에 대한 투자는 회사의 과거년도의 매출채권 및 매입채무의 회전기일에 회사의 현황을 반영하여 연도 말 잔액을 산출하고 직전년도의 잔액과의 차액을 운전자본에 대한 투자금액으로 가정하여야 합니다. 채무자 회사는 제조업체로 매출채권과 재고자산, 매입채무 등의 변동 폭이 크지 않은 바, 운전자본의 변동액은 계속기업가치 산정 시에 고려하지 않았습니다.

V. 순투자금액

순투자금액은 유형자산, 무형자산, 투자자산에 대한 투자금액이다. 실무적으로는 유형자산 투자액을 지출시점별로 구분하지 않고 현금흐름을 추정하는 것이 일반적이나, 투자금액이 크고 중요한 경우에는 지출시점을 구분하여야 하며, 취득시점에 맞추어 부(−)의 현금흐름을 인식한다.[51]

이상의 논의를 토대로 사례의 현금흐름 산정결과를 종합하면 다음과 같다.

사례: 회생기간 동안 현금흐름의 추정

(단위: 원)

구분	준비년도	×1년	×2년	×3년	×4년	×5년
영업이익	78,064,332	214,161,648	272,927,636	305,579,547	312,262,405	315,494,333
법인세[52]	▲8,587,076	▲25,115,563	▲38,044,080	▲45,227,500	▲46,697,729	▲47,408,753
비현금비용	-	-	-	-	-	-
유형자산투자	-	▲37,756,894	▲157,756,894	▲37,756,894	▲37,756,894	▲37,756,894
운전자본투자	-	▲12,359,486	▲31,225,743	▲21,181,239	▲22,240,301	▲23,352,316
현금흐름	69,477,256	138,929,705	45,900,919	201,413,914	205,567,481	206,976,370

구분	×6년	×7년	×8년	×9년	×10년	합계
영업이익	320,916,377	272,964,579	312,175,591	283,354,136	326,009,694	3,013,910,278
법인세	▲48,601,603	▲38,052,207	▲46,678,630	▲40,337,910	▲49,722,133	▲434,473,185
비현금비용	-	-	-	-	-	-
유형자	▲37,756,894	▲37,756,894	▲282,756,894	▲37,756,894	▲37,756,894	▲742,568,942

51) 강진홍 외, 상게서 79면.

52) 추정시점에서 유효한 법인세율을 적용하였다.

산투자						
운전자본투자	▲24,519,932	▲25,745,929	▲27,033,225	▲28,384,887	▲29,804,131	▲245,847,191
현금흐름	210,037,948	171,409,549	▲44,293,158	176,874,445	208,726,536	1,591,020,965

* 유형자산 투자로 인하여 8차년도 영업현금흐름이 (-)가 되었다. 기업가치의 측면에서는 영업현금흐름이 (-)가 발생하는 연도가 있을 수 있으나, 자금수지의 측면에서는 기말 자금이 (-)가 되는 연도가 있을 경우 위 회생계획은 수행불가능하다.

1. 감가상각비

제조부문에서 발생하는 감가상각비는 영업이익 산정 시 비용으로 공제하지 않았으며, 관리부문에서 발생하는 감가상각비는 매년 감가상각비만큼의 대체투자가 발생한다고 가정하였다. 이에 따라 순영업현금흐름에 가산할 감가상각비는 없다.

* 감가상각비는 보유자산과 신규투자자산에 대하여 각각 별개로 산정하는 것이 일반적이지만, 분석의 편의를 위하여 위와 같이 기재하는 경우도 있다. 특히 신청 단계에서는 이러한 분석이 유용할 경우가 많다.

2. 유형자산투자

유형자산투자액에는 회사가 계획하고 있는 신규제품 생산에 필요한 시설투자금액(×2년 1.2억원, ×8년 2.45억원)이 반영되어 있다.

현재 운영 중인 공장부지가 수용되어 ×1년부터는 대체공장을 임차하여 운영해야 하는 상황이다. 이를 반영하여 현재와 동일규모의 공장취득에 필요한 투자금액을 산정한 후 법인세법에서 규정하는 간주임대료 산정 시 적용되는 정기예금이자율(4%) 정도의 임대비용이 소요될 것으로 가정하여 매년 37,756,894원의 대체공장 임대료가 발생하는 것으로 가정하였다.

3. 운전자본투자

운전자금은 정상적인 영업활동에서 요구되는 영업상의 투자자본이므로 순 영업현금흐름에 가감하였다.

① 매출채권: 회사의 매출액의 90%이상이 주거래업체인 ××㈜에 대하여 발생하는 것으로 추정하였고, ××㈜에 대한 매출채권 정산방식은 매 15일단위로 일괄세금계산서 발행 후 15일 후에 45일만기 전자어음을 결제하는 방식인바, 이를 토대로 2개월 분

매출액을 운전자금으로 가정하였다.

② 매입채무는 ××㈜를 통한 유상사급방식으로 조달하여 매출채권 정산 시 상계하는 방식(월마감 후 익월 매출채권과 상계)을 사용하는 관계로 매출채권과 동일하게 2개월분 원재료비를 운전자금으로 가정하였다.

③ 재고자산: 회사는 원재료 투입분의 3% 정도를 적정 안전재고수준으로 보고 있다.

상기의 가정을 토대로 산출된 연도별 운전자금투자액은 다음과 같다.

구분	준비년도	×1년	×2년	×3년	×4년	×5년
매출채권	-	▲45,356,374	▲64,602,207	▲41,331,272	▲43,397,836	▲45,567,727
매입채무	-	39,668,894	40,125,220	24,224,391	25,435,610	26,707,391
재고자산	-	▲6,672,006	▲6,748,757	▲4,074,358	▲4,278,076	▲4,491,980
합계	-	▲12,359,486	▲31,225,743	▲21,181,239	▲22,240,301	▲23,352,316

구분	×6년	×7년	×8년	×9년	×10년	합계
매출채권	▲47,846,114	▲50,238,419	▲52,750,340	▲55,387,857	▲58,157,250	▲504,635,396
매입채무	28,042,760	29,444,898	30,917,143	32,463,000	34,086,150	311,115,458
재고자산	▲4,716,579	▲4,952,408	▲ 5,200,028	▲5,460,030	▲5,733,031	▲52,327,252
합계	▲24,519,932	▲25,745,929	▲27,033,225	▲28,384,887	▲29,804,131	▲245,847,191

Ⅵ. 자본비용(할인률)의 결정

할인율이 높을수록 계속기업가치는 감소하고, 할인율이 낮을수록 계속기업가치는 높게 평가된다. 현행 실무는 자본자산가격결정모형(Capital Asset Pricing Model)을 이용하여 산출한 자기자본비용을 적정 할인율로 사용하되, 기본할인률인 3년만기 국고채 수익률을 초과하는 위험프리미엄의 범위는 2.5%－6.5% 범위 내에서 조사위원의 결정하도록 하고 있다.

이에 따라 조사위원 보고서들은 “계속기업가치를 평가하기 위해 사용한 할인율은 기본할인율에 위험프리미엄(2.5%~6.5%)을 가산한 것으로 기본할인율인 회생절차개시결정일(20××년 ×1월 ×일) 현재의 3년만기 국고채 수익률 2.73%에 위험프리미엄 6.5%를 적용한 9.27%를 적용하였습니다. 위험프리미엄은 회사의 과거년도 경영성과, 조사대상 기업의 업종, 제품의 특성 및 시장경쟁력 등과 회생절차의 개시로 인하여 향후 회사의 영업에 미칠 영향을 고려하여 위험프리미엄의 범위내에서 보수적으로 최고율인 6.5%를 적용하였습니다"라는 문구를 기재하는 경우가 많다.53) 사례에서 9.26%의 할인율을 적용할 경우 회생기간 동안의 현금흐름의 현가산정내역은 다음과 같다.

사례: 회생기간 동안 현금흐름의 현가산정 내역

(단위: 원)

구분	준비년도	×1년	×2년	×3년	×4년	×5년
회생기간의 현금흐름	69,477,255	138,929,705	45,900,919	201,413,914	205,567,481	206,976,370
현가계수	0.9708	0.8886	0.8132	0.7443	0.6812	0.6235
현가	67,448,520	123,591,866	37,326,627	149,912,376	140,032,568	129,049,767

구분	×6년	×7년	×8년	×9년	×10년	합계
회생기간의 현금흐름	210,037,948	171,409,549	▲44,293,158	176,874,445	208,726,536	1,591,020,965
현가계수	0.5707	0.5223	0.4780	0.4375	0.4004	
현가	119,868,657	89,527,207	▲21,172,130	77,382,570	83,574,105	996,542,134

참고적으로 CAPM 산식을 적용한 조사보고서의 기재례를 제시한다.

회사의 추정 사업계획의 내용에 전제 조건이 많다는 점과 운전자금 부족 등 취약한 재무구조 하에서 회생절차를 진행 중이라는 점을 고려하여 2017년 7월 7일의 무위험수익

53) 일률적인 할인율 결정의 문제점에 관하여는, 윤덕주, 계속기업가치·청산가치의 측정과 적용, 변호사 49집(서울지방변호사회), 286면 내지 288면 참조.

률(3년만기 국고채수익률) 1.78%에 서울회생법원이 설정한 위험프리미엄(2.5%~6.5%) 중 가장 높은 위험프리미엄인 6.5%를 가산하여 산출한 8.28%를 계속기업가치 산정 시 할인율로 적용하였습니다.

한편, CAPM(자본자산가격결정모형)에 의하여 산출한 추정 할인율은 다음과 같습니다.

무위험수익률(Rf)은 위 3년만기 국고채수익률과 같습니다.

시장수익률(Rm)은 8.87%로 1980년 1월부터 2017년 7월 7일까지의 매월 말 종합주가지수 기하평균을 적용하였습니다.

베타계수(Bu) 0.36563은 유사업종 주요 상장사(주 1) 베타를 Hamada 모형을 적용하여 Unlevered beta를 산정하였습니다.

(주 1) 대용기업을 이용한 Unlevered Beta(Bu) 및 levered Beta(BL)의 산정내역은 다음과 같습니다.

회사	levered Beta	부채비율(B/S)	시장가치(백만원)	Unlevered beta
○○화학	0.45423	31.07%	341,000	0.36563

할인율 = 무위험수익률 + (시장수익률 − 무위험수익률) * 베타계수
= 1.78% + (8.87% − 1.78%) * 0.36563
= 4.37%

상기와 같이 CAPM을 이용하여 산출된 할인율은 4.37%이나 상장사 중 채무자 회사와 매출액 수준, 재무구조 등이 유사한 회사가 존재하지 않고, 회사의 추정 사업계획의 내용에 전제 조건이 많으며, 운전자금 부족 등 취약한 재무구조 하에서 회생절차를 진행 중이라는 점을 고려하여 8.28%를 계속기업가치 산정시 할인율로 적용하였습니다.

제9절 영구기업가치와 비영업가치

Ⅰ. 영구기업가치(Continuous Value: Terminal Value: Residual Value)

계속기업의 가정에 의거 채무자는 회생기간종료 이후에도 영업을 지속하

게 된다. 따라서 계속기업가치 산정 시 추정기간 이후에 창출할 현금흐름도 아울러 고려하여야 한다.

추정기간 이후 현금흐름 추정은 회생기간 종료시점 이후의 현금흐름이 계속 발생하는 것으로 가정(: 성장률 0%)하는 경우와 일정비율로 성장하는 것을 가정하는 경우가 있다. 기업가치를 보수적으로 산정함이 타당하다는 관점에서 본다면 원칙적으로 무성장모형이 타당하다고 본다.

사례에서 할인율 9.26%를 적용할 경우 영구기업가치 산정내역은 다음과 같다.

1. ×10년의 영업현금흐름	208,726,536
2. 자본할인율	9.26%
3. 영구성장률	0.00%
4. 영구현금흐름의 ×10년 말의 가치[1÷(2-3)]	2,254,066,265
5. ×10년의 현가계수	0.4004
6. 회생기간이후의 현금흐름 가치(4×5)	902,608,033

Ⅱ. 비영업가치(Non-Operating Asset Value)

1. 현재가치평가의 배제

비영업용자산으로부터 발생하는 현금흐름은 그 규모와 시기를 예측하는 것이 곤란하기 때문에, 계속기업가치를 평가하는 시점에서 일응 공정가치에 따라 처분된 것으로 가정하고, 현재가치평가를 하지 않는다. 달리 표현하면, 평가시점에서 공정가치 처분을 가정하는 것은 비영업용자산으로부터 발생하는 미래현금흐름을 현재가치로 평가할 경우 평가시점의 공정가치와 동일한 금액이 되는 것으로 가정하는 것이다.[54] 다만 일정기간 영업용자산으로 활용하다가 비영업용자산으로 전환하여 매각을 예정하는 경우라면 그 시점의 예상매각가액을 현재가치로 환산하여야 한다.[55]

54) 강진홍 외 상게서 87면 내지 88면.

55) 실무연구회(상), 300면

2. 비영업용 자산의 범위

임차보증금은 회계상으로는 투자자산으로 분류되지만 영업활동에 반드시 필요한 자산이므로 비영업자산으로 분류할 수 없다. 사업장 임차보증금은 영업활동에 사용되는 자산이고, 영업현금흐름은 영업용 자산을 활용하여 산출되는 현금흐름을 의미하는 것이므로 임차보증금은 이른바 매몰비용으로서 계속기업가치계산과 무관하다. 결국 임차보증금을 비영업가치에 포함시킬 경우 임차보증금을 계속기업가치에 2번 산입하는 결과가 된다.[56)]

매도가능증권은 비영업용자산으로 분류되는 경우가 많을 것이나, 건설공제조합 출자증권과 같이 영업을 위하여 부득이 취득하는 유가증권은 영업용자산으로 취급한다. 지분법적용투자주식[57)]도 평가대상 회사의 영업활동과 관련이 없거나, 투자목적으로 보유하는 경우라면 비영업용자산으로 취급한다. 그 외 초과보유현금, 단기간 내 처분되고, 그 대가를 수취할 수 있을 것으로 예상되는 운휴 중 유형자산도 비영업용 자산으로 분류한다.[58)]

실무 포인트) 회생을 신청한 채무자가 사업장의 용도에 공하는 토지 및 건물을 보유하고 있다면, 이는 영업용자산이다. 회생절차는 계속기업가치가 청산가치를 초과하여야 함을 전제로 하는 것이고, 위 부동산의 청산가치는 채무자의 청산가치에 산입된다. 반면, 현금흐름할인법에 의한 계속기업가치 평가에서는 위 부동산은 영업용자산이므로 비영업용 자산의 처분가치라는 명목으로 계속기업가치에 산입해서는 안 된다. 위 기준에 의하면 수익력이 좋지 않은 채무

---

56) 윤덕주, 상게논문, 290면 내지 291면.

57) 지분법이란 투자자산을 최초에 원가로 인식하고, 취득시점 이후 발생한 피투자자의 순자산 변동액 중 투자자의 몫을 해당 투자자산에 가감하여 보고하는 회계처리방법이다. 투자자의 당기순손익에는 피투자자의 당기순손익 중 투자자의 몫에 해당하는 금액을 포함하고, 투자자의 기타포괄손익에는 피투자자의 기타포괄손익 중 투자자의 몫에 해당하는 금액을 포함한다. 기업이 직접 또는 간접(예: 종속기업을 통하여)으로 피투자자에 대한 의결권의 20% 이상을 소유하고 있다면 유의적인 영향력을 보유하는 것으로 본다. 기업이 피투자자의 재무정책과 영업정책의 의사결정에 참여할 수 있는 능력을 상실하면 피투자자에 대한 유의적인 영향력을 상실한다. 유의적인 영향력은 절대적이거나 상대적인 소유지분율의 변동에 따라 또는 소유지분율이 변동하지 않더라도 상실할 수 있다. K-IFRS 제1028호 관계기업과 공동기업에 대한 투자, 문단 3, 5, 9.

58) 강진홍 외, 상게서 87면 내지 93면.

자의 경우 기업가치 요건을 충족하지 못할 가능성이 많다. 기업가치 요건을 충족하기 위해서는, 위 부동산을 매각예정자산으로 분류하여 비영업영자산으로 대체하고, 위 부동산의 공정가치(처분가치)를 계속기업가치에 산입하여야 한다.

3. 평가의 기준

"비영업용 자산은 영업용 자산으로 활용하지 않을 것을 전제로 하므로 이 자산의 처분대금은 청산가치를 전제로 산정하여야 하며, 비영업용 자산의 처분대금은 청산가치 중 해당 자산의 청산가치와 동일한 액이 된다."고 설명하는 견해가 있다.[59] 비영업용 자산의 평가와 관련하여 조사위원의 보고서들은 채무자가 제시한 장부가액을 토대로 실사가치를 평가하는 것은 동일하지만, 위 실사가치에 대하여 다시 청산조정을 거쳐 청산가치를 계산한 후 청산가치 상당액을 계속기업가치에 가산하는 경우가 많은 것으로 보인다.

재산상태 조사에 있어서 「실사조정」이라 함은 회사가 제시한 특정시점의 재무제표를 기준으로 자산, 부채 및 자본의 적정성을 조사하여 실제와 일치하지 아니한 내용을 실제와 일치하도록 가감하는 작업을 말하며, 「실사가치」란 회사가 제시한 재무제표를 기준으로 1) 공정가치로 평가하거나 2) 대체적인 방법으로 기업회계기준에 따라 평가하는 등 실사조정 결과를 반영한 금액을 말하고, 비영업자산의 처분가치는 기업을 해체·청산할 경우를 가정한 금액이 아니라, 평가시점에 공정가치로 처분된다는 가정 하에 산출된 금액이라고 할 것이므로 실사가치가 곧 비영업자산의 처분가치를 의미한다. 따라서 실사가치를 산정한 후 다시 청산조정을 한다면 계속기업가치를 과소평가하는 결과가 된다.

조사보고서의 몇 가지 기재사례를 보면 다음과 같다.

① 비영업용자산은 청산가치와 계속기업가치에 모두 포함되는 자산이며, 미래 영업활동으로부터의 현금흐름과는 관련성이 없는 자산이므로 청산가치에 의한 평가액의 현재가치 금액을 기준으로 산정하여야 하지만, 채무자는 20××년까지 모든 비영업용자산의 매각을 통하여 채무변제에 사용할 예정입니다.

---

59) 실무연구회(상), 300－301면.

② 위 비영업용 자산의 청산가치 산정내역은 다음과 같습니다.

(단위: 원)

구분	장부가치	실사가치	청산가치
토지	2,107,379,725	2,193,604,000	1,357,840,876
건물 및 구축물	986,351,078	832,407,470	541,064,855
계	3,093,730,803	3,026,011,470	1,898,905,731

③ 회사가 소유하고 있는 지분법적용투자주식과 매도가능증권을 처분하여 발생할 것으로 예상되는 금액 958,927천원을 계속기업가치에 가산하였습니다.[60)]

(단위: 천원)

과목	회사제시	실사가치	조정금액	청산가치	평가율
지분법적용투자주식	8,280,451	8,194,860	(7,704,094)	490,766	6.0%
매도가능증권	1,218,515	1,801,094	(1,332,933)	468,161	26.0%

비영업가치를 청산가치를 기준으로 산정할 경우 ① 비영업자산의 처분가치는 엄연히 영업의 계속을 전제로 하는 개념으로서 계속기업가치의 구성항목이므로 기업을 해체·청산할 경우를 가정한 금액이 아니라, 평가시점 또는 회생계획 기간 중 일정 시점에 공정가치로 처분된다는 가정 하에 산출된 금액인 점, ② 조사위원이나 관리인의 조사결과는 주주·지분권자의 의결권 존부를 결정하는 기준이 되므로(법 146조 3항, 4항) 청산가치를 기준으로 할 경우 부당하게

60) ③번 사례의 경우 조사위원은 ① 지분법적용투자자식은 피투자회사의 순자산에 보유지분율을 적용하여 실사가치를 정하였다. ② 매도가능증권은 회사가 제시한 ○○캐피탈(주) 주식 19.26% 이외에 **주식 34,667주(지분율 0.56%) 및 **클럽 주식 700,000주가 추가로 발견되었고, 00캐피탈(주)의 주식은 순자산금액에 지분율을 곱한 금액을, **주식은 상장주식으로 최근 1개월 종가평균 금액 4,044원을 적용하여 실사가치를 정하였다. **클럽의 경우 관련 재무자료를 확인할 수 없어 실사조정을 반영하지 않았다. 청산조정과 관련하여 지분법적용투자주식은 해당 주식에 대한 공매절차가 진행 중이고, 유찰을 계속하다 6회차에 이르러 중단된 점, 청산을 가정할 경우 보유주식을 빠른 시일 내에 매도해야 하나 비상장주식으로 매수자가 제한되어 있는 점 및 중단된 공매의 최저입찰금액 등을 고려하여 피투자회사의 청산 시 가치에서 금융부채를 차감한 금액에 지분율을 곱한 금액을 지분법적용투자주식의 청산가치로 산정하였다. ○○캐피탈(주) 비상장 주식은 공매절차가 진행 중인 점, 비상장주식으로서 매수자가 제한적인 점을 고려하여 청산가치는 청산손실률 80%를 적용한 332,182천원으로 산정하였다. **주식의 청산가치는 최근 1개월 동안의 종가 평균금액 4,044원에 거래비용 3%를 적용하여 평가하였다. **클럽 주식은 관련 자료가 전무한 점, 비상장회사 주식으로 매수자가 지극히 제한적인 점 등을 고려하여 청산가치를 "0"으로 산정하였다.

이들의 의결권이 배제될 수 있는 점, ③ 조사위원의 보수를 산정함에 있어 외부기관의 감정이 필요한 경우 그에 소요된 비용을 별도로 지급할 수 있는 점(회생사건의 처리에 관한 예규 8조 2항), ④ 회생계획에서 비영업용자산의 처분을 규정하고 있을 경우 기준이 되는 금액이 필요하고, 이를 자금수지에 반영할 필요가 있는 점, ⑤ 권리보호조항에 관한 법 244조 1항 2호도 공정가치 처분을 전제로 하는 점, ⑥ 종래 법 94조 2항(2010. 5. 14. 법률 제10281호로 개정되기 전의 것)이 상법 31조 2호[61]의 적용을 배제한 바 있으나, 2010. 5. 14. 위 각 규정이 동시에 삭제되었는바, 이는 자산평가에 있어 공정가치 평가 원칙을 명백히 한 것인 점 등을 종합하면 비영업가치의 평가기준은 공정가치라고 할 것이다. 만약 비영업가치를 청산가치로 파악하여 이를 계속기업가치 산정에 반영한다면 기업가치를 과소평가하는 문제가 발생하고, 경우에 따라서는 청산가치에 미달하여 조기폐지되는 경우가 발생할 수 있으므로 상기와 같은 실무의 태도는 지양하여야 할 것이다.[62]

마찬가지로 회생담보권의 목적물 가액도 시가 내지 계속기업가치에 의하여 평가하여야 한다. 대법원도 담보권의 목적이 비상장주식인 경우 그 가액은 정리절차개시 당시의 시가에 의하여야 함이 원칙이고, 따라서 그에 관한 객관적 교환가치가 적정하게 반영된 정상적인 거래의 실례가 있는 경우에는 그 거래가격을 시가로 보아 주식의 가액을 평가하여야 할 것이나, 만약 그러한 거래사례가 없는 경우에는 보편적으로 인정되는 여러 가지 평가방법들을 고려하되 그러한 평가방법을 규정한 관련 법규들은 각 그 제정 목적에 따라 서로 상이한 기준을 적용하고 있음을 감안할 때 어느 한 가지 평가방법이 항상 적용되어야 한다고 단정할 수는 없고, 당해 비상장회사의 상황, 당해 업종의 특성 등을 종합적으로 고려하여 합리적으로 판단하여야 할 것이다"라고 판시한 바 있다.[63]

---

61) 상법(2010. 5. 14. 법률 제10281호호 개정되기 전의 것)
제31조(자산평가의 원칙) 회계장부에 기재될 자산은 다음의 방법에 의하여 평가하여야 한다.
1. 유동자산은 취득가액·제작가액 또는 시가에 의한다. 그러나 시가가 취득가액 또는 제작가액보다 현저하게 낮은 때에는 시가에 의한다.
2. 고정자산은 취득가액 또는 제작가액으로부터 상당한 감가액을 공제한 가액에 의하되, 예측하지 못한 감손이 생긴 때에도 상당한 감액을 하여야 한다.

62) 윤덕주, 전게논문, 289면 내지 290면.

Ⅲ. 계속기업가치 산정 결과의 종합

사례의 경우 회사의 계속기업가치는 4,925,161천원이며, 내역은 다음과 같다.

(단위: 원)

구분	금액	비율
회생기간 동안의 현금흐름가치	996,542,134	20.23%
회생기간 이후의 현금흐름가치	902,608,033	18.33%
비영업용 자산의 처분가치	3,026,011,470	61.44%
계속기업가치합계	4,925,161,637	100.00%

63) 대법원 2006. 6. 2. 선고 2005다18962 판결.

제3장 사례 기업의 계속기업가치

제 1 절 ×기술(주)의 계속기업가치

Ⅰ. 신청 당시 파악한 계속기업가치

1. 추정손익계산서의 작성

계속기업가치의 산정이 유일한 목적이라면 잉여현금흐름에 관한 산식을 통하여 현금흐름을 예측하고, 적정한 할인율 및 현가계수를 적용하면 되므로, 추정손익계산서의 작성은 불필요하다. 그러나 회생절차는 가치평가 그 자체가 목적이 아니며, 채권자들로서는 회생계획안에 대한 동의 여부를 판단함에 있어 자신들이 어느 정도의 금액을 언제 변제받을 것인지에 관한 정보를 필요로 한다. 따라서 회생계획안에는 회생계획 기간의 추정손익계산서와 자금수지표를 필수적으로 첨부하여야 한다.

추정손익계산서 작성의 출발점은 ×1년도의 매출액을 추정하는 것이다. ×1년도 매출이 추정되면 회생계획 기간의 매출액은 일정한 성장률을 가정하여 자동적으로 계산되고, 매출원가나 판관비의 상당 부분은 매출액에 종속적으로 결정된다. 현금흐름할인법의 가장 중요한 요소는 매출추정과 할인율의 결정인바, 현행 실무상 조사보고서의 대부분이 위험프리미엄의 상한인 6.5%를 적용하므로 할인율은 사실상 사전에 주어지는 것과 동일한 결과가 된다는 점, 20×1년도 매출추정의 결과 나머지 9개년도 매출은 자동적으로 추정치가 산정되는 점 등을 종합하면 ×1년도의 매출을 추정하는 것은 가치평가의 출발인 동시에 가장 중요한 과제이다. 대체로 과거 일정 기간 동안의 평균적인 매출액, 파탄에 이른 사정이 존재하지 않았던 평상적인 경영환경 하의 매출액 등을 일차년도 매출액으로 보고, 이 매출액은 회생계획 기간 동안 일정비율로 성장하는 것으로 추정하는 것이 일반적이다. 매출액이 평년 수준으로 쉽게 회복될 것으로 보기 어려운 경우라면 신청 직전 년도 또는 준비년도의 매출액을 기준으로 추정하되, 일정시점에서 과거수준의 매출을 회복하거나, 조금씩 증가하는 방식으로 추정하기도 한다.

회사의 갱생을 위하여 기존 주력제품에서 탈피하여 새로운 제품을 개발한다는 전제를 담고 있는 경우라면 과거 일정 시점의 평균적인 매출액, 법률분쟁이나 경제환경의 변동이 없었던 특정 년도의 매출액 등을 기준으로 삼는 것은 불합리하다.[1] ×기술(주)의 경우 신제품의 향후 시장규모 및 성장률에 관한 해외 연구기관의 예측치, 주된 시장인 중국시장의 해당 제품에 대한 수요예측치 등을 토대로 ×1년도의 매출을 추정한 후, 매출성장률 5%를 가정하였다. 매출원가율 및 판관비율은 시장이 안정적이었고, 법률분쟁이 없었던 20×3년도의 비율을 적용하였다. 법인세비용과 관련하여 다액의 결손금이 누적되어 있는 점을 감안하여 4차년도까지는 법인세비용이 발생하지 않는 것으로 가정하였다. 이러한 추정은 후술하는 조사위원의 추정결과와 비교하면 상당히 러프한 측면이 있으나, 채무자의 회생가능성을 소명하는 신청단계에서는 충분히 유의미한 결과를 제공한다.

추정손익계산서

(단위: 백만원)[2]

구분	준비년도	×1년	×2년	×3년	×4년	×5년
매출액	6,601	6,931	7,277	7,641	8,023	8,424
매출원가	4,026	4,227	4,438	4,661	4,894	5,138
매출총이익	2,575	2,704	2,839	2,980	3,129	3,286
판관비	1,848	1,940	2,037	2,139	2,246	2,358
영업이익	727	764	802	841	883	928
영업외손익	0	0	0	0	0	0
세전순이익	727	764	802	841	883	928
법인세비용	0	0	0	0	0	165
당기순이익	727	764	802	841	883	763

1) 과거재무재표의 수치가 적실성이 떨어질 경우 적용이 곤란하다는 것이 현금흐름할인법의 약점으로 지적되는 부분이다. 다만 이러한 상황이라면 어느 방법을 사용하든 한계가 있을 수밖에 없으므로 현금흐름할인법만의 단점이라고 단정하기는 곤란하다고 본다.

2) 1,000원 단위로 기재하는 것이 일반적이나, 채무자의 규모에 따라 그 이상의 단위를 사용할 수도 있다. 한편, 위 기재는 신청 단계에서 원용한 러프한 수치이고, 조사보고서 및 회생계획의 추정손익 및 추정 자금수지는 원 단위까지 정확한 추정이 필요하다. 이를 토대로 구체적인 변제금액 및 변제비율 등이 정해질 것이기 때문이다.

구분	×6년	×7년	×8년	×9년	×10년
매출액	8,845	9,288	9,752	10,240	10,752
매출원가	5,395	5,665	5,948	6,246	6,558
매출총이익	3,450	3,623	3,804	3,994	4,194
판관비	2,476	2,600	2,730	2,867	3,010
영업이익	974	1,023	1,074	1,127	1,184
영업외손익	0	0	0	0	0
세전순이익	974	1,023	1,074	1,127	1,184
법인세비용	174	184	194	205	216
당기순이익	800	839	880	922	968

2. 운전자본 추정

(단위: 백만원)

구분	준비년도	×1년	×2년	×3년	×4년	×5년
매출액	6,601	6,931	7,277	7,641	8,023	8,424
매출원가	4,026	4,227	4,438	4,661	4,894	5,138
매출채권회전율	7.61	7.61	7.61	7.61	7.61	7.61
재고자산회전율	9.37	9.37	9.37	9.37	9.37	9.37
매입채무회전율	14.05	14.05	14.05	14.05	14.05	14.05
매출채권	867	911	956	1,004	1,054	1,107
재고자산	430	451	474	497	522	548
매입채무	287	301	316	332	348	366
운전자본	1,011	1,061	1,114	1,170	1,228	1,290
운전자본증감	0	51	53	56	58	61

구분	×6년	×7년	×8년	×9년	×10년
매출액	8,845	9,288	9,752	10,240	10,752
매출원가	5,395	5,665	5,948	6,246	6,558
매출채권회전율	7.61	7.61	7.61	7.61	7.61
재고자산회전율	9.37	9.37	9.37	9.37	9.37
매입채무회전율	14.05	14.05	14.05	14.05	14.05
매출채권	1,162	1,220	1,281	1,346	1,413
재고자산	576	605	635	667	700
매입채무	384	403	423	445	467
운전자본	1,354	1,422	1,493	1,568	1,646
운전자본증감	64	68	71	75	78

운전자본은 당기분이 아니라, 전기와 당기의 증분액을 현금흐름에 반영한다. 운전자본증감액이 양수라면 현금흐름에서 차감하고, 음수라면 가산한다. 위 운전자본 증감을 계산함에 있어 회전율은 전년도 업종평균치를 적용하였다.

3. 계속기업가치 산정

계속기업가치산정표

(단위: 백만원)

구분	준비년도	×1년	×2년	×3년	×4년	×5년
당기순이익	727	764	802	841	883	763
감가상각비	0	0	0	0	0	0
운전자본증감	0	50	53	56	58	62
순영업 현금흐름	727	714	749	785	825	701
현가계수	0.9132	0.834	0.7616	0.7071	0.6484	0.5946
현가	664	595	570	555	535	417
비영업가치						
영구현금흐름						
계속기업가치						

구분	×6년	×7년	×8년	×9년	×10년	계
당기순이익	800	839	880	922	967	
감가상각비	0	0	0	0	0	
운전자본증감	64	68	71	75	77	
순영업 현금흐름	736	771	809	847	890	
현가계수	0.5455	0.5	0.4583	0.4204	0.3855	
현가	401	386	371	356	343	4,530
비영업가치						0
영구현금흐름						1,387
계속기업가치						5,917

* 감가상각비는 원칙적으로 현금흐름에서 가산할 항목이다. 다만 회생계획 기간 동안 내용연수가 경과할 경우 재투자가 이루어져야 하고, 이는 현금의 유출로 나타날 것인 점, 기존 자산에 대한 자본적 지출도 이루어져야 하는 점 등의 제반 사정을 종합하여 감가상각비 상당액의 재투자를 가정하였고, 결국

현금흐름에 가산할 금액은 없다. 이러한 방식을 적용할 경우 신청단계에서 기업가치를 간명하게 평가할 수 있고, 더욱이 현금흐름을 가산하지 않는다는 점에서 보수적인 기업가치 평가를 가능하게 한다. 신청서에 따라서는 10년간의 감가상각비를 가산하면서도 재투자나 자본적 지출은 고려하지 않는 경우가 있으나, 이는 잘못된 것이다.

Ⅱ. 조사위원이 파악한 계속기업가치[3)]

1. 매출 추정

가. 제품매출추정

과거 정상적인 매출이 발생한 20×2년부터 20×5년 동안의 채무자 회사의 M/S(Market Share)를 산정하여 동 M/S에 해당하는 비율(과거 4년 평균 5.72%)만큼 일본의 관련 산업 전문 리서치 기관인 *** Systems Research Co., Ltd.의 향후 시장 추정자료(×1년~×3년)를 이용하여 매출수량을 추정하였다. 다만, ×1년 및 ×2년의 경우 신규진입에 따른 불확실성 등을 반영하여 80% 및 90%에 해당하는 수량으로 각 추정하였다.

신규 제품에 대한 매출단가 추정은 현재 시장에서 거래되고 있는 성능이 유사한 경쟁회사 제품의 매출단가에 대비하여 신규 시장진입에 따른 시장개척 등의 불리한 요소를 고려하여 90% 수준(1.72$/pcs)에서 산정하여 추정하였다.

×4년부터는 ×3년도까지의 매출수량 추정성장률을 이용하여 ×4년도의 추정매출액을 기준으로 동 성장률에 해당하는 비율만큼 매출액이 증가하는 것으로 가정하였다. ×3년의 예상 성장률인 4.64%를 기준으로 추정 기관의 시장 추정자료의 성장률이 감소하는 추세를 반영하여 추정기간 동안 성장률이 매년 5%씩 감소하는 것으로 가정하였다.

3) 조사위원이 계속기업가치를 산정하는 과정을 절차별로 서술하면서, 필요한 설명을 부가하였다. 회계 및 재무이론과 관련된 사항으로서 이미 기술한 부분, 금액적으로 미미하거나 지나치게 번잡한 부분 등은 생략하거나, 결과만을 제시하였다.

나. 상품매출 추정

상품매출은 완제품을 구매하여 판매하는 것으로 과거 제품매출 대비 상품매출 비율(11%)을 산정하여 동 비율만큼 추정 제품매출액을 적용하여 산정하였다.

다. 기타매출 추정

설계용역제공 및 소프트웨어 Customizing 용역제공에 따른 용역매출과 기타 사무실 전대와 창업지원 멘토링 서비스 제공에 따른 매출액으로 구성되어 있다. 향후 연구인력 감소의 영향 등으로 ×2년부터 위 매출액이 발생하지 않을 것으로 가정하였다.

상기의 전제와 추정 방법에 따라 산출된 채무자 회사의 준비년도를 포함한 회생기간 동안의 항목별 추정 매출액은 다음과 같다.

(단위: 천원)

구분	준비년도	×1년	×2년	×3년	×4년	×5년
제품매출액	-	4,734,413	5,642,843	6,560,943	6,850,346	7,137,406
상품매출액	-	520,590	620,479	721,433	753,255	784,820
기타매출액	444,000	88,000	-	-	-	-
매출액 합계	444,000	5,343,003	6,263,323	7,282,376	7,603,601	7,922,226

구분	×6년	×년	×8년	×9년	×10년	합계
제품매출액	7,421,541	7,702,214	7,978,938	8,251,270	8,518,816	70,798,731
상품매출액	816,063	846,925	877,353	907,299	936,718	7,784,933
기타매출액	-	-	-	-	-	532,000
매출액 합계	8,237,603	8,549,139	8,856,291	9,158,569	9,455,534	79,115,664

2. 매출원가 추정

가. 과거 매출원가 분석의 유의성 여하

추정기간의 제품매출원가를 추정함에 있어 향후 발생할 제품매출과 관련하여 발생할 것으로 예상되는 원가를 채무자 회사가 제시한 사업계획서상 예상원가 및 제품매출형태별 사업내역을 분석하여 향후 매출 실현을 위해 발생할 것으로 예상되는 원가를 기준으로 분석하였으며, 상품매출의 경우 향후 추정기간에도 동일한 형태의 원가율이 실현될 것으로 예상되는바, 과거 채무자회사의 상품원가율을 참고하여 추정기간 동안의 상품매출원가를 추정하였다.[4)]

한편, 추정기간 동안의 기타(용역)매출과 관련하여 별도의 원가는 발생하지 않는 것으로 가정하여 추정하였다.

나. 매출원가의 추정

신제품을 생산하기 위하여 예상되는 주요 제원 및 공정별 원가를 추정한 후 이를 토대로 단위당 추정 제품매출원가 및 매출원가율을 산정하였다.

구분	금 액	비고
단위당 추정 매출단가	$1.722	매출추정 자료의 추정 단가 적용
단위당 추정 제조원가	$0.702	원가구성항목 분석 자료
단위당 이익배분 원가(*)	$0.510	** 공동개발자와의 수익배분률(5:5) 고려
단위당 추정 매출원가	$1.212	제조원가 + 이익배분 원가
단위당 추정 매출원가율	70.37%	

(*) (판매단가 - 총제조원가)의 50% 배분

상품원가율의 추정은 다음과 같다.

(단위: 천원)

구분	준비년도	×1년	×2년	×3년	×4년	×5년
상품매출액	-	520,590	620,479	721,433	753,255	784,820
추정 상품원가율	90.17%	90.17%	90.17%	90.17%	90.17%	90.17%
상품매출원가	-	469,413	559,483	650,511	679,205	707,667

4) 제품매출의 평균원가율은 63.05%, 상품매출의 평균 원가율은 90.17%이다. 제품원가율은 20×1년부터 20×4년까지는 50% 초반이었으나 20×5년 및 준비년도에는 78.61% 및 91.15%로서 과거년도와 비교하여 급격히 상승하였다. 이는 (주)제일테크와 공동 개발한 제품이 품질불량, 수율저하 등으로 과거에 비해 비경상적으로 높은 원가율이 발생하였기 때문이다. 결국 과거에 매출한 제품과 추정기간 매출할 제품이 상이하고 과거 공정상의 불량 등으로 인하여 추정기간의 원가율 산정 자료로 활용하는 것은 적절치 않으므로 과거의 원가율을 기준으로 향후 제품매출원가율을 추정하는 것은 한계가 있다.

구분	×6년	×7년	×8년	×9년	×10년	합계
상품매출액	816,063	846,925	877,353	907,299	936,718	7,784,933
추정 상품원가율	90.17%	90.17%	90.17%	90.17%	90.17%	
상품매출원가	735,839	763,667	791,104	818,106	844,633	7,019,627

상기의 전제와 추정 방법에 따라 산출된 채무자 회사의 준비년도를 포함한 회생기간 동안의 항목별 추정 제품매출원가는 다음과 같다.

(단위: 천원)

구분	준비년도	×1년	×2년	×3년	×4년	×5년
제품매출원가	-	3,331,671	3,970,946	4,617,025	4,820,682	5,022,690
상품매출원가	-	469,413	559,483	650,511	679,205	707,667
기타매출원가	-	-	-	-	-	-
매출원가 합계	-	3,801,084	4,530,428	5,267,537	5,499,887	5,730,357
매출추정액	444,000	5,343,003	6,263,323	7,282,376	7,603,601	7,922,226
매출원가율	0.00%	71.14%	72.33%	72.33%	72.33%	72.33%

구분	×6년	×7년	×8년	×9년	×10년	합계
제품매출원가	5,222,639	5,420,153	5,614,887	5,806,531	5,994,807	49,822,032
상품매출원가	735,839	763,667	791,104	818,106	844,633	7,019,627
기타매출원가	-	-	-	-	-	-
매출원가 합계	5,958,478	6,183,820	6,405,991	6,624,637	6,839,440	56,841,659
매출추정액	8,237,603	8,549,139	8,856,291	9,158,569	9,455,534	79,115,664
매출원가율	72.33%	72.33%	72.33%	72.33%	72.33%	71.85%

3. 판관비 추정

채무자 회사의 판매비와 관리비는 크게 일반 판매관리비와 연구소의 인원 및 연구개발활동과 관련한 경상연구개발비로 구분할 수 있는바, 각각의 일반 판매관리비와 경상연구개발비에 해당하는 인건비, 인건비 연동 변동비, 매출액 연동 변동비 및 고정비로 구분하여 추정하였으며, 추정 시 각 항목별 과거 비용 발생내역, 향후 비용 발생 추이, 향후 인력계획 및 투자계획 등을 고려하여 추정하였다.

계속기업가치 산정을 위하여 사용된 거시경제지표에 대한 전망자료는 조사기일까지 발표된 주요 기관의 ×1년 경제성장률 및 물가상승률 전망치를 평균하여 추정(물가상승률 2.10%, 경제성장률 3.70%)하였으며, ×10년까지 동일하게 적용하였다.

가. 일반판관비 추정

인건비는 추정기간 동안의 예상되는 필요인원을 기준으로 현재의 급여수준을 바탕으로 물가상승률을 감안하여 추정하되, 준비년도 및 1차년도까지는 회생기업인 점을 고려하여 급여가 동결되나 이후 기간 동안에는 매년 물가상승률만큼 급여가 상승하는 것으로 가정하여 산정하였다.

감사(CRO)에 대한 급여도 추가적으로 반영하였고, 임원의 경우에는 법원으로부터 허가 받은 급여조정 내역에 따라 이를 반영한 금액으로 추정하였으며, 회생기간 2차년도까지 급여가 동결되고 이후 기간에는 물가상승률만큼 증가하는 것으로 추정하였다. 퇴직급여는 급여의 1/12을 매년 추가적으로 반영하였다.

인건비 연동 변동비는 과거 인건비 대비 평균비율(19.90%)을 적용하여 추정하였는바, 세부적인 내역은 복리후생비 10.98%, 여비교통비 7.07%, 사무용품비 0.19%, 통신비 1.66%이다.

고정비는 비용의 발생원인과 추세를 검토하여 평균금액 또는 전기 발생금액 중 유의성이 있는 금액을 적용하여 기준금액을 산정하고 항목별로 특수하게 발생되는 상황을 고려하여 조정한 후 추정 2차년도부터 매년 물가상승률만큼 계속적으로 증가하는 것으로 추정하였다. 한편, 과거 발생한 고정비 중 금액적 중요성이 미미하거나, 향후 발생되지 않을 것으로 예상되는 비용(회생신청 관련 지급수수료, 고정 법률자문수수료, 차량유류대, 핸드폰사용료, 조직활성화비 등)은 추정에서 제외하였다.

나. 경상연구개발비의 추정

과거 채무자 회사의 경상연구개발비는 연구개발 활동과 관련하여 연구소에서 발생하는 모든 비용을 경상연구개발비로 집계한 후, 기업회계상 자산 계상 요건을 충족하는 개발 프로젝트와 관련한 비용을 무형자산인 개발비로 대체하였으나, 추정기간 동안에는 무형자산인 개발비로 대체되는 금액이 없는 것으로 가정하여 연구소에서 발생하는 모든 비용을 경상연구개발비로 추정하였다.

인건비는 일반판관비 항목의 인건비와 동일한 기준을 적용하였고, 인건비 연동 변동비는 과거 연구소의 인건비 대비 평균비율(13.32%)을 적용하였고, 세부 내역은 복리후생비(연) 11,31%, 여비교통비(연) 1.94%, 통신비(연) 0.06%, 사무용품비(연) 0.02%이다.

고정비는 일반판관비의 고정비와 동일한 기준을 적용하여 추정하였다. 항목별 기준금액을 추정한 후, ×1년 판매 예정인 제품에 대한 개발활동이 대부분 완료된 관계로 준비년도에는 추가적인 비용이 발생하지 않으며, ×1년 80%, ×2년 90%, ×3년 100% 발생할 것으로 가정하였다.

채무자 회사의 항목별 추정결과에 따라 산출된 판매비 및 일반관리비(일반판매관리비 및 경상연구개발비)의 추정내역은 다음과 같다.

(단위: 천원)

구분	준비년도	×1년	×2년	×3년	×4년	×5년
인건비	118,641	474,566	480,235	490,320	500,617	511,130
인건비 연동 변동비	22,579	90,317	91,358	93,277	95,236	97,236
매출액 연동 변동비	-	-	-	-	-	-
고정비	49,095	158,886	147,989	131,637	124,153	124,385
일반판매관리비 합계	190,316	723,768	719,582	715,233	720,005	732,750
인건비	179,298	717,193	730,868	746,217	761,887	777,887
인건비 연동 변동비	22,214	88,856	90,537	92,439	94,380	96,362
매출액 연동 변동비	-	-	-	-	-	-
고정비	36,448	289,309	297,375	316,576	322,735	326,646
경상연구개발비 계	237,960	1,095,358	1,118,781	1,155,231	1,179,002	1,200,894
판매관리비 합계	428,276	1,819,126	1,838,363	1,870,464	1,899,007	1,933,645
매출액 대비율	96.46%	34.05%	29.35%	25.68%	24.98%	24.41%

구분	×6년	×7년	×8년	×9년	×10년	합계
인건비	521,863	532,823	544,012	555,436	567,100	5,296,743
인건비 연동 변동비	99,278	101,362	103,491	105,664	107,883	1,007,681
매출액 연동 변동비	-	-	-	-	-	-
고정비	126,566	129,284	131,890	134,907	137,770	1,396,561
일반판매관리비 합계	747,707	763,469	779,393	796,007	812,753	7,700,985
인건비	794,223	810,901	827,930	845,317	863,068	8,054,790
인건비 연동 변동비	98,385	100,451	102,561	104,715	106,914	997,813
매출액 연동 변동비	-	-	-	-	-	-
고정비	333,505	340,509	347,659	354,960	362,414	3,328,136
경상연구개발비 계	1,226,113	1,251,861	1,278,150	1,304,992	1,332,396	12,380,739
판매관리비 합계	1,973,820	2,015,330	2,057,544	2,100,999	2,145,150	20,081,724
매출액 대비율	23.96%	23.57%	23.23%	22.94%	22.69%	25.38%

4. 투자계획 및 감가상각비의 추정

가. 향후 유무형자산 투자액

채무자 회사의 향후 유형자산 투자액은 채무자 회사의 과거 유형자산 증가액, 현재 채무자 회사의 영업환경, 물가상승률을 고려하여 투자액을 산정하였다.

무형자산의 경우 개발비는 경상연구개발비 비용 추정에서 고려하였으므로 추가 투자액이 없는 것으로 가정하였으며, 기타 무형자산(산업재산권, 소프트웨어)에 대하여는 과거 채무자 회사의 무형자산 증가액, 현재 채무자 회사의 영업환경, 물가상승률을 고려하여 투자액을 산정하였다.

나. 감가상각비의 추정

감가상각비 추정은 기존자산에 대한 감가상각비와 신규투자자산에 대한 감가상각비로 구분하여 추정하였으며, 연구소 관련 유형자산에 대하여는 경상연구개발비로 반영하고, 그 외 자산에 대한 감가상각비는 판매비와 관리비로 반영하여 추정하였다.

또한, 무형자산에 대한 감가상각비는 과거 채무자 회사가 전액 판매비와 관리비로 계상하고 있는 점을 고려하여, 추정기간 동안에도 무형자산상각비를 판매비와 관리비 항목으로 추정하였다.

기존자산에 대한 감가상각비는 미상각 잔액을 기준으로 기존에 적용한 상각방법 및 내용연수를 이용하여 산정하였다.

신규 투자자산에 대한 투자액은 매년 기초에 투자된다고 가정하였으며, 내용연수 및 상각방법은 채무자의 기존의 상각방법 및 내용연수를 적용하여 산정하였다.

유형자산 및 무형자산 감가상각비(기존자산 + 신규자산)

(단위: 천원)

구분	준비년도	×1년	×2년	×3년	×4년	×5년
유형자산 상각비(일반)	13,967	42,360	41,352	24,241	15,763	13,477
유형자산 상각비(연)	18,408	63,105	50,401	48,798	49,335	47,504
무형자산 상각비(일반)	1,827	6,195	6,923	5,588	4,444	4,780
합계	34,203	111,660	98,676	78,627	69,542	65,760

구분	×6년	×7년	×8년	×9년	×10년	합계
유형자산 상각비(일반)	13,760	14,049	14,344	14,645	14,953	222,910
유형자산 상각비(연)	48,501	49,520	50,560	51,622	52,706	530,459
무형자산 상각비(일반)	4,449	4,602	4,591	4,934	5,067	53,400
합계	66,710	68,171	69,494	71,200	72,725	806,769

5. 운전자본 투자액

가. 영업활동 운전자본 투자액

해외 매출(총매출액의 약 70% 예상)의 경우 해외 거래처의 신용도 등에 대한 불확실성을 고려하여 선입금 매출을 원칙으로 할 예정이며, 국내 매출(총 매출액의 약 30% 예상)의 경우 매출 후 30일 후 회수하는 조건으로 예정하고 있는 점을 고려하여 이를 가중 평균한 매출채권 회전기간은 평균적으로 9.8일로 추정하였다.

채무자 회사의 매입채무 회전기간은 **픽셀(주)와의 '공동개발 및 사업제휴 계약서'에 따라 30일 후에 대금 지급 결제조건인 점을 고려하여 매입채무 회전 기간은 동 조건에 따른 30일로 추정하였다.

채무자 회사의 향후 영업특성상 선주문 후 주문수량에 따라 제품을 생산할 예정이므로 재고자산에 대한 운전자본투자액은 추정 시 별도로 고려하지 아니하였다. 한편, 조사기준일 현재 채무자 회사가 보유하고 있는 재고자산에 대하여는 향후 매출가능성에 대한 불확실성과 추가 가공비 등을 감안하여 실사가치의 50% 해당액을 준비년도 및 1차년도의 재고자산 운전자본에 추가로 각각 반영하였다.

조사기준일 현재 상기의 가정에 따른 채무자 회사의 연도별 영업활동 운전자본 추정액은 다음과 같다.

(단위: 천원)

구분	준비년도	×1년	×2년	×3년	×4년	×5년
매출액 추정	444,000	5,343,003	6,263,323	7,282,376	7,603,601	7,922,226
매출채권 잔액	11,799	141,992	166,450	193,532	202,068	210,536
운전자본 증감액	148,061	(130,193)	(24,458)	(27,082)	(8,537)	(8,468)
매입액 추정액(*)	-	3,801,084	4,530,428	5,267,537	5,499,887	5,730,357
매입채무 잔액	-	312,418	372,364	432,948	452,046	470,988
운전자본 증감액	-	312,418	59,946	60,584	19,097	18,943
재고자산 추정액(**)	80,610	80,610	-	-	-	-
운전자본 증감액	80,610	80,610	-	-	-	-
순운전자본 증감액	228,670	262,835	35,488	33,503	10,561	10,475

구분	×6년	×7년	×8년	×9년	×10년	합계
매출액 추정	8,237,603	8,549,139	8,856,291	9,158,569	9,455,534	79,115,664
매출채권 잔액	218,917	227,196	235,359	243,392	251,284	
운전자본 증감액	(8,381)	(8,279)	(8,163)	(8,033)	(7,892)	(91,424)
매입액 추정액(*)	5,958,478	6,183,820	6,405,991	6,624,637	6,839,440	56,841,659
매입채무 잔액	489,738	508,259	526,520	544,491	562,146	
운전자본 증감액	18,750	18,521	18,261	17,971	17,655	562,146
재고자산 추정액(**)	-	-	-	-	-	161,219
운전자본 증감액	-	-	-	-	-	161,219
순운전자본 증감액	10,368	10,242	10,098	9,938	9,763	631,941

(*) 매출원가 추정금액을 적용하였다.
(**) 보유중인 재고자산 실사가치의 50% 해당액이 준비년도 및 1차년도에 각각 매각되는 것으로 가정하였다.

나. 기타 운전자본 투자액

기본적인 운전자본 투자액 이외에 협약 당사자인 **픽셀(주)에 개발비를 추가로 지급하여야 하며, 국책과제 국고보조금 및 채무자 회사가 부담할 민간부담금도 현금유출입 효과가 있으므로 이를 추가적으로 고려하였다.

(단위: 천원)

구분	준비년도	×1년	×2년	×3년	×4년	×5년
개발비 부담금	(200,000)	-	-	-	-	-
국책과제 입금	290,759	1,034,123	838,642	606,000	606,000	252,500
국책과제 출금	(225,545)	(781,226)	(676,807)	(499,800)	(499,800)	(312,650)
순운전자본 증감액	(134,786)	252,896	161,834	106,200	106,200	(60,150)

구분	×6년	×7년	×8년	×9년	×10년	합계
개발비 부담금	-	-	-	-	-	(200,000)
국책과제 입금	-	-	-	-	-	3,628,023
국책과제 출금	-	-	-	-	-	(2,995,828)
순운전자본 증감액	-	-	-	-	-	432,194

상기의 가정에 따른 채무자 회사의 추정기간 동안의 운전자본 변동액은 다음과 같다.

(단위: 천원)

구분	준비년도	×1년	×2년	×3년	×4년	×5년
영업활동 운전자본	228,670	262,835	35,488	33,503	10,561	10,475
기타 운전자본	(134,786)	252,896	161,834	106,200	106,200	(60,150)
순운전자본 증감액	93,884	515,731	197,322	139,703	116,761	(49,675)

구분	×6년	×7년	×8년	×9년	×10년	합계
영업활동 운전자본	10,368	10,242	10,098	9,938	9,763	631,941
기타 운전자본	-	-	-	-	-	432,194
순운전자본 증감액	10,368	10,242	10,098	9,938	9,763	1,064,135

6. 영업외손익의 추정

발생하지 않는 것으로 가정하였다.

7. 법인세비용의 추정

(단위: 천원)

구분	준비년도	×1년	×2년	×3년	×4년	×5년
세전손익	15,724	(277,207)	(105,469)	144,375	204,706	258,224
이월결손금 상계	15,724	-	-	144,375	204,706	258,224
법인세비용	-	-	-	-	-	-

구분	×6년	×7년	×8년	×9년	×10년	합계
세전손익	305,305	349,988	392,756	432,933	470,945	2,192,281
이월결손금 상계	305,305	349,988	392,756	432,933	470,945	2,574,956
법인세비용	-	-	-	-	-	-

위와 같이 법인세비용이 발생하지 않는 것으로 추정하였는바, 그 근거는 다음과 같다.[5)]

주식회사에 대한 회생계획의 대부분은 현금변제하지 못하는 부분에 대하여 출자전환을 규정하는 것이 일반적이다. 다만 출자전환은 채무면제익[6)]으로서 법인세법상 익금에 해당하므로 이에 대한 법인세 납세의무가 발생하게 된다. 만약 위 채무면제익에 대한 법인세가 과대하다면 회생계획의 수행가능성의 문제가 발생할 수도 있으므로 면밀한 분석이 요구된다.

법인세비용은 계속기업 영위 시 필수적으로 수반되는 비용으로 영업이익에서 공제 가능한 세무상 이월결손금 및 이월세액공제를 적용한 금액인 법인세과세표준에서 법인세율(2억원 이하 10%, 초과분 20%, 지방소득세 10%)을 적용하여 산정하게 된다. 채무자 회사의 경우 조사기준일 현재 세무상 이월결손금이

5) 출자전환과 채무면제익에 관한 논의는 8장에서 좀 더 상세히 기술하였다.

6) 채무를 출자로 전환하는 내용이 포함된 회생계획인가의 결정을 받은 법인이 채무를 출자전환하는 경우로서 당해 주식 등의 시가(시가가 액면가액에 미달하는 경우에는 액면가액)를 초과하여 발행된 금액을 말한다.

약 5,520백만원 및 이월세액공제가 2,832백만원이 존재하고 있는바, 추정기간 동안 동 이월결손금(공제기한 ×10년) 및 이월세액공제(공제기한 ×4년)의 효과를 고려하여 법인세비용을 추정하였다.

한편 회생채권 등의 감면에 해당하는 부분은 회생계획인가결정일의 다음날 출자전환하고, 출자전환 시 발생하는 채무면제익은 법인세법 17조 1항 1호 단서 규정에 의해 익금에 산입하여야 하나, 동조 2항의 규정에서 채무면제이익 중 이월결손금 보전에 충당하지 아니한 금액은 해당 사업년도의 익금에 산입하지 아니하고 그 이후의 각 사업년도에 발생한 결손금의 보전에 충당할 수 있다는 규정에 따라 과세이연이 가능하므로, 출자전환으로 발생하는 채무면제익에 대한 법인세비용은 발생하지 않는 것으로 가정하였다.

8. 추정 손익계산서

각 항목별 추정결과에 따라 작성된 추정 손익계산서는 다음과 같다.

(단위: 천원)

과목	준비년도	×1년	×2년	×3년	×4년	×5년
매출액	444,000	5,343,003	6,263,323	7,282,376	7,603,601	7,922,226
매출원가	-	3,801,084	4,530,428	5,267,537	5,499,887	5,730,357
매출총이익	444,000	1,541,919	1,732,894	2,014,839	2,103,714	2,191,869
판매비와 관리비	428,276	1,819,126	1,838,363	1,870,464	1,899,007	1,933,645
영업이익	15,724	(277,207)	(105,469)	144,375	204,706	258,224
법인세	-	-	-	-	-	-
당기순손익	15,724	(277,207)	(105,469)	144,375	204,706	258,224
(매출원가율)	0.00%	71.14%	72.33%	72.33%	72.33%	72.33%
(판매비와 관리비율)	96.46%	34.05%	29.35%	25.68%	24.98%	24.41%
(영업이익률)	3.54%	-5.19%	-1.68%	1.98%	2.69%	3.26%

과목	×6년	×7년	×8년	×9년	×10년	합계
매출액	8,237,603	8,549,139	8,856,291	9,158,569	9,455,534	79,115,664
매출원가	5,958,478	6,183,820	6,405,991	6,624,637	6,839,440	56,841,659
매출총이익	2,279,125	2,365,319	2,450,300	2,533,932	2,616,094	22,274,005
판매비와 관리비	1,973,820	2,015,330	2,057,544	2,100,999	2,145,150	20,081,724
영업이익	305,305	349,988	392,756	432,933	470,945	2,192,281
법인세	-	-	-	-	-	-
당기순손익	305,305	349,988	392,756	432,933	470,945	2,192,281
(매출원가율)	72.33%	72.33%	72.33%	72.33%	72.33%	71.85%
(판매비와 관리비율)	23.96%	23.57%	23.23%	22.94%	22.69%	25.38%
(영업이익률)	3.71%	4.09%	4.43%	4.73%	4.98%	2.77%

9. 계속기업가치의 평가

영구현금흐름은 무성장을 가정하였고, 그 가치는 2,250백만원이다. 할인율은 무위험 이자율(3년 만기 국고채 수익률)에 위험프리미엄 6.5%을 가산하여 산정하였다. 비영업용자산은 없다.7)

(단위: 천원)

구분	금액
추정기간 10년 3.5개월간 영업활동으로 인한 가치	2,058,741
추정기간 이후의 영업활동으로 인한 가치	2,249,591
비영업자산의 가치	-
합계	4,308,332

(단위: 천원)

구분	준비년도	×1년	×2년	×3년	×4년	×5년
영업이익	15,724	(277,207)	(105,469)	144,375	204,706	258,224
법인세등	-	-	-	-	-	-
감가상각비	34,203	111,660	98,676	78,627	69,542	65,760
운전자본증감액	93,884	515,731	197,322	139,703	116,761	(49,675)
자본적 지출	-	62,374	63,684	65,021	66,386	67,781
순영업현금흐름	143,811	287,811	126,846	297,684	324,622	206,529
자본할인율						

7) 사업장 임대차보증금은 영업에 공하는 자산이므로 비영업용 자산이 아니다.

영구성장률						
현재가치계수	0.9759	0.8964	0.8233	0.7563	0.6947	0.6381
현금흐름의 순현가	140,338	257,980	104,436	225,126	225,499	131,778
영구현금흐름의 현가						
비영업용자산의 청산가치[8]						
계속기업가치	140,338	257,980	104,436	225,126	225,499	131,778

구분	×6년	×7년	×8년	×9년	×10년	합계
영업이익	305,305	349,988	392,756	432,933	470,945	2,192,281
법인세등	–	–	–	–	–	–
감가상각비	66,710	68,171	69,494	71,200	72,725	806,769
운전자본증감액	10,368	10,242	10,098	9,938	9,763	1,064,135
자본적 지출	69,204	70,657	72,141	73,656	75,203	686,106
순영업현금흐름	313,180	357,744	400,207	440,415	478,230	3,377,078
자본할인율						8.869%
영구성장률						0.0%
현재가치계수	0.5861	0.5383	0.4945	0.4542	0.4172	
현금흐름의 순현가	183,549	192,587	197,895	200,036	199,516	2,058,741
영구현금흐름의 현가						2,249,591
비영업용자산의 청산가치						–
계속기업가치	183,549	192,587	197,895	200,036	199,516	4,308,332

8) ×기술(주)의 경우 비영업자산이 없어 별다른 문제는 없으나, 비영업자산이 존재할 경우 이는 청산가치가 아니라 공정가치로 평가하여야 한다.

제 2 절 박원장의 계속기업가치

Ⅰ. 추정의 전제

- 매출은 현금매출누락분을 반영한 채무자의 과거 3개년 평균매출액을 토대로 매년 소비자물가상승률만큼 성장한다고 가정
- 매출원가에 해당하는 치과재료사용액은 과거 3개년 동안 매출의 14.4% 수준으로 발생하였고, 이를 토대로 매출원가 추정
- 판관비 중 ① 급여는 채무자의 인력수급계획과 급여명세서에 따라 추정, ② 퇴직급여는 연 급여의 12분의 1을 매년 중간정산 방식으로 지급하는 것으로 가정, ③ 위 추정급여를 토대로 4대보험부담액 추정, ④ 변동판관비는 과거 3개년 매출액 대비 평균비율을 적용하여 추정, ④ 고정판관비는 과거 3개년 발생비용의 평균치를 적용하되, 지급임차료 및 관리비는 현행 임차계약서를 토대로 추정, ⑤ 감가상각비는 실사가치를 기준으로 정액법에 따른 감가상각비만큼 재투자 가정, ⑥ 과거 3년 평균 소비자 물가상승률 2.60% 적용
- 영업외손익은 편의상 발생하지 않는 것으로 가정
- 현행 소득세율을 적용하되, 세무조정사항이 없는 것으로 가정
- 생계비는 기준중위소득 60% 기준 및 추가생계비 기준을 각 적용하되, 자녀교육비로 인당 월 50만원을 추가로 반영하였고, 평균소비자물가상승률만큼 매년 증액

Ⅱ. 추정손익과 계속기업가치

1. 추정손익

(단위: 원)

구분	준비년도	1차년도	2차년도	3차년도	4차년도	5차년도
매출액	1,418,771,654	2,911,412,784	2,987,205,296	3,064,970,907	3,144,760,981	3,226,628,223
매출원가	204,188,870	419,008,995	429,917,013	441,108,999	452,592,345	464,374,635
인건비	590,495,057	1,211,734,709	1,243,279,675	1,275,645,848	1,308,854,606	1,342,927,884
변동비	183,589,922	376,738,600	386,546,198	396,609,115	406,934,000	417,527,671
고정비	228,539,038	468,977,143	481,185,977	493,712,642	506,565,413	519,752,779
감가상각비	32,293,590	64,587,179	64,587,179	64,587,179	64,587,179	64,587,179
영업이익	179,665,178	370,366,158	381,689,254	393,307,122	405,227,438	417,458,074
소득세	(50,207,044)	(129,920,053)	(134,653,108)	(139,509,377)	(144,492,069)	(150,231,475)
감가상각비	32,293,590	64,587,179	64,587,179	64,587,179	64,587,179	64,587,179
Capex	0	0	0	0	(290,642,307)	0
생계비	(45,592,698)	(86,787,399)	(89,046,726)	(91,364,871)	(93,743,363)	(83,185,766)
가용소득	116,159,026	218,245,885	222,576,599	227,020,054	(59,063,122)	248,628,013

구분	6차년도	7차년도	8차년도	9차년도	10차년도	누적액
매출액	3,310,626,706	3,396,811,913	3,485,240,771	3,575,971,688	3,669,064,594	34,191,465,519
매출원가	476,463,653	488,867,382	501,594,017	514,651,963	528,049,845	4,920,817,716
인건비	1,377,888,189	1,413,758,611	1,450,562,845	1,488,325,200	1,527,070,618	14,230,543,242
변동비	428,397,126	439,549,545	450,992,294	462,732,930	474,779,209	4,424,396,610
고정비	533,283,450	547,166,364	561,410,690	576,025,837	591,021,459	5,507,640,791
감가상각비	64,587,179	64,587,179	64,587,179	64,587,179	64,587,179	678,165,384
영업이익	430,007,109	442,882,832	456,093,747	469,648,580	483,556,285	4,429,901,775
소득세	(155,476,971)	(161,486,023)	(167,008,185)	(172,674,106)	(178,487,527)	(1,584,145,936)
감가상각비	64,587,179	64,587,179	64,587,179	64,587,179	64,587,179	678,165,384
Capex	0	0	0	(290,642,307)	0	(581,284,615)
생계비	(85,351,332)	(73,889,706)	(75,813,269)	(77,786,908)	(79,811,926)	(882,373,964)
가용소득	253,765,985	272,094,283	277,859,472	(6,867,562)	289,844,011	2,060,262,644

2. 계속기업가치

(단위: 원)

구분	준비년도	1차년도	2차년도	3차년도	4차년도	5차년도
영업현금흐름	161,751,724	305,033,284	311,623,325	318,384,925	34,680,242	331,813,779
생계비	(45,592,698)	(86,787,399)	(89,046,726)	(91,364,871)	(93,743,363)	(83,185,766)
순현금흐름	116,159,026	218,245,885	222,576,599	227,020,054	(59,063,122)	248,628,013
자본할인율	9.33%	9.33%	9.33%	9.33%	9.33%	9.33%
현가계수	0.9564	0.8748	0.8001	0.7318	0.6694	0.6123
현금흐름 현가(A)	111,092,128	190,913,677	178,086,555	166,140,879	(39,535,691)	152,224,180

구분	6차년도	7차년도	8차년도	9차년도	10차년도	누적액
영업현금흐름	339,117,317	345,983,988	353,672,741	70,919,346	369,655,937	2,942,636,609
생계비	(85,351,332)	(73,889,706)	(75,813,269)	(77,786,908)	(79,811,926)	(882,373,964)
순현금흐름	253,765,985	272,094,283	277,859,472	(6,867,562)	289,844,011	2,060,262,644
할인율	9.33%	9.33%	9.33%	9.33%	9.33%	
현가계수	0.5600	0.5122	0.4685	0.4285	0.3920	
현금흐름 현가	142,110,984	139,371,606	130,178,945	(2,942,922)	113,605,976	1,281,246,317
영구현금흐름현가						1,217,641,754
비영업가치						0
계속기업가치						2,498,888,072

3. 자금수지와 회생계획의 실현가능성

(단위: 천원)

구분	면제액	준비년도	1차년도	2차년도	3차년도	4차년도	5차년도
자금의 원천							
1. 전기이월액		106,085	180,869	55,019	-66,501	-183,578	-242,641
2. 영업활동조달자금		161,752	305,033	311,623	318,385	34,680	331,814
사업소득		179,665	370,366	381,689	393,307	405,227	417,458
소득세 등		-50,207	-129,920	-134,653	-139,509	-144,492	-150,231
감가상각비		32,294	64,587	64,587	64,587	64,587	64,587
Capex		0	0	0	0	-290,642	0
자금의 원천 계		267,837	485,903	366,642	251,884	-148,897	89,173
자금의 운용							

1. 회생담보권	0	41,375	0	0	0	0	0
금융기관리스채무	0	41,375	0	0	0	0	0
2. 회생채권	305,176	0	344,096	344,096	344,096	0	0
금융기관대여채무	73,690	0	0	0	0	0	0
일반대여채무	231,486	0	0	0	0	0	0
조세채무-과태료	0	0	229,680	229,680	229,680	0	0
조세채무-국세 등	0	0	114,416	114,416	114,416	0	0
3. 관리인생활비	0	45,593	86,787	89,047	91,365	93,743	83,186
4. 채무면제 계	305,176						
자금의 운용 계	0	86,968	430,884	433,143	435,461	93,743	83,186
차기자금이월액	0	180,869	55,019	-66,501	-183,578	-242,641	5,987

구분	6차년도	7차년도	8차년도	9차년도	10차년도	누적액
자금의 원천						
1.전기이월액	5,987	52,687	76,301	64,267	57,399	
2.영업활동조달자금	339,117	345,984	353,673	70,919	369,656	2,942,637
사업소득	430,007	442,883	456,094	469,649	483,556	4,429,902
소득세 등	-155,477	-161,486	-167,008	-172,674	-178,488	-1,584,146
감가상각비	64,587	64,587	64,587	64,587	64,587	678,165
Capex	0	0	0	-290,642	0	-581,285
자금의 원천 계	345,105	398,670	429,973	135,186	427,055	3,048,530
자금의 운용						
1. 회생담보권	0	0	0	0	0	41,375
금융기관리스채무	0	0	0	0	0	41,375
2. 회생채권	207,067	248,480	289,894	0	289,894	2,372,800
금융기관대여채무	50,000	60,000	70,000	0	70,000	323,690
일반대여채무	157,067	188,480	219,894	0	219,894	1,016,820
조세채무-과태료	0	0	0	0	0	689,040
조세채무-국세 등	0	0	0	0	0	343,249
3. 관리인생활비	85,351	73,890	75,813	77,787	79,812	882,374
4. 채무면제 계						305,176
자금의 운용 계	292,418	322,370	365,707	77,787	369,705	2,991,372
차기자금이월액	52,687	76,301	64,267	57,399	57,350	

회생절차개시 전의 과태료 청구권에 관하여는 회생계획에서 감면 그 밖의 권리에 영향을 미치는 내용을 정하지 못하므로(법 140조 1항), 과태료는 전액을 납부하여야 한다. 「국세징수법」 또는 「지방세기본법」에 의하여 징수할 수 있는 청구권 등에 관하여 3년 이하의 기간 동안 징수를 유예하거나 체납처분에 의한 재산의 환가를 유예하는 내용을 정하는 때에는 징수의 권한을 가진 자의 의견을 듣는 것으로 족하므로(법 140조 2항) 국세 등의 경우 3년 분할변제를 가정하였다. 그 결과 2차년도부터 4차년도까지 2억원이 넘는 자금 부족이 발생하므로 위 자금수지를 그대로 적용할 경우 박원장의 회생계획은 수행가능성이 없다.

위 자금의 부족을 해결하기 위해서는 과태료와 국세 등에 대하여 좀 더 긴 분할변제기간을 정할 수밖에 없다. 회생계획에서 「국세징수법」 또는 「지방세기본법」에 의하여 징수할 수 있는 청구권 등에 관하여 3년을 초과하는 기간 동안 징수를 유예하거나 체납처분에 의한 재산의 환가를 유예하는 내용을 정하거나, 채무의 승계, 조세의 감면 또는 그 밖에 권리에 영향을 미치는 내용을 정하는 때에는 징수의 권한을 가진 자의 동의를 얻어야 한다(법 140조 3항). 자금부족을 해소하기 위해서 7년의 분할기간을 정하였고, 이에 대하여 위 법조에 의거 징수권자의 동의를 받아야 한다.

여기서 한 가지 문제가 더 발생하게 되는데, 법 140조 3항은 2항의 청구권만을 언급하고 있을 뿐인 점, 권리변경이란 변제유예, 분할변제를 모두 포함하는 것이므로 권리변경을 불허한다는 것은 즉각적인 납부를 의미한다고 볼 수밖에 없는 점에 비추어 1항의 과태료청구권을 7년 분할 상환하겠다는 취지의 회생계획은 위법한 것으로 인가요건을 충족하지 못하는 것은 아닌지 의문이 있다. 박원장의 사안은 과태료와 국세의 징수권자가 동일한 관계로 7년 분할상환에 대한 징수권자의 일괄적인 동의를 받은 바 있고, 누구도 회생계획의 위법 여부에 관하여는 문제 삼지 않았다는 점을 지적하고자 한다. 위 사건을 진행하면서 제출한 대리인 의견서를 제시하면 다음과 같다.

1. 조사보고서의 요지

현재 조사위원 보고서는 두 가지 변제계획을 예비적으로 제시하고 있습니다.

일반조세채권과 동일하게 3년 분할변제할 경우 회생계획의 수행가능성이 없으며, 과세당국의 동의 하에 일반조세 3년, 과태료 7년 분할변제할 경우 회생계획은 수행가능하다는 것입니다.

2. 현금영수증 과태료의 취급에 관한 법리구성

가. 법 140조 2항 및 3항에 따른 접근

법 140조 1항은 회생절차개시 전의 벌금·과료·형사소송비용·추징금 및 과태료의 청구권에 관하여는 회생계획에서 감면 그 밖의 권리에 영향을 미치는 내용을 정하지 못한다는 점, 2항은 회생계획에서 「국세징수법」 또는 「지방세기본법」에 의하여 징수할 수 있는 청구권(국세징수의 예에 의하여 징수할 수 있는 청구권으로서 그 징수우선순위가 일반 회생채권보다 우선하는 것을 포함한다)에 관하여 3년 이하의 기간 동안 징수를 유예하거나 체납처분에 의한 재산의 환가를 유예하는 내용을 정하는 때에는 징수의 권한을 가진 자의 의견을 들어야 한다는 점, 3항은 회생계획에서 2항의 규정에 의한 청구권에 관하여 3년을 초과하는 기간 동안 징수를 유예하거나 체납처분에 의한 재산의 환가를 유예하는 내용을 정하거나, 채무의 승계, 조세의 감면 또는 그 밖에 권리에 영향을 미치는 내용을 정하는 때에는 징수의 권한을 가진 자의 동의를 얻어야 한다는 점을 각 규정하고 있습니다.

위 법문에 비추어 국세징수의 예에 의하여 징수할 수 있는 청구권으로서 그 징수우선순위가 일반회생채권보다 우선하지 않는 채권의 징수권자에 대하여는 위 2항 및 3항이 적용되지 않는다고 할 것입니다. 따라서 3년 이상의 유예기간을 두거나, (중)가산금을 면제할 경우 징수권자의 동의를 요하지 않으며, 징수권자는 일반회생채권자와 동일하게 일반 회생채권자의 조에 편성되어 의결권을 행사하게 되고, 회생계획의 인가에 따라 일반 회생채권자와 동일한 조건으로 권리변경되어야 합니다. 따라서 개시 후에 발생한 것이 역수상 명백한 (중)가산금은 회생계획에 면제를 규정해도 동의를 요하는 것은 아닙니다. 법령상으로도 현금영수증 과태료 부과의 근거는 조세범처벌법 15조이며, 위 법은 국세징수법 등을 준용하고 있지 않습니다. 과세당국인 역삼세무서도 현금영수증 과태료는 우선권이 없다는 견해를 8. 29.자 변경채권신고서를 통해 표명하였습니다.

나. 법 140조 1항에 따른 접근

법 140조 1항은 과태료에 대한 권리변경을 불허하고 있습니다. 아울러 법 151조 단서는 140조 1항의 청구권을 비면책채권으로 규정하고 있습니다. 권리변경은 분할변제, 감액, 유예 등을 모두 포함하는 것이므로, 결국 준비년도 내지 1차년도 등 단기간 내에 전액 변제하여야 합니다. 이와 같이 우선적 지위를 부여하는 관계로 특별히 의결권을 부여할 실익이 없어 의결권을 배제하고 있습니다(법 191조 2호). 법 140조 2항의 우선권 있는 조세 등은 분할변제 외에 면제까지 가능함에도 과태료와 마찬가지로 의결권을 배제하고 있습니다(법 192조 2호).

한편 파산절차의 경우 과태료 채권은 후순위채권으로(법 446조 1항 4호), 우선권 있는 조세채권은 재단채권으로 취급하면서 조세채권의 우위를 규정하고 있습니다(법 473조 2호).

권리의 체계적 지위를 따진다면 과태료보다는 우선권 있는 조세에 우월적 지위를 부여함이 상당합니다. 그럼에도 회생절차에서 파산절차와 달리 과태료채권을 우선권 있는 조세 등에 비하여 우월한 지위를 부여하는 것은 권리의 체계적 지위를 무시한 규정이라 사료됩니다.

3. 결 어

문제가 된 권리가 과태료로서 법 140조 1항의 규정이 적용되므로, 비면책, 무의결권이라는 결론과 다른 결론은 법문에 반하는 것으로 사료됩니다. 다만, 과태료와 조세의 징수권자가 동일한 점, 비면책채권으로 규정하고, 권리변경을 금하는 취지는 권리의 완전성을 보장하겠다는 취지인바, 분할변제하되, 금액의 완전성을 보장하고, 이에 징수권자가 동의한다면 반드시 법 위반이라 단정하기 어려운 점, 절차를 가급적 수행하도록 하는 것이 채권자 전체의 관점에서 이익인 점을 종합하면 분할변제에 징수권자가 동의한다면 본 절차는 수행가능한 것으로 사료됩니다.

제4장 회생절차의 개시와 기관 구성

제 1 절 신청권자 및 관할

Ⅰ. 신청권자

1. 채무자

채무자는 ① 사업의 계속에 현저한 지장을 초래하지 아니하고는 변제기에 있는 채무를 변제할 수 없는 경우(법 34조 1항 1호), ② 파산의 원인인 사실이 생길 염려가 있는 경우(법 34조 1항 2호)에 회생절차개시의 신청을 할 수 있다(법 34조 1항). 법 34조 2항은 채무자 이외의 자의 신청권을 규정하면서, '1항 2호의 경우'로 사유를 한정하고 있다. 따라서 1호의 사유는 신청 채무자만이 주장할 수 있고, 채권자 등이 원용할 수 있는 사유는 아니다.

법 34조 2항 2호는 '합명회사·합자회사 그 밖의 법인 또는 이에 준하는 자'의 회생신청도 예정하고 있으므로, 회사가 아닌 비영리 사단법인 또는 재단법인, 비법인사단 또는 재단 등 기타 단체도 민사소송법상 당사자적격이 있다면 회생절차개시신청을 할 수 있다.

채무자의 청산인은 다른 법률에 의하여 채무자에 대한 파산을 신청하여야 하는 때에도 회생절차개시의 신청을 할 수 있다(법 35조 1항). 합명회사는 상법 229조(회사의 계속) 1항,[1] 합자회사는 상법 285조(해산, 계속) 2항,[2] 주식회사는 상법 519조(회사의 계속),[3] 유한회사는 상법 610조(회사의 계속[4])의 규정을 준용한다(법 35조 2항). 사채관리회사는 사채권자를 위하여 사채에 관한 채권을 변제받거나 채권의 실현을 보전하기 위하여 필요한 재판상 또는 재판 외의 모든 행위를 할 수 있으나, 회생절차개시신청은 사채권자들의 본질적인 이익과 관련된 것이므로 채권액에 관한 요건 외에 상법상 채권자집회의 결의를 요한다(상법 484조 4항 2호).[5]

---

1) 사원의 전부 또는 일부의 동의를 요하며, 동의를 하지 아니한 사원은 퇴사한 것으로 본다.
2) 잔존한 무한책임사원 또는 유한책임사원 전원의 동의를 요한다.
3) 상법 432조의 주총특별결의사항으로서, 출석한 주주의 의결권의 3분의 2 이상의 수와 발행주식총수의 3분의 1 이상의 수로써 하여야 한다.
4) 총사원의 반수 이상이며 총사원의 의결권의 4분의 3 이상을 가지는 자의 동의로 한다.
5) 다만 사채발행회사가 사채관리회사를 지정할 당시 사채권자집회의 결의를 요하지 않는다고

파산선고를 받아 파산관재인이 선임되어 있는 경우에도 위 요건을 갖춘 채무자의 대표자가 회생절차개시신청을 하여야 할 것이다. 회생절차개시결정이 있으면 진행 중인 파산절차는 중지되고(법 58조 2항 1호), 회생절차개시결정 전이라도 법원이 필요하다고 인정하는 때에는 채무자에 대한 파산절차의 중지명령(법 44조 1호)을 할 수 있다. 파산절차가 진행 중인 경우에는 신청의 성실성(법 42조 2호)이나 채권자 일반의 이익에 적합한지 여부(법 42조 3호)가 문제될 수 있다.

비영리 단체도 정관으로 정한 목적의 범위 내에서 권리와 의무의 주체가 되고(민법 34조), 일정한 한도에서 영리행위를 하는 것도 허용된다. 따라서 그 목적을 추구하는 과정에서 다액의 채무가 발생할 가능성이 있고, 그 재조정의 필요성은 다른 실체와 본질적인 차이가 있다고 할 수 없다. 최근에는 교회 등 종교단체나 집합건물관리단에 대하여도 신청권을 인정한 바 있다. 다만, 관련 법령상의 제한이나 신청의 성실성, 채권자 일반의 이익 등에 관하여 좀 더 엄격한 심사를 받게 되는 경우가 있을 수 있다.

2. 소액영업소득자: 간이회생절차개시 신청권자

가. 소액영업소득자의 범위

간이회생절차는 소액영업소득자가 신청할 수 있다(법 293조의4 1항). 소액영업소득자는 회생절차개시신청 당시 회생채권 및 회생담보권 총액이 50억원 이하의 범위에서 대통령령이 정하는 금액 이하인 채무를 부담하는 영업소득자이고(법 293조의2 2호), 법 시행령은 위 부채 총액을 30억원으로 규정하고 있다(시행령 15조의3).

개인인 소액영업소득자가 신청일 전 5년 이내에 개인회생절차 또는 파산절차에 의한 면책을 받은 사실이 있는 경우에는 신청권이 제한된다(법 293조의4 1항 단서).

부채규모를 산정함에 있어 문언상 공익채무는 제외된다는데 의문이 없다.

정할 수 있다(상법 484조 4항 단서).

실질적으로 근로자인 임원의 보수는 채무 총액에서 제외하여야 할 것이나, 그 소명이 부족하다면 회생채권으로 취급하여 채무총액에 산입한다.

영업소득자는 부동산임대소득·사업소득·농업소득·임업소득, 그 밖에 이와 유사한 수입을 장래에 계속적으로 또는 반복하여 얻을 가능성이 있는 채무자를 말한다(법 293조의2 1호).

사 견) 법인과 개인이 모두 포함되지만, 문언상 급여소득자는 제외된다. 법 293조의2 1호의 '그 밖에 이와 유사한 수입'에 급여소득이 포함된다는 주장도 있을 수 있으나, 급여소득이 사업소득이나 임대소득 등과 유사하다고 볼 수는 없다. 실무상 급여소득자의 회생신청은 일반회생으로 취급하고, 예납금 산정, 조사위원에 의한 조사 등에 있어서 간이회생에 준하는 배려를 하고 있다. 그러나 이는 미봉책에 불과하다. 절차적으로 아무리 배려를 하더라도 회생채권자 조의 동의율까지 완화할 수는 없는 점, 급여소득자의 부채구조는 영업소득자 등에 비하여 단순하여 간이회생에 보다 적합한 점, 법인은 간이회생절차에 의하더라도 대표자는 일반회생절차를 취할 수밖에 없어 절차의 경중과 난이도에 비추어 균형이 맞지 않는 점 등을 종합하면 속히 위 입법 불비를 해결하여야 한다.

나. 소액영업소득자의 판단

(1) 판단 시점

소액영업소득자에 해당하는지 여부는 '개시신청 시'를 기준으로 한다. 소액영업소득자가 아닌 경우에는 간이회생절차개시신청 기각사유이고, 개시 이후 인가결정 확정 전에 신청인이 소액영업소득자가 아님이 밝혀진 경우에는 간이회생절차를 폐지한다.

이 경우 회생계획의 권리변경효는 그 확정을 기다리지 않고 인가결정이 있은 때로부터 발생하므로(법 246조, 247조 3항), 인가된 회생계획의 효력이 복멸되는 경우에는 법률관계에 혼란을 가져온다. 또한 간이한 조사와 결의요건의 완화라는 편의를 위해 채무를 감추거나 금액을 줄이는 등 부정행위의 우려가 있다. 따라서 소액영업소득자 해당 여부는 엄격한 심사를 요한다. 소액영업소득자에 해당하는지가 불명확 함에도 소명이 없다면 간이회생절차에 의함이 채권자 일반의 이익에 반하는 것으로 보아 개시신청을 기각하고 일반 회생절차에 의함이 타당하다.[6] 현행 실무는 법 293조의4 2항에 의거 소액영업소득자에 해당하지 않을 경우 일반회생절차를 진행할 의사가 있는지 여부를 밝히도록 하고 있고, 전자소송의 신청절차 및 대표자 심문 과정에서도 재차 확인을 하고 있다.

(2) 판단기준

① 채무총액은 일응 재무상태표의 기재, 위 재무상태표 부채계정의 각 내역 등을 통해 특정할 것이다. ② 확인된 부외부채와 신청일까지 발생한 지연이자도 포함된다. ③ 조세의 경우 공익채권에 해당하는 부분은 제외된다. ④ 보증인은 주채무자와 동일한 채무를 부담하고, 연대채무 및 부진정연대채무의 경우에도 수인이 전부의 이행의무를 부담하는 관계이므로 당연히 채무총액계산에 산입한다. ⑤ 채무자가 물상보증인인 경우에도 회생담보권으로 취급되므로 (법 141조 1항) 채무총액에 산입할 것이나, 물상보증인은 채무를 부담하지는 않으므로 담보가치를 초과하는 부분은 채무총액에 산입하지 않는다. 채무총액을 줄이기 위해 담보물의 가치를 낮게 기재하는 경우가 있을 것인바, 이러한 경우에는 감정평가를 통한 소명이 필요하다. ⑥ 미확정 구상채무는 보증기관이 대위변제하여 현실화되기 전에는 채무자가 부담한 채무라고 할 수 없다. 간이회생절차개시신청 후에 대위변제가 이루어진 경우 해당 확정 구상채무는 '개시신청 당시'존재하던 채무가 아니므로 채무총액에 산입하지 않는다. ⑦ 원인채무와 어음채무의 경우 어음발행의 원인을 묻지 않고, 둘 중 큰 금액만을 산입하면 족하다. ⑧ 존부 및 금액에 다툼이 있을 경우 집행권원이 있거나, 처분문서에 의해 소명되는 채권은 채권의 존재를 인정함이 타당하다. 위 다툼의 해결을 기다릴 경우 절차 전체가 지연되거나 절차의 안정성을 해칠 우려가 있다면 간이회생절차개시신청을 기각하고 일반 회생절차에 의함이 상당하다.[7]

---

6) 이수열, 간이회생절차 연구, 2015.5.16. 한국도산법학회 춘계학술세미나 발표자료, 16－17면.

7) 이수열, 상게논문, 17－20면, 서울회생법원 실무준칙(이하 '준칙'으로 약칭) 201호 3조는 '소액영업소득자를 판단할 때 공익채무, 미확정 구상채무는 신청 당시 회생채권 및 회생담보권의 총액에 포함되지 아니하고, 다툼이 있는 채무는 개시신청서 첨부서류, 대표자 또는 채무자 심문결과 기타 소명자료를 근거로 위 총액에 포함시킬지 여부를 판단한다'고

충당부채는 미래 자원의 유출이 확실시 될 경우 이를 현재 시점에서 부채로 인식한다는 회계학적 개념인바, 개시신청 당시를 기준으로 그 이행의무가 현실화된 것이 아닌 이상 부채총액에 산입할 것은 아니라는 점에 관하여 별다른 이견이 없는 것으로 보인다.

개시신청 당시 채무 총액이 기준금액을 초과하였으나, 개시결정 전에 채권자의 상계, 법원의 허가에 따른 변제 등으로 채무총액 요건을 충족하게 된 경우라면 간이회생절차를 도입한 취지, 완화된 가결요건을 적용받기 위해 신청을 취하하더라도 탓하기 어려운 점 등에 비추어 간이회생절차에 의함이 절차경제에 부합한다.[8)]

사 견) 진행 중인 공사의 기성금 채무는 개시 이후라면 관리인의 선택에 따라 채권의 종류가 달라질 것이나, 개시신청 당시를 기준으로 채무총액을 판단하는 단계에서는 개시 이후의 이행 여부에 관한 판단을 개입시킬 필요는 없다. 공익채권성 여부는 개시 이후에야 확정되는 것이므로 신청 단계에서는 채무총액에 산입하는 것이 타당하다.

(3) 개시신청 전 편파변제로 소멸한 채권

법 109조 1항에 의해 채무자의 행위가 부인된 경우 상대방이 그가 받은 급부를 반환하거나 그 가액을 상환한 때에는 상대방의 채권은 원상으로 회복되므로, 채무자가 상대방에 대해 부담하는 채무는 비록 회생채무라 하더라도 개시신청 당시 존재하는 채무로 볼 수 없어 채무 총액에 포함할 것은 아니라는 견해가 주장되나,[9)] 개시 후 편파변제 행위를 부인할 경우 상대방의 채권은 부활하고, 부인권 행사의 효과는 소급하므로 개시신청 당시부터 위 채무는 존재하는 것으로 구성함이 타당하다.

규정하고 있다.

8) 이수열, 상게논문, 21면은 위와 같이 절차경제를 우선하는 견해와 '개시신청 당시'라는 문언, 편파변제 방지필요성을 근거로 기존 일반회생절차를 유지하여야 한다는 견해를 각 가정적으로 제시하고 있다.

9) 이수열, 상게논문, 21면.

3. 채권자, 주주·지분권자(법 34조 2항 및 3항)

① 채무자가 주식회사 또는 유한회사인 때에는 자본의 10분의 1 이상에 해당하는 채권을 가진 채권자, 자본의 10분의 1 이상에 해당하는 주식 또는 출자지분을 가진 주주·지분권자, ② 채무자가 주식회사 또는 유한회사가 아닌 때에는 5천만원 이상의 금액에 해당하는 채권을 가진 채권자, ③ 합명회사·합자회사 그 밖의 법인 또는 이에 준하는 자에 대하여는 출자총액의 10분의 1 이상의 출자지분을 가진 지분권자도 회생절차개시신청권이 인정된다(법 34조 2항). 법원은 채무자 이외의 자가 회생절차개시의 신청을 한 때에는 채무자에게 경영 및 재산상태에 관한 자료를 제출할 것을 명할 수 있다(법 34조 3항). 회사의 재무상황, 사업실태 등 회생절차 진행과 관련된 자료는 채무자가 보유하고 있고, 이를 일일이 상법이나 정관의 규정에 의해 확보하는 것은 절차경제에 반하기 때문이다.

사 견) 채무자가 소액영업소득자에 해당하더라도 채권자는 간이회생절차개시신청을 할 수 없고 일반 회생신청을 할 수 있을 뿐이라는 견해[10]가 있으나, 채무자 신청과 채권자 신청의 경우 결의에 필요한 동의율이 달라진다는 것은 부당한 점, 법 293조의4 1항이 법 34조 2항의 적용을 배제한다고 볼 근거가 없는 점 등에 비추어 채권자도 간이회생절차개시신청을 할 수 있다고 본다.

주식의 동일성 및 의결권 여부는 문제되지 않는다. 회생절차는 재건절차이므로 주주라는 지위만으로 상당한 이해관계를 갖는 점, 부채초과의 경우 의결권이 인정되지 않으나, 주주의 의결권 여하는 개시결정 이후에 문제되는 점 등에 비추어 주식의 동일성이나 의결권 여하에 관계없이 신청권을 인정함이 타당하다.

채권자와 주주 등의 비율을 합산한 혼합적 신청(가령 자본의 5%에 해당하는 채권을 가지 채권자와 자본의 5%에 해당하는 주식을 가진 주주가 하는 공동신청)은 허용되지 않는다.[11]

반드시 단독으로 위 금액 내지 지분비율 요건을 충족할 필요는 없으며, 수인의 채권액 내지 지분을 합산하여 요건을 충족하면 족하다. 위 요건은 개

10) 이수열, 상게논문, 16면.
11) 실무연구회(상), 68면.

시신청 당시는 물론 개시결정 시에도 유지되어야 한다는 전제 하에 개시신청 후 채권자의 채권액이나 주주 등의 지분율이 요건을 충족하지 못하게 된 경우 개시신청을 각하하는 것이 실무이다.12) 그러나 위 실무의 기준은 지나치게 엄격한 기준이며, 개시결정 당시까지 추완을 허용하는 것이 타당하다고 본다. 개시결정의 시점도 채무자의 신청이 아니므로 1월의 제한규정13)은 적용되지 않으므로 추완가능성을 충분히 심리하여야 할 것이다. 구체적으로는 1월 이상의 기간을 정하여 추완을 명하고, 이를 이행하지 않았을 경우 각하하는 방안을 제안한다.

공익채권자의 신청권과 관련하여 법 43조 2항 1호 가목은 단순히 '채권자'라고만 규정한 점, 신청 단계에서는 공익채권자를 분류하기 곤란한 점, 개별적 강제집행절차보다 집단적 추심절차인 회생절차를 이용하는 것이 비용과 시간 면에서 효과적일 수 있고, 특히 기업의 경우 채무자의 기업가치가 훼손되어 공익채권을 모두 변제받지 못할 우려가 있는 경우에는 회생절차를 통하여 기업가치를 보전하거나 확대하는 것이 공익채권자의 이익에 부합하는 점, 근로자의 경우 기업가치를 존속시킴으로써 고용과 임금까지 보장받는 이해관계가 있는 점, 공익채권자에게 신청권을 부여함으로써 회생채권자(회생담보권자) 일반의 이익을 해한다고 하면 법 42조 3호의 기각사유(회생절차에 의함이 채권자 일반의 이익에 적합하지 아니한 경우)에 해당한다고 보아 기각할 수 있는 길이 열려 있는 점에 비추어 자본의 10분의 1 이상에 해당하는 채권을 가진 채권자에는 임금채권자도 포함된다고 할 것이다.14)

---

12) 실무연구회(상), 68면 내지 69면, 그 외 서울중앙지방법원 2013회합12 어울림정보기술(주) 사건에서 주주들의 회생절차개시신청에 대항하여 채무자가 사내유보금을 자본에 전입함으로써 신청 주주들의 지분비율이 요건을 충족하지 못하게 되자 각하하였다고 한다.

13) 법 49조 1항은 '채무자가 회생절차개시를 신청한 때에는 법원은 회생절차개시의 신청일부터 1월 이내에 회생절차개시 여부를 결정하여야 한다'고 규정하고 있다.

14) 서울중앙지방법원 2013. 9. 6. 자 2013회합142 결정이며, 서울고등법원 2014. 1. 24. 자 2013라1595 결정을 거쳐 대법원 2014. 4. 29. 자 2014마244 결정에 의해 확정되었다.

Ⅱ. 관 할

1. 원 칙

회생사건·간이회생사건의 관할은 1. 채무자의 보통재판적이 있는 곳, 2. 채무자의 주된 사무소나 영업소가 있는 곳 또는 채무자가 계속하여 근무하는 사무소나 영업소가 있는 곳, 3. 1호 또는 2호에 해당하는 곳이 없는 경우에는 채무자의 재산이 있는 곳(채권의 경우에는 재판상의 청구를 할 수 있는 곳을 말한다) 중 어느 하나에 해당하는 지방법원 본원의 관할에 전속한다(법 3조 1항 1호 내지 3호). 2호에 따라 채무자가 개인인 경우 주소지 관할 법원 이외에 직장이나 사업장을 관할하는 법원, 법인인 경우 정관이나 법인등기부에 기재된 본점소재지 관할 법원 이외에 실질적인 영업의 본거지를 관할하는 법원에 회생절차개시신청을 할 수 있다.

위 규정에도 불구하고 채무자의 주된 사무소 또는 영업소의 소재지를 관할하는 고등법원 소재지의 회생법원에도 개시신청을 할 수 있다(법 3조 2항). 가령 부산에 본점을 둔 회사가 인천에 지점이 있음을 들어 서울회생법원에 회생절차개시신청을 한 경우라면, 위 인천지점이 단순한 지점이 아니라 주된 사무소 임을 소명하여야 할 것이다. 인천 지점이 주된 사무소일 경우 위 사건은 법 3조 1항 2호에 따라 인천지방법원, 법 3조 2항에 따라 서울회생법원에 각 관할이 성립하므로 서울회생법원은 적법한 관할법원이다.

주된 사무소 또는 영업소 여부는 등기사항전부증명서의 기재나 영업소의 명칭에 구애될 것이 아니라, 채무자의 주요한 경영상의 의사결정이 현실적으로 이루어지는지 여부를 기준으로 판단함이 타당하다. 위 판단은 지나치게 엄격할 필요는 없고, 가급적 관할을 성립시키는 방향으로 운영할 것을 제안한다.

개인이 아닌 채무자에 대한 회생사건은 합의부 관할에 전속한다(법 3조 5항). 이에 따라 채무자가 법인인 회생사건은 합의부가, 개인인 회생사건은 단독판사가 처리한다.

채권자의 수가 300인 이상으로서 대통령령으로 정하는 금액 이상의 채무를 부담하는 법인에 대한 회생사건은 1항에도 불구하고 서울회생법원에도 신청할 수 있다(법 3조 4항).

2. 관할의 경합

「독점규제 및 공정거래에 관한 법률」 2조 3호에 따른 계열회사에 대한 회생사건이 계속되어 있는 경우 다른 계열회사에 대한 회생절차·간이회생절차개시신청(법 3조 3항 1호), 법인에 대한 회생사건이 계속되어 있는 경우 그 법인의 대표자에 대한 회생절차개시·간이회생절차개시의 신청(법 3조 3항 2호), 주채무자 및 보증인, 채무자 및 그와 함께 동일한 채무를 부담하는 자, 부부의 어느 하나에 해당하는 자에 대한 회생사건이 계속되어 있는 경우 다른 자에 대한 회생절차개시·간이회생절차개시의 신청(법 3조 3항 3호)은 각 그 회생사건이 계속되어 있는 회생법원에도 신청할 수 있다.

위 문언상 계속 중인 사건은 회생사건에 국한되므로, 간이회생절차가 계속 중인 법원에 (간이)회생절차개시신청을 할 수 있는지 문제된다. 간이회생사건은 소액영업소득자를 위한 특례 절차에 해당하는 점에서 이를 기초로 통상의 회생사건에 관한 관할을 부여하는 것은 적절하지 않고, 동일한 항과 호 내에서 회생사건과 간이회생사건을 달리 규정하고 있는 점에서 소극적으로 해석하는 것이 타당하다는 견해[15]도 있으나, 법 3조 3항은 계속된 사건을 단순히 '회생사건'이라고만 규정하고 있으므로 간이회생을 배제할 필요는 없다고 본다. 문언상 다소 어색한 측면은 있으나, 관할의 집중을 통해 절차경제를 도모할 수 있는 점, 법인과 대표자의 사건의 관할이 분리된다는 것은 매우 부자연스러운 점 등을 종합하면 계속 중인 사건에 간이회생사건을 포함시키는 해석이 타당하다.

3. 감독행정청 등에 대한 통지 및 의견진술 요구

주식회사인 채무자에 대하여 회생절차개시의 신청이 있는 때에는 법원은 감독 행정청, 금융위원회, 관할 세무서장에게 이러한 사실을 통지하여야 하며

15) 이수열, 상게논문, 15면.

(법 40조 1항), 회생절차에 관한 의견의 진술을 요구할 수 있다(법 40조 2항).

특히 관할세무서장에 대한 통지는 조세채권이 회생채권으로서 목록에 기재되지 않고, 신고되지도 않을 경우 회생계획인가 시 실권의 대상이 된다는 점에서 그 의미가 크다고 할 것이다.

4. 이 송

가. 이송 사유

(1) 관할위반으로 인한 이송

법원은 직권으로 관할을 조사한 결과 관할이 없다고 인정되면 관할법원으로 이송하여야 한다(법 33조, 민사소송법 34조 1항).

(2) 현저한 손해나 지연을 피하기 위한 이송

법원은 현저한 손해 또는 지연을 피하기 위하여 필요하다고 인정하는 때에는 직권으로 1. 채무자의 다른 영업소 또는 사무소나 채무자 재산의 소재지를 관할하는 회생법원, 2. 채무자의 주소 또는 거소를 관할하는 회생법원, 3. 3조 2항 또는 3항에 따른 회생법원, 4. 3조 2항 또는 3항에 따라 해당 회생법원에 회생사건이 계속되어 있는 때에는 3조 1항에 따른 회생법원으로 이송할 수 있다(법 4조).

본 조에 의한 이송요건의 구비여부, 즉 현저한 손해 또는 지연을 피하기 위하여 이송이 필요한지 여부는 채권자나 주주 등 이해관계인의 소재, 회사재산의 소재, 실질적인 영업활동의 중심지, 절차진행상의 편의, 사업경영 및 자금조달의 편의, 다른 계열회사에 대하여 진행 중인 회생사건의 관할 등 제반 요소를 종합적으로 고려하여 판단하여야 한다. 대주주가 동일하거나 상호출자, 상호지급보증, 상호차입관계 등으로 얽혀 있는 계열회사 또는 형식적으로는 별개의 회사이나 실질적으로는 하나의 회사처럼 운영되어 온 계열회사들이 등기부상 본점 소재지만 상이한 경우라면 회생계획안의 일관성, 이해관계조정방식의 획일성, 단일한 기준에 의한 법원감독권의 행사 등을 위하여 적극적으로 이송을 고려하여야 할 것이다.[16]

16) 회사정리실무(개정판), 서울지방법원(2001)(이하 '회사정리실무'로 인용), 23면 내지 24면.

나. 이송결정의 효력

수이송 법원은 사건을 반송하거나 다른 법원에 재이송할 수는 없다(법 33조, 민사소송법 38조). 관할위반을 이유로 이송 받은 법원이 법 4조에 의하여 다시 이송을 하는 것은 허용된다.

이송결정은 신청인에게 고지된 때에 확정되고, 항고할 수 있다는 규정이 없으므로 불복이 허용되지 않는다.

이송결정이 있으면 처음부터 이송을 받은 법원에 회생절차개시신청이 있었던 것으로 보게 되므로(법 33조, 민사소송법 40조 1항), 각종 기간계산(법 43조 2항, 49조, 100조 1항, 111조, 145조 등)은 최초 이송법원에 회생절차개시신청을 한 때를 기준으로 산정하여야 한다. 채권자가 하는 회생절차개시신청에 시효중단의 효력을 부여하는 일반적인 견해에 따르면 시효중단의 효력 역시 채권자가 이송법원에 회생절차개시신청을 한 때로부터 발생한다.

이송법원이 이송결정 전에 행한 보전처분이나 다른 절차의 중지명령 등은 그대로 유지되고, 이송 받은 법원은 필요한 경우 이를 취소·변경할 수 있다.

제 2 절 신청서의 기재사항 및 첨부서류

Ⅰ. 신청서의 기재사항

1. 필요적 기재사항(법 36조)

회생절차개시의 신청은 서면으로 하여야 하며, 구술에 의한 신청은 허용되지 않는다. 신청서에 기재할 사항은 다음과 같다.

1. 신청인 및 그 법정대리인의 성명 및 주소
2. 채무자가 개인인 경우 성명·주민등록번호 및 주소
3. 채무자가 개인이 아닌 경우에는 채무자의 상호, 주된 사무소 또는 영업소(외국에 주된

사무소 또는 영업소가 있는 때에는 대한민국에 있는 주된 사무소 또는 영업소)의 소재지, 채무자의 대표자(외국에 주된 사무소 또는 영업소가 있는 때에는 대한민국에서의 대표자)의 성명
4. 신청의 취지[17]
5. 회생절차개시의 원인
6. 채무자의 사업목적과 업무의 상황
7. 채무자의 발행주식 또는 출자지분의 총수, 자본의 액과 자산, 부채 그 밖의 재산상태
8. 채무자의 재산에 관한 다른 절차 또는 처분으로서 신청인이 알고 있는 것
9. 회생계획에 관하여 신청인에게 의견이 있는 때에는 그 의견
10. 채권자가 회생절차개시를 신청하는 때에는 그가 가진 채권의 액과 원인
11. 주주·지분권자가 회생절차개시를 신청하는 때에는 그가 가진 주식 또는 출자지분의 수 또는 액

간이회생절차개시의 신청을 한 자는 소액영업소득자에 해당하는 채무액 및 그 산정 근거(법 293조의4 3항 6호) 및 소액영업소득자의 요건을 충족하지 못할 경우 회생절차개시의 신청을 하는 의사가 있는지 여부를 명확히 밝혀야 한다(법 293조의4 2항, 동조 3항 7호).

2. 임의적 기재사항

회생의 가능성에 관한 사항, 회사 경영에 관한 의견, 보전처분의 필요성, 다른 절차의 중지명령 여부, 관리인의 선임에 관한 사항, 신청 당시 예상하는 회생계획의 개요 등도 법원 및 이해관계인이 채무자의 현황을 파악하고, 향후 절차에 대응하기 위한 유용한 정보이므로 가급적 기재하는 것이 좋다.

17) "'채무자에 대하여 (간이)회생절차를 개시한다'라는 재판을 구합니다."라고 기재한다.

Ⅱ. 첨부서류

1. 업무현황 및 조직에 관한 자료

① 정관, 등기사항전부증명서, 채무자의 사업연혁에 관한 자료, 주주명부, 조직도. ② 노조가 있을 경우 단체협약서, ③ 취업규칙 등 사규, ③ 향후 사업계획서, 자금조달계획서, 자금수지표 등을 각 준비한다.

2. 자산 및 부채의 상황에 관한 자료

① 가장 최근의 결산보고를 반영한 재무상태표 및 손익계산서를 준비한다. 회계기간 중에 신청하는 경우에는 신청 시까지의 가결산분을 반영하고, 분식결산된 부분이 있다면 해당 사항을 소명하여야 한다. 통상 최근 5개년도 비교재무상태표 및 비교손익계산서를 첨부하며, 적실성이 떨어진다면 최근 3년분만 제출할 수도 있다. ② 보전처분이나 회생절차개시결정은 등기·등록으로 공시되어야 하므로 최소한 등기·등록으로 공시되는 자산은 빠짐없이 기재하여 자산 목록을 작성한다. ③ 물건목록과 채권자 인적사항, 청구액, 법원 및 사건번호를 기재하여 현재 진행 중인 강제집행, 체납처분, 소송현황 등을 도표로 작성한다. ④ 등기·등록된 재산이 있을 경우 부동산등기부등본, 차량등록증 및 차량등록원부를 준비한다. ⑤ 최근 1년 이상의 월별 자금운영실적표를 요구하는 경우도 있으나, 대부분의 채무자는 이를 관리하고 있지 않은 경우가 많다. 법원이 해당 자료에 대한 보정을 요구할 경우 주무관리위원 및 대리인과 충분한 협의가 필요하다. ⑥ 매출처와 매입처로 나누어 주요 거래처 명부를 준비한다. 이들이 계속적 거래관계에 있고, 채무자의 회생에 있어 이들의 협조가 필수적이라면 각종 허가신청이나 회생채권 변제 등에 있어 채무자 및 법원의 특별한 고려가 필요하다.

⑦ 채권자명부를 첨부하여야 한다. 이는 대단히 중요한 것이므로 누락되는 채권자가 없도록 주의하여야 한다.

사 견) 신청 단계에서 제출하는 채권자명부와 개시결정 이후 법원의 명령에 의거 제출하는 (채권자)목록은 전혀 별개의 서류이다. 목록의 기재는 향후 채권신고가 없을 경우 그대로 확정될 수 있는 관계로 다툼이 있는 채무는 기재 여부에 관하여 신중을 기하여야 한다. 기재하지 않았을 경우 위 채권자가 회생절차개시 사실을 알고 자발적으로 채권신고를 할 경우는 문제가 없으나, 이를 간과하거나, 개시사실을 알지 못하여 신고를 하지 않은 경우 그 처리가 문제된다. 보통 회생계획에서는 목록에 기재하지 않고, 신고되지 않은 채권은 법 251조에 의하여 실권된다는 규정을 두기 때문이다. 이러한 문제를 예방하기 위해서는 신청 당시에 제출하는 채권자명부에는 채권의 존부 등에 관하여 의문이 있는 채권자라도 동인의 절차보장 및 향후 불신고에 따른 복잡한 법률문제를 예방한다는 차원에서 기재하는 것이 좋다고 본다.

회생담보권자와 회생채권자로 분류하여 각각 이름, 주소, 연락처, 채권금액, 채권의 내용(물품대금, 어음금, 대여금 등) 등을 기재한다. 회생담보권자에 대하여는 담보물, 담보물의 가액, 피담보채권액도 표시한다. 기재의 순서는 금융기관을 먼저 채권금액순으로 기재하고, 기타의 채권자는 채권금액 순으로 기재한다.

3. 신청인의 자격에 관한 자료

법인의 경우 통상 이사회 의사록으로 갈음한다. 의사록의 요지는 경영상의 어려움에 처하여 보전처분 및 회생절차개시신청을 하기로 결의하였다는 취지가 기재되어 있으면 족하다. 회생절차개시신청을 이사회의 결의만으로 할 수 있는 것인지 여부는 정관규정을 면밀히 살펴보아야 할 것이다. 주총특별결의를 요한다는 정관의 규정이 있다면 위법한 신청이다. 다만, 이러한 정관규정에 위배하였더라도 정관의 관련 절차(주총특별결의 등)를 거쳐 개시결정 전까지는 추완할 수 있다고 본다.

채권자나 주주가 신청하는 경우 채권의 원인증서, 주권의 사본 등을 첨부한다.

Ⅲ. 소요비용

1. 예납비용(법 39조)

주로 공인회계사인 조사위원의 보수나 현장검증 비용 등에 충당되며, 신청 당시 채무자가 밝힌 자산을 기준으로 그 금액이 정해진다. 회생절차에서 변호사비용과 함께 가장 많은 부분을 차지하는 비용이다.

일반회생사건의 예납기준은 크게 3가지이다(준칙 291호 8조 2항). ① 급여소득자의 경우에는 300만원 내지 800만원으로 하되, 회생절차가 진행 중인 법인의 임원에 대한 조사위원 보수는 특별한 사정이 없는 한 위 보수기준의 80% 이하의 금액으로 정할 수 있다. ② 소액영업소득자가 아닌 영업소득자의 경우에는 500만원 내지 1,200만원으로 하되, 위 보수기준이 적정하지 아니한 경우에는 법인회생 사건의 해당 준칙에 의할 수 있다. ③ 소액영업소득자의 경우(간이회생 사건)에는 300만원 내지 800만원으로 한다. 위 금액들은 부가세를 포함하며, 사업 규모 및 내용, 자산 및 채무, 월급여액 또는 사업소득액, 채권자 수, 조사의 내용, 기간, 난이도 및 성실성 등을 고려하여 적절히 가감할 수 있다. 구체적으로는 자산 또는 부채가 10억원 이하인 경우 400－500만원, 10억원 초과 20억원 이하인 경우 500－600만원, 20억원 초과 30억원 이하인 경우 600－800만원의 범위 내에서 예납을 명한다(준칙 201호 별표 1 예납기준표). 법인회생사건의 조사위원 보수는 준칙 217호 별표에 규정되어 있다.[18)]

채무자 외의 자가 신청을 하는 때에는 회생절차개시 후의 비용에 관하여 채무자의 재산에서 지급할 수 있는 금액도 고려하여야 하며, 회생절차개시결정이 있는 때에는 신청인은 채무자의 재산으로부터 납부한 비용을 상환받을 수 있고, 이러한 비용상환청구권은 공익채권으로서 회생절차에서도 우선권이 인정된다.

---

18) 위 기준은 절대적인 것은 아니다. 사건의 난이도, 예상되는 조사의 범위 등에 따라서는 위 보수표의 금액보다 높게 예납명령이 나올 수 도 있으므로 자금을 좀 더 여유있게 준비해 두는 것이 좋다. 한편 보전처분 이후에는 자금차입이 곤란하다는 점도 고려하여야 한다.

2. 인지 및 송달료

회생절차의 관리인은 전자소송의무자이다. 전자소송으로 진행할 경우 인지 및 송달료는 프로그램을 통해 자동계산이 되며, 전자소송이 아닌 사건에 비하여 10%를 감액한다.

3. 대리인 수임료 및 최소 운영자금

대리인 선임은 개시결정 단계로 업무범위를 제한하는 경우, 회생계획인가시까지 선임하는 경우로 대별할 수 있다. 후자의 경우 절차의 진행 단계에 따라 약정액을 지급하는 방식으로 위임계약을 체결하는 경우가 많다.

최소한의 운영자금을 확보해 두어야 한다. 가령 종업원들이 퇴사하면 사실상 회생절차 진행이 불가능하고, 임금채권은 공익채권인 관계로 회생절차를 이유로 그 행사를 막을 수도 없다. 급여가 지불되지 않을 경우 대표자에 대한 형사절차 진행 및 노동쟁의 등 회생절차의 수행에 상당한 지장을 초래할 수 있으므로 급여가 체불되지 않도록 하여야 한다.

실무 팁) 금융기관인 채권자가 채무자의 사업계좌에 보관 중인 예금에 대하여 상계권을 행사하는 경우가 있다. 상계는 채권신고 기간 전까지 가능하므로 금융기관의 상계권 행사로 인해 운영자금이 고갈되지 않도록 주의하여야 한다.

제 3 절 신청서의 작성

Ⅰ. 회합사건: ×기술(주)

관리인은 전자소송의무자이므로 전자소송이 아닌 방식으로 신청서를 접수했더라도 개시 이후에는 각종 문건을 전자접수하여야 한다.

신청서를 전자접수할 경우 채무자 및 대리인의 인적사항, 신청취지 등을 먼저 입력하도록 되어 있으며, 신청이유만을 파일로 업로드하는 방식을 취하고 있다.

신 청 이 유

Ⅰ. 채무자 회사의 업무내용 및 개요

1. 사업목적 및 소재지

- 소명자료 1 등기사항전부증명서
- 소명자료 2 사업자등록증
- 소명자료 3 정관

2. 채무자 회사 연혁

- 소명자료 4 회사소개 자료
- 소명자료 5 대표이사 이력서

3. 본점 및 공장의 현황

가. 본 점

- 사업자 등록번호:
- 사업장 소재지:

나. 공 장

- 공장 소재지: 경기 성남시 중원구 ○○동 ××-○○ ○○ 807호
- 소명자료 6의 1 내지 2 각 임대차계약서
- 소명자료 7 기업부설연구소 인증서

4. 자본금 및 주주현황

가. 수권자본, 자본금 등

채무자 회사는 발행할 주식의 총수는 100,000주이고, 현재 보통주 1,885,770주(1주당 500원)가 발행되어 있으며, 이 사건 신청일 현재 채무자 회사의 자본금은 금 942,850,000원입니다.

나. 전환사채 발행 현황

– 소명자료 1 등기사항전부증명서

다. 주요주주

채무자 회사는 비상장 중소기업입니다. 20×1. 8. 6. 현재 채무자 회사의 주요 주주는 대표이사 김대표(510,000주, 27.04%), 이사 박이사(190,000주, 10.07%), 이사 이이사(190,000주, 10.07%) 등 주요 경영진이 47% 상당의 주식을 보유하고 있으며, 나머지 소액주주들이 43% 상당을 보유하고 있습니다.

– 소명자료 8 주주명부

5. 조직, 임직원 및 협력업체 현황

가. 조직 현황

채무자 회사 조직은 이 사건 신청일 현재 등기상의 대표이사 김대표를 정점으로, 연구개발책임자를 겸하고 있는 대표이사 김대표와 박이사의 관리 하에 디자인팀과 Core 팀, APP 팀을, 김상무의 관리 하에 마케팅팀을, 이이사의 관리 하에 재무회계팀, 인사총무팀, 생산품질팀을 각 운영하고 있습니다.

나. 임직원 현황

채무자 회사의 임원은 4명(등기이사 3명, 감사 1명)이며, 신청일 현재 직원의 수는 대표이사를 포함하여 22인이 근무하고 있습니다.[19)]

– 소명자료 9 조직도 및 사원명부

다. 협력업체 현황

채무자 회사의 주요 납품거래처 및 외주업체 현황은 다음과 같습니다.

1) 납품거래처 현황

국내 주요 납품거래처는 … 및 세연산업개발(주)(선구매후 홍콩판매), X Asia Pacific (홍콩법인)입니다. 이 중 X Asia Pacific은 채무자 회사의 자회사로서 채무자 회사는 위 회사를 통하여 대 중국 수출을 수행하고 있습니다.

2) 외주 업체 현황

제일테크(주), … 등이 주요 외주업체이며, 이 중 제일테크(주)와의 거래가 중요한 비

19) 임원 중에서 경영진이 아니라, 사실상 근로자에 해당하는 자가 있다면 해당 사항을 소명할 필요가 있다. 일반적인 임원급여는 회생채권으로 다루어지므로, 공익채권으로서 우선 변제하고자 한다면 동인이 경영상의 의사결정에 관여하지 아니하고, 경영진의 지휘감독 하에 제한된 업무를 수행한다는 점을 소명하여야 할 것이다.

중을 차지하고 있습니다.

라. 관계회사 현황

회사명: X ASIA PACIFIC Limited

수권자본: 제한없음

발행주식수: 410,000주

자본금: HKD 410,000

주주: ×기술(주) 100%

− 소명자료 10 사업현황 및 전망

6. 주요 영업활동 및 보유기술 현황

가. 보유기술 현황

− 소명자료 11의 1 특허등록 현황, 10의 2 특허증 및 특허등록원부 각 4부

나. 특허를 시현한 기술의 요지

다. 주요 판매품

라. 회사의 특성 및 사업전망

− 소명자료 10 사업현황 및 전망

마. 채무자 회사의 설비현황

채무자 회사는 반도체 설계 및 제작에 필요한 각종의 비품을 보유하고 있으며, 세부적인 내역은 별첨과 같습니다.

− 소명자료 12의 1 유형자산내역
12의 2 자동차등록증
12의 3 자동차등록원부
12의 4 중고차사이트 시세조회

7. 노동조합

채무자 회사는 노동조합이 결성되어 있지 않습니다. 채무자 회사의 임직원들은 현재 혼연일체가 되어 채무자 회사가 갱생할 수 있도록 합심 하여 각자의 맡은 바 업무에 최선을 다하고 있으며, 자구노력이 필요한 경우에는 협력할 의사를 적극적으로 표명하고 있는 상태입니다.

− 소명자료 13 취업규칙

Ⅱ. 채무자 회사의 자산 및 부채 현황

1. 자산현황

가. 과거 5개년간 자산 현황

나. 자산의 주요변동 내역

- 매출채권

매출채권은 상품매출 거래처에 대한 미수채권으로 매출액 외형의 증감에 따라 증가 또는 감소하였으며, 대손충당금을 반영하였습니다.

- 기타당좌자산

거래처에 대한 미수금, 미수수익, 선급금, 선급비용, 가지급금 등으로서 매출성장 및 원재료 구매에 따라 증가 또는 감소하였습니다.

- 재고자산

채무자 회사의 재고자산은 제조업체로서 제품, 재공품, 원재료 및 저장품 등으로 구성되어 있으며, 매출의 증감에 따라 각 계정의 기말잔액이 변동되고 있습니다.

- 유·무형자산

채무자 회사는 무형자산은 특허권, 자본화한 연구개발비, 이연법인세 자산 등으로 구성되어 있으며, 유형자산의 대부분은 연구개발과 직간접적으로 관련을 갖는 비품으로 구성되어 있습니다. 이 중 자본화한 연구개발비, 이연법인세 자산으로 인해 20×4년과 20×5년 비유동 자산이 대폭증가하였습니다.

— 소명자료 14의 1 내지 5 20×1년 내지 20×5년 재무상태표 및 손익계산서

2. 부 채

가. 과거 5개년간 부채 현황

나. 부채의 주요변동 내역

- 매입채무 및 미지급금

채무자 회사의 매입채무는 제품매입에 따른 매입채무와 미지급금으로 구성되어 있으며, 매출액 외형의 증감 및 회사의 자금사정에 따라 증가 또는 감소하였습니다.

- 기타유동부채

20×5회계년도에 기타유동부채 항목이 증가한 것은 제일테크(주)와 신제품을 공동개발하는 과정에서 차입한 개발비용, 위 회사와의 클레임으로 인한 판매부진 등이 이어지면서 유동성압박을 타개하기 위한 차입금 조달 등이 원인이 되었습니다.

- 단기차입금

채무자 회사의 단기차입금은 20×4년 발행한 1,600백만원 전환사채의 유동부채전환으로 유의미한 정도로 증가하였습니다.

– 소명자료 14의 1 내지 5 20×1년 내지 20×5년 재무상태표 및 손익계산서
– 소명자료 15 회생채권 상거래채권명세서
– 소명자료 16 회생채권 조세 등 채권 명세서
– 소명자료 17 임금 및 퇴직금채무 명세서
– 소명자료 18 회생채권 대여채권(금융기관) 명세서
– 소명자료 19 회생채권 대여채권(특수관계자) 명세서
– 소명자료 20 회생채권 대여채권(장기차입금) 명세서
– 소명자료 21 회생채권 대여채권(지급어음) 명세서
– 소명자료 22 회생채권 대여채권(전환사채) 명세서

3. 자 본

가. 과거 5개년간 자본 현황

(단위: 백만원)

과목	20×1년	20×2년	20×3년	20×4년	20×5년
자 본 금	878	902	930	942	942
자본잉여금	227	322	456	615	615
자본조정	0	0	△25	61	13
이익잉여금	△1,339	△852	353	2,597	△245
자 본 총 계	△234	372	1,714	4,217	1,325

나. 자본의 주요변동 내역

20×4년도의 경우 당기순손실이 발생하였으나 환급받을 법인세가 없는 관계로 기업회계기준에 의거 이연법인세자산을 인식하고, 동 금액을 법인세수익의 과목으로 하여 당기손익에 반영한 결과 자본이 증가한 것이지 영업활동의 결과 이익이 실현되었다는 의미는 아닙니다.

– 소명자료 14의 1 내지 5 20×1년 내지 20×5년 재무상태표 및 손익계산서

Ⅲ. 채무자 회사의 매출 및 손익 현황

1. 매출 및 손익 현황

가. 과거 5개년간 연도별 매출 및 손익 현황

나. 매출 및 손익의 주요변동 내역

(1) 매출액

- 소명자료 9 사업현황 및 전망
- 소명자료 23 20×5. 7. 31. 기준 재무상태표 및 손익계산서
- 소명자료 24의 1 내지 21 각 계정별 세부 명세서

(2) 매출원가

채무자 회사는 과거 5개년 평균 매출원가율은 62% 수준이며, 매출의 증감에 따라 변동되고 있습니다.

(3) 판매비와 관리비

채무자 회사의 판관비는 제품생산 및 개발에 따른 인건비성 제급여와 유·무형자산의 상각비 등으로 이루어져 있으며, 최근 5개년도 평균 판관비율은 약 42%로 높은 편입니다.

(4) 영업외손익

채무자 회사의 영업외수익은 주로 이자수익, 외화환산이익 등으로 구성되어 있으며, 영업외비용은 운영자금의 마련을 위해 금융기관으로부터 차입한 차입금에 대한 이자비용과 외환차손 등으로 구성됩니다. 외환차손 등이 발생하는 것은 수출의 비중이 높은 점, 내국신용장 개설 등에 기인합니다.

Ⅳ. 회생절차개시 원인의 존재

채무자 회사가 경제적으로 어려워지게 된 원인은 다음과 같습니다.

1. 시장변화에 대한 대응 미흡

2. 주거래업체인 제일테크(주)와의 분쟁

- 소명자료 25 가압류결정
- 소명자료 26 인터넷 기사 출력화면

3. 회생절차개시 원인의 존재

전술한 사정에 비추어 채무자 회사에게는 채무자 회생 및 파산에 관한 법률 34조의 회생절차개시요건 중 동법 305조 1항이 규정하고 있는 "지급불능" 또는 채무를 변제하거나 이를 위한 자금을 조달하기 위해서는, 현재 진행 중인 채무자 회사의 영업 및 자산을 헐값에 처분하는 등의 조치를 취하여야 하는바 이렇게 되는 경우에는 사업 계속이 사실상 불가능하게 될 위험성이 존재하고 있으므로 이는 채무자 회생 및 파산에 관한 법률 34조상의 회생절차개시요건 중 "사업 계속에 현저한 지장을 초래하지 아니하고는 채무변제를 할 수 없는 경우"에 해당한다고 할 것입니다.[20]

V. 채무자 회사의 경제적 가치

1. 청산가치의 산정

가. 청산가치 산정의 전제

채무자 회사의 청산가치 산정은 채무자 회사가 해체되는 것을 가정하여 20×5. 7. 31. 현재 보유중인 개별재산을 처분할 때의 가액을 합산하는 식으로 계산하였으며, 자산의 종류별로 구분하여 산정하였습니다.

나. 청산가치 산정 결과

위와 같은 청산가치 산정 기준 하에 계산한 채무자 회사의 청산가치는 ××××백만원으로 산정 되었습니다.

- 소명자료 27 청산가치 산정표
- 소명자료 23 20×5. 7. 31. 기준 재무상태표 및 손익계산서

2. 계속기업가치 산정

가. 계속기업가치 산정의 전제

매출액은 최근 제일테크(주)와의 분쟁으로 매출이 상당부분 감소한 점, 10월 신제품 출시로 인한 매출의 증대효과를 반영하여 매출성장률은 연 5%를 가정하였습니다. 위 성장률을 추정함에 있어 … Research의 향후 5개년 세계 시장전망 및 중국시장 성장

20) 재무상태표의 기재상 부채가 자산을 초과함이 명백하다면, 지급불능에 대한 소명은 있다고 할 것이다. 그러나 대부분의 기업들이 부채초과인 상태로 재무상태표를 유지하지는 않으므로 자산의 실사가액을 밝혀 부채초과 여부를 소명하여야 할 것이다. 부채초과의 점이 소명되지 않는다면 이행기가 도래한 채무를 변제할 수 없다는 점을 소명하여야 하는데, 이는 지난한 작업이다. 따라서 부채초과의 점에 대한 소명에 먼저 주력하여야 할 것이다.

전망에 관한 추정치, 경쟁업체의 제품출시 시기 등에 관한 자료를 참조하였습니다.

매출원가율 및 판관비율은 시장이 안정적이었고, 법률분쟁이 없었던 20×3년도의 비율을 적용하였습니다.

감가상각비는 사업의 특성상 연구개발용 자산 등의 내용연수가 짧고, 회생계획기간 중 재투자가 필수적으로 수반되어야 하는 점을 감안하여 감가상각비 상당액이 재투자되는 것으로 가정하였습니다. 그 결과 현금흐름 산정 시 가산할 감가상각비는 없습니다.

법인세비용은 이월결손금 및 이월세액공제 효과를 고려하여, 5년차부터 법인세비용이 발생할 것으로 가정하였습니다. 법인세율은 각종의 공제감면 사항이 수시로 변경되는 관계로 현행의 한계세율을 적용하였습니다.

영업외손익의 주된 항목 중 이자비용은 할인율 산정 시 이미 반영된 점, 그 외 영업외 손익 항목은 발생여부 및 금액에 있어 일정한 패턴이 없고 손익 전체에서 차지하는 비중이 높지 않은 점을 감안하여 손익 추정에는 반영하지 않았습니다.

운전자본투자액은 20×3년도 기준 매출채권회전율 8.29, 재고자산회전율 19.84, 매입채무 회전율 18.15를 각 적용하였습니다.

자본할인율은 최근 3년 만기 국고채수익률 2.55%에 위험프리미엄 6.5%를 가산하여 9.05%를 적용하였으며, 10년 차 이후 고정성장률은 0%로 가정하였습니다.

나. 계속기업 가치산정 결과

위 기준 하에 산정한 계속기업가치는 5,999백만원으로서 계속기업가치가 청산가치를 4,792백만원 초과합니다. 위와 같은 결과는 위에서 본 가정 및 그 동안 회사의 실적과 운영경험 기타 제반사정을 바탕으로 하되, 보수적인 관점에서 작성된 것이므로 그 실현가능성은 매우 높다고 할 것입니다.

- 소명자료 28 추정손익계산서
- 소명자료 29 운전자본추정
- 소명자료 30 계속기업가치산정표

3. 청산가치보장 여부

위와 같이 계속기업가치가 청산가치를 초과하고 있으며, 회생절차를 계속 유지하는 경우의 변제율과 청산절차에 의할 경우 배당률은 다음과 같습니다.[21]

---

21) 변제율과 배당률을 비교할 경우 조세 등 채무에서 배당률이 변제율을 초과한다. 이는 법 140조에 따라 변제시점에 따른 현재가치를 반영함으로써 발생한 결과이며, 청산가치보장 원칙에 반하는 것은 아니라는 것이 일반적인 설명이다(실무연구회(상), 406면, 619면). 그

(단위: 만원, %)

〈회생담보권〉		채권액	변제율	배당률	차이
대여채권	㈜○○은행		100.00%	100.00%	0.00%
	㈜○○저축은행		100.00%	100.00%	0.00%
소 계			100.00%	100.00%	0.00%
〈회생채권〉		채권액	변제율	배당률	차이
대여채권			53.42%	30.29%	23.14%
조세등 채권			94.72%	100.00%	-5.28%
소 계					
〈공익채권〉		채권액	변제율	배당률	차이
미지급급여 등			100.00%	100.00%	0.00%
소 계					
합 계					

위와 같이 회생절차를 계속 유지하는 경우의 변제율이 청산시의 배당률보다 높으므로 회생절차를 진행하는 것이 채권자 일반의 이익에 부합한다고 할 것입니다.

Ⅵ. 결 어

이상에서 살펴본 바와 같이 채무자 회사는 회생절차개시의 원인인 사실이 존재하고, 또한 갱생의 경제적 가치가 있다고 할 것이므로, 채무자 회사에 대한 회생절차가 개시되어야 할 것으로 사료됩니다. 채무자 회사는 시장변동성에 대한 대처 미흡, 대기업의 횡포로 인한 재정적 어려움을 겪고 있으면서도, 채무자 회사의 모든 임직원들은 합심하여 반드시 회사를 살려야 하겠다는 굳건한 의지로 현재 각자의 맡은 바 업무에 최선의 노력을 다 하고 있으므로, 이번 위기를 무사히 극복하면 채무자 회사는 충분히 갱생의 가치가 있을 것으로 전망하고 있습니다. 이에 채무자 회사는 회사의 갱생을 도모하고자 회생절차개시신청을 하기에 이르렀습니다.

– 소명자료 31 이사회 의사록

Ⅶ. 관리인 선임에 관한 의견

현 대표이사 김대표는 채무자 회사의 설립 당시부터 대표이사로 재직하면서 채무자

러나 이러한 해석은 법 140조 2항 및 3항의 문언에 반하고, 회생계획에 청산가치 미달분의 지급에 관한 규정을 두지 않은 이상 청산가치보장의 원칙에 반한다고 생각한다. 좀 더 세부적인 논의는 10장의 관련부분을 참조할 것.

회사의 경영을 총괄하여 왔습니다. 게다가 위 김대표는 기술개발책임자의 지위를 겸하고 있다는 점에서 향후 회생절차를 이끌어 나가기에 충분한 경험과 식견을 보유하고 있는 것으로 사료되므로 동인을 관리인으로 선임하거나 관리인을 불선임하여 주시기 바랍니다.

Ⅷ. 참고 사항

채무자 회사는 회생신청과 더불어 회생절차 내에서 인수합병 등의 방안도 검토하고 있습니다. 이와 관련하여 향후 재판부, 관리위원회 등과 긴밀히 협의하여 채권자들에게 가장 이익되는 방법을 도출하도록 하겠습니다.

Ⅱ. 박원장 사건(간이회생)의 신청이유

신 청 이 유

Ⅰ. 채무자의 개요

1. 일반 사항

성 명

주민등록번호

등 록 기 준 지

주 소

거 소

직 업 치과개원의

월 평 균 수 입 14,790,043원

* 20×4년도 손익계산서의 당기순이익을 월할계산한 금액입니다.

- 소명자료 1 주민등록등본
- 소명자료 2 주민등록초본
- 소명자료 3 기본증명서
- 소명자료 4 가족관계증명서
- 소명자료 5 치과의사 면허증

2. 이력 사항

19××. 2. ○○대학교 치과대학 치의학과 졸업

19××. 4. 7. 치과의사 면허 취득

19××. 3. – 19××. 2. ○○보건소 공중보건의(군의관)

20××. 3. – 20××. 2. ○○치과병원 병원장

20××. 3. – 20××. 2. ○○치과병원 병원장

20××. 3. – 현재 ○○플란트 치과 원장

– 소명자료 6 이력서

3. 가족관계

채무자는 기혼으로 배우자와 3인의 미성년 자녀를 두고 있는 관계로 4인의 부양가족이 있습니다.

– 소명자료 1 주민등록등본

– 소명자료 4 가족관계증명서

4. 사업장 현황

채무자가 운영하고 있는 ○○플란트치과의 주요 현황은 다음과 같습니다.

상 호 ○○플란트치과의원
홈페이지 http://www.00plant.com

소 재 지

개 원 일 2009. 12. 11.

진 료 과 목

진 료 유 형 외래

원 장 채무자를 대표원장으로 하여 이○○, 김○○, 이○× 봉직의로 근무하고 있습니다.

종업원 현황 위 3인의 의사를 포함한 26인의 직원을 두고 있으며, 업무분장은 조직도와 같습니다.

진 료 시 간 평일 09 : 30 – 19 : 00

– 소명자료 7 채무자 운영 병원 홈페이지 출력화면

– 소명자료 8 사업자등록증

– 소명자료 9 채무자 운영 병원의 조직도

Ⅱ. 자산 및 부채

1. 개 요

20×5. 12. 31.현재 채무자의 총 자산 및 부채는 다음과 같으며, 부채초과 상태에 있습니다.

(단위: 만원)

구분		비고
총자산		
총부채		
순자산 가액	△×××××	

2. 자 산

가. 자산목록

(단위: 만원)

계정과목		금액	비고
유동자산	현금과 예금		
	재고자산		
비유동자산	임차보증금		
	기타 유형자산		
계			

- 소명자료 10 표준재무제표 증명(20×1년－20×4년 귀속분)
- 소명자료 11 임대차계약서
- 소명자료 12 의료기기 감가상각비 명세서
- 소명자료 13 고정자산 관리대장
- 소명자료 14 시설장치 감가상각비 명세서
- 소명자료 15 비품감가상각명세서

나. 등기·등록의 대상이 되는 재산 목록

채무자는 현재 등기·등록의 대상이 되는 재산을 보유하고 있지 않습니다.

@ 의료기기 및 차량에 대한 리스채권은 해당 내역을 별첨하였습니다.

다. 현재 진행 중인 소송 및 강제집행 내역

채무자에 대하여 20×5. 5. 23 현재 진행 중인 강제집행 및 소송 등은 없습니다.

3. 부 채

가. 부채 총액

(단위: 원)

채권 유형	채권자 수	채권액
회생담보권	2	89,705,974
회생채권	8	2,078,728,959
계		2,168,434,933

별지 1 채권자목록

나. 최근 4개년도 부채의 변동 내역

(단위: 만원)

과목		20×1년	20×2년	20×3년	20×4년
유동 부채	매입채무	–	–	–	
	미지급금	13,966	–	–	
	선수금	–	–	–	
	단기차입금	–	–	34,226	34,226
	기타 유동부채	371	522	3,528	13,963
	소계	13,966	522	34,226	34,226
고정 부채	장기차입금	–	–	14,000	14,000
	기타 고정부채	–	–	–	
	소계	–	–	–	
부채 총계		14,337	522	51,754	62,189

소명자료 10 최근 4년간 재무제표(20×1년－20×4년 귀속분)

Ⅲ. 매출 및 손익 현황

1. 사업장의 최근 4년간 영업실적

(단위: 만원)

계정 과목	20×1년	20×2년	20×3년	20×4년
	금액	금액	금액	금액
Ⅰ. 매출액	81,142	274,401	289,365	264,497
Ⅱ. 매출원가	9,426	52,170	50,157	32,435
	11.6%	19%	17.33%	12.26%

Ⅲ. 매출총이익	71,715	222,230	239,208	232,061
Ⅳ. 판매비와 관리비	59,942	158,871	217,574	214,313
Ⅴ. 영업 이익(손실)	11,773	63,358	21,633	17,748
Ⅵ. 영업외 수익	0	0	0	
Ⅶ. 영업외 비용	0	0	6,382	
Ⅷ. 당기순이익(손실)	11,773	63,358	15,251	17,748

– 소명자료 10 중 표준 손익계산서(20×1년–20×4년 귀속분)

2. 매출 및 손익의 주요변동 내역

- 매출액

채무자의 매출액은 현재의 사업장으로 이전한 20×1년 조정기를 거쳐 강남역 1번출구라는 지리적 이점, 공격적인 광고비 지출 등으로 20×2년 이래로 년 270,000만원 내외의 안정적인 수준을 유지하고 있습니다.

- 매출원가

채무자의 과거 4개년 평균 매출원가율은 15.04% 수준이었으며, 임플란트, 보철, 약제비 등의 등락에 의하여 변동될 수 있습니다.

- 판매비와 관리비

판관비의 주된 항목은 급여, 임차료, 감가상각비입니다. 이 중 임차료 및 감가상각비는 고정비용으로서 줄이기는 용이하지 아니하나, 급여 부분은 상당한 개선의 여지가 있을 것으로 사료됩니다. 최근 3개년도 매출액은 비슷한 수준에서 유지되고 있음에 반하여 급여 및 수당은 20×2년 36,760만원에서 20×3년 67,958만원, 20×4년에는 96,060만원으로 크게 증가함으로써 수익구조를 악화시킨 것으로 판단되며, 이는 치과의사들 상호간의 경쟁적인 임플란트 및 보철 가격 인하, 박리다매로 운영하다 보니 항시 채무자 이외의 전문의료 인력이 필요한 관계로 인건비가 증가한 점, 광고선전비의 증대 등이 그 요인으로 판단됩니다.

채무자로서는 경영전문가가 아니다보니, 병원의 적정 규모, 적정 인건비 지출 등에 관하여 별다른 분석 없이 더 많이 쓰면 더 많은 매출 증대가 있을 것이라는 소박한 기대로 병원을 운영한바, 향후 이를 제고한다면 상당한 수준의 현금흐름 증대가 있을 것으로 사료됩니다. 계속기업가치 산정 및 회생계획 작성에 있어 현재의 매출액을 유지할 수 있는 적정 인건비 및 광고선전비의 규모를 산정한다면 채무자의 재무구조는 매우 호전될 것으로 사료됩니다.

- 20×2년 당기순이익이 다른 연도에 비하여 많은 이유

당시 공격적인 마케팅으로 환자유치가 늘어났고, 전술한 바와 같은 인건비의 지출도 상당하였습니다. 이 당시 의료인력을 일당 40만원－100만원 상당의 임시직으로 고용하면서 관련 증빙을 제대로 받지 못해 비용으로 인정되어야 할 금액이 많았음에도 제대로 비용인정을 받지 못해 당기순이익이 과도하게 늘어나게 되었습니다.

Ⅳ. 회생절차개시 원인의 존재

1. 초기 개업자금의 과다지출

－ 소명자료 16 세목별과세증명

2. 20×1-20×3 귀속 종합소득세에 대한 증액경정결정 및 과태료부과처분

3. 소 결: 회생절차개시 원인의 존재

채무자는 현재 20억원이 넘는 부채를 부담하고 있으며 특히 조세채무 등의 경우 즉각적인 납부가 이루어져야 할 것입니다. 그러나 현 채무자의 수익구조로는 신용을 포함한 모든 변제수단을 강구하더라도 위 채무의 대부분을 변제할 수 없는 상태에 직면하고 있습니다. 따라서 채무자에게는 채무자 회생 및 파산에 관한 법률 34조의 회생절차개시 요건 중 동법 305조 1항이 규정하고 있는 “지급불능” 사실이 발생하였다고 할 것입니다.

“지급불능” 사실의 존재가 인정되지 않는다 하더라도, 채무자로서는 변제자금을 조달하기 위해서는 영업용 주요자산인 임대보증금, 의료설비 등을 처분하는 등의 조치를 취하여야 하는바 이렇게 되는 경우에는 사업 계속이 사실상 불가능하게 될 위험성이 존재하고 있으므로 이는 법 34조상의 회생절차개시요건 중 “사업 계속에 현저한 지장을 초래하지 아니하고는 채무변제를 할 수 없는 경우”에 해당한다고 할 것입니다.

Ⅴ. 계속기업가치가 청산가치를 초과함이 명백합니다.

1. 청산가치의 산정

가. 청산가치 산정의 전제

청산가치 산정은 채무자에 대하여 파산적 청산절차를 진행할 경우를 가정하여 보유중인 개별재산을 처분할 때의 가액을 합산하는 방식으로 계산하였습니다. 현금성자산 및 재고자산, 비유동자산이나 임대차 종료 시 보증금을 반환받을 권리가 확정된 임대보증금 채권에 대하여는 청산손실을 고려함이 없이 100%로 평가하였습니다.

한편 의료기기, 인테리어, 에어컨, 컴퓨터 등의 비유동자산의 경우 대부분 취득년도가 20×1. 7.경으로서 4년 가량 경과된 점, 자산의 특성상 청산손실의 비중이 많이 발생할 수밖에 없고 유사한 사건의 조사위원 보고서에서는 청산손실을 90%까지 반영하는 점 등의 사정을 종합하여 70%를 청산손실로 반영하였습니다. 이는 청산가치를 높게 설정함으로서 계속기업가치가 청산가치를 초과한다는 기본 전제에 관하여 보다 보수적인 입장에서 소명하기 위함입니다.

나. 청산가치의 산정 결과

위와 같은 청산가치 산정 기준 하에 계산한 채무자의 청산가치는 30,635만원으로 산정되었습니다.

- 소명자료 10 중 20×3년 재무상태표
- 별지 2청산가치 산정표
- 소명자료 12 의료기기 감가상각비 명세서
- 소명자료 13 고정자산 관리대장
- 소명자료 14 시설장치 감가상각비 명세서
- 소명자료 15 비품감가상각명세서

2. 계속기업가치 산정

가. 계속기업가치 산정을 위한 전제

- 매출액

매출액은 채무자의 최근 3개년도 매출액 중 20×3 기준으로 추정하고, 20×3년 소비자물가상승률 1.3%만큼 회생계획 기간 동안 성장하는 것으로 가정하였습니다.

- 매출원가 및 판관비

매출원가를 추정함에 있어서 과거 평균 원가율 수준(최근 3개년도의 평균매출원가율인 16.2%)에서 향후 매출원가가 실현되는 것으로 추정하였으며, 판관비는 급여 및 광고선전비 등의 감액을 고려하여 20×3년 기준금액보다 10% 감소된 비율로 소요되는 것으로 가정하고, 회생계획기간 동안에는 매출액과 마찬가지로 20×3년 소비자물가상승률 1.3%만큼 증가하는 것으로 가정하였습니다.

- 종합소득세

종합소득세는 준비년도인 20××년도의 유효세율이 회생계획 기간 동안 유지되는 것으로 가정하였습니다. 정확한 계산을 위해서는 공제감면을 고려하여야 할 것이나, 편의상 소득세차감전순이익 전액을 과표로 가정하여 보수적인 평가를 하였습니다.

- 비현금비용

비현금비용 중 감가상각비는 동액상당이 재투자되는 것으로 가정하여 계속기업가치 산정에 있어 현금흐름에 가산하지 않는 방식을 사용하였습니다. 이로써 현금흐름을 보다 보수적으로 산정하였다고 할 것입니다.

- 운전자본투자액

매출채권과 재고자산의 변동액과 매입채무의 변동액의 차액으로 계산되는 운전자본투자액은 현금흐름 산정에 있어 감액하여야 하는 항목입니다. 채무자의 경우 최근 3개년도 재무제표에 의하면 업종의 특성상 매출채권이 0이었고, 재고자산의 규모도 미미하였으며, 매입채무도 0이었던 점을 고려하여 운전자본투자액을 0으로 가정하였습니다. 그 금액이 무시할 수 있을 정도로 작은 금액이므로 계속기업가치 산정에 있어 별다른 영향을 주지 못할 것으로 판단됩니다.

- 할인율

계속기업가치를 평가하기 위해 사용한 할인율은 기본할인율에 위험프리미엄(2.5%~6.5%)을 가산한 것으로 기본할인율인 20×4. 5. 현재의 3년만기 국고채 수익률 2.83%에 위험프리미엄 6.5%를 가산한 9.33%를 적용하였습니다. 위험프리미엄은 채무자의 과거년도 경영성과, 채무자의 업종, 제품의 특성 및 시장경쟁력 등과 회생절차의 개시로 인하여 향후 영업에 미칠 영향을 고려하여 위험프리미엄의 범위 내에서 보수적으로 최고율인 6.5%를 적용하였습니다. 한편 20×4년은 준비년도로 정하고, 10년차 이후 고정성장률은 0%로 가정하였습니다.

나. 계속기업 가치산정 결과

위 계속기업 가치산정 기준 하에 작성한 별지 3 추정손익계산서, 이를 바탕으로 한 별지 4 계속기업가치산정표를 제출합니다. 위와 같은 제반 산정표는 위에서 본 가정 및 그 동안 채무자의 실적과 운영경험 기타 제반사정을 바탕으로 하되, 보수적인 관점에서 작성된 것이므로 그 실현 가능성은 매우 높다고 할 것입니다.

그 결과 준비년도와 그 이후 10년간 현금흐름 및 잔존가치를 기초로 산정된 채무자의 계속기업가치는 367,593만원으로 산출되었습니다.

3. 파산 시의 예상배당액과 변제조건에 따른 변제액의 현가 비교

채무자가 사업을 계속 영위하는 경우 채무자의 예상 계속기업가치가 채무자가 파산으로 이행하는 경우의 청산가치를 크게 상회하고 있으므로 채무자는 사업을 계속 영위하는 것이 일반의 이익에 부합합니다.

– 별지 2 청산가치산정표

– 별지 3 추정손익계산서
– 별지 4 계속기업가치산정표

또한 계속기업가치산정표에 나타난 바와 같이 10년간 잉여현금흐름의 현가는 199,759만원으로서 현 시점의 총 채무를 회생계획기간 내에 92.12% 현금변제할 수 있는 수준입니다. 채무자의 청산가치는 30,653만원에 불과하며, 청산배당률은 14.13%정도에 그칠 것으로 예상됩니다.

4. 소결론

20×4년 5월말을 기준으로 산정된 채무자의 계속기업가치는 367,593만원으로 청산가치 30,653만원을 월등히 초과하는 것으로 평가되었으며, 회생채권의 회생절차 진행시 변제금액의 현재가치가 청산 시 배당률을 상회하는 것으로 계산됩니다. 그렇다면 채무자는 경제적 갱생의 가치를 가짐이 명백하다고 하겠습니다.

Ⅵ. 간이회생절차 해당 요건 및 일반회생절차에 관한 의견

채무자의 총채무는 … 만원으로서 간이회생절차개시신청권자인 소액영업소득자에 해당합니다. 한편 채무자가 위 요건을 충족하지 못할 경우 일반회생절차에 의하도록 하겠습니다.

Ⅶ. 관리인 선임에 관한 의견

창업 당시부터 경영을 총괄하여 온 관계로 해당 분야에 대한 충분한 경험과 식견이 있으며, 현재의 파탄상태가 부실경영으로 인한 것은 아니므로 채무자를 관리인으로 선임하거나 관리인을 선임하지 않을 사유에 해당한다고 할 것입니다.

Ⅷ. 결 론

이상에서 살펴본 바와 같이 채무자에게는 회생절차개시의 원인인 사실이 존재하고, 또한 갱생의 경제적 가치가 있다고 할 것이므로, 채무자에 대한 회생절차가 개시되어야 할 것으로 사료됩니다.

채무자는 최초 지방에서 개업하여 많은 시행착오와 어려움을 반복하면서 40대가 넘어서야 자리를 잡을 수 있었습니다. 이후 더 큰 꿈을 펼치고자 강남으로 진출하여 사업을 확장하였고, 이 과정에서 보유주택을 포함한 모든 자산을 처분하여 병원에 투입한 바 있습니다. 이마저도 모자라 친인척과 금융기관으로부터 금원을 차용하여 병원에 투자하였으나 대치동에 개원하였을 당시 건물주와의 마찰로 병원을 옮기게 되면서 큰 손해를 입게 되었습니다. 이를 만회하고자 서두르는 과정에서 세금 문제에 투명하게 대처하지 못한 점, 그리고 이러한 신청을 하게 되어 여러 채권자들에게 피해를 끼치게 된 점 송구스럽게 생각하고 있습니다.

제 4 절 부수적 신청: 보전처분, 중지명령 및 포괄적 금지명령

Ⅰ. 개 요

도산절차의 기본은 채권자들에 대한 평등한 취급이다. 평등한 취급을 위해서는 이들의 권리가 확정될 것을 요하고, 그 확정된 권리들에 대하여 일정한 권리변경을 거쳐 회생계획에 따른 변제를 수행하게 된다. 회생계획이란 회생계획 기간 동안의 채무자의 자금수지의 또 다른 측면에 불과한 것인바, 회생계획에 따른 변제를 수행하기 위해서는 자금수지가 (+)일 것을 요한다. 위 자금수지를 달성하기 위해서는 개시신청 단계에서부터 채무자의 수익력을 보존하여야 할 것이고, 채권자들이 선착순에 의한 권리행사로 채무자의 주요 영업용자산을 취거하는 행위를 차단하여야 한다.

위 목적을 위하여 채무자에 대하여 보전처분이 행해지며, 이로써 채무자는 변제금지·차재금지·처분금지라는 제한을 받게 된다. 채권자들에게는 포괄적 금지명령이 이루어지고, 채권자들은 개시 여부에 관한 결정이 있을 때까지 보전처분을 포함한 강제집행을 할 수 없는 제한을 받게 된다.

현재의 실무는 회생절차개시신청을 하면서 보전처분과 포괄적 금지명령을 동시에 신청하는 것이 일반적이고, 보전처분결정을 할 경우 포괄적 금지명령도 예외없이 발하고 있다. 다만, 채무자가 개인인 경우 실질적인 집행의 위험을 평가하여 포괄적 금지명령을 내릴 것인지 판단하는 경우도 있다.

Ⅱ. 보전처분

1. 의 의

법원은 회생절차개시의 신청이 있는 때에는 이해관계인의 신청에 의하거나 직권으로 회생절차개시신청에 대한 결정이 있을 때까지 채무자의 업무 및 재산에 관하여 가압류·가처분 그 밖에 필요한 보전처분을 명할 수 있다. 이 경우 법원은 관리위원회의 의견을 들어야 한다(법 43조 1항).

회생절차개시결정 이후에야 회사의 경영권과 재산의 관리·처분권이 관리인에게 이전하고, 채권자들의 개별적인 권리행사도 금지되는 관계로, 회생절차개시신청 이후 개시결정 전까지의 기간 동안 방만한 경영과 재산은닉 등의 행위를 금지함으로써 채권자 등의 이익을 보호하고자 하는 제도이다. 그 시기는 법문상 신청일로부터 7일 이내이며, 전날 대표자 등에게 연락하여 출석하도록 하고, 관리위원을 통하여 주요한 현안을 안내한다.

통상적으로 신청일로부터 2-3일 내에 보전처분 결정이 내려진다. 회생절차개시신청 후 곧바로 보전처분을 발령하는 것이 적절하지 않은 예로는 회생절차개시신청권자의 자격이 의문시되거나 회사, 법인 또는 단체가 적법한 의사결정과정을 거치지 않은 채 회생절차개시신청을 한 경우, 채권자가 단지 채무자를 압박하기 위한 수단으로 채무자에 대한 회생절차개시신청을 한 것으로 보이는 경우, 파산절차에서 이미 보전처분이 발령되거나(법 323조) 파산관재인이 선임된 상태에서 회생절차개시신청을 하여 보전처분의 필요성이 없는 경우, 회생절차개시의 원인이 없음에도 부정수표단속법위반의 처벌을 면하는 등의 목적으로 신청을 남용하는 것으로 보이는 경우, 신청에 필요한 자료가 극히 부실한 경우 등이 있다.[22]

2. 보전처분의 종류

보전처분의 주된 목적은 개시결정 이전의 재산처분 행위나 변제를 금지함

22) 실무연구회(상), 89면.

으로써 기업가치를 온전히 보전하는 것이다. 법원은 보전처분 외에 필요하다고 인정하는 때에는 관리위원회의 의견을 들어 보전관리인에 의한 관리를 명할 수 있고, 1인 또는 여럿의 보전관리인을 선임하여야 한다(법 43조 3항). 보전관리인은 개시결정 이전까지 회사의 경영과 재산에 관한 관리·처분권을 행사한다.

일반적인 보전처분이 재산의 관리처분에 관한 것이라면 보전관리명령은 채무자의 기관으로부터 경영과 재산에 관한 관리·처분권을 일시적으로 박탈하는 조직법적 효과를 갖는다. 실무상 보전관리명령이 발해지는 경우는 거의 없다.

3. 보전처분의 주문과 이유

전형적인 주문 기재례는 다음과 같다.

이 사건에 관하여 회생절차개시신청에 대한 결정이 있을 때까지 채무자는 아래 각 호의 행위를 하여서는 아니 된다. 다만 미리 이 법원의 허가를 받았을 경우에는 그러하지 아니하다.

1. 20××.1. 15. 10 : 00 이전의 원인으로 생기 일체의 금전채무에 관한 변제 또는 담보제공
2. 부동산·자동차·중기·특허권 등 등기 또는 등록의 대상이 되는 일체의 재산 및 금 000만원[23] 이상의 기타 재산에 관한 양도, 담보권·임차권의 설정 기타 일체의 처분행위. 다만 계속적이고 정상적인 영업활동에 해당하는 제품, 원재료의 처분행위는 예외로 한다.
3. 명목 내지 방법 여하를 불문한 차재(어음할인 포함)
4. 노무직·생산직을 제외한 임직원 채용

간이회생절차개시신청을 한 자는 간이회생절차개시 요건에 해당하지 아니할 경우 회생절차개시신청을 하는 의사가 있는지를 밝혀야 하는 관계로(법 293

23) 위 금액은 채무자의 사업규모 등에 따라 상이할 것이나, 개인인 채무자는 300만원 또는 500만원, 법인인 채무자는 500만원 또는 1,000만원 선에서 결정되는 경우가 많은 것으로 보인다.

조의4 2항), 간이회생절차의 보전처분주문은 '간이회생절차개시신청의 기각결정을 하는 경우에는 회생절차개시 여부에 관한 결정이 있을 때까지'라는 문구를 추가한다.

보전처분을 명하는 경우 이유 란에는 '채무자의 업무 및 재산에 관하여 보전처분을 명함이 상당하므로 … 제43조 제1항에 의하여 주문과 같이 결정한다'라고 간략히 기재한다.

4. 효 력

가. 일반적 효력

(1) 변제금지

채무자가 보전처분을 받았더라도 채권자는 이행을 청구할 수 있고, 보전처분을 받았다는 사정은 유효한 항변사유가 되지 아니한다. 보전처분으로서 채무의 변제를 금지하였다 하더라도 그 처분의 효력은 원칙적으로 채무자에만 미치는 것이어서 채무자가 임의로 변제하는 것이 금지될 뿐 채권자의 강제집행이 금지되는 것은 아니고, 회생절차가 개시된 후에도 채권자는 회생절차에 의하지 아니하고 상계를 할 수 있음이 원칙인 점에 비추어 볼 때 보전처분만이 내려진 경우에는 채권자에 의한 상계가 허용되지 않는다고 할 수 없다.[24]

변제금지보전처분이 있더라도 변제기는 도래하는 것이므로, 변제기가 도래한 채무를 변제금지보전처분을 이유로 변제하지 않은 경우 채무자는 이행지체에 빠지고 상대방의 해제(해지)권이 발생한다.[25]

사 견) 이행지체 및 채무불이행에 따른 해제(해지)권 발생여부와 관련하여 해제권을 행사하여 재산을 환취하는 것은 채무자의 재건에 지장을 주고, 미이행 쌍무계약에 기한 관리인의 선택권을 박탈하는 것이기 때문에 부정적으로 해석하는 견해도 있으나,[26] 미이행쌍무계약이란 쌍방 미이행을 말하고, 해제

24) 대법원 1993. 9. 14. 선고 92다12728 판결.

25) 대법원 2007. 5. 10. 선고 2007다9856 판결.

26) 홍일표, "회사정리법상의 변제금지의 보전처분과 이행지체", 「재판자료」 제38집(법원도서관, 1987), 626-627면.

(해지)권은 자기 채무의 이행을 전제로 하는 것이므로 미이행쌍무계약에 대한 관리인의 선택권을 근거로 해제(해지)권을 부정할 수는 없다고 본다. 더욱이, 관리인의 선택권은 개시 이후에 발생하는 것이므로, 개시 전의 해제(해지)권 행사를 문제 삼을 수는 없다.

보전처분이 있을 경우에는 수표의 지급을 위탁받은 은행은 예금이 있는지의 여부에 관계없이 보전처분을 이유로 당연히 지급거절을 하여야 하는 것이므로 수표가 발행회사에 대한 보전처분이 있은 후에 지급제시가 되었다면 비록 은행이 지급거절사유를 "예금부족"으로 하였다 하더라도 그 지급거절이 법에 의하여 가해진 지급제한에 따른 것인 이상 위 수표의 발행행위는 부정수표단속법 2조 2항 위반의 범죄를 구성하지 않는다 할 것이다.[27)]

실무 팁) 수표만기에 임박하여 회생절차개시신청을 하고, 만기 도래 전 보전처분을 내려 줄 것을 법원에 탄원하는 경우가 있다. 이 경우 회생절차 남용이라는 판단을 받을 우려가 있으므로 신청을 적시에 하여야 할 것이다. 아울러, 수표채권자가 다수라면 개시신청에 있어 부정한 목적이 없음을 적극적으로 소명하여야 한다.

채무자에 대한 보전처분이나 회생절차개시는 채무자의 채무에 대한 보증인·물상보증인 등에게 영향이 없으므로, 채권자는 담보권을 실행하거나, 보증인에게 채무이행을 구할 수 있다. 보증인이 본래의 채무를 이행할 수 있음은 당연하다. 약속어음 발행인에게 보전처분이 내려진 경우 소지인은 전자에게 소구할 수 있다. 회생계획에 의하여 회생채권의 액수나 변제기가 변경되었다 하더라도 신용보증기금, 기술보증기금, 중소기업진흥공단에 대한 보증채무가 아닌 한, 보증인의 책임은 영향이 없다.

(2) 처분금지

처분금지 보전처분은 기업가치의 유지를 곤란하게 함으로써 회사의 갱생에 지장을 주는 재산처분행위를 방지함을 목적으로 한다. 재산처분에는 회사에

27) 대법원 1990. 8. 14. 선고 90도1317 판결.
위 판시는 아울러 제시기일에 수표금이 지급되지 아니하게 된 것은 회사 갱생이라는 목적을 달성하기 위하여 불가피하므로 헌법상의 평등의 원칙에 위배되거나 법질서를 해치는 것이라고도 할 수 없다는 점을 설시하였다.

의한 은닉, 채권자에 의한 반출과 같은 사실상의 처분도 있고, 회사에 의한 담보제공, 임대와 같은 법률상의 처분도 있다. 다만 처분금지의 효력은 회사의 일상적인 영업에는 미치지 않는다.

보전처분의 기입등기는 그 등기 이전에 가압류, 가처분, 강제집행 또는 담보권실행을 위한 경매, 체납처분에 의한 압류등기 등 처분제한 등기 및 가등기가 되어 있는 경우에도 할 수 있고, 보전처분의 수범자는 채무자이며, 채권자가 아니므로 포괄적 금지명령이 내려지지 않은 이상 보전처분등기가 경료되었더라도 채무자의 부동산 등에 대한 보전처분, 담보권실행을 위한 경매, 체납처분에 의한 압류 등은 가능하다.

개별적인 재산에 대한 처분금지 보전처분은 특정 재산에 대해서만 효력이 미친다. 따라서 처분금지보전처분의 대상에서 제외되어 있는 물품에 대하여는 변제금지보전처분만으로 양도담보권자의 담보권 실행을 저지하는 효과가 없다.[28] 결국 보전처분 당시 누락된 재산이나 보전처분 이후에 회사가 취득한 재산에 관하여는 보전처분의 효력이 미치지 않고, 이러한 재산에 대하여 보전처분을 할 필요성이 있으면 별도의 보전처분을 하여야 한다. 이러한 점을 고려하여 현재의 실무는 '등기 또는 등록의 대상이 되는 일체의 재산 및 금 000만원 이상의 기타 재산에 관한 양도, 담보권·임차권의 설정 기타 일체의 처분행위'라는 포괄적 주문 방식을 취하고 있다.

위탁자의 신탁설정에 의하여 수탁자 앞으로 소유권이전등기를 경료하게 되면 대내외적인 소유권이 수탁자에게 완전히 이전되는 것이므로 위탁자가 신탁한 부동산은 더 이상 위탁자인 채무자의 재산이 아니라고 할 것이다. 따라서 보전처분 이후 신탁부동산의 수탁자가 신탁계약에서 정한 방법과 절차에 따라 회생법원의 허가를 받지 않고 이를 처분하는 등의 행위를 하더라도 이에는 보전처분의 효력이 미치지 아니하므로 이를 무효라고 할 수 없다.

나. 법원의 허가와 무허가 행위의 효력

보전처분의 내용에 반하는 행위라도 법원의 허가를 받았을 때에는 이를

---

28) 대법원 1992. 10. 27. 선고 91다42678 판결.

할 수 있다.

사 견) 허가의 주체는 재판부이며, 보전처분 단계에서는 관리위원회에 허가사항을 위임할 수 없다. 법 61조는 관리인이 법원의 허가를 받아야 하는 행위를 열거하고 있고, 이 중 일부를 관리위원회에 위임할 수 있는바(법 18조), 관리인이라는 문언에 비추어 관리위원회에 대한 허가위임은 개시결정 이후에만 가능하다고 할 것이다.

허가 여부는 법원의 재량사항이나, 재산의 산일방지, 채무자의 회생 도모, 모든 이해관계인간의 공평이라는 보전처분제도의 목적, 행위가 불가피한 정도, 채무자의 회생에 미치는 영향, 상충되는 이해관계간의 이익형량, 새로이 이해관계를 맺게 되는 자의 손해발생 여부 등의 제반사정을 따져서 그 허가 여부를 신중하게 결정하여야 한다. 한편 변제허가의 경우는 중소기업자가 그가 가지는 소액채권을 변제받지 아니하면 사업의 계속에 지장을 초래할 우려가 있는지 여부(법 132조 1항), 회생채권의 변제가 채무자의 회생을 위하여 반드시 필요한 것인지 여부(법 132조 2항)가 판단기준이다.29)

보전처분에 반하여 한 채무자의 행위와 관련하여 채권자의 선·악을 묻지 않고 유효하다는 견해도 있으나, 채권자가 악의인 경우에는 무효라고 보는 것이 지배적이고, 어느 견해에 따르든 채권자가 악의인 경우에는 부인의 대상(법 100조)이 된다는 점에서는 차이가 없다고 한다.30)

사 견) 위 견해는 법 61조의 수범자는 채무자가 아니라 관리인이기는 하나, 중요 행위를 법원의 허가사항으로 한 것은 동일하므로 위 규정은 보전처분에 반하는 행위에 대하여도 유추할 수 있고, 법 61조 3항이 무허가 행위의 경우 선의의 제3자를 보호하고 있는 것과의 균형상 채권자가 악의인 경우에만 보전처분에 반하는 행위를 무효로 취급함이 타당하다는 사고를 기반으로 하는 것으로 보인다. 다만, 통상의 경우 보전처분은 신청일로부터 1－3일 내에 내려지는 것이 일반적인 점, 보전처분은 채무자에 대한 명령이고, 채권자에게 송달

---

29) 실무연구회(상), 94면.

30) 실무연구회(상), 95면은 위와 같이 기술하면서 구체적인 견해의 출처나 논거는 제시하지 않고 있다.

되는 결정은 아닌 점, 채무자가 회생절차를 진행할 것이라는 점을 미리 고지하거나 사실상 알고 있었던 경우가 아니라면 채권자가 선의인 경우도 상당히 많을 것으로 보이는 점[31] 등을 감안하면 악의인 경우에만 보전처분에 반하는 행위를 무효로 볼 경우 회생재단의 산일 방지라는 보전처분 제도의 목적에 반하는 결과를 초래할 수 있으므로, 상대방의 선·악을 불문하고 무효로 취급함이 타당하다.

보전처분 후 법원의 허가를 받아 행한 자금의 차입, 자재의 구입 등은 법 179조 12호의 공익채권에 해당한다. 일상적인 영업활동으로 인한 자금의 지출이나 기준 미만의 금액은 허가대상에서 제외되어 있으나, 암묵적인 사전허가를 동반하는 것이므로 그 성격은 공익채권이다.

5. 보전처분 결정 이후의 절차적 조치

보전처분결정은 채무자에게 고지된 때에 효력이 발생한다. 현실적으로는 법원이 고지한 기일에 대표자 등을 출석시키고 현장에서 보전처분결정을 고지하므로 결정과 동시에 효력이 발생한다.

등기·등록으로 공시되는 재산은 법원사무관 등이 직권으로 지체 없이 등기·등록을 촉탁하여야 한다(법 24조 1항 2호, 27조). 보전처분의 기입등기는 그 등기 이전에 가압류, 가처분, 강제집행 또는 담보권실행을 위한 경매, 체납처분에 의한 압류등기 등 처분제한 등기 및 가등기가 되어 있는 경우에도 할 수 있다. 보전처분은 제3자의 권리행사를 금지하는 것은 아니므로, 보전처분등기가 경료된 채무자의 부동산 등에 대하여 가압류, 가처분 등 보전처분, 강제집행 또는 담보권실행을 위한 경매, 체납처분에 의한 압류 등의 기입등기촉탁이 있는 경우에도 등기관은 이를 수리하여야 한다.

31) 실제로도 신청 전후 초기 단계에서는 채권자들과의 불필요한 마찰 회피, 무분별한 강제집행과 어음공정증서 작성 등 무리한 요구를 피하기 위하여 회생절차개시신청 사실을 알리지 않는 경우가 많다.

6. 신청서 작성

신청취지는 전술한 보전처분의 주문을 기재하면 족하다. 신청이유는 신청서와 동일한 내용을 기재하고, 결론 부분에서 보전처분의 요건사실을 포섭하여 기재한다. 소명자료는 신청서와 동일하므로 신청서의 첨부서류를 원용한다는 취지를 기재하면 족하다. 그 외 중복기재를 할 필요 없이 결론 부분만을 명시할 수도 있다.

신 청 이 유

Ⅰ. 채무자 회사의 업무내용 및 개요

Ⅱ. 채무자 회사의 자산 및 부채 현황

Ⅲ. 채무자 회사의 매출 및 손익 현황

Ⅳ. 회생절차개시 원인의 존재

Ⅴ. 채무자 회사의 경제적 가치

Ⅵ. 결 어

이상에서 살펴본 바와 같이 채무자 회사는 회생절차개시의 원인인 사실이 존재하고, 또한 갱생의 경제적 가치가 있다고 판단되어 회생절차개시를 신청한바, 개시 여부에 관한 결정 시까지 채무자의 재산을 동결하고, 채권자들의 일방적인 권리행사를 차단할 필요가 있다고 할 것입니다.

소 명 방 법

* 개시신청서의 소명방법과 동일한 관계로 별도로 첨부하지는 아니하였습니다.

Ⅲ. 중지명령 및 취소명령(법 44조)

법원은 회생절차개시의 신청이 있는 경우 필요하다고 인정하는 때에는 이해관계인의 신청에 의하거나 직권으로 회생절차개시의 신청에 대한 결정이 있을 때까지 ① 채무자에 대한 파산절차, ② 회생채권 또는 회생담보권에 기한 강제집행, 가압류, 가처분 또는 담보권실행을 위한 경매절차로서 채무자의 재산에 대하여 이미 행하여지고 있는 것, ③ 채무자의 재산에 관한 소송절차, ④ 채무자의 재산에 관하여 행정청에 계속되어 있는 절차, ⑤ 「국세징수법」 또는 「지방세기본법」에 의한 체납처분, 국세징수의 예에 의한 체납처분 또는 조세채무담보를 위하여 제공된 물건의 처분에 관한 절차의 중지를 명할 수 있다. 다만, ②에 의한 절차의 경우 그 절차의 신청인인 회생채권자 또는 회생담보권자에게 부당한 손해를 끼칠 염려가 있는 때에는 그러하지 아니하다. 법원은 위 중지명령을 변경하거나 취소할 수 있다.

신탁부동산은 법률적으로 수탁자 소유의 재산이므로 중지명령이나 포괄적 금지명령이 있었다고 하더라도 신탁부동산에 대하여 이미 행하여지고 있는 공매절차 등을 중지시킬 수는 없다.

법문상 환취권에 기한 절차 및 공익채권으로 될 채권에 기한 절차는 중지할 수 없다. 회생절차개시결정의 시기에 따라 공익채권과 회생채권의 한계가 정해지는 채권의 경우에는 집행채권 중의 일부라도 공익채권으로 될 채권이 포함되어 있을 때에는 그 강제집행 등의 절차를 중지할 수 없다. 「하도급거래 공정화에 관한 법률」(이하 '하도급법') 14조에 의한 수급사업자의 발주자에 대한 하도급대금 직접지급청구는 법 58조에서 금지하는 '채무자의 재산에 대한 강제집행'에 해당하지 않으므로,[32] 수급사업자의 발주자에 대한 직접지급청구는 중지명령의 대상이 될 수 없다.

법원은 채무자의 회생을 위하여 특히 필요하다고 인정하는 때에는 채무자(보전관리인)의 신청에 의하거나 직권으로 중지된 회생채권 또는 회생담보권에 기한 강제집행 등의 취소를 명할 수 있다. 이 경우 법원은 담보를 제공하게 할 수 있다(법 44조 4항). 취소와 관련하여 그 강제집행 등이 행하여진 시기가 회생절차개시신청 전·후인지를 묻지 않고 모두 취소할 수 있다. 강제집행 등을 취소하기 위해서는 (법 44조 4항의 '중지된 강제집행 등'이라는 문언에 비추어) 먼저 중

32) 대법원 2007. 6. 28. 선고 2007다17758 판결.

지명령에 의하여 그 절차가 중지되어 있을 것을 요하며, 중지명령을 거치지 않고, 바로 취소명령을 내릴 수는 없다.

실무적으로 보면, 취소명령의 발령은 대체로 매우 신중하다. 그 원인은 경제적으로 어려운 채무자에게 담보를 제공하게 하는 것은 쉽지 않은 점, 개시신청이 기각되거나, 인가 전 폐지로 귀결될 경우 해당 채권자에게 부당한 손해를 주게되는 점, 취소명령에 대한 항고가 불가한 점[33] 등을 고려한 결과로 보인다. 개시결정 이후에는 법 58조 5항에 의한 취소가 가능하므로, 개시결정 전에 취소명령이 필요하다는 점에 관한 고도의 소명이 필요하다고 하겠다. 실제로 개시결정 전에 강제집행 등을 취소하는 경우는 거의 없다.

신청취지의 기재례는 다음과 같다.

① 이 사건에 관하여 회생절차개시신청에 관한 결정이 있을 때까지 채무자에 대한 ○○지방법원 ○○지원 20○○타경○○○호 부동산임의경매 사건의 담보권 실행을 위한 경매절차를 중지한다. 라는 결정을 구합니다.

② 채무자와 상대방 사이의 ○○지방법원 ○○지원 20○○타채 ○○○호 채권압류 및 추심명령 신청 사건의 채권압류 및 추심명령을 취소한다. 라는 결정을 구합니다.

실무 팁) 신청이유는 대부분 전형적이다. ① 해당 자산이 채무자의 영업에 필수적인 자산으로서 그 담보권 실행을 중지하지 않을 경우 채무자의 수익력을 보전할 수 없어 향후 회생절차 수행에 막대한 지장이 초래된다는 점, ② 채권자평등 원칙에 반하는 결과가 초래된다는 점, ③ 예금계좌나 매출채권에 대한 압류·추심의 경우 해당 금전이 채무자 회사의 중요한 운용자금으로서 회생절차의 원활한 수행을 위해서는 필수적인 금전이라는 취지, ④ 채무자가 개인인 경우 전술한 사유 외에도 채무자 및 부양가족들의 생계에 필수적인 자산으로서 회생절차의 원활한 진행을 위해서는 채무자 및 가족들의 생계불안을 초래해서는 곤란하다는 취지 등을 사안에 따라 적절히 기술한다.

---

33) 법 45조와 달리 법 44조 4항은 취소의 근거만 규정하고, 즉시항고를 할 수 있다는 문언은 없다. 따라서 즉시항고를 할 수 있다는 명문의 규정이 없는 이상 즉시항고는 불가능하다고 볼 수밖에 없다(법 13조).

Ⅳ. 포괄적 금지명령

1. 의 의

법원은 회생절차개시의 신청이 있는 경우 위 중지명령에 의하여는 회생절차의 목적을 충분히 달성하지 못할 우려가 있다고 인정할 만한 특별한 사정이 있는 때에는 이해관계인의 신청에 의하거나 직권으로 회생절차개시의 신청에 대한 결정이 있을 때까지 모든 회생채권자 및 회생담보권자에 대하여 회생채권 또는 회생담보권에 기한 강제집행 등의 금지를 명할 수 있다(법 45조 1항).

2. 보전처분과의 관계

위 금지명령은 보전처분이 내려져 있거나, 보전처분과 동시에 이루어질 것을 요한다(법 45조 2항). 최근의 실무는 회생절차개시를 신청하면서 보전처분과 포괄적 금지명령을 함께 신청하고 있고, 법원도 적극적으로 보전처분기일에 포괄적 금지명령을 내리고 있다.

보전처분과 동시에 포괄적 금지명령을 내리는 것은 이제 전국적으로 확립된 실무로 보인다. 그동안 일각에서 미국식의 자동중지제도(Automatic Stay)를 도입하자는 주장이 꾸준히 제기된 바 있고, 이에 대한 실무계의 답변이라 평가할 만하다.

3. 효 과

포괄적 금지명령이 있는 때에는 채무자의 재산에 대하여 이미 행하여진 회생채권 또는 회생담보권에 기한 강제집행 등은 중지되며, 법원은 포괄적 금지명령을 변경하거나 취소할 수 있다(법 45조 3항, 4항).

양도담보권도 회생담보권에 포함되므로(법 141조 1항) '회생담보권에 기한 강제집행 등'에는 양도담보권 실행행위도 포함된다.[34]

---

34) 대법원 2011. 5. 26. 선고 2009다90146 판결.

중지명령과 마찬가지로 환취권에 기한 절차 및 공익채권으로 될 채권에 기한 절차에는 적용되지 않는다.

회생절차가 개시된다면 회생채권 또는 회생담보권으로 될 채권에 기하여 채무자의 재산에 대하여 행할 강제집행·가압류·가처분·담보권실행을 위한 경매절차에 한하여 금지할 수 있고, 체납처분 등은 그 대상에 포함되어 있지 않으므로 포괄적 금지명령에 의하여 체납처분 등을 사전에 금지시키거나, 사후적으로 중지시킬 수도 없으므로 개별적 중지명령에 의하여 대처할 수밖에 없다는 견해가 유력하다. 이 견해는 채무자의 재산에 대한 권리행사를 일률적으로 억제할 필요성은 체납처분 등의 경우에도 마찬가지이므로 체납처분 등을 포괄적 금지명령의 대상에서 제외한 것에 대하여 입법론상 의문을 제기한다.[35)]

사 견) 위 견해는 법문의 체계를 오해한 것으로 보인다. 법 44조 1항은 4호에서 체납처분을 중지대상으로 규정하고 있고, 법 45조 1항은 중지명령에 의하여는 회생절차의 목적을 충분히 달성하지 못할 우려가 있을 경우 강제집행을 포괄적으로 금지시킬 수 있다는 취지의 규정이므로 체납처분도 당연히 사전금지 및 사후중지의 대상이 된다고 할 것이다. 위 견해는 45조 3항이 '회생채권 또는 회생담보권에 기한 강제집행 등'이라고 규정하고 있음을 들어 체납처분에는 포괄적 금지명령의 효력이 미치지 않는다고 보는 듯하나, 조세채권은 엄연히 회생채권이므로 체납처분은 법 45조 3항의 적용대상이 된다고 할 것이다. 공익채권인 조세채권의 경우에는 포괄적 금지명령의 적용을 받지 않는다는 점에 관하여 이견이 있을 수 없다.

포괄적 금지명령이 있는 때에는 그 명령이 효력을 상실한 날의 다음 날부터 2월이 경과하는 날까지 회생채권 및 회생담보권에 대한 시효는 완성되지 아니한다(법 45조 8항).

4. 공 고

포괄적 금지명령이나 이를 변경 또는 취소하는 결정이 있는 때에는 법원

---

35) 실무연구회(상), 106면, 112면.

은 이를 공고하고 그 결정서를 채무자 및 신청인에게 송달하여야 하며, 그 결정의 주문을 기재한 서면을 법원이 알고 있는 회생채권자·회생담보권자 및 채무자에게 송달하여야 한다(법 46조 1항). 포괄적 금지명령 및 이를 변경 또는 취소하는 결정은 채무자에게 결정서가 송달된 때부터 효력을 발생한다(법 46조 2항).

5. 불 복

포괄적 금지명령, 이를 변경하거나 취소하는 결정, 중지된 강제집행 등의 취소명령에 대하여는 즉시항고를 할 수 있다(법 45조 6항). 포괄적 금지명령, 이를 변경하거나 취소하는 결정에 대한 즉시항고 기간은 공고가 있은 날부터 14일 이내이며(법 46조 1항, 13조 2항), 중지된 강제집행 등의 취소명령은 공고를 요하지 아니하므로 해당 회생채권자·회생담보권자에게 재판이 고지된 날부터 1주 이내가 즉시항고기간이다(법 33조, 민사소송법 444조). 포괄적 금지명령 신청을 기각하는 결정에 대하여는 즉시항고를 할 수 있다는 규정이 없으므로, 즉시항고의 대상이 되지 않는다(법 13조 1항). 법 45조 6항의 즉시항고는 집행정지효가 없다(법 45조 7항).

6. 포괄적 금지명령의 배제

법원은 포괄적 금지명령이 있는 경우 회생채권 또는 회생담보권에 기한 강제집행 등의 신청인인 회생채권자 또는 회생담보권자에게 부당한 손해를 끼칠 우려가 있다고 인정하는 때에는 그 회생채권자 또는 회생담보권자의 신청에 의하여 그 회생채권자 또는 회생담보권자에 대하여 결정으로 포괄적 금지명령의 적용을 배제할 수 있다. 이 경우 그 회생채권자 또는 회생담보권자는 채무자의 재산에 대하여 회생채권 또는 회생담보권에 기한 강제집행 등을 할 수 있으며, 포괄적 금지명령이 있기 전에 그 회생채권자 또는 회생담보권자가 행한 회생채권 또는 회생담보권에 기한 강제집행 등의 절차는 속행된다(법 47조 1항).

위 결정에 대하여 즉시항고를 할 수 있으나(법 47조 3항), 집행정지의 효력은 없다(법 47조 4항).

V. 취하의 제한(법 48조)

회생절차개시의 신청을 한 자는 회생절차개시결정 전에 한하여 그 신청을 취하할 수 있고, 보전처분, 보전관리명령, 중지명령, 포괄적 금지명령이 있은 후에는 회생절차개시신청 및 보전처분신청을 취하함에 있어 법원의 허가를 요한다.

그 취지는 신청인이 일단 보전처분 등을 받아 채무의 일시유예·부도유예의 혜택을 받거나, 강제집행 중지·금지를 통해 위기를 넘긴 다음 임의로 절차를 종료시키는 것과 같이 보전처분제도 등의 악용을 막기 위한 것이다. 취하 허가 여부를 판단함에 있어 취하할 정당한 사유 발생 여부, 제도 남용 여부, 채권자 및 주주 등 이해관계인의 이익 등 제반 요소를 형량하여야 할 것이다. 이러한 기준에 의거 제3자 관리인 선임이 유력한 상황에서의 취하를 불허하거나, 기업가치 확인을 위해 개시 전 조사위원이 선임되었음에도 동인에게 필요한 자료를 제공하지 않고 취하신청을 한 경우 취하를 허가하지 않고 회생절차개시신청이 성실하지 아니한 경우(법 42조 2호)로 보아 회생절차개시신청을 기각한 사례가 있다.[36)]

회생절차를 원활히 진행하기 위해 원만한 관계유지가 필수적인 주요거래처와의 관계가 신청 이후 극도로 악화된 경우, 주요 현장의 도급인이 타절정산을 요구하는 경우, 근로자들의 동요와 조업거부, 연구개발 중심기업의 핵심 기술인력 유출, 보증기관의 보증서 발급거부 등은 취하를 허가할 만한 정당한 사유에 해당한다.

36) 실무연구회(상), 119면.

제 5 절 대표자 심문과 현장검증

해당 사건의 주심판사가 수명법관이 되어 대표자심문과 현장검증을 진행한다. 대표자심문은 모든 채무자를 대상으로 예외 없이 실시하지만, 현장검증은 공장 내지 영업소를 보유한 채무자를 대상으로 한다. 소규모 사업체의 경우 현장검증을 하지 않고, 내·외부 촬영사진, 재고 현황 관련 자료 등 제반 사항을 별도로 보정명령을 통해 확인하기도 한다.

대표자심문은 미리 심문사항을 이메일로 신청인 또는 그 대리인에게 보내주어 준비하게 한 뒤 답변서를 제출받아 그 내용을 확인하는 방법으로 진행한다. 이 과정에서 부족한 사항은 추가로 보정명령을 내릴 수도 있다. 대표자 심문은 신청서와 더불어 법원이 채무자의 업무내용이나 사건의 쟁점을 파악하는데 중요한 절차이므로 답변은 최대한 상세히 작성하는 것이 좋다.[37]

현장검증을 실시할 경우 대표자 심문도 검증장소에서 진행하는 경우가 많다. 현장검증에 임하면 먼저 사업체의 현황에 대해 대표이사나 임원으로부터 간략하게 보고를 받은 후, 사무소, 공장 및 영업시설을 살펴본다. 회계담당자 내지 근로자대표를 불러 필요한 사항을 묻기도 한다. 현장검증은 한 마디로 채무자의 영업이 제대로 운영되고 있는지 여부를 법원이 직접 확인하는 절차라고 보면 무방하다. 대표자심문 기일에 편의상 예납금액이나 개시결정일을 구두로 고지하기도 한다.

---

37) 신청을 준비하면서 채무자의 재산 및 부채 등에 관한 모든 사정을 상세히 소명하는 것은 사실상 불가능하다. 답변 단계에서는 신청 당시 미진한 부분, 법원이 특별히 답변을 요구한 부분을 중심으로 최대한 자세히 작성하여야 한다. 대표자 심문절차를 가볍게 생각하는 채무자나 대리인도 있으나, 사건의 실체에 관하여 초기에 주심판사 및 관리위원회에 대면보고를 할 수 있는 중요한 기회이므로 소홀히 해서는 안 된다. 절차를 주도하는 법원과 관리위원회가 채무자의 사업구조 및 영업특성, 사건의 쟁점을 명확히 파악하여야 올바른 해결책이 도출될 수 있고, 답변서의 기재는 향후 조사위원에 의한 기업가치평가에도 중요한 자료가 된다는 점에서 그 중요성은 아무리 강조해도 지나치지 않다.

제 6 절 회생절차개시 요건의 심사

Ⅰ. 회생절차개시 요건

1. 회생절차개시의 원인이 있을 것

회생절차개시의 신청을 하는 자는 ① 사업의 계속에 현저한 지장을 초래하지 아니하고는 변제기에 있는 채무를 변제할 수 없는 경우 또는 ② 파산의 원인인 사실이 생길 염려가 있음을 소명하여야 한다.

채무자는 신청이유로서 양자를 모두 원용할 수 있다. 법원도 어느 하나의 신청이유가 인정되지 않는다고 하더라고 다른 요건에 관한 소명을 촉구하여야 한다. 이에 반하여 채권자, 주주·지분권자는 ②만을 신청이유로 주장할 수 있고, 본 요건이 인정되지 않을 경우 법원은 ①의 요건을 심리할 필요가 없다(법 34조 2항).

①의 요건은 채무자의 재무상태가 채무초과가 아닌 경우에 특히 의미가 있다. 채무초과 상태는 아니지만, 변제기가 도래한 채무를 변제하자면 주요한 영업용 자산의 처분, 고금리대환이 불가피한 경우가 전형적인 예이다.

② 파산의 원인인 사실은 지급불능(법 305조 1항)과 채무초과(법 306조)이다. 전자가 자연인과 법인에 모두 해당하는 파산원인이라면, 후자는 법인에 특유한 파산원인이다. 법문상 파산원인의 현존은 요건이 아니다. 채무초과의 경우 재산만을 기준으로 하나, 지급불능은 신용 등 모든 변제수단을 고려한다는 점, 지급정지가 있으면 지급불능인 것으로 추정된다는 점(법 305조 2항)에서 양자는 차이가 있다.

지급불능이라 함은 채무자가 변제능력이 부족하여 즉시 변제하여야 할 채무를 일반적·계속적으로 변제할 수 없는 객관적 상태를 말한다.[38] 채무자가 개인인 경우 그가 현재 보유하고 있는 자산보다 부채가 많음에도 불구하고 지급불능 상태가 아니라고 판단하기 위하여는, 채무자의 연령, 직업 및 경력, 자격 또는 기술, 노동능력 등을 고려하여 채무자가 향후 구체적으로 얻을 수 있

38) 대법원 1999. 8. 16. 자 99마2084 결정.

는 장래 소득을 산정하고, 이러한 장래 소득에서 채무자가 필수적으로 지출하여야 하는 생계비 등을 공제하여 가용소득을 산출한 다음, 채무자가 보유 자산 및 가용소득으로 즉시 변제하여야 할 채무의 대부분을 계속적으로 변제할 수 있는 객관적 상태에 있다고 평가할 수 있어야 한다. 이러한 구체적·객관적인 평가 과정을 거치지 아니하고, 단지 그가 젊고 건강하다거나 장래 소득으로 채무를 일부라도 변제할 수 있을 것으로 보인다는 등의 추상적·주관적인 사정만으로 채무자가 지급불능 상태에 있지 않다고 단정할 수는 없다.[39)]

대법원 2007. 11. 15. 자 2007마887 결정은 ① 채무초과와 지급불능은 별개의 독립된 파산원인이므로, 채무초과 상태에 있는 법인에 대하여 파산선고를 하기 위해서 그 법인이 채무초과 상태 이외에 지급불능 상태에 이르렀을 것까지 요하는 것은 아닌 점, ② 법인이 채무초과 상태에 있는지 여부는 법인이 실제 부담하는 채무의 총액과 실제 가치로 평가한 자산의 총액을 기준으로 판단하는 것이지 재무제표에 기재된 부채 및 자산의 총액을 기준으로 판단할 것은 아닌 점, ③ 채무초과 상태에 있는 회사의 계속기업가치가 청산가치보다 높다는 사정은 회생절차개시의 요건이 됨은 별론으로 하고, 파산선고의 장애사유는 아닌 점을 각 명백히 하였다.

사 견) ① 위 판시 중 '실제 가치로 평가한 자산의 총액'은 청산가치를 의미한다. 즉, 채무초과 상태의 법인에 대하여 파산을 선고하자면 부채총액이 청산가치를 초과하여야 한다. 계속기업가치가 청산가치를 초과한다는 사정은 실제로 회생절차가 개시된 경우라면 회생절차 우위의 원칙에 의거 파산선고 전이라면 파산신청 기각(법 58조 1항 1호, 309조 1항 2호), 파산선고 후라면 파산절차 중지라는 효과(법 58조 2항 1호)를 가져 올 것이나, 기업가치에 관한 가정적인 주장만으로는 파산선고를 막을 수 없다.

② 자산평가를 함에 있어 파산절차의 경우에는 청산가치를 기준으로 하여야 하지만, 회생절차의 경우에는 채무자가 사업을 계속하는 것을 전제로 하여야 할 것이라는 견해가 있다.[40)] 그러나 '부채의 총액이 자산의 총액을 초과하

39) 대법원 2010. 9. 20. 자 2010마868 결정.

40) 실무연구회(상), 123면.

는 때'라는 동일한 문언을 회생절차와 파산절차에서 다르게 해석할 근거는 없다고 할 것이다. 사업을 계속할 것을 전제로 하는 재산가치란 공정가치를 풀어 쓴 것에 다름 아니고, 개시요건으로서 공정가치를 고려하는 것은 계속기업가치와 청산가치를 비교하는 과정[41]에서만 의미가 있다. 위 견해는 재무상태표에 기재된 자산항목들의 공정가치를 합산하여 부채 규모와 비교한다는 것이나, 여기서 나온 수치는 주주의 의결권 여부를 결정하는 기준이 되고, 청산손실을 반영하여 청산가치를 도출한다는 점에서 의미가 있으나, 개시요건과는 관련이 없다.

2. 기각사유의 부존재

법 42조는 3가지 기각사유를 규정하고 있고, 이에 해당할 경우 필요적으로 기각하여야 한다. 법문상 관리위원회의 의견을 듣도록 하고 있으나, 관리위원회의 의견은 법원을 구속하는 효력은 없다. 법 42조의 반대해석상 기각 사유가 없는 한 필요적으로 개시결정을 하여야 할 것이다.

가. 회생절차의 비용을 미리 납부하지 아니한 경우

통상 대표자 심문을 전후로 비용예납을 명하고, 그 기간은 3일−5일 정도로 단기이다. 해당 기간에 예납금 마련이 어려울 경우 속히 연장신청을 하여야 할 것이다.

나. 회생절차개시신청이 성실하지 아니한 경우

어느 경우에 신청 불성실에 해당할 것인지는 일률적으로 말할 수 없다. 신청채권자가 신청의 취하를 교환조건으로 우선변제를 요구하거나 금전 기타의 이익을 강요할 목적으로 하는 신청,[42] 부정수표단속법에 의한 처벌을 면하거나, 강제집행의 정지가 주된 목적인 경우 등이 불성실의 전형적인 사례이다.

---

41) 계속기업가치가 청산가치를 초과하여야 한다는 점은 회생절차개시의 요건은 아니다. 다만, 청산가치가 계속기업가치를 초과하는 것이 명백한 사안이라면, 개시신청 자체가 채권자 일반의 이익에 반한다는 판단을 받게 될 것이므로(법 42조 3호), 개시결정 이후 조사위원에 의한 조사를 정당화할 수 있을 정도의 소명(청산가치가 계속기업가치를 초과하는 것이 명백하지는 않다는 정도의 소명)은 필수적이다.

42) 대법원 2004. 5. 12. 자 2003마1637 결정.

다만, 강제집행의 정지나 부정수표단속법에 의한 처벌 회피 목적은 본 절차를 신청하는 중요한 이유 중 하나임은 분명하므로 지나치게 엄격하게 해석할 필요는 없다.

신청불성실에 관한 사례는 다음과 같다.43)

- 채무자의 영업용 자산을 관계 회사들에게 이전하여 점유·사용하게 하였을 뿐만 아니라 관계 회사들의 자본금을 채무자의 자금으로 납입하였고, 이로 인하여 생산의 주요 기반시설을 잃게 된 채무자는 아무런 영업활동을 하지 않다가 직권폐업까지 된 점 등을 근거로 경매목적물에 대한 경매진행을 중지시키려는 등 개시결정의 부수적 효과만을 목적으로 한 신청임이 명백한 경우
- 채무자의 모회사가 자금지원을 할 의사가 없고 외상매입금 지급의무를 부담하고 있는 관계 회사도 회생절차개시 및 운영정상화가 될 경우에만 외상매입금을 분할변제하겠다는 의사를 표시하는 등의 사정을 종합하면 진정한 회생의 의사가 없이 보전처분 및 포괄적 금지명령에 따른 효과 등을 개시결정을 통하여 그대로 누리겠다는 의도가 명백한 경우
- 채무자가 회생절차개시신청 직전에 다액의 채무를 부담하거나 어음 또는 사채를 발행하거나 원재료를 대량으로 구입하고 대금을 지급하지 않은 상태에서 신청을 한 경우라면, 제3자 관리인을 활용할 수 있는 점, 개시원인이 존재한다면 채무자를 재건하는 것이 채권자 등 일반의 이익에 부합하는 점 등에 비추어 경영진의 민·형사상의 책임은 별론으로 하더라도 신청이 불성실하다고 단정할 수는 없다.

다. 그 밖에 회생절차에 의함이 채권자 일반의 이익에 적합하지 아니한 경우

파산절차에 의함이 변제율·변제기 등의 관점에서 채권자 일반에게 오히려 유리한 경우라면 회생절차를 개시할 필요가 없다. 이는 가정적인 판단이며, 파산절차가 실제로 진행되고 있을 필요는 없다.

사적 도산절차는 채권금융기관 등 특정한 채권자들의 이익을 도모하는 제도로서 채권자 전체의 일반의 이익에 적합한지는 의문이 있으므로, 사적 도산절차에 의함이 채권자 일반에게 유리하다는 주장은 기각사유에 해당하지 아니한다.44)

43) 실무연구회(상), 125－127면.

개시결정 이후 조사위원에 의한 조사를 정당화할 수 있을 정도의 소명(청산가치가 계속기업가치를 초과하는 것이 명백하지는 않다는 정도의 소명)이 없는 사안은 본 사유에 해당한다. 다만, 신청서의 기재 및 심문결과만으로 확증이 있는 사안은 거의 없을 것이므로 객관성을 확보한다는 차원에서 개시 전 조사를 진행할 수도 있을 것이다.

본호의 적용 사례로는 ① 재무상태표에 상당한 분식이 있는 점, 향후 영업이익 창출 여부가 불분명한 점, 채무자의 영업이 장기간 중단되어 있고 영업장의 점유를 상실하여 사업 기반을 상실한 점, 사업장에 대한 임의 경매절차가 개시되어 있는 점 등을 근거로 (개시 전 조사를 거치지 않고) 계속기업가치보다 청산가치가 명백히 큰 것으로 판단한 사안, ② 개시신청 당시 대표이사 외에 근무하는 임직원이 전혀 없고, 자본금 3억원 중 2억원이 가장납입되었고, 허위로 국제물류주선업의 등록을 마친 사안, ③ 토지개발업·임대업을 목적으로 설립된 회사이지만, 개시신청 당시 아무런 영업활동을 하고 있지 않아 매출이 발생하지 않았고, 개발사업 대상 토지에 대한 경매절차가 진행 중이었으며, 위 토지의 담보권자가 회생절차에 반대하고 있던 사안 등에서 개시 전 조사를 토대로 계속기업가치보다 청산가치가 명백히 큰 경우에 해당한다는 이유로 본호를 적용한 사안 등이 있다.[45]

3. 특별 요건

채권자·주주·지분권자가 회생절차개시의 신청을 하는 때에는 그가 가진 채권의 액 또는 주식이나 출자지분의 수 또는 액도 소명하여야 한다(법 38조).

간이회생 사건에서 채무자가 소액영업소득자에 해당하지 아니하는 경우 또는 개인인 소액영업소득자가 신청일 전 5년 이내에 개인회생절차 또는 파산절차에 의한 면책을 받은 사실이 있는 경우는 간이회생절차개시신청의 기각사유이나, 이 경우 채무자가 회생절차개시신청의 의사가 있음을 밝혔다면 간이회생절차개시신청의 기각결정과 함께 일반회생절차개시 여부에 대한 결정을 하

44) 실무연구회(상), 128면.

45) 실무연구회(상), 129면.

여야 한다.[46]

Ⅱ. 이른바 '재도의 신청'

채무자의 재산을 청산할 때의 가치가 사업을 계속할 때의 가치보다 큰 것이 명백한 경우라면 회생절차를 진행하기보다는 신속한 파산절차를 진행하는 것이 채권자 일반의 이익이 부합할 것이므로(법 42조 3호) 개시신청을 기각하여야 한다는 것이 일반적 견해로 보인다.

이와 관련하여 판례는 회생절차의 폐지결정이 확정되거나 회생계획에 대한 불인가결정이 확정되어 채무자에 대한 회생절차가 종료되었음에도 불구하고 그 채무자가 새로운 회생절차개시의 신청을 한 경우, 그 신청이 법 42조 2호에 정한 '회생절차개시신청이 성실하지 아니한 경우' 또는 3호에 정한 '그 밖에 회생절차에 의함이 채권자 일반의 이익에 적합하지 아니한 경우'에 해당하여 회생절차개시신청의 기각사유가 존재하는지 여부를 판단함에 있어서는, 종전 회생절차의 종료 시점과 새로운 회생절차개시신청 사이의 기간, 종전 회생절차의 폐지사유가 소멸하거나 종전 회생계획에 대한 불인가사유가 소멸하는 등 그 사이에 사정변경이 발생하였는지 여부, 채무자의 영업상황이나 재정상황, 채권자들의 의사 등의 여러 사정을 고려하여야 함을 지적하고 있다.[47]

종래 회생절차가 폐지되었고, 그 사유가 기업가치의 부족이라면 기업가치가 회복되었다는 점, 동의요건을 충족하지 못한 경우라면 이전에 반대한 채권자가 번의할 가능성에 관한 충분한 소명이 있어야 할 것이다.

다음은 청산가치가 계속기업가치를 초과한다는 조사위원의 보고를 토대로 법원이 폐지결정을 한 경우, 항고를 하지 않고 재신청한 사안의 작성 사례이다.

---

46) 위 사유로 간이회생절차개시신청의 기각결정을 하면서 회생절차개시신청도 기각하는 경우, 회생사건에는 고유의 사건번호를 부여하지 아니하고 하나의 결정으로 동시에 기각하는 것을 원칙으로 한다. 법원이 위 사유로 간이회생절차개시신청의 기각결정을 하면서 회생절차개시결정을 하는 경우에는 별도의 사건번호를 부여하고, 추가로 비용예납명령을 할 수 있다. 이 경우 원칙적으로 간이회생사건을 담당하였던 재판부에서 회생사건도 처리한다(준칙 201호 10조 1항 내지 3항).

47) 대법원 2009. 12. 24. 자 2009마1137 결정.

신 청 이 유

Ⅰ. 재신청에 이르게 된 경위

채무자회사는 수원지방법원 2017간회합100**호로 간이회생절차개시를 신청하여 2017. 6. 30.자로 개시결정이 있었고, 2017. 11. 21.자 조사보고서를 통하여 조사위원은 청산가치가 계속기업가치를 초과한다는 의견을 개진하였습니다. 이후 채무자 대표이사는 담당재판부와 면담을 가졌고, 그 자리에서 청산을 내용으로 하는 회생계획을 작성할 것이 아니라면 폐지할 수밖에 없다는 점, 12. 22. 경 폐지결정을 할 것이라는 점을 구두로 고지받았습니다. 이에 채무자 대표이사는 금년 12. 15.자로 폐지신청을 제출하였고, 12. 20.자로 폐지결정이 있었습니다.

소명자료 1 개시결정

소명자료 2 폐지결정

Ⅱ. 조사보고서의 요지

1. 조사보고서의 결론

조사위원은 계속기업가치를 (641,132,912)원으로, 청산가치를 226,130,700원으로 추산하였습니다.

2. 계속기업가치 산정표[48]

(단위: 백만원)

구분	준비년도[49]	2018년	2019년	2020년	2021년	2022년
매출액	663	1,366	1,407	1,499	1,493	1,538
매출원가	615	1,264	1,299	1,335	1,372	1,411
매출총이익	48	102	108	164[50]	121	127
판관비	88	172	175	178	182	185
영업이익	(40)	(70)	(67)	(14)	(61)	(58)

48) 현금흐름현가의 경우 라운딩을 한 결과 조사보고서와 백만원 단위에서 약간의 오차가 있으나, 결론은 동일합니다.

49) 조사보고서는 개시결정일 다음 날인 7. 1.－12. 31.까지를 준비년도로 기재하고 있습니다.

법인세	0	0	0	0	0	0
감가상각비	4	8	8	8	8	8
순운전자본	0	0	0	0	0	0
자본적 지출	(4)	(8)	(8)	(8)	(8)	(8)
영업현금흐름	(40)	(70)	(67)	(14)	(61)	(58)
현가계수	1.0000	0.9242	0.8532	0.7895	0.7297	0.6744
현금흐름현가	-40	-65	-57	-11	-45	-39

구분	2023년	2024년	2025년	2026년	2027년	추정기간 후
매출액	1,584	1,632	1,681	1,732	1,784	21,757
매출원가	1,450	1,491	1,532	1,575	1,619	19,751
매출총이익	134	141	149	157	165	2,006
판관비	189	192	196	200	203	2,482
영업이익	(55)	(51)	(47)	(43)	(38)	(476)
법인세	0	0	0	0	0	0
감가상각비	8	8	8	8	8	99
순운전자본	0	0	0	0	0	0
자본적 지출	(8)	(8)	(8)	(8)	(8)	(99)
영업현금흐름	(55)	(51)	(47)	(43)	(38)	(476)
현가계수	0.6233	0.5761	0.5234	0.4971	0.4548	0.4548
현금흐름현가	-34	-29	-25	-21	-17	-216

소명자료 3 간이조사보고서

Ⅲ. 조사보고서에서 채용한 제 가정 및 그 타당성

1. 계속기업가치 산정 시 적용한 제 가정

– 매출은 개시결정 이후 월 평균 매출액을 기준으로 향후 4년간 실질 국내총생산 성장률 전망 평균치 3.011% 적용

– 매출원가 항목 중 ① 원재료는 최근 3년간 매출액 대비 발생비율, ② 노무비는 향후 인원수 및 급여수준, 급여상승률 감안, ③ 변동제조원가는 최근 3년간 매출액 대비 발생비율 적용, ④ 고정제조원가는 최근 3년 평균 발생액에 물가상승률을 반영

– 판관비는 매출원가와 동일한 가정을 적용

위 가정들 중 매출추정에 관한 점을 제외하면 다른 추정들은 간이한 방법으로서 흔히 사용되는 것이므로 별다른 이견이 없습니다.

50) 조사보고서에는 위 년도의 매출총이익을 114백만원으로 표기하고 있으나, 오류로 보입니다.

2. 매출추정의 문제점

매출추정의 경우 조사보고서는 채무자의 업종의 특성을 반영하지 못한 아쉬움이 있습니다. 놀이터 시설물은 최소 1개월에서 2개월 전에 원자재투입이 되어야 시공이 가능합니다. 시공 후 행정안전부의 설치검사를 통과해야 입금을 받게 되며, 시공 후 설치검사 통과까지 1개월−45일 가량이 소요됩니다. 결국 원자재 투입 후 대금을 받기까지 2개월−3개월 반이 소요됩니다. 2개월−3개월 반의 싸이클을 기준으로 첫 달에는 원자재 등 비용이 선집행되는 관계로 자금이 계속 유출되고, 둘째 달 이후에는 이미 원자재 등 비용의 상당한 부분이 집행되었으므로 유입은 늘어나고, 유출은 줄어들게 될 것입니다.

위와 같은 업종의 특성에도 불구하고, 조사보고서는 현금이 유입되는 시점에서의 자금수지를 반영하지 못하고, 현금이 주로 유출되는 시점만을 기준으로 장래 매출을 추정하고 있습니다. 조사보고서에서 준비년도로 설정한 기간은 금년 하반기이나, 개시결정은 6.30.이고, 조사보고서 작성일은 9. 15.인 점에 비추어 조사보고서는 금년 7월과 8월의 경영성과만을 기준으로 준비년도의 매출을 추정하고, 이러한 추정을 다시 회생계획기간에 동일하게 적용하고 있습니다. 개시 이후인 7월과 8월은 주로 자금의 유출이 많았을 것이고, 9월 내지 10월 들어서야 자금수지가 (+)로 돌아서게 된다면, 조사보고서는 자금수지가 (+)가 되는 시점의 현금흐름을 반영하지 못함으로써 기업가치를 과소평가하게 되는 문제가 발생합니다.

개시결정 이후 채무자 제출의 월간보고서의 자금수지 중 실적명세는 다음과 같습니다.

작성기준월: 2017년 8월 (단위: 원)

구분		2017년 07월	2017년 08월	비고
■ 기초 현금		10,090,350	4,050,347	
■ 현금 수입		137,643,675	100,429,461	
판매입금		135,039,500	93,948,781	
기타입금		2,604,175	6,480,680	
■ 현금 지출		143,683,678	100,179,395	
원재료				
	원자재	12,586,325	16,790,120	원자재 + 목재 + 데크
	수입비용	10,694,895	17,569,194	수입제품가 + 통관비
지출 경비				
	제조경비			
	외주가공비	4,083,360	7,496,025	○○그린 + ○딕스

	인건비(제)	3,735,360	4,127,650	제품외주가공 김** + 최**
	복리후생비	500,000	480,000	
	소모품비	432,800	385,310	
	전력비	290,930	280,830	
	운반비	1,927,000	368,000	
	시공경비			
	인건비(제)	9,425,380	5,362,690	오*○ + 박**
	외주시공비	33,600,000	11,556,050	
	복리후생비	1,177,380	1,125,615	
	운반비	1,274,000	884,400	
	원재료비	749,900	2,458,050	철물 + 골재
	장비사용료	200,000	693,000	(포크레인, 지게차사용)
	차량유지비	1,754,900	1,610,700	
	지급용역비	260,000	150,000	용역1일사용
	지급수수료	20,000		
	판매관리비			
	보통예금		4,000,000	기업 → 농협 자금분배
	인건비	4,533,020	10,343,670	
	단기대여금	1,309,970		
	차량유지비	200,000	201,000	
	소모품비	26,460	59,400	소모품구매(A4, 화장실용품) - 11번가
	복리후생비	500,000	490,000	
	수선비	2,535,000	1,501,100	차량수리2건 + 에어컨수리
	이자비용	34,191,062	53,090	
	지급수수료	5,484,966	6,432,130	설치검사 + 활동검사 + 등기 + 지급수수료
	지급임차료	973,800	1,071,180	(맥스크루즈렌탈, 복합기임대)
	통신비	203,790	305,724	(KT. SK원콜. LG웹하드 이용)
	세금과공과	11,013,380	3,354,300	
	할부금		1,030,167	(차량2대할부금)
■ 기말 현금		4,050,347	4,300,413	

위 표에서 보는 바와 같이 7월과 8월의 경우 판매입금액 보다는 비용지출이 700–1,000만원 정도 많습니다.

작성기준월: 2017년10월 (단위: 원)

구분		2017년 09월	2017년 10월	비고
■ 기초 현금		4,300,413	5,102,560	
■ 현금 수입		105,826,200	83,890,567	
판매입금		93,968,580	83,820,950	
기타입금		11,857,620	69,617	
■ 현금 지출		105,024,071	62,082,916	
원재료				
	원자재	13,124,065	9,288,275	
	수입비용	2,379,126		
지출 경비				
	제조경비			
	외주가공비	10,073,956	7,077,250	
	인건비(제)	5,037,650	4,127,650	
	복리후생비	900,000	608,170	
	소모품비	154,000	162,500	
	전력비	267,910	247,080	
	운반비	454,500	958,000	매트 수급
	시공경비			
	인건비(제)	6,162,690	5,098,690	
	외주시공비	16,534,290	4,825,000	
	복리후생비	1,671,390	1,597,210	
	운반비	2,998,600	3,168,000	매트탁송
	원재료비	5,517,740	324,790	
	장비사용료	2,827,000	1,771,000	
	차량유지비	2,378,900	1,850,321	
	지급용역비	2,930,000	1,180,000	현장3곳
	지급수수료	68,000	36,600	
	판매관리비			
	인건비	13,332,670	8,177,200	
	차량유지비	200,000	388,000	
	소모품비	100,320		
	복리후생비	400,000	316,500	
	수선비			
	이자비용	53,090	51,380	
	지급수수료	7,794,866	7,388,740	

	지급임차료	132,000	132,000	
	통신비	162,028	337,730	
	세금과 공과	4,078,840	2,970,830	
	보험료	5,136,440		
	접대비	154,000		
	할부금			
▪ 기말 현금		5,102,560	26,910,211	

위 표에 의하면 기타수입을 제외한 판매금액만을 기준으로 할 경우 9월에도 자금수지는 1,200만원 가량 (−)입니다. 이후 10월에는 판매금액만을 기준으로 하더라도 2,100만원 가량의 (+) 자금수지가 실현되었고, 위 금액은 7월−9월의 (−)자금수지를 모두 상쇄할 수 있는 정도의 금액임을 알 수 있습니다.

소명자료 4 8월 월간보고서

소명자료 5 10월 월간보고서

조사보고서 작성일이 9. 15.인 점에 비추어 10월의 자금수지가 반영되지 않았음은 역수상 명백합니다.

한편 11월과 12월의 자금수지[51]는 다음과 같습니다.

작성기준월: 2017년 12월 (단위: 천원)

구분		실적		
		수입	지출	자금수지 (이월잔액)
전기이월 잔액				17,132
1/4 분기	1월	147,476	159,359	5,249
	2월	171,775	172,659	4,365
	3월	196,830	195,402	5,793
	소계	516,081	527,420	5,793
2/4 분기	4월	202,963	208,256	500
	5월	158,384	146,071	12,813
	6월	129,101	131,824	10,090
	소계	490,448	486,151	10,090

51) 월간보고서의 형태로 제출한 것이 아니므로 자금수지로 표현하였습니다.

반기합계		1,006,529	1,013,571	
3/4 분기	7월	137,643	143,683	4,050
	8월	100,429	100,179	4,300
	9월	105,826	105,024	5,102
	소계	343,898	348,886	5,102
4/4 분기	10월	83,890	62,082	26,910
	11월	72,930	91,742	8,098
	12월	166,943	59,240	15,588
	소계	323,763	213,064	0
해당월까지 소계		1,674,190	1,575,521	26,910
합계		1,674,190	1,575,521	20,985

소명자료 6 11월 자금수지

소명자료 7 12월 자금수지

위 도표에서 보는 바와 같이 12월 자금수지는 1억원 이상의 (+)현금흐름이 발생하였고, 금년의 종국적인 현금흐름은 (+)98,669천원입니다.

Ⅳ. 개시 전 조사 희망

채무자가 본 신청에 이른 것은 물론 조사위원의 조사결과에 대한 억울함이 근본원인이나, 막연히 개시 내지 인가를 하여 달라는 식의 주장을 하는 것은 아닙니다.

기업가치 미달 또는 동의 요건 흠결로 폐지된 후 본 건과 같이 재신청에 이른 경우 개시 전이라도 조사위원에 의한 조사를 명할 수 있는바, 채무자로서는 자신이 진정 사업을 할수록 손해가 누적되어 기업가치가 (−)인 것인지 심히 의문을 가지고 있으며, 기업가치에 대한 객관적인 평가를 희망하는 바입니다.

물론 이미 평가가 있었다는 반론이 가능할 것이나, 기존의 평가는 (−)자금수지만을 반영하였을 뿐 채무자의 현금 싸이클에 따라 현금흐름이 (+)가 된 시점 이후의 수치는 반영되지 않았습니다. 이 점에 관하여 채무자로서는 전술한 바와 같이 나름대로 합리적인 의문을 제기하였고, 적어도 개시 전 조사를 통한 확인이 필요하다는 점에 관한 최소한의 소명은 하였다고 판단됩니다.

V. 채무자 회사의 업무내용 및 개요

1. 소액영업소득자 요건

채무자는 등기사항전부증명서에 나타난 바와 같이 놀이시설 장치 및 조경 시설물, 도소매업(제조), 놀이터용장비 제조, 조립, 설치 및 수리, 위 각호에 관련된 부대사업일체 등을 목적으로 하는 주식회사로서 영업소득자에 해당합니다.

소명자료 8 등기사항전부증명서

소명자료 9 사업자등록증

소명자료 10 건설업등록증

소명자료 11 공장등록증

수원 2017간회합100**호 사건의 채권조사를 통하여 확인된 채무규모는 15억원을 약간 상회하는 수준으로서 소액영업소득자에 해당합니다.

소명자료 12 채권시부인표

2. 일반 사항

- 상호: 주식회사 ○○
- 본점 및 지점

  본점: 경기 **시 **면 *로 191－11

  지점: 진주지점(경남 진주시 **로 **번길 12)

  여수지점(전남 여수시 **로 ○○)[52]
- 사업목적

  1. 놀이시설 장치 및 조경 시설물

  1. 도, 소매업(제조)

  1. 놀이터용장비 제조, 조립, 설치 및 수리

  1. 위 각 호에 관련된 부대사업 일체

소명자료 8 등기사항전부증명서

52) 등기사항전부증명서에 지점으로 기재되어 있으나, 2013년 폐점하였고, 이에 대한 변경등기를 실행하지 못하였습니다.

3. 채무자 회사의 연혁

채무자 회사는 2000. 대표이사인 김○○의 개인사업으로 창업하여 2007년 법인전환 하였는바, 주요 연혁은 다음과 같습니다.

연도	내용
2000.	개인사업자 개업
2003.	한국경영혁신 우수기업 인증
2007.	ISO 9001. 14001 :2008 획득 법인전환 전문건설업 면허(조경시설물 설치공사업)취득 자사 개발품목(5품목)특허출원 안성소재지 공장 및 물류창고 확장 이전
2008.	품질보증지정업체 선정
2009.	벤처기업선정(한국기술보증) 조합놀이대 및 운동기구 조달등록 완료
2010.	놀이터 안전 인증서 50여 종 획득(한국건설생활환경 시험연구원) 제품4종 디자인등록 특허 출원
2011.	공장확장(바닥매트 직접 생산 공급) 8월 신제품 30여 종 출시(마케팅 활성화) 전국 각지역 대리점 확보 제품3종 특허출원
2015.	기업부설연구소 승인(한국산업기술진흥협회 미래창조과학부)
2017.	ISO9001, 14011: 2015 갱신

소명자료 13　회사연혁표
소명자료 14　벤처기업확인서
소명자료 15　기업부설연구소 인정서
소명자료 16　한국 경영혁신 우수기업 인증서
소명자료 17　품질인증지정서

4. 자본 및 주식 보유 현황

가. 주식과 자본금

① 회사가 발행할 주식의 총수: 200,000주
② 주식 1주의 액면금액: 5,000원
③ 발행한 주식의 총수: 보통주식 102,000주

④ 신청일 현재의 발행 자본금: 510,000,000원

소명자료 8 등기사항전부증명서

나. 주주의 구성

본 신청서 제출일 현재 주주 구성은 다음과 같습니다.

주주명	주식의 종류	주수	지분비율	비고
생략	보통주	67,856주	66.53%	대표이사
		28,640주	28.08%	사내이사
		5,504주	5.39%	형제 관계
합계		102,000	100%	

소명자료 18 주주명부

다. 자본금의 변동

설립일인 2007. 1. 11. 이래 자본 변동은 다음과 같습니다.

(단위: 원, 주)

날짜	발행형태	발행한 주식의 내용			
		종류	수량	주당액면가액	자본금
2007. 1. 11	설립자본	보통주	42,000	5,000	210,000,000
2013. 3. 22	유상증자	보통주	82,000	5,000	410,000,000
2014. 3. 7	유상증자	보통주	102,000	5,000	510,000,000

소명자료 19 출자 및 증자내역

5. 채무자 회사의 조직과 임직원 현황

가. 회사의 조직기구

대표이사를 정점으로 영업부, 시공생산부, 관리부, 총무부로 나누어 임원 외 6인이 근무하고 있습니다. 신청 당시 임원 외 8인이 근무하였으나, 최근 인력을 감축하였습니다.

소명자료 20 조직도

소명자료 21 사원명부

나. 회사의 임원

채무자회사의 대표이사이자 사내이사는 김○○이며, 사내이사로서는 김○○의 동생 김00이 있습니다.

소명자료 22 대표이사 이력서

다. 노조 현황 및 본 신청으로 인한 직원들의 변동

노조는 결성되어 있지 않으며, 수원에서의 폐지결정이나 본 신청에도 불구하고 근로관계는 별다른 변동이 없습니다.

6. 채무자 회사의 사업장 현황

경기 안성시 ○○면 ○○로 ○○-11에 소재하고 있으며, 보증금 3,000만원, 차임 월 300만원으로 임차 중입니다.

소명자료 23 임대차계약서

7. 매입 및 매출업체

채무자 회사는 주로 전국을 무대로 하여 어린이집, 유치원, 학교, 아파트, 보육원 등 다양한 기관과 거래하고 있기 때문에 특별히 고정된 매출업체는 없는 상태입니다. 매입업체로서는 ㈜○○, ㈜원**, 00공업사 등 9 곳입니다.

8. 진행 중인 소송 등

현재 진행 중인 소송 및 강제집행은 없습니다.

9. 관계회사

채무자 회사는 지분을 상호출자하거나 또는 상호지급보증관계에 있는 관계회사는 없습니다.

10. 지급보증 및 담보

- 지급보증한 내역

(단위: 원)

피보증자	보증내용	보증금액	비고
○○유아교육진흥원	공사이행보증	380,000	

- 지급보증 받은 내역

(단위: 원)

제공자	제공받은 자	보증금액	비고
전문건설공제조합 등	거래처	190,900,605	이행보증 등

- 담보제공 내역

(단위: 원)

구분	담보권자	채권최고액	관련 채무액
출자금 및 차량운반구	전문건설공제조합 현대캐피탈(주)	190,900,605	이행보증 등

소명자료 12 채권시부인표 중 회생담보권 시부인 명세서 참조

VI. 자산·부채 및 손익현황

1. 자산·부채 현황

가. 자산 현황

9. 15.자 조사보고서의 실사가치를 기준으로 한 자산 총액은 29,887만원입니다.

(단위: 만원)

과목	세부 계정	금액
유동자산	현금및현금성자산	3,037
	미수금	1,985
	기타당좌자산	1,890
	재고자산	13,435
	소 계	20,347
비유동자산	투자자산	5,749
	유형자산	3,714
	무형자산	47
	기타비유동자산	30
	소계	9,540
자산 총계		29,887

전술한 임대차 보증금 3,000만원 외 주요 자산의 내역은 다음과 같습니다.

- 등기·등록의 대상이 되는 자산: 차량운반구

(단위: 만원)

구분	차명	등록 번호	연식	장부가액 (2016. 말)	공정가치	청산 가치[53]	비고
1	포터II윙바디	생략	2015	1,669	1,860		시부인표의 시세 원용
2	봉고 III		2015		1,200		
3	포터 II		2011		590		http://www. bobaedream. co.kr/
4	CC2.0 TDI		2011		1,790		
5	프라이드		2008		290		
합계					5,730		

소명자료 24-28 각 차량등록원부

소명자료 29 중고차 시세조회

- 특허 등

실용신안권과 2개의 디자인등록권을 보유하고 있는바, 채무자 회사의 규모와 영업형태 등에 비추어 별도 공시의 필요성이 크지 않아 재무상태표에는 반영하지 않았으며, 공정가치는 그리 높지 않을 것으로 사료됩니다.

소명자료 30 실용신안 및 디자인 등록증

나. 부채현황

(단위: 원)

구분		건수	신고액· 목록기재액	시인액	부인액	의결권 인정액	비고
회생담보권		2	35,949,471	34,926,000	1,023,471	34,926,000	
회생 채권	금융기관 대여채권	1	425,327,724	425,327,724	-	425,327,724	
	미발생 구상채권	2	368,825,354	368,825,354	-	-	현실화 가능성이 없어 시인하되 의결권은 부인
	대여채권	3	15,001,704	14,062,524	939,180	14,062,524	
	구상채권	3	605,493,230	605,493,230	-	603,918,856	
	상거래채권	9	84,889,925	83,226,785	1,663,140	83,226,785	
	소계	18	1,499,537,937	1,496,935,617	2,602,320	1,126,535,889	

53) 위 자료는 중고차 업자의 소매가 내지 공정가치인바, 실제 중고차업자에게 매각할 경우

합계	20	1,535,487,408	1,531,861,617	3,625,791	1,161,461,889	
조세 · 벌금등	2	11,098,300	-	-	-	시 · 부인 대상아님.
주주 · 지분권자	3	510,000,000	-	-	-	시 · 부인 대상아님.

2. 손익 현황

최근 4개년의 손익은 다음과 같습니다.

(단위: 백만원)

구분	2014년	2015년	2016년	2017년
매출액	5,152	2,574	1,434	627
매출원가	4,675	1,942	1,086	565
(매출원가율)	90.74%	75.45%	75.73%	90.11%
매출총이익	477	632	349	62
판관비	281	411	287	144
(판관비율)	5.45%	15.97%	20.01%	22.97%
영업이익	196	221	62	(82)

2013년 경부터 놀이시설에 대한 중앙정부의 지원과 웰빙트렌드에 의한 지자체 등의 관급물량이 폭주하여 2014년에는 51억원의 매출을 올리기도 하였습니다. 2015년부터 세월호 사태 등으로 인하여 놀이시설에 대한 중앙정부의 자치단체에 대한 지원금이 끊기면서 지방자치단체의 발주물량이 급감하는 등 2015년과 2016년 연속으로 매출이 감소하였습니다.

소명자료 31-33 2014년 - 2016년 재무제표

*** 금년도 손익은 조사보고서의 기재를 원용한 것이며, 금년 상반기(1-6월) 실적분입니다.**

Ⅶ. 채무자 회사의 파탄원인 및 회생절차개시에 관한 소명

1. 파탄의 원인

가. 중국진출의 실패로 인한 손실-약 5억원

채무자 회사는 2010. 중국시장을 겨냥하여 한국인이 운영하고 있는 00유한공사에 금 2억원의 지분투자를 하여 거대시장인 중국진출을 계획한 바 있습니다. 2010년~2012년

각종 사고이력, 수리비 등으로 인한 금액 차감이 발생하는 것이 일반적이며 20%의 청산 손실을 가정하였습니다.

까지 약 2년간 순조롭게 매출이 발생하여 중국시장에서의 연매출 2억원 상당을 달성하였습니다. 2013년 중반부터는 중국 측 바이어들이 물건을 받고 대금을 제때 지급하지 않는 사태가 발생하여 약 1년간의 손실만도 약 3억원 정도에 이르렀고, 2014년 중국시장에서 철수하였습니다. 당시 누적손실 약 5억원 상당이 채무자 회사의 재무구조를 결정적으로 악화시켰습니다.

나. 거래처의 부도로 인한 피해-약 2억원

위 중국시장에서의 손해 이외에 2014년 거래처의 부도로 2억원 상당의 손실이 발생하였습니다. 그 내여은 다음과 같습니다.

- 광주 소재 ㈜○○건축산업: 조합놀이대 3 SET 금 5천만원
- 인천 소재 (주)○○: 조합놀이대 및 바닥공사비 2SET 금 5천만원 상당
- 서울 00원동 소재 ○○건축: 신축놀이대 4SET 금 1억원 상당

다. 수요감소

세월호사태 등으로 인하여 놀이시설 등에 대한 시각이 좋지 않아지면서 정부예산 부족, 4대강사업, 메르스 사태 등 2014년부터 2017년까지 사회 전반적 상황변화로 종전에 중앙정부에서 지방자치단체가 발주하는 놀이터신설작업이나 보수작업의 경우 지원되던 총공사비 50%상당의 국비지원이 2014년 중반부터 거의 이루어지지 못하면서 매출이 크게 감소하였습니다.

2. 회생절차개시 요건에 관한 소명

채무자 회사는 부채규모 153,186만원, 자산규모 29,887만원으로서 채무초과 상태이며, 수원지방법원의 폐지결정이 확정될 경우 대부분의 채무들이 이행기에 도래할 것으로 예상됩니다. 그렇다면 채무자 회사는 "파산의 원인"이 있거나, "사업의 계속에 현저한 지장을 초래하지 아니하고는 변제기에 있는 채무를 변제 할 수 없는 경우"에 해당한다고 할 것입니다.

Ⅷ. 채무자 회사의 경제적 가치

1. 청산가치

채무자 회사의 청산가치는 조사보고서에 의하면 22,613만원인바, 이 금액을 원용하도록 하겠습니다.

2. 계속기업가치

가. 계속기업가치 산정의 전제

– 아직 채무자 회사에 대한 결산이 이루어지지 않은 관계로 금년도 자금수지표의 입금액을 매출로 설정하고, 조사보고서와 동일한 3.011%의 성장률을 가정하였습니다.

– 매출원가 및 판관비 추정과 관련하여 조사보고서가 채택한 비율은 각 90.11%, 22.96%로 영업이익 도출이 불가능한 추정치입니다. 금년 12월에 작성한 총괄적인 자금수지표[54]의 지출항목은 법인세 및 이자비용이 지출되기 전의 금액으로서 영업이익에 근사한 수치이고, 결국 지출항목들은 매출원가와 판관비로 대별된다고 보아도 큰 하자는 없을 것으로 사료됩니다. 따라서 매출원가 및 판관비율을 합하여 94.11%(=금년 지출액/금년 입금액)를 적용하였습니다.

– 감가상각비는 회생계획기간 중 재투자가 필수적으로 수반되어야 하는 점을 감안하여 감가상각비 상당액이 재투자되는 것으로 가정하였습니다. 그 결과 현금흐름 산정 시 가산할 감가상각비는 없습니다.

– 법인세비용은 현행 한계세율인 20%를 적용하였고, 각종의 공제감면 사항은 정책에 따라 수시로 변동되는 관계로 반영하지 않았습니다.[55]

– 영업외손익의 주된 항목 중 이자비용은 할인율 산정 시 이미 반영된 점, 그 외 영업외손익 항목은 발생여부 및 금액에 있어 일정한 패턴이 없고 손익 전체에서 차지하는 비중이 높지 않은 점을 감안하여 손익 추정에는 반영하지 않았습니다.

– 운전자본투자액은 회생계획 기간 중 현금 위주의 거래관행을 확립할 필요가 있는 점, 일관된 흐름을 예측하기 어려운 점 등을 감안하여 추정에서 제외하였습니다.

– 자본할인율은 최근 3년 만기 국고채수익률 2.10%에 위험프리미엄 6.5%를 가산하여 8.60%를 적용하였으며, 2028년 이후 고정성장률은 0%로 가정하였습니다.

나. 계속기업 가치산정 결과

위 계속기업 가치산정 기준 하에 작성한 소명자료 34 추정손익계산서를 토대로 계속기업가치를 산정한 결과는 391,961만원으로서 계속기업가치가 청산가치를 초과함이 명백합니다. 위와 같은 산정치는 각 가정 및 그 동안 회사의 실적과 운영경험 기타 제반사정을 바탕으로 하되, 보수적인 관점에서 작성된 것이므로 그 실현 가능성은 매우 높다고

54) 금년 말에 입금 및 지출이 예정된 금액을 일부 반영하였습니다. 설사 입금이 지연된다고 하더라도 발생주의 원칙상 채무자 회사의 매출을 구성함은 분명합니다.

55) 현행 법인세율은 과표 2억원 이하 10%, 2억원 초과 200억원 미만 20%입니다.

할 것이며, 각 채권자 조 및 개별채권자 기준으로 청산가치를 보장하고 있습니다.

소명자료 34 추정손익계산서

소명자료 35 계속기업가치산정표

VI. 결 어

이상에서 살펴본 바와 같이 채무자 회사는 회생절차개시의 원인인 사실이 존재하고, 또한 갱생의 경제적 가치가 있다고 할 것이므로, 채무자회사에 대한 회생절차가 개시되어야 할 것으로 사료됩니다.

한편 현 대표이사 00은 창업 당시부터 현재까지 회사의 경영에 중추적인 역할을 하여 왔고, 현재의 어려움이 동인의 과실이라기보다는 불운에 기인한 바가 큰 점을 감안하여 동인을 관리인으로 (불)선임하여 주시기 바랍니다.

소명자료 36 이사회의사록

Ⅲ. 개시 전 조사

준칙 231호 2조는 개시 전 조사가 필요한 경우로 ① 채무자 아닌 자가 회생절차개시신청을 한 사건으로 재무상태표상 자산이 부채를 초과하고 있고, 채무자가 회생절차개시의 원인이 없다고 개시 요건을 다투는 경우, ② 재신청 사건 중 종전의 회생개시 기각 사유나 회생절차 폐지사유(부결된 사유 제외)가 해소되었다는 점에 관한 소명이 부족한 경우, ③ 그 밖에 채무자에 대한 개시 전 조사가 불가피한 합리적인 사정이 있는 경우를 규정하고 있다. 조사기간은 충실한 조사에 필요한 시간, 신속한 개시여부 결정에 관한 이해관계인의 이익 등을 종합적으로 고려하여 합리적인 범위 내에서 정한다(준칙 231호 3조).

개시 전 조사사항은 ① 법 90조 내지 92조에서 정한 사항, ② 채무자의 사업을 계속할 때의 가치가 채무자의 사업을 청산할 때의 가치보다 큰지 여부 및 회생절차를 진행함이 채권자 일반의 이익을 해하는지 여부, ③ 채무자의 부채액에 산입되지 아니한 채무자의 제3자에 대한 보증채무의 금액, 내용 및 보증책임의 발생가능성, ④ 채무자의 이사나 이에 준하는 사람 또는 지배인의 중대한 책임이 있는 행위로 인하여 회생절차개시의 원인이 발생하였는지 여부 및 위와 같은 이사 등의 중대한 책임이 있는 행위에 지배주주 및 그 친족 기타 시행령이 정하는 범위의 특수관계에 있는 주주가 상당한 영향력을 행사하였는지 여부, ⑤ 법 100조 내지 104조의 규정에 의하여 부인할 수 있는 행위의 존부, ⑥ 기타 법원이 필요에 의하여 조사를 명한 내용이다(준칙 231호 4조).

사 견) ① 채무자가 회생절차개시를 신청한 때에는 법원은 회생절차개시의 신청일부터 1월 이내에 회생절차개시 여부를 결정하여야 한다(법 49조 1항)고 규정하고 있다. 위 규정은 연혁적으로 가급적 조기에 개시결정을 하기 위한 것이고, 문언상으로도 법원에 의무를 부여한 것이 명백하다. 다만 이를 준수하지 않았을 경우의 효과에 관하여 아무런 규정이 없는 점, 채무자 신청사건에서 개시 전 조사가 필요한 경우가 있을 수 있고, 개시 전 조사를 진행할 경우 위 기간을 도과하는 경우가 많을 것인 점을 감안하면 예외를 허용하지 않는 규정이라고 보기는 어렵다. 그러나 위 규정의 입법연혁를 고려하면 가급적 위 기간 내에 개시 여부에 관한 결정을 하는 것이 바람직하고,[56] 개시 전 조사는 재도의 신청과 같은 예외적인 사정이 있는 경우에만 실시함이 타당하다.

② 준칙 231호는 개시 전 조사를 명할 수 있는 사항을 광범위하게 규정하고 있으나, 여기서 규정하는 사항들 대부분은 개시 이후 조사위원의 조사범위에 이미 규정되어 있는 것들이다. 개시 이후 충분히 조사가 가능한 사항들을 조사하기 위하여 개시결정을 지연하는 것은 채무자로 하여금 이중적인 예납금 출연을 강요하는 점, 개시 후 이자 면제의 이익을 일정 부분 박탈하게 되는 점 등을 고려하면 조사사유 및 범위는 최소한으로 그쳐야 한다.

③ 기각사유의 부존재라는 개시요건은 기각사유의 존재가 명백하지 않을 것이라는 의미로 새겨야 한다. 따라서 채무자 제출의 신청서, 보정서, 대표자

---

56) 1999. 12. 회사정리법의 개정으로 ① 신청일로부터 1개월 내에 개시 여부의 결정을 하도록 하고(위 법 45조의2), ② 조사위원에 의한 조사절차를 개시결정 이후에 하도록 하였으며(위 법 181조의2), ③ 청산가치가 계속기업가치보다 큰 것이 '명백한 경우'에 한하여 개시신청을 기각하도록(위 법 38조 5호) 규정하게 되었다. 이는 신청 단계에서 조사위원에 의한 조사절차를 거치지 아니하고 신청의 형식적 요건만을 검토한 후 신청기각사유가 없는 한 원칙적으로 신속히 개시결정을 하도록 하는 데 그 주안점이 있었다(실무연구회 (상), 121면). 이에 더하여 현행법은 위 법 38조 5호에 해당하는 '경제적 갱생가치 기준'을 폐기하였다.

심문 등을 거쳐 기각사유가 명백히 확인된 경우가 아니라면 개시결정을 하여야 한다. 조사위원의 전문적 판단을 거친 후에서야 기각사유의 존재가 확인된 경우라면 기각사유가 명백한 경우라고 할 수 없다.

개시 전 조사보고서의 기재 사례를 소개하면 다음과 같다. 주된 쟁점은 제3자 관리인 선임여부에 관한 것이었다.

채무자의 지배주주 및 임원들의 책임

법인의 이사 등의 재산에 대한 보전처분(법령 또는 정관에 위배되는 행위의 해당여부) 사유 및 손해배상청구권 등의 사유(법 114조 1항, 115조 1항)는 발견되지 아니하였습니다.

회생절차개시에 이르게 된 사정에서 설명하고 있는 바와 같이 채무자 회사가 회생절차의 개시에 이르게 된 주요 원인이 회생절차개시신청 전 대표이사인 이○○이 이사의 직무를 수행함에 있어 신의성실의 원칙에 따라 회사의 이익에 부합하는 의사결정을 내리기 위해 거래상대방 및 거래내용 등에 대한 충분하고 적합한 정보수집 과정을 거쳐 경영 의사결정을 내렸다고 판단되지 아니하며, 해당 의사결정 당시의 이사가 아닌 통상의 다른 이사가 동일한 상황에 처했더라면 선택할 수 있었을 것으로 판단되는 의사결정과 당시 대표이사인 이○○의 의사결정이 상이하였을 것으로 판단되고, 선량한 관리자의 의무를 다하지 못하여 회사의 상당한 자금이 최○○ 등에게 유출되어 회생절차에 이르게 된 바 당시 대표이사인 이○○에게 회사의 손실에 대한 상당한 책임이 있는 것으로 사료됩니다.

즉, 관리인은 2016년 말 공장에 발생한 화재로 인하여 원재료 재고의 손실과 ㈜○○글로벌 등의 외상매출금의 대손발생 및 2015년 10월에 계약금만을 지급하고 계약한 공장건물 분양계약으로 2017년 초 잔금지급 후 입주할 예정에 있는 등 복합적인 원인으로 회사가 상당한 자금부족을 겪고 있었던 바, 외주거래처로부터 소개 받은 최○○이 신규 사업의 제시, 약속어음을 이용한 자금조달 및 금융기관차입금의 알선 등에 현혹되어 채무자 회사의 직원으로 등재하지 아니하였음에도 불구하고 본부장이라는 직함을 부여하고 명함을 제작하여 주는 등 타인으로부터 최○○이 채무자 회사의 임·직원으로 오인 받을 수 있는 행위를 하였습니다. 또한 상기 약속어음을 이용한 자금조달 과정에서 가공의 세금계산서를 발행하는 한편, 가공의 매입액에 기초하여 발행된 ㈜○○ 등으로부터의 전자어음을 할인하여 비정상적으로 자금을 조달한 후 최○○과 그 배우자와 혹은 지인 등에게 조달된 자금의 상당액을 이체하는 등 채무자 회사의 이익에 부합되지 않는 불합리한 의사결정을 하였던 것으로 사료되며, 채무자 회사가 최○○ 등에게 이체한 자금 545,601천원은 채무자의 설립일 이후 발생한 누적 순자산 감소액 1,222,978천원의 약 45%에 해당하는 등 관리인이 선량한 관리자의 주의의무를 다하지 못한바, 채무자 회사가 회생절차에 이르게 된 원인에 중대한 책임이 있는 것으로 사료됩니다.

한편, 채무자 회사는 2017년 2월에 자본금을 5백만원에서 50백만원으로 추가 증자한 것으로 등기하였으나, 증자 당시의 주주인 이○○이 채무자 회사의 증자대금으로 납입한 거래내역은 확인되지 아니하였습니다. 따라서 증자 당시의 주주인 이○○ 혹은 대표이사인 이○○에게 출자이행청구가 요구될 것으로 판단됩니다.

지배주주 등의 주식의 3분의 2 이상 무상소각 사유의 해당여부(법 205조 4항)

회생절차개시에 이르게 된 사정에서 나타난 바와 같이 채무자 회사가 회생절차의 개시에 이르게 된 주요 원인이 주주이자 관리인인 이○○이 이사의 직무를 수행함에 있어 신의성실의 원칙에 따라 회사의 이익에 부합하는 의사결정을 내리기 위해 거래상대방 및 거래내용 등에 대한 충분하고 적합한 정보수집 과정을 거쳐 경영 의사결정을 내렸다고 판단되지 아니하며, 해당 의사결정 당시의 이사가 아닌 통상의 다른 이사가 동일한 상황에 처했더라면 선택할 수 있었을 것으로 판단되는 의사 결정과 상기 주주이자 관리인인 이○○의 의사결정이 상이 하였을 것으로 판단되고, 선량한 관리자의 의무를 다하지 못하여 회사의 상당한 자금이 최○○ 등에게 유출되어 회생절차에 이르게 된 바 당시 주주이자 대표이사인 이○○에게 회사의 손실에 대한 상당한 책임이 있는 것으로 사료됩니다.

따라서 채무자 회사가 회생절차에 이르게 된 사유가 이사 등의 중대한 책임이 있는 행위에 해당하는 것으로 판단되는바, 최대 출자자 지분의 3분의 2 이상의 무상소각 사유에 해당되는 것으로 판단됩니다.

위 보고서에 대한 대리인의 반박 의견 기재례는 다음과 같다.

1. 제3자 관리인 선임의 필요성에 관하여

가. 채무자의 특성

회생을 신청하는 대부분의 회사는 일정 정도의 부실경영은 필연적으로 수반한다고 하겠습니다. 여기에 간이회생사건으로서 1인 주주이자 대표자의 개인적 역량에 의존해 온 채무자의 경우 그 가능성 및 정도는 더욱 높다고 하겠습니다. 제3자 관리인 선임을 검토함에 있어 채무자의 유형별 특성을 고려하여야 할 것이고, 사실상 대표자 단일의 조직으로서 내부통제 장치가 미흡한 회사라면 좀 더 완화된 기준을 적용하여야 할 것으로 사료됩니다.

나. 파탄에 이른 원인에 관하여: 최○○과의 거래가 문제되기 이전의 상황

채무자의 파탄은 2016. 10.경 화재로 인한 공장 전소, 그 무렵 4,000만원 상당 실화 관련 손해 담보금 출연, 2016년－2017년 중반까지 2억3,000만원 상당의 대손 등 연속된 악재의 결과라고 할 수 있습니다.

회사의 재건을 위해 채무자의 조직과 인원을 그대로 유지하면서, 복구비용 이외의 지속적인 급여 등 운영자금 지출이 수반되었고, 2017. 2. 신규로 입주하는 과정에서 시설장치를 개체하는데 3억원 가량의 출연이 수반되었습니다. 2016년 10월의 화재로 거래처의 대부분이 거래를 지속하기 어렵다는 의사를 표명하였고, 화재로 인한 기존 계약 위반 문제, 이탈한 거래처를 다시 복귀시키는 과정에서의 끊임없는 영업활동 등으로 인해 2017. 2.경까지 수입은 없이 자금의 지출만 계속되는 상황이 이어졌습니다.

다. 조사보고서의 결론 및 대리인 의견

(1) 2017년 2월부터 6월까지의 기간 동안 최○○을 통하여 자금을 조달하여 운영자금을 충당하였고, 동인의 사기행각으로 인해 5억원이 넘는 손실이 발생하였습니다. 이를 들어 조사위원은 합리적인 경영자라면 충분하고 적합한 정보수집 과정을 거쳐 경영의사결정을 내렸을 것이나, 채무자 대표자는 선관의무를 다하지 못하였다고 주장하면서, 중대한 책임 있는 부실경영 및 징벌적 소각사유에 해당함을 적시하고 있습니다.

(2) 대표자가 최○○에게 끌려다니면서 결과적으로 회사에 5억4,000만원 상당의 손해를 끼친 바이나, 자금 줄이 막힌 상황에서 전술한 바와 같이 지속적으로 비용이 지출되는 상황이라면 아무리 합리적인 경영자라도 '을'의 입장으로 전락할 수밖에 없었을 것이고, 애초에 속일 마음으로 접근한 최○○으로부터 정상적인 거래를 유도할 수는 없었을 것입니다.

(3) 한편, 채무자 회사는 1인주주이자 대표자에 의해 운영되는 회사인바, 만일 합리적인 내부통제절차가 구축되어 있었다면 최○○과의 거래로 인한 손해를 미연에 방지하고, 정상적인 자금원을 발굴하거나, 최○○과의 관계를 일정 선에서 정리하는 결단도 가능하였을 것이라는 가정적 판단도 가능합니다. 이에 본 절차를 진행함에 있어서는 적절한 내부통제 장치를 수립할 필요가 있다는 점은 대리인도 공감하고, 대표자에게 그

취지를 설명한 바 있습니다.

(4) 내부통제 장치의 유형으로서 제3자 관리인 제도는 주로 대표자의 중대범죄행위가 결부되거나, 기존경영자 관리인 제도 하에서는 채무자의 경영기능이 마비될 상황인 경우 등에 있어 제한적으로 채용하여 온 것으로 사료됩니다. 채무자의 경우 이러한 정도에는 이르지 않는 것으로 사료되는바, 구조조정담당임원을 통한 내부통제로서 소기의 목적을 달성할 수 있을 것으로 사료됩니다.

2. 출자미이행의 점

4,500만원의 출자미이행과 관련하여 조속히 위 금액을 회사에 입금할 것을 요청하였고, 채무자 대표이사도 이러한 취지에 공감하였습니다.

3. 징벌적 감자의 점

개시전 조사보고서에 제시된 자금수지에 의하면 채무자의 변제율은 유형자산 매각을 통한 회생담보권 변제를 제외한 회생채권자 등에 대한 실변제액은 현가기준으로 대략 20% 선으로 예측되는바, 결과에 있어 위 징벌적 감자 규정에 상응하는 기존 주식의 감축이 수반되어야 할 것으로 예상되는 사안이기는 합니다. 이에 관한 상세는 회생계획 작성 단계에서 논의하도록 하겠습니다.

제7절 기각결정의 효과 및 불복

법원은 개시신청을 기각하기 전에는 관리위원회의 의견을 들어야 한다. 보전처분을 하지 않았다면 보전처분신청도 기각하여야 한다. 보전처분이 내려진 경우라면 기각결정에 의하여 그 효력이 소멸하고, 채무자는 관리·처분권을 회복한다. 개시신청 기각결정이 확정된 경우에 채무자에게 파산의 원인인 사실이 있다고 인정되는 때에는 직권으로 파산을 선고할 수 있다(법 6조 2항 1호). 법문상 파산선고는 임의적이다.

회생절차개시신청에 관한 재판에 대하여는 즉시항고를 할 수 있으나(법 53조 1항), 신청기각결정에 대하여 신청인만이 즉시항고권자이다. 다른 이해관계인은 스스로 회생절차개시신청을 하면 족하다.

즉시항고기간은 개시결정의 경우 재판의 공고가 있은 날부터 2주간이나(법 13조 2항), 기각결정은 공고되지 않으므로 신청인에게 고지된 때로부터 1주간이다(법 33조, 민사소송법 444조 1항).

신청기각결정에 대한 즉시항고가 있는 경우에도 법 43조에 의한 보전처분, 법 44조에 의한 중지명령, 법 45조에 의한 포괄적 금지명령을 발할 수 있다(법 53조 2항). 즉시항고에 대한 재판이 있을 때까지 채무자 재산의 산일을 방지하기 위한 취지이며, 위 각 조치들은 항고법원의 권한사항이다.

제 8 절 회생절차개시결정

Ⅰ. 개시결정 및 허가사항에 관한 결정(법 50조)

전형적인 개시결정의 주문은 다음과 같다.

1. 채무자에 대하여 회생절차를 개시한다.
2. 채무자에 대하여 관리인을 선임하지 아니하고, 채무자의 대표이사를 채무자의 관리인으로 본다.[57]
3. 회생채권자, 회생담보권자, 주주의 목록제출기간을 20××. 9. 17.부터 20××.1 0. 2.까지로 한다.[58]
4. 회생채권, 회생담보권, 주식의 신고기간을 20××. 10. 2.부터 20××. 10. 17.까지로 한다.[59]
5. 회생채권, 회생담보권의 조사기간은 20××. 10. 17.부터 20××. 11. 3.까지로 한다.[60]

---

57) 법원이 관리인 불선임의 결정을 하는 경우 이외에는 반드시 개시결정과 동시에 관리인을 선임해야 한다(법 50조 1항). 채무자가 개인, 중소기업, 그 밖에 대법원규칙이 정하는 자인 경우에는 관리인을 선임하지 아니할 수 있다(법 74조 3항).

58) 결정일로부터 2주 이상 2개월 이하의 기간이다.

59) 목록 제출기간의 말일로부터 1주 이상 1개월 이하의 기간이다.

60) 신고기간의 말일로부터 1주 이상 1개월 이하의 기간이다.

6. 제1회 관계인집회의 기일 및 장소를 20××. 12. 9. 15:00 서울법원 종합청사 3별관 2층 1호법정으로 한다.
* 주요사항 요지 보고로 갈음하는 경우
관리인은 채무자 회생 및 파산에 관한 법률 제92조 제1항 각호의 사항을 20××. 12. ××.까지 이 법원과 관리위원회에 보고하여야 한다.[61]

개시결정과 별도로 허가 및 위임사항에 관한 결정을 한다. 아래는 허가사항에 관한 결정을 예시한 것이나, 실제로 법원별·사건별로 차이는 없다고 해도 무방하다.[62]

1. 법률상 관리인이 다음의 각 행위를 함에는 이 법원의 허가를 얻어야 한다.

가. 부동산. 자동차, 중기, 특허권 등 등기 또는 등록의 대상이 되는 일체의 재산에 대한 소유권의 양도, 담보권·임차권의 설정 기타 일체의 처분행위.

나. 시가 1,000만원 이상의 재산에 대한 소유권의 양도, 담보권, 임차권의 설정 기타 일체의 처분행위. 다만, 계속적이고 정상적인 영업활동에 해당하는 상품, 제품, 원재료 등의 처분행위는 예외로 하나, 매월(월간보고서) 그 거래 내역을 보고해야 한다.

다. 1,000만원 이상의 재산의 양수.

라. 항목당 1,000만원 이상의 금원지출. 다만, 회생담보권 및 회생채권에 대한 변제는 1,000만원 미만의 금원지출도 포함하고, 반면 국세, 지방세, 전기료, 수도료, 가스료, 전화료, 국민연금, 장애인고용분담금, 직업훈련분담금, 개발부담금 등 제세공과금과 건강보험료, 고용보험료, 산재보험료 중 공익채권에 해당하는 지출은 제외하나, 매월(월간보고서) 그 지출상황을 보고하여야 한다.

마. 1,000만원 이상의 지출이 예상되는 증여, 매매, 교환, 소비대차, 임대차, 고용, 도급, 위임, 임치 등 계약의 체결 또는 의무부담행위.

61) 법 92조 1항은 관리인으로 하여금 ① 채무자가 회생절차의 개시에 이르게 된 사정, ② 채무자의 업무 및 재산에 관한 사항, ③ 채무자의 이사 등에 대한 보전처분(법 114조) 또는 손해배상청구권 조사확정재판(법 115조 1항)을 필요로 하는 사정의 유무에 관하여 법원과 관리위원회에 보고하도록 규정하고 있다. 법원은 필요하다고 인정하는 경우 관리인으로 하여금 92조 1항 각 호에 규정된 사항에 관하여 보고하게 하기 위한 관계인집회를 소집할 수 있고, 관리인은 위 사항의 요지를 관계인집회에 보고하여야 한다(법 98조 1항).

62) 전형적인 허가신청서의 양식은 부록을 참조하기 바람. 허가신청서의 양식은 법원이나 관리위원별로 다소 간 차이가 있으므로, 사전에 필요한 양식을 교부받아 두는 것이 좋다.

바. 명목이나 방법 여하를 막론한 차재.

사. 어음·수표계좌의 설정, 어음·수표용지의 수령 및 발행행위.

아. 채무자 회생 및 파산에 관한 법률 제119조에 의한 계약의 해제 또는 해지.[63)]

자. 소의 제기, 소송대리인의 선임, 화해 기타 일체의 소송행위. 다만, 미수채권회수를 위하여 상대방의 물건 및 채권에 대하여 하는 가압류·가처분 신청행위는 제외하되, 다만 매 3개월(분기보고서) 그 가압류·가처분 상황을 법원에 보고하여야 한다.

차. 과장급 이상의 인사 및 보수결정.

카. 권리의 포기.

타. 회생담보권, 회생채권 등에 대한 이의의 철회.

파. 공익채권과 환취권의 승인.

하. 법률상 관리인의 자기 또는 제3자를 위한 채무자와의 거래.

거. 경영상 이유에 의한 근로자의 해고.

너. 자본의 감소, 신주나 사채의 발행, 합병, 해산, 채무자의 조직변경이나 계속 또는 이익이나 이자의 배당 기타 상무에 속하지 아니하는 행위.

2. 법률상 관리인이 이 법원의 허가를 얻어야 할 수 있는 위 각 목의 행위 중 '나'목 내지 '마'목, '사'목 내지 '차'목에 대한 허가사무를 이 법원 관리위원회 소속 관리위원 갑○○, 을○○, 병○○, 정○○, 무○○, 기○○ 관리위원에게 위임한다. 위임받은 허가사무는 위 관리위원 중 기○○ 관리위원이 단독으로 이를 처리하되, 기○○관리위원이 유고시에는 갑○○, 을○○, 병○○, 정○○, 무○○ 관리위원의 순으로 처리한다. 다만, 아래의 행위에 대한 허가사무는 위임하지 아니한다.

가. '다'목 중 제3자의 영업의 양수.

나. '라'목 중 회생담보권 및 회생채권의 변제.

다. '자'목 중 소 및 상소의 제기 여부의 결정, 소송대리인의 선임, 소 및 상소의 취하, 조정, 화해, 청구의 포기·인낙, 소송탈퇴, 조정을 갈음하는 결정에 대한 이의신청 여부 및 화해권고결정에 대한 이의신청 여부의 결정.

라. '차'목 중 임원의 인사 및 보수결정.

3. 채무자 회생 및 파산에 관한 법률 제91조의 규정에 의한 재산목록과 대차대조표의 제출기간, 제92조의 규정에 의한 조사보고서의 제출기간을 각 20××. 11. 19.까지로 한다.

4. 법률상 관리인은 회생절차개시결정일로부터 매월 채무자의 업무 및 재산의 관리상태 기타 부수사항에 관한 보고서(월간보고서)를 작성하여 다음 달 20.까지 이 법원

63) 미이행쌍무계약의 이행 선택은 허가사항이 아니다. 다만 금액 기준에 따른 허가여부는 별도의 문제이다.

에 제출하여야 한다. 다만, 매 3개월째의 보고서(분기보고서)에는 대차대조표 및 손익계산서 등본을 첨부하여야 하고, 위 분기보고서는 채권자협의회에도 제출해야 한다.

5. 법률상 관리인은 회생절차개시결정일로부터 매년 채무자의 결산보고서, 채무자 현황 및 연간보고서를 작성하여 매년 회계년도 종료일로부터 3월 이내에 이 법원에 제출하여야 한다. 다만 개시결정일이 속하는 당해 연도에 제출하여야 할 채무자 현황 및 연간보고서는 개시결정일로부터 2월 이내에 제출하여야 한다. 위 채무자 현황 및 연간보고서는 채권자협의회에도 제출하여야 한다.

이 유

채무자 회생 및 파산에 관한 법률 제61조, 제18조, 제91조, 제92조, 제93조, 같은 규칙 제29조 제1항, 제30조 제1항, 제2항에 의하여 주문과 같이 결정한다.

20××. 9. 17. 16:40

재판장 판사 ○ ○ ○
판사 ○ ○ ○
판사 ○ ○ ○

채무자의 지출행위 중 법원의 허가를 필요로 하는 금액의 기준은 준칙 212호 별표 1에 규정되어 있는바, 매출액을 기준으로 100억원 이하는 500만원, 500억원 이하는 1,000만원이다. 이러한 기준은 채무자 자산과 부채의 총액, 법인 채무자의 경우 그 영업의 특성을, 개인 채무자의 경우 그 직업의 특성을 각 고려하고, 예상되는 허가신청의 빈도, 제3자 관리인 선임 여부 등 여러 가지 사정을 종합하여 달리 정할 수 있다(준칙 212호 2조 1항). 회생계획이 인가된 채무자에 대하여는 그 기준을 달리 조정할 수 있다(준칙 212호 3조 1항). 채무자가 개인인 경우 300만원을 기준으로 설정하는 경우가 많다.

채무자의 영업을 위해 반복적으로 계속되는 행위의 경우 일일이 허가를 받는 것은 채무자와 법원 모두에게 부담이다. 이러한 불편을 고려하여 포괄허가를 할 수 있다. 포괄허가가 필요한 경우는 ① 제조업체의 경우 원자재 구입, 외식업체의 경우 식자재 구입 등 그 행위가 지속적, 반복적으로 발생하는 경우, ② 거래의 특성상 현장에서 즉시 현금결제가 이루어지는 경우, ③ 근로자의 급여(임원 급여 제외)지급, 4대 보험료 지급 행위, 사무실과 공장의 월차임 지급 행위와 같이 채무자의 영업을 위해 일상적으로 발생하는 지출행위인 경우, ④ 기타 회생절차의 효율적 진행을 위해 필요하다고 판단되는 경우이다(준칙 212호 4조 1항). 포괄허가를 할 때에는 일정 기간 동안 발생할 일정한 유형의 지출행위에 관하여 포괄허가를 할 수 있다. 이 경우 법원은 포괄허가의 한도액을 정할 수 있고, 한도액은 전체 포괄허가행위에 관하여 또는 일정한 유형의 채무자 지출행위에 관하여 정할 수 있다. 관리인은 월간보고서에 포괄허가대상임을 명시하여 보고한다(준칙 212호 4조 2항, 3항). 구조조정담당임원(CRO) 또는 감사가 존재하지 않는 채무자에 대하여는 포괄허가를 할 수 없다(준칙 212호 4조 4항).[64]

Ⅱ. 회생절차개시결정의 효력

1. 관리·처분권의 이전에 따른 일반적인 법률관계

회생절차개시결정은 그 결정시부터 효력이 생긴다(법 49조 3항). 따라서 회생절차개시 결정서에는 결정의 연월일 외에 시간도 기재한다. 이때부터 채무자의 영업 및 재산에 관한 관리·처분권은 채무자로터 관리인으로 이전한다.

채무자가 회생절차개시 이후 채무자의 재산에 관하여 법률행위를 한 때에는 회생절차와의 관계에 있어서는 그 효력을 주장하지 못한다(법 64조 1항). 채무자가 회생절차개시가 있은 날에 행한 법률행위는 회생절차개시 이후에 한 것으로 추정한다(법 64조 2항). 위 규정은 행위의 상대방이 회생채무자에 대하여 그 행위의 유효를 주장하지 못한다는 의미이고, 관리인이 유효를 주장하는 것은 무방하다는 것이 일반적인 견해이다. 이때 상대방의 선악은 불문한다. 채무자의 행위가 무효로 될 경우 상대방의 반대이행에 대한 반환청구권은 부당이득으로 인하여 회생절차개시 이후 채무자에 대하여 생긴 청구권으로 공익채권이다(법 179조 6호).

64) 한도허가신청 양식은 부록을 참조할 것.

회생절차개시 후 회생채권 및 회생담보권에 관하여 채무자의 재산에 대한 권리를 채무자의 행위에 의하지 아니하고 취득하여도 그 취득은 회생절차와의 관계에 있어서는 그 효력을 주장하지 못한다(법 65조 1항). 위 취득이 회생절차개시가 있은 날에 이루어진 경우 회생절차개시 이후에 취득한 것으로 추정한다(법 65조 2항, 64조 2항).

부동산 등에 관한 회생절차개시 전에 발생한 등기원인에 의하여 회생절차개시 후에 한 등기 또는 가등기는 회생절차와의 관계에 있어서는 그 효력을 주장할 수 없다(법 66조 1항 본문). 그러나 등기권리자가 회생절차개시 사실을 알지 못하고 한 본등기는 유효하다(법 66조 1항 단서). 위 규정은 권리의 설정·이전 또는 변경에 관한 등록 또는 가등록에 관하여 준용한다(법 66조 2항). 법 66조 1항 단서의 입법연혁상 회생절차개시의 사실을 알지 못하고 한 경우에도 가등기는 회생절차와의 관계에 있어서는 그 효력을 주장하지 못한다.[65] 회생절차개시 전의 등기원인으로 회생절차개시 전에 이미 가등기를 마친 경우라면 그 가등기는 유효하고, 가등기권자는 관리인에게 대하여 본등기 청구를 할 수 있다고 보아야 하므로 유효한 가등기가 경료된 부동산에 관한 쌍무계약에 대한 관리인의 이행여부에 대한 선택권은 배제된다는 것이 판례이다.[66]

사 견) 가등기가 유효하다는 점과 미이행쌍무계약에 관한 법리는 별개의 법률요건으로서 가등기가 유효하다고 하여 당연히 미이행쌍무계약에 관한 법리의 적용을 배제할 수는 없다고 본다. 가등기가 유효하더라도 미이행상태가 개시결정 시점까지 지속되고 있는 경우라면, 관리인은 해제를 선택할 수 있다고 할 것이다.

채무자에 대하여 채무를 부담하는 자는 회생절차개시 후에는 관리인에게 변제하여야 한다. 회생절차개시 사실을 알지 못하고 채무자에게 변제한 경우라면 회생절차와의 관계에 있어서도 그 효력을 주장할 수 있다(법 67조 1항). 회생절차개시 이후 그 사실을 알고 한 채무자에 대한 변제는 채무자의 재산이 받은

65) 회사정리법 58조 1항 단서는 "등기권자가 정리절차개시의 사실을 알지 못하고 한 등기 또는 가등기는 그러하지 아니하다."고 규정하고 있었고, '가등기' 부분은 삭제되었다.

66) 대법원 1982. 10. 26. 선고 81다108 판결.

이익의 한도에서만 회생절차와의 관계에 있어서 그 효력을 주장할 수 있다(법 67조 2항).

공유자인 채무자에 대하여 회생절차가 개시된 경우에는 분할금지특약에도 불구하고 분할의 청구를 할 수 있다(법 69조 1항). 이 경우 다른 공유자는 상당한 보상을 지급하고 채무자의 지분을 취득할 수 있다(법 69조 2항).

채무자에 대하여 계속적 공급의무를 부담하는 쌍무계약의 상대방은 회생절차개시신청 전의 공급으로 발생한 회생채권 또는 회생담보권을 변제하지 아니함을 이유로 회생절차개시신청 후 그 의무의 이행을 거부할 수 없다(법 122조 1항). 전기·가스·수도 등 독점적 공공사업의 계속적 공급을 목적으로 하는 쌍무계약에서 전력회사 등이 채무자의 전기요금 미변제 등을 이유로 절차개시 후에 전력공급을 중단함으로써 채무자의 회생을 저해하는 것을 방지하기 위한 것이다. 회생절차개시신청 후 회생절차개시결정 전까지 사이에 한 공급으로 생긴 청구권은 공익채권이다(법 179조 1항 8호). 반면, 개시신청 전에 발생한 전기요금 등은 회생채권이므로, 보전처분 및 개시결정의 효력에 의해 변제가 금지된다. 이상의 법리는 단체협약에 관하여는 적용되지 아니한다(법 122조 2항).

2. 다른 절차의 중지 및 금지

회생절차개시결정이 있으면, 파산 또는 회생절차개시신청과 회생채권 또는 회생담보권에 기한 채무자 재산에 대한 강제집행, 가압류, 가처분, 담보권실행 등을 위한 경매 및 국세징수의 예에 의하여 징수할 수 있는 청구권으로서 그 징수 우선순위가 일반 회생채권보다 우선하지 아니한 것에 기한 체납처분을 할 수 없다(법 58조 1항).

회생절차개시결정이 있으면 파산절차 및 회생채권 또는 회생담보권에 기하여 채무자 재산에 대하여 이미 행한 강제집행 등과 국세징수의 예에 의하여 징수할 수 있는 청구권으로서 그 징수우선순위가 일반 회생채권보다 우선하지 아니한 것에 기한 체납처분 절차는 중지된다(법 58조 2항). 개인회생절차가 개시되었을 경우에는 동인에 대한 (일반)회생절차 또는 파산절차의 진행은 중지된다(법 600조 1항 1호).

개시결정 이후의 강제집행신청은 부적법하여 각하하고, 이를 간과하고 개시된 강제집행절차는 무효이다. 회생절차의 개시는 집행장애사유에 해당하고 집행기관의 직권조사사항이므로, 집행기관은 회생절차개시결정이 있은 사실을 알게 된 경우에는 개시결정 정본의 제출 등을 기다릴 필요 없이 직권으로 이미 진행 중인 절차를 정지하여야 한다. 집행정지사유가 있음에도 불구하고 집행기관이 집행을 정지하지 아니하고 집행처분을 한 경우에는 이해관계인은 집행에 관한 이의신청·즉시항고 또는 가압류 또는 가처분 결정에 대한 이의신청을 하여 그 취소를 구할 수 있다. 회생채권자 또는 회생담보권자는 회생절차종료 후 파산선고를 하는 경우를 제외하고 채무자에 대하여 회생채권자표 또는 회생담보권자표에 기하여 강제집행을 할 수 있다(법 292조 2항). 따라서 회생계획에 따른 변제를 이행하지 않더라도 회생절차가 종료되지 아니한 이상 강제집행을 할 수 없다.[67]

회생채권 또는 회생담보권에 기한 강제집행 외에 환취권이나 공익채권에 기한 강제집행은 가능하다. 다만, 강제집행 또는 가압류가 회생에 현저하게 지장을 초래하고 채무자에게 환가하기 쉬운 다른 재산이 있는 때 또는 채무자의 재산이 공익채권의 총액을 변제하기에 부족한 것이 명백하게 된 때에는 법원은 관리인의 신청에 의하거나 직권으로 담보를 제공하게 하거나 담보를 제공하게 하지 아니하고 공익채권에 기하여 채무자의 재산에 대하여 한 강제집행 또는 가압류의 중지나 취소를 명할 수 있다(법 180조 3항). 회생절차개시결정이 있는 때에는 ① 회생절차개시결정이 있는 날부터 회생계획인가가 있는 날까지, ② 회생절차개시결정이 있는 날부터 회생절차가 종료되는 날까지, ③ 회생절차개시결정이 있는 날부터 2년이 되는 날까지 중 말일이 먼저 도래하는 기간 동안 회생채권 또는 회생담보권에 기한 채무자의 재산에 대한 국세징수법 또는 지방세기본법에 의한 체납처분, 국세징수의 예에 의하여 징수할 수 있는 청구권으로서 그 징수우선순위가 일반 회생채권보다 우선하는 것에 기한 체납처분과 조세채무담보를 위하여 제공된 물건의 처분은 할 수 없으며, 이미 행한 처

67) 실무연구회(상), 167-168면.

분은 중지된다. 이 경우 법원은 필요하다고 인정하는 때에는 관리인의 신청에 의하거나 직권으로 1년의 범위 안에서 그 기간을 늘일 수 있다(법 58조 3항). 법문상 위 기간이 도과할 경우 체납절차를 속행할 수 있다. 다만, 징수권자의 의견을 들어 3년 이하의 기간 동안 또는 징수권자의 동의를 받아 3년을 초과하는 기간 동안 징수를 유예하거나 체납처분에 의한 재산의 환가를 유예할 수 있으므로(법 140조 2항, 3항), 회생계획에서는 위 기간 동안의 분할변제, 해당 기간 동안 징수 및 체납처분 절차 유예를 규정하는 것이 일반적이다. 유예기간 동안 가산금·중가산금은 징수하지 아니한다(국세징수법 19조).

공유물분할을 위한 경매(민법 269조 2항), 자조매각금의 공탁을 위한 경매(민법 490조), 상사매각 등에 있어서의 자조매각에 의한 경매(상법 67조, 70조, 109조) 등은 금지·중지의 대상이 되지 아니한다. 동산 질권자의 질물에 의한 간이변제충당(민법 338조 2항), 채권질의 직접청구(민법 353조), 상사채권을 위한 유질의 실행(상법 59조, 민법 339조)은 법 131조에 의해 금지된다.[68] 연대채무자·보증인·물상보증인에 대한 강제집행은 채무자의 재산에 대한 것이 아니므로 중지 및 금지의 대상이 아니다. 채무자에 대하여 채무를 부담하는 자에 대한 압류·전부명령·추심명령은 채무자의 재산에 대한 강제집행이므로, 금지·중지된다. 이사의 직무집행정지 또는 직무대행자 선임 가처분 등은 채무자의 인격적 활동에 관한 것이므로 금지·중지의 대상이 아니다.[69]

신탁재산에 관하여 이미 공매절차 등 강제집행과 유사한 절차가 적법하게 행하여지고 있을 경우에는 신탁재산은 채무자의 재산이 아니므로 회생절차개시결정이 있더라도 위 공매절차 등이 중지되지는 않는다.

회생계획인가의 결정이 있은 때에는 중지한 파산절차, 강제집행, 가압류, 가처분, 담보권실행 등을 위한 경매절차는 그 효력을 잃는다. 다만, 속행된 절차 또는 처분은 그러하지 아니한다(법 256조 1항). 효력을 잃은 파산절차에서의 재단채권(법 473조 2호, 9호 제외)은 공익채권으로 한다.

68) 실무연구회(상), 164면.
69) 실무연구회(상), 164–165면.

3. 중지된 절차의 속행 또는 취소

법원은 회생에 지장이 없다고 인정하는 때에는 관리인이나 140조 2항의 청구권에 관하여 징수의 권한을 가진 자의 신청에 의하거나 직권으로 중지한 절차 또는 처분의 속행을 명할 수 있으며, 회생을 위하여 필요하다고 인정하는 때에는 관리인의 신청에 의하거나 직권으로 담보를 제공하게 하거나 제공하게 하지 아니하고 중지한 절차 또는 처분의 취소를 명할 수 있다. 다만, 파산절차에 관하여는 속행이나 취소를 명할 수 없다(법 58조 5항).

체납처분 등을 속행하거나 압류채권을 제3채무자로부터 임의변제받은 경우에는 위 대금은 조세 등에 충당할 수 있다. 회생채권·회생담보권에 의한 강제집행이나 경매절차를 속행하는 경우에는 회생채권 등에 대한 회생절차에 의하지 아니한 변제가 금지되므로 법원의 허가가 없으면 그 채권의 변제에 충당할 수 없다(법 131조).[70] 속행된 절차 또는 처분에 관한 채무자에 대한 비용청구권은 공익채권이다(법 58조 6항).

채권가압류와 달리 부동산에 대한 가압류는 그 부동산의 처분시 취소하는 것이 실무이므로, 미리 취소명령 신청을 하지 않도록 한다. 가압류 등 취소결정이 있을 경우 결정서를 집행기관에 제출하여야 하는지 의문이 있으나, 결정서 제출 여부에 따라 취소명령의 효력이 좌우된다고 볼 수는 없다. 다만, 집행기관이 취소명령의 존재를 당연히 안다고 할 수는 없으므로, 집행기관에 유선 등 상당한 방법으로 문의하여 그 요구를 반영하여 처리하면 족하다.

법 256조 1항이 회생계획인가결정으로 실효되는 강제집행을 규정하면서 체납처분을 제외하고 있는 점, 법 58조 3항의 체납처분은 회생계획인가결정이 있게 되면 당연히 속행되는 점에 비추어 그 취소는 회생계획인가의 결정이 있기 전까지만 가능하다. 파산절차로 이행하는 경우에도 파산선고가 법 58조 3항 기재 체납처분의 속행을 방해하지 아니하며(법 349조 1항), 체납처분이 이루어진 조세는 압류선착주의 및 법정기일 선후 등의 비교에 의하여 실체법적으로 담보권과 권리의 우선순위를 다투는 담보권 유사의 법적 지위를 갖고 있으므로

70) 실무연구회(상), 169면.

체납처분의 취소에 있어서는 일반 회생채권에 기한 강제집행 등의 취소보다 신중히 판단한다는 것이 실무의 입장이다.[71]

취소명령 신청서에는 강제집행이나 체납처분, 집행의 목적물을 정확히 특정하여야 한다.

취소명령 신청서의 기재례는 다음과 같다.

신 청 취 지

채무자와 채권자 사이의 귀원 20××카단14×2호 채권가압류 신청사건에 관하여 귀원이 20××. 6. 20. 내린 채권가압류결정을 취소한다.

라는 결정을 구합니다.

신 청 이 유

1. 채무자는 금년 8. 18. 20××회합100×02호로 회생을 신청하여 9. 17. 16:00 개시결정을 받았고, 같은 일시 현 대표이사 김대표를 관리인으로 선임하는 결정을 받았습니다.

2. 채권자가 가압류 결정에 의하여 가압류한 채권은 채무자의 현 사업장 임대보증금채권, 주거래은행의 예금반환청구권, 매출채권으로서 모두 채무자의 운영자금으로서 긴요하게 사용되어야 할 성질을 갖습니다.

2. 현재 채무자 회사는 예납금 3,600만원, 8월급여 65,468,620원을 지급한 관계로 시재금이 부족한 상황입니다. 임대보증금반환채권 가압류에 대하여 건물주도 우려를 표명하고 있는 상황이며, 이러한 상태가 지속될 경우 채무자 회사의 핵심역량을 이루는 연구원 등 직원들이 동요하지 않을까 우려됩니다. 매출채권의 경우에도 마찬가지로 조속히 회수하여야만 공익채권 변제 등 회생절차에 적절히 대응할 수 있을 것으로 예상됩니다.

3. 한편 전술한 사정 이외에 채무자 회사는 독자기술을 바탕으로 금년 11월 양산을 목표로 하고 있는 신제품을 개발완료하였는바, 이를 상품화하기 위해서는 상당한 자금이 단기에 소요되어야 하는 관계로 채무자 회생 및 파산에 관한 법률 제58조 제5항에 의거 위 가압류집행의 취소를 구하고자 본 신청에 이르렀습니다.

71) 실무연구회(상), 169면.

별지

제3채무자	가압류 대상 채권
(주)KEB하나은행	현재 및 장래의 예금채권
김○○	채무자가 제3채무자로부터 서울 서초구 ○○대로 ××, 4층, 5층, 6층, 7층(○○동, ○○빌딩)을 임차함에 있어 제3채무자들에게 지급한 임대차보증금 반환채권 중 상가임대차보호법 제14조, 같은 법 시행령의 규정에 따라 우선변제를 받을 수 있는 금액에 해당하는 경우를 제외한 금액
(주) ○○엘씨디	채무자가 제3채무자로부터 경기 성남시 ○○구 ○○동 14 ○○아파트형공장 ××호를 임차함에 있어 제3채무자에게 지급한 임대차보증금 반환채권 중 상가임대차보호법 제14조, 같은 법 시행령의 규정에 따라 우선변제를 받을 수 있는 금액에 해당하는 경우를 제외한 금액
주식회사 X-프로	채무자가 제3채무자에게 공급한 비메모리 반도체칩 물품대금채권

사 견) 가압류집행을 취소하면서, '조사위원의 조사결과 청산가치가 계속기업가치를 초과할 경우 파산을 선고하여도 이의가 없다'는 취지의 각서를 징구하기도 한다. 파산을 선고할 경우 가압류 등 파산채권에 기한 강제집행은 모두 실효되는 점, 파산을 선고하지 않을 경우 위와 같은 각서를 징구한 의미가 모호해지는 점, 가압류권자를 보호한다는 취지를 관철하자면 파산을 선고해서는 안 되는 점, 서울회생법원의 실무는 인가전 폐지의 경우 파산을 선고하지 않는 것이 원칙인 점 등을 종합하면 다소 모순된 실무운영이 아닌지 의문이 있다.

4. 기존 소송관계의 처리

가. 재산에 관한 소송의 중단

회생절차개시결정으로 채무자의 업무수행권과 재산관리·처분권은 관리인에게 이전하므로, 회생절차개시결정이 있으면 채무자의 재산에 관한 소송절차는 중단된다(법 59조 1항). 재산관리·처분과 무관한 조직법적·사단적 활동에 관한 권한은 여전히 채무자에게 유보된 것이므로 채무자의 대표자에게 소송수행권이 있고, 회생절차개시로 중단되지도 않는다. 또한 주주에 의하여 제기된 주주지위의 확인의 소나 채무자에 대한 주식의 명의개서청구의 소도 채무자 내부의 조직법적·사단적 활동에 관한 것이므로 재산관계의 소에 해당하지 않는다.

소송계속 중 일방 당사자에 대하여 회생절차개시결정이 있었음에도 법원이 이를 알지 못한 채 그 관리인의 소송수계가 이루어지지 아니한 상태 그대로 소송절차를 진행하여 판결을 선고하였다면, 그 판결은 일방 당사자의 회생절차개시결정으로 소송절차를 수계할 관리인이 법률상 소송행위를 할 수 없는 상태에서 심리되어 선고된 것이므로 여기에는 마치 대리인에 의하여 적법하게 대리되지 아니하였던 경우와 마찬가지의 위법이 있다.[72] 변론종결 후 회생절차개시결정이 있은 경우에도 판결의 선고는 할 수 있으나, 수계 전까지 항소기간은 진행되지 않는다(법 33조, 민사소송법 247조 2항).

나. 수계 여부

회생절차개시결정으로 중단된 채무자의 재산에 관한 소송 중 회생채권·회생담보권에 관한 소송은 채권조사절차에서 이의가 진술된 경우에 한하여 수계절차가 진행된다. 회생채권·회생담보권과 관계없는 것(공익채권, 환취권, 채무자가 가지는 권리에 대한 이행청구 및 적극적 확인의 소 등)은 관리인 또는 상대방이 이를 즉시 수계할 수 있다(법 59조 2항). 채무자에 대한 소송비용청구권은 수계 전에 발생한 부분과 수계 후에 발생한 부분 모두 공익채권이다(법 59조 2항).[73]

다. 행정청에 계속한 사건의 중단과 수계

채무자의 재산에 관한 사건으로서 회생절차개시 당시 행정청에 계속한 것에 관하여도 회생절차개시의 결정이 있은 때에는 절차는 중단되고(법 59조 6항·1항), 회생채권 또는 회생담보권과 관계없는 절차는 관리인 또는 상대방이 이를 수계할 수 있다(법 59조 6항·2항). 회생채권이나 회생담보권에 관한 것이라면 관리인이 채무자가 할 수 있는 방법으로 불복을 신청할 수 있다(법 157조 1항). 회생절차개시 당시 소송이 계속 중인 경우에는 관리인이 소송절차를 수계하여야 하고, 불복신청 및 수계는 법 157조 2항이 조사확정재판 신청기간에 관한 170조 2항을 준용하는 결과 조사기간의 말일 또는 특별조사기일로부터 1월 이내

---

72) 대법원 2012. 9. 27. 선고 2012두11546 판결.

73) 대법원 2016. 12. 27. 자 2016마5762 결정.

에 하여야 한다.

라. 채권조사절차에서 이의가 진술된 경우의 처리

관리인 등이 채권조사기간 내 또는 특별조사기일에 이의를 제기하지 않은 경우 채권은 목록기재 또는 신고내용대로 확정되고, 기존에 계속 중인 소송은 소의 이익이 없다. 관리인 등이 채권조사기간 내 또는 특별조사기일에 이의를 제기하였다면 이의채권의 보유자는 이의자 전원을 상대로 채권조사기간의 말일 또는 특별조사기일로부터 1월 이내에 중단되었던 소송절차를 수계하여야 한다(법 172조, 170조 2항).

회생채권자 등이 원고로서 소송절차를 수계하는 경우에는 기존 소송을 채권조사확정재판으로 청구취지를 변경하고, 회생채권자 등이 피고로서 소송절차를 수계하는 경우에는 채권조사확정을 구하는 취지의 반소를 제기한다.

집행권원 또는 종국판결이 있는 채권인 경우에는 채권조사절차를 통한 이의로는 부족하고, 채무자가 할 수 있는 방법으로 이의하여야 한다. 재심, 상소, 청구이의 등이 이에 해당한다. 개시 당시 이러한 소가 계속 중인 경우라면 이의자가 해당 소송절차를 수계하는 방법으로 이의를 제기하여야 한다(법 174조 1항, 2항).

1심판결 선고 후 상소기간 만료일 사이에 회생절차가 개시된 경우 소송절차는 중단되고, 상소기간의 진행은 정지된다. 관리인은 수소법원에 회생절차개시 및 소송절차 중단사유 발생을 즉시 통지하여야 할 것이다. 소송절차의 중단 또는 중지는 기간의 진행을 정지시키며, 소송절차의 수계사실을 통지한 때 또는 소송절차를 다시 진행한 때부터 (잔여 상소기간이 아니라) 전체기간이 새로이 진행된다(민사소송법 247조 2항).

이의제기의 방법으로 하는 소의 제기 또는 수계는 채권조사기간의 말일 또는 특별조사기일로부터 1월 이내에 하여야 한다(법 174조 3항). 위 기간 내에 조치가 없을 경우 채권은 확정된다.

마. 사해행위취소소송의 처리

회생채권자가 채권자취소권에 기하여 제기한 소송 또는 파산절차에 의한 부인의 소송이 회생절차개시 당시 계속되어 있는 때에는 그 소송절차는 중단된다. 중단된 소송절차는 관리인 또는 상대방이 수계할 수 있다(법 113조, 59조 2항).

채권자취소소송에서 채무자는 당사자가 아니므로 채무자의 재산관계에 대한 소송이 아니지만, 관리인은 전체 이해관계인의 공적 수탁자인 점, 채무자에 대한 파산절차 진행 중 그 채무자에 관하여 회생절차가 개시되면 파산절차는 중지되고(법 58조 2항), 파산관재인이 계속 부인소송을 진행할 수는 없는 점 등을 고려한 규정이다. 공적수탁자인 관리인은 수계 후 부인의 소로 청구취지를 변경할 것을 적극 고려하여야 한다. 개시 당시 계속 중인 사해신탁취소소송도 중단 및 수계의 절차를 거쳐야 한다.

채권자대위소송의 경우에도 채무자에 대한 파산선고로 채권자가 대위하고 있던 채무자의 제3자에 대한 권리의 관리 및 처분권 또한 파산관재인에게 속하게 되는 점, 채권자대위소송도 그 목적이 채무자의 책임재산 보전에 있고 채무자에 대하여 파산이 선고되면 그 소송 결과는 파산재단의 증감에 직결되는 점 등을 근거로 민사소송법 239조, 법 406조, 347조 1항을 유추 적용하여 소송절차는 중단되고 파산관재인이 이를 수계할 수 있다는 것이 판례이다.[74] 위 판례이론은 파산절차에 관한 것이기는 하나, 회생절차에서도 동일하게 취급할 수 있다는 점에 관하여 별다른 이론이 없다.

Ⅲ. 개시결정에 대한 불복 및 개시결정의 취소

회생절차개시결정에 대해서는 즉시항고를 할 수 있고, 항고기간은 공고가 있은 날부터 2주간이다. 항고를 인용하여 개시결정이 취소될 경우 개시결정의 효력은 소급적으로 소멸한다.

소급효로 인하여 채무자는 업무수행권 및 재산의 관리·처분권을 회복하고, 개시결정 후 채무자가 한 법률행위(법 64조), 채권자의 권리취득(법 65조), 등기·등록의 경료(법 66조), 채무자에 대한 변제(법 67조), 회생채권의 변제(법 131조) 등도 소급하여 유효가 된다. 개시결정이 소급적으로 실효된다고 해도, 개시

74) 대법원 2013. 3. 28. 선고 2012다100746 판결.

결정을 기초로 새로이 법률관계를 형성한 제3자를 보호하기 위하여 개시결정 후 관리인이 그 권한에 기하여 한 행위는 유효하다.[75]

취소결정이 확정된 후에는 일반원칙에 따라 채무자에 대한 소의 제기, 강제집행이 가능하고, 중지된 강제집행 등은 속행된다. 개시결정에 의하여 중단된 소송절차는 취소결정의 확정으로 당연히 채무자가 수계하고, 개시결정 후 관리인 또는 상대방이 수계한 소송절차는 취소결정에 의하여 다시 중단되고 채무자가 수계한다. 채권자표 기재의 효력, 이사 등의 책임에 기한 손해배상청구권 등의 조사확정재판절차·부인절차는 실효된다. 취소결정 확정 전에 채권의 확정에 관한 재판이 확정된 경우에는 그 재판은 효력을 잃지 아니하나, 부인절차는 회생절차에 종된 절차이므로 부인의 소에 관한 판결이 확정되었더라도 그 효력은 상실된다.

관리인은 회생절차개시결정을 취소하는 결정이 확정된 때에는 공익채권을 변제하여야 하며, 이의 있는 공익채권의 경우에는 그 채권자를 위하여 공탁하여야 한다(법 54조 3항). 공익채권의 범위는 법 291조와 달리 관리인의 행위로 인하여 생긴 채권(법 121조 2항, 179조 1호, 2호 등)에 한정되고, 회생절차의 존속을 전제로 한 공익채권(법 58조 6항, 59조 2항, 177조 등)은 포함되지 않는다.[76]

제 9 절 회생절차의 기관

회생절차개시결정 이후 회생절차의 주요 기관들이 구성되고, 그 역할이 본격적으로 시작된다. 관리인, 관리위원회, 채권자협의회, 조사위원이 대표적인바, 이하에서는 이들의 역할, 권한과 책임 등에 관하여 실무적으로 필요한 최소한의 사항만을 지적하고자 한다.

---

75) 실무연구회(상), 136-137면.

76) 실무연구회(상), 137면.

Ⅰ. 관리인

1. 기존 경영자 관리인 제도

법 74조는 미국 연방파산법의 DIP(Debtor In Possession)와 같이 기존 경영자를 관리인으로 선임하거나, 관리인을 선임하지 아니하고 회사의 대표자를 관리인으로 보는 관리인불선임 결정을 통해 기존 경영자 관리인 원칙을 규정하고 있다. 기존 경영자들의 경영권 상실에 대한 불안을 덜어주고, 조기에 도산절차 진입을 유도한다는 점, 기존 경영자들의 노하우를 살릴 수 있다는 점 등이 이 제도의 장점이라 하겠다.

관리인은 채무자나 그의 기관 또는 대표자가 아니고 채무자와 그 채권자 등으로 구성되는 이른바 이해관계인 단체의 관리자로서 일종의 공적수탁자로 설명하는 것이 일반적이다.[77] 따라서 관리인은 회생절차 내의 모든 채권자 및 주주 등으로 구성되는 이해관계인을 위하여 법 82조 1항 소정의 선관주의의무를 부담하는 독립된 제3자의 지위에 있게 된다. 관리인 등에게 선임증·증명서를 수여할 때에는 관리인 등으로부터 법원의 감독 하에 업무를 수행하는 공적수탁자로서 공명정대하게 업무를 수행하고 채무자의 효율적인 회생과 채권자 등 이해관계인의 권익보호를 위하여 노력하겠다는 내용의 각서를 징구한다(준칙 211호 2조 2항).

2. 제3자 관리인 선임의 예외

위 장점에도 불구하고, 기존 경영자를 관리인으로 선임하지 않을 수 있는 예외가 있는바, 법 74조 2항 각 호 및 동조 3항 단서는 ① 채무자의 재정적 파탄의 원인이 기존 경영진(개인인 채무자, 개인이 아닌 채무자의 이사 및 지배인)의 재산의 유용, 은닉 또는 중대한 책임이 있는 부실경영에 기인하는 때, ② 채권자협의회가 요청하는 경우로서 상당한 이유가 있는 때, ③ 그밖에 채무자의 회생에 필요한 때에는 예외적으로 기존 경영자 이외의 제3자를 선임하도록 규정하

77) 대법원 2013. 3. 28. 선고 2010다63836 판결.

고 있다.

①의 기존 경영진은 '회생절차개시 당시의 경영진'을 의미하나, 과거 경영진의 부실경영 등을 현존 경영진이 답습하고 있는 경우라면 기존경영자 관리인제도를 적용하기는 어렵다. 현존 경영진이 과거의 부실경영 등의 영향을 받지 않으려면 경영진의 전면적인 교체를 요한다.[78] 회생신청을 고려하고 있는 채무자라면 어느 정도의 부실경영 사실은 있다고 보아야 할 것이므로, 제3자 관리인 선임 사유로 인정되기 위해서는 부실경영의 정도는 중대할 것을 요한다. 기존 경영진은 등기임원 뿐 아니라 회사에 대한 자신의 영향력을 이용하여 이사에게 업무집행을 지시한 자, 이사의 이름으로 직접 업무를 집행한 자, 이사가 아니면서 명예회장·회장·사장·부사장·전무·상무·이사 기타 회사의 업무를 집행할 권한이 있는 것으로 인정될 만한 명칭을 사용하여 회사의 업무를 집행한 자도 포함된다(상법 401조의2 1항).

②의 경우 채권자들은 기존 경영진을 불신하는 경우가 많을 것이므로 기존 경경영자 관리인 원칙을 훼손시키지 않기 위해서는 단순히 채권자협의회의 요청으로는 족하지 않고, 상당한 이유를 소명하도록 하고 있다. 단순한 횡령의혹, 형사고소 진행의 사실만으로는 소명이 있다고 할 수 없다.

③의 경우 다른 두 가지 예외에 준하는 정도의 필요성이 소명되어야 할 것이다. 기존 경영진에게 재산의 유용이나 은닉, 중대한 부실경영의 책임 등의 사유가 존재하지 않더라도 채무자의 지배구조를 둘러싼 다툼 등으로 인하여 기존 경영진이 회생절차를 효율적이고 신속하게 수행할 수 없는 경우, 기존 경영진이 회생절차나 구조조정에 필요한 지식과 경험이 부족한 경우에 이러한 소양을 가진 관리인을 파견함으로써 채무자의 효율적인 회생이 가능하다고 판단되는 경우를 예로 들 수 있다. 자산 및 부채의 규모는 '채무자의 회생에 필요한 때'를 판단하는 기준이 될 수 없다.

제3자 관리인을 선임한 대표적인 사례는 다음과 같다.[79]

• 채무자의 대표이사 및 대주주가 약 10억원 상당의 현금을 인출하고 법인인감과 중요한 회

78) 실무연구회(상), 219-220면.
79) 실무연구회(상), 213-225면.

사서류를 가지고 잠적한 후 만기도래한 어음을 결제하지 못해 파탄에 이른 경우, 채무자의 대표이사가 회사자금을 유용하여 주식, 도박 등으로 탕진하고 해외로 도피한 경우

- 분양업무 관련 회사인 채무자의 공동대표이사 중 1인은 채권자대표 자격으로 공동대표이사로 등재된 후 이중분양대행계약 및 이중분양계약을 체결하고 분양대행보증금과 분양대금을 편취하여 형사재판을 받고 있고, 다른 공동대표이사 1인은 이중분양대행계약의 피해자인 경우
- 대표이사가 채무자의 코스닥 우회 상장을 위하여 관계회사의 유상증자에 참여하고, 채무를 대위변제하는 바람에 74억원 가량의 손해를 입게 되었고, 관계회사의 채무인수를 위하여 약 150억원의 어음·수표를 발행하여 유동성 위기를 초래하였으며, 가지급금 24억원을 유용한 혐의로 검찰에 고발된 경우
- 의료재단의 대표자인 이사장이 재단 기본재산의 처분대금을 횡령하였을 개연성이 있고, 이사장직을 사임하였던 시기에 재단 인감을 도용하여 제3자에게 채권을 양도한다는 내용의 통지서를 위조한 사실이 밝혀진 경우
- 채무자의 대표이사가 공장 부속 토지를 개인 소유 명의로 등기하고 재무제표에 허위의 단기대여금 및 매출채권을 계상하고서도 그 토지의 매수자금 출처 및 단기대여금과 매출채권을 허위로 계상한 이유를 소명하지 못하여 재산 유용·은닉의 개연성이 높고, 제품을 매출원가 이하로 판매하면서도 과다한 차입경영을 계속하여 적자규모가 급격히 늘어나는 등 부실경영에 상당한 책임이 있다고 판단된 경우
- 대표이사가 회사자금을 유용하였을 개연성이 높고, 대표이사로 선임되는 과정에서 주주총회의사록을 위조하여 직무집행정지가처분신청이 되어 있어 향후 대표이사의 자격을 상실할 가능성이 있는 경우
- 장기간의 경영권 분쟁과정에서 회계장부가 제대로 보관되어 있지 아니하고 자금관리도 불명확하여 회사자금의 유용 가능성이 있는데다가 대표이사가 직무집행정지 중인 경우
- 회사자금을 유용하였을 개연성이 높고, 채권자협의회에서 제3자 관리인의 선임을 강력히 요청한 경우
- 회생절차개시 전 법원이 선임한 조사위원의 조사결과, 지출내역을 명확히 확인할 수 없는 약 1,000억원에 가까운 대규모의 자금흐름이 발견되고, 채무자의 기존 경영자가 그 의혹을 제대로 해소하지 못하는 경우
- 피해자가 회사가 아니라도 채무자의 대표이사가 횡령, 배임, 자본시장법 위반 등의 죄로 형사재판을 받고 있어 관리인 직무수행의 공정성에 의문이 제기된 경우
- 재신청 사건으로서 종전 사건의 조사보고서상 채무자 파탄의 원인으로 과거 누적분식으로 인한 재무상태의 악화를 들고 있었고, 채권자들로부터 대표이사의 자금유용에 대한 상당한 의혹이 제기된 경우

- 회생절차개시신청 당시 종전 대표이사와 현 대표이사 사이에 채무자의 파탄 원인 등과 관련하여 분쟁이 있었고, 특수관계인의 차입금 문제, 회사의 운영 방식과 관련된 문제 등을 고려할 때, 기존 경영자를 관리인으로 선임하기에 부적절하다고 판단된 경우
- 설립 당시 자기자본금은 20억원인 반면 차입금이 1,012억원에 달하였으나, 유상증자나 부채규모의 축소 없이 사업을 계속해 재정적 파탄에 이른 경우
- 지배주주에 의한 잦은 경영진 교체로 책임경영 및 경영의 일관성을 이루지 못하고, 이사들로 하여금 관계회사에 대하여 과도한 재무지원을 하게 하고, 신규투자자금을 차입금에 의존하게 하여 금융비용의 부담을 증가시키는 등 중대한 책임이 있는 행위를 하게 하고, 위 행위로 인하여 회생절차개시의 원인이 발생하였다고 인정되는 경우
- 대표이사가 사임의 의사표시를 한 후 국내에 체류하고 있지 아니하고, 채무자 및 채권자협의회도 제3자 관리인의 선임을 원하고 있으며, 채무자는 페이퍼컴퍼니(Paper Company)에 불과하여 구체적인 업무는 외국 모회사의 지시를 받는 국내 자회사의 직원들이 수행하여 왔기 때문에 관리인이 빠른 시일 안에 사무실의 임차, 직원의 고용 등을 통해 회사 조직을 정비하여야 하는 상황인 경우
- 직원들과의 불화가 심하여 직원들이 현 대표이사를 불신하고 있고, 채권자협의회도 기존 경영자의 관리인 선임에 반대하자, 대표이사가 스스로 회생에 방해가 된다면 사임할 뜻을 표시한 경우
- 채무자가 코스닥 우회상장을 위하여 합병을 하면서 대표이사들 사이에 향후 다시 물적분할을 하기로 하는 이면합의를 하였고, 합병 후에도 두 조직이 실질적으로 분리·대립하고 있는 상태로 회생절차개시신청을 한 사안에서, 채권자협의회 역시 채무자의 대표이사가 우회상장의 과정에서 회사에 손해를 끼쳤을 가능성과 대표이사의 조직 장악력을 지적하면서 제3자 관리인의 선임을 요청한 경우
- 골프연습장을 운영하는 채무자의 전·현직 대표이사와 회원들 사이에 마찰과 불신이 있어 회원들이 현 대표이사를 신뢰하지 못하고 비상대책위원회를 구성하여 골프연습장을 자율적으로 운영하고 있으며, 대표이사가 사기·횡령·배임 등으로 형사처벌을 받은 전력이 있는 경우
- 현 대표이사는 모회사의 직원으로서 모회사의 실질적 사주가 채무자의 현황을 파악하기 위해 파견한 직원인데, 대표이사 취임 후 3, 4회 정도 채무자를 방문하였으나 직원들의 비협조로 인하여 실제로 대표이사로서의 직무를 수행하지 못하고 있는 경우
- 현 대표이사 A가 주식 및 경영권을 양도하여 양수인 측이 선임한 대표이사와 함께 각자 대표이사로 재직하면서 양수인 측 대표이사의 배임행위(개인 채무 변제 또는 담보를 위해 회사 명의의 어음을 발행)를 제대로 감시하지 못하였고, 또 회사제품을 A가 설립한 개인기업을 통해 판매하는 영업구조여서 향후 매출처 다변화를 통한 수익구조 개선 과정에서 회사와

A의 이익이 충돌할 여지가 있었던 경우

- 현 대표이사는 채무자의 종전 사주로부터 경영권을 인수한 새로운 사주에 의해 선임된 사람인데, 경영권 인수 후 몇 달 만에 부도가 나자 현 대표이사는 임직원들의 요구로 1차 회생절차개시신청을 하였다가 회생절차에 부정적 태도를 보이며 독단적으로 이를 취하한 반면 직원들은 새로운 경영권 인수자들을 신뢰하지 못한 채 현 대표이사의 전산 및 회계자료에의 접근을 막고 현 대표이사와 새로운 사주를 횡령·배임 혐의로 고발하였으며, 이후 채권자들에 의한 2차 회생절차개시신청에서 상당수의 채권자들과 소액주주들이 현 대표이사의 관리인 선임을 반대하는 의사를 표시한 경우
- 채무자의 명의상 대표이사와 실질적 경영자가 달라 회생절차를 실질적 경영자로 하여금 진행하도록 하는 것이 적절하다고 판단되는 경우
- 개시신청 당시부터 채무자의 소액주주들이 기존 대표이사의 자금 유용을 거론하면서 주주총회를 소집하여 대표이사를 해임하겠다는 취지의 탄원서를 수차 제출하였고, 대표이사는 회생절차개시신청에 즈음하여 그 소유의 지분을 이미 처분한 경우

일단 기존 경영자를 관리인으로 선임한 경우도 그 이후에 위와 같은 사정이 밝혀진 경우에는 관리인을 해임하고 제3자를 관리인으로 선임하도록 하고 있으며(법 83조 2항 1호), 관리인 불선임 결정에 의하여 개인인 채무자나 채무자의 대표자를 관리인으로 보게 된 경우에도 회생절차 진행 중에 법 74조 2항 각 호의 사유가 있다고 인정되는 경우에는 제3자를 관리인으로 선임할 수 있다(법 74조 3항 단서).

제3자 관리인은 전문경영 또는 그와 유사한 직무수행의 경력 또는 소양이 있는지 여부와 채무자의 업종에 관한 전문지식이 있는지 여부를 가장 중요한 요소로 고려한다. 회생계획에 따라 채무자를 인수한 지배주주 등이 있는 경우 그의 의견을 우선으로 참작한다. 법인보다는 자연인을 우선하여 제3자 관리인으로 선임한다(준칙 211호 17조).

다음은 제3자 관리인 선임을 주장하는 주요 상거래채권자의 의견에 대한 반론 사례이다.

(주)ㅇㅇ스틸의 제3자 관리인 선임 주장에 관하여 다음과 같이 의견을 개진합니다.

다 음

1. (주) ○○ 스틸의 주장

① 회생절차개시에 동의하지 아니한다., ② 채무자는 채권자로부터 철강을 공급받고 관계회사에 납품하였다. 관계회사는 전년도 상당한 실적을 올린 것으로 보임에도 채무자는 본 신청에 이르렀다. 채무자가 위 대금을 관계회사로부터 제대로 회수하였다면 본 신청에 이르지는 않았을 것인바, 채무자와 이익이 상충되는 관계회사의 대표인 현 대표이사는 관리인으로 적당치 아니하다.

2. 위 주장에 대한 반론

가. 회생절차개시 요건

막연히 일부 채권자가 반대한다는 것은 회생절차개시 요건의 판단 사항이 아닙니다.

나. 제3자 관리인 선임 사유에 관하여

채권자의 주장은 심각한 오해에 터 잡은 것입니다.

① 채무자 회사와 관계회사가 이익이 상충되므로 현 대표이사를 관리인으로 선임함은 적절치 않다고 주장하나, 현 대표이사가 관계회사를 설립한 것은 상호간의 시너지 효과를 발생시키기 위한 것입니다. 00물 사업 진입 초기에 어려움을 겪는 과정에서 채무자 회사가 어려움에 처하여 본 신청에 이른 것은 맞으나, 양 회사는 상호 시너지를 주고받는 관계에 있어 이익 충돌 관계에 있지 않습니다. 위와 같은 사정은 대표자에 대한 심문과정에서 충분히 소명하였습니다.

② 법 74조 2항 각 호 및 동조 3항 단서는 ① 채무자의 재정적 파탄의 원인이 기존 경영진(개인인 채무자, 개인이 아닌 채무자의 이사 및 지배인)의 재산의 유용, 은닉 또는 중대한 책임이 있는 부실경영에 기인하는 때, ② 채권자협의회가 요청하는 경우로서 상당한 이유가 있는 때, ③ 그밖에 채무자의 회생에 필요한 때에는 예외적으로 기존 경영자 이외의 제3자를 선임하도록 규정하고 있습니다.

'상당한 이유'란 단순한 횡령의혹, 형사고소 진행의 사실만으로는 족하지 않으며, 기존 경영자 관리인 원칙을 해하지 않기 위해서는 축소해석하여야 합니다. 채권자가 제기하는 이익충돌 우려는 하나의 가정에 불과한바, 이러한 진술만으로 제3자 관리인 선임 사유에 관한 소명이 있다고 할 수는 없습니다.

'그밖에 채무자의 회생에 필요한 때'라는 문언도 다른 두 가지 예외에 준하는 정도의 필요성이 소명되어야 할 것입니다. 대표적인 경우는 … 기재 생략 … 즉 그 밖에 필요한 경우란 회생절차의 효율적인 수행을 위해 전문적인 역량을 강화할 필요성이 있는 경우로 축소해석하는 것이 일반적이며, 채권자 주장은 주장 자체로 이에 해당하지 아니합니다.

3. 결 어

채권자는 관계회사로부터 연대보증 및 1억8,000만원 상당 채권양도까지 받았음으로 채권자평등에 반하는 이익을 관계회사로부터 제공받았습니다. 채무자 회사의 이익제공이 아니므로 부인대상이 될 수는 없을 것이나, 채무자 대표이사로서는 최대한의 예방조치를 제공하였음에도 이러한 주장을 한다는 것은 본 신청에 대한 채권자로서의 거부감의 표시 이상의 의미는 없습니다.

이에 반하여 채무자 측은 관계회사의 설립경위, 채무자 회사와의 관계 등에 관하여는 신청 및 대표자 심문 단계에서 충분히 소명하였고, 양 회사는 이익이 상충하는 것이 아님을 분명히 소명하였는바, 속히 회생절차를 개시하여 현 대표자를 관리인으로 (불)선임하여 주시기 바랍니다.

3. 관리인 불선임 결정

개인, 중소기업, 그밖에 대법원규칙이 정하는 채무자인 경우에는 관리인을 선임하지 아니할 수 있고, 이 경우 채무자 또는 개인이 아닌 채무자의 대표자를 관리인으로 본다(법 74조 3항, 4항). 채무자의 대표자를 관리인으로 보게 되는 결과, 채무자 내부의 대표자 선출절차에 따라 대표자가 변경될 경우 동인이 자동적으로 관리인으로서의 역할을 수행한다.

기존 대표이사가 법률상 관리인으로 간주되는 결과 보수가 과다하지 않은 이상 채무자의 영업 및 재산수준에 맞추어 자율적으로 조정하게 되므로 핵심인력의 유출을 최소화하면서 회생절차의 진행에 집중할 수 있으며, 회생계획인가 후 출자전환으로 주식을 교부받은 채권자들이 선임한 대표이사가 법률상 관리인이 됨으로써 채권자들의 기업지배권이 현실화될 수 있다.[80]

간이회생사건의 경우 관리인을 선임하지 않는 것을 원칙으로 하되, 법 74

80) 실무연구회(상), 238면.

조 2항 각 호의 사유가 있는 경우에는 관리인을 선임할 수 있다(준칙 201호 7조). 채무자가 중소기업이거나 규칙51조[81]에 해당하고 법 74조 2항 각 호의 사유가 존재하지 않는 경우 관리인을 선임하지 아니한다(준칙 211호 7조). 관리인 불선임 결정이 있을 경우 각종 서식에는 '관리인'이 아니라 '법률상 관리인'으로 표기한다. 관리인과 법률상 관리인은 권한과 책임에 있어 차이가 없다.

4. 관리인의 지위 및 권한

관리인은 채무자의 업무를 수행하고 그 재산을 관리·처분할 권한, 목록작성, 채권조사, 회생계획안 작성·제출, 인가된 회생계획의 수행 등 회생절차의 중추적 기능을 수행한다. 그 과정에서 법원, 관리위원회, 채권자협의회 등에 의한 감독 및 견제를 받으며, 허가 및 보고의무를 부담한다.

회생절차개시결정에 의하여 업무수행권한과 재산의 관리·처분권이 관리인에게 이전하는 결과 회생절차개시결정이 있으면 채무자의 재산에 관한 소송절차는 중단되고, 중단된 소송절차 중 회생채권 및 회생담보권과 관계없는 것은 관리인 또는 상대방이 이를 수계한다(법 59조, 74조 4항). 관리인은 채무자의 재산에 관한 소에 있어서 원고 또는 피고가 된다(법 78조, 74조 4항). 채무자의 재산에 대한 강제집행, 가압류, 가처분 등의 절차에 있어서도 관리인이 절차상의 당사자가 된다.

---

81) 제51조(관리인을 선임하지 아니할 수 있는 채무자) 법 제74조 제3항에서 "그 밖에 대법원규칙이 정하는 자"라 함은 다음 각 호의 어느 하나에 해당하는 자를 말한다.
   1. 비영리 법인 또는 합명회사·합자회사
   2. 회생절차개시신청 당시 「증권거래법」 제2조 제13항에서 규정된 상장법인과 같은 조 제15항에서 규정된 코스닥 상장법인에 해당하는 채무자
   3. 회생절차개시 당시 재정적 부실의 정도가 중대하지 아니하고 일시적인 현금 유동성의 악화로 회생절차를 신청한 채무자
   4. 회생절차개시 당시 일정한 수준의 기술력, 영업력 및 시장점유율을 보유하고 있어 회생절차에서의 구조조정을 통하여 조기 회생이 가능하다고 인정되는 채무자
   5. 회생절차개시결정 당시 주요 회생담보권자 및 회생채권자와 사이에 회생계획안의 주요 내용에 관하여 합의가 이루어진 채무자
   6. 회생절차개시 당시 자금력 있는 제3자 또는 구 주주의 출자를 통하여 회생을 계획하고 있다고 인정되는 채무자
   7. 그 밖에 관리인을 선임하지 아니하는 것이 채무자의 회생에 필요하거나 도움이 된다고 법원이 인정하는 채무자.

채무자의 업무수행권 및 재산의 관리·처분권만이 관리인에게 전속되는 것이므로 조직법적·사단적 관계에 있어서의 회사의 활동은 원칙적으로 기존의 이사나 감사 등에 의하여 이루어져야 한다. 다만 조직법적·사단적 활동을 무제한 허용할 경우 회생절차에 지장을 초래할 수 있으므로 회생절차의 원활한 수행을 위해 주주총회와 이사회의 권한을 제한하고 있다.

자본 또는 출자액의 감소, 지분권자의 가입, 신주 또는 사채의 발행, 자본 또는 출자액의 증가, 주식의 포괄적 교환·이전, 합병·분할·분할합병 또는 조직변경, 해산 또는 회사의 계속, 이익·이자의 배당은 상법상 주주총회 결의사항이지만 회생절차개시결정이 이루어지면 그 회생절차가 종료될 때까지는 회생절차에 의하여서만 할 수 있고(법 55조 1항), 회생계획에 의하지 않고는 법원의 허가를 얻어서도 할 수 없다. 위 제한에 해당하지 않는 정관변경은 주주총회 결의사항(상법 433조)인 동시에 법원의 허가사항이다(법 55조 2항).

회생계획을 수행함에 있어서는 법령 또는 정관의 규정에 불구하고 법인인 채무자의 주주총회 또는 이사회의 결의를 거칠 필요가 없다(법 260조). 다만 채무자의 정관을 변경하는 때에는 회생계획에 그 변경의 내용을 정하여야 하고(법 202조), 정관은 회생계획인가결정이 있는 때에 회생계획에 의하여 변경된다(법 262조). 정관변경으로 인해 회생계획의 기본적인 구도가 변경되는 결과를 초래할 경우에는 회생계획의 정관변경조항에 기한 법원의 정관변경허가결정만으로는 부족하고, 회생계획변경절차를 거쳐야 한다.[82)]

5. 공동관리인

관리인을 복수로 선임한 경우, 공동대표로 운영되는 회사의 회생절차에서 관리인 불선임결정이 있을 경우 관리인들은 법률행위 및 허가신청을 공동명의로 하여야 한다. 공동관리인은 법원의 허가를 받아 직무를 분장할 수 있다(법 75조 1항). 제3자의 의사표시는 공동관리인 중 1인에 대한 것으로 족하다(법 75조 2항).

82) 대법원 2005. 6. 15. 선고 2004그84 결정.

공동관리인이 선임된 사례는 다음과 같다.[83)]

- 대표이사가 전문경영인으로서 채무자의 모회사의 대표이사를 겸임하고 있어 소액주주들이 대표이사가 회사 자금을 모회사에 유출하였다는 혐의로 형사 고소한 경우
- 자동차를 제조·판매하는 채무자의 노동조합과 지배주주인 중국계 기업 사이에 심각한 갈등이 있어 지배주주가 회사 운영을 사실상 포기한 상황에서 노조와 협상력을 발휘할 수 있고, 회사 내부 사정에 밝은 회사 상무 출신과 자동차 회사 전문경영인 출신의 제3자를 공동관리인으로 선임한 경우
- 부동산 개발업을 영위하는 채무자의 관리인에 대하여 회생계획인가 이후 수사기관으로부터 회사자금 횡령 등의 혐의에 대하여 수사가 진행되고 있는데다가 외국에 소재하고 있는 자회사의 자금운용에 대하여 채권자들로부터 지속적으로 의혹이 제기되고 있고, 채무자 소유 부동산 중 회생계획상 매각대상 재산의 원활한 매각 추진을 위하여 채권자협의회로부터 공동관리인 선임 요구가 있었던 경우
- 현 대표이사는 영업이나 기술 분야에 관여하지 않고 주로 관리업무를 담당했으며, 대표이사가 관여된 뇌물공여행위의 여파로 회사가 재정적 파탄에 이르게 되었고, 채무자가 부외자금의 조성 등 회계의 투명성에 대해 의심을 받는 상황에서 인가 전 M&A를 적극 추진하기 위해 전문경영인인 전무와 외부의 제3자를 공동관리인으로 선임한 경우
- 주요 회생채권자인 은행들이 기존 경영자 관리인 선임에 대하여 강하게 반대하고 있으나 기존 경영자를 배제할 명시적인 사유는 없고, 즉시 현금화할 수 있는 고가의 유동자산을 보유하고 있어 매각대금 유용의 염려가 있는 경우
- 채무자가 건설회사로서 상당한 규모의 분식회계 처리를 해왔고, 관계회사들과 사이의 불필요한 거래를 통해 매출을 증대시키고 수익을 분산시키는 등 투명하지 못하게 회사를 운영하여 왔으며, 1차 부도 직전 양도담보로 제공한 채무자 소유의 자산을 직원들에게 이중으로 양도하는 계약을 체결하는 등의 문제가 있는 경우
- 시공능력 순위 70위 안에 드는 대형 건설회사로서 시행사, 프로젝트 파이낸싱 대출자, 협력업체가 관련된 민간건설사업 현장의 분쟁을 시급히 해결해야 하기 때문에 현 대표이사의 경험과 노하우를 활용해야 하는 반면 전국적으로 여러 곳의 공사현장이 산재해 있고, 건설회사의 특성상 자금관리의 투명성을 확보할 필요가 있어 현 대표이사와 건설회사 부사장 출신의 제3자를 공동관리인으로 선임한 경우
- 채무자가 모회사에 거액의 자금지원과 연대보증을 하여 재정적 파탄에 이르게 된 상황에서, 현 대표이사는 모회사의 사주에 의해 선임된 자로서 실권이 없어 채권자 등 이해관계인의 공적 수탁자로서 관리인의 직무를 단독으로 수행하기에는 부적절하다고 보이는 경우

83) 실무연구회(상), 225－227면.

- 대형 해운회사로서 회생절차개시신청을 하기 직전 대규모의 유상증자를 실시하여 투자자들로부터 격렬한 항의가 있었던 경우
- 회생절차개시신청 무렵 채무자의 대표이사가 변경되는 바람에 향후 주주총회의 적법성, 주주명의개서 여부 등에 대한 분쟁 가능성이 있어서 추후 주주 및 채권자들과의 협의를 거쳐 정식으로 대표자를 정하기로 하고 일단 양 대표이사 모두를 공동관리인으로 선임하여 회생절차를 진행한 경우
- 채무자의 대표이사가 공적 자금의 목적 외 사용 등으로 형사재판을 받고 있는 사실을 감춘 상태에서 법률상 관리인이 된 후 회생절차 진행 중 실형선고를 받은 사실이 발각되었는데, 당시 회생계획안의 심리 및 결의를 위한 관계인집회를 목전에 두고 있어 효율적이고 신속한 회생절차진행이 필요함에 따라 기존 대표이사와 제3자를 공동관리인으로 선임한 경우
- 기존 경영자 관리인을 배제할 뚜렷한 사유는 없으나, 기존 경영자의 경영판단 실수 등으로 인하여 회사의 부실이 확대되었을 가능성이 크고, 구조조정에 대한 전문가를 영입할 필요가 있으며, 채권자협의회에서도 공동관리인의 선임을 강력히 요청한 경우
- 그룹 회장 등을 비롯한 전략기획본부의 주도 아래 그룹 전체가 동반 부실화되었지만, 현 대표이사의 관여 여부가 명확하지 않고, 반면 채무자의 효율적인 회생을 위해서는 현 대표이사의 경험과 노하우를 활용해야 할 필요성이 있는 경우

6. 관리인의 허가신청 업무

개시결정 이후에는 개시결정과 동시에 발하는 '허가사항 및 위임사항에 관한 결정'에 따라, 주무관리위원에게 위임된 사항은 주무관리위원의 전결사항이다. 관리인은 위 결정의 내용을 숙지하고, 허가 여부 및 허가주체를 정확히 확인하고, 의문이 있을 경우 주무관리위원에게 문의하여 처리하여야 할 것이다.

실무 팁) 허가신청을 함에 있어 필요자금을 예측하여 여유를 두고 허가를 신청하여야 할 것이다. 가령, 급여일 직전에 급여지급허가를 신청할 경우 제때 허가를 받지 못하여 급여를 집행할 수 없게 되는 문제가 발생할 수 있다.

II. 관리위원회

관리위원회는 법원의 지휘를 받아 ① 관리인, 조사위원, 파산관재인, 회생

위원 등 추천 및 임명에 대한 의견 제시, ② 관리인, 조사위원의 업무 평정 및 감독, ③ 사전 의견제시 등 법원의 관리인에 대한 감독업무 보조 ④ 법원의 위임사항에 대한 허가업무, ⑤ 보전처분 여부, 회생절차개시신청서에 대한 검토 및 보고, ⑥ 개시결정 단계에서 해당기업의 경제성에 대한 검토(재무제표의 검토, 향후 관련업종의 전망 등 포함), ⑦ 채권자협의회 구성 및 채권자에 대한 정보전달 ⑧ 회생절차의 폐지·종결에 관한 의견제시, ⑨ 관리인의 회생계획안 작성의 투명성, 객관성 감독 등의 업무를 수행한다(법 17조 1항).

관리위원회는 위 행위를 소속 관리위원에게 위임할 수 있다(법 17조 2항). 통상 1인의 관리위원에게 위임이 이루어지고, 해당 사건의 주무관리위원으로서 허가 등 사무의 전결권을 갖는다. 관리위원의 허가여부에 대한 결정에는 이의할 수 있다(법 19조). 법 17조 2항에 따른 위임은 법원이 변경할 수 있으므로(법 17조 3항), 이에 근거하여 관리위원의 교체를 청구할 수도 있다.

Ⅲ. 채권자협의회

1. 채권자협의회의 구성

관리위원회는 회생절차개시신청이 있은 후 7일 이내에 10인 이내의 주요 채권자를 구성원으로 하는 채권자협의회를 구성한다(법 20조 1항, 2항, 준칙 216호 2조 1항). 채무자는 주무 관리위원에게 채권자협의회 구성을 위해 필요한 채권자 명단, 연락처, 법인 채권자의 경우 담당부서와 직원, 금융기관의 경우 본점 이관 여부, 각 채권의 액수, 채권의 성질 등을 기재 한 서류를 지체 없이 제출한다(준칙 216호 2조 1항, 2항). 통상적인 양식의 예시는 다음과 같다.

채권자협의회 구성원 명단후보

사건번호: 201*회합100*** 회생

채 무 자: ×기술 주식회사

대표이사: 김대표

채무자 회사는 회생절차개시신청에 따른 채권자협의회 구성원 명단 후보(안)을 아래와 같이 보고합니다.

아래

채권자	부서명	담당자	전화/팩스	채권액(원)	채권내용
하나은행(주)	성남공단지점	조○○대리	기재 생략	2,180,178,667	차입금 및 지연이자
신한은행(주)	홍제동지점	권○○부지점장		1,389,258,020	차입금 및 지연이자
○○산업개발㈜	경리부	변○○사원		1,361,000,000	상거래채무 203백만원과 자회사(홍콩) 매입채무 1,158백만원 보증(약속어음)
○○투자조합	투자팀	김○○차장		800,000,000	전환사채
**투자조합	업무집행조합원	김○○대표이사		800,000,000	전환사채
중소기업진흥공단	서울동남부지부 산업팀	서○○사원		300,000,000	차입금

비고 신한은행은 9월 초 본점 이관 예정
하나은행은 8월 28일 경 본점 이관 예정

서울회생법원 관리위원회 김○○ 관리위원 귀중

중소기업과 개인은 채권자협의회를 구성하지 않을 수 있고(법 20조 1항 단서), 간이회생사건의 경우 원칙적으로 채권자협의회를 구성하지 아니한다(준칙 201호 6항).

구성원은 회생담보권자, 회생채권자 등 채권자 그룹별로 적어도 1명 이상의 채권자가 포함되어야 하고, 같은 그룹 내에서는 채권액수를 기준으로 최대채권자부터 포함시킨다. 기준이 되는 채권액수의 판단은 회생절차개시 신청일을 기준으로 하되, 가까운 시일 내에 대위변제 등으로 그 순위가 변동될 고도의 개연성이 있을 경우에는 이를 참작하여 달리 정할 수 있다(준칙 216호 2조 3항). 관리위원회는 필요하다고 인정하는 경우에는 소액채권자를 협의회의 구성원으로 참여하게 할 수 있다(법 20조 3항, 위 준칙 216호 2조 4항).

채권자협의회가 구성되어 그 통지가 이루어졌음에도 불구하고 그때로부터 5영업일 이내에 대표채권자 지정의 신고가 없는 경우에는 관리위원회는 대표채권자를 지정하여 그 내역을 채권자협의회에게 통지하고 지체 없이 주심판사에게 알린다. 채권자협의회에 속하기를 원하지 아니하는 채권자가 있을 경우에는, 차순위 조건에 해당하는 채권자를 채권자협의회 구성원으로 한다(준칙 216호 2조 5항, 6항).

2. 의견제시

채권자협의회는 채권자간의 의견을 조정하여 ① 회생절차 전반, 관리인 선임 또는 해임, 감사선임에 관하여 각 의견을 제시할 수 있고, 회생계획인가 후 회사의 경영상태에 관한 실사를 청구할 수 있다(법 21조 1항).

회생절차개시 후 또는 회생절차개시신청 후 개시 전에 관리인이 법원의 허가를 받아 자금을 차입한 경우(법 179조 1항 5호, 12호) 당해 채권자는 공익채권자로서 ① 채무자의 영업 또는 사업의 전부 또는 중요한 일부를 양도하는 경우, ② 회생계획안 또는 회생절차의 폐지 또는 종결 여부에 관하여 각 의견을 제시할 수 있고(법 22조의2 1항), 관리인에게 필요한 자료의 제공을 청구할 수 있다(법 22조의2 2항).

3. 정보제공

법원은 회생절차개시신청에 관한 서류·결정서·감사보고서 그 밖에 대법원규칙이 정하는 주요자료의 사본을 채권자협의회에 제공하여야 한다(법 22조 1항). 채권자협의회는 의견제시 등 본연의 활동을 수행하기 위하여 대법원규칙이 정하는 바에 따라 관리인에게 필요한 자료의 제공을 청구할 수 있다(법 22조 3항).

4. 조기종결에 관한 협약체결

채권자협의회는 회생절차의 조기 종결 여부에 관하여 채무자와 협약이 이루어진 때에는 준칙 241호(회생절차의 조기 종결)에 따라 향후 채권자협의회에 갈음하여 채무자의 회생계획 수행을 감독할 수 있는 채권자협의체의 구성 및 운영에 관한 적절한 규정을 마련하여 협약 체결 후 7일 이내에 법원 및 관리위원회에 제출하여야 한다. 다만 그 협약의 내용은 법과 그 시행령 및 규칙의 규정에 어긋나서는 아니 된다(준칙 216호 7조).

5. 활동비용

법원은 결정으로 채권자협의회의 활동에 필요한 비용을 채무자에게 부담시킬 수 있다(법 21조 3항). 위 비용은 공익채권으로 취급된다(법 179조 1항 13호).

Ⅳ. 조사위원

1. 개 설

회생절차가 개시되면 관리인은 즉시 채무자에게 속하는 재산의 가액을 평가하고(법 90조), 재산목록과 대차대조표를 작성하여(법 91조), 채무자가 회생절차에 이르게 된 사정, 채무자의 업무 및 재산에 관한 사항, 법 114조 1항, 115조 1항에 의한 이사 등 재산에 대한 보전처분 및 이사 등에 대한 손해배상청구권 조사확정재판을 필요로 하는 사정의 유무, 그밖에 채무자의 회생에 필요한 사항을 조사하여야 한다(법 92조).

대부분의 중소기업은 스스로 이를 행할 역량이 부족할 것이고, 역량이 있더라도 객관성의 측면에서 제3자의 평가를 요한다고 본다. 요컨대 조사위원 제도의 본질은 관리인의 전문성 부족을 보완하는 것이 아니라, 채무자가 제시한 기업가치와 회생가능성을 중립적 제3자를 통해 검증하는 것이라고 할 것이다. 법문상 조사위원의 선임은 임의적이나, 통상 회생절차개시결정과 동시에 조사위원을 선임하는 것이 일반적이다.

간이조사위원은 일반적으로 공정, 타당하다고 인정되는 범위 내에서 재량에 따라 간이한 방법을 선택하여 업무수행을 할 수 있고, 사안에 따라서는 조사보고서 중 일정 부분에 대하여는 이를 생략하거나 그 요지만을 기재할 수 있다. 다만, 채무자에 대한 회생절차를 계속 진행함이 적정한지 여부 및 채무자가 제출한 회생계획안이 수행가능성이 있는지 여부를 판단하는 데 필요한 내용은 생략할 수 없다(준칙 201호 8조 2항). 법원은 예납금의 범위 내에서 조사의 내용, 조사기간, 조사의 난이도, 조사의 성실성 등을 고려하여 간이조사위원의 보수를 정한다(위 준칙 201호 8조 3항).

사 견) 현재 간이조사위원의 보수는 일반회생과 큰 차이가 없어 너무 낮은 것은 아닌지 의문이다. 일부 조사보고서는 지나치게 간결하여 이를 토대로 회생계획을 작성하기 어려운 경우가 있고, 폐지의견의 경우에도 조사보고서의 간이함으로 인해 채무자 측의 향후 대응을 어렵게 하는 경우가 있다. 간이조사위원의 보수를 좀 더 현실화함으로써 보고서의 충실을 기할 것을 제안한다.

2. 보고할 사항

조사위원은 2회에 걸쳐 보고서를 제출하는바, 1차 보고서의 전형적인 내용은 다음과 같다.

Ⅰ. 조사의 개요
Ⅱ. 채무자의 현황과 업무의 상태
  1. 채무자의 개요
  2. 자본금 및 주주현황
  3. 주요 연혁
  4. 조직 및 인원 현황
  5. 재무 현황
Ⅲ. 회생절차의 개시에 이르게 된 사정
Ⅳ. 채무자 회생 및 파산에 관한 법률 114조 1항 등에 대한 사정의 유무
Ⅴ. 채무자 회생 및 파산에 관한 법률 100조 내지 104조의 규정에 의하여 부인할 수 있는 행위의 존부 및 범위
Ⅵ. 채무자의 재산상태

1. 조사의 개요
2. 재산상태 조사에 적용한 주요 방법
3. 수정 재무상태표
4. 재산상태의 조사 및 수정사항

Ⅶ. 채무자의 부채액에 산입되지 아니한 채무자의 제3자에 대한 보증채무의 금액, 내용 및 보증채무의 발생가능성

Ⅷ. 청산가치의 평가
1. 청산가치 평가의 기본원칙
2. 개별 자산의 청산가치 산정방법
3. 청산가치 평가결과

Ⅸ. 계속기업가치의 평가
1. 사업에 대한 이해
2. 채무자 사업에 대한 이해
3. 손익 분석
4. 손익의 추정
5. 계속기업가치의 평가

Ⅹ. 채무변제계획(안)
1. 전제조건
2. 변제대상 채무액
3. 채무변제계획(안)
4. 변제할 채무액
5. 연도별 채무변제 계획
6. 자금수지의 추정
7. 계속사업시 변제액의 현가와 청산시의 배당액 비교

XI. 회생절차를 계속 진행함이 적정한지의 여부에 관한 의견
1. 경제성 검토
2. 현금유지능력 검토
3. 종합의견

1차 보고서는 회생절차개시결정 후 2개월 내지 3개월 전후의 범위 내에서

제출하고, 보고집회 내지 주요사항요지통보를 진행하기 위해서는 그 이전에 제출되어야 할 것이다. 1차 보고서의 가장 중요한 내용은 계속기업가치가 청산가치를 초과하는지 여부에 관한 것이다. 계속기업가치가 청산가치에 미달하는 경우라면 특별한 사정이 없는 한 법원은 회생절차를 폐지하게 될 것이다. 기업가치 요건을 충족한다는 의견이 제시된 경우, 위 조사보고서를 토대로 회생계획을 작성하게 된다. 회생계획을 작성하면서 추완신고, 공익채권 추가 발견 등 자금수지에 영향을 미치는 사항이 발견될 경우 수행가능성의 문제가 제기되지 않도록 조사위원과 긴밀히 협의하여야 할 것이다. 조사보고서 기준일은 개시결정일인 점, 조사보고서가 제출되는 것은 채권조사기간 종료 직후인 점 등을 감안하면 위 시점 이후의 사정변경은 조사위원에게 정확히 전달하여 2차 조사보고서에 반영되도록 하여야 할 것이다.

2차 조사보고서는 제2·3회 관계인집회 전에 제출하는바, 주된 내용은 회생계획안의 청산가치보장 여부 및 회생계획안의 수행가능성에 관한 것이다. 1차 보고서에서 회생절차를 계속 진행함이 적정하다는 결론을 도출하는 과정에서 이들 요건들도 조사될 수밖에 없다. 따라서 1차보고서에서 회생절차를 계속 진행함이 상당하다는 의견을 제시한 후 2차 보고서에서 청산가치보장원칙이나 수행가능성을 문제 삼는 경우는 많지 않을 것이다.

박원장 사건의 2차 조사보고서의 개요를 소개하면 다음과 같다.

보고자: 조사위원 ○○회계법인 공인회계사 최○○

조사의 목적 및 범위

본 조사는 채무자인 박원장의 '20××간회단 ○○○회생'사건과 관련하여 20××년 12월 15일 제출한 회생계획안의 청산가치보장 및 수행가능성 여부를 조사하는데 그 목적이 있습니다.

본 조사위원은 채무자가 제출한 회생계획안이 각 채권자별로 회생계획에 따른 변제방법이 청산시의 배당액보다 불리하지 아니한 내용인지 여부를 조사하였으며, 변제대상 채무를 모두 포함하고 있는지 여부, 채무면제액과 변제할 채무의 내역 및 변제자금의 조달가능성을 검토하여 채무자가 회생계획을 수행할 수 있는지 여부를 조사하였습니다.

채권자별 청산가치보장 여부

채무자가 제출한 회생계획안에 따른 현재가치 변제율은 87.3%로 나타나 청산시의 예상배당률인 14.41%를 상회하고 있습니다. 또한, 각 채권자별로도 현재가치 변제율이 청산배당률보다 모두 높은 것으로 나타납니다.

따라서, 조사대상 회생계획안은 채권자별 현재가치 변제율이 청산배당률보다 높은 것으로 나타나 "채무자 회생 및 파산에 관한 법률" 제243조 제1항 제4호에 규정된 청산가치보장의 원칙을 준수하고 있습니다.

한편, 위 현재가치 계산시에 적용한 할인율은 회생절차가 개시된 20××년 6월 기준 시중은행의 가중평균가계대출금리인 3.94%(한국은행통계자료)를 적용하였습니다.

회생계획안의 수행가능성

먼저, 변제대상 채무의 완전성을 검토한 결과, 채무자가 제출한 회생계획안이 변제대상 채무를 누락한 사실은 발견되지 않았습니다.

또한, 채무자가 제출한 회생계획안에 따른 변제자금의 조달가능성을 항목별로 검토한 결과, 영업활동을 통한 가용소득 및 자산매각을 통해 창출할 변제자금의 추정은 타당성이 있으며, 채무자가 계획대로 사업을 실현할 경우 회생절차 기간인 20××년까지 영업활동을 통하여 3,048백만원의 자금을 조달할 수 있는 것으로 추정됩니다. 회생절차 기간동안 회생담보권 및 회생채권의 원금과 이자 2,131백만원을 변제하고, 관리인 생활비 882백만원을 지급하면 잉여자금으로 35백만원이 발생하는 것으로 추정됩니다.

따라서, 추정 사업계획이 예상과 같이 실현될 경우 회생기간 동안 창출한 현금흐름으로 회생계획에 따라 회생채권을 변제하면 회생기간 중에 부족자금은 발생하지 아니하므로 "채무자 회생 및 파산에 관한 법률" 제243조 제1항 제2호에 규정된 회생계획의 수행이 가능할 것으로 판단됩니다.

이상으로 조사결과 보고를 마치겠습니다.

조사위원은 보고의무를 다하기 위해서 채무자 측에 채무자의 업무와 재산상태에 관하여 보고를 요구할 수 있고, 장부, 서류, 금전, 그 밖의 물건을 검사할 수 있다. 필요한 경우 법원의 허가를 얻어 감정인을 선임하거나, 집행관의 원조를 요구할 수 있다(법 88조, 79조).

V. 구조조정담당임원(Chief Restructuring Officer: CRO)

① 공동관리인의 선임은 가급적 제한적으로 운영되어야 한다는 점, ② 채무자의 자금수지에 대한 감독 필요성, ② 회생계획인가 전이라도 감사를 선임할 수 있으나, 주주총회결의 등의 절차적인 제약이 있고, 업무의 특성상 회생절차에 기여하는 바가 제한적인 점 등을 고려하여 도입된 것이 구조조정담담임원 제도이다. 구조조정담담임원은 회생절차개시 당시부터 회생절차 전반에 걸친 자문, 자금수지 점검 및 법원과 채권자협의회에 대한 보고, 채권자협의회와의 소통창구, 부인권 행사나 이사 등에 대한 책임추궁과 관련하여 기존 경영자 관리인을 대체하는 기능을 수행한다고 설명된다.[84]

관리인은 특별한 사정이 없는 한 회생절차개시결정일부터 14일 이내에 법원의 허가를 받아 구조조정담당임원을 위촉한다(준칙 219호 2조). 채권자협의회는 법원에 채무자에 대한 구조조정담당임원 후보자를 추천할 수 있다. 법원은 위 추천을 받아 면접 등의 방법을 통하여 적임자를 선정한다. 채권자협의회로부터 추천받은 사람 중에 적임자를 선정하기 어려운 경우에는 기타 적정한 방법으로 적임자를 선정할 수 있다(준칙 219호 3조). 구조조정담당임원의 보수는 관리인이 법원의 허가를 받아 채무자의 자산 및 부채의 규모, 자금 사정 등을 고려하여 정한다(준칙 219호 4조). 구조조정담당임원의 임기는 회생계획 인가 전 회생절차폐지결정이 확정된 날 또는 회생계획 인가 후 감사가 선임된 날까지로 한다(준칙 219호 5조).

구조조정담당임원은 그 업무를 수행할 때 선량한 관리자로서의 주의의무를 다하여야 하고, 업무를 수행하는 과정에서 알게 된 채무자의 영업상의 비밀을 정당한 이유 없이 제3자에게 공개하거나 채무자 이외의 자를 위하여 사용하여서는 아니 된다. 이러한 의무를 담보하기 위하여 서약서를 제출한다(준칙 219호 6조).

84) 실무연구회(상), 251–254면.

구조조정담당임원의 업무는 회생절차 전반에 관한 사항과 관리인에 대한 감독으로 대별된다. 회생절차 전반에 관한 사항은 ① 채권자목록, 시·부인표, 회생계획안 작성 등에 대한 사전검토 및 조언, ② 조사보고서와 관리인의 보고서에 대한 검토 및 자문, ③ 각종 허가신청서와 보고서(월간보고서, 채무자 현황보고서, 관리인보고서 등) 사전검토 및 작성요령 지도, ④ 채권자협의회와의 원활한 의사소통(의견조회 사항 사전협의, 문의사항 답변, 회생계획안 동의를 위한 사전작업), ⑤ 부인권 및 이사 등 책임에 관한 사전조사 및 협의 등이다(준칙 219호 7조 1항 1호 내지 3호). 관리인에 대한 감독의무는 ① 자금수지를 파악하여 월 2회 주심판사, 주무 관리위원 및 채권자협의회에 제공하고, 부적절한 지출이나 입금누락 점검, 특이사항을 법원에 보고하는 것, ② 거래관계 및 업무현황 점검을 위하여 매출 및 매입 과소·과대계상, 허위매출, 부적절한 거래 여부 확인, 가공의 임직원에 대한 급여지출, 판관비 지출의 적정성 등 점검, ③ 자산의 매입, 처분, 설비 이전에 관한 적정성 등 점검, ④ 관리인의 법원에 대한 허가사항 사전점검 및 사후조치 경과 보고, ⑤ 관리인보고서 점검 및 주요사항 의견서 제출, ⑥ 재고자산 등 현장의 직접 점검, ⑦ 관계회사 점검 등이다(준칙 219호 7조 2항 1호 내지 7호).

제5장

회생절차의 채권자

도산절차는 민사적인 권리의 우선순위를 고려하여 실질적인 평등의 원칙을 구현하는 절차이다. 특히, 회생절차는 기업의 재건과 존속을 전제로 하는 것인 만큼, 절차를 준비함에 있어 각각의 채권별로 금액과 우선순위, 절차외적 권리행사 가능성, 조기 전액 변제의 필요성 등을 검토한 후, 예상 자금수지와 비교하는 절차를 반드시 거쳐야 한다.

제 1 절 회생채권

Ⅰ. 개 요

회생채권이란 원칙적으로 채무자에 대하여 회생절차개시 전의 원인에 의하여 생긴 재산상의 청구권을 말한다(법 118조 1호). 회생채권은 일반의 우선권 있는 회생채권[1](법 217조 1항 2호)과 기타의 회생채권(법 217조 1항 3호)으로 대별할 수 있다.

회사정리법상의 후순위정리채권이 폐지되었으나, 현행법 하에서도 파산절차의 경우 '채무자가 채권자와 파산절차에서 다른 채권보다 후순위로 하기로 정한 채권은 그 정한 바에 따라 다른 채권보다 후순위로 한다'는 명문 규정이 있고(법 446조 2항), 회생절차에서도 약정 후순위 회생채권을 인정할 수 있다고 본다.[2]

회생채권과 회생담보권의 변제는 회생계획에 의한 자본구성 변경과 불가분의 관계에 있으므로 종전의 채권·채무관계는 일단 동결할 필요가 있고, 만약 변제를 금지하지 아니하면 채무자의 적극재산이 감소되어 기업의 유지를

1) 사용인의 우선변제청구권(상법 468조), 특별적립금에 대한 우선변제청구권(보험업법 32조, 33조) 등이 이에 해당한다. 근로자의 임금·퇴직금 등도 우선권이 인정(근로기준법 38조)되나, 임금 등은 보다 강력한 보호를 위하여 공익채권으로 취급하고 있다(법 179조 1항 10호). 실무상 조세채권을 대위행사하는 납세보증보험자의 채권도 일반의 우선권 있는 회생채권으로 처리한 사례가 있으나, 조세채권자에 비하여 우월하게 취급할 근거가 없다고 본다.

2) 실무연구회(상), 398면도 동일한 견해이다.

도모할 수 없고, 일부 채권자에게만 회생계획에 의하지 아니하고 우선 변제하는 것은 채권자들 사이의 공평을 해할 염려가 있으므로,[3] 회생채권 및 회생담보권에 관하여는 회생절차가 개시된 후에는 회생계획에 규정된 바에 따르지 아니하고는 변제하거나 변제받는 등 이를 소멸하게 하는 행위(면제를 제외한다)를 하지 못한다(법 131조, 141조 2항). 이에 위반하는 변제행위는 무효이며, 채무소멸의 효과는 발생할 수 없다.

변제금지의 제한을 받더라도 변제기는 유효하므로 지연손해금은 그대로 발생한다. 다만, 회생채권에 대한 개시 후 이자는 회생계획에서 면제하는 것으로 규정하는 것이 일반적이며(법 218조 1항 2호), 채권자들도 별다른 이의를 제기하지 않는다. 회생채권에 대한 개시 후 이자 면제는 확립한 실무라고 보아도 무방한 것으로 보인다.

보증인 및 물상보증인에 대한 권리행사는 여전히 가능하다. 회생채권자 또는 회생담보권자가 회생절차가 개시된 채무자의 보증인 그 밖에 회생절차가 개시된 채무자와 함께 채무를 부담하는 자에 대하여 가지는 권리, 채무자 외의 자가 회생채권자 또는 회생담보권자를 위하여 제공한 담보는 회생계획에 의하여 영향이 없다(법 250조 2항). 개인파산 및 개인회생절차에 관한 법 567조와 625조 3항은 개인채무자에 대한 면책의 효력과 관련하여 파산채권자(개인회생채권자)가 채무자의 보증인 그 밖에 채무자와 더불어 채무를 부담하는 자에 대하여 가지는 권리와 파산채권자(개인회생채권자)를 위하여 제공한 담보에 영향을 미치지 아니함을 규정하고 있다. 위와 같이 도산절차 전반에 걸쳐 보증인에 대한 처우가 가혹하다는 지적이 있었고, 이를 반영하여 채권자가 중소기업진흥공단(중소기업 진흥에 관한 법률 74조의2), 신용보증기금(신용보증기금법 30조의3), 기술보증기금(기술보증기금법 37조의3)인 경우 법 250조 2항, 567조, 625조 3항에도 불구하고 회생계획인가결정을 받는 시점 및 파산선고 이후 면책결정을 받는 시점에 주채무가 감경 또는 면제될 경우 연대보증채무도 동일한 비율로 감경 또는 면제한다고 규정하기에 이르렀다.

2차납세의무자에 대한 체납처분도 여전히 가능하다. 위 보증인에 대한

3) 대법원 1998. 8. 28. 자 98그11 결정.

처우 개선의 연장선상에서 2차납세의무도 개선이 필요하다는 지적이 있으나, 아직 실무 및 입법으로 뒷받침되는 단계는 아니다.

하도급의 경우 일반적으로 원사업자가 발주자로부터 기성을 지급받아 수급사업자에게 지급할 것이나, 하도급법 14조 1항 1호는 "원사업자의 지급정지·파산, 그 밖에 이와 유사한 사유가 있고, 수급사업자가 하도급대금의 직접 지급을 요청한 경우 발주자는 수급사업자가 제조·수리·시공 또는 용역수행을 한 부분에 상당하는 하도급대금을 그 수급사업자에게 직접 지급하여야 한다"는 규정을 두어 회생채권인 수급사업자의 채권을 직불청구권을 통해 보호하고 있다. 건설회사의 회생사건에서는 관리인이 현장을 유지하기 위하여 하도급대금을 지급하고자 하나, 법원은 회생채권에 해당한다는 점을 들어 쉽사리 허가를 하지 않는 상황을 생각할 수 있다. 이 경우 직불청구권 관련 규정은 유효한 대응수단이 될 것이다. 다만, 직불청구권은 원사업자가 중소기업이 아니거나, 수급사업자보다 직전 사업년도 매출액이 많아야 한다는 제한이 있다.[4)]

예외적으로 ① 관리인이 법원의 허가를 받아 변제하는 경우와 ② 우선권 있는 조세채권 등에 대한 체납처분이나 담보물권의 처분 또는 그 속행이 허용되는 경우 및 체납처분에 의한 압류를 당한 채무자의 채권(압류의 효력이 미치는 채권을 포함한다)에 관하여 그 체납처분의 중지 중에 제3채무자가 징수의 권한을 가진 자에게 임의로 이행하는 것은 가능하다(법 131조 1항 단서).

채무자의 거래상대방인 중소기업자가 그가 가지는 소액채권을 변제받지 아니하면 사업의 계속에 현저한 지장을 초래할 우려가 있는 때와 회생채권을 변제하지 아니하고는 채무자의 회생에 현저한 지장을 초래할 우려가 있다고 인정하는 때에는 법원은 회생계획인가결정 전이라도 채무자, 관리인 등의 신청에 의하여 그 전부 또는 일부의 변제를 허가할 수 있다(법 132조 1항 및 2항). 법원은 위 허가를 함에 있어서는 관리위원회 및 채권자협의회의 의견을 들어야 하며, 채무자와 채권자의 거래상황, 채무자의 자산상태, 이해관계인의 이해 등 모든 사정을 참작하여야 한다(법 132조 3항).

실무 팁) 위와 같은 소액채권들을 그대로 회생절차에 가지고 들어올 경우

4) 이에 대한 법령의 상세한 내용은 부인권 관련 서술을 참조하기 바란다.

회생채권으로서 변제금지의 제한을 받게 되고, 재판부 허가를 받아야 하는 것은 매우 번잡하다. 회생계획에 조기변제 조항을 두더라도, 조기변제의 대상은 권리변경 후의 금액이므로 채권자들의 불만이 큰 점, 출자전환과 관련한 업무가 과중해지는 점, 소액채권을 변제하지 못할 경우 기업에 대한 사회적 평가에 부정적 영향을 미치는 점 등에 비추어 신청 전에 일정액의 소액채권들은 변제하고 회생절차를 진행할 것을 고려할 필요가 있다. 다만, 편파변제에 해당할 정도로 다액이어서는 안 될 것이다.

Ⅱ. 회생채권의 요건

1. 채무자에 대한 청구권

가. 채권적 청구권

채무자의 일반재산을 담보로 하는 채권적 청구권을 말하며, 소유권이나 특허권 등에 기한 물권적 청구권 및 유사의 권리, 점유방해배제 및 방해예방청구권 등은 회생채권이 아니다. 다만 물권 기타 절대권을 침해를 이유로 하는 손해배상청구권, 부당이득반환청구권은 회생채권에 해당한다.

나. 공법상 채권

회생채권의 요건을 충족하는 한 공법상의 채권이라도 무방하며, 회생절차개시 전의 벌금·과료·형사소송비용·추징금 및 과태료(법 140조 1항), 국세징수법 또는 지방세기본법에 의하여 징수할 수 있는 청구권, 국세징수의 예에 의하여 징수할 수 있는 청구권[5] 등이 이에 해당한다. 회생절차개시결정 전에 법률에 의한 과세요건이 충족되어 있으면 그 부과처분이 회생절차개시 후에 있는

5) 징수우선순위가 일반 회생채권보다 우선(법 140조 2항)하는지 여부를 불문하고 모두 회생채권이다. 다만 일반회생채권보다 우선하지 않는 것에 기한 체납처분은 개시결정 이후 금지되며(법 58조 1항 3호), 이들 채권은 일반의 회생채권과 동일하게 권리변경의 대상이 된다. 권리변경을 함에 있어 우선권 있는 채권과 달리 징수권자의 의견을 묻거나 동의를 받을 필요가 없다(법 140조 2항 및 3항). 우선권 있는 채권은 어느 조에도 속하지 않고(법 236조 2항 단서), 의결권을 행사할 수도 없음(법 191조 2호)에 반하여 우선권 없는 채권은 회생채권으로 조분류를 하고, 해당 금액만큼의 의결권을 부여한다.

경우라도 그 조세채권은 회생채권이다.[6)]

회생채권 중 ① 원천징수하는 조세, 다만, 「법인세법」 67조(소득처분)의 규정에 의하여 대표자에게 귀속된 것으로 보는 상여에 대한 조세는 원천징수된 것에 한한다. ② 부가가치세·개별소비세·주세·교통세 등, ③ 본세의 부과·징수의 예에 따라 부과·징수하는 교육세·농어촌특별세, ④ 특별징수의무자가 징수하여 납부하여야 할 지방세로서 회생절차개시 당시 아직 납부기한이 도래하지 아니한 것(법 179조 1항 9호)은 회생절차개시 전에 성립하였더라도 특별히 공익채권으로 규정하고 있다. 법인세법 67조에 의한 인정상여의 경우 회생절차개시 전에 소득처분 및 소득금액변동통지가 있었고, 개시 당시 납부기간이 경과(도래)하지 않은 청구권 중 개시 당시 원천징수가 이루어지지 않은 것은 회생채권이다.[7)]

다. 사단관계 채권

회생절차개시 전 주총결의에 따라 발생한 주주 등의 배당금·건설이자청구권, 정관 또는 주총결의에 따라 회생절차개시 전 발생한 임원의 보수청구권 등 사단관계로부터 발생하는 채권도 회생채권이다.

임원의 보수는 등기임원 여부를 불문하고 모두 회생채권이다. 따라서 급여지급 허가를 신청할 경우 개시 전일까지 부분은 회생채권으로서 제외하고, 허가를 신청하여야 한다. 임원이나, 사실상 고용관계인 경우라면 별도의 공익채권승인허가를 득하여야 한다.

2. 재산상의 청구권

비재산상의 청구권은 회생채권이 될 수 없다. 부작위를 내용으로 하는 청구권은 그 위반으로 인해 손해배상청구권으로 내용이 변경된 경우가 아닌 한 회생채권이 아니다. 회생절차에서는 금전화·현재화의 원칙[8)]을 취하지 않고 있

6) 대법원 2002. 9. 4. 선고 2001두7268 판결.

7) 상세한 것은 공익채권의 해당 부분을 참조.

8) 법 425조는 파산채권인 자동채권에 대하여 파산선고로 인한 변제기 도래를 의제하고, 417조는 파산선고 시에 기한부 또는 해제조건부인 채권은 물론 비금전채권인 경우에도 평가(426조)를 거쳐 상계를 인정하고 있다.

기 때문에 재산상의 청구권인 이상 금전채권에 한정되지 아니하고, 비금전채권도 그 대상이 된다.

대법원은 골프회원권의 금전채권적인 측면 외에 골프장과 그 부대시설을 이용할 수 있는 비금전채권의 측면도 회생채권이 될 수 있다고 판시한 바 있다.[9] 회원제 골프장은 운영주체에 따라 주주회원제, 사단법인제, 예탁금회권제 등으로 구별되고, 주주회원제나 사단법인제의 경우 회원들이 운영주체이므로 예탁금이나 입회금 반환의 문제는 생기지 않는다. 예탁금회원은 시설의 우선적 이용권, 일정 사유 발생 시 입회금반환을 구할 권리를 보유하는바, 입회금반환청구권은 당연히 회생채권으로 권리변경될 것이다. 시설이용권은 회원제골프장 회생사건이 대체로 대중제전환을 내용으로 하는 관계로 전환되는 시점에서는 기존 회원의 시설이용권을 소멸시켜야 하고, 회생채권의 권리변경 및 변제방법 중 회생채권 입회보증금채무 란에 '회생계획 인가 후 대중제 골프장 변경등록일의 직전 영업일에 체육시설법의 적용을 받지 아니하는 일반채권이 되며, 골프장회원으로서의 이용권은 소멸한다'는 취지를 규정하고 있다.[10]

장래의 주식인도청구권도 비금전채권인 회생채권에 해당한다. 채무자 또는 채권자들이 도산절차 관련 신청을 할 경우 합작투자회사 주식에 대한 공정시장가격의 감정을 요구하고, 채무자 소유의 합작투자회사 주식 전부를 상대방 또는 상대방이 지명하는 자에게 공정시장가격으로 매도할 것을 요구할 수 있다는 합작투자계약에 근거하여, 합작투자계약을 인수한 원고는 채무자에 대하여 위 해지권 및 주식매도청구권 행사를 조건으로 주식의 인도를 청구할 정지조건부의 회생채권을 가진다.[11]

---

9) 대법원 1989. 4. 11. 선고 89다카4113 판결.

10) 나청, 회원제골프장 회생절차의 실무상 쟁점에 관한 소고, 2015년 한국도산법학회 추계학술세미나 발표자료, 61면 내지 62면.

11) 서울중앙지방법원 2004. 10. 22. 선고 2003가합78569 판결.

3. 회생절차개시 전의 원인에 기한 청구권

가. 원 칙

회생절차개시 당시 이미 청구권의 내용이 구체적으로 확정되거나 변제기가 도래하였을 것까지 요하는 것은 아니고, 적어도 청구권의 주요한 발생원인이 개시결정 전에 갖추어져 있으면 족하다. 다만 청구권 발생에 대한 단순한 기대권에 불과하다면 이에 해당하지 아니한다.[12)]

건축공사의 도급계약에 있어서는 이미 그 공사가 완성되었다면 특별한 사정이 있는 경우를 제외하고는 이제 더 이상 공사도급계약을 해제할 수는 없다고 할 것이고, 회생절차개시 전에 이미 건물을 완공하여 인도하는 등으로 건축공사 도급계약을 해제할 수 없게 되었다면 수급인은 회생절차개시 전에 도급계약에 관하여 그 이행을 완료한 것으로 보아야 한다. 이러한 경우 수급인에 대한 회생절차개시 후에 완성된 목적물의 하자로 인한 손해가 현실적으로 발생하였더라도, 특별한 사정이 없는 한 하자보수에 갈음하는 손해배상청구권의 주요한 발생원인은 회생절차개시 전에 갖추어져 있다고 봄이 타당하므로, 위와 같은 도급인의 하자보수에 갈음하는 손해배상청구권은 회생채권에 해당한다고 보아야 한다. 나아가 위 하자담보책임을 넘어서 수급인이 도급계약에 따른 의무를 제대로 이행하지 못함으로 말미암아 도급인의 신체 또는 재산에 확대손해가 발생하여 수급인이 도급인에게 그 손해를 배상할 의무가 있다고 하더라도, 특별한 사정이 없는 한 도급인의 위와 같은 채무불이행으로 인한 손해배상청구권 역시 회생절차개시 전에 주요한 발생원인을 갖춘 것으로서 회생채권에 해당한다고 할 것이다.[13)]

채무자에 대한 회생절차개시 전에 과징금 부과의 대상인 행정상의 의무위반행위 자체가 성립하고 있으면, 그 부과처분이 회생절차개시 후에 있는 경우라도 그 과징금청구권은 회생채권이 된다.[14)]

---

12) 대법원 2012. 11. 29. 선고 2011다84335 판결.

13) 대법원 2015. 6. 24. 선고 2014다220484 판결.

14) 법 140조 1항, 251조 단서가 규정하는 비면책채권들(회생절차개시 전의 벌금·과료·형사소송비용·추징금 및 과태료의 청구권)은 한정적으로 열거된 것이므로 과징금 청구권은 이에 해당하지 아니하고, 부과처분에 의하여 구체적으로 정하여질 과징금 청구권이 회생

회생절차개시 전에 발생한 차임채권은 회생채권이며, 개시 후 관리인이 이행을 선택한 경우 법 179조 1항 7호의 공익채권이다. 반면 공사기성금채권의 경우 공사대금의 지급방법에 관하여 쌍방이 매월 1회씩 그 기성고에 따라 지급하기로 약정한 것이라고 보일 뿐, 중간공정(예컨대, 제작, 도장, 운송, 설치기성 등)을 완료할 때마다 완성된 부분의 기성고를 확정하고 그에 대한 공사대금을 지급하기로 한 것이 아니라면, 수급인이 완성하여야 하는 공사는 원칙적으로 불가분이므로 발생 시점이 개시결정 이후인지 여부를 묻지 않고 전체를 공익채권으로 보아야 한다.[15)]

기한이 회생절차개시 후에 도래하는 이자 없는 채권은 회생절차가 개시될 때부터 기한에 이르기까지의 법정이율에 의한 이자와 원금의 합계가 기한 도래 당시의 채권액이 되도록 계산한 다음 그 채권액에서 그 이자를 공제한 금액을 채권액으로 정하며(법 134조), 금액과 존속기간이 확정되어 있는 정기금채권도 동일하게 처리한다(법 135조). 기한이 불확정한 이자 없는 채권과 금액 또는 존속기간이 불확정인 정기금채권(법 136조), 채권의 목적이 금전이 아니거나 그 액이 불확정한 때와 외국의 통화로서 정하여진 때(법 137조), 조건부채권과 채무자에 대하여 행사할 수 있는 장래의 청구권(법 138조)은 회생절차가 개시된 때를 기준으로 평가하여 금액을 정한다.

나. 예 외

예외적으로 채권이 회생절차개시 후에 생겼음에도 회생채권으로 규정하고 있는 것이 있다. 이 중 법 118조 2호 내지 4호의 채권은 의결권을 부여할 수 없고(법 191조 3호), 변제조건에 있어서 일반의 회생채권보다 불리한 취급을 받을 수 있다(법 218조 1항 2호).

(1) 미이행쌍무계약을 해제한 경우

관리인이 미이행 쌍무계약의 해제(해지)를 선택함에 따라 상대방이 취득하

채권으로 신고되지 않은 채 회생계획인가결정이 된 경우에는 법 251조 본문에 따라 그 과징금 청구권에 관하여 면책의 효력이 발생하므로, 회생계획인가결정 후에 한 부과처분은 부과권이 소멸된 뒤에 한 부과처분이어서 위법하다(대법원 2013. 6. 27. 선고 2013두5159 판결).

15) 대법원 2004. 8. 20. 선고 2004다3512,3529 판결.

는 손해배상청구권(법 119조, 121조)은 회생채권이며, 이행을 선택할 경우 상대방의 채권은 공익채권이다(법 179조 1항 7호).

(2) 환어음 등 지급인의 자금관계상 채권

환어음 또는 수표의 발행인 또는 배서인인 채무자에 관하여 회생절차가 개시된 경우 지급인 또는 예비지급인이 그 사실을 알지 못하고 인수 또는 지급을 한 경우 지급인 등의 자금관계상의 채권(법 123조 1항, 2항)은 회생채권이나, 지급인 등이 악의인 경우(123조 3항, 68조)에는 개시후기타채권이다. 개시후기타채권은 회생절차가 개시된 때부터 회생계획으로 정하여진 변제기간이 만료하는 때(회생계획인가의 결정 전에 회생절차가 종료된 경우에는 회생절차가 종료된 때, 그 기간만료 전에 회생계획에 기한 변제가 완료된 경우에는 변제가 완료된 때를 말한다)까지의 사이에는 변제를 하거나 변제를 받는 행위 그 밖에 이를 소멸시키는 행위(면제를 제외한다)를 할 수 없고(법 181조 1항), 위 기간 중에는 개시후기타채권에 기한 채무자의 재산에 대한 강제집행, 가압류, 가처분 또는 담보권 실행을 위한 경매의 신청을 할 수 없다(법 181조 2항).

(3) 차임의 선급 또는 차임채권의 처분

임대인인 채무자에 대하여 회생절차가 개시된 경우 차임의 선급 또는 차임채권의 처분은 회생절차가 개시된 때의 당기와 차기에 관한 것을 제외하고는 회생절차와의 관계에서는 그 효력을 주장할 수 없고(법 124조 1항), 회생절차와의 관계에서 그 효력을 주장하지 못함으로 인하여 손해를 받은 자는 회생채권자로서 손해배상청구권을 행사할 수 있다(법 124조 2항). 위 규정의 취지는 채무자가 임차인과 통모하여 차임채권을 사전에 처분하거나, 다액의 선급차임이 있다고 주장함으로써 채무자의 재산충실을 해하는 것을 방지하기 위한 것이다.[16)]

사 견) 위 규정은 다음과 같은 점에서 입법론적으로 의문이다. ① 차임채권의 처분은 부인권으로 규제하면 족하다. ② 자금부족에 처한 채무자가 차임을 선급받아 운영자금을 확보하는 상황은 얼마든지 있을 수 있다. 그럼에도,

16) 실무연구회(상), 394면.

회생절차가 개시되었다고 하여 당기 및 차기의 선급분만 인정하고, 나머지는 회생채권으로 취급되어 권리변경을 당하고, 차차기 이후의 차임은 계속 납부해야 한다는 것은 회생절차의 편익에 치우쳐 형평을 침해한다. 선급분만큼 임차물의 사용을 용인하면 회생채권은 변제되는 것이고, 달리 채무자의 재산충실을 해한다고 보기도 어렵다.

(4) 상호계산 폐쇄 후 잔액 청구권

상호계산은 당사자의 일방에 관하여 회생절차가 개시된 때에는 종료하며, 각 당사자는 계산을 폐쇄하고 잔액의 지급을 청구할 수 있다(법 125조 1항). 채무자의 상대방이 갖게 된 잔액지급청구권은 회생채권이다(법 125조 2항).

(5) 개시 후 이자

회생절차개시 후의 이자는 파산절차에 관한 법 446조 1항 1호에서 후순위채권으로 규정하고 있음에 반하여, 회생절차에서는 회생채권으로 취급된다(법 118조 2호). 개시결정 당일을 포함하며, 회생절차개시신청이 대출계약 등에서 정한 기한이익상실사유인 경우 채무자는 원금에 관한 기한의 이익을 상실하고 그 시점에서 원금상환채무의 이행기가 도래한다는 것일 뿐, 앞으로 순차로 발생할 이자의 상환채무까지 한꺼번에 그 이행기가 도래하는 것은 아니다.[17)]

(6) 개시 후의 손해배상금 및 위약금

회생절차개시 후의 불이행으로 인한 손해배상금 및 위약금은 파산절차에 관한 법 446조 1항 2호에서 후순위채권으로 규정하고 있는 것과 달리, 회생채권으로 취급한다(법 118조 3호). 회생절차개시 전부터 채무자에게 재산상 청구권의 불이행이 있기 때문에 상대방에 대하여 손해배상금을 지급하거나 위약금을 정기적으로 지급하여야 할 관계에 있을 때 그 계속으로 개시 후에 발생하고 있는 손해배상 및 위약금 청구권을 의미한다.[18)]

(7) 회생절차 참가비용(4호)

파산절차에서 후순위채권으로 취급(법 446조 1항 3호)하는 것과 달리 본 절

---

17) 대법원 2002. 5. 10. 선고 2001다65519 판결.

18) 대법원 2004. 11. 12. 선고 2002다53865 판결.

차에서는 회생채권이다(법 118조 4호). 회생절차개시신청비용이 여기에 해당하는지 의문이 있을 수 있으나, 채권자 등의 공동의 이익을 위하여 지출한 비용으로서 179조 1항 1호의 공익채권으로 판단된다. 채무자 외의 자가 신청할 경우 예납한 절차비용은 회생절차개시 후 채무자의 재산으로부터 상환받을 수 있고, 이는 공익채권이다(법 39조 3항 및 4항). 39조의 문언에 비추어 채권자가 상환 받을 수 있는 것은 법원이 정하는 금액이므로 예납금 등 절차비용을 말하고, 신청대리인에게 지급한 수임료는 여기에 해당하지 않는다고 본다.

(8) 부인권 행사 이후 반대급부의 반환청구권

채무자의 행위가 부인된 경우 채무자가 받은 반대급부에 의하여 생긴 이익이 채무자의 재산 중에 현존하지 아니하는 경우 반대급부의 가액상환을 구할 권리(법 108조 1항 3호), 채무자가 받은 반대급부에 의하여 생긴 이익의 일부가 채무자의 재산 중에 현존하는 때에는 반대급부와 현존이익과의 차액의 상환을 청구할 권리[19](법 108조 3항 4호) 등도 회생채권에 해당한다.

4. 강제할 수 있는 청구권

회생절차는 집단적인 강제집행절차의 성격을 가지므로 강제집행이 불가능한 청구권은 회생채권이 될 수 없다. 따라서 불법원인급여에 대한 반환청구권, 시효완성된 채권은 회생채권이 될 수 없다.

파산절차에서 면책된 채권이 회생채권으로 절차에 참여할 수 있는지 문제된다. 면책결정은 책임을 면제하는 것이므로 채무 자체의 소멸을 가져오는 것은 아니지만, 강제할 수 없는 청구권인 이상 회생절차에서 그 권리를 실현할 수는 없다.[20]

19) 현존이익에 관한 청구권은 공익채권이다(법 108조 3항 4호).

20) 이와 관련하여 대법원은 법 566조 본문은 면책을 받은 채무자는 파산절차에 의한 배당을 제외하고는 파산채권자에 대한 채무의 전부에 관하여 그 책임이 면제된다고 규정하고 있고, 면책이라 함은 채무 자체는 존속하지만 파산채무자에 대하여 이행을 강제할 수 없다는 의미이므로 면책결정이 확정되면, 면책된 채권은 통상의 채권이 가지는 소 제기 권능을 상실하므로, 원고의 대여금 청구는 권리보호이익이 없다고 판시한 바 있다(대법원 2015. 9. 10. 선고 2015다28173 판결).

부제소·부집행 합의가 있을 경우 그 채권을 회생절차에서 주장하는 것까지 배제하는 취지라면 회생채권이 될 수 없다는 견해가 있으나,[21] 당사자의 진정한 의도는 채무자의 자발적 이행을 기대하고 있는 것이므로 면책된 채권과 동일하게 권리행사를 제한하는 것이 타당하다.

5. 물적 담보를 가지지 않는 청구권

관리인은 취임 후 지체 없이 채무자에게 속하는 모든 재산의 회생절차개시 당시의 가액을 평가하여야 한다(법 90조). 그 결과 물적 담보를 가지는 청구권(회생담보권)이라도 그 담보권의 목적의 가액을 초과하는 부분은 회생채권이다(법 141조 4항).

장래 발생하는 채권이 담보목적으로 양도된 후 채권양도인에 대하여 회생절차가 개시되었을 경우, 회생절차개시결정으로 채무자의 업무의 수행과 재산의 관리 및 처분 권한은 모두 관리인에게 전속하게 되는데(법 56조 1항), 회생절차가 개시된 후 발생하는 채권은 채무자가 아닌 관리인의 지위에 기한 행위로 인하여 발생하는 것으로서 채권양도담보의 목적물에 포함되지 아니하고, 이에 따라 그러한 채권에 대해서는 담보권의 효력이 미치지 아니한다는 것이 판례이다.[22]

---

21) 실무연구회(상), 392면

22) 대법원 2013. 3. 28. 선고 2010다63836 판결.
의사 甲이 乙 은행으로부터 대출을 받으면서 국민건강보험공단에 대한 향후 의료비 등 채권을 담보목적물로 한 채권양도담보계약을 체결하였는데, 乙 은행이 담보목적물 중 일부인 그 당시 현존 의료비 등 채권에 대하여 담보권을 실행하여 공단으로부터 채권 일부를 회수한 후 甲에 대하여 회생절차가 개시된 사안에서, 乙 은행이 피담보채권인 대출금채권 전액의 만족을 얻지 아니한 이상, 담보권 실행 후 발생하는 의료비 등 채권에 대해서도 담보권을 실행할 수 있고, 담보권 실행으로 인하여 그 후 발생하는 의료비 등 채권에 대하여 담보권의 효력이 미치지 아니하게 되는 것은 아니지만, 담보권 실행 후 甲에 대한 회생절차개시 당시까지 담보목적물인 채권이 남아 있지 아니하였고, 회생절차개시 후에 의료비 등 채권이 추가로 발생하였더라도 그러한 채권에 대해서는 더 이상 담보권의 효력이 미치지 아니하기 때문에, 乙 은행의 잔존 대출금채권은 담보목적물이 존재하지 아니하는 회생채권이라고 판시한 사안이다.

Ⅲ. 조세 등 채권의 취급

1. 회생절차개시신청 시

가. 통지 및 의견의 진술

주식회사인 채무자에 대하여 회생절차개시의 신청이 있는 때에는 법원은 채무자의 주된 사무소 또는 영업소(외국에 주된 사무소 또는 영업소가 있는 때에는 대한민국에 있는 주된 사무소 또는 영업소를 말한다)의 소재지를 관할하는 세무서장에게 통지하고(법 40조 1항 3호), 필요하다고 인정하는 때에는 국세징수법 또는 지방세기본법에 의하여 징수할 수 있는 청구권(국세징수의 예, 국세 또는 지방세 체납처분의 예에 의하여 징수할 수 있는 청구권으로서 그 징수우선순위가 일반 회생채권보다 우선하는 것을 포함한다)에 관하여 징수의 권한을 가진 자에게 회생절차에 관한 의견의 진술을 요구할 수 있다(법 40조 2항).

나. 중지명령과 포괄적 금지명령

법원은 회생절차개시의 신청이 있는 경우 필요하다고 인정하는 때에는 이해관계인의 신청에 의하거나 직권으로 회생절차개시의 신청에 대한 결정이 있을 때까지 국세징수법 또는 지방세기본법에 의한 체납처분, 국세징수의 예(국세 또는 지방세 체납처분의 예를 포함한다)에 의한 체납처분 또는 조세채무담보를 위하여 제공된 물건의 처분과 관련된 절차의 중지를 명할 수 있다. 이 경우 징수의 권한을 가진 자의 의견을 들어야 한다(법 44조 1항). 44조는 우선권 유무에 관하여 규정하지 않고 있으므로, 징수우선순위를 불문하고 그 대상이 된다고 할 것이다.

국세징수법 또는 지방세기본법에 의한 체납처분, 국세징수의 예(국세 또는 지방세 체납처분의 예를 포함한다)에 의한 체납처분 또는 조세채무담보를 위하여 제공된 물건의 처분도 포괄적 금지의 대상이 된다.[23]

---

23) 입법적으로 해결하여야 한다는 주장(실무연구회(상), 106면, 112면)과 현행법상 중지 및 금지의 대상이 된다는 저자의 주장에 대하여는 4장을 참조할 것.

2. 개시결정이 있는 경우

가. 체납처분의 금지 및 중지

회생절차개시결정이 있는 때에는 국세징수의 예에 의하여 징수할 수 있는 청구권으로서 그 징수우선순위가 일반 회생채권보다 우선하지 아니한 것에 기한 체납처분을 할 수 없고(법 58조 1항 3호), 국세징수의 예에 의하여 징수할 수 있는 청구권으로서 그 징수우선순위가 일반 회생채권보다 우선하지 아니한 것에 기한 체납처분은 중지된다(법 58조 2항 3호).[24)]

회생절차개시결정이 있는 때에는 1. 회생절차개시결정이 있는 날부터 회생계획인가가 있는 날까지, 2. 회생절차개시결정이 있는 날부터 회생절차가 종료되는 날까지, 3. 회생절차개시결정이 있는 날부터 2년이 되는 날까지의 기간 중 말일이 먼저 도래하는 기간 동안 회생채권 또는 회생담보권에 기한 채무자의 재산에 대한 국세징수법 또는 지방세기본법에 의한 체납처분, 국세징수의 예에 의하여 징수할 수 있는 청구권으로서 그 징수우선순위가 일반 회생채권보다 우선하는 것에 기한 체납처분과 조세채무담보를 위하여 제공된 물건의 처분은 할 수 없으며, 이미 행한 처분은 중지된다. 이 경우 법원은 필요하다고 인정하는 때에는 관리인의 신청에 의하거나 직권으로 1년 이내의 범위에서 그 기간을 늘일 수 있다(법 58조 3항).

나. 중지된 절차의 속행

법원은 회생에 지장이 없다고 인정하는 때에는 관리인이나 140조 2항의 청구권에 관하여 징수의 권한을 가진 자의 신청에 의하거나 직권으로 중지한 절차 또는 처분의 속행을 명할 수 있으며, 회생을 위하여 필요하다고 인정하는 때에는 관리인의 신청에 의하거나 직권으로 담보를 제공하게 하거나 제공하게 하지 아니하고 중지한 절차 또는 처분의 취소를 명할 수 있다(법 58조 5항).[25)]

---

24) 회사정리법 하에서는 우선권 유무를 구별하지 않고 여러 특칙을 두었으나, 현행법은 징수우선순위가 일반회생채권에 우선하는 청구권만을 조세채권과 동등하게 다루고 있다. 국세징수의 예에 의하여 징수할 수 있는 청구권으로서 징수 순위가 일반채권에 우선하는 것은 4대보험료가 대표적이며, 과태료, 국유재산법상의 사용료·대부료·변상금채권은 국세징수의 예에 의하지만 우선권은 부여되어 있지 않다.

25) 법 58조 5항은 '제2항의 규정에 의하여 중지한 절차 또는 처분'이라고 규정하고 있으나,

속행된 절차 또는 처분에 관한 채무자에 대한 비용청구권은 공익채권이다(법 58조 6항).

다. 변제에 관한 특칙

회생채권에 관하여는 회생절차가 개시된 후에는 법에 특별한 규정이 있는 경우를 제외하고는 회생계획에 규정된 바에 따르지 아니하고는 변제하거나 변제받는 등 이를 소멸하게 하는 행위(면제를 제외한다)를 하지 못하나(법 131조 본문), 140조 2항의 청구권에 관하여 예외가 인정된다(법 131조 단서).

라. 신고의무

회생절차개시 전의 벌금·과료·형사소송비용·추징금 및 과태료의 청구권, 국세징수법 또는 지방세기본법에 의하여 징수할 수 있는 청구권(국세징수의 예에 의하여 징수할 수 있는 청구권으로서 그 징수우선순위가 일반 회생채권보다 우선하는 것을 포함한다)을 가지고 있는 자는 지체 없이 그 액 및 원인과 담보권의 내용을 법원에 신고하여야 한다(법 156조 1항). '지체 없이'는 위 채권을 회생계획에 반영하기 위한 시간적 여유가 있어야 하므로, 회생계획안 심리를 위한 관계인집회 전까지를 의미하고, 그 시점까지 신고가 없을 경우 실권된다.[26)]

관리인은 법 156조 1항의 규정에 의하여 신고된 청구권의 원인이 행정심판, 소송 그 밖의 불복이 허용되는 처분인 때에는 그 청구권에 관하여 채무자가 할 수 있는 방법으로 불복을 신청할 수 있다(법 157조 1항). 채무자가 할 수 있는 방법으로 불복을 신청할 수 있다는 의미는 신고채권에 대하여 관리인이 채권조사에서 이의할 경우 이의채권의 보유자가 이의자를 상대로 채권조사확정재판을 신청하는 것이 아니라, 관리인이 행정소송 등 통상의 불복방법을 강구하여야 한다는 의미이다. 이는 우선권 없는 청구권이라도 행정처분으로서의 공정력이 인정되는 이상 동일하게 보아야 한다. 결국 조세 등 청구권은 신고를 필요로 하나, 채권조사의 대상이 되지 않고, 관리인이 행정소송 등으로 다투지 않는 한 신고한 금액 그대로 인정하여야 한다.

위 규정은 '제2항 및 제3항'의 오기로 본다. 실무연구회(상), 403면.

26) 대법원 2002. 9. 4. 선고 2001두7268 판결.

사 견) 위 신고에 관리인이 이의가 있더라도 변제계획 및 자금수지에는 반영하여야 하고, 추후 행정소송을 제기하여 승소할 경우에는 해당 금액의 처분에 관하여 별도의 규정을 두어야 한다.

마. 부인권 행사 제한

채무자가 회생채권자 또는 회생담보권자를 해하는 것을 알고 한 행위는, 행위 당시 수익자가 회생채권자 또는 회생담보권자를 해하는 사실을 알지 못한 경우가 아닌 한 관리인이 부인할 수 있으나(법 100조 1항 1호), 법 140조 1항 및 2항의 청구권에 관하여 그 징수의 권한을 가진 자에 대하여 한 담보의 제공 또는 채무의 소멸에 관한 행위는 이에 해당하지 아니한다(법 100조 2항). 법 100조 2항의 반대해석으로 우선권 없는 청구권 등에 대한 변제나 담보제공은 부인의 대상이 될 것이다.

3. 회생계획에 관한 특칙

가. 권리변경의 제한과 공정·형평의 원칙 배제

법 217조 2항은 법 140조 1항과 2항의 청구권에 관하여 공정·형평의 원칙을 배제하고 있는바, 1항의 채권은 권리변경을 불허하고, 2항의 채권도 일반의 회생채권보다 특별한 취급을 하고 있으므로 공정·형평의 원칙을 배제한다는 것은 조세 등 채권의 일반회생채권에 대한 우위를 인정한 주의적 규정이라고 할 것이다. 우선권 없는 청구권은 일반의 회생채권과 동일하게 권리변경의 대상이 된다고 할 것이다.

회생절차개시 전의 벌금·과료·형사소송비용·추징금 및 과태료의 청구권에 관하여는 회생계획에서 감면 그 밖의 권리에 영향을 미치는 내용을 정하지 못한다(법 140조 1항). 동 조 2항 및 3항은 우선권 있는 조세 등 채권에 대한 징수유예 등 권리변경의 요건을 정하고 있는바, 1항의 채권에 대하여 근거 없이 우선권 있는 조세 등 채권에 비하여 우월적 지위를 부여하고 있는 것은 아닌지 의문이다. 최근에는 현금영수증 과태료와 같이 조세채권 이상으로 다액의 채권이 발생하는 경우가 많은바, 이에 대해 권리변경을 불허하게 되면 사실상 회생계획을 수행할 수 없게 되는 문제가 발생할 수 있다. 박원장 사건의 경우 8억원이 넘는 현금영수증 과태료가 발생하였고, 법문을 그대로 적용할 경우 권리변경을 할 수 없어 회생계획의 수행가능성이 없었던 사안이다. 종국에는 2항과 3항을 유추하여 회생계획에서 7년 분할상환을 정하고, 과세관청의 동의를 받았으며, 의결권은 배제하는 방식으로 처리하였다.

나. 징수유예에 대한 의견진술 및 동의

회생계획에서 국세징수법 또는 지방세기본법에 의하여 징수할 수 있는 청구권(국세징수의 예에 의하여 징수할 수 있는 청구권으로서 그 징수우선순위가 일반 회생채권보다 우선하는 것을 포함한다)에 관하여 3년 이하의 기간 동안 징수를 유예하거나 체납처분에 의한 재산의 환가를 유예하는 내용을 정하는 때에는 징수의 권한을 가진 자의 의견을 들어야 한다(법 140조 2항).

회생계획에서 2항의 규정에 의한 청구권에 관하여 3년을 초과하는 기간 동안 징수를 유예하거나 체납처분에 의한 재산의 환가를 유예하는 내용을 정하거나, 채무의 승계, 조세의 감면 또는 그 밖에 권리에 영향을 미치는 내용을 정하는 때에는 징수의 권한을 가진 자의 동의를 얻어야 한다(법 140조 3항).

다. 의결권 배제

140조 1항 및 2항의 청구권을 가지는 자는 의결권을 행사할 수 없고(법 191조 2호), 별도로 조분류를 하지 아니한다(법 236조 2항 단서). 우선권 없는 조세채권 등은 일반의 회생채권으로서 권리변경의 대상이 되므로, 회생채권으로 분류하고, 의결권을 부여한다.

라. 변제자대위의 문제

납세보증보험은 보험금액의 한도 안에서 보험계약자가 보증 대상 납세의무를 납기 내에 이행하지 아니함으로써 피보험자가 입게 되는 손해를 담보하는 보증보험으로서 보증에 갈음하는 기능을 가지고 있어, 보험자의 보상책임을 보증책임과 동일하게 볼 수 있으므로, 납세보증보험의 보험자가 그 보증성에 터잡아 보험금을 지급한 경우에는 변제자대위에 관한 민법 481조를 유추적용하여 피보험자인 세무서가 보험계약자인 납세의무자에 대하여 가지는 채권을 대위행사할 수 있다. 채무를 변제할 이익이 있는 자가 채무를 대위변제한 경우에 통상 채무자에 대하여 구상권을 가짐과 동시에 민법 481조에 의하여 당연히 채권자를 대위하나, 위 구상권과 변제자 대위권은 그 원본, 변제기, 이자, 지연손해금의 유무 등에 있어서 그 내용이 다른 별개의 권리이다.[27] 변제자대위는 구상권의 실현을 위한 제도이므로, 대위자는 자기의 권리에 의하여 구상할 수 있는 범위에서 채권 및 그 담보에 관한 권리를 행사할 수 있고(민법 482조 1항), 대위하지 않고 구상권을 행사할 수도 있다(민법 441조 2항, 425조 2항).

대위변제자에게 회생절차에서 인정되는 조세채권에 관한 특칙들이 적용될 것인지와 관련하여 논의가 있다.[28] 서울회생법원의 실무는 일반의 우선권 있는 회생채권자로 분류하여 의결권을 부여하고, 징수권자의 권리인 권리변경에 대한 의견진술권과 동의권은 인정하지 않고 있다고 한다.[29]

사 견) 변제자대위로 채권이 이전된다고 하여 징수권자의 공법적 지위가 이전되는 것은 아니므로 조세채권과 동일하게 취급할 수는 없고, 조세채권의 이전이라는 현상을 무시하고 일반의 회생채권으로 취급할 수도 없다는 것이 논의의 중점으로 보인다. 대위변제자에게 종래의 채권자보다 우월한 권리를 인정할 수는 없을 것이므로 조세채권과 동일하게 분할변제 원칙을 적용하되, 의결권은 부여하지 않는 것이 타당하다. 대부분의 사건에서 우선권 있는 회생채권자가 등장하는 경우는 거의 없고, 있다고 하더라도 그 채권은 전체 채권에서 차지하는 비중이 미미함에도 이들에게 별도의 조로서 의결권을 부여한다면 이들의 의사에 의해 회생절차의 운명이 좌우되는 불합리가 발생할 것인바, 우선권 있는 회생채권은 법문상 명백한 경우가 아닌 한 해석으로 창출할 것은 아니다.

---

27) 대법원 2009. 2. 26. 선고 2005다32418 판결.

28) 이에 관한 세부적인 학설은 권성수, 조세채권을 대위변제한 납세보증보험자의 회생절차상 지위, 사법 21호(2012년), 285면 이하 참조.

29) 구체적인 권리변경의 태양으로는 법 140조 2항을 유추하여 3년 분할변제하거나, 3년 분할변제액에 각 현가를 적용한 금액을 일시 변제하도록 하고 있다. 실무연구회(상), 409 내지 410면.

마. 면책의 효력 제한

회생계획인가의 결정이 있는 때에는 회생계획이나 이 법의 규정에 의하여 인정된 권리를 제외하고는 채무자는 모든 회생채권과 회생담보권에 관하여 그 책임을 면하며, 주주·지분권자의 권리와 채무자의 재산상에 있던 모든 담보권은 소멸하나(법 251조 본문), 140조 1항의 청구권에 관하여는 면책의 효력이 미치지 않는다(법 251조 단서). 결국 140조 2항의 청구권은 251조 본문에 의거 면책의 효력이 미친다고 할 것이다.[30)]

회생계획인가의 결정이 있은 때에는 법 58조 2항의 규정에 의하여 중지한 파산절차, 강제집행, 가압류, 가처분, 담보권실행 등을 위한 경매절차는 그 효력을 잃는바(법 256조 1항 본문), 우선권 있는 조세 등 청구권에 의한 체납처분 등(법 58조 3항)에 대하여는 별도의 규정이 없으므로 실효되지 않고, 금지·중지의 제한도 받지 않는다고 할 것이다. 법 58조 5항의 규정에 의하여 속행된 절차 또는 처분은 회생계획인가로 실효되지 않는다(법 256조 1항 단서).

우선권 없는 청구권에 기한 체납처분 등으로서 속행되지 않은 것이 실효되는지 여부에 관하여 단서규정의 반대해석에 의하면 실효된다는 견해와 명시적으로 실효된다는 규정이 없는 이상 인가결정으로 실효된다고 볼 수는 없고, 중지된 상태에서 법 58조 5항에 의거 취소할 수 있다는 견해가 대립하고 있다.[31)]

사 견) 우선권 없는 청구권은 권리변경의 대상으로서 회생계획의 면책의 효력이 미치는 점, 단서규정은 속행된 처분만을 규정하고 있으므로 그 반대해석이 가능하고, 이는 명시적인 규정이 있다고 볼 것인 점 등을 고려하면 실효를 인정하는 것이 간이한 해결이다.

30) 한편 공익채권은 채권자의 동의가 없는 한 권리변경을 할 수 없으므로 권리변경에 관한 내용을 회생계획에 규정하더라도 면책의 효력이 미치지 아니한다.

31) 실무연구회(상), 404면은 후설을 지지하고 있다.

Ⅳ. 다수당사자의 채권관계

1. 도산절차의 현존액주의

여럿이 각각 전부의 이행을 하여야 하는 의무를 지는 경우 그 전원 또는 일부에 관하여 회생절차가 개시된 때에는 채권자는 회생절차개시 당시 가진 채권의 전액에 관하여 각 회생절차에서 회생채권자로서 그 권리를 행사할 수 있다(법 126조 1항). 이 경우 다른 전부의 이행을 할 의무를 지는 자가 회생절차 개시 후에 채권자에 대하여 변제 그 밖에 채무를 소멸시키는 행위를 한 때라도 그 채권의 전액이 소멸한 경우를 제외하고는 그 채권자는 회생절차의 개시 시에 가지는 채권의 전액에 관하여 그 권리를 행사할 수 있다(법 126조 2항). 이를 도산절차개시 당시 현존액주의라 한다.

법 126조 2항의 문언에 비추어 현존액주의는 채권자가 당해 도산절차로부터 (일부)변제받거나 상계된 경우 및 전부의무자가 아닌 제3자로부터 (일부)변제받은 경우에는 적용되지 않는다.

법 6조 5항 본문은 회생계획인가결정 전에 2항의 규정에 의한 파산선고가 있는 경우 3편(파산절차)의 규정을 적용함에 있어서 2편(회생절차)에 의한 회생채권의 신고, 이의와 조사 또는 확정은 파산절차에서 행하여진 파산채권의 신고, 이의와 조사 또는 확정으로 본다고 규정하여, 회생절차의 현존액주의를 견련파산의 경우에 관철시키고 있다. 반면, 파산절차와 회생절차는 별개의 독립한 절차로서, 당사자들의 재산권처분의 자유를 예외적으로 제한하는 점, 당사자들의 이해관계가 첨예한 분야이므로 엄격한 법해석이 필요한 점, 회생절차 진행 중 파산절차가 개시된 경우와 파산절차 진행 중 회생절차가 개시된 경우를 동일하게 평가하기 어려운 점 등을 종합하면, 파산절차에서 회생절차로 전환된 경우를 회생절차에서 파산절차로 전환된 경우와 달리 취급한다는 사정만으로 공평·형평의 원칙에 반한다고 할 수 없으므로,[32] 파산절차가 진행되다가 회생절차로 이행한 경우 회생절차개시 전에 보증인으로부터 일부 변제받아 소

32) 대법원 2009. 11. 12. 선고 2009다47739 판결.

멸한 채권액에 대하여는 회생절차가 진행되다가 파산절차로 이행한 경우와는 달리 현존액주의가 적용되지 않는다.

전부의 이행을 할 의무를 지는 자는 불가분채무자, 연대채무자, 부진정연대채무자, 연대보증채무자, 보증채무자, 어음·수표의 소지인에 대한 합동책임을 지는 발행인, 인수인, 배서인 등(어음법 47조, 77조 1항, 수표법 43조), 중첩적 채무인수자가 이에 해당하며, 이들 사이의 내부관계는 불문한다.

가령 갑과 을이 A에 대하여 1억원의 연대채무를 부담하고 있고, 갑의 회생절차에서 50%를 면제하고, 나머지 50%인 5,000만원을 10년에 걸쳐 분할변제하는 내용의 회생계획안이 인가된 후 아직 변제기에 이르지 않아 변제하지 않은 상태에서 을에 대하여 회생절차가 개시되었으며, 갑의 회생계획에 따라 1,000만원이 변제된 단계에서 을의 회생절차에서도 동일하게 A의 회생채권 중 50%를 면제하고 나머지 50%를 10년에 걸쳐 분할변제하는 내용의 회생계획안이 인가되었다고 할 경우[33] A는 갑의 회생절차에서 전액 변제를 받은 경우가 아니므로 9,000만원이 아니라, 자신의 채권 전액인 1억원을 가지고 을의 회생절차에 참가하여, 각 회생절차에서 5,000만원(합계 1억원)을 변제받게 된다. 민법상 연대채무의 일반원칙에 따르면, 을에 대한 회생절차에서는 9,000만원을 가지고 참가하게 될 것이므로, 현존액주의는 채권자에게 유리한 입법태도라고 하겠다. 만약 을의 회생절차개시 전에 갑의 회생절차에서 1,000만원을 변제받았다면, 을의 회생절차개시 당시 A가 을에 대하여 주장할 수 있는 채권액은 9,000만원이므로, 이를 기준으로 을의 회생절차에 참가한다.[34] 마찬가지로, 채권자가 주채무자에 대한 회생절차개시 전에 보증인에 대한 회생절차에서 출자전환 받아 소멸한 채권액은 주채무자에 대한 회생절차에서 행사할 수 없다.[35]

---

33) 을의 회생절차개시 후에 다른 전부의무자인 갑이 채무소멸행위를 한 경우이다.

34) 김정만, 도산절차상 현존액주의, 법원도서관, 사법논집, 제52집, 122면 이하에 제시된 사례를 토대로 부가적인 설명을 하였다.

35) 대법원 2009. 11. 12. 선고 2009다47739 판결.

2. 장래구상권자에 대한 현존액주의

채권자가 회생절차개시 시에 가지는 채권 전액에 관하여 회생절차에 참가하지 않을 경우 장래구상권자는 채권 전액에 관하여 회생절차에 참가할 수 있다(법 126조 3항). 채권자가 회생절차에 참가한 경우 장래구상권자는 회생절차개시 후에 채권자에 대한 변제 등으로 그 채권의 전액이 소멸한 경우에는 그 구상권의 범위 안에서 채권자가 가진 권리를 행사할 수 있다(법 126조 4항).

3. 보증인에 대한 현존액주의

보증인인 채무자에 관하여 회생절차가 개시된 때에는 채권자는 회생절차개시 당시 가진 채권의 전액에 관하여 회생채권자로서 권리를 행사할 수 있다(법 127조). 이 경우 관리인이 최고검색의 항변권을 행사하여 채권자의 채권에 대하여 이의하는 것은 법문상 허용되지 않는다. 1인 또는 여럿의 보증인이 채무의 일부에 대해서만 보증한 경우에도 그 부담부분에 대해서는 각자 전부의무를 지는 관계에 있기 때문에 그 한도에서는 현존액주의가 적용된다(130조). 주채무자의 변제 등 구상권 행사나 변제자대위와 같은 문제가 발생할 여지가 없는 채권의 절대적 소멸의 경우에는 비록 회생절차개시 후의 사유라도 회생절차의 채권액에 영향을 미쳐야 하고, 회생계획에서는 그 감소된 잔액을 기초로 권리변경이 이루어져야 다른 회생채권자들과 형평에 어긋나지 않는다는 견해가 제시되나,[36] '회생절차개시 당시 가진 채권의 전액'이라는 127조의 문언을 고려하면 무리한 해석이다.

일부변제의 경우 민법은 비례적 대위를 인정[37]하고 있으나, 회생절차에서는 현존액주의가 적용되므로 채권자는 도산절차개시 당시에 자신이 가진 채권 전액으로 도산절차에 참가할 수 있고, 그 후에 다른 전부의무자의 변제가 있어도 채권 전액이 소멸하지 않는 한 채권자의 권리행사 범위에 영향을 미치지 않

36) 김용덕, 회사정리절차와 채권자의 지위, 충북법률실무연구회 청주법률논단 1집(2000년), 447면.

37) 민법 483조(일부의 대위) 1항은 "채권의 일부에 대하여 대위변제가 있는 때에는 대위자는 그 변제한 가액에 비례하여 채권자와 함께 그 권리를 행사한다"고 규정하고 있다.

는다. 또한 전부의무자에 대한 도산절차개시 후 변제를 한 다른 전부의무자는 채권자의 채권 전액이 소멸하지 않는 한 도산절차에서 구상권 또는 변제자 대위권을 행사할 수 없다.

회생절차개시 전에 채권의 일부만을 변제한 경우 담보물 가액에서 채권자의 잔존채권액을 공제한 나머지 금액에 한하여 채권자를 대위하여 회생담보권을 행사한다. 채무액 100만원, 담보물가액 60만원인 경우에 보증인이 50만원을 변제하였다면, 채권자는 잔여채권액 50만원 전액에 대하여 회생담보권자로서 권리를 행사하게 되고, 보증인은 담보물 가액의 잔액 10만원에 대하여는 회생담보권자로서, 나머지 변제액 40만원에 대하여는 회생채권자로서 권리를 행사한다. 이 경우 채권자가 잔여채권액 50만원을 회생채권으로만 신고하였다면 보증인은 구상채권액 50만원 전액에 대하여 회생담보권자로서 권리를 행사할 수 있을 것이다.[38)]

전부의 이행을 할 의무를 지는 자가 회생절차개시 후에 변제 그 밖에 채무를 소멸시키는 행위를 한 때라도 그 채권의 전액이 소멸한 경우를 제외하고는 그 채권자는 회생절차의 개시 시에 가지는 채권의 전액에 관하여 그 권리를 행사할 수 있고(법 126조 2항), 보증인은 그 채권의 전액이 소멸한 경우에 한하여 그 구상권의 범위 안에서 채권자가 가진 권리를 행사할 수 있을 뿐이므로(법 126조 4항), 채권자가 100만원 전액에 관하여 채권신고를 하고 절차에 참가할 경우 보증인은 잔여 50만원 채권이 소멸된 경우에 한하여 변제자대위권을 행사할 수 있다. 채권자가 잔여채권액 50만원만을 회생담보권으로 신고하였다면 보증인은 이러한 제한없이 회생담보권 10만원, 회생채권 40만원의 권리를 행사할 수 있다.[39)]

4. 물상보증인에 대한 현존액주의

물상보증인은 채무를 부담하지 않고 물적 책임만 지므로 전부의무자에 해당하지 않으나, 채무자에 대하여 도산절차가 개시된 경우에 물상보증인도 구상

38) 김용덕, 전게논문, 448면 내지 449면.

39) 실무연구회, 437면.

권을 행사할 수 있으므로 현존액주의가 적용된다(법 126조 5항). 물상보증인에 대하여 회생절차가 개시된 경우 채권자는 회생담보권을 행사할 수 있고 현존액주의가 준용된다(법 141조 2항).

5. 법인의 채무에 대하여 책임을 지는 자에 대한 회생절차 참가

법인의 채무에 대하여 무한의 책임을 지는 자에 관하여 회생절차개시의 결정이 있는 경우에 해당 법인의 채권자는 회생절차개시 시에 가진 채권의 전액에 관하여 회생절차에 참가할 수 있다(법 128조). 이는 합명회사의 사원과 합자회사의 무한책임 사원을 고려한 규정이다. 전형적인 인적회사인 합명회사는 2인 이상의 무한책임사원만으로 구성된다. 무한책임사원은 회사의 재산으로 회사 채무를 완제할 수 없는 때 또는 회사재산에 대한 강제집행이 주효하지 못한 때에는 연대하여 회사의 채무를 변제할 책임이 있고, 회사에 변제할 자력이 있음과 그 집행이 용이함을 증명하면 책임이 없다. 사원이 회사 채무에 대하여 청구를 받은 경우 회사가 주장할 수 있는 항변으로 그 채권자에게 대항할 수 있고, 그 항변이 상계, 취소 또는 해제권인 경우 이행을 거절할 수 있다. 합자회사는 1인 이상 무한책임사원과 1인 이상 유한책임 사원으로 구성되는바, 무한책임 사원의 회사 채무에 대한 책임은 합명회사와 동일하다.

법인의 채무에 관하여 유한책임을 지는 사원에 대하여 회생절차개시의 결정이 있는 경우에 법인의 채권자는 회생절차에 참가할 수 없다(법 129조 1항). 가령 주식회사인 채무자의 채권자가 주주의 회생절차에서 주식회사에 대한 채권을 행사할 수 없음은 당연한 법리라고 하겠다. 다만 합자회사의 유한책임사원은 출자를 이행하지 않은 한도에서 회사채권자에게 직접적인 책임을 져야 하므로(직접유한책임), 이 한도에서 회사에 대한 채권자는 유한책임 사원의 회생절차에 참가할 수 있다고 본다. 법인에 대하여 회생절차개시의 결정이 있는 경우에 법인의 채권자는 법인의 채무에 관하여 유한의 책임을 지는 사원에 대하여 그 권리를 행사할 수 없다(법 129조 2항).

V. 일반의 우선권 있는 채권

사용인의 우선변제청구권(상법 468조), 특별적립금에 대한 우선변제청구권(보험업법 32조, 33조), 근로자의 임금·퇴직금(근로기준법 38조)이 일반의 우선권 있는 채권에 해당하는 것으로 논의되는바,[40] 해당 법문은 '회사의 총재산에 대하여 우선변제를 받을 권리', '주식회사의 자산에서 우선하여 취득한다', '사용자의 총재산에 대하여'와 같은 문언을 통해 채무자의 (특정재산이 아닌) 일반재산에 대한 실체법상 우선권이 명문으로 규정되어 있어야 함을 명백히 하고 있다.

일반의 우선권 있는 채권은 그 예가 많지 않고, 대체로 전체 채권에서 차지하는 비중이 많지 않음에도 별도의 조로 분류하여 의결권을 부여하는바, 무리하게 해석에 의하여 위와 같은 권리를 창출할 경우 소수(소액)채권자에게 절차의 처분권을 부여하는 결과가 되므로, 명백한 법문의 규정이 없는 이상 해석에 의하여 창출할 수는 없다고 할 것이다.

제 2 절 회생담보권

I. 의 의

1. 개 념

회생담보권이란 i) 회생채권 또는 ii) 회생절차개시 전의 원인으로 생긴 채무자 이외의 자에 대한 재산상의 청구권으로서 iii) 회생절차개시 당시 iv) 채무자 재산에 존재하는 유치권, 질권, 저당권,[41] 양도담보권, 가등기담보권, 「동

40) 임금 및 퇴직금은 그 지위를 더욱 격상시켜 공익채권으로 취급한다고 설명하는 것이 일반적인 견해이다.

41) 근저당권이 설정된 뒤 채무자 또는 근저당권설정자에 대하여 회생절차개시결정이 내려진 경우, 그 근저당권의 피담보채무는 개시결정시점을 기준으로 확정되는 것으로 보아야 하므로, 그 이후 근저당권자가 채무자에게 그 사업의 경영을 위하여 추가로 금원을 융통하여 줌으로써 별도의 채권을 취득하였다 하더라도, 그 채권이 위 근저당권에 의하여 담보될 수는 없다(대법원 2001. 6. 1. 선고 99다66649 판결). 결국 회생절차개시로 근저당 피담

산·채권 등의 담보에 관한 법률」에 따른 담보권, 전세권 또는 우선특권에 의하여 담보된 범위의 것을 말한다(법 141조 1항). 회생담보권의 피담보채권은 회생채권인 것이 보통이나 회생절차개시 전에 제3자의 채무를 위하여 채무자가 물적 담보를 제공한 경우 그 담보권자는 회생담보권자가 된다(위 ii)의 경우). 법 141조에 규정된 담보권은 열거적인 것이 아니라, 예시적인 것이다.

2. 피담보채권의 범위

이자 또는 채무불이행으로 인한 손해배상이나 위약금의 청구권에 관하여는 회생절차개시결정 전날까지 생긴 것에 한한다(법 141조 1항 단서[42]). 개시 후에 발생한 부분은 법 118조 2호(개시 후 이자) 및 3호(개시 후의 불이행으로 인한 손해배상금 및 위약금)의 회생채권이다.

개시결정일부터 인가결정 전일까지 지연손해금 등이 최고액 범위에 속하고, 위 금액을 포함하더라도 청산가치를 초과하지 않을 경우라면 회생계획에 따른 변제예정액의 현가는 위 인가결정 전일까지의 원리금합계액 이상이 되어야 청산가치보장원칙을 준수하는 것이 된다. 회생계획안에서 원금에 대한 개시결정일로부터 변제기일까지 연장기간에 대한 이자, 변제기일까지 변제하지 못할 경우 발생하는 연체이자 등을 규정할 경우 위 이자 등이 발생한 상태에서

보채무가 확정될 것인지와 관련한 견해대립은 위 판시로 해결되었다고 하겠다. 불확정설은 회생절차는 회사의 존속을 전제로 하는 것으로 파산과는 성격이 다르고, 근저당권이 최고액의 범위 내에서 회생절차개시후의 거래도 계속 담보하도록 하는 것이 회사의 갱생에 유익하다는 점 등을 근거로 하나, 회생절차개시결정의 전후를 기준으로 법률관계를 준별하고 있는 법의 태도에 맞지 않고, 근저당을 미확정으로 남겨 둘 경우 단기간에 종결되어야 하는 회생절차의 불확실성을 높이게 될 것이라는 점에서 확정설이 타당하다. 근저당 이외의 근담보도 동일하게 처리하면 족하다.

42) 1996년 개정 전의 회사정리법 하에서는 개시 이후의 이자 등에 관하여 아무런 규정이 없어 정리담보권으로 신고한 경우에 정리채권의 경우와는 달리 채권최고액을 넘지 않는 한 정리계획 인가결정일까지의 이자도 전부 정리담보권으로 시인할 수밖에 없었다. 그러나 시부인 당시에는 언제 정리계획이 인가될지 알 수 없어 정리담보권으로 시인할 금액을 확정할 수 없는 문제가 있어 실무적으로 정리절차 개시결정일 전일까지의 이자만을 정리담보권으로 시인하고, 나머지는 정리채권으로 시인하였다. 1996년 개정 당시 이러한 실무를 반영하여 개시결정일 이후의 이자 등은 정리채권으로 규정하였다. 임채홍·백창훈, 회사정리법(상), 제2판, 한국사법행정학회(2002)(이하 '임채홍·백창훈(상)'으로 인용), 564-565면.

회생계획변경절차가 진행될 경우 위 이자 등도 회생담보권에 포함된다. 인가 후 폐지 이후 파산절차로 이행할 경우 위 이자 등은 동일한 논리로 별제권의 범위에 포함된다.43)

회생담보권을 분할변제할 경우 분할변제할 금액의 현가는 개시결정 전날까지 확정된 금액에 미달할 것이므로 개시 후 이자를 지급하여 그 차액을 보전하기 위한 것이다.44)

이러한 회생계획의 기재례는 다음과 같다.

> 회생담보권 대여채권의 개시 후 이자는 미변제 원금의 연 4%를 지급하되 준비년도(20×0년) 개시 후 이자는 제1차년도(20×1년)에 지급하고, 제1차년도(20×1년) 이후 개시 후 이자는 발생당해연도에 지급합니다.
> 회생담보권자의 담보권은 본 회생계획안에 의하여 권리 변경된 회생담보권을 피담보채권으로 하는 담보권으로서 종전의 순위에 따라 존속합니다. 그러나 회생담보권으로 인정되지 아니한 담보권과 담보 목적의 지상권 등은 소멸합니다.

사 견) 다만, 위 법리는 회생계획에서 개시 후 이자 및 개시 후 연체이자 등에 관하여 규정하였을 경우의 문제이다. 개시결정일 이후 발생하는 이자 등은 회생채권임은 명문의 규정이 있는 점, 회생계획안에 개시 후 이자 면제를

43) 서울고법 2005. 5. 17. 선고 2004나16893 판결은 ① 피고가 가지고 있는 채권은 변경인가 전의 정리계획에서 '채권의 원금 및 정리절차 개시 전의 이자는 전액 변제하고, 정리절차 개시 이후의 이자는 미상환 원금에 대하여 거치기간까지는 면제하되 상환기간 동안은 연 6%를 적용하여 변제'하는 것으로 '권리변경'이 이루어졌고, '담보권의 존속' 조항에 의하면 피고의 근저당권은 위 '권리변경 후의 채권을 피담보채권으로 하는 담보권으로써 종전의 순위에 따라 존속한다.'고 하므로 결국 미상환원금에 대한 이자도 당연히 정리담보권에 의해 담보되는 채권의 범위에 포함된다고 볼 수 있는 점, ② 정리계획 및 그 이후의 변경 인가된 정리계획에는 미상환원금에 대한 연 6%의 이자, 변제기간의 변경에 따른 연장기간에 대한 연 12%의 이자, 상환기일에 금원을 지급하지 못하는 경우에 발생하는 피고 소정의 연체이자율에 따른 지연이자를 지급하도록 규정하고 있으므로 그러한 것도 당연히 정리담보권자의 변경된 권리 안에 포함된다고 볼 수 있는 점 등을 근거로 정리담보권에 의해 담보되는 채권의 범위 안에 미상환원금에 대한 이자, 변제기간의 변경에 따른 연장기간에 대한 이자, 상환기일에 금원을 지급하지 못하는 경우에 발생하는 지연이자가 각 포함된다고 판시하였고, 대법원 2005. 10. 27. 선고2005다33138 판결은 위 고등법원의 판시를 수긍하고, 상고를 기각하였다.

44) 실무연구회(상), 441면.

규정하고, 관계인집회의 결의를 거쳤을 경우 회생계획안대로 권리변경효가 발생하는 점, 청산가치보장원칙은 당사자가 포기할 수 있는 점 등을 종합하면 회생계획에 개시 후 이자 등에 관한 명문의 규정이 없는 이상 추후의 회생계획변경절차나 경매절차 등에서 개시 후 이자 등이 회생담보권 내지 별제권의 피담보채권에 포함된다고 주장할 수는 없다. 회생계획에 명시적인 규정이 없음에도 개시 후 이자, 개시 후 연체이자 등을 회생담보권의 범위에 포함시키는 변경은 회생채권자 등에게 불리한 변경으로서 허용되지 않는다고 본다.

Ⅱ. 회생담보권의 요건

회생담보권의 요건 중 주로 문제되는 것은 ① 회생절차개시 당시 존재할 것과 ② 채무자의 재산에 대한 담보권이라는 요건이다.

1. 회생절차개시 전의 원인으로 발생한 개시결정 당시 존재하는 담보권

채권이 회생절차개시 후의 원인에 기하여 생긴 경우나 회생절차개시 후에 담보권이 설정된 경우에는 회생담보권으로 취급되지 않는다. '개시 당시 채무자 재산에 존재하는 담보권'이어야 한다는 요건과 관련하여 회생담보권의 요건 구비 여부는 개시결정시를 기준으로 하고 있으므로, 개시결정 당시 그 권리가 존재하면 개시결정 후에 목적물이 멸실되거나 담보권을 포기한 경우라도 회생담보권으로 취급한다.[45] 개시결정이 취소되거나, 인가 전 폐지의 경우 무담보

45) 서울고등법원 2012. 9. 13. 선고 2011나92611 판결은 이러한 법리를 확인한 리딩케이스라 할 수 있다. SK건설이 "쌍용차 평택공장 신설·증설공사 대금과 관련한 유치권을 회생담보권으로 주장"한 사안이다. 피고 측은 ① 원고는 회생채무자가 2009. 1. 9. 회생절차개시 신청을 하자 곧바로 공사를 중단하고 철수하였으며 이후 공장을 점유한 바 없으므로 개시결정 당시 공장을 점유하지 못한 상태였다. ② 회생담보권으로 인정되기 위한 유치권의 점유는 회생절차개시결정 이후에도 유지되어야 하는데 원고는 시부인표가 제출된 2009. 4. 16. 무렵 공장에 대한 점유를 상실하였다고 각 주장하였다. 이에 법원은 회생담보권은 민법이나 상법 등의 실체법에 의한 담보권 자체가 아니라 담보권에 의하여 담보되는 채권으로서 회생절차상의 권리이고, 그 존재 여부의 기준시기는 '회생절차개시 당시'인 점, 담보 목적물의 멸실 등에 의하여 실체법상의 담보권이 소멸한다고 하더라도 회생절차상

채권으로 존속할 수밖에 없을 것이다.

사 견) 이러한 법리는 피담보채권액(가령, 100억원)이 담보목적물의 평가액(가령, 80억원)을 초과하는 사안에서 의미가 있다. 부동산을 보유한 채무자의 경우 해당 부동산을 처분하지 않을 경우 청산가치가 지나치게 높아 기업가치 기준을 충족할 수 없는 경우에는 100억원 이하라도 매각을 하여야 한다. 위 부동산의 청산가치가 60억원이라면 채무자는 60억원~80억원 사이의 어느 수준에서 부동산을 매각하여야 할 것이다. 70억원에 매각할 경우 회생담보권 잔액 10억원은 담보물의 처분에도 불구하고 회생절차에서는 회생담보권으로 취급된다. 담보권자로서는 위와 같은 매각에 반대할 가능성이 크지만, 법원으로서는 최소한 청산가치를 초과하는 수준의 매각금액이라면 허가를 하는 것이 회생절차의 계속 진행을 통한 채권자 일반의 이익에 부합하는 결정일 것이다.

인가요건 중의 하나인 청산가치보장의 원칙은 인가시를 기준으로 판단하고 있으므로, 계획안에서 보장되는 배분액은 담보물을 그때까지 구비하고 있는 경우에 비하여 열등할 수 있고, 추후 변경회생계획 입안 시에도 회생담보권으로 취급하지만, 목적물을 구비하고 있는 담보권자에 비하여는 열등한 변제를 받을 수 있다는 견해가 제시된다.[46]

사 견) 이 견해를 좀 더 분석해 본다. 회생담보권의 담보목적물이 없게 되는 경우란 멸실 등과 같은 예외적인 사정 외에는 담보물의 처분에 따른 것이다. 담보물의 처분으로 변제되지 않고 잔존하는 회생담보권에 대한 청산가치보장원칙은 처분 이후 시점에서 청산할 경우를 가정하여 판단하여야 한다. 위 채권자는 다른 담보물로부터는 우선변제를 받을 수 없으므로 사실상 파산채권자와 동일한 수준의 배당을 받게 될 것이다. 따라서 이론적으로 다른 담보물이 있는 회생담보권과 변제조건에서 차이가 발생할 수 있으나, 위 채권자가 열악한 변제조건을 받아들이는지 여부는 다른 차원의 문제이다. 단, 위 채권자도 엄연히 회생담보권자이므로 회생채권자보다는 우월한 변제기준을 적용하여야 한다.

의 회생담보권까지 당연히 소멸하는 것은 아닌 점을 근거로 원고가 유치권자로서 회생담보권을 갖는지 여부는 회생절차개시결정 당시를 기준으로 판단하면 족하고 특별한 사정이 없는 한 이후 유치권을 상실하였는지 여부를 고려할 필요는 없음을 명백히 하였다.

46) 도산처리법, 사법연수원, 2012(이하 '사법연수원'으로 인용), 73면.

2. 채무자의 재산에 대한 담보권

채무자가 아닌 채무자 회사의 이사 혹은 주주의 개인 재산에 담보권이 설정된 경우에는 회생담보권으로 취급되지 않는다.[47] 반대로 회생절차개시신청 당시는 채무자 이외의 자의 재산상에 존재하는 담보권이었지만, 회생절차개시 전에 채무자 명의로 소유권이전등기가 경료되어 채무자 재산상에 존재하는 담보권으로 변경된 경우는 회생담보권으로 취급되며, 채권자로서는 사해행위 또는 이전행위의 무효를 주장하여 보호받을 수밖에 없다.[48]

금융기관으로부터 대출을 받으면서 자기가 가지는 제3자 발행의 상업어음을 채권자에게 배서양도하는 경우에 그 상업어음의 양수인(채권자)은 회생담보권자로서 회생절차에 의하지 않고는 변제를 받을 수 없다. 어음의 양도담보권자를 법 141조 1항의 양도담보에서 배제할 이유를 찾아 볼 수 없고, 회생채권자로 볼 경우 회생채권자는 회생절차 외에서 어음상 권리를 행사하여 변제에 충당할 수 있는 결과가 되어 어음의 양도담보권자에 대하여만 다른 회생담보권자보다 우월한 지위를 부여하는 것이 되어 채권자 평등의 원칙에도 반하기 때문이다.[49] 회생채권으로 신고되고 확정될 경우 법 251조에 따라 담보권은 소멸하므로 양도담보권자는 발행인을 상대로 어음상 권리를 행사할 수 없다. 만약 양도담보권자가 추후에 어음발행인을 상대로 어음상의 권리를 행사하여 변제를 받은 경우 관리인은 그 취득한 이익에 대하여 부당이득반환을 청구할 수 있다.[50] 채무자가 채권자에게 배서양도한 어음이 융통어음인 경우 융통어음

---

47) 동일한 논리로 신탁재산의 소유권은 대·내외적으로 수탁자에게 이전되므로 위탁자의 채권자는 회생담보권자가 아니라, 회생채권자이다.

48) 회사정리실무, 178면 이하.

49) 대법원 2009. 12. 10. 선고 2008다78279 판결.

50) 위 2008다78279 판결은 신의칙을 근거로 관리인의 부당이득반환청구를 배척한 사안이다. 채권자가 회생담보권으로 신고하였음에도 관리인이 회생채권으로 취급하는 한편 그 어음은 채무자의 재산이 아니어서 자유로이 그에 관한 권리를 행사할 수 있다는 신뢰를 부여하였고, 이에 따라 채권자가 채권조사확정재판을 신청하지 아니하고 대출금 채권에 관하여 회생채권으로 권리변경이 이루어지는 불이익을 감수하였으며, 채무자로부터 아무런 이의를 받지 아니하고 어음상 권리를 행사하여 왔음에도, 회생절차 종결 후 회생채권 확정 및 담보권 소멸을 주장하며, 채권자가 그 어음에 기하여 취득한 이득의 반환을 청구하는 것은 신의성실의 원칙에 반하여 허용될 수 없다는 것이 요지이다.

을 발행한 융통자는 피융통자에 대하여 어음상의 책임을 부담하지 아니하지만, 그 어음을 담보로 취득한 채권자에 대하여는 채권자의 선의·악의를 묻지 아니하고 대가 없이 발행된 융통어음이었다는 항변으로 대항할 수 없으므로 상업어음과 동일하게 회생담보권자로 취급할 것이다.[51] 현행 실무는 어음의 만기가 도래한 경우 어음채무자로부터 지급받을 어음금을 담보권자에게 지급하도록 회생계획을 작성한다.[52]

사고신고담보금은 어음발행인인 회사가 출연한 재산이라고 하더라도 은행에 예탁된 이상 그 소유권은 은행에게 이전되고, 채무자는 은행에 대하여 사고신고담보금 처리에 관한 약정에서 정한 조건이 성취된 때에 한하여 은행에 대하여 사고신고담보금 반환청구권을 갖는 데 불과하다. 약속어음소지인의 어음채권이 채무자가 은행에 대하여 갖는 정지조건부 사고신고담보금 반환청구권에 의하여 담보될 수도 없는 것이므로, 사고신고담보금 처리에 관한 약정에 의하여 어음소지인이 지급은행에 대하여 취득하게 되는 권리가 회생담보권이라고 볼 수는 없다. 이와 같이 사고신고담보금에 대한 권리를 회생담보권이 아니라고 보게 되면 회생채권자인 어음소지인이 채무자가 아닌 지급은행에 대하여 갖는 사고신고담보금 지급청구권을 행사하여 채권의 만족을 얻는 것을 가지고 회생절차에 의하지 아니하고 회생채권을 변제받는 것이라고 할 수는 없다.[53] 다만 어음의 정당한 소지인이 실제로 사고신고담보금을 지급받기 위해서는 회생절차에 참가하여 채권확정절차를 거쳐야 할 것이다.[54] 즉 채권조사절차에서 ① 신고채권이 이의없이 확정될 경우 채권자표 기재의 효력에 터 잡아, ② 이의가 진술된 경우 어음발행인인 채무자의 관리인을 상대로 채권조사확정재판을 신청하여 승소 확정판결을 받아 지급은행에 사고신고담보금의 지급을 청구할 수 있다. 어음발행인이 어음의 피사취 등을 이유로 지급은행에게 사고신고와 함께 어음금의 지급정지를 의뢰하면서 체결한, "어음소지인이 어음금지급청구소송에서 승소하고 판결확정증명 또는 확정판결과 동일한 효력이 있는 것으

51) 대법원 2010. 1. 14. 선고 2006다17201 판결.
52) 실무연구회(상), 431면.
53) 대법원 1995. 1. 24. 선고 94다40321 판결.
54) 대법원 2009. 9. 24. 선고 2009다50506 판결.

로 지급은행이 인정하는 증서를 제출한 경우 등에는 지급은행이 어음소지인에게 사고신고담보금을 지급한다."는 사고신고담보금의 처리에 관한 약정은 제3자를 위한 계약으로서, 어음소지인과 어음발행인 사이의 수익의 원인관계에 변경이 있다고 하더라도 특별한 사정이 없는 한 낙약자인 지급은행이 제3자인 어음소지인에 대하여 부담하는 급부의무에는 영향이 없다고 할 것이므로, 어음소지인의 어음상의 권리가 회생계획의 규정에 따라 변경되었다고 하더라도 이는 회생채권인 어음소지인의 어음상의 권리에만 영향을 미치는 것에 불과하고 어음소지인이 지급은행에 대하여 갖는 사고신고담보금에 대한 권리에는 아무런 영향을 미칠 수 없으므로, 지급은행은 어음소지인에게 약정에 따라 사고신고담보금을 지급하여야 한다.[55] 다만 약속어음 소지인이 채권신고를 하지 아니하여 실권된 경우, 어음금채권은 채무자에 대한 관계에서 자연채무에 불과하므로 위 소지인은 사고신고담보금의 지급을 구할 수 있는 어음의 정당한 권리자로 볼 수 없으며, 채무자의 관리인을 상대로 은행이 사고신고담보금을 지급하는 데 동의하라고 소구할 수 없고, 사고신고담보금에 대한 지급청구권이 어음소지인에게 있음의 확인을 구할 수도 없다.[56]

Ⅲ. 피담보채권액이 목적물의 가액을 초과하는 경우

1. 회생담보권과 회생채권의 준별

피담보채권의 채권액이 담보목적물의 가액을 초과할 때에는 그 초과분은 회생담보권이 아니라 회생채권이다. 후순위의 담보권이 있는 경우 담보물가액에서 선순위로 담보된 가액을 공제한 잔액을 기준으로 하여 이를 초과하는 채권은 회생채권이 된다. 회생담보권으로 취급되는 부분과 회생채권으로 취급될 부분을 명백히 하기 위하여 개시 이후 관리인은 즉시 담보목적물을 평가하여야 할 것이다. 담보목적물의 평가를 통하여 그 회생담보권의 범위가 확정되면 그 후 담보목적물의 가액이 변화하더라도 이는 회생담보권의 범위에 영향을

55) 대법원 2005. 3. 24. 선고 2004다71928 판결.

56) 대법원 2001. 7. 24. 선고 2001다3122 판결.

미치지 않는다.

2. 회생담보권의 평가기준

가. 청산가치설과 계속기업가치설

회생담보권자로서의 권리는 피담보채권액과 담보권의 목적의 가액 중 적은 금액의 범위 내로 한정되므로, 회생담보권으로 인정되는 채권액의 범위를 정하기 위하여 회생담보권의 목적물 가액을 평가할 필요가 있다. 회생담보권의 목적물의 가액을 평가하는 기준에 관하여는 청산가치설과 시가설의 대립이 있다.

청산가치설은 제공되는 담보의 가치는 강제집행 등을 통한 환가가치로 귀결되므로 하나의 담보물을 근거로 판단할 경우에는 담보가치가 청산가치와 같게 된다는 것, 계속기업가치를 기준으로 회생담보권자의 지위를 결정한다면 최초 담보권자가 의도하였던 청산가치를 초과한 부분까지 보장하여 주는 것으로서 회생채권자·주주에게 귀속될 이익부분을 회생담보권자가 이전받게 되는 결과가 되어 부당하다는 것, 담보채권자가 실제 채권액보다 많은 금액을 피담보채권액으로 하여 담보권을 설정 받는 이유는 집행과정에서 감정가 이하로 매각되는 현실을 고려하기 때문인 점에 비추어볼 때 그가 초기에 의도한 담보목적물의 가액은 청산가치임이 분명하다는 것 등을 논거로 삼고 있다.[57]

그러나 담보권의 목적물을 민사집행법에 따라 경매하였을 경우 담보권자가 회수할 수 있을 것으로 기대되는 금액과 담보권이 실행되지 않는 상황에서 이루어지는 그 담보권에 대한 가치평가는 차원을 달리하는 문제이다. 담보권은 존속하는 동안 그 목적물 전체에 대하여 미치고, 담보권이 설정되었다는 이유만으로 그 목적물의 효용가치나 시장가격이 저감될 이유도 없으며, 피담보채권을 회수하기 위하여 반드시 집행절차를 거쳐야 하는 것은 아니기 때문이다.[58] 판례도 시가를 기준으로 담보목적물의 가액을 평가하여야 한다는 입

57) 이원삼, 통합도산법의 기업회생절차상 자산의 평가기준, 기업법연구 제21권 제1호(통권 제28호, 2007. 3.), 312-313면.

58) 윤남근, 전게논문(2장, 주 32), 619면.

장이다.[59)]

나. 공동저당의 경우 회생담보권의 범위

동일한 채권의 담보로 수개의 부동산에 저당권을 설정한 경우에 선순위자 및 후순위자의 회생담보권의 범위는 민법 368조 1항을 유추하여 계산하여야 할 것이다.

Ⅳ. 리스·소유권유보·차량할부의 취급

1. 리스채권

가. 리스의 분류

일반적으로 자산의 소유에 따른 위험[60)]과 보상[61)]은 법적 소유자에게 있다. 리스자산은 법적 소유권 여부에 불구하고 리스자산의 소유에 따른 위험과 보상이 리스이용자에게 이전되는 경우가 있다. 이때 리스자산은 리스이용자에게 실질적으로 판매된 것으로 볼 수 있다. 따라서 리스자산의 소유에 따른 위험과 보상이 리스이용자에게 이전되는 경우에는 법적 형식보다는 경제적 실질에 따라 리스이용자가 리스자산을 재무상태표에 자산으로 인식하는 것이 타당하다.[62)]

이처럼 소유에 따른 위험과 보상의 대부분을 이전하는 리스는 금융리스[63)]로 분류하고, 리스자산의 소유에 따른 위험과 보상의 대부분을 이전하지 않는 리스는 운용리스로 분류한다.[64)]

---

59) 대법원 2006. 6. 2. 선고 2005다18962 판결.

60) 자산의 운휴, 진부화, 경제여건의 변동으로 인한 이익 변동 가능성을 말한다.

61) 자산의 경제적 내용연수 동안 수익성있는 운용에 대한 기대 및 가치증대나 잔존가치의 실현에서 발생하는 이익 등에 대한 기대를 말한다.

62) 김영덕, IFRS 중급회계(하), 도서출판 다임(2008), 228면 이하.

63) 즉 리스이용자가 법적소유권이 없음에도 리스자산을 경제적 실질에 따라 자산으로 보고한다는 것이다.

64) K－IFRS 1017호 리스, 문단 10은 다음의 기준 중 하나 이상을 충족할 경우 금융리스로 분류하도록 정하고 있다. (1) 리스기간 종료시점까지 리스자산의 소유권이 리스이용자에게 이전되는 경우(소유권이전 약정기준), (2) 리스이용자가 선택권을 행사할 수 있는 시점의

결국 거래의 실질을 보자면 금융리스는 형식적으로 임대차이나, 실질적으로는 자금의 대여(차입하여 자산을 취득하는 것)이고, 운용리스는 자산의 임대차라고 할 수 있다.[65][66] 대법원도 "금융리스는 리스이용자가 선정한 특정 물건을 리스회사가 새로이 취득하거나 대여받아 그 리스물건에 대한 직접적인 유지·관리 책임을 지지 아니하면서 리스이용자에게 일정 기간 사용하게 하고 그 대여 기간 중에 지급받는 리스료에 의하여 리스물건에 대한 취득 자금과 그 이자, 기타 비용을 회수하는 거래관계로서, 그 본질적 기능은 리스이용자에게 리스물건의 취득 자금에 대한 금융 편의를 제공하는 데에 있는 것이다"라고 판시(대법원 1997. 11. 28. 선고 97다26098 판결)한 이래 이러한 입장을 유지하고 있다.

금융리스의 리스이용자는 리스물건의 실질적인 소유자로서 리스물건을 직접 점유하여 사용·수익하고 약정한 리스료를 일정기간동안 리스회사에게 지급한다.

리스제공자는 리스물건의 소유자로서 리스이용자에게 리스물건을 대여한다. 통상 금융리스계약서는 ① "리스이용자는 리스기간 중 본 계약에 따라 물건을 점유하여 이용할 권리만을 가질 뿐이고, 어떠한 경우에도 물건에 대한 소유권 및 기타 권리가 리스이용자에게 양도되는 것은 아니다"라고 규정하고 있고, 계약해지 시 리스이용자의 리스물건 반환의무를 정하는 점,[67] ② 민법의 하자담보책임을 배제하고, 리스물건의 인도지체나 하자가 있을지라도 리스제

공정가치보다 충분하게 낮을 것으로 예상되는 가격으로 리스자산을 매수할 수 있는 선택권을 가지고 있으며, 그 선택권을 행사할 것이 리스약정일 현재 거의 확실한 경우(염가매수선택권 기준), (3) 리스자산의 소유권이 이전되지 않더라도 리스기간이 리스자산의 경제적 내용연수의 상당부분을 차지하는 경우(리스기간 기준), (4) 리스약정일 현재 최소리스료의 현재가치가 적어도 리스자산 공정가치의 대부분에 상당하는 경우(공정가치회수기준), (5) 리스이용자만이 중요한 변경 없이 사용할 수 있는 특수한 성격의 리스자산인 경우(범용성 기준)

위 (1)과 (2)는 소유권이 이전되는 경우이고, (3) 내지 (5)는 소유권이 이전되지 않는 경우이다. 어느 경우이든 여기서 말하는 소유권은 법적 소유권이 아니다.

65) 강경보, 전게서 698면 내지 699면.

66) 통상 범용성이 높은 물건(가령 자동차)은 운용리스, 특정한 리스이용자의 필요에 맞추어 제작된 제품(가령 의료기)은 금융리스의 형태를 취하는 것이 일반적이나, 절대적인 기준은 아니며 계약내용 및 경제적 실질을 살펴 판단하여야 할 것으로 본다.

67) 배현태, 회사정리절차에 있어서 리스채권의 취급, 법조 49권2호(521호) 157면.

공자는 리스이용자에 대해 일체의 책임을 부담하지 않는 취지의 하자담보책임 면책특약이 이루어지고 있는 점 등이 특징이다. 따라서 리스이용자는 리스물건의 하자를 이유로 리스회사에 대해 리스료의 지급을 거절하거나 리스계약을 해제 또는 손해배상을 청구할 수 없을 뿐만 아니라, 리스회사에게 리스물건의 수리나 하자 없는 것으로 교환을 청구하는 것도 원칙적으로 인정되지 아니한다.[68][69] 그 외 리스기간 중 리스이용자의 책임 있는 사유로 리스계약이 해제되는 경우에도 리스이용자가 남은 기간의 리스료의 합계액에 상당하는 규정손해금을 지급할 의무를 부담하는 점, 리스이용자에 의한 일방적 중도해약이 금지된다는 점, 불가항력에 의한 리스물건의 훼손, 멸실의 위험을 리스이용자가 부담한다는 점, 리스물건의 담보적 가치가 유지될 수 있도록 리스이용자에게 물건의 유지관리책임을 부담시키는 점 등을 들고 있다.[70]

나. 리스채권자의 취급

(1) 운용리스

운용리스는 금융보다는 임대차의 성격이 강하므로 임대차에 준하여 미이행쌍무계약에 관한 법 119조에 따라 처리한다. 관리인이 이행을 선택한 경우 리스료채권 중 개시 전에 발생한 부분은 회생채권으로, 개시 후에 발생한 부분은 179조 1항 7호의 공익채권이다.

(2) 금융리스

금융리스에 관하여 운용리스와 마찬가지로 119조를 적용한다면 개시결정 이후의 리스채권은 공익채권으로 취급될 것이다. 관리인이 리스계약의 해제를 선택할 경우 리스제공자는 리스물건의 반환을 청구할 수 있고, 해제 전의 미지급 리스료 및 해제 후의 남은 리스료 상당액을 회생채권으로 청구할 수 있다는 결론에 이를 것이다.

한편 금융리스에 있어서 리스료는 리스회사가 리스이용자에게 제공하는 취득자금의 금융편의에 대한 원금의 분할변제 및 이자·비용 등의 변제의 기능

68) 소건영, 금융리스계약의 하자담보책임, 비교사법 15권 3호(통권 42호), 296면.
69) 운용리스의 경우 임대차에 관한 규정을 유추하여 리스제공자가 하자담보책임을 부담한다.
70) 배현태, 전게논문, 161면.

을 갖는 것은 물론이거니와 그 외에도 리스회사가 리스이용자에게 제공하는 이용상의 편익을 포함하여 거래관계 전체에 대한 대가로서의 의미를 지니고,[71] 금융리스는 리스제공자가 특정 물건을 새로이 취득하거나 대여받아 그 물건에 대한 직접적인 유지·관리책임을 지지 아니하면서 리스이용자에게 일정기간 사용하게 하고 그 기간종료 후에 물건의 처분에 관하여는 당사자 간의 약정으로 정하는 계약으로서, 형식에서는 임대차계약과 유사하나 그 실질은 물적 금융이며 임대차계약과는 여러 가지 다른 특질이 있기 때문에 리스계약은 비전형계약(무명계약)이고, 따라서 이에 대하여는 민법의 임대차에 관한 규정이 바로 적용되지 아니한다는 것이 판례의 입장이다.[72] 이러한 판례이론을 일관하면 금융리스에 관하여 119조를 적용할 수 없다는 결론에 이르게 된다.

119조의 적용을 부정하는 세부적인 근거는 ① 임대차에 있어서는 일정 기간 동안의 임대물의 사용과 그 차임지급의무가 서로 대가관계에 있고, 그 기간마다 임대인의 의무도 가분적이라고 볼 수 있으나, 리스계약에 있어서는 각기에 지불하여야 할 리스료가 그 기간 동안의 리스물건의 사용의 대가라고 하기보다는 전 리스기간 사용과 전 리스료가 대가관계에 있다는 점, ② 리스계약 체결당시에는 리스제공자의 리스물건인도의무와 리스이용자의 리스료 총액 지급의무가 "대가관계"에 있다고 할 수 있지만, 각기의 리스료지급의무는 임대차와 같이 그 기간 동안 사용한 대가로서 발생하는 것이 아니라, 리스제공자가 리스이용자로 하여금 그 리스료 총액을 일정 기간 동안 분할지급할 수 있도록 함으로써 발생하는 의무라고 하여야 하는데, 이러한 리스이용자의 의무에 대응하는 리스회사의 의무는 단순히 사용수익을 수인할 의무에 불과하므로 "대가관계"가 있다고 볼 수 없다는 점 등이다.[73] 119조의 적용을 부정하는 견해는 리스제공자에게 유보된 소유권은 실질적으로 리스채권에 대한 담보로서 기능하는 것이므로 금융리스채권은 회생담보권으로 취급하고, 리스제공자의 환취권을 부정한다. 현재의 실무[74] 및 통설적인 견해는 이러한 입장을 취하는 것으로

71) 대법원 2001. 6. 12. 선고 99다1949 판결.

72) 대법원 1994. 11. 8. 선고 94다23388 판결.

73) 배현태, 상게논문, 162면.

74) 실무연구회(상), 429면 이하.

보인다.

사 견) ① 담보권으로 구성하는 견해는 리스 회사의 사용수익 수인의무를 부수적인 의무 정도로 이해하는 것으로 보이나, 위 의무는 리스 계약의 본질적 내용인 점, ② 전 리스기간 사용과 전 리스료가 대가관계에 있다는 구성은 일반적인 임대차도 동일한 구성이 얼마든지 가능하고, 각기의 리스료와 각기의 리스 물건 사용에 대한 대가관계를 부정하는 것은 당사자의 의사를 무시한 것으로 매우 어색한 구성인 점, ③ 담보권으로 구성하여 리스회사의 환취권을 부정한다고 하더라도, 리스계약에는 도산해지조항을 규정하는 것이 일반적이고, 도산해지조항의 적용은 담보권으로 구성하는 경우와 미이행쌍무계약으로 구성하는 경우에 있어 차이를 가져오지 않는 점,[75] ④ 회생담보권의 발생을 억제함으로써 결의의 성립가능성을 높인다는 측면과 공익채권의 발생을 억제하고, 회생계획의 수행가능성을 높인다는 측면은 어느 쪽이 특별히 우월한 정책적 가치를 가진다고 단정하기 어려운 점, ⑤ 담보권설은 금융리스가 119조의 적용대상이 아니라는 점에만 치중하고, 실제로 금융리스를 (교환가치를 확보할 목적의) 담보권으로 구성할 법리적인 근거는 전혀 제시하지 못하는 점, ⑥ 담보권으로 구성하자면 채무자의 재산일 것을 요하고, 이는 법적인 소유권이어야 하나, 리스이용자는 어떠한 경우에도 리스물건의 소유권을 취득할 수 없는 점 등을 종합하면 119조를 적용하는 것이 법리적으로 무리가 없고, 일관된 처리라고 생각한다.

2. 소유권유보부 매매

동산의 매매계약을 체결하면서, 매도인이 대금을 모두 지급받기 전에 목적물을 매수인에게 인도하지만 대금이 모두 지급될 때까지는 목적물의 소유권은 매도인에게 유보되며 대금이 모두 지급된 때에 그 소유권이 매수인에게 이전된다는 내용의 이른바 소유권유보의 특약을 한 경우, 목적물의 소유권을 이전한다는 당사자 사이의 물권적 합의는 매매계약을 체결하고 목적물을 인도한 때 이미 성립하지만 대금이 모두 지급되는 것을 정지조건으로 하므로, 목적물

75) 이에 관한 추가적인 논의는 도산해지조항에 관한 서술을 참고할 것.

이 매수인에게 인도되었다고 하더라도 특별한 사정이 없는 한 매도인은 대금이 모두 지급될 때까지 매수인뿐만 아니라 제3자에 대하여도 유보된 목적물의 소유권을 주장할 수 있으며, 이와 같은 법리는 소유권유보의 특약을 한 매매계약이 매수인의 목적물 판매를 예정하고 있고, 그 매매계약에서 소유권유보의 특약을 제3자에 대하여 공시한 바 없고, 또한 그 매매계약이 종류물을 목적물로 하고 있다 하더라도 다를 바 없다.[76]

소유권의 유보는 실질적으로 잔대금채권의 확보를 위한 담보적인 성격을 가지는 것이므로 회생담보권으로 취급하고, 환취권을 부정하는 것이 일반적 견해이나,[77] 금융리스에 관한 논의와 마찬가지로 법 119조를 적용함이 타당하다.

부동산과 같이 등기에 의하여 소유권이 이전되는 경우에는 등기를 대금완납 시까지 미룸으로써 담보의 기능을 할 수 있기 때문에 굳이 위와 같은 소유권유보부매매의 개념을 원용할 필요성이 없으며, 일단 매도인이 매수인에게 소유권이전등기를 경료하여 준 이상은 특별한 사정이 없는 한 매수인에게 소유권이 귀속되는 것이다. 자동차, 중기, 건설기계 등은 등록에 의하여 소유권이 이전되고, 등록이 부동산 등기와 마찬가지로 소유권이전의 요건이므로, 역시 소유권유보부매매의 개념을 원용할 필요성이 없다.[78]

3. 담보형식의 차량할부계약

일반적인 할부계약이라면, 개시 전 발생한 부분은 회생채권, 개시 후 발생한 부분은 공익채권으로 취급한다. 최근에는 '오토 론'이라는 이름으로 실질은 차량할부계약임에도 채무자에게 명의를 이전하고, 담보를 설정하는 방식이 많이 사용되고 있다. 이들 채권들은 다소 의문은 있으나, 회생담보권으로 처리할 수밖에 없다.

---

76) 대법원 1999. 9. 7. 선고 99다30534 판결.
77) 대법원 2014. 4. 10. 선고 2013다61190 판결.
78) 대법원 2010. 2. 25. 선고 2009도5064 판결.

V. 신탁법상의 신탁 및 유동화된 자산

1. 신탁법상 신탁

가. 신탁의 유형

신탁계약은 위탁자가 수익자가 되는지 여부에 따라 위탁자가 수익자가 되는 자익신탁, 위탁자 이외의 자가 수익자가 되는 타익신탁으로 분류한다. 한편 목적과 내용에 따라 관리신탁,79) 처분신탁,80) 담보신탁, 개발신탁(토지신탁)81)으로 구분되고, 회생절차에서는 주로 담보신탁이 문제된다. 담보신탁이란 채무자가 위탁자가 되고 채권자를 수익자로 하여, 위탁자가 채권자에 대한 자신의 채무이행을 담보하기 위하여 그 소유의 부동산을 신탁회사에게 이전하고, 신탁회사는 이러한 담보목적을 위하여 신탁재산을 일정 기간 소유·관리하다가 채무가 정상적으로 이행되면 신탁재산의 소유권을 위탁자에게 환원하고, 채무가 불이행되면 신탁부동산을 직접 임의매각하거나 공매절차를 진행하는 형태이다. 경매절차에 비하여 시간과 비용이 절약되고 환가비용을 줄일 수 있다는 장점이 있고, 대출금융기관은 대출채권 및 수익권의 양도를 통하여 대출채권을 쉽게 유동화할 수 있다.

나. 신탁의 취급

금융기관이 금원을 대여하고 담보권을 설정받더라도 회생절차가 개시될 경우 회생절차에 의하여만 변제받을 수 있는 한계가 있다. 따라서 회생절차에 의하지 아니하고 변제받기 위하여 채무자 소유의 부동산을 수탁자에게 신탁하고, 그 수익권을 채권자에게 부여하는 담보신탁계약을 많이 이용하고 있다. 신

79) 신탁회사가 소유자를 대신하여 임대차, 시설의 유지관리 등 일체의 관리업무를 수행하고 수익을 수익자에게 교부(갑종)하거나 수탁재산의 소유명의만을 관리(을종)하여 주는 제도이다.

80) 부동산 처분이 목적이며, 대형부동산, 고가부동산, 권리관계가 복잡한 부동산 등을 수탁자에게 이전하고 수탁자가 해당 부동산을 처분하여 수익을 수익자에게 반환하는 제도이다. 처분 시까지 소유권은 물론 부동산의 전반적인 관리행위 및 일체 처분을 행하는 갑종과 단순히 소유명의만을 관리하다가 처분하는 을종으로 구별된다.

81) 수탁자가 해당 부동산을 개발하여 건물 또는 용지의 임대·매각 등 부동산사업을 시행하여 그 성과를 수익자에게 교부하는 신탁이며, 임대형과 분양형으로 구별할 수 있다.

탁법상의 신탁은 위탁자가 수탁자에게 특정의 재산권을 이전하거나 기타의 처분을 하여 수탁자로 하여금 신탁목적을 위하여 그 재산권을 관리·처분하게 하는 것이므로, 부동산의 신탁에 있어서 수탁자 앞으로 소유권이전등기를 마치게 되면 대내외적으로 소유권이 수탁자에게 완전히 이전되고, 위탁자와의 내부관계에 있어서 소유권이 위탁자에게 유보되어 있는 것은 아니라 할 것이며, 이와 같이 신탁의 효력으로서 신탁재산의 소유권이 수탁자에게 이전되는 결과 수탁자는 대내외적으로 신탁재산에 대한 관리권을 갖는 것이고, 다만, 수탁자는 신탁의 목적 범위 내에서 신탁계약에 정하여진 바에 따라 신탁재산을 관리하여야 하는 제한을 부담함에 불과하고,[82] 채권자가 제공받은 부동산이나 우선수익권을 위탁자의 재산이라 할 수는 없으므로 위탁자의 채권자는 회생담보권자가 아니라 회생채권자에 불과하다.

신탁자가 어음거래약정상의 채무에 대한 담보를 위하여 자기 소유의 부동산에 대하여 수탁자와 담보신탁용 부동산관리·처분신탁계약을 체결하고 채권자에게 신탁원본 우선수익권을 부여하고서, 수탁자 앞으로 신탁을 원인으로 한 소유권이전등기를 경료하였다면, 이로써 소유권은 수탁자에게 귀속된다. 그 후 신탁자에 대한 회생절차가 개시된 경우 채권자가 가지는 신탁부동산에 대한 수익권은 법 250조 2항 2호의 '채무자 외의 자가 회생채권자 또는 회생담보권자를 위하여 제공한 담보'에 해당하여 회생계획의 효력이 미치지 않으므로 채권자가 채권신고기간 내에 신고를 하지 아니함으로써 실권되었더라도 실권의 대상은 채권자가 신탁자에 대하여 가지는 회생채권 내지 회생담보권이며, 수탁자에 대하여 가지는 신탁부동산에 관한 수익권, 근저당권 및 그 피담보채권은 영향이 없다.[83]

회생담보권으로 신고하지 아니하였을 때 회생계획에 의하여 소멸되는 회생담보권이 되기 위해서는 그 담보권이 회생절차개시 당시 채무자의 재산을 대상으로 하는 담보권이어야 한다. 신탁법상의 신탁을 함에 있어서는 그 위탁자가 당연히 수익권자가 되는 것이 아니고 위탁자와 전혀 별개의 존재인 수익

82) 대법원 2002. 4. 12. 선고 2000다70460 판결.

83) 대법원 2001. 7. 13. 선고 2001다9267 판결.

자를 지정하여야만 하는 것이며, 위탁자가 자신을 수익자로 지정하는 경우에도 위탁자와 수익자의 지위는 전혀 별개의 것이라고 보아야 한다. 특히 담보신탁이 아니라 분양형 토지(개발)신탁의 경우에 신탁계약 시에 위탁자인 채무자가 제3자를 수익자로 지정한 이상, 비록 그 제3자에 대한 채권담보의 목적으로 위와 같은 지정을 하였다 할지라도 그 수익권은 신탁계약에 의하여 원시적으로 그 제3자에게 귀속한다 할 것이지, 위탁자인 채무자에게 귀속되어야 할 재산권을 그 제3자에게 담보목적으로 이전하였다고 볼 수는 없는 것이어서, 그 경우 그 수익권은 회생절차개시 당시 채무자 재산이라고 볼 수 없다 할 것이고, 따라서 그 제3자가 회생절차에서 그 수익권에 대한 권리를 회생담보권으로 신고하지 아니하였다고 하여 법 251조에 의하여 소멸된다고 볼 수는 없다.[84)]

위탁자가 부동산관리신탁계약에 따라 자익신탁의 형태로 부동산을 수탁자에게 신탁하고 수탁자가 위탁자의 채권자에 대한 채무의 담보를 위하여 신탁부동산에 근저당권을 설정해 준 경우 당해 부동산은 수탁자가 소유한 재산이므로 그 부동산에 설정된 근저당권은 제3자가 제공한 담보에 해당한다. 따라서 채권자(수익자)가 위탁자(채무자)에 대한 회생절차에서 대출원리금 채권을 회생채권 등으로 신고하지 아니하였다고 하더라도 실권되는 권리는 채권자가 신탁자에 대하여 가지는 회생채권 등에 한하고, 수탁자에 대하여 가지는 신탁부동산에 관한 담보권과 그 피담보채권에는 아무런 영향이 없다.[85)]

결국 신탁을 활용하여 채무자의 도산위험을 헤지하는 결과가 되는바, 이러한 현상을 '도산절연', '도산격리'라고 표현하기도 한다. 법 250조 2항은 회생채권자 또는 회생담보권자가 회생절차가 개시된 채무자의 보증인 그 밖에 회생절차가 개시된 채무자와 함께 채무를 부담하는 자에 대하여 가지는 권리 및 채무자 외의 자가 회생채권자 또는 회생담보권자를 위하여 제공한 담보에는 회생계획의 효력이 미치지 않음을 규정하고 있다. 이는 회생계획에 따라 채무가 면책되거나 변경되더라도 보증인이나 물상보증인 등의 의무는 면책되거나

---

84) 대법원 2002. 12 .26. 선고 2002다49484 판결.
85) 대법원 2003. 5. 30. 선고 2003다18685 판결.

변경되지 아니한다는 취지를 규정한 것으로서 여기서 '채무자 외의 자가 회생채권자 또는 회생담보권자를 위하여 제공한 담보'라고 함은 회생채권자 등이 채무자에 대한 채권을 피담보채권으로 하여 제3자의 재산상에 가지고 있는 담보물권을 말한다고 할 것인데, 법 250조 2항의 규정 취지에 비추어 보면 251조의 규정에 따라 채권자의 권리가 실권된 경우에도 250조 2항의 규정이 마찬가지로 적용되어 실권된 채권의 권리자의 보증인이나 물상보증인에 대한 권리에는 영향을 미치지 않는다.[86)]

2. 자산유동화

자산유동화란 유동화전문회사, 신탁업자가 자산보유자로부터 유동화자산을 양도받아 이를 기초로 유동화증권을 발행하고, 당해 유동화자산의 관리·운용·처분에 의한 수익이나 차입금 등으로 유동화증권의 원리금 또는 배당금을 지급하는 일련의 행위이다(「자산유동화에 관한 법률」 2조 2호 및 3호). 유동화전문회사 등(신탁업자를 제외한다[87)])은 자산관리위탁계약에 의하여 자산관리자에게 유동화자산의 관리를 위탁하여야 한다. 자산관리자가 파산하는 경우 자산관리자가 위탁관리하는 유동화자산은 자산관리자의 파산재단을 구성하지 아니하며, 유동화전문회사 등은 그 자산관리자 또는 파산관재인에 대하여 유동화자산의 인도를 청구할 수 있고(위 법 12조 1항), 이러한 법리는 회생절차가 개시된 경우에 준용한다(위 법 12조 2항). 자산관리자가 위탁관리하는 유동화자산은 자산관리자의 채권자가 이를 강제집행할 수 없으며, 보전처분 또는 중지명령의 대상이 되지 아니한다(위 법 12조 3항). 자산유동화로 취급되기 위해서는 위 법 13조의 요건을 갖추어야 하며, 요건을 충족하지 못할 경우 양도가 아니라 담보로 본다.

그 요건은 i) 매매 또는 교환에 의할 것, ii) 유동화자산에 대한 수익권 및 처분권은 양수인이 가질 것. 이 경우 양수인이 당해 자산을 처분하는 때에 양도인이 이를 우선적으로 매수할 수 있는 권리를 가지는 경우에도 수익권 및 처분권은 양수인이 가진 것으로 본다, iii) 양도인은 유동화자산에 대한 반환청구

86) 대법원 2003. 5. 30. 선고 2003다18685 판결.
87) 신탁방식의 자산유동화는 신탁 법리에 따라 자산보유자의 재산에서 제외된다.

권을 가지지 아니하고, 양수인은 유동화자산에 대한 대가의 반환청구권을 가지지 아니할 것, iv) 양수인이 양도된 자산에 관한 위험을 인수할 것. 다만, 당해 유동화자산에 대하여 양도인이 일정기간 그 위험을 부담하거나 하자담보책임(채권의 양도인이 채무자의 자력을 담보한 경우에는 이를 포함한다)을 지는 경우에는 그러하지 아니하다. 이상의 요건을 충족한 경우 유동화자산은 채무자의 재산이 아니며, 수익증권 보유자는 회생절차개시에 불구하고 자신의 권리를 행사할 수 있다.

Ⅵ. 회생담보권자의 물상대위권

민법의 물상대위 규정에 의하여 담보권은 담보물의 멸실, 훼손 또는 공용징수로 인하여 담보설정자가 받을 금전 기타 물건에 대하여도 미치고, 금전 등의 지급 또는 인도 전에 압류를 하여야 한다.[88] 회생담보권의 존부는 개시결정 시점을 기준으로 판단하므로, 이후 담보물이 멸실되더라도 회생담보권은 여전히 존속한다. 회생담보권이 존속한다는 의미는 회생담보권자로서의 지위를 잃지 않는다는 의미에 그치지 않고, 여전히 권리행사는 회생절차 및 회생계획의 규정에 따라야 한다는 의미이다.

위 민법규정의 취지는 담보권의 행사를 인정하되, 특정성을 보전하기 위하여 압류를 하여야 한다는 의미일 뿐이다. 담보권행사를 인정한다는 것은 추심과 전부도 인정한다는 의미이므로 민법의 태도를 일관하면 회생담보권자가 회생절차 외에서 변제를 받는 결과가 되는바, 이를 용인할 수는 없다.

판례는 ① 주식의 약식질권자가 주식의 소각대금채권에 대하여 물상대위권을 행사하기 위하여는 질권설정자가 지급받을 금전 기타 물건의 지급 또는 인도 전에 압류하여야 하나, 개시결정이 있은 후에는 물상대위권의 행사를 위한 압류의 허용 여부와는 별도로 추심명령은 그 효력을 발생할 수 없고, ② 법원이 특정채권의 변제를 허가하였다 하더라도, 그 효과는 회생채권 등의 소멸

88) 민법 342조에서 질권의 물상대위를 규정하고, 권리질권에 관한 355조, 저당권에 관한 370조에서 이를 각 준용한다.

금지의 효력이 해제됨에 그칠 뿐이고, 허가받은 내용대로 변제가 이루어지지 아니한 경우에 회생절차와 무관하게 개별적인 권리행사에 나아갈 수 있는 것은 아니라는 입장이다.[89)]

채권자가 압류를 하였으나, 전부 등으로 나아갈 수 없다면 변형물의 처리와 관련한 법률관계는 부동적일 수밖에 없고, 회생담보권은 전체 회생계획 및 채무자의 자금수지에 미치는 부담이 매우 큰 권리이므로 그 부동성은 조속히 해소함이 마땅하다. 통상은 '채무자가 추심 후 조기변제'하도록 회생계획을 작성하고 있다.

Ⅶ. 집합채권 양도담보의 처리

1. 개념 및 문제의 소재

장래의 채권도 양도 당시 기본적 채권관계가 어느 정도 확정되어 있어 그 권리의 특정이 가능하고 가까운 장래에 발생할 것임이 상당 정도 기대되는 경우에는 이를 양도할 수 있다는 것이 판례이다.[90)]

사 견) 장래채권이나, 조건부 채권도 엄연히 양도가능한 것이고, 이들 채권들은 그 자체로 불확실성을 내포하고 있는 것이므로, 판례이론과 같은 엄격한 요건은 불필요하고, 계약의 일반법리로 규율하면 충분하다.

채권양도 당시 양도 목적 채권의 채권액이 확정되어 있지 아니하였다 하더라도 채무의 이행기까지 이를 확정할 수 있는 기준이 설정되어 있다면 그 채권의 양도는 유효하다.[91)]

이러한 법리에 터잡아 이미 발생한 채권만이 아니라 장래 발생할 채권을 포함하여 양도담보의 목적으로 하되, 기한의 이익 상실 사유가 발생하지 않는 한 채권양도인이 채권에 대한 사용·추심권을 계속 보유하면서 추심된 자금을 사용하여 새로운 채권을 발생시키고 그것이 다시 양도담보의 목적이 되는 집합

89) 대법원 2004. 4. 23. 선고 2003다6781 판결.
90) 대법원 2010. 4. 8. 선고 2009다96069 판결.
91) 대법원 1997. 7. 25. 선고 95다21624 판결.

채권양도담보도 가능하다.[92] 물론 민법 450조 등의 대항요건을 갖추어야 한다.

회생절차에서는 의사 등이 장래 건강보험공단으로부터 수령할 요양급여 및 의료급여 채권을 양도하는 형식으로 담보제공하고, 담보권자인 금융기관이 건강보험공단에 이를 통지하는 방식으로 담보권을 설정하는 경우가 많은 바, 이러한 채권자의 회생절차에서의 취급이 문제되고 있다.

즉 회생절차개시결정 이후에 발생한 채권에 대하여도 담보권의 효력이 미칠 것인지 여부 및 개시결정 이후에 발생하는 채권에 대한 관리인의 추심권 인정 여부가 쟁점이다.

2. 이론 구성

대법원 2013. 3. 28. 선고 2010다63836 판결의 사실관계를 먼저 살펴본다.

① 피고는 2006. 8. 28. 원고와 사이에 여신한도금액을 2억원으로 정하여 여신거래약정을 체결하고, 같은 날 원고로부터 116,000,000원을 대출받았다.

② 피고는 위 대출 당시 위 대출금 채권을 담보하기 위하여 피고의 국민건강보험공단에 대한 향후의 요양급여비 및 의료급여비 채권(이하 '의료비 등 채권'이라고 한다)을 원고에게 양도하고, 국민건강보험공단에게 이를 통지하였다.

③ 피고는 2008. 11. 7. 서울중앙지방법원 2008회단58호로 회생절차개시신청을 하여 2008. 12. 12. 위 법원으로부터 회생절차개시결정(이하 '회생개시결정'이라고 한다)을 받았다.

④ 원고는 2008. 12. 1. 피고의 기한의 이익 상실을 이유로 상계권을 행사하여 위 채권양도계약에 따라 양수받은 의료비 등 채권 중 이미 발생한 17,749,460원을 회수하였고, 그 이후 위 의료비 등 채권은 발생하지 않았다.

⑤ 원고는 2009. 1. 22. 서울중앙지방법원 2009회확76호로 위 회생절차사건과 관련하여 피고에 대한 원고의 회생담보권이 133,733,591원이라는 확정을 구하는 신청을 하였으나, 위 법원은 2009. 4. 22. 원고의 피고에 대한 회생담보권은 존재하지 않는다고 결정(이하 '이 사건 결정'이라고 한다)하였다.

92) 서울고등법원 2010. 7. 7. 선고 2010나1786 판결.

가. 고정화 이론: 1심 및 원심의 판단

1심은 장래의 증감·변동하는 채권이 회생채권의 담보로 제공된 경우에는 위 담보채권의 결산기가 정해진 경우에는 그 결산기가 도래한 때 그 채권액이 확정될 것이나, 그와 같은 존속기간이나 결산기가 정해져 있지 않은 경우에는 당사자가 이를 확정시킬 의사를 표시한 때에 확정된다 할 것이고, 이 경우 당사자의 의사는 명시적·묵시적으로 표시될 수 있다는 구성을 취하였다.

위 사건의 경우 원고가 위 회생개시결정 직전인 2008. 12. 1. 위 의료비 등 채권에 대하여 상계권을 행사함으로써 담보권실행에 착수하였던바, 그때에 위 증감·변동하는 채권을 확정시키겠다는 원고의 의사가 표시되었다고 볼 수 있어 그 시점에 위 담보채권이 고정된다 할 것이고, 그 결과 위 '회생절차개시 당시' 위 담보채권은 모두 상계되어 남아 있지 않으므로, 원고의 피고에 대한 위 대출금채권은 그 담보목적물이 존재하지 않는 일반 회생채권이 된다.[93]

항소심인 서울고등법원은 담보권자가 담보실행에 착수하지 아니한 경우에는, 회생담보권의 목적물의 평가는 회생절차개시결정의 시점에서 이루어지는 관계로 개시결정에 의한 목적물의 고정을 인정하여야 하는 점, 회생절차개시결정이 이루어지면 담보권자는 스스로 담보권을 실행하는 것이 불가능하게 되고 그로 인하여 유동하는 집합목적물을 고정화시키는 수단이 박탈되는 점, 담보권자는 회생절차개시결정 당시에 채무자가 갖고 있는 담보목적물만을 원칙적으로 담보권의 가치로 파악하여야 하는데, 만약 채무자가 회생절차에 들어와서 창출한 기업의 수익가치까지 담보권의 목적물이 된다고 한다면 채무자의 운영자금이나 변제재원의 마련이 어렵게 되어 기본적인 회생절차의 구도와 부합하지 않는 점 등을 근거로 회생절차개시결정의 시점에서 담보목적물의 고정화가 이루어진다고 판단하여 원심의 판시를 지지하였다.[94]

---

93) 서울중앙지방법원 2009. 10. 30. 선고 2009가합59461 판결.

94) 서울고등법원 2010. 7. 7. 선고 2010나1786 판결.
위 판시는 학설상 논의되던 고정화이론의 근거를 명확히 하였다는 점에서 의미가 있다.

나. 공적수탁자 이론

원고는 상고이유로서 ① 집합채권양도담보에 있어서 당초에 담보목적으로 양도받은 채권은 계속 담보목적물로 존속하고 있고, 담보권자가 일부 담보목적물인 채권을 회수하여 피담보채권의 일부를 변제받았더라도, 나머지 담보목적물인 채권으로부터 나머지 피담보채권을 회수할 권리를 갖는다는 점, ② 집합채권양도담보라는 제도는 장래채권을 포함한 집합채권을 채무자의 재산으로 보아 이를 담보로 자금을 조달하는 제도로서, 회생절차개시 후에 관리인의 활동에 의하여 취득한 채권도 별도의 재산을 구성하는 것이 아니라 일체로서 채무자의 재산이 되는 점에서, 회생절차개시 후에 발생한 장래채권에 대하여도 담보권의 효력이 미친다는 점을 각 지적하였다.

대법원은 하급심과 달리 피담보채권인 대출금채권 전액의 만족을 얻지 아니한 이상, 그 후 발생하는 의료비 등 채권에 대해서도 담보권을 실행할 수 있다고 할 것이고, 원고의 위와 같은 담보권 실행으로 인하여 그 후 발생하는 의료비 등 채권에 대하여 담보권의 효력이 미치지 아니하게 되는 것은 아니라는 입장을 취하였다. 그러면서도 관리인은 공적수탁자이고, 회생절차가 개시된 후 발생하는 채권은 관리인의 지위에 기한 행위로 발생한 것이므로 개시결정 이후 발생하는 채권에 대하여는 담보권의 효력이 미치지 아니한다고 판단하였다.[95]

다. 소 결

공적수탁자설은 개시결정을 기준으로 모든 권리관계를 확정하려는 회생절차의 틀에 부합하지 않으며, 고정화이론과 결론에 있어 차이도 없다. 개시 후의 채권에 대하여도 담보권의 효력이 미친다고 하면서도, 이 부분은 행위주체가 다르기 때문에 담보권의 효력이 미치지 않는다는 구성은 형식논리에 치우친 감이 있다.

95) 미국연방도산법 Sec. 552(Postpetition effect of security interest)(a)는 'property acquired by the estate or by the debtor after the commencement of the case is not subject to any lien resulting from any security agreement entered into by the debtor before the commencement of the case'이라는 명시적인 규정을 통하여 도산절차개시 전에 취득한 담보권의 효력이 개시 이후 취득한 재산에는 미치지 않음을 명백히 하고 있다.

3. 실무 처리

현행 실무는 개시 후에 발생한 채권에는 집합채권양도담보의 효력이 미치지 않는 것으로 처리하고 있고, 그 근거는 위 고등법원의 판시와 동일하다.[96] 대법원의 판시는 고정화이론이 아닌 공적수탁자설에 근거한 것이기는 하나, 개시 후 발생한 채권에 대하여는 담보권의 효력이 미치지 않고, 관리인이 추심하여 사용할 수 있다는 결론은 동일하다.

결국 회생절차개시결정 전일까지 발생한 부분에 대하여는 회생담보권으로, 개시결정 이후 발생하는 부분은 회생채권으로 각 목록에 기재한다.

개시결정 직전에 금융기관이 담보권을 실행하는 경우가 많아 개시결정 시점에서는 미수령적립금은 없는 것이 보통일 것이다. 박원장 사건도 이에 해당하여 관리인은 목록의 회생담보권란에는 이를 기재하지 않았다. 다만 개시결정 시점을 기준으로 미수령적립금의 잔액이 '0'이라는 증빙은 없었고, 이 상황에서 채권자는 회생담보권으로 신고하였고, 관리인은 '회생담보권 이의, 회생채권시인'의 형태로 시·부인하였다. 이에 채권자는 미수령적립금에 대한 확인이 없는 상태에서 회생채권으로 취급되는 것은 용인할 수 없다는 이유로 회생담보권조사확정재판을 신청한 바 있다. 위 사건에서는 부득이 건강보험공단에 대한 사실조회를 통해 미수령적립금 잔액이 없음을 확인한 바 있다.[97]

Ⅷ. 회생담보권과 공익채권의 우열

공익채권은 회생절차에 의하지 아니하고 수시로 변제하고, 회생채권과 회생담보권에 우선하여 변제한다. 이러한 법리는 채무자의 일반재산으로부터 변제를 받는 경우에 우선한다는 의미만을 갖는다. 회생담보권이 설정된 재산 위에 공익담보권이 설정된 경우에는 매각대금 배분에 있어 회생담보권이 우선한다.[98]

96) 실무연구회(상), 444면.

97) 위 회생담보권 관련 채권조사확정재판의 사례는 6장을 참조할 것.

98) 대법원 1993. 4. 9. 선고 92다56216 판결 참조. 한편 대법원 2012. 7. 12. 선고 2012다23252 판결은 위 법리를 재확인하면서, '국세의 우선권이 보장되는 체납처분에 의한 강제환가절차에서는 정리채권인 조세채권이라 하더라도 공익채권보다 우선하여 변제를 받을 수 있

제 3 절 주식 및 출자지분

Ⅰ. 주주 및 지분권자의 지위 일반

자본의 10분의 1 이상에 해당하는 주식 또는 출자지분을 가진 주주·지분권자는 회생절차개시신청을 할 수 있고(법 34조 2항 2호 나목), 그가 가진 주식 또는 출자지분으로 회생절차에 참가할 수 있다(법 146조 1항). 단 회생절차에 참가하려면 신고기간 안에 권리를 신고하고 주권 또는 출자지분증서 그 밖의 증거서류 또는 그 등본이나 초본을 제출하여야 한다(법 150조 1항). 목록에 기재된 경우 신고의제되어 별도의 신고 없이 회생절차에 참가할 수 있다.

주주·지분권자는 회생계획안을 작성하여 법원에 제출할 수 있고(법 221조 2호), 회생절차개시 이후부터 그 회생절차가 종료될 때까지는 회생절차에 의하지 아니하고는 이익이나 이자의 배당을 받을 수 없다(법 55조 1항 7호). 회생계획을 수행함에 있어서는 법령 또는 정관의 규정에 불구하고 법인인 채무자의 창립총회·주주총회 또는 사원총회(종류주주총회 또는 이에 준하는 사원총회를 포함한다) 또는 이사회의 결의를 하지 아니하여도 된다(법 260조).

주주·지분권자는 주식 또는 출자지분의 수 또는 액수에 비례하여 의결권을 가지나(법 146조 2항), 회생절차의 개시 당시 채무자의 부채총액이 자산총액을 초과하는 때에는 의결권을 가지지 아니한다(법 146조 3항). 다만, 회생계획의 변경계획안을 제출할 당시 부채초과 상태가 해소된 경우라면 의결권을 갖는다(법 146조 4항). 의결권을 행사할 자를 정하기 위해 법원은 2월 이내의 기간 동안 주주명부를 폐쇄할 수 있다(법 150조 2항).

주주·지분권자는 조사기간 안에 목록에 기재되거나 신고된 회생채권 및 회생담보권에 관하여 서면으로 법원에 이의를 제출할 수 있다(법 161조 1항 3호).

주식회사인 채무자의 이사나 지배인의 중대한 책임이 있는 행위로 인하여 회생절차개시의 원인이 발생한 때에는 회생계획에 그 행위에 상당한 영향력을 행사한 주주 및 그 친족 그 밖에 대통령령이 정하는 범위의 특수관계에 있는

다'고 판시한 바 있다.

주주가 가진 주식의 3분의 2 이상을 소각하거나 3주 이상을 1주로 병합하는 방법으로 자본을 감소할 것을 정한다(법 205조 4항). 법 206조에 따라 주식회사인 채무자가 회생채권자·회생담보권자 또는 주주에 대하여 새로 납입 또는 현물출자를 하게 하지 아니하고 또는 새로 납입 또는 현물출자를 하게 하고 신주를 발행하는 경우 법 205조 4항의 주주 등은 신주를 인수할 수 없다(법 205조 5항).

권리배분의 순위에 있어서는 가장 열후적인 지위를 가지며(법 217조 1항 5호), 회생계획 인가 이후의 지분비율도 기존 주식에 대한 자본감소, 채권자에 대한 신주발행으로 인하여 대폭 줄어들게 되는 것이 일반적이다. 최근 서울회생법원에서 시행하고 있는 중소기업지분보유조항(SME Equity Retention Plan)을 통해 상환전환우선주를 발행하고, 인가 후 3년 내에 초과수익을 통해 상환할 경우 위와 같은 지배구조의 변경은 어느 정도 극복할 수 있을 것이다.

Ⅱ. 전환권과 신주인수권의 취급

회생절차개시 이후에 전환권·신주인수권 행사가 가능한지 여부와 관련하여, 회생절차에 의하지 않은 신주발행(법 55조 1항 2호)과 자본증가(법 55조 1항 3호)는 모두 금지되는 점, 회생계획에 의하지 않은 회생채권 변제도 금지(법 131조)되는 점 등을 근거로 부정하는 시각이 많은 것으로 보인다.[99] 그 외 개별 채권자의 의사표시에 의하여 신주가 발행된다고 한다면, 회생계획을 통하여 회생회사의 자본과 부채를 일률적으로 조정하고 개별적인 신주발행에 따른 복잡하고 유동적인 법률관계 형성을 피하고자 한 법 취지에 반하는 점, 전환권을 행사하지 않은 다른 전환사채권자 등의 권리는 회생계획에 의하여 모두 소멸되므로 형평의 문제가 발생할 수 있다는 점 등을 근거로 제시하기도 한다.[100]

---

99) 한민, '전환사채, 신주인수권부사채 및 교환사채 채권자의 도산절차에서의 지위', 민사판례연구(28권), 민사판례연구회, 1036면 이하에서는 55조와 131조 위반 여부에 관한 가정적 주장들을 제시하고, 이들을 검토하고 있다.

100) 최효종, 기업회생절차 실무의 현황과 개선방안(쌍용자동차 사례를 중심으로), 회생과 파산 1(2012), 사법발전재단, 519면 이하.

현행실무도 전환권·신주인수권 행사를 명시적으로 인정한 사례는 없는 것으로 보인다. 서울중앙지방법원 2013회합106 (주)보르네오가구 사건에서 신주인수권 행사를 이유로 한 관리인의 신주발행허가신청에 대하여 회생계획에 의하지 아니한 자본증가로서 허용될 수 없고(법 55조 1항 3호), 사채로써 대용납입하는 것을 허용할 경우 개시 후 회생채권의 변제를 금지한 법 131조에도 위반됨을 들어 불허하였다. 같은 법원 2013회합110 에스티엑스팬오션(주)사건에서는 신주인수권자는 회생채권자보다 불리할 뿐만 아니라 주주와 동등하게 또는 그보다 유리하지 않게 권리변경이 이루어져야 함을 전제로 신주인수권의 행사가격 및 신주인수권 행사 시 취득가능지분율을 비교하는 방식으로 권리변경의 유·불리를 판단한 후, 회생계획안 배제결정을 하였다.[101] 위 배제결정 이후 '채무자가 2012. 3. 2. 발행한 제12회 무보증신주인수권부 사채와 관련하여 부여된 신주인수권 및 2009. 11. 20. 발행한 제7회 기명식 무보증 해외전환사채와 관련하여 부여된 전환권 중 회생절차개시 이전에 행사되지 아니한 모든 권리는 본 회생계획안 인가와 동시에 전부 소멸한다'는 취지를 규정하기에 이르렀다.

사 견) 회생절차에 진입한 대부분의 채무자들은 채무초과인 경우가 대부분이고, 상당한 정도의 자본감소가 이루어지는 것이 일반적이므로 전환권 등을 행사할 유인은 크지 않을 것으로 본다. 그러나 사안에 따라서는 전환권이나 신주인수권은 상당한 경제적 가치를 가질 수 있는 점, 전환사채권자 등은 일반의 주주에 비하여 보다 많은 출연을 하는 것이 일반적이므로 획일적으로 주주와 동일하게 취급하기보다는 이들의 선택권을 보장할 필요가 있는 점, 회생절차는 확정된 권리에 대한 변경을 전제로 하는 것이나, 권리 자체를 소멸시키는 것은 변경의 한도를 넘는 것으로 신주인수권자 등에게 수인할 수 없는 손해를 강요하는 점, 전환증권의 규모 등은 평상시에도 재무제표에 공시되고 있으므로, 절차관계인들에게 불측의 손해를 끼친다고 볼 수 없는 점, 형성권인 전환권을 명문의 근거 없이 해석론으로 박탈하는 것은 무리인 점, 전환권을 행사함으로써 자본이 증가하는 것은 전환권 행사의 당연한 결과일 뿐 전형적인 신주발행이

101) 실무연구회(상), 448-449면.

나 회생채권 변제와는 주체, 요건 등을 달리하는 별개의 현상인 점 등에 비추어 위와 같은 실무운영은 재고를 요한다.

제 4 절 공익채권

Ⅰ. 의 의

공익채권이라 함은 회생절차의 수행에 필요한 비용을 지출하기 위하여 인정된 채무자에 대한 청구권이다. 원칙적으로 회생절차개시 후의 원인에 기하여 생긴 청구권을 말하는 것이지만, 회생절차개시 후의 원인에 기한 것이라도 법 179조 1항과 기타 규정에서 명시적으로 규정된 것에 한정되고, 규정되지 않은 청구권은 개시후기타채권이다(법 181조). 즉 회생절차개시 후의 원인으로 생긴 청구권은 공익채권이라는 규정이 없는 한 개시후기타채권이다. 근로자의 임금, 퇴직금, 재해보상금 청구권(법 179조 1항 10호), 계속적 공급의무상의 채권(법 179조 1항 8호), 원천징수할 국세(법 179조 1항 9호), 근로자의 임치금 및 신원보증금 반환청구권(법 179조 1항 11호), 개시신청 후 차입금(법 179조 1항 12호), 채무자 및 그 부양을 받는 자의 부양료(법 179조 1항 15호) 등은 회생절차개시 전의 원인에 기하여 생긴 청구권이지만, 형평의 관념이나 사회 정책적 이유 등으로 공익채권성이 인정된다.

회사정리법과 비교하여 중요한 차이점으로 두 가지가 있다. 첫째, 원천징수하는 조세 중에서 공익채권에 포함되는 범위를 축소하였다. 즉 법인세법 67조(소득처분)에 의하여 대표자에게 귀속된 것으로 보는 상여도 원천징수의 대상이므로 그 금액도 원천징수하는 조세에 포함되지만 공익채권에는 원천징수된 것으로 제한하였다. 이는 인정상여에 대한 원천징수가 채무자 회사의 회생에 큰 부담이 되는 실무를 반영한 것이다. 둘째는 채권자협의회의 활동비용을 공익채권으로 인정한 것이다. 법 21조 3항은 법원의 결정으로 채권자협의회의 활동에 필요한 비용을 채무자에게 부담시킬 수 있다고 규정하였는데 이 비용을

공익채권으로 인정한 것이다.[102)]

공익채권을 단순히 회생채권으로 신고하여 회생채권자표 등에 기재된다고 하더라도 공익채권의 성질이 회생채권으로 변경된다고 볼 수는 없고, 또한 공익채권자가 자신의 채권이 공익채권인지 회생채권인지 여부에 대하여 정확한 판단이 어려운 경우에 회생채권으로 신고를 하지 아니하였다가 나중에 공익채권으로 인정받지 못하게 되면 그 권리를 잃게 될 것을 우려하여 일단 회생채권으로 신고할 수도 있을 것인바, 이와 같이 공익채권자가 자신의 채권을 회생채권으로 신고한 것만 가지고 바로 공익채권자가 자신의 채권을 정리채권으로 취급하는 것에 대하여 명시적으로 동의를 하였다거나 공익채권자의 지위를 포기한 것으로 볼 수는 없다.[103)] 따라서 관리인이 미이행 쌍무계약에 대한 이행의 선택을 한 경우 상대방이 회사에 대하여 가지는 채권을 단순히 회생채권으로 신고하였고 그로 말미암아 회생채권자표에 기재된 사정이 있다고 하더라도 상대방은 여전히 공익채권자의 지위에 있는 것이므로, 설사 그 상대방에게 회생계획의 조건에 의하지 아니하고 다른 채무를 면제해 주었다 하더라도 그것이 법 219조에 의하여 특별한 이익의 공여로서 무효가 된다고 할 여지는 없다.[104)]

Ⅱ. 공익채권의 변제

1. 수시변제

회생절차가 개시되면 채무자에 대하여 회생절차개시 전의 원인에 기하여 발생한 채권은 회생절차에 의하지 않고는 변제받을 수 없다. 공익채권은 회생절차 중이라도 회생절차에 의하지 아니하고 수시로 관리인이 변제할 수 있고 (법 180조 1항), 회생채권이나 회생담보권과 같이 채권조사절차를 요하지 아니한다. 공익채권은 회생절차에 의하지 아니하고 행사할 수 있으므로 관리인이 변

102) 법무자료 제272편, 채무자 회생 및 파산에 관한 법률 해설, 법무부 법무국 간, 125면.
103) 대법원 2004. 8. 20. 선고 2004다3512, 3529 판결.
104) 대법원 2007. 11. 30. 선고 2005다52900 판결.

제하지 않을 경우 강제집행할 수 있다.

2. 권리변경의 제한

회생계획에는 공익채권의 변제에 관한 사항을 정하여야 하는바(법 193조 1항 2호), 변제기의 유예 또는 채권의 감면 등 권리에 영향을 미치는 변경은 할 수 없다.[105] 주로 문제되는 것은 임금과 퇴직금인데, 이들에 대하여 변제를 유예하거나, 감액할 경우 각 근로자와 관리인이 개별적인 화해계약을 체결하고 이를 회생계획에 첨부한다. 이처럼 채권자와의 합의 하에 변제기를 연장하는 등 권리변동에 관한 사항을 정한 경우 공익채권자도 이에 구속된다. 공익채권자는 채무자와 합의하여 그 내용을 회생계획에 기재한 경우가 아닌 한 회생계획에 의하여 권리변동의 효력을 받지 아니하므로 공익채권자가 변경계획 인부결정에 대하여 한 즉시항고는 부적법하다.[106]

한편 공익채권자가 동의할 경우라면 공익채권에 대한 출자전환을 부정할 필요는 없다고 본다.

3. 우선변제

공익채권은 회생채권과 회생담보권에 우선하여 변제한다(법 180조 2항). 여기서 말하는 우선변제는 채무자의 일반재산으로부터 변제를 받는 경우에 우선한다는 의미만을 갖는다. 즉 회생담보권이 설정된 재산 위에 공익담보권이 설정된 경우에는 매각대금 배분에 있어 회생담보권이 우선한다. 판례는 회생채권인 우선권 있는 조세채권에 기한 공매절차에서 국세우선원칙을 적용하여 공매대금을 배분받지 못한 공익채권자의 국가에 대한 부당이득반환청구를 부정한 바 있다.[107]

105) 대법원 1991. 3. 12. 선고 90누2833 판결.

106) 대법원 2006. 3. 29. 자 2005그57 결정.

107) 서울고등법원 2012. 1. 25. 선고 2011나59690 판결의 사실관계는 다음과 같다.
갑은 법인세 등 4건의 조세를 체납한 결과 체납된 조세 채무가 합계 1,786,181,000원에 이르렀다. 이후 갑은 회생절차개시신청을 하여 개시결정을 받았고, 이후 회생계획이 인가되기에 이르렀다. 갑이 회생계획에 따른 유예기간 내에 위 체납액을 납부하지 아니하자, 관

Ⅲ. 공익채권의 청구

1. 원 칙

공익채권자는 언제든지 관리인에게 직접 청구할 수 있고, 일반의 민사절차와 동일하게 소의 제기, 강제집행, 보전처분 등이 가능하다.

2. 강제집행 등의 중지 및 취소

법원은 ① 공익채권에 기한 강제집행 또는 가압류로 인하여 회생에 현저한 지장이 초래되고, 채무자에게 환가하기 쉬운 다른 재산이 있는 때 또는 ② 채무자의 재산이 공익채권의 총액을 변제하기에 부족한 것이 명백하게 된 때에는 공익채권에 기한 강제집행 또는 가압류의 중지 또는 취소를 명할 수 있다(법 180조 3항).

3. 재단부족의 경우의 처리

채무자 재산이 공익채권 전액을 변제하기에 부족한 경우에는 채권액의 비율에 따라서 변제하는 것이 원칙[108]이지만, 179조 1항 5호 및 12호의 청구권 중에서 채무자의 사업을 계속하기 위하여 법원의 허가를 받아 차입한 자금에 관한 채권을 우선적으로 변제한다(법 180조 7항). 이러한 원칙은 채무자의 일반재산으로 공익채권 전액을 변제할 수 없을 경우에 관한 것이고, 공익채권을 위

할 세무서장은 채무자 소유의 부동산을 압류하여 공매처분한 후 공매대금을 위 체납액에 배분하였다. 채무자에 대한 공익채권을 양수한 을은 공매대금을 국가에게 우선 배분한 것은 당연 무효이므로 우선변제받은 금액 상당을 부당이득으로 반환하여야 한다고 주장하였다. 고등법원은 채무자회생법은 국세기본법의 특별법이 아니라, 상호 양립가능한 별개의 법인 점, 국세기본법은 주택임대차보호법, 상가건물 임대차보호법, 근로기준법을 제외하고는 담보된 채권에 관하여만 국세우선에 대한 예외로 규정하고 있을 뿐이라는 점 등을 근거로 원고의 부당이득반환청구를 기각하였다. 대법원 2012. 7. 12. 선고 2012다23252 판결은 고등법원의 이러한 판단을 수긍하고, 원고의 상고를 기각하였다.

108) 파산절차에 관한 477조 2항은 다른 재단채권에 우선하여 변제하여야 할 채권을 규정하고 있으나, 180조 7항은 이러한 규정을 두고 있지 않으므로, 5호와 12호 이외의 공익채권은 채권액을 기준으로 안분하여 처리한다.

한 담보권 등의 효력에는 영향을 미치지 아니한다(법 180조 7항 단서).

Ⅳ. 공익채권의 범위

1. 회생채권자, 회생담보권자와 주주의 공동이익을 위하여 쓰인 재판상의 비용(법 179조 1항 1호)

여기서 재판상 비용이란 회생절차개시신청에 소요되는 인지대, 공고 및 송달비용, 회생채권 및 회생담보권 조사를 위한 일반기일의 비용, 관계인집회 소집의 비용 등 회생절차의 비용을 말한다.

회생절차개시신청비용과 관련하여 대리인의 보수가 회생채권인지 공익채권인지 문제된다. 개시결정 이후 발생하는 보수는 미이행쌍무계약의 법리에 따라 관리인이 이행을 선택할 경우 7호의 공익채권이 될 것이나, 개시결정 단계까지만 약정한 경우 대리인의 보수가 본호의 공익채권인지 회생채권인지 명확한 처리지침은 없다. 신청행위는 청산가치보장원칙을 준수한다는 채무자의 판단을 전제로 하는 것이므로 채권자 등의 공동이익을 위한다는 채무자의 의사는 확인가능한 점, 개시신청은 법원의 개시결정이라는 재판을 받기 위한 부득이한 비용인 점, 본 호는 개시결정 전후를 구별하지 않고 있는 점 등을 종합하면 본호 또는 15호의 공익채권성을 인정하는 것이 타당하다고 본다.

특별조사기일과 관련한 송달료 등은 당해 채권자에게 예납명령을 내리므로, 위 비용은 본호의 공익채권이 아니다(법 162조 2문).

2. 회생절차개시 후의 채무자의 업무 및 재산의 관리와 처분에 관한 비용(법 179조 1항 2호)

개시결정 이후에도 계속기업으로서 존속하기 위해서는 유지 및 관리에 관한 비용이 계속적으로 발생하게 된다. 채무자의 경상적인 영업활동으로 발생하는 원재료 구입비, 공장 및 건물 등의 차임, 공공요금 등이 이에 해당한다. 그 외 공익채권이나 환취권에 기한 소송에 응소하여 발생하는 비용, 변제자금 조

달을 위하여 자산의 매각에 소요되는 비용 등도 본 호의 비용에 포함된다.[109]

3. 회생절차종료 전 발생한 회생계획수행에 관한 비용(법 179조 1항 3호)

회생계획에서 정한 사항을 이행하기 위하여 필연적으로 발생하는 비용으로서, 인수합병과 관련된 비용, 신주발행비 등이 이에 해당한다. 법원의 종결결정 이후에 발생하는 비용은 이에 해당하지 아니한다.

4. 30조(관리인 등의 보수), 31조(대리위원 등의 보상금 등)의 규정에 의한 보수 등(법 179조 1항 4호)

관리인, 조사위원의 보수 및 특별보상금, 법원의 허가를 거쳐 법원이 정하는 금액을 회생에 공적이 있는 채권자·담보권자·주주·지분권자 등에게 비용상환 또는 보상금 명목으로 지급할 경우의 해당 금액 등이 이에 해당한다.

5. 자금차입 등으로 인한 청구권(법 179조 1항 5호 및 12호)

채무자의 업무 및 재산에 관하여 관리인이 회생절차개시 후에 한 자금의 차입 그 밖의 행위로 인하여 생긴 청구권(법 179조 1항 5호)과 채무자 또는 보전관리인이 회생절차개시신청 후 그 개시 전에 법원의 허가를 얻은 자금의 차입, 자재의 구입 기타 채무자 사업의 계속에 불가결한 행위를 함으로 인하여 생긴 청구권(법 179조 1항 12호)은 공익채권이다. 운영자금 및 변제자금의 차입, 이를 위해 새로이 담보를 제공한 경우 등이 이에 해당한다.

차입행위는 법원의 허가사항이며, 허가대상 금액에 미달하는 비용은 허가없이 집행할 수 있고, 이 비용은 15호의 공익채권이다. 재단부족의 경우 우선변제의 대상이 되는 공익채권은 5호와 12호 중에서 채무자의 사업을 계속하기 위하여 법원의 허가를 받아 차입한 자금에 관한 채권으로 한정된다(법 180조 7항 본문). 법원의 허가를 받지 아니하고 한 차입행위는 무효이며, 선의의 제3자

109) 실무연구회(상), 451면.

는 차입행위의 유효를 주장할 수 있으나(법 60조 3항), 법원의 허가라는 요건을 충족하지 못한 이상 우선변제 대상은 아니다.

5호 및 12호에 따른 자금의 차입을 허가함에 있어 법원은 이해관계인의 의견을 들어야 한다(179조 2항). 이해관계인의 범위와 관련하여 기존 공익채권자에 한정된다는 견해와 채무자, 회생채권자, 회생담보권자, 주주 등으로 확장하는 견해가 있다.[110] 우선변제가 문제될 경우 직접적인 이해관계인은 기존 공익채권자인 점, 의견조회를 실시하지 않는다는 것이 회생절차 전반에 관하여 회생채권자 등이 의견제시할 권리를 제한하는 것도 아닌 점 등을 고려하면 간이하게 처리하여도 부당하지 않다고 본다. 실무는 회생채권자 등에 대하여 의견조회는 실시하지 않고, 채권자협의회와 관리위원회에 의견을 조회하고 있고, 긴급을 요하거나 소액의 공익채권자가 다수인 경우 주요 공익채권자에 대하여만 의견조회를 실시하기도 한다.[111]

'그 밖의 행위로 인하여 생긴 청구권'은 매매, 임대차, 고용, 위임, 어음행위 등 관리인이 채무자의 경영과 재산의 관리 및 처분과 관련하여 적법하게 법률행위를 한 경우에 상대방이 그 법률행위에 기하여 갖는 청구권뿐만이 아니라, 관리인이 그 업무집행과 관련하여 고의·과실로 인하여 타인에게 손해를 입힌 경우에 그 타인이 가지는 불법행위에 기한 손해배상청구권도 포함된다.[112] 임대주택이 분양전환된 경우 입주자대표회의의 특별수선충당금 지급청구권도 5호의 공익채권에 해당한다.[113]

6. 사무관리 또는 부당이득으로 회생절차개시 후 채무자에 대하여 생긴 청구권(법 179조 1항 6호)

가. 2·3회 관계인집회 이후 부인권을 행사한 경우 상대방의 채권

관리인이 회생계획안 심리를 위한 관계인집회가 끝난 이후 부인의 소를

110) 각 견해의 근거에 대하여는 실무연구회(상), 463면 내지 464면 참조.
111) 실무연구회(상), 464면.
112) 대법원 2005. 11. 10. 선고 2003다66066 판결.
113) 대법원 2015. 6. 24. 선고 2014다29704 판결.

제기함으로써 상대방이 그 부활한 채권을 행사할 수 없게 된 때에는 채무자가 상대방의 손실에 의하여 부당하게 이득을 얻은 것이 되므로, 관리인은 이를 회생절차개시 이후에 발생한 부당이득으로서 반환할 의무가 있다. 다만 그 경우에 반환하여야 할 부당이득액은 부활한 채권이 회생채권 또는 회생담보권으로서 회생절차에 참가하였더라면 회생계획에 의하여 변제받을 수 있었던 금액이라고 봄이 상당하므로 그 상대방의 채권과 같은 성질의 채권에 대하여 회생계획에서 인정된 것과 동일한 조건으로 지급할 의무가 있다.[114]

나. 신고에서 제외하여 면책된 채무의 부당이득 여부

개시결정에 의하여 중지된 배당절차에 참가하여 배당금을 수령한 채권자가 동액 상당을 신고에서 제외한 결과, 위 신고에서 제외된 채권액에 상응하는 채무가 법 251조에 의하여 면책된 것이라면, 그 면책은 채권자가 책임질 사유에 기한 것이어서, 위 배당이 회생계획인가결정에 의하여 무효가 되었다고 하더라도 이로써 채무자가 법률상 원인 없이 위 면책된 채무액 상당의 이익을 얻었다고 할 수도 없다[115].

다. 가집행선고부판결이 개시결정 후 실효된 경우 가지급물 반환청구권

회생절차개시 전에 선고된 가집행선고부판결이 개시 후에 실효된 경우 가지급물반환청구권은 본호의 부당이득으로 인하여 회생절차개시 이후 채무자에 대하여 생긴 청구권으로서 공익채권에 해당한다.[116]

---

114) 대법원 2003. 1. 10. 선고 2002다36235 판결.

115) 대법원 2007. 7. 13. 선고 2005다71710 판결 및 원심인 서울고등법원 2005. 10. 19. 선고 2004나84865 판결.
그 외 ① 회생절차개시결정으로서 채권압류 및 추심명령에 기한 배당절차는 당연히 중지되고(법 58조), 그 후 회생계획인가결정으로 채권압류 및 추심명령과 배당절차는 그 효력을 잃게 되고(법 251조), 위 배당절차에서 배당금을 수령할 경우 무효인 강제집행에 의한 것이고, 회생채권과 회생담보권은 회생절차에 의하지 아니하고는 변제하거나, 변제받지 못하는 것(법 131조, 141조 2항)이므로, 채권자는 악의의 수익자로서 배당금 및 지연이자를 채무자에게 반환하여야 하는 점, ② 위 부당이득반환채무는 회생절차개시 후에 회사에 대하여 부담하게 된 채무로서 이를 수동채권으로 하여 상계권을 행사할 수도 없다(법 145조 1호)는 점을 각 판시하였다.

116) 서울고등법원 2013. 10. 16. 선고 2013나13186 판결.

7. 관리인이 이행을 선택한 경우 상대방의 채권(법 179조 1항 7호)

가. 공익채권으로 규정한 취지

법 119조 1항이 정한 쌍무계약이라 함은 쌍방 당사자가 상호 대등한 대가관계에 있는 채무를 부담하는 계약으로서, 본래적으로 쌍방의 채무 사이에 성립·이행·존속상 법률적·경제적으로 견련성을 갖고 있어서 서로 담보로서 기능하는 것을 가리키고, 위 규정이 적용되려면 서로 대등한 대가관계에 있는 계약상 채무의 전부 또는 일부가 이행되지 아니하여야 한다. 관리인이 채무의 이행을 선택할 경우 상대방이 가진 청구권을 공익채권으로 규정한 것은 관리인이 상대방의 이행을 청구하려고 하는 경우에는 채무자의 계약상 채무도 이를 이행하도록 함으로써 양 당사자 사이에 형평을 유지하도록 한 것이다.[117)]

나. 회생계획안 심리를 위한 관계인집회가 종료될 때까지 이행 여부에 관한 선택이 없는 경우

채무자의 관리인이 이행 또는 해제를 선택하기 전에는 회생채권이나 공익채권 어느 경우에도 해당하지 아니한다.[118)] 채무자의 관리인이 회생절차개시 이후 회생계획안의 심리를 위한 관계인집회가 끝나기까지 아무런 조치를 취하지 않은 경우 위 기한의 도과로써 계약을 해제 또는 해지할 수 없게 되고, 결국 이행의 선택을 한 것으로 보아야 하므로, 상대방이 갖는 청구권은 공익채권에 해당하게 된다.

상대방의 채권이 유치권 또는 우선변제권에 의하여 담보되고 있는 경우 해당 채권은 회생절차개시 후 그 실행이 중지·금지되는 회생담보권이 아니라 법 180조에 의하여 회생절차에 의하지 아니하고 수시로 그 권리를 행사할 수 있는 공익담보권에 해당한다.[119)]

---

117) 대법원 2014. 9. 4. 선고 2013다204140,204157 판결.

118) 대법원 2007. 9. 6. 선고 2005다38263 판결.

119) 대법원 2012. 10. 11. 자 2010마122 결정.

다. 수분양자들의 이전등기청구권 및 그 이행지체로 인한 손해배상청구권

미이행쌍무계약인 분양계약의 이행을 선택한 경우 채무자의 분양대금청구권과 대가관계에 있는 수분양자들의 소유권이전등기청구권은 본호의 공익채권이며, 그 이행지체로 인한 손해배상청구권도 공익채권이다.[120]

라. 이행을 선택한 경우 공사기성금채권의 공익채권성

종래 서울회생법원의 실무는 기성고에 따른 대금지급 약정이 있을 경우 이를 분할급부로 보아, 개시결정 이후 완성된 공사분에 한하여 공익채권으로 취급하여 왔다.

이러한 실무의 태도는 '수급인이 완성하여야 하는 공사는 원칙적으로 불가분인 점을 근거로 발생 시점이 개시결정 이후인지 여부를 묻지 않고 전체를 공익채권올 보아야 한다'는 대법원 판결에 의하여 변경을 맞게 되었고,[121] 위 판시 이후 현재 실무는 건설회사의 관리인이 미이행쌍무계약의 이행을 선택한 경우 개시 이전의 기성금 채권을 포함한 공사대금청구권 전체를 공익채권으로 취급하고 있다.[122]

위 대법원 판시는 공사대금의 지급방법에 관하여 쌍방이 매월 1회씩 그

120) 대법원 2004. 11. 12. 선고 2002다53865 판결.

121) 대법원 2004. 8. 20. 선고 2004다3512, 3529 판결.
도급계약은 수급인의 일의 완성의무와 도급인의 대금지급의무가 상호 대등한 대가관계에 있는 채무를 부담하는 계약으로서, 쌍방의 채무 사이에는 성립·이행·존속상 법률적·경제적으로 견련성을 갖고 있어서 서로 담보로서 기능하므로 쌍무계약에 해당한다. 공사도급계약에 있어서 기성고에 따라 대금을 지급받기로 하는 약정이 있다고 하더라도 수급인이 완성하여야 하는 공사는 원칙적으로 불가분이므로, 도급계약에서 정한 공사가 일부 이루어졌고 그 기성공사부분에 대하여 수급인에게 대금청구권이 발생한 경우에도 전체 공사가 끝나지 않았다면 그 기성공사부분을 따로 떼어내 그 부분에 대한 수급인의 채무가 이행완료되었다고 할 수 없으므로, 기성공사부분에 대한 대금을 지급하지 못한 상태에서 도급인인 채무자에 대하여 회생절차가 개시되고, 상대방이 관리인에 대하여 계약의 해제나 해지 또는 그 이행의 여부를 확답할 것을 최고했는데 그 관리인이 그 최고를 받은 후 30일 내에 확답을 하지 아니하여 해제권 또는 해지권을 포기하고 채무의 이행을 선택한 것으로 간주될 때에는 상대방의 기성공사부분에 대한 대금청구권은 '관리인이 채무의 이행을 하는 경우에 상대방이 가진 청구권'에 해당하게 되어 공익채권이 된다.

122) 실무연구회(상), 467면.

기성고에 따라 지급하기로 약정한 것이라고 보일 뿐, 중간공정(예컨대, 제작, 도장, 운송, 설치기성 등)을 완료할 때마다 완성된 부분의 기성고를 확정하고 그에 대한 공사대금을 지급하기로 한 것으로는 보이지 아니함을 들어 미이행쌍무계약의 법리에 따라 미지급 공사대금채권을 공익채권으로 판단한 원심[123] 판단을 수긍하였다.[124]

이러한 판례의 입장은 전체 공사를 독립적 가치를 가진 공정별로 나누고, 각 공정별로 지급될 공사대금을 따로 정한 경우라면 각 공정의 완성을 독립된 채무이행으로 볼 수 있으나, 공정을 나누지 아니하고 일정기간마다 전체 공사에 대한 진행비율을 산정하여 그 비율에 따른 대금을 지급하기로 한 경우라면 미시공 공사부분과 구별하여 독립적인 가치를 가진 공사가 완성된 것이 아니라 총 공사의 일부만 완성된 것이므로 "채무의 이행이 완료된 것"으로 평가할 수는 없다는 것이다.[125]

사 견) 위 판례의 입장은 해석에 의하여 공익채권의 범위를 확장하는 것인 점, 급부의 가분성 여하는 급부의 실질에 대한 분석에 앞서 당사자의 의사를 우선시 하여야 할 것인 점, 공익채권의 증가로 인해 채무자의 자금수지를 매우 불안하게 할 것인 점 등에 비추어 찬성하기 어렵다. 개인적으로는 종래의 실무

---

123) 서울고등법원 2003. 12. 4. 선고 2002나73441(본소) 및 2002나73458(반소) 판결.

124) 1심인 서울지방법원 2002. 10. 30. 선고 2001가합68957(본소), 2002가합3285(반소) 판결은 ① 쌍무계약에 있어서 양 당사자의 채무가 모두 이행되지 아니한 때에 관리인이 이행을 선택한 경우, 관리인은 상대방으로부터 완전한 이행을 받을 수 있음에도 상대방을 정리절차개시전의 계약을 원인으로 한다는 이유로 정리채권자로 대우하게 된다면 공평의 원칙에 반한다는 이유로 이를 공익채권으로 격상시킨 것이라고 할 것인데, ② 쌍무계약에서 일방의 급부가 전체적으로 하나의 목적물을 이룰지라도 구체적으로는 그러한 급부가 성질상 독립된 가치를 지니는 수 개의 급부로 구성되고 그 각각의 급부의 완성에 따라 상대방의 급부의무가 순차적으로 발생하는 경우에 있어서는 독립된 가치를 지니는 각 급부마다 따로이 견련성을 지닌다고 할 것이고, ③ 공사도급계약상 중간공정마다 기성고를 확정하고 그에 대한 공사대금을 지급하는 형태로 되어 있는 경우에는 각 기성공사대금청구권과 대가관계에 있는 공사이행청구권 역시 독립적인 분할급부라고 할 것이며, ④ 따라서 이 사건에서 원고가 구하는 공사대금채권은 회사정리절차개시결정 전에 이미 완성된 부분에 관한 것으로 정리회사와 그 상대방이 모두 정리절차개시 당시에 아직 그 이행을 완료하지 아니한 때에 해당한다고 볼 수 없어 '관리인이 채무의 이행을 하는 경우에 상대방이 가진 청구권'에 해당하지 않는다는 취지로 판시하였다.

125) 최종길, 도급공사의 기성공사부분에 대한 대금청구 채권이 회사정리법상 공익채권에 해당하는 경우, 대법원판례해설, 통권 제52호(2005년), 200면.

를 지지한다. 다만, 위 판시 이후 실무 환경이 변경된 이상 이를 전제로 회생절차에 임할 수밖에 없다. 공사대금채권에 대한 지연손해금 내지 지체상금도 공익채권에 해당할 것이므로, 회생절차 진행을 계획하고 있는 건설회사로서는 자금운용 및 회생계획 수행에 있어 상당한 어려움을 겪게 될 것인바, 회생신청 및 개시결정 전후로 수급인들과 공사대금의 지급방법, 금액 등에 관하여 충분한 협의를 먼저 진행하여 부담하게 될 공익채권의 정도 및 이를 감수하고 회생계획을 수행할 수 있을 것인지 면밀한 검토를 요한다. 회생계획은 합의에 이른 채권과 합의에 이르지 못한 채권을 각 구별하여 입안하되, 합의에 이르지 못한 경우에는 법원의 허가를 받아 변제한다는 취지를 기재하여야 할 것이다.

마. 해제를 선택한 경우 공사기성금 채권

관리인이 도급계약을 해제한 경우 상대방은 손해배상에 관하여 회생채권자로서 권리를 행사할 수 있다(법 121조 1항). 채무자가 받은 반대급부가 현존하면 환취권을 행사할 수 있고, 현존하지 아니하면 그 가액의 상환에 관하여 공익채권자로 권리를 행사할 수 있다(법 121조 2항).

한편 미완성부분이 있는 경우라도 공사가 상당한 정도로 진척되어 그 원상회복이 중대한 사회적, 경제적 손실을 초래하게 되고 완성된 부분이 도급인에게 이익이 되는 경우에, 수급인의 채무불이행을 이유로 도급인이 그 도급계약을 해제한 때는 그 미완성부분에 대하여서만 도급계약이 실효된다고 보아야 할 것이고, 따라서 이 경우 수급인은 해제한 때의 상태 그대로 그 건물을 도급인에게 인도하고 도급인은 그 건물의 완성도 등을 참작하여 인도받은 건물에 상당한 보수를 지급하여야 할 의무가 있다.[126]

완성된 부분에 대한 공사대금청구권의 성격은 완공한 기성고 부분에 대하여는 해제의 효력이 미치지 아니하므로 수급인은 기성고에 대하여 원상회복을 구할 수 없고 공사대금청구권만을 갖도록 되어 있음을 근거로 회생채권으로 취급하여야 하고, 수급인이 기성고 부분을 점유하고 있다면 유치권을 행사하여 그 범위 내에서 회생담보권자가 된다는 것이 일반적인 견해로 보인다.[127]

---

126) 대법원 1986. 9. 9. 선고 85다카1751 판결, 대법원 1994. 11. 4. 선고 94다18584 판결.

127) 임치용, 건설회사에 대하여 회생절차가 개시된 경우의 법률관계, 사법 18호(2011년), 사법

서울회생법원의 실무도 기성고에 대한 공사대금채권을 회생채권으로 취급한 사례가 많고, 다만 해제함으로써 타절되는 경우 사실상 후속공사를 할 수급인을 물색하여 정산하는 과정에서 공익채권자에 가깝게 정산이 이루어진 예가 있다고 한다.[128]

8. 계속적 공급의무상의 채권(법 179조 1항 8호, 8호의2)

계속적 급부의무를 부담하는 쌍무계약의 상대방이 회생절차개시신청 후 회생절차개시 전까지의 사이에 한 공급으로 생긴 청구권(법 179조 1항 8호)은 공익채권으로 취급한다. 이는 회생절차개시신청 전의 공급으로 발생한 회생채권 또는 회생담보권을 변제하지 아니함을 이유로 회생절차개시신청 후 그 의무의 이행을 거부할 수 없다는 규정(법 122조 1항)에 대응하여 계속적 공급의무자를 보호하기 위한 정책적 규정이다.

최근의 개정으로 회생절차개시신청 전 20일 이내에 채무자가 계속적이고 정상적인 영업활동으로 공급받은 물건에 대한 대금청구권(8호의2)도 공익채권으로 추가되었다. 단, 8호의2는 모든 채권을 대상으로 하는 것이 아니라, 물품대금청구권에 한정되는 점은 주의를 요한다.

9. 원천징수할 국세 등(법 179조 1항 9호)

가. 원 칙

회생채권 중 ① 원천징수하는 조세, ② 부가가치세·개별소비세·주세·교통세 등, ③ 본세의 부과·징수의 예에 따라 부과·징수하는 교육세·농어촌특별세, ④ 특별징수의무자가 징수하여 납부하여야 할 지방세로서 회생절차개시 당시 아직 납부기한이 도래하지 아니한 것(법 179조 1항 9호)은 회생절차개시 전에 성립하였더라도 특별히 공익채권으로 규정하고 있다. 그 이유는 이들 조세의 경우 법적인 납세의무자 이외에 실질적인 담세자가 별도로 존재한다는 사정,

발전재단, 69면 내지 70면.

128) 실무연구회(상), 468면.

즉 본래의 실질적인 담세자와 법적인 납세의무자가 일치하였다면 회생절차에 의한 징수상의 제약을 받지 않았을 것임에도 징수의 편의를 위한 기술적 장치인 원천징수·특별징수나 간접세 제도로 인하여 실질적인 담세자와 법적인 납세의무자가 분리된 결과로 회생절차에 따른 징수상의 제약을 받게 됨으로써 국가의 세수 확보에 지장이 초래되어서는 아니 된다는 공익적인 요청 때문으로 이해된다. 다만 이를 모두 공익채권으로 인정하면 채권자·주주·지분권자 등 회생절차에 관여하는 다른 이해관계인에게 미치는 영향이 크고 채무자의 재건을 도모하려는 회생절차의 목적을 달성하는 데 과도한 제약이 될 수 있으므로, 공익채권으로 인정되는 조세채권의 범위를 합리적으로 제한하여 납부기한을 기준으로 회생채권과 공익채권 여부를 결정하도록 규정한 것이다.[129]

조세의 납부기한이 연장된 경우 그 기한이 개시 당시 도래하지 아니한 경우라면 마찬가지로 공익채권에 해당한다.[130] 공익채권 여부는 결국 납부기한을 기준으로 정하므로, 위 납부기한의 의미를 무엇으로 파악하느냐에 따라 채무자의 자금수지는 크게 영향을 받을 수 있다. 이와 관련하여 법정납부기한설과 지정납부기한설의 대립이 있으며, 우리 판례는 법정납부기한으로 파악하고 있다.

법정납부기한설은 회생채권과 공익채권은 회생절차에서 인정되는 지위가 달라 어떠한 조세채권이 회생채권과 공익채권 중 어디에 해당하는지는 채권자·주주·지분권자 등 다른 이해관계인에게 미치는 영향이 지대하므로 다수 이해관계인의 법률관계를 조절하는 회생절차의 특성상 회생채권과 공익채권은 객관적이고 명확한 기준에 의하여 구분되어야만 하는 점, 지정납부기한으로 보게 되면 과세관청이 회생절차개시 전에 도래하는 날을 납부기한으로 정하여 납세고지를 한 경우에는 회생채권이 되고, 납세고지를 할 수 있었음에도 이를 하지 않거나 회생절차개시 후에 도래하는 날을 납부기한으로 정하여 납세고지를 한 경우에는 공익채권이 될 터인데, 과세관청의 의사에 따라 공익채권 해당 여부가 좌우되는 결과를 가져오는 해석은 집단적 이해관계의 합리적 조절이라

129) 대법원 2012. 3. 22. 선고 2010두27523 전원합의체 판결.
130) 대법원 2009. 2. 26. 선고 2005다32418 판결.

는 회생절차의 취지에 부합하지 않는 점 등을 근거로 법 179조 9호가 규정하는 납부기한은 원칙적으로 과세관청의 의사에 따라 결정되는 지정납부기한이 아니라 개별 세법이 객관적이고 명확하게 규정하고 있는 법정납부기한을 의미하는 것으로 보아야 한다는 입장이다.[131)]

지정납부기한설은 법 179조 9호가 규정한 조세는 실질적인 담세자 또는 납세의무자가 따로 존재하고, 원천징수의무자가 납입하여야 할 세금은 실질적인 담세자 또는 납세의무자로부터 징수하여 국가 또는 지방자치단체를 위해 보관하는 금전으로 볼 수 있으므로 이들을 환취권과 유사하게 취급하여 일반의 조세채권과는 달리 공익채권으로 정한 것이 위 9호의 취지라고 설명하면서, 자동확정방식의 조세와 신고납세방식의 조세 구분 없이 지정납부기한으로 일관하는 견해[132)]와 자동확정방식의 조세는 조세채무가 성립과 동시에 확정되고 강제징수를 위해 별도의 납세고지절차가 필요없으므로 납부기한은 법정납부기한을 뜻하고, 신고납세방식의 조세 중 신고확정된 것은 강제징수를 위해 별도의 납세고지절차가 필요없으므로 납부기한은 법정납부기한을 뜻하며, 미신고·허위신고 등의 경우에는 강제징수를 위해 별도의 납세고지절차가 필요하므로 지정납부기한으로 해석하여야 한다는 견해가 있다.[133)]

사 견) 과세관청이 회생계획이 인가된 이후에 증액경정 등의 조치를 취하고, 이를 공익채권으로 행사한다면 채무자의 자금수지를 불안하게 하고, 그 금액이 클 경우 회생계획은 수행가능성에 의문이 제기될 상황이 발생할 수 있다.

---

131) 위 전원합의체 판결의 다수의견이다.

132) 임채홍·백창훈(상), 510면, 555면.

133) 위 전원합의체 판결의 반대의견이 이와 같은 견해를 취한 바 있고, 법이 공익채권이 되는 조세채권의 범위를 제한하는 기준으로 납부기한을 택한 이유는 이들 조세가 가지는 보관금적 성질에 비추어 국가 또는 지방자치단체가 회생절차에 따른 징수상의 제약을 받지 않고 수시로 변제받을 수 있도록 이들 조세를 공익채권으로 취급하되, 다만 회생절차개시 전에 이미 납부기한이 도래하여 강제징수할 수 있었음에도 그 절차에 나아가지 아니한 것까지 공익채권으로 취급할 필요가 없으므로 이를 제외하려 한 것으로 보아야 하는 점, 신고납세방식의 조세에 관하여 납세의무자가 법정납부기한 내에 과세표준과 세액을 신고하지 아니하거나 신고내용에 오류 또는 탈루가 있어 과세관청이 결정 또는 경정하여야 하는 경우에는 회생절차개시 당시 법정납부기한의 도래만으로는 구체적인 조세채무가 확정되어 있다고 할 수 없고 강제징수를 하기 위해 별도로 납부기한을 정한 납세고지가 필요한 점을 근거로 제시한 바 있다.

한편 조세채권이라도 목록에 기재되지 않고, 신고되지 않은 경우 실권될 수 있도록 하고(법 251조), 140조 1항의 채권만 예외를 인정하고 있는 점,[134] 신고·납부를 제대로 하지 아니하거나 허위로 신고를 하는 경우에는 과세관청이 조세채권을 확정하기도 전에 회생절차가 계속 진행되어 그 결과 국가가 조세채권을 행사할 기회조차 부여받지 못하게 될 우려가 있다는 비판은 회생절차개시신청이 있을 경우 과세관청에 이러한 사실을 법원이 통지하도록 하고 있고, 개시신청 이후 2·3회관계인집회 전까지 충분한 시간이 있는 점(법 152조 3항)을 감안하면 타당한 비판이라고 할 수 없는 점, 우발채무의 발생은 가급적 억제함으로써 회생채무자에 대한 인수합병을 활성화할 수 있다는 점 등을 종합하면 법정납부기한설 및 판례의 입장이 타당하다.

나. 대표자상여로 소득처분 후 실제로 원천징수된 금액(법 179조 1항 9호 가목 단서)

법 179조 1항 9호 가목은 회사정리법과 달리 원천징수하는 조세 중 법인세법 67조(소득처분)의 규정에 의하여 대표자에게 귀속된 것으로 보는 상여에 대한 조세는 원천징수된 것에 한하여 공익채권으로 취급함으로써 공익채권의 범위를 축소하고 있다. 과세관청의 소득처분과 그에 따른 소득금액변동통지가 있는 경우 원천징수의무자인 법인은 소득금액변동통지서를 받은 날에 그 통지서에 기재된 소득의 귀속자에게 당해 소득금액을 지급한 것으로 의제되어 그 때 원천징수하는 소득세의 납세의무가 성립함과 동시에 확정되고, 원천징수의무자인 법인으로서는 소득금액변동통지서에 기재된 소득처분의 내용에 따라 원천징수세액을 납부하여야 할 의무를 부담하므로,[135] 소득금액변동통지서가 회생절차개시 후에 도달하였다면 원천징수분 소득세 채권은 회생절차개시 전의 원인으로 발생한 채권이 아니므로 회생채권으로 볼 수는 없고,[136] 2호의 공익채권에 해당한다. 회생절차개시 전에 소득금액변동통지가 이루어진 경우로서 개시 당시 납부기한이 도래하지 않은 청구권 중 원천징수가 이루어지지 않

134) 140조 1항의 채권에 조세채권은 포함되어 있지 않다.
135) 대법원 2006. 4. 20. 선고 2002두1878 전원합의체 판결.
136) 대법원 2010. 1. 28. 선고 2007두20959 판결.

은 것은 회생채권이다.[137]

10. 근로자의 임금, 퇴직금 및 재해 보상금 등(법 179조 1항 10호 및 11호)

근로자의 임금이라 함은 근로기준법 2조에서 말하는 임금과 같은 것으로서 임금, 봉급, 수당, 상여금 등 명칭 여하를 불문하고 근로의 대가로 사용자가 근로자에게 지급하는 것을 말한다. 근로복지공단이 근로자의 임금, 퇴직금을 체당금으로 지급하고 그에 해당하는 근로자의 임금 등 채권을 대위행사하는 경우에도 이는 공익채권으로 보아야 할 것이므로, 그 이행지체로 인한 손해배상청구권 역시 공익채권에 해당한다.[138]

사용자의 귀책사유로 휴업하는 경우에 지급하는 휴업수당은 비록 현실적 근로를 제공하지 않았다는 점에서는 근로제공과의 밀접도가 약하기는 하지만, 근로자가 근로제공의 의사가 있는데도 자신의 의사와 무관하게 근로를 제공하지 못하게 된 데 대한 대상으로 지급하는 것이라는 점에서 임금의 일종으로 보아야 하므로 휴업수당청구권은 공익채권에 해당한다.[139]

임금 등에 대한 지연손해금의 성격에 관하여 파산관재인의 수시 변제의무를 근거로 파산선고 후에 위 의무의 이행을 지체하여 생긴 근로자의 손해배상청구권은 법 473조 4호 소정의 재단채권으로 보는 것이 판례이다.[140] 이를 회

137) 실무연구회(상), 458면.

138) 대법원 2004. 11. 12. 선고 2002다53865 판결.

139) 대법원 2013. 10. 11. 선고 2012다12870 판결.

140) 대법원 2014. 11. 20. 선고 2013다64908 전원합의체 판결.
위 다수의견에 대하여 파산관재인이 파산절차에 의하지 아니하고 수시로 변제할 의무가 있는 점(법 475조), 지연손해금은 주된 채권인 원본의 존재를 전제로 그에 대응하여 일정한 비율로 발생하는 종된 권리라는 점 등을 근거로 근로자의 임금 등에 대한 지연손해금 채권은 파산선고 전후에 발생한 것인지를 불문하고 법 473조 10호에 해당한다는 별개의견, 법 446조 1항 2호는 '파산선고 후의 불이행으로 인한 손해배상액 및 위약금'을 후순위 파산채권으로 규정하고 있는데, 여기서 규정한 손해배상금과 위약금은 파산선고 전부터 채무자에게 재산상 청구권의 불이행이 있기 때문에 상대방에 대하여 손해배상을 지급하거나 위약금을 정기적으로 지급하여야 할 관계에 있을 때 그 계속으로 파산선고 후에 발생하고 있는 손해배상 및 위약금 청구권을 의미하므로, 법에 특별히 달리 취급하는 규정이 없는 한, 채무자에 대하여 파산선고 전의 원인으로 생긴 근로자의 임금 등에 대하여

생절차에 대입할 경우 5호의 공익채권에 해당할 것이다. 그러나, 체불임금은 개시 전에 발생한 채무자에 대한 청구권으로서 회생채권이지만, 사회정책적 이유로 공익채권으로 승격하여 다루고 있는 점, 판시와 같이 공익채권의 범위를 확대할 경우 채무자의 자금수지를 어렵게 할 것인 점, 회생계획인가 전까지는 채무자의 자산을 동결하여 수익력을 보전하는 것이 채권자 일반의 이익에 부합하는 점 등 회생절차의 본질에 비추어 법 118조 3호의 회생채권으로 다루어야 할 것이다.

임원은 근로자가 아니므로 개시결정 전에 발생한 미지급급여 등은 회생채권이 됨에 불과하다. 다만 임원이라도 종속적인 근로관계 하에서 급여를 받을 목적으로 근무하는 자라면 근로자성이 인정되며, 동인의 급여 등은 공익채권이 된다.[141]

사업이 수차의 도급에 의하여 행하여지는 경우 하수급인이 직상수급인의 귀책사유로 근로자에게 임금을 지급하지 못하게 됨에 따라 직상수급인이 하수급인의 근로자들에 대하여 하수급인과 연대하여 임금을 지급할 책임을 지게 된다 하더라도(근로기준법 44조의2),[142] 직상수급인과 하수급인의 근로자 사이에

채무불이행 상태의 계속으로 파산선고 후에 발생하고 있는 지연손해금 채권은 후순위파산채권이라고 보아야 한다는 반대의견이 제시된 바 있다. 반대의견이 법문에 충실한 해석인 점, 파산선고(회생절차개시결정)시점을 기준으로 채권의 유형별 총액을 확정시킬 필요가 있는 점 등을 고려하면 반대의견이 타당하다.

141) 대법원 2005. 5. 27. 선고 2005두524 판결.
근로기준법상의 근로자에 해당하는지 여부를 판단함에 있어서는 그 계약이 민법상의 고용계약이든 또는 도급계약이든 그 계약의 형식에 관계없이 그 실질에 있어 근로자가 사업 또는 사업장에 임금을 목적으로 종속적인 관계에서 사용자에게 근로를 제공하였는지 여부에 따라 판단하여야 하고, 여기서 종속적인 관계가 있는지 여부를 판단함에 있어서는 업무의 내용이 사용자에 의하여 정하여지고 취업규칙·복무규정·인사규정 등의 적용을 받으며 업무수행 과정에 있어서도 사용자로부터 구체적이고 직접적인 지휘·감독을 받는지 여부, 사용자에 의하여 근무 시간과 근무 장소가 지정되고 이에 구속을 받는지 여부, 근로자 스스로가 제3자를 고용하여 업무를 대행케 하는 등 업무의 대체성 유무, 비품·원자재·작업도구 등의 소유관계, 보수가 근로 자체의 대상적 성격을 갖고 있는지 여부와 기본급이나 고정급이 정하여져 있는지 여부 및 근로소득세의 원천징수 여부 등 보수에 관한 사항, 근로제공관계의 계속성과 사용자에의 전속성의 유무와 정도, 사회보장제도에 관한 법령 등 다른 법령에 의하여 근로자로서의 지위를 인정받는지 여부, 양 당사자의 경제·사회적 조건 등을 종합적으로 고려하여 판단하여야 하고, 회사의 이사 등 임원의 경우에도 그 형식만을 따질 것이 아니라 위 기준을 종합적으로 고려하여 판단하여야 한다.

142) 근로기준법 44조의2(건설업에서의 임금 지급 연대책임) ① 건설업에서 사업이 2차례 이상

묵시적인 근로계약관계의 성립을 인정할 수 있는 특별한 사정이 존재하지 않는 이상 그 직상수급인은 하수급인의 근로자에 대한 관계에서 근로계약의 당사자로서 임금채무를 1차적으로 부담하는 사업주인 사용자에 해당하지 않고, 직상수급인 소유의 재산에 대한 강제집행절차에서 하수급인의 근로자들이 직상수급인 소유의 재산을 사용자의 총재산에 해당한다고 보아 이에 대하여 임금 우선변제권을 주장할 수도 없다.[143)]

「건설근로자의 고용개선 등에 관한 법률」에서 규정하는 퇴직공제의 경우 동 법은 건설근로자의 고용안정과 직업능력의 개발·향상을 지원·촉진하고 건설근로자에게 퇴직공제금을 지급하는 등의 복지사업을 실시함으로써 건설근로자의 고용개선과 복지증진을 도모하고 건설산업의 발전에 이바지하는 것을 목적으로 하고(법 1조), 사업주가 건설근로자를 피공제자로 하여 건설근로자공제회에 공제부금을 내고 그 피공제자가 건설업에서 퇴직하는 등의 경우에 건설근로자공제회가 퇴직공제금을 지급(법 2조 5호)하는 것을 골자로 하는 점, 10조 1항은 일정 규모 이상의 사업주의 가입의무를 규정하고, 13조 1항은 공제부금 납입의무를 규정하는 동시에, 14조 1항은 공제회로 하여금 공제부금의 납부 월수가 12개월 이상인 피공제자가 건설업에서 퇴직·사망한 경우나 60세에 이른 경우에는 공제부금의 납부 월수를 고려하여 대통령령으로 정하는 기준에 따라 피공제자나 그 유족에게 퇴직공제금을 지급할 의무를 부과하고 있는 점 등 제반 입법목적과 제도의 구조를 종합하면 위 공제부금은 그 성격을 퇴직금에 준하는 것으로 보아 공익채권으로 인정함이 타당하다.

「건설산업기본법」 제2조 제11호에 따른 도급(이하 "공사도급"이라 한다)이 이루어진 경우에 같은 법 제2조 제7호에 따른 건설업자가 아닌 하수급인이 그가 사용한 근로자에게 임금(해당 건설공사에서 발생한 임금으로 한정한다)을 지급하지 못한 경우에는 그 직상수급인은 하수급인과 연대하여 하수급인이 사용한 근로자의 임금을 지급할 책임을 진다.

② 제1항의 직상수급인이 「건설산업기본법」 제2조 제7호에 따른 건설업자가 아닌 때에는 그 상위 수급인 중에서 최하위의 같은 호에 따른 건설업자를 직상수급인으로 본다.

143) 대법원 1999. 2. 5. 선고 97다48388 판결.

11. 채권자협의회의 활동비용(법 179조 1항 13호)

채권자협의회가 법 21조 1항의 기능을 수행하기 위한 비용으로서 법 21조 3항에 따라 법원이 결정한 금액은 공익채권이다.

12. 부양료채권(법 179조 1항 14호)

14호에서 채무자 및 그 부양을 받는 자의 부양료를 공익채권으로 규정하고 있다. 파산절차에서도 재단채권으로 인정(법 473조 9호)되며, 개인회생절차에서는 개인회생재단채권에 부양료청구권을 별도로 규정하지 않고, 가용소득을 산정하면서 생계비를 공제하는 방식을 취하고 있다(법 579조 4호, 583조).[144]

사 견) 채무자가 개인이고, 2편이 적용되는 사건에서도 동일하게 생계비를 공제하고 현금흐름을 산정하는 것이 일반적인 실무이다. 그러나 개인회생사건과 달리 생계비를 산정하기 위한 기준이 별도로 규정되어 있지 않은 점, 부양료를 공익채권으로 규정한 취지를 각 종합하면 2편의 회생절차에서는 기준중위소득의 60%라는 기준에 반드시 구속될 필요는 없고, 실제로 소요되는 금액을 기준으로 채무자의 수익력과 채권자에 대한 변제비율, 채무자 및 가족의 주거비, 교육비 등 지출현황과 향후의 감액가능성 등을 종합적으로 검토하여 결정하여야 할 것이다.

13. 그 밖에 채무자를 위하여 지출하여야 할 부득이한 비용(법 179조 1항 15호)

주주명부 정리 비용, 결원인 이사의 선임 및 정관변경을 위한 주주총회 소집·개최 비용, 신주발행무효의 소와 같은 비재산적 소송수행에 소요된 비용 등 이사가 채무자의 인격적 활동을 하는 경우 관리인이 이를 채무자의 업무상 불가피하다고 보아 지출한 비용, 2호의 업무와 관련하여 파생적으로 발생하는

144) 구체적으로는 국민기초생활보장법 6조의 규정에 따라 공표된 최저생계비, 채무자 및 피부양자의 연령, 피부양자의 수, 거주지역, 물가상황, 그 밖에 필요한 사항을 종합적으로 고려하여 법원이 정하는 금액을 말한다(법 579조 4호 다목). 실무적으로는 위 최저생계비의 150%(기준중위소득 60%)를 기준으로 약간의 증감을 하는 방식으로 생계비를 산정한다..

비용이 이에 해당한다.[145]

제 5 절 개시후기타채권

현행법은 회사정리법에 규정된 후순위정리채권을 폐지하면서 회사정리법에 후순위정리채권의 하나로 규정하고 있던 '정리절차개시 이후의 원인에 기하여 생긴 청구권으로서 공익채권이 아닌 것'을 법 181조에서 "개시후기타채권"으로 규정하였다. 개시후기타채권은 회생절차개시 후의 원인에 기하여 생긴 청구권이므로 회생채권도 아니고, 공익채권도 아니며, 회생절차 밖에 위치하는 채권을 뜻한다. 따라서 개시후기타채권은 회생계획에 의한 권리변경의 대상에서 제외되나, 성질상 공익채권성이 인정되지 아니하고 회사정리법에서 다른 회생채권보다 후순위로 취급되었던 채권이어서 원칙적으로 회생계획으로 정하여진 변제기간이 만료하는 때까지 사이에는 변제 등을 받을 수 없도록 되어 있다.

개시후기타채권은 실제 발생할 가능성은 희박하나, 이에 해당하는 것으로는, 환어음 등의 지급인 또는 예비지급인이 발행인 또는 배서인인 채무자에 대하여 회생절차가 개시된 것을 알고서 인수 또는 지급을 한 경우에 생기는 자금관계에 기한 채권(법 123조 1항), 관리인이 선임된 이후에 채무자 회사의 대표이사 등이 조직법적, 사단법적 행위를 함으로써 발생하는 청구권 중 채무자 회사를 위하여 지출하여야 하는 부득이한 비용(법 179조 1항 14호)이라고 인정되지 않는 것 등을 들 수 있다.

보증인이 정리절차개시 후에 보증채무를 이행하여 취득한 사후구상금채권은 회사정리법 121조 1항 4호 소정의 후순위정리채권이라고 판시한 예가 있으나,[146] 위 4호의 채권은 '정리절차개시 후의 원인에 기하여 생긴 재산상의 청구권'이어야 하나, 보증채무는 정리절차개시 전에 이미 발생하고 있었고, 사후구상권이라는 결과가 개시 후에 발생하였다고 보는 것이 타당하다. 현행 실무

145) 실무연구회(상), 461면.
146) 대법원 2006. 8. 25. 선고 2005다16959 판결.

에서도 각종 보증기관들이 개시 후에 보증의무를 이행하여 구상권을 취득한 경우 모두 회생채권으로 취급하고 있고, 이에 대하여 별다른 이론이 없다.

개시후기타채권의 취급에 관한 사항은 법 181조에 규정되어 있는바, 회생계획에 의하여 인정된 회생담보권 및 회생채권의 전부가 변제되기 전까지는 변제를 받을 수도 없고 강제집행을 할 수도 없도록 규정되어 있다.

제6장 채권확정 절차

제 1 절 회생채권자 등의 목록 제출

Ⅰ. 개 요

회생절차의 핵심인 회생계획의 작성은 채권의 확정을 전제로 한다. 채권 확정의 출발점은 채권자목록의 작성이다. 채권자목록을 작성하는 것은 상당수의 채권자들이 채권신고를 하지 않아 실권되는 현실을 감안하여 가급적 모든 채권들을 회생절차에 반영하도록 하고, 목록을 확인한 결과 채권의 금액 등이 자신의 생각과 일치하거나, 차이가 미소할 경우 굳이 채권신고를 하지 않도록 하여 채권자들의 편의를 도모하기 위함이다.[1)]

Ⅱ. 목록의 기재 대상 및 불기재의 효과

1. 목록의 기재대상

회생채권자 등의 목록의 기재 대상이 되는 것은 회생채권, 회생담보권, 주식·출자지분으로서(법 147조), 회생채권 등의 신고 대상과 같다. 공익채권은 목록의 기재나 신고를 필요로 하지 않으며, 회생절차와 관계없이 그 권리를 행사할 수 있다(법 180조). 회생채권인 조세 등의 청구권은 다른 권리와 마찬가지로 반드시 목록에 기재되거나 신고되어야만 실권되지 않는다. 개시후기타채권은 회생채권이 아니므로 목록에 기재할 필요가 없고, 채권자도 신고할 필요가 없으며, 목록에 기재되지 않고, 신고되지 않더라도 실권되지 아니한다. 주주·지분권자의 경우 목록에 기재되지 않거나 신고를 하지 않는다 하더라도 실권되지는 않으나, 회생절차에 참가하기 위해서는 목록에 기재되거나, 신고할 것을 요한다.

1) 회사정리법(시행 2002. 7. 1. 법률 6627호) 하에서는 목록제도가 없어 미신고채권은 실권시킬 수밖에 없었다(위 법 241조). 헌법재판소는 일련의 결정(93헌바5, 58, 2001헌바59, 2003헌바47)을 통해 회사정리법상의 관련 조항인 241조, 127조 3항, 126조 1항, 237조 1항 단서가 헌법에 위반되지 않음을 분명히 하였다.

2. 불기재의 효과

관리인은 회생채권자 등의 목록을 작성, 제출하여야 하고(법 147조 1항), 원칙적으로 개시결정일로부터 2주 이상 2월 이하의 범위 내에서 법원이 정하는 기간 내에 이를 제출하여야 한다(법 50조 1항 2호).[2] 관리인이 목록에 기재하지 않고 회생채권자 등도 신고를 하지 아니하여 회생계획에서 인정되지 아니한 회생채권과 회생담보권은 원칙적으로 실권된다(법 251조).

Ⅲ. 절차보장이 이루어지지 않은 경우: 추후 보완신고

1. 문제점

관리인이 목록에 기재하지 않고, 채권자가 자신의 채권을 신고도 하지 않은 경우와 관련하여 ① 상호 다툼이 있는 채무를 목록에 기재할 의무가 있는지 여부, ② 당해 채권이 실권되는지 여부, ③ 실권되지 않는다면 당해 채권을 기존의 회생계획에 반영할 것인지 또는 회생절차 외에서 행사할 수 있는 공익채권으로 취급할 것인지 여부, ④ 회생계획에 반영할 경우 당해 채권의 성격 및 반영의 절차, ⑤ 최근의 실무는 회생절차를 조기에 종결하는 것인바, 회생절차가 종결된 이후에 위와 같은 다툼이 발생한 경우 이를 여하히 처리할 것인지 등이 주된 쟁점이라고 판단된다.[3]

2. 해외 사례

가. 일본의 경우

일본은 회사갱생법과 민사재생법이라는 이원적 체계로 회생절차를 규율하며,[4] 본 쟁점에 관하여도 상이한 결론을 내리고 있다.

---

2) 채권자 수가 매우 많고 복잡한 경우와 같이 특별한 사정이 있는 경우에는 관리인의 목록 제출기간을 늘일 수 있다(법 50조 2항).

3) 윤덕주, 절차보장이 이루어지지 않은 회생채권의 면책 여부 및 법적 지위, 서울지방변호사회, 판례연구, 제31편(2), 323면.

4) 회사갱생절차는 적용대상이 주식회사에 한정되고, 절차의 개시와 동시에 우리 법제의 관

(1) 회사갱생법 하의 처리

갱생채권자 등이 절차에 참가하기 위해서는 채권신고기간 내에 자신의 채권을 신고하여야 하고(회사갱생법 138조), 그 책임으로 돌아갈 수 없는 사유에 의해서 채권 신고 기간 내에 신고를 하지 못한 경우에는 그 사유가 소멸한 후 1개월 이내에 한하여 채권신고를 할 수 있다(위 법 139조 1항). 위 1개월의 기간은 신장 또는 단축할 수 없다(위 법 139조 2항). 채권 신고 기간 후에 생긴 갱생채권 등은 그 권리가 발생한 후 1개월의 불변 기간 내에 신고하여야 한다(위 법 139조 3항). 어느 경우이든 갱생계획안을 결의에 붙인다는 결정 이후에는 신고할 수 없다(위 법 139조 4항). 관재인은 채권신고기간 내에 신고 된 갱생채권 등에 관하여 인부하고, 인부서를 제출한다(위 법 146조 1항, 3항). 법원은 위 법 139조 1항 및 3항의 신고가 있을 경우, 위 법 139조 5항의 신고사항변경이 있는 경우에는 특별조사기간을 정하여야 한다(위 법 148조 1항 1문). 법 146조 1항의 문언[5] 및 민사재생법 181조 1항과 같은 예외규정이 없는 이상 신고가 없는 갱생채권 등을 인부서에 기재할 수 없고, 그 결과 미신고채권은 채권조사에서 누락될 것이고, 갱생계획인가결정에 의하여 실권된다(위 법 204조 1항). 판례는 '고객에게 과불금반환 청구권을 신고하지 않을 경우 실권될 수 있다는 설명을 하지 않았다고 하여 추후의 실권 주장이 신의칙에 반한다고 할 수 없다는 입장이다.[6] 위 판례의 입장에 대하여 민사재생법 181조 1항과 같은 예외규정이 없어 어쩔 수 없다는 입장[7][8]과 갱생계획인가결정 후에도 계속 재직하는 자의 퇴직수당청구권을 비면책채권으로 규정한 위 법 204조 1항 2호의 유추적용을 주장하는 견해가 있다.[9]

리인에 해당하는 관재인이 선임된다. 관재인이 회사의 업무 및 재산에 대한 관리·처분권을 행사하며, 담보권자도 절차에 구속된다. 민사재생절차는 원칙적으로 채무자가 업무 및 재산에 대한 관리·처분권을 보유하며, 관재인의 선임은 예외적이다. 그 대상은 주식회사 외의 모든 법인 및 자연인에 개방되며, 담보권의 절차 외적 행사도 가능하다는 점 등이 특색이다.

5) "債権届出期間内に届出があった更生債権等について、… (중략) …、当該各号に定める事項についての認否を記載した認否書を作成しなければならない."

6) 最判平成22年6月4日, 平成20(受)2114, 不当利得返還請求事件.

7) 伊藤 眞, 『会社更生法』, 有斐閣, 2012, 645면.

8) 園尾隆司·小林秀之 編, 『條解 民事再生法』, 제3판(弘文堂, 2013), 955면.

9) 三ケ月章 外 5 編, 『條解 會社更生法(下)』, 弘文堂, 1999, 745면, 민정석, 회생채권의 존재

(2) 민사재생법 하의 처리

민사재생법의 경우 재생채권자의 채권신고(민사재생법 94조), 자신의 책임으로 돌릴 수 없는 사유로 인해 신고기간 내에 채권신고를 하지 못한 경우 및 채권이 신고기간 이후 발생한 경우 1개월 이내에 추완신고(위 법 95조 1항, 3항), 재생계획안을 결의에 부친다는 취지의 결정 이후 추완신고 불허(위 법 95조 4항)는 회사갱생법과 동일하다. 위 법은 회사갱생법과 달리 신고 되지 않은 재생채권이 있음을 알고 있는 경우에는 해당 재생 채권에 대해서, 자인하는 내용 및 기타 최고재판소 규칙으로 정하는 사항을 인부서에 기재할 의무를 부과한다(위 법 101조 3항). 소송계속 중인 경우 상대방에게 재생절차 개시사실 및 채권신고기간을 고지하면 족하고, 자인의 기재를 할 의무는 없다.[10] 위 법 181조 1항 1호 내지 3호는 ① 재생채권자가 그 책임으로 돌릴 수 없는 사유에 의하여 채권신고 기간 내에 신고할 수 없었던 채권으로서 그 사유가 재생계획을 결의에 부치는 결정 전까지 소멸하지 않은 경우, ② 재생계획을 결의에 부치는 결정이 있은 후에 발생한 재생채권, ③ 신고되지 않는 재생채권의 존재를 알고도 자인하는 기재를 하지 않은 경우를 각 비면책채권으로 규정하고 있다.

1호는 공해 및 제조물책임소송의 경우 원인된 사유는 재생절차 개시 전에 발생하였음에도 구체적 손해는 추완신고기간 후에 발생한 경우, 재생절차 개시 전의 불법행위에 기한 손해가 재생계획 인가결정 후에 현재화되는 경우 등에도 재생채권을 실권시키는 것은 가혹하다는 점에서 재생절차의 원활과 재생채권자의 이익 조화를 도모하는 것이다. 2호는 부인의 상대방이 받은 급부를 반환한 경우 가액상환에 관한 권리 등을 대상으로 한 것이다. 3호는 재생채무자가 알고 있는 재생채권을 인부서에 기재하지 않음으로써 부당이득을 취하는 것은 용인할 수 없다는 정신의 반영이다. 단 3호는 재생채무자가 알고 있는 재생채권을 자인하지 않은 경우를 전제로 한 규정이므로 관재인이 선임된 사건

를 다투는 관리인이 이를 회생채권자 목록에 기재할 의무가 있는지 여부 및 관리인이 이러한 의무를 해태한 경우 회생채권자 목록에 누락된 회생채권의 운명, 도산법연구, 제3권 제2호(2012. 11), 17면에서 재인용.

10) 園尾隆司·小林秀之 전게서, 535면.

에는 적용이 없다.[11)]

1호 및 2호의 채권은 재생계획의 인가결정이 확정된 후 재생계획에 기재된 재생채권과 동일하게 재생계획의 일반적 기준에 따라 변경된 내용대로 즉시 변제한다. 이들 채권의 금액이 다액이어서 재생계획의 수행이 곤란할 경우 위 법 187조 1항의 부득이한 사유에 해당하여 재생계획 변경 사유가 된다.[12)] 3호에 따라 권리변경된 채권은 재생계획에 정한 변제기간이 만료된 때(그 기간 만료 전에 변제가 완료된 경우 또는 재생계획이 취소된 경우는 그 시점)까지 변제를 하거나, 수령할 수 없다(위 법 181조 2항).

나. 미국의 경우

미국연방도산법[13)] Section 523(a)(3)에 의하면 목록에 기재하지 아니한 채권(Unscheduled Debts)을 비면책채권(Exception to Discharge)으로 취급하고 있다. 채무자는 자신에게 알려지거나 상당한 주의를 통하여 발견할 수 있는 채권자들의 목록을 준비하여야 하며, 정확한 명칭과 주소를 기재하여야 한다. '채권자가 파산절차의 개시를 알았거나(Had Notice) 알 수 있었던(Had Actual Knowledge) 경우'에는 예외가 인정된다. 채권자의 인식은 단순히 풍문을 들었다는 정도로는 족하지 않다. 채권자의 대리인이나 변호사의 인식은 채무자의 인식으로 의제된다. 한편 많은 법원들은 채권의 누락이 사기나 고의에 의한 경우가 아닌 한 채권자 추가를 폭넓게 허용하여 종국에는 채무자가 위 채권들을 면책받을 수 있도록 배려하고 있다. 파산사건의 대부분을 차지하는 환가할 자산이 없는 사건(No Asset Cases)에서 목록에 기재되지 않아 적시에 채권신고를 할 수 없었다는 사정은 그다지 중요하지 않으며, 보다 중요한 것은 이의권(Dischargeability Complaint)의 상실에 관한 것이다. 채권자들에 대한 통지는 채권신고(Filing Proof of Claim) 뿐 아니라 채권자집회 출석권, 채무자에 대한 질문권 등 절차적 권리를 보장한다는 측면도 크고, 11장의 절차[14)]에서는 절차보장의 성격이 보다 강

11) 상게서, 954－956면.

12) 상게서, 957면.

13) 'United States Code, Title 11－BANKRUPTCY'를 말한다.

14) 우리 법의 회생에 해당하는 'Reorganization'에 관한 규정이다.

조된다.[15)]

Sec.1141(d)(1)은 채권신고 여부, 위 채권의 시인여부, 회생계획에 대한 찬반여부와 무관히 면책의 효력이 미치며, 면책의 효력은 채권자의 절차참여와는 무관한 것으로 규정되어 있다. 위 규정에도 불구하고 대다수의 법원은 적법절차의 관점에서 회생절차 관련 통지를 받지 못한 채권자에게 위 면책의 효력이 미치지 않음(Due Process Limitation on the Discharge)을 분명히 하고 있다.[16)]

위 판례이론에 관한 대표적인 사례는 "Reliable Electric Co., Inc. v. Olson Construction Company, U.S. Court of Appeals, 10th Circuit, 1984, 726 F.2d 620"이다. 사실관계 및 판시는 다음과 같다.[17)]

Olson은 원사업자, Reliable은 수급사업자이다. 1980. 1. 30. Olson은 회생절차개시신청을 하였고, 채권자목록을 제출하면서 Reliable을 채권자로 기재한 바 없고, 일관하여 Reliable에 대한 매출채권만을 기재하였다. 위 신청 전후로 Olson의 대리인이 Reliable의 대리인에게 회생절차개시신청을 한 사실을 유선으로 고지하였으나, Reliable은 법원 등으로부터 그 이상의 통지를 받은 바 없다. 1980.11.9. Reliable은 계약위반을 이유로 한 손해배상청구의 소를 제기하였고, Olson은 같은 해 12. 23. 반소(Counter Claim)로써 대응하였다. 그 동안 회생절차는 계속 진행되어 1981. 3. 9.자로 인가결정이 있었고, 위 인가결정은 Reliable을 제외한 채권자들에게 그 무렵 송달되었다. 이에 법원은 Reliable이 Olson을 채권자목록에 기재하지 아니하고, 회생계획의 심문기일(Confirmation Heairng)도 통지하지 아니한 점, 대리인 간의 유선상 전달에 통지의 효력을 부여하기에는 부족한 점 등을 설시하면서, Olson에게 회생계획의 효력을 강제한다면 적법절차를 거치지 않고 Olson의 채권을 침해하게 되는 결과가 되고 이는 5차 수정헌법에 위반되는 것이고, 따라서 Olson의 채권에는 면책효력이 미치지 않음을 분명히 하였다.

15) Charles Jordan Tabb, 『Law of Bankruptcy』, West Academic Publishing, 4th Edition, pp. 983－984.

16) *i.d.*, p. 1027.

17) Marks S. Scaberry, Kenneth N. Klee, Grant W. Newton, Steve H, Nickles, 『Business Reorganization in Bankruptcy』, West, 4th edition, pp. 1166－1170.

3. 종래 우리의 실무

다툼이 있거나 불명확한 채무라도 기재할 의무가 있는 것인지와 관련하여 종래의 실무는 관리인의 조사결과 권리의 존부가 명확하지 아니하거나 권리의 귀속에 관하여 다툼이 있거나 권리의 내용이나 채권액 등이 분명하지 아니하다면, 이를 함부로 회생채권자 등의 목록에 기재해서는 안 되는 것으로 해석하였다.[18] 채권의 존부 등이 불명확함에도 목록에 기재할 경우 추후 채권신고가 없을 경우 채권이 확정될 수 있음을 우려한 것이다.

이와 관련하여 관리인이 회생채권 등의 존재를 알고 있음에도 목록에 기재하지 않고, 채권자도 회생절차개시사실을 알지 못하여 채권신고를 하지 못한 경우 실권의 제재를 가하는 것이 타당한 것인지 문제된다. 선관의무를 부담하는 관리인이 약속어음의 발행인으로서 회생절차개시 당시 채무의 존재를 알았거나 충분히 알 수 있었음에도 주의의무를 게을리하여 이를 회생채권자목록에서 누락하고 신고기간의 말일까지 목록에 기재된 사항의 변경 또는 정정을 위한 신청도 하지 않음으로써 원고에게 더 이상 위 채권의 이행을 구할 수 없게 한 경우 불법행위로 인한 손해를 배상할 책임이 있고, 손해의 범위는 채권자목록에 기재되었을 경우 회생계획안에 따라 변제받을 수 있을 금액에 채권이 침해된 날인 회생계획인가결정이 확정된 날부터의 지연손해금을 가산한 금액이라 판시한 사례가 있고,[19] 아래 대법원 판시 이전의 실무도 손해배상채권으로서 회생계획에 의거 변제받을 수 있었던 금액 상당을 공익채권으로 인정하는 방향으로 처리하였다.[20]

---

18) 서울중앙지방법원 파산부, 파산실무연구회, 회생사건실무(상), 박영사, 2판, 395면.

19) 수원지법 2010. 4. 16. 선고 2009가합22580 판결.
호프만 방식에 의해 중간이자를 공제하였고, 원고는 피고가 대표이사로 근무하는 회사에 대한 회생절차에서는 채권신고를 하였음에도 피고에 대한 회생절차에서는 채권신고를 하지 않았음을 들어 50% 과실상계를 적용하였다.

20) 실무연구회(상), 507면.

4. 대법원 2012. 2. 13.자 2011그256 결정 및 2014. 9. 4. 선고 2013다29448 판결

가. 대법원 2012. 2. 13.자 2011그256 결정

(1) 사실관계

- 2010. 7. 8. 채무자 주식회사 회생절차개시신청
- 같은 해 8. 6. 회생절차개시결정 및 각종 공고
- 같은 해 8. 27. 목록 제출(특별항고인 누락)
- 같은 해 11. 17. 시부인표 제출(특별항고인 누락)
- 같은 해 12. 1. 제1회 관계인집회 및 2011. 6. 15. 제2·3회 관계인집회(특별항고인 불출석)
- 2011. 6. 15. 회생계획인가(특별항고인의 채권 불반영)
- 같은 해 8. 22. 회생채권신고
- 같은 해 8. 25. 회생계획안 심리를 위한 관계인집회 종료 후의 추후 보완신고는 허용되지 않음(법 152조 3항 1호)을 들어 채권신고 각하[21]

(2) 판시 요지

회생채권자로 하여금 회생절차에 관하여 알지 못하여 자신의 채권을 신고하지 못함으로써 회생계획 인가에 따른 실권의 불이익을 받는 것을 방지하기 위한 법 147조 소정의 회생채권자 목록 제도의 취지에 비추어 볼 때, 관리인은 비록 소송절차에서 다투는 등으로 회생절차에 관하여 주장되는 어떠한 회생채권의 존재를 인정하지 아니하는 경우에도, 그 회생채권의 부존재가 객관적으로 명백한 예외적인 경우가 아닌 한 이를 회생채권자 목록에 기재하여야 할 의무가 있다.

회생절차에서 회생채권자가 회생절차의 개시사실 및 회생채권 등의 신고기간 등에 관하여 개별적인 통지를 받지 못하는 등으로 회생절차에 관하여 알지 못함으로써 회생계획안 심리를 위한 관계인집회가 끝날 때까지 채권신고를

21) 위 각하 결정 이후 채무자 주식회사와 특별항고인 간에 계속 중이던 손해배상(기)사건도 채무자 주식회사가 면책되었으므로 권리보호이익이 없다는 취지로 각하판결을 선고하였다.

하지 못하고, 관리인이 그 회생채권의 존재 또는 그러한 회생채권이 주장되는 사실을 알고 있거나 이를 쉽게 알 수 있었음에도 회생채권자 목록에 기재하지 아니한 경우, 법 251조의 규정에 불구하고 회생계획이 인가되더라도 그 회생채권은 실권되지 아니하고, 이때 그 회생채권자는 법 152조 3항에 불구하고 회생계획안 심리를 위한 관계인집회가 끝난 후에도 회생절차에 관하여 알게 된 날로부터 1개월 이내에 회생채권의 신고를 보완할 수 있다고 해석하여야 한다. 이와 달리 위와 같은 경우 회생계획의 인가결정에 의하여 회생채권이 실권되고 회생채권의 신고를 보완할 수 없다고 해석하는 것은, 회생채권자로 하여금 회생절차에 참가하여 자신의 권리의 실권 여부에 관하여 대응할 수 있는 최소한의 절차적 기회를 박탈하는 것으로서 헌법상의 적법절차 원리 및 과잉금지 원칙에 반하여 재산권을 침해하는 것으로 허용될 수 없다.

나. 대법원 2014. 9. 4. 선고 2013다29448 판결

(1) 사실관계

- 회생절차개시 전 하자보수에 갈음한 손해배상청구권 발생
- 채무자 주식회사는 이를 목록에 기재하지 않았고, 원고는 채권신고를 하지 않은 상태에서 회생계획 인가 결정
- 원고는 제2·3회 관계인집회가 열리기 직전 회생절차의 존재를 알았으나, 추완신고를 하지 않음
- 이후 원고는 채무자 주식회사를 상대로 목록 제출 의무 해태를 이유로 한 불법행위 책임을 주장하는 소를 제기

(2) 원심의 판단: 서울고등법원 2013. 3. 15. 선고 2012나73778 판결

회생계획인가결정이 있으면 회생회사는 회생계획에서 정하거나 채무자회생법에 따라 인정된 권리를 제외한 모든 회생채권, 회생담보권에 관하여 그 책임을 면하므로 신고를 하지 아니한 회생채권, 회생담보권을 물론이고 신고를 한 것들에 관해서도 회생계획에서 인정된 권리를 제외하고 모두 면책된다. 그리고 채무자회생법 251조에 정해진 면책이라 함은, 채무자 실체적으로 소멸하는 것이 아니라 책임만이 없어지고 채무 자체는 여전히 존속하는 일종의 자연

채무로 되는 것으로서 회생회사에 대하여 이행을 강제할 수 없는 것을 말한다 (대법원 2001. 7. 24. 선고 2001다3122 판결 참조). 그리고 재판상 주장하는 것이 인정되지 아니하는 자연채무의 소구는 소의 이익이 없어 부적법하다.

그런데 앞서 본 바와 같이 회생채권에 해당하는 원고의 하자보수에 갈음한 손해배상채권을 원고가 피고에 대한 회생절차에서 회생채권으로 신고하지 않았고, 그 채권이 회생채권자목록에도 기재되지 않은 상태로 회생계획인가가 이루어진 사실은 당사자 사이에 다툼이 없는바, 그 결과 원고가 주장하는 하자보수에 갈음한 손해배상채권은 채무자회생법 251조에 따라 그 책임이 없게 되어 그 이행을 강제할 수 없게 되었다. 따라서 원고의 피고에 대한 주위적 청구는 권리보호의 이익이 없어 부적법하다.

(3) 대법원의 판단

… (중략) …,[22] 비록 관리인이 회생채권의 존재 또는 그러한 회생채권이 주장되는 사실을 알고 있거나 이를 쉽게 알 수 있었음에도 회생채권자 목록에 그 회생채권을 기재하지 아니하였다 하더라도, 회생채권자가 채무자에 대한 회생절차에 관하여 알게 되어 회생채권의 신고를 통해 권리보호조치를 취할 수 있었는데도 이를 하지 아니함으로써 그 회생채권이 실권된 경우에는, 관리인이 회생채권자 목록에 회생채권을 기재하지 아니한 잘못과 회생채권의 실권 사이에 상당인과관계가 있다고 할 수 없고, 따라서 관리인의 불법행위책임이 성립하지 아니한다.

5. 판시의 문제점: 절차보장과 목록기재를 동일한 차원의 문제로 접근[23]

목록 기재로 인한 시효중단(법 32조 1호), 목록에 기재할 경우 채권신고가 의제되는 점(법 151조), 당해 채권자가 채권신고를 하지 않을 경우 채권조사절차에서 관리인이 이의하지 않는 이상 목록의 기재대로 채권이 확정되고, 반대

22) 위 2011그256 결정의 판시를 원용한 부분이다.
23) 윤덕주, 전게평석, 329－331면.

로 채권신고가 있을 경우 신고로써 목록은 실효되는 점(법 166조) 등의 규정들을 종합하면 목록제도의 취지에 관하여 '회생절차에 관하여 알지 못하여 자신의 채권을 신고하지 못함으로써 회생계획 인가에 따른 실권의 불이익을 받는 것을 방지하기 위한 것'이라는 설명은 타당하다.

다만 목록제도는 채권조사와는 별개의 채권확정의 방법인 것이지 채권자들의 절차보장과는 직접적인 관련이 없다고 본다. 실무상으로 살펴보면 최초 회생절차개시신청을 하면서 '송달용채권자리스트'를 제출한다. 목록의 제출과 채권신고 및 조사는 모두 회생절차개시결정 이후의 문제이다. 개시결정 이후 법원은 채무자에게는 2주 이상 2월 이하의 기간을 정하여 목록의 제출을 명하고(법 50조 1항 2호), 채권자들에게는 채권신고안내문을 송부하여 채권신고 기간 내에 채권신고를 하도록 안내한다. 채권신고 안내문은 개시결정과 동시에 사법행정적인 차원에서 발송되는바, 법원이 채권신고 안내문을 발송할 당시 채권자의 성명, 주소 등 인적사항을 확인할 수 있는 자료는 송달용채권자리스트뿐이며, 채권신고 안내문을 발송할 당시에는 목록은 아직 생성되기 전이다.

판시는 '회생절차에서 회생채권자가 회생절차의 개시사실 및 회생채권 등의 신고기간 등에 관하여 개별적인 통지를 받아야 함'을 절차보장의 본질적 요소로 지적하고 있는바, 통지를 받아야 한다는 점과 목록에 기재한다는 점은 완전히 차원을 달리하는 문제이다. 판시는 양자를 혼동한 것으로 보인다. 목록은 채권조사와는 별개의 채권확정방법으로서 추후 채권조사절차에서 관리인이 자신이 작성한 목록 기재를 이의할 수 있는 점에 비추어 최초에 목록에 기재할 것인지의 여부에 관한 결정도 관리인에게 유보되어 있는 것이다.

회생채권자로 하여금 회생절차개시 사실 등을 알게 하여야 한다는 점은 너무나 당연하나, 그 근거를 목록제도에서 찾는 것은 관리인에게 법문에 없는 과도한 의무를 지우는 것으로 부당하다. 목록제도는 채권확정의 한 방법이고, 그 기재로 인하여 채권이 확정될 수도 있는 점에서 그 효과는 작다고 할 수 없다. 그럼에도 인정하지 않는 채권이라도 기재할 의무가 있다는 위 판시는 찬성할 수 없다. 요컨대 절차보장은 채권자에 대한 회생절차개시 사실 통지 등 정보 제공의 측면이라면, 목록 기재는 권리확정의 문제이므로 양자를 동일한 차원에서 논의하는 것은 타당하지 아니하다.

6. 대법원 판시 이후 실무의 변화와 문제점[24)]

위 대법원 판시는 전술한 문제점이 있으나, 실무상으로는 이를 전제로 할 수밖에 없다. 그 결과 다툼이 있는 채무라도 일단 목록에 기재하고, 비고란에 그 취지를 기재한다. 부존재가 객관적으로 명백한 예외적인 경우에는 기재의무가 없다고 할 것이나, 그 판단에 따른 위험은 온전히 채무자가 부담하는 것이므로 기재의무는 인정되지 않는다고 하더라도 전략적으로 기재하여 둔다. 추후 채권조사절차에서는 선제적으로 이의하고, 채권조사확정재판을 기다리거나, 해당 채권에 집행권원이 있는 경우 등이라면 관련 절차를 진행한다.

특히 최초 신청 당시 송달용채권자리스트에는 누락되는 채권자가 없어야 함을 주지시키고, 누락된 채권자는 즉시 위 리스트에 추가하고 있다. 법원의 실무도 2회 관계인집회 종료 이후의 추후보완신고는 원칙적으로 각하하여야 할 것(법 152조 3항)이나, 위 판시와 같이 실권되지 않는 사안의 경우 특별조사기일을 지정하여 채권 시·부인을 하도록 지도하고 있다고 한다.[25)] 다만 2·3회 관계인집회는 병합하여 진행되는 것이 통례이므로, 2회 관계인집회 종료 후라면 이미 회생계획이 인가된 상황일 수도 있다. 이 경우 기존 회생계획에 위 채권을 여하히 반영할 것인지에 관하여는 아무런 실무적 지침이 없다. 회생계획 인가 전이라면 특별조사 등을 거쳐 채권을 확정한 후, 회생계획 수정절차를 거치면 될 것이므로 별다른 문제는 없다.

7. 추완신고된 채권의 처리

가. 종래의 논의: 관계인집회 종료 후 부인권이 행사된 경우

관계인집회 종료 후 추완신고를 금하고 있는 법 152조와 같은 규정을 두고 있던 회사정리법(같은 법 127조) 하에서 관계인집회 종료 후 부인권을 행사함

24) 윤덕주, 상계평석, 331면.
25) 실무연구회(하), 16면.

으로써 회복된 채권도 실권되는지 여부, 실권되지 않을 경우 그 취급에 관한 논의가 있었다.

서울고등법원은 피고가 담보목적물인 출자증권을 처분하여 그 대금이 피고의 일반재산에 혼입된 경우, 원고는 그 가액의 상환을 청구할 수 있고, 피고의 채권은 부활되지만, 담보권은 회복시킬 수 없으므로 원고는 담보권이 회복된 것과 동일한 경제적 이익을 상대방에게 제공할 의무를 지는 것이나, 원고의 이와 같은 의무와 피고의 가액배상의무가 동시이행관계에 있다고 할 수 없고, 원고가 출자증권의 처분 대가를 피고로부터 상환받고도 새로이 종전과 동일한 담보권(질권)을 설정하여 주지 아니함으로써, 피고의 담보권이 회복되지 못하는 결과가 발생한다 하더라도 피고는 정리담보권의 추완신고를 하고, 정리계획의 변경절차를 거치면 된다는 취지로 판시하였다.[26] 대법원은 원고의 가액반환청구는 긍정하면서도, 관계인집회가 끝난 후에 비로소 부인권이 행사된 경우에 피고는 정리채권자 또는 정리담보권자로서 추완신고를 할 수 없어서 그 권리를 행사할 수 없게 되는데도 원심이 이 사건에 있어 피고가 정리담보권의 추완신고를 할 수 있는 것처럼 설시한 것은 적절하지 못함을 지적하였다. 그 대안으로 정리회사는 피고의 손실에 의하여 부당하게 이득을 얻은 것이므로 피고는 회사정리법 208조 6호 소정의 공익채권인 정리절차개시 후 회사에 대하여 생긴 부당이득 청구권으로서 이를 원고에게 청구할 수 있고, 그 부당이득액은 위 행사할 수 없게 된 권리가 회사정리절차에서 신고할 수 있는 기간 내에 신고되었더라면 정리계획에서 인정되었을 것과 동일한 조건으로 지급되어야 할 것이라고 판시하여 공익채권설을 취하였다.[27] 위 대법원 판시에 따르면 부인대상행위의 상대방이 결과적으로 더 우월한 공익채권자로서 취급받게 되어 부인대상 행위를 억제하려는 제도의 취지에 반하게 되므로, 채무자의 행위가 회생계획안 심리를 위한 관계인집회가 끝난 후 부인된 때에는 152조 3항에도 불구하고 부인된 날로부터 1월 이내에 신고를 추완할 수 있다는 취지의 규정(법 109

26) 대법원 2003. 5. 28. 선고 2000다50275판결의 원심인 서울고등법원 2000. 8. 22. 선고 2000나18969 판결.

27) 대법원 2003. 2. 28. 선고 2000다50275 판결.

조 2항)을 두기에 이르렀다.

나. 인가된 회생계획에 반영되지 않은 회생채권의 처리

목록에 기재되지 않고, 신고도 되지 않았던 채권이 회생계획인가 이후 현출될 경우 여하히 취급할 것인지와 관련하여 현재 뚜렷한 실무적 지침이 없다. 대법원의 판시에 입각하여 후속절차를 진행할 경우 어떤 결과가 발생할 것인지 살펴본 후, 대표적인 2가지 학설을 살펴본다.

다. 판시에 따른 논리 전개[28)]

(1) 특별조사기일 진행

판시에 따를 경우 회생계획이 인가된 후일지라도 해당 채권자는 추후보완신고를 할 수 있고, 이 채권을 조사하기 위하여 특별조사기일을 진행하여야 할 것이다. 채권시부인 이후 위 채권을 반영하기 위해서는 회생계획의 변경절차를 거쳐야 한다.

(2) 회생계획의 변경

기존 회생계획에 반영되지 않았던 회생채권을 추가할 경우 기존 채권자의 변제율 및 출자전환 주주로서의 지분율은 감축될 수밖에 없다. 이는 불리한 영향을 미치는 경우로서 새로이 회생계획안을 제출하고, 결의 및 인가의 과정을 거쳐야 한다(법 282조 2항). 그러나 이러한 과정이 말처럼 쉽지는 않다. 더욱이 최초 인가를 위해 상당한 진통이 있었던 경우 새로이 채권자들의 동의를 득하는 것이 용이하지는 않다.

회생계획의 변경은 회생절차종결 전에만 가능하다. 회생절차가 종결된 상황에서는 판례가 지적하는 추완신고에 따른 구제는 불가능하게 된다. 최근의 법원 실무는 가급적 회생절차를 조기에 종결시키고, 채무자의 관리·처분권을 회복시키는 것이다. 통상 1차년도 변제가 이루어진 후 채무자는 조기종결신청을 하고, 법원은 그 의사를 가급적 존중하고 있다. 1차년도 변제가 회생계획인가와 동시에 이루어지고, 그 무렵 조기종결결정이 있을 경우라면 판례이론의 실현가능성은 더욱 낮아지게 된다.

---

28) 윤덕주, 상계평석, 333-336면.

라. 학설상의 논의 및 검토

회생계획인가 이후 추후보완신고가 있는 경우에 ① 미확정채권에 준하여 권리변경의 효력을 미치게 하되, 추완신고채권으로 인하여 자금수지에 중대한 변동이 생겨 회생계획의 수행가능성에 문제가 생기는 경우와 추완신고채권자의 의결권 행사 등 절차보장이 반드시 필요한 경우 등의 예외적인 상황에서는 회생계획변경절차를 거치도록 하자는 견해[29]와 ② 추완신고 시부인을 위한 특별조사기일을 정하고, 해당 채권이 확정되면 관계인집회를 통한 회생계획변경절차를 거치거나 법원이 회생계획 변경명령을 내려 해당 채권을 회생계획에 반영하면 된다는 견해가 제시된다.[30]

②설과 관련하여 법 229조에 의거 법원이 이해관계인의 신청 또는 직권으로 회생계획안의 수정 절차를 거치는 것은 인가 전의 문제이고, 법 282조 1항은 회생계획 인가 이후 신청에 의한 변경을 규정하면서 직권에 의한 변경은 배제하고 있는 점, 법 229조는 회생계획의 인가 요건에 대한 통제의 의미를 갖는 점을 각 고려하면 회생계획변경을 명할 수는 없다고 본다. ①설은 미확정채권의 경우 채권의 내용이나 확정을 위하여 진행 중인 절차, 확정될 경우 여하히 처리할 것인지의 문제가 회생계획에 반영되어 있다는 점에서 추완신고된 채권이 회생계획에 편입되는 절차를 거침이 없이 당연히 기존 회생계획의 권리변경효를 받는다고 보는 것은 무리한 이론구성이다. 결국 회생계획변경절차를 거쳐야 한다는 점에서만 보면 ②설의 입장이 논리적으로 타당하나, 실제 위 견해를 적용하기에는 전술한 바와 같이 난점이 있다. 회생계획이 인가된 이후 추후보완신고가 있고, 그 채권이 시인될 경우 기존 회생계획의 자금수지와 채무자의 지분구조에 모두 변경을 가져오게 되는 결과, 회생채권자 등의 변제율이나 지분율도 줄어들 수밖에 없으므로 회생채권자 등에게 불리한 영향을 미치게 된다. 이 경우 법 228조, 229조, 234조에 의한 수정 내지 수정명령이 아니라 법 282조에 의거 최초 회생계획안의 제출이 있는 경우에 준하여 회생계획의

29) 오병희, 회생절차에서의 추완신고에 따른 후속 절차 검토, 도산법연구, 제3권 제2호(2012. 11), 325－326면.

30) 민정석, 전게논문, 37－38면.

변경절차를 거쳐야 할 것이다. 그러나 회생계획의 변경은 회생계획안 인가를 위한 제반 절차를 준용하고 있으므로(법 282조 2항) 그 시간과 비용이 상당하고, (기존 회생계획안에 동의한 채권자가 변경회생계획안의 결의를 위한 관계인집회에 불참한 경우 동의가 의제되기는 하나) 기존 회생계획에 동의하였던 채권자의 의사가 변경회생계획안에 대하여도 그대로 유지될 것이라고 단정하기도 어렵다. ①설의 입장은 이러한 실무의 고충을 반영하여 다소 법리를 희생하더라도 실리를 취한 견해로 평가할 수 있으나, 기존 회생계획을 유지한다는 전제에 선다면 법리적 난점은 피할 수 없을 것이다.[31)]

마. 소결론[32)]

먼저 판례이론은 절차보장과 목록 기재를 동일시하는 오류를 범하였음을 지적하였다. 나아가 판례이론은 실권을 부정하고 있는바, 여기서 논의를 그쳤어야 할 것으로 본다. 추완신고 이후의 후속절차는 현실적으로 실현가능성이 낮고, 회생절차가 종결된 경우에는 입론의 여지도 없다.

회생절차는 기업의 가치를 채권자들에게 배분하는 절차인바, 기업의 가치는 ① 회생계획 기간인 통상 10년의 기간 동안 발생하는 현금흐름과 ② 위 기간 이후의 현금흐름, ③ 비영업자산의 가치로 구성된다. 채권자들이 현실적으로 변제받은 원천은 ①과 ③의 처분대금이다. ②는 출자전환채권자에게 배분될 것이다. 주주는 주식을 처분하거나 기업이 소멸하지 않는 이상 영구히 회사의 경영수익을 분배받을 위치에 있으므로, 채권자가 자신의 채권을 출자전환할 경우 위 채권자는 채무자의 영구기업가치를 배분받게 되는 것이다.

채권자가 위 기업가치 배분절차에 참여하기 위해서는 자신의 채권이 확정된 후, 일정한 권리변경을 거쳐 회생계획에 반영되어야 한다. 이러한 절차를 거침이 없이 절차보장이 이루어지지 않은 채권자라는 이유로 당연히 기존 기업가치 배분결과에 편입되고, 자연적으로 기존 채권자들의 변제액과 지분율이 줄어든다는 이론구성은 일본 민사재생법과 같이 명문의 규정을 두지 않은 이상 현재로서는 논리의 비약이다.

---

31) 윤덕주, 상게평석, 336-337면.

32) 윤덕주, 상게평석, 337-338면.

실권되지 않을 경우 위 채권은 회생절차에 참가한 바 없었던 점, 인가된 회생계획의 권리변경 및 면책효는 절차보장을 전제로 하는 것이고, 절차에 참가하지 못한 채권자에 대한 상환의무는 법 179조 5호의 '채무자의 업무 및 재산에 관하여 관리인이 회생절차개시 후에 한 행위로 인하여 생긴 청구권'으로서 공익채권으로 인정함이 타당하다. 6호의 '부당이득으로 인하여 회생절차개시 이후 채무자에 대하여 생긴 청구권'으로 구성하는 문제도 생각해 볼 수 있으나, 채권의 실권을 인정하지 않는 이상 채무자가 법률상 원인 없이 이익을 취득하였다고 볼 수는 없다.

단 공익채권 인정범위는 '위 채권자가 회생절차에 참가하였을 경우 변제받을 수 있었던 금액을 현재가치로 할인한 금액 상당'이라고 볼 수는 없다. 이러한 구성은 영구기업가치 배분에서 위 채권자를 배제하는 것이기 때문이다. 따라서 위 채권자가 상환을 구할 금액은 채권전액인 것이지 어떠한 이유로든 감축된 금액이라고 할 수는 없다. 회생채무자의 경우 주식의 가치가 극단적으로 '0'이 되거나, 평가가 어려운 경우를 상정할 수 있으나, 이는 회생절차에 참가한 당사자들 간에는 유용한 항변일지 몰라도 회생절차에 참가하지 못한 채권자에 대하여 이러한 사정을 들어 채권액 감축을 주장할 수는 없다고 본다.

8. 불법행위책임의 성부[33)]

"관리인이 회생채권의 존재 또는 그러한 회생채권이 주장되는 사실을 알고 있거나 이를 쉽게 알 수 있었음에도 회생채권자 목록에 그 회생채권을 기재하지 아니하였다 하더라도, 회생채권자가 채무자에 대한 회생절차에 관하여 알게 되어 회생채권의 신고를 통해 권리보호조치를 취할 수 있었는데도 이를 하지 아니함으로써 그 회생채권이 실권된 경우에는, 관리인이 회생채권자 목록에 회생채권을 기재하지 아니한 잘못과 회생채권의 실권 사이에 상당인과관계가 있다고 할 수 없고, 따라서 관리인의 불법행위책임이 성립하지 아니한다"는 판례이론을 반대로 해석하면, 관리인이 목록에 기재하지 않고, 회생절차의 진행

33) 윤덕주, 상계평석, 338-339면.

을 알지 못한 채권자가 채권신고를 할 수 없었던 경우 불법행위 책임을 인정할 수 있다는 입론이 가능하다.

법 179조 5호의 '채무자의 업무 및 재산에 관하여 관리인이 회생절차개시 후에 한 행위로 인하여 생긴 청구권'은 적법한 법률행위의 상대방이 갖는 청구권뿐만이 아니라, 관리인이 그 업무집행과 관련하여 고의·과실로 인하여 타인에게 손해를 입힌 경우에 그 타인이 가지는 불법행위에 기한 손해배상청구권도 포함된다는 것이 일반적인 견해이다.[34] 만약 불법행위가 인정된다면 추완신고를 할 수 있다는 판례이론은 그 근거가 흔들릴 수밖에 없다. 공익채권은 시부인대상이 아니고, 채권신고가 있을 경우 관리인은 무조건 이의하기 때문이다.

공익채권으로 인정될 경우 공익채권은 회생절차 외에서 행사할 수 있고, 회생절차의 제약도 받지 아니하는바, 그 상환액은 다른 채권자들과 동일하게 가정적인 권리변경을 거친 후의 금액이 아니라, 채권 그 자체 및 지연손해금이라고 할 것이다. 공익채권이 증가함으로써 기존 회생계획의 자금수지가 흔들리게 될 경우 채무가가 회생계획변경절차를 취함은 별문제이나, 이로 인해 절차보장을 받지 못한 채권자의 채권액이 감축될 수는 없다.

Ⅳ. 목록의 작성 방법

1. 일반원칙

가. 권리확정가능성 고려

회생채권자 등의 목록에 기재할 사항에 관하여는 법 147조와 규칙 52조 및 53조에 규정되어 있다. 목록 기재는 그 자체로 확정될 수 있으므로(법 166조 2항) 권리의 존부와 귀속 및 그 내용에 관하여 신중한 기재가 필요하다. 회생절차에 관하여 알지 못하여 채권을 신고하지 못한 회생채권자가 실권의 불이익을 받는 것을 방지하기 위한 목록 제도의 취지에 비추어 볼 때, 관리인은 비록

34) 대법원 2005. 11. 10. 선고 2003다66066 판결.

소송절차에서 다투는 등으로 어떠한 회생채권의 존재를 인정하지 않는 경우에도, 그 회생채권의 부존재가 객관적으로 명백한 예외적인 경우가 아닌 한 이를 목록에 기재하여야 할 의무가 있다는 것이 판례임은 전술한 바와 같다.

나. 채권 및 의결권 특정

목록은 회생채권·회생담보권의 내용과 원인을 목록 자체로 특정될 수 있도록 작성하여야 하고, 다른 자료를 보완하거나 대조하여서야 비로소 특정할 수 있게 하여서는 아니 된다. 관리인이 목록을 제출할 때에는 증거서류를 제출하지 않으므로, 목록 기재 내용이 분명하지 않으면 이를 특정할 수 없는 문제가 생긴다.

회생담보권의 경우 담보평가가 오래되었다면 새로운 평가가 필요하고, 목록 제출 시점까지 평가가 완료되지 않았다면 일응 회생담보권을 부인하고 회생채권으로 기재한다. 이후 담보평가액이 확인되면 평가결과에 따라 채권조사절차에서 목록기재에 관하여 이의하거나, 담보권자의 신고에 따라 시부인한다.

관리인이 평가한 의결권 액수에 관하여 다른 이해관계인으로부터 이의가 제출되지 아니하면 그 기재대로 의결권이 확정되고(법 166조), 추후 목록에 기재된 의결권에 관하여 이의를 제기할 수 없게 된다(법 187조).

관리인은 법원이 정한 기간 안에 목록을 반드시 제출하여야 하고, 필요한 경우는 미리 법원에 기간연장 신청을 하여야 한다.

2. 목록에 기재할 사항

회생채권자의 목록에는 ① 회생채권자의 성명과 주소, ② 회생채권의 내용과 원인, ③ 의결권의 액수, ④ 일반의 우선권 있는 채권이 있는 때에는 그 뜻이 기재되어야 한다(법 147조 2항 1호). 채권자가 회생절차에 참가할 경우의 장래구상권(법 126조 3항 단서), 채무가 아니라 보험금의 선급에 불과한 약관대출의 경우에는 목록에 기재하지 않는다.

회생담보권자의 목록에는 ① 회생담보권자의 성명과 주소, ② 회생담보권의 내용 및 원인, 담보권의 목적 및 그 가액, 회생절차가 개시된 채무자 외의 자가 채무자인 때에는 그 성명 및 주소, ③ 의결권의 액수가 기재되어야 한다

(법 147조 2항 2호). 주주·지분권자의 목록에는 ① 주주·지분권자의 성명 및 주소, ② 주식 또는 출자지분의 종류 및 수가 기재되어야 한다(법 147조 2항 3호).

실무상 회생채권자·회생담보권자·주주·지분권자의 목록은 ① 회생채권자·회생담보권자·주주·지분권자의 목록 총괄표, ② 회생담보권자의 목록 총괄표, ③ 회생담보권자의 목록, ④ 담보물 배분표, ⑤ 회생채권자의 목록 총괄표, ⑥ 회생채권자의 목록, ⑦ 주주·지분권자의 목록 총괄표, ⑧ 주주·지분권자의 목록, ⑨ 벌금·조세 등의 목록 총괄표, ⑩ 벌금·조세 등의 목록 등으로 구성된다. 미발생구상채권 등이 다수 있는 경우에는 보증의 내용, 기간, 액수 등이 기재된 별도의 명세서를 첨부하기도 한다.

3. 목록의 개별 항목들

가. 회생담보권자, 회생채권자, 주주·지분권자의 목록 총괄표

회생담보권, 회생채권(담보권 중 회생채권 인정액 포함)의 건수, 금액 등을 기재하고, 조사대상은 아니지만 벌금·조세 등 채권, 주식·출자지분의 수와 금액도 기재한다. 회생담보권자, 회생채권자, 주주·지분권자의 목록 총괄표는 이어서 첨부될 각각의 목록 총괄표와 건수, 금액 등이 일치하도록 하여야 한다.

나. 회생담보권자의 목록 총괄표

'목록번호'란은 회생담보권자 순서에 맞추어 담보권 1, 담보권 2 등으로 표시한다. 회생담보권자별로 채권내용이 둘 이상인 경우에는 가지번호를 사용하고,[35] 회생담보권자별로 금액합계를 기재한다.

'담보권자'란은 채권자 명의를 정확히 특정하여야 한다. 법인의 경우 '주식회사 ○○(대표이사 김○○)', 개인의 경우 김○○(○○상회), 공공기관인 경우에는 '서초세무서', '국민연금관리공단(서초지사)' 등으로 정확히 표시하여야 한다. '홍길동 외 1명'과 같은 기재는 채권자가 자신의 채권이 목록에 기재되었는지 확인하기 어렵고, 채권조사과정에서의 혼동을 유발할 수 있다.

'담보권 종류 및 목적물'란에는 담보권의 종류와 목적물을 정확히 기재하

35) 담보권 1-1, 담보권 1-2와 같이 특정한다.

여야 한다. 담보권의 종류는 등기·등록부에 기재된 내용대로 근저당권, 저당권, 전세권, 등록질 등을 기재하거나 양도담보권, 가등기담보권, 리스채권,[36] 질권, 유치권 등을 기재하고, 채권최고액(근저당권, 근질권의 경우), 설정순위, 설정일자도 함께 기재한다. 목적물은 등기·등록부에 목적물로 기재된 토지·건물의 표시를 옮기되, 목적물이 다수일 경우에는 '토지 ○○ 외 ○필지', '건물 ○○ 외 ○동', '공장기계 ○○ 외 ○점' 등으로 간략히 기재할 수 있다.[37]

'가치평가 및 배분'란에는 담보물의 (총)평가액, 선순위배분액, 당 배분액, 배분 후 잔액을 차례로 표시한다.

'채권내용'란에는 주채무, 보증채무, 대여채무 등 채권의 내용을 기재하되, 원금, 이자의 구분이 가능하면 이를 나누어 기재한다.

'담보권 인정액'란은 채권내용란의 원금, 이자 등에 맞추어 액수를 기재한다. 회생담보권자는 그 채권액 중 담보권의 목적의 가액(선순위의 담보권이 있는 때에는 그 담보권으로 담보된 채권액을 담보권의 목적의 가액으로부터 공제한 금액)을 초과하는 부분에 관하여는 회생채권자로서 회생절차에 참가할 수 있으므로(법 141조 4항), '담보권 인정액'란에는 위 담보권의 목적의 가액을 기재하고, 이를 초과하는 부분은 '회생채권 인정액'란에 기재하면서 '비고'란에 '담보권 초과채권은 회생채권(채권○－○)으로 인정'이라는 내용을 기재한다. 또한 이자 또는 채무불이행으로 인한 손해배상이나 위약금의 청구권에 관하여는 회생절차개시결정 전날까지 생긴 것에 한하여 회생담보권으로 인정되므로(법 141조 1항 단서), 개시 후 이자를 담보권 인정액에 기재하여서는 아니 된다.

'의결권 인정액'란은 일반적으로는 담보권 인정액의 액수를 그대로 기재한다. 하지만 회생담보권자의 의결권도 회생채권과 마찬가지로 불확정기한부 채권, 조건부 채권 등은 개시 당시의 평가액을 기준으로 의결권이 부여되므로(법 141조 6항, 133조 2항), 평가액 산정이 곤란할 경우에는 관리인이 임의로 의결권을 산정하기보다는 의결권의 액을 '0'으로 기재하고, 추후 법원의 의결권에 대

---

36) 금융리스를 의미한다.

37) 목록작성 단계에서 담보물을 세부적으로 기재하고, 그 평가액과 배분표를 정치하게 작성하는 것은 어려운 경우가 많음을 고려한 것이다.

한 결정을 따르면 족하다.

'회생채권 인정액'란은 담보권의 목적의 가액을 초과하는 부분의 액수를 기재한다. 예를 들면, 담보물의 총평가액이 20억원, 1순위 저당권의 배분액이 15억원, 2순위 저당권의 피담보채무액이 10억원인 경우, 2순위 저당권에 대한 담보권 인정액은 5억원(총 평가액 20억원－1순위 저당권 배분액 15억원)이고 나머지 5억원은 '회생채권 인정액'란에 기재한다.

다. 회생담보권자의 목록

회생담보권자 목록에는 담보권자의 성명·명칭, 주소, 전화번호, 이메일 등을 가능한 정확히 기재하여야 한다. 담보권의 내용·원인도 그 기재만으로 특정이 가능하도록 기재하여야 하는데, 보통 발생일자, 계약내용 등을 기재하는 방법을 취한다. 담보권의 목적·가액도 감정 결과 등에 맞추어 정확히 기재하여야 한다.

집행권원·종국판결이 있는 담보권의 경우에는 법원명, 사건번호, 사건명, 선고일자, 확정일자, 원고·피고 등을 상세히 기재하고, 소송이 계속 중인 경우에도 법원명, 사건번호, 사건명, 원고·피고 등을 상세히 기재하여야 한다.

비고란에는 담보권 초과채권의 회생채권 인정액 내역, 해당 담보권에 대하여 보증인, 보증서발급기관(신용보증기금 등)이 있는 경우 그 명칭, 보증내용 등을 기재하면 된다.

라. 담보물배분표

해당 담보물의 담보설정현황을 순위별로 정리하고 담보물의 가치평가액 범위 내에서 담보권자별로 담보권을 배분하기 위하여 작성하는 표이다. 담보권별로 설정금액, 배분액, 배분잔액을 산정한다. 설정금액은 해당 담보권의 채권최고액이고, 배분액은 1순위 담보권에 대하여는 담보물의 가치를 상한으로 하여 1순위 담보권의 피담보채무액만큼이 되고, 2순위 담보권에 대하여는 1순위 배분액을 공제한 나머지 담보물의 가치를 상한으로 하여 2순위 담보권의 피담보채무액만큼이 된다. 그 이하 3순위, 4순위가 있는 경우에도 위와 같은 방법으로 선순위 담보권에 배분되고 남은 담보물의 가치를 순차로 배분해 나가면 된다.

해당 담보권이 공동담보인 경우에는 공동담보관계에 있는 담보권의 담보물 가치와 해당 담보권의 담보물 가치에 따라 분할배분한다.

위 표를 작성하기 위해서는 먼저 담보물의 가치를 평가하여야 한다. 일반적인 가치평가 원칙은 다음과 같다.

(1) 부동산 및 이에 준하는 자산

재산평가에 있어서 그 평가의 객관적 기준은 회사의 유지, 갱생, 즉 기업의 계속을 전제로 평가한 가액인 이른바 계속기업가치이어야 하고 회사의 해산과 청산 즉 기업의 해체, 처분을 전제로 한 청산가치이어서는 안 되므로 개개 재산의 처분가액을 기준으로 할 것이 아니고, 계속기업가치는 그 기업의 수익성에 의하여 좌우되는 것이므로 수익환원법에 의한 수익가치의 평가방식이 표준적인 방식이라고 할 수 있으나 재산의 종류와 특성에 따라 재조달원가에 의한 평가방식이나 비준가액에 의한 평가방식이라도 기업의 계속성을 감안한 객관적 가액을 표현할 수 있는 것이면 족하다.[38)]

이러한 기준에 따라 부동산은 공인된 감정평가기관의 감정가액을 기준으로 하되, 일반적으로 감정평가기간이 1년 이상 경과한 경우에는 재감정이 필요하고, 1년 이내라도 담보물 가격변동이 뚜렷한 경우에는 재감정이 필요하다. 공매·경매절차가 최근 진행되었다면 그 감정평가결과를 원용하는 경우도 있다.

담보물로 제공되지 않은 경우에는, 최근에 감정한 감정가가 있다면 이를 기준으로 하고, 그렇지 않다면 토지는 공시지가, 건물은 과세시가표준액 또는 장부가를 기준으로 평가해도 무방하다. 다만 과세시가표준액 또는 장부가의 적정성 여부를 둘러싸고 다툼이 있는 경우에는 감정평가를 실시한다.[39)]

공장저당의 경우에는 저당권의 효력이 미치는 기계, 기구에 대하여도 감정평가를 실시하여야 한다. 자동차·기계류 등은 감정평가기관에서 감정을 받는 것이 좋지만, 동종 동산의 중고매매상, 인터넷 중고거래사이트 2곳 이상의 평가액의 평균치로 산정하기도 한다.

---

38) 대법원 1991. 5. 28. 자 90마954 결정.

39) 실무연구회(상), 291면.

담보물의 평가결과는 회생채권의 확정, 매각을 계획하고 있다면 매각대금의 산정 등 회생절차 전반에 걸쳐 커다란 영향을 끼친다. 따라서 평가에 대한 의견을 법원 및 감정인에게 적절히 제시하여야 한다. 이에 관한 대리인 의견서 작성 예시는 다음과 같다.

1. 광평수 감가
이 사건 토지(○○동 83-106)는 토지면적이 3,399㎡로서 광평수 토지인바, 인근지역 내 평가선례 또는 거래사례와의 비교 시 광평수 감가를 적용하여야 합니다.

2. 원상회복 비용 고려
이 사건 건물의 건축법상 용도는 '근린생활시설(일반음식점, 소매점, 미용원, 사진관, 금융업소, 휴게음식점)' 등이나, 감평가시점 현재 불법용도변경을 통해 '예식장'으로 이용 중인바, 이 사건 건물의 시장가치를 산정할 때, 정상적으로 시장에서 거래가능한 적법한 상태로 원상회복을 하는데 소요되는 비용을 감안하여 감정평가 하여야 합니다.

3. 용도의 특수성 고려
이 사건 건물의 현실적인 용도는 '예식장'이므로 보편적 용도인 근린생활시설에 비해 그 용도의 특수성으로 인하여 수요가 한정되어 있으므로 시장가치 산정시 이를 반영하여야 합니다.

4. 현재의 부동산 시황
과거의 평가선례 또는 거래사례에 비중을 두기보다는 2017년 11월 현재 경상남도 창원시 등 영남권의 부동산 시장이 급격히 냉각되고 있는 실정을 감안하여 감정평가하여야 합니다.

5. 이해관계인이 소수인 점을 감안해야 합니다.
감정평가대상 부동산의 유일한 이해관계인은 신한은행으로서 담보원리금은 102억원 상당입니다. 본 건 부동산을 매각하여 위 담보권을 매각하는 것이 일차적인 목표인바, 지나치게 낙관적인 평가로 인하여 매각이 난항을 겪게 될 경우 채무자의 변제계획 및 자금수지 자체가 불안정해지고 이는 위 신한은행은 물론 채권자 일반의 이익을 해할 것입니다.

6. 단기매각으로 인한 감가를 고려해야 합니다.
본 부동산은 단기(인가 후 1년 이내)에 매각하여 담보권을 상환할 예정인바, 이러한 사정은 평가에 있어서도 마땅히 고려하여야 할 것입니다.

(2) 주 식

상장주식은 개시결정일 전일 종가를 적용한다. 비상장주식인 경우 그 가액은 회생절차개시 당시의 시가에 의하여야 함이 원칙이고, 따라서 그에 관한 객관적 교환가치가 적정하게 반영된 정상적인 거래의 실례가 있는 경우에는 그 거래가격을 시가로 보아 주식의 가액을 평가하여야 할 것이나, 만약 그러한 거래사례가 없는 경우에는 보편적으로 인정되는 여러 가지 평가방법들을 고려하되 그러한 평가방법을 규정한 관련 법규들은 각 그 제정 목적에 따라 서로 상이한 기준을 적용하고 있음을 감안할 때 어느 한 가지 평가방법이 항상 적용되어야 한다고 단정할 수는 없고, 당해 비상장회사의 상황, 당해 업종의 특성 등을 종합적으로 고려하여 합리적으로 판단하여야 할 것이다. 그리고 여러 평가방법 중 순자산가치를 기준으로 하는 평가방법을 적용하는 경우, 당해 비상장회사가 부담하는 보증채무가 있더라도 만약 그 주채무의 내용, 주채무자의 자력 내지 신용 기타 제반 사정에 비추어 볼 때 실제 손해의 발생이라는 결과로까지 이어질 가능성이 희박하다면 이를 부채로 보지 아니하고 계산한 순자산액을 기초로 담보목적물인 주식의 가치를 평가한다.[40] 위와 같이 순자산가치 또는 액면가 중 보다 적실성 있는 수치를 사용하되, 자본금이 완전잠식된 경우에는 그 가액을 '0'으로 볼 수밖에 없다.

(3) 출자증권

출자증권 발행기관이 확인한 개시결정일 기준 출자좌당 평가액을 기준으로 한다.

(4) 기타 유동자산

개시결정일 기준 회수 가능한 가치를 기준으로 한다. 재고자산의 경우 해당자산의 진부화 내지 불량 등 가치에 영향을 미치는 요인을 반영하여야 할 것이다. 매출채권은 발생시기, 상대방의 자력 등 회수가능성을 평가하여 감액한다. 건강보험공단 예치금은 개시결정일 기준 인출 가능금액을 확인하여 산정한다.

---

40) 대법원 2006. 6. 2. 선고 2005다18962 판결.

마. 회생채권자의 목록 총괄표 및 목록

회생채권자의 목록 총괄표, 회생채권자의 목록의 작성방법은 담보권에 대한 사항을 제외하면 회생담보권자의 경우와 같다.

바. 주주·지분권자의 목록 총괄표 및 목록

주주명부를 기초로 작성하고, 대표이사, 대주주 등과 특수관계인 해당사항, 임원사항 등을 기재한다.

사. 벌금·조세 등의 목록 총괄표 및 목록

벌금·조세 등의 목록 총괄표에는 벌금 또는 국세, 지방세, 건강보험료, 국민연금보험료, 산업재해보상보험료 등 국세징수의 예에 의하여 징수되는 것으로서 징수순위가 일반 회생채권보다 우선하는 것들을 기재한다. 채무별로 부과일, 납기일 등을 명시하여 회생채권, 공익채권의 구분이 명확하도록 한다. 전기·수도·가스요금은 벌금·조세 등 목록에 기재할 것이 아니라, 일반 상거래채권으로 회생채권자의 목록에 기재한다. 이들을 벌금·조세 등 목록에 기재한 경우 목록 수정절차를 거쳐야 할 것이다.

V. 목록 제출의 효과

1. 시효중단

관리인이 회생채권자 등의 목록을 작성하여 법원에 제출하면 시효중단의 효과가 있다(법 32조 1호). 시효중단의 시점은 관리인이 작성한 목록이 법원에 실제로 제출된 때이다. 시효중단의 효력은 특별한 사정이 없는 한 회생절차가 진행되는 동안에는 그대로 유지되므로, 시효 중단을 위한 소송행위를 허용할 필요는 없다.[41]

41) 대법원 2013. 9. 12. 선고 2013다42878 판결.

2. 신고의제

목록에 기재된 회생채권, 회생담보권, 주식·출자지분은 신고기간 내에 신고된 것으로 본다(법 151조). 따라서 신고를 하지 아니하여도 회생계획인가결정으로 인하여 실권되지 않고, 목록의 기재에 따라 회생계획이 정하는 대로 변제를 받을 수 있고, 목록에 기재되어 확정된 의결권의 액이나 수에 따라 회생절차에 참가할 수 있다(법 188조 1항).

3. 권리의 내용 및 원인의 확정

조사기간 내에 또는 특별조사기일에 관리인, 회생채권자, 회생담보권자, 주주·지분권자의 이의가 없는 경우에 ① 신고된 회생채권 및 회생담보권에 따라 그 권리의 내용과 의결권이 확정되고, ② 신고된 회생채권, 회생담보권이 없는 때에는 목록에 기재된 권리내용과 의결권이 확정된다(법 166조). 위 규정은 목록 규정보다 신고의 효력을 우선시하여, 신고가 있을 경우 목록 기재는 실효된 것으로 보는 것이다. 목록과 신고의 내용이 서로 다를 경우 목록의 기재는 실효되고, 신고내용만이 채권조사와 조사확정재판의 대상이 된다.

4. 회생채권자 등의 목록의 변경 및 정정

관리인이 목록을 제출하여야 할 기간은 원칙적으로 개시결정일로부터 2주 이상 2월 이하로서 시간적인 여유가 많지 않고 관리인 스스로 위 내용을 조사, 평가하여 목록을 작성하게 되므로 그 기재 내용에 오류나 누락이 있을 수 있다. 따라서 관리인이 회생채권자 등의 목록을 제출한 후 오류나 누락 등을 발견한 경우에는 신고기간의 말일까지 법원의 허가를 받아 목록에 기재된 사항을 변경 또는 정정할 수 있다(법 147조 4항, 규칙 53조 1항). 목록의 변경, 정정에는 목록의 기재 내용이 당초부터 잘못된 경우뿐만 아니라 목록 제출 후 발생한 원인에 기하여 회생채권 등의 내용이 변경된 경우를 포함하고, 당초 제출한 목록에 누락된 회생채권 등을 추가하거나 목록 제출 후에 후발적인 사유로 소멸한 회생채권 등이 목록에 기재되어 있는 경우에 이를 삭제하는 것도 포함된다.

관리인이 채권신고기간 말일까지 목록 변경·정정을 하지 않더라도, 관리인은 채권조사기간 내에 자신이 목록에 기재한 채권에 대하여 이의함으로써 채권에 대하여 다툴 수 있고, 채권자는 추후보완신고를 통하여 누락된 채권을 신고할 수 있다.

Ⅵ. 입법론

현행 제도는 채무자 제출의 목록에 대하여 상당히 강력한 효력을 부여하고 있다. 그럼에도 채무자로서는 해당 채권에 대한 자료를 충분히 확보하지 못하여 목록 작성에 어려움을 겪는 경우가 많다. 현행 실무가 점점 회생절차의 속도를 올리는 쪽에 주력하면서, 채권의 존재는 분명하지만, 자료를 제대로 관리하지 못하여 채권에 대한 증빙이 없거나, 공장 내 기계의 경우 어느 것이 담보로 제공되었는지 등 채권 특정을 위한 자료의 부족으로 대략적인 사항만을 기재하여 제출할 수밖에 없는 경우가 발생한다. 이후 관리인은 해당 채권자들에게 꼭 채권신고를 하여 줄 것을 유선 등 상당한 방법으로 재차 최고하고, 이들의 신고를 받아 다시 채권 시·부인을 진행한다. 결과적으로 이중의 노력이 투입되는 셈이다.

목록제도를 도입함에 있어 일본 민사재생법 101조의 자인제도에서 그 이념을 취한 것으로 추측되는바, 위 법과 같이 먼저 채권신고 및 조사를 진행하고, 시·부인표에는 관리인이 알고 있으나 신고되지 않은 채권을 추가적으로 기재하는 것이 절차경제에 부합하는 것이라 생각한다. 관리인이 알고 있으나, 신고누락된 채권이 있는지 여부는 조사위원의 조사를 통하여 다시 검증하면 될 것이다.

Ⅶ. 목록 작성 사례

1. 목록 작성 시 주의할 사항

목록을 작성함에 있어 주의할 사항 몇 가지를 지적한다. ① 어음 및 수표는 각 용지의 일련번호, 발행일, 만기를 비고란에 기재하고, 현 소지인을 반드시 확인하여야 한다. 사채권자의 경우에도 해당 사채의 기본적인 사항을 비고란에 기재한다. ② 보험약관대출은 부채가 아니므로, 목록에 기재할 성질이 아니다. ③ 다툼이 있는 채권이라도 일단 목록에 기재하여 둔다. ④ 주채권자가 있을 경우 보증인, 미발생구상채권은 목록에 기재하지 않는다. ⑤ 신청 전 20일 이내에 발생한 공익채권은 목록에 기재할 필요가 없고, 추후 채권신고가 있더라도 공익채권으로 이의한다. ⑥ 개시 후 이자는 통상 확인하기 어려운 것이 일반적이다. 보통의 경우 지연이율은 확인할 수 있을 것이므로 개시 후 이자란에 지연이자 연 00%와 같은 식으로 기재하여 두고, 의결권은 부인한다. ⑦ 담보목적물을 확인하여야 한다. 부동산과 더불어 기계류도 담보로 제공한 경우라면 등기소를 방문하여 담보목록을 확인하여야 한다. 경우에 따라서는 담보물 중 일부가 소실되거나, 필요가 없어져 이미 폐기한 경우도 있다. 이러한 경우라도 회생담보권으로서의 성격이 변하는 것은 아니므로, 해당 중고거래상을 방문하여 견적서를 발급받아 목록 작성 시 반영하여야 할 것이다.

2. 목록 작성 사례

기재사항이 유사한 채권들은 ○○○ 외 ××명과 같은 방식으로 기재하고, 금액은 합산하여 표시하였다. 실무에서는 각 채권자를 모두 총괄표에 기재하고, 채권자별로 목록을 작성하여야 할 것이다. 총괄표의 기재와 목록의 기재가 불일치하지 않도록 주의하여야 한다.

서울회생법원 제13부(나)
사건번호 2018 회합 100000 회생

회생담보권자, 회생채권자, 벌금·조세 등, 주주·지분권자의 목록

2018년 3월 9일

채무자 ○○○○ 주식회사
법률상관리인 사내이사 장그래

목 차

1. 회생담보권자, 회생채권자, 벌금·조세 등, 주주·지분권자의 목록 총괄표
2. 회생담보권자의 목록 총괄표
3. 담보물 배분표
4. 회생담보권자의 목록
5. 회생채권자의 목록 총괄표
6. 회생채권자의 목록
7. 벌금·조세 등의 목록 총괄표
8. 벌금·조세 등의 목록
9. 주주·지분권자의 목록 총괄표
10. 주주·지분권자의 목록

※ 첨부서류 부동산등기부(16건), 견적서(1건)

1. 회생담보권자, 회생채권자, 벌금 · 조세 등, 주주 · 지분권자의 목록 총괄표

채무자 ○○○○ 주식회사 (단위: 원, 주)

구 분		건 수	금 액	비 고
회생담보권		4	2,199,240	담보권 중 회생채권 인정액 3,904,471,600원
회생채권	회생채권	43	5,238,607,900	
	담보권 중 회생채권 인정액		3,904,471,600	
	소 계	43	9,143,079,500	
합 계		47	9,145,278,740	

구 분	건 수	금 액	비 고
조세채권	4	60,468,720	조사대상아님
주식, 출자 지분	7	180,000 주 900,000,000	조사대상아님

2. 회생담보권자의 목록 총괄표

채무자 ○○○○ 주식회사 (단위: 원)

순번	목록번호	담보권자	주소	담보권종류 및 목적물	가치평가 및 배분	채권내용	채권금액	회생담보권		회생채권		비고
								담보권 인정액	의결권 인정액	회생채권 인정액	의결권 인정액	
1	담보 1	중소기업은행 (은행장 김도진)	서울 중구 을지로 79	근저당권(공담) 경기도 ○○시 ○○면 ○○리 131, 131-3, 131-4, 131-9, 131-5, 131- 24, 131-25 토지, 건물, 기계기구 1순위(2013. 7. 1) 채권최고액 1,800,000,000원	총평가액 0원 선순위배분액 0원 당배분액 0원 배분 후 잔액 0원	대여금채권 1. 원금	2,260,378,268	-	-	2,260,378,268	2,260,378,268	담보평가 지연으로 일응 회생채권으로 인정 보증기관 기술보증기금(보증액 561,000,000원)
						2. 개시전이자	-	-	-	-	-	
						계	2,260,378,268	-	-	2,260,378,268	2,260,378,268	
2	담보 2	㈜우리은행 (대표이사 손태승)	서울 중구 소공로 51 (회현동1가)	근저당권(공담) 경기도 ○○시 ○○면 ○○리 131-5, 131-24, 131-25 토지 2순위(2015.01.05) 채권최고액 240,000,000원 3순위(2015.01.05) 채권최고액 226,800,000원 4순위(2015.01.05) 채권최고액 120,000,000원 경기도 ○○시 ○○면 ○○리 131-19, 131-31, 131-10 토지, 건물, 기계기구 1순위(2014.08.05) 채권최고액 240,000,000원 2순위(2014.08.05) 채권최고액 226,800,000원 3순위(2014.09.25) 채권최고액 120,000,000원 4순위(2015.12.28) 채권최고액 480,000,000원	총평가액 0원 선순위배분액 0원 당배분액 0원 배분 후 잔액 0원	대여금채권 1. 원금	833,979,692	-	-	833,979,692	833,979,692	담보평가 지연으로 일응 회생채권으로 인정 보증기관 경기신용보증재단(보증액 22,493,423원)
						2. 개시전이자	-	-	-	-	-	
						계	833,979,692	-	-	833,979,692	833,979,692	

<table>
<tr><td rowspan="4">3</td><td rowspan="4">담보
3</td><td rowspan="4">○○판지㈜
(대표이사
고길동)</td><td rowspan="4">충청북도
○○시
○○로 22</td><td rowspan="4">근저당권(공담)
경기도 ○○시 ○○면 ○○리 131, 131-3, 131-4, 131-9 토지, 건물
2순위(2017.09.11)
채권최고액 1,000,000,000원
3순위(2017.09.13)
채권최고액 500,000,000원
경기도 ○○시 ○○면 ○○리 131-5, 131-24, 131-25 토지, 건물
5순위(2017.09.11)
채권최고액 1,000,000,000원
6순위(2017.09.13)
채권최고액 500,000,000원

경기도 ○○시 ○○면 ○○리 131-19 토지, 건물
5순위(2017.09.20)
채권최고액 500,000,000원
경기도 ○○시 ○○면 ○○리 131-31, 131-10 토지건물
4순위(2017.09.20)
채권최고액 500,000,000원</td><td rowspan="4">총평가액 0원
선순위배분액 0원
당배분액 0원
배분 후 잔액 0원</td><td>상거래채권</td><td></td><td></td><td></td><td></td><td></td><td rowspan="3">담보평가 지연으로 일응 회생채권으로 인정</td></tr>
<tr><td>1. 원금</td><td>810,113,640</td><td>-</td><td>-</td><td>810,113,640</td><td>810,113,640</td></tr>
<tr><td>2. 개시전이자</td><td>-</td><td>-</td><td>-</td><td>-</td><td>-</td></tr>
<tr><td>계</td><td>810,113,640</td><td>-</td><td>-</td><td>810,113,640</td><td>810,113,640</td><td></td></tr>
<tr><td rowspan="4">4</td><td rowspan="4">담보
4</td><td rowspan="4">○○캐피탈㈜
(대표이사
고희동)</td><td rowspan="4">서울시
○○구
○○로 506
(○○동)</td><td rowspan="4">리스담보(단독)
리스물건
SEALER MACHINE, TY-701-120
SEALER MACHINE, LB-301</td><td rowspan="4">총평가액
24,000,000원
선순위배분액
0원
당배분액
2,199,240원
배분 후 잔액
21,800,760원</td><td>대여금 채권</td><td></td><td></td><td></td><td></td><td></td><td rowspan="4"></td></tr>
<tr><td>1. 원금</td><td>2,199,240</td><td>2,199,240</td><td>2,199,240</td><td>-</td><td>-</td></tr>
<tr><td>2. 개시전이자</td><td>-</td><td>-</td><td>-</td><td>-</td><td>-</td></tr>
<tr><td>계</td><td>2,199,240</td><td>2,199,240</td><td>2,199,240</td><td>-</td><td>-</td></tr>
<tr><td colspan="6" rowspan="3">회생담보권의 합계</td><td>1. 원금</td><td>3,906,670,840</td><td>2,199,240</td><td>2,199,240</td><td>3,904,471,600</td><td>3,904,471,600</td><td rowspan="3"></td></tr>
<tr><td>2. 개시전이자</td><td>-</td><td>-</td><td>-</td><td>-</td><td>-</td></tr>
<tr><td>합계</td><td>3,906,670,840</td><td>2,199,240</td><td>2,199,240</td><td>3,904,471,600</td><td>3,904,471,600</td></tr>
</table>

3. 담보물 배분표

(단위: 원)

<table>
<tr><th rowspan="2">담보목적물</th><th colspan="4">담보설정현황</th><th rowspan="2">가치평가액</th><th rowspan="2" colspan="4">순위 및 배분내역</th><th rowspan="2">비고</th></tr>
<tr><th>순위</th><th>설정일자
(담보권 종류)</th><th>채권자</th><th>공담</th></tr>
<tr><td rowspan="9">[토지]
경기도 ○○시 ○○면 ○○리
131 공장용지 1063㎡
131-3 공장용지 1222㎡
131-4 공장용지 1218㎡
131-9 대 160㎡

[건물]
경기도 파주시 광탄면 방축리
131 제2종근린생활시설
131-3 제2종근린생활시설
131-4 제2종근린생활시설
131-9 제1종근린생활시설

[기계기구]
Semi Auto Die Cutter BFK-1700
ASAHI AP-1020 CARTONMASTER
후렉소프린터슬로터(FLEXO PRINTER SLOTTER & STACKER),
사면테이프기계, 자동풀발이기계,
F4접지기계, 접지기계,
수동식고속테이프부착기</td><td rowspan="3">1</td><td rowspan="3">2013. 7. 1
(근저당권)</td><td rowspan="3">중소기업
은행</td><td rowspan="3">공담</td><td rowspan="9">-</td><td colspan="4">1순위</td><td rowspan="9"></td></tr>
<tr><td>설정자</td><td>설정금액</td><td>배분액</td><td>배분잔액</td></tr>
<tr><td>중소기업은행</td><td>1,800,000,000</td><td>-</td><td>-</td></tr>
<tr><td rowspan="3">2</td><td rowspan="3">2017. 9. 11
(근저당권)</td><td rowspan="3">○○판지㈜</td><td rowspan="3">공담</td><td colspan="4">2순위</td></tr>
<tr><td>설정자</td><td>설정금액</td><td>배분액</td><td>배분잔액</td></tr>
<tr><td>○○판지㈜</td><td>1,000,000,000</td><td></td><td>-</td></tr>
<tr><td rowspan="3">3</td><td rowspan="3">2017. 9. 13
(근저당권)</td><td rowspan="3">○○판지㈜</td><td rowspan="3">공담</td><td colspan="4">3순위</td></tr>
<tr><td>설정자</td><td>설정금액</td><td>배분액</td><td>배분잔액</td></tr>
<tr><td>○○판지㈜</td><td>500,000,000</td><td></td><td>-</td></tr>
</table>

[토지] 경기도 ○○시 ○○면 ○○리 131-5 도로 12㎡ 131-24 대 84㎡ 131-25 도로 157㎡	1	2013. 7. 1 (근저당권)	중소기업은행	공담	-	1순위	설정자	설정금액	배분액	배분잔액
							중소기업은행	1,800,000,000		-
	2	2015. 1. 5 (근저당권)	㈜우리은행	공담		2순위	설정자	설정금액	배분액	배분잔액
							㈜우리은행	240,000,000		-
	3	2015. 1. 5 (근저당권)	㈜우리은행	공담		3순위	설정자	설정금액	배분액	배분잔액
							㈜우리은행	226,800,000		-
	4	2015. 1. 5 (근저당권)	㈜우리은행	공담		3순위	설정자	설정금액	배분액	배분잔액
							㈜우리은행	120,000,000		-
	5	2017. 9. 11 (근저당권)	○○판지㈜	공담		4순위	설정자	설정금액	배분액	배분잔액
							○○판지㈜	1,000,000,000		-
	6	2017. 9. 13 (근저당권)	○○판지㈜	공담		5순위	설정자	설정금액	배분액	배분잔액
							○○판지㈜	500,000,000		-
[토지] 경기도 ○○시 ○○면 ○○리 131-19 공장용지 611㎡	1	2014. 8. 5 (근저당권)	㈜우리은행	공담	-	1순위	설정자	설정금액	배분액	배분잔액
							㈜우리은행	240,000,000		-
[건물] 경기도 ○○시 ○○면 ○○리 131-19 공장	2	2014. 8. 5 (근저당권)	㈜우리은행	공담		2순위	설정자	설정금액	배분액	배분잔액
							㈜우리은행	226,800,000		-
[기계기구] 골게이터편면라인 싱글카트리지타입 (CARTRIDGE TYPE-1600 SINGLE	3	2014. 9. 25 (근저당권)	㈜우리은행	공담		3순위	설정자	설정금액	배분액	배분잔액
							㈜우리은행	120,000,000		-

FACER (FINGER LESS A/F TYPE))	4	2015. 12. 28 (근저당권)	㈜우리은행	공담		4순위				
						설정자	설정금액	배분액	배분잔액	
						㈜우리은행	480,000,000		-	
	5	2017. 9. 20 (근저당권)	○○판지㈜	공담		5순위				
						설정자	설정금액	배분액	배분잔액	
						○○판지㈜	500,000,000		-	
[토지] 경기도 ○○시 ○○면 ○○리 131-31 도로 4㎡ 131-10 공장용지 600㎡ [건물] 경기도 ○○시 ○○면 ○○리 131-10 제2종근린생활시설	1	2014. 8. 5 (근저당권)	㈜우리은행	공담	-	1순위				
						설정자	설정금액	배분액	배분잔액	
						㈜우리은행	240,000,000		-	
	2	2014. 8. 5 (근저당권)	㈜우리은행	공담		2순위				
						설정자	설정금액	배분액	배분잔액	
						㈜우리은행	226,800,000		-	
	3	2014. 9. 25 (근저당권)	㈜우리은행	공담		3순위				
						설정자	설정금액	배분액	배분잔액	
						㈜우리은행	120,000,000		-	
	4	2017. 9. 20 (근저당권)	○○판지㈜	공담		4순위				
						설정자	설정금액	배분액	배분잔액	
						○○판지㈜	500,000,000		-	
[기계기구] SEALER MACHINE, TY-701-120 SHRINK MACHINE, LB-301	1	리스담보	○○캐피탈㈜	단독	24,000,000	1순위				가치평가액 견적서 참조
						설정자	설정금액	배분액	배분잔액	
						○○캐피탈㈜		2,199,240	21,800,760	
합계					24,000,000		3,300,000,000	2,199,240	21,800,760	

4. 회생담보권자의 목록

<table>
<tr><td colspan="2">사　　건</td><td colspan="2">2018 회합 100000 회생</td><td>채 무 자</td><td>○○○○
주식회사</td></tr>
<tr><td rowspan="3">회생
담보권자</td><td>성명, 명칭</td><td colspan="4">중소기업은행(은행장 김도진)</td></tr>
<tr><td>주소</td><td colspan="4">서울 중구 을지로 79</td></tr>
<tr><td>전화번호</td><td colspan="2"></td><td>e-mail</td><td></td></tr>
<tr><td colspan="2">목록 번호</td><td colspan="2">담보1</td><td>신고 번호</td><td></td></tr>
<tr><td colspan="2">회생담보권의
원인 · 내용</td><td colspan="4">1. (원인) 대여금채권
2. (내용) · 원금　2,260,378,268 원
· 이자　- 원
· 개시결정일부터 연 %의 비율에 의한 지연손해금</td></tr>
<tr><td colspan="2" rowspan="2">담보권의
목적.가액</td><td>목적</td><td colspan="3">경기도 ○○시 ○○면 ○○리 131, 131-3, 131-4, 131-9, 131-5, 131-24, 131-25 토지, 건물, 기계기구</td></tr>
<tr><td>가액</td><td colspan="3">총평가액 0원</td></tr>
<tr><td colspan="2">회생담보권 인정액</td><td colspan="4">- 원</td></tr>
<tr><td colspan="2">의결권 액</td><td colspan="4">- 원</td></tr>
<tr><td colspan="2">집행권원 · 종국판결 유무</td><td colspan="4"></td></tr>
<tr><td colspan="2">소송계속 여부</td><td colspan="4"></td></tr>
<tr><td colspan="2">비　고</td><td colspan="4">담보평가 지연으로 일응 회생채권으로 인정
보증기관 기술보증기금(보증액 561,000,000원)</td></tr>
</table>

이하 담보2 ~ 담보4 생략

5. 회생채권자의 목록 총괄표

채무자 ○○○○ 주식회사

순번	목록번호	채권자	주소	채권내용	채권금액	의결권인정액	우선권	비고
1	채권1	㈜신한은행 (대표이사 위성호)	서울 중구 세종대로9길 20(태평로2가, 대경빌딩)	대여금채권 1.원금 2.개시전이자	562,987,674 -	562,987,674 -		보증기관 기술보증기금(보증액 424,989,523원)
				계	562,987,674	562,987,674		
2	채권2	미래에셋벤처투자㈜ (대표이사 김응석)	경기 성남시 판교역로 ○○	대여금채권 1.원금 2.개시전이자	300,000,000 -	300,000,000 -		2011. 12. 6. 투자약정(전환사채 인수방식)
				계	300,000,000	300,000,000		
3	채권3	중소기업진흥공단 (이사장 임채운)	경남 진주시 동진로 430	대여금채권 1.원금 2.개시전이자	208,310,000 -	208,310,000 -		
				계	208,310,000	208,310,000		
				대여금채권 1.원금 2.개시전이자	 -	- -		
				계	-	-		
4	채권4	㈜○○대부 외5명	대전광역시 ○○구 ○○로 6-1, 201호(○○빌딩)	대여금채권 1.원금 2.개시전이자	303,623,291 -	303,623,291 -		
				계	303,623,291	303,623,291		
대여금채권 합 계				1.원금 2.개시전이자	303,623,291 -	303,623,291 -		
				계	303,623,291	303,623,291		

10	채권 10	○○판지㈜ 외 31명	충청북도 ○○시 ○○로 22	상거래채권				
				1.원금	1,478,747,540	1,478,747,540		
				2.개시전이자	-	-		
				계	1,478,747,540	1,478,747,540		
상거래채권 합 계				1.원금	1,478,747,540	1,478,747,540		
				2.개시전이자	-	-		
				계	1,478,747,540	1,478,747,540		
42	채권 42-1	장그래	강원도 ○○시 ○○로222번길 46, 109동 505호	특수관계인채권(가수금)				법률상 관리인 (사내이사)
				1.원금	125,564,225	125,564,225		
				2.개시전이자	-	-		
				계	125,564,225	125,564,225		
	채권 42-2			특수관계인채권(미지급임금)				
				1.원금	83,194,990	83,194,990		
				2.개시전이자	-	-		
				계	83,194,990	83,194,990		
	채권 42	장그래 합계		1.원금	208,759,215	208,759,215		
				2.개시전이자	-	-		
				계	208,759,215	208,759,215		
43	채권 43	장백기	서울 ○○구 ○○동 ○○아파트 114-1208호	일반대여금채권				사내이사의 누이
				1.원금	292,500,000	292,500,000		
				2.개시전이자	-	-		
				계	292,500,000	292,500,000		
회생채권의 합계				1.원금	5,238,607,900	5,238,607,900		
				2.개시전이자	-	-		
				합계	5,238,607,900	5,238,607,900		

6. 회생채권자의 목록

<table>
<tr><td colspan="2">사 건</td><td colspan="3">2018 회합 100000 회생</td><td>채 무 자</td><td colspan="2">○○○○ 주식회사</td></tr>
<tr><td rowspan="3">회생채권자</td><td>성명, 명칭</td><td colspan="6">㈜신한은행 (대표이사 위성호)</td></tr>
<tr><td>주소</td><td colspan="6">서울 중구 세종대로9길 20(태평로2가, 대경빌딩)</td></tr>
<tr><td>전화번호</td><td colspan="3"></td><td>e-mail</td><td colspan="2"></td></tr>
<tr><td colspan="2">목록번호</td><td colspan="3">채권1</td><td>신고 번호</td><td colspan="2"></td></tr>
<tr><td colspan="2">회생채권의 원인 · 내용</td><td colspan="6">(원인) · 대여금채권
(내용) · 원금 562,987,674 원
(내용) · 이자 - 원 · 개시결정 전일까지의 이자</td></tr>
<tr><td colspan="2">우선권 유무</td><td></td><td></td><td></td><td></td><td></td><td></td></tr>
<tr><td colspan="2">의결권 액</td><td colspan="2">562,987,674</td><td>원</td><td></td><td></td><td></td></tr>
<tr><td colspan="2">목록 번호</td><td colspan="3"></td><td>신고 번호</td><td colspan="2"></td></tr>
<tr><td colspan="2">회생채권의 원인 · 내용</td><td colspan="6">(원인)
(내용) · 원금 원
(내용) · 이자 원 · 개시결정 전일까지의 이자</td></tr>
<tr><td colspan="2">우선권 유무</td><td colspan="6"></td></tr>
<tr><td colspan="2">의결권 액</td><td colspan="6">원</td></tr>
<tr><td colspan="2">목록 번호</td><td colspan="3"></td><td>신고 번호</td><td colspan="2"></td></tr>
<tr><td colspan="2">회생채권의 원인 · 내용</td><td colspan="6"></td></tr>
<tr><td colspan="2">우선권 유무</td><td colspan="6"></td></tr>
<tr><td colspan="2">의결권 액</td><td colspan="6">원</td></tr>
<tr><td colspan="2">집행권원 · 종국판결 유무</td><td colspan="6"></td></tr>
<tr><td colspan="2">소송계속 여부</td><td colspan="6"></td></tr>
<tr><td colspan="2">비 고</td><td colspan="6"></td></tr>
</table>

이하 채권2 ~ 채권43 생략

7. 벌금 · 조세 등의 목록 총괄표

채무자 ○○○○ 주식회사

목록번호	채권자	주소	채권내용	액수	비고
조세등1-1	강서세무서	서울 강서구 마곡서1로 60	부가세 1.본세 2.가산금	 16,690,850 –	부과일 2018년 1월 납기일 2018년 1월
			소계	16,690,850	
조세등1-2			근로소득세 1.본세 2.가산금	 11,920,090 –	부과일 2017년 6월 ~ 12월 납기일 2018년 1월
			소계	11,920,090	
조세등1-3			사업소득세 1.본세 2.가산금	 3,462,280 –	부과일 2017년 7월 ~ 12월 납기일 2018년 1월
			소계	3,462,280	
조세등1-4			퇴직소득세 1.본세 2.가산금	 714,860 –	부과일 2017년 10월, 11월 납기일 2017년 12월
			소계	714,860	
조세등1-5			법인세 1.본세 2.가산금	 18,389,430 –	부과일 2017년 납기일 2017년 8월, 10월 (중간 예납)
			소계	18,389,430	
조세등1	강서세무서 합계		1.본세 2.가산금	51,177,510 –	
			소계	51,177,510	

조세등2	국민건강보험공단	강원도 원주시 건강로 32	미납 보험료 1.본세 2.가산금	8,121,200 -	부과일 2017년 12월 납기일 2018년 1월
			소계	8,121,200	
조세등3	파주시청	경기 파주시 시청로 50	지방소득세등 1.본세 2.가산금	890,490 -	부과일 2017년 8월 ~ 12월 납기일 2018년 1월
			소계	890,490	
조세등4	강서구청	서울 강서구 화곡로 302	지방소득세등 1.본세 2.가산금	279,520 -	부과일 2017년 10월 납기일 2017년 11월
			소계	279,520	
조세등의 합계			1.본세 2.가산금	60,468,720 -	
			합계	60,468,720	

8. 벌금·조세 등의 목록

<table>
<tr><td colspan="2">사 건</td><td>2018 회합 100000 회생</td><td>채 무 자</td><td colspan="2">○○○○ 주식회사</td></tr>
<tr><td rowspan="3">청구권자</td><td>성명, 명칭</td><td colspan="4">강서세무서</td></tr>
<tr><td>주소</td><td colspan="4">서울 강서구 마곡서1로 60</td></tr>
<tr><td>전화번호</td><td></td><td>e-mail</td><td></td><td></td></tr>
<tr><td colspan="2">목록 번호</td><td>조세 등 1-1</td><td>신고번호</td><td colspan="2"></td></tr>
<tr><td colspan="2">청구권의 원인 · 내용</td><td colspan="4">(원인) 부가세
(내용) 1.부과된 세액 16,690,850 원
2.가산금 - 원</td></tr>
<tr><td colspan="2">목록 번호</td><td>조세 등 1-2</td><td>신고번호</td><td colspan="2"></td></tr>
<tr><td colspan="2">청구권의 원인 · 내용</td><td colspan="4">(원인) 근로소득세
(내용) 1.부과된 세액 11,920,090 원
2.가산금 - 원</td></tr>
<tr><td colspan="2">목록 번호</td><td>조세 등 1-3</td><td>신고번호</td><td colspan="2"></td></tr>
<tr><td colspan="2">청구권의 원인 · 내용</td><td colspan="4">(원인) 사업소득세
(내용) 1.부과된 세액 3,462,280 원
2.가산금 - 원</td></tr>
<tr><td colspan="2">목록 번호</td><td>조세 등 1-4</td><td>신고번호</td><td colspan="2"></td></tr>
<tr><td colspan="2">청구권의 원인 · 내용</td><td colspan="4">(원인) 퇴직소득세
(내용) 1.부과된 세액 714,860 원
2.가산금 - 원</td></tr>
<tr><td colspan="2">목록 번호</td><td>조세 등 1-5</td><td>신고번호</td><td colspan="2"></td></tr>
<tr><td colspan="2">청구권의 원인 · 내용</td><td colspan="4">(원인) 법인세
(내용) 1.부과된 세액 18,389,430 원
2.가산금 - 원</td></tr>
<tr><td colspan="2">비고</td><td colspan="4"></td></tr>
</table>

이하 조세등2 ~ 조세등4 생략

9. 주주·지분권자의 목록 총괄표

○○○○ 주식회사 (단위: 원, 주)

순번	목록 번호	주주·지분권자	주소	주식·출자 지분의 종류	주식의 수·출자지분의 액수		의결권의 수·액수	비고
1	주식1	장그래	강원도 ○○시 ○○로222번길 46, 109동 505호	보통주식	주식의 수	88,960	88,960	법률상 관리인
					출자지분의 액수	444,800,000	444,800,000	(사내이사)
2	주식2	안영이	서울 ○○구 ○○로1가길 5, 402호(○○동)	보통주식	주식의 수	30,000	30,000	
					출자지분의 액수	150,000,000	150,000,000	
3	주식3	○○○○㈜	경기 ○○시 ○○로 ○○	보통주식	주식의 수	22,040	22,040	자기주식
					출자지분의 액수	110,200,000	110,200,000	
4	주식4	열매나눔재단	서울 중구 남산동2가 19-8	보통주식	주식의 수	10,000	10,000	
					출자지분의 액수	50,000,000	50,000,000	
5	주식5	한석율	경기도 ○○시 ○○읍 ○○길 45, 101-208	보통주식	주식의 수	10,000	10,000	
					출자지분의 액수	50,000,000	50,000,000	
6	주식6	오상식	경기도 ○○시 ○○읍 ○○길 45-17, 106-107	보통주식	주식의 수	9,500	9,500	
					출자지분의 액수	47,500,000	47,500,000	
7	주식7	김동식	서울 ○○구 ○○동 1541 ○○아파트 809-1205	보통주식	주식의 수	9,500	9,500	
					출자지분의 액수	47,500,000	47,500,000	
합계					주식의 수	180,000	180,000	
					출자지분의 액수	900,000,000	900,000,000	

10. 주주·지분권자의 목록

사 건		2018 회합 100000 회생	채 무 자	○○○○ 주식회사	
목록 번호		주식1	신고 번호		
주주. 지분권 자	성명, 명칭	장그래			
	주소	강원도 ○○시 ○○로222번길 46, 109동 505호			
	전화번호		e-mail		
주식. 출자지분의 종류와 수. 액수		1. 보통주식 88,960주(액면: 5,000 원) 2. 우선주식 (액면: 원)			
목록 번호		신고 번호			
주주. 지분권 자	성명, 명칭				
	주소				
	전화번호	e-mail			
주식. 출자지분의 종류와 수. 액수		1. 보통주식 (액면: 원) 2. 우선주식 (액면: 원)			
집행권원·종국판결 유무					
소송계속 여부					
비 고					

이하 주식2 ~ 주식7 생략

제 2 절 회생채권 · 회생담보권 · 주식 · 출자지분의 신고

Ⅰ. 신고할 사항

회생채권자가 신고할 사항은 ① 회생채권자의 성명, 주소 등 회생채권자의 동일성을 밝힐 수 있는 사항, ② 채권의 내용 및 원인, ③ 의결권의 액,[42] ④ 일반의 우선권 있는 채권인 경우에는 그 뜻, ⑤ 소송계속 중인 경우 법원, 당사자, 사건명과 사건번호(법 148조), ⑥ 법 118조 2호 내지 4호의 규정에 의한 회생채권일 때는 그 취지 및 액수(규칙 55조 2호), ⑦ 집행력 있는 집행권원 또는 종국판결이 있는 경우 그 뜻(규칙 55조 3호), ⑧ 통지 · 송달을 받을 장소 · 전화번호 · 팩스번호 · 전자우편번호, 대리권을 증명하는 서면, 집행권원 또는 종국판결의 사본, 채권자의 주민등록등본 또는 법인등기사항증명서(규칙 55조 2항)를 첨부하여야 하고, 채권조사의 편의 및 증빙불비로 인한 불필요한 이의를 방지하기 위해 증거서류 또는 그 등본이나 초본을 첨부하는 것이 좋다.

회생담보권자가 신고할 사항은 위 ④는 해당이 없고, 회생담보권자에 특유한 신고사항으로서 담보권의 목적과 그 가액, 회생절차가 개시된 채무자 이외의 자가 채무자인 때에는 그 성명, 주소를 신고하여야 한다(법 149조).

주주 · 지분권자가 신고할 사항은 성명 및 주소, 주식 · 출자지분의 종류 및 수 또는 액수이며, 주권, 출자지분증서 등 증거서류 또는 그 등본이나 초본을 제출하여야 한다(법 150조). 자산초과의 경우 주주가 의결권을 행사할 수 있으나, 회사정리법 하에서는 주주명부의 폐쇄에 관한 명문규정이 없어서 상법 354조의 기준일 제도와 유사한 운영을 하여 왔다고 한다.[43] 현행법은 주주권을 행사할 자를 확정하기 위하여 2월의 범위 내에서 법원이 정하는 기간 동안 주주

---

42) 채권신고 시에는 반드시 의결권액을 신고하여야 하며, 의결권의 신고가 없는 채권신고는 부적법하여 원칙적으로 각하한다. 금전채권은 원칙적으로 채권액이 의결권액이 되지만, 이자 없는 기한부 채권(법 134조), 정기금채권(법 135조), 불확정기한부 채권, 정기금채권 중 금액 또는 존속기간이 불확정인 채권(법 136조), 비금전채권, 채권액이 불확정인 채권, 외국의 통화로 정해진 채권(법 137조), 조건부 채권, 채무자에 대해 행사할 수 있는 장래의 청구권(법 138조) 등에 대하여는 채권액 산정에 관한 특칙이 있다.

43) 실무연구회(상), 496면.

명부를 폐쇄할 수 있다(법 150조).

Ⅱ. 신고의 방식

권리자 본인 또는 대리인이 신고할 수 있으며, 대리인이 신고하는 경우 대리권을 증명하는 서면을 첨부하여야 한다(규칙 55조 2항 1호). 대리인이 변호사 자격을 가져야 하는 것은 아니다.

신고는 법원에 대하여 하여야 하고, 채무자나 관리인에 대하여 한 신고는 부적법하다.

서면신고를 요하는 규정은 없으나, 법 160조의 규정이 서면신고를 전제로 하고 있고, 신고한 권리의 내용 등을 특정하여야 할 필요성도 있으므로 신고는 반드시 서면으로 하여야 할 것이다.

Ⅲ. 예비적 신고

예비적 신고란 신고 대상이 되지 않는다고 보면서도 신고대상인 채권으로 판명될 경우 실권되는 불이익을 우려하여 신고하는 것을 말한다. 채무자의 반대채권과 상계하였는데, 그 상계가 인정되지 않을 경우에 대비하여 신고하는 경우, 회생절차개시결정 전에 변제받은 행위가 법 100조에 의하여 부인될 것에 대비하여 신고하는 경우가 예이다.

공익채권을 예비적으로 회생채권으로 신고하고, 관리인이 이를 회생채권으로 시인하더라도 그 채권이 회생채권으로 변경된다고 볼 수는 없고, 공익채권자가 회생채권으로 신고하였다고 하여 자신의 채권을 회생채권으로 취급하는데 동의하거나, 공익채권자의 지위를 포기한 것으로 볼 수도 없다.[44]

공익채권으로 인정되지 않을 것을 조건으로 또는 상계의 효력이 인정되지 않을 것을 조건으로 회생채권으로 신고하고, 관리인이 이를 시인하여 확정되었더라도, 조건이 성취되지 않은 경우라면 의결권에 대하여 이의하여야 한다.

44) 대법원 2004. 8. 20. 선고 2004다3512·3529 판결.

Ⅳ. 신고기간과 조사방식

법원은 회생절차개시결정을 하면서 개시결정일로부터 2주 이상 2개월 이하의 범위 내에서 회생채권자 등의 '목록 제출기간'을 정하여야 하고, 동시에 회생채권자 등의 목록의 제출기간의 말일부터 1주 이상 2월 이하의 기간 내에서 '신고기간'을 결정하여야 하고(법 50조 1항 3호), 채권자 등의 목록에 기재되거나 신고기간 내에 신고된 회생채권, 회생담보권의 조사를 위하여 신고기간의 말일부터 1주 이상 1월 이하의 범위 내에서 '조사기간'을 결정하게 된다. 다만, 법원은 특별한 사정이 있는 경우에는 위 각 기간을 연장할 수 있다(법 50조 2항).

법은 신고기간 내에 신고된 회생채권 등의 조사를 위하여 기일을 개최하지 아니하는 조사기간을 두어 그 기간 내에 관리인과 이해관계인 등이 서면으로 이의를 하고(법 161조), 신고기간 이후에 추후 보완된 회생채권, 회생담보권만 특별조사기일에서 조사를 하도록 하고 있다(법 162조).

조세 등 채권의 경우, 회생절차개시 전의 벌금, 과료, 형사소송비용, 추징금 및 과태료의 청구권(법 140조 1항)과 일반회생채권보다 징수 순위가 우선하는 조세 등의 청구권은 신고기간 내에 신고하지 않더라도 지체 없이 신고하면 족하다(법 156조 1항). 그러나 이 경우에도 제2회 관계인집회가 끝나기 전 또는 법 240조에 의하여 서면결의에 부친다는 결정이 있기 전까지는 신고를 하여야 한다(법 152조 3항).

Ⅴ. 추후 보완신고 및 주식의 추가신고

1. 추후 보완신고가 가능한 경우

회생채권자 등이 그 책임질 수 없는 사유로 인하여 신고기간 안에 신고하지 못한 때에는 그 사유가 끝난 후 1월 이내에 그 사유를 소명하는 자료를 첨부하여 추후 보완신고를 할 수 있다(법 152조 1항). 위 1월의 기간은 불변기간이고, 추후 보완신고는 제2회 관계인집회가 끝난 후 또는 법 240조에 의한 서면결의에 부친다는 결정이 있은 후에는 할 수 없다(법 152조 3항).

2. 특별조사기일의 지정

추후 보완신고된 회생채권 등이 있는 경우에 법원은 이를 조사하기 위하여 특별조사기일을 정하여야 한다(법 162조 전문). 특별조사기일은 관계인집회와 병합하여 진행할 수 있다.

3. 신고기간 경과 후에 발생된 회생채권의 경우

채무자의 행위가 부인되는 경우에 상대방이 받은 급부가 반환되거나 그 가액이 상환된 때에는 상대방의 채권은 원상으로 회복되어 회생채권으로 취급된다(법 109조 1항). 이 경우 채권자로서는 제2회 관계인집회가 끝나기 전까지 또는 법 240조에 의하여 서면결의에 부친다는 결정이 있기 전까지는 법 152조에 의하여 추후 보완신고를 하여 회생절차에 참가할 수 있다. 이 경우의 실무상 처리는 추후 보완신고된 일반 회생채권 등에 대한 것과 동일하다(법 162조). 그러나 제2회 관계인집회가 끝난 후 또는 법 240조에 의하여 서면결의에 부친다는 결정이 있은 후에 부인된 경우에는 법 152조에도 불구하고 상대방은 부인된 날부터 1월 이내에 신고를 추후 보완할 수 있다(법 109조 2항).

관리인이 미이행쌍무계약을 해지한 경우에 상대방이 취득하는 손해배상채권은 그것이 회생절차개시 후에 발생한 것이라도 회생채권으로 취급된다(법 121조 1항). 관리인이 신고기간 경과 후에 쌍무계약을 해지한 경우에는 그 채권자는 권리발생 후 1개월 내에 채권신고를 하여야 한다(법 152조 2항). 이 경우 처리는 추후 보완신고된 일반 회생채권 등에 대한 것과 동일하다(법 162조). 그러나 제2회 관계인집회가 종료된 후 또는 법 240조에 의한 서면결의에 부친다는 결정이 있은 뒤에는 더 이상 미이행쌍무계약의 해지에 관한 법 119조를 이유로 해지권을 행사하지 못한다(법 119조 단서). 상대방이 취득하는 손해배상채권에 대한 추후 보완신고기간이 만료되어 실권되는 불이익을 방지하기 위한 것이다.

4. 제2회 관계인집회 종료 후 또는 서면결의에 부치는 결정이 있은 후의 신고

회생계획안에 대한 심리가 종결되어 결의에 부쳐진 이후에 신고된 채권은 이를 심리가 끝난 회생계획안에 반영시킬 방법이 없기 때문에 위 기한 후의 추후 보완신고는 허용되지 않으며(법 152조 3항), 부적법한 신고로서 각하하여야 한다.

단, 회생채권자가 개별적인 통지를 받지 못하는 등으로 회생절차에 관하여 알지 못함으로써 채권신고를 하지 못하고, 관리인이 그 회생채권의 존재 또는 그러한 회생채권이 주장되는 사실을 알고 있거나 이를 쉽게 알 수 있었음에도 회생채권자목록에 기재하지 아니한 경우, 회생계획안 심리를 위한 관계인집회가 끝난 후에도 회생절차에 관하여 알게 된 날로부터 1개월 이내에 회생채권의 신고를 보완할 수 있다는 것이 판례임은 전술한 바와 같다.[45]

5. 주식·출자지분의 추가신고

주주·지분권자가 회생절차에 참가하기 위해서는 관리인이 작성하여 제출하는 주주·지분권자의 목록에 기재되어 있거나, 스스로 법원이 정한 신고기간 내에 주식·출자지분의 신고를 하여야 한다(법 150조 1항). 법원은 상당하다고 인정하는 때에는 신고기간이 경과한 후 다시 기간을 정하여 주식·출자 지분의 추가신고를 하게 할 수 있다(법 155조 전문).

추가신고 제도는 목록에 기재되지 않았음에도 불구하고 당초 정해진 신고기간 내에 신고를 하지 못한 주주·지분권자의 의결권을 보장하고, 목록에 기재되어 있거나 신고된 주식·출자지분이 거래되어 의결권 행사 당시의 주주·지분권자가 신고명의자와 달라지는 경우를 구제하기 위한 것이다. 대부분의 경우 회생절차개시 당시 부채초과인 관계로 주주·지분권자는 의결권을 가질 수 없고(법 146조 3항), 주주·지분권자가 신고를 하지 않더라도 실권되는 것은 아니므로 추가신고기간을 지정해야 할 실익은 크지 않을 것이다. 그러나 주주·

45) 대법원 2012. 2. 13. 자 2011그256 결정.

지분권자의 의결권행사가 가능한 사안이라도 신고가 있어야 의결권을 행사할 수 있으므로 실무는 적극적으로 추가신고를 허용하고 있다.[46)]

채권의 신고명의 변경은 회생계획인가 전까지만 가능하다고 해석되나, 주식·출자지분의 경우 추가신고기간의 종기에 관하여 법률상 제한이 없는 점에 비추어 회생계획안에 대한 서면결의 또는 관계인집회 결의에서 의결권행사에 필요하다면 회생계획인가 후 회생계획변경을 위한 관계인집회 전에도 추가신고를 할 수 있다.[47)]

VI. 신고의 변경

이미 목록에 기재되어 있거나 신고된 경우라면 신고기간의 전후를 불문하고 증거서류를 첨부하여 신고명의의 변경(양도, 상속, 합병 등)신청을 할 수 있다(법 154조). 그러나 신고명의의 변경은 회생계획이 인가되기 전까지만 가능하고 인가 이후에는 신고명의의 변경절차가 마련되어 있지 않다. 따라서 회생계획인가 이후에 권리를 양수한 자는 일반 민사법의 원리에 따라 관리인에 대하여 권리의 이전을 입증하거나 대항요건을 갖추어 권리를 행사하여야 한다.

채권의 귀속을 둘러싸고 분쟁이 있고, 그 분쟁당사자 중 일방이 채권신고를 하였으나 나중에 신고를 하지 아니한 다른 당사자가 진정한 채권자임이 판명된 경우에는 관리인으로서는 회생채권신고를 한 자를 회생채권자로 취급하여 절차를 진행하다가 나중에 진정한 채권자가 따로 있는 것이 밝혀지면 그때부터 종전 신고자를 배제한 채 진정한 채권자를 회생채권자로 취급하여야 하고, 이와 같은 의미에서 무권리자가 한 채권신고도 권리자에 대한 관계에서 그 효력이 인정된다.[48)]

46) 실무연구회(상), 508－509면.
47) 실무연구회(상), 509면.
48) 대법원 2003. 9. 26. 선고 2002다62715 판결.

Ⅶ. 회생채권자표, 회생담보권자표, 주주·지분권자표의 작성

법원사무관 등은 회생채권 등의 신고기간이 만료되면 회생채권자표 등을 지체 없이 작성하여야 한다(법 158조, 규칙 60조 1항). 목록 및 신고의 내용을 그대로 기재하는 것이며, 법적 판단을 가하여 수정·보충할 수 없다.

제3절 회생채권·회생담보권의 조사

Ⅰ. 조사의 의의

회생채권 등에 대한 조사는 목록에 기재되거나 신고된 회생채권, 회생담보권에 관하여 그 존부, 내용, 원인, 의결권액 등을 검토·확정하는 과정이다(법 161조, 162조). 통상 관리인이나 이해관계인이 목록에 기재되거나 신고된 내용을 시인하거나 부인(법문상 '이의')한다는 점에서 "시·부인"이라고도 한다. 채권조사 결과를 토대로 채무의 종류와 유형별 규모를 확정하고, 이를 회생계획안에 반영하게 된다.

Ⅱ. 방 법

관리인이 목록에 기재하여 제출한 회생채권 등이나 신고기간 내에 신고된 회생채권 등에 대하여는 조사기일을 열지 않고 기일 외에서 관리인 또는 이해관계인이 이의를 제기하는 방식으로 조사를 하고(법 161조), 신고기간이 경과한 뒤에 추후 보완신고된 회생채권 등에 대하여는 특별조사기일을 열어 조사한다(법 162조).

Ⅲ. 조사의 대상

조사내용은 목록에 기재되거나 신고된 회생채권 등의 내용과 원인, 의결권의 액, 일반 우선권이 있는지 여부, 담보권, 목적, 그 가액 등이다.

관리인이 목록에 기재한 회생채권 등에 관하여 신고를 하는 경우에는 목록의 기재에도 불구하고 권리 전부를 신고하여야 하고, 목록의 기재와 중복된 부분은 실효되는 것으로 보아야 하므로 신고한 내용만이 조사의 대상이 되고, 목록의 기재는 조사의 대상이 아니다.

회생절차개시결정 전의 벌금, 과료, 형사소송비용, 추징금과 과태료, 국세징수법 또는 지방세법에 의하여 징수할 수 있는 청구권 등은 조사의 대상으로 되지 않으며, 이러한 청구권에 관하여는 관리인이 채무자가 할 수 있는 방법, 즉 행정심판이나 행정소송, 형사소송법상의 불복방법 등으로 불복을 신청할 수 있을 뿐이다(법 157조 1항). 주주 등의 권리도 시·부인 대상이 아니다.

Ⅳ. 구체적인 시부인 기준[49)]

1. 불명확한 신고

채권신고의 취지가 불분명한 경우, 공익채권인지 회생채권인지 불분명한 경우, 채권액수에 대한 증빙이 부족하여 채권액을 확정하기 어려운 경우 등 채권의 내용이 불명확한 경우에는 일응 부인하여야 한다.

2. 회생담보권의 개시 후 이자

회생담보권에 대한 회생절차개시 후의 이자는 회생담보권에 속하지 아니하므로(법 141조 1항 단서), 회생담보권 부인하고 회생채권으로 시인하되 의결권은 부인한다(법 191조 3호, 118조 2호).

49) 관리인직무편람, 법원도서관, 개정판(2016), 129−131면, 실무연구회(상), 535−548면을 주로 원용한 것이다.

3. 외화표시 채권

채권이 외화로 신고된 경우에는 외화로 시부인하되, 괄호 안에 원화로 환산한 금액을 기재하고(법 137조), 시인된 채권액 합계란에 '원화 환산 후 소계'라고 하여 원화채권과 환산한 외화채권을 합한 금액을 기재하며, 시부인표 앞이나 주석으로 원화환산율을 기재한다. 원화환산율은 개시결정 전일에 주채권은행이 최종고시한 대고객 전신환 매도율을 사용한다.

실무 팁) 환율을 잘못 적용하여 이의통지를 한 경우라면, 이의를 철회하여야 할 것이다. 이의기간을 도과한 경우라면 오기나 위산에 준하여 시부인표를 경정할 수 있다고 할 것이다. 시부인표 경정은 계산착오와 성질이 동일하므로 허가사항은 아니고, 보고로 족하다고 본다.

4. 보증채무

채무자가 부담하는 보증채무(물상보증 포함)에 관하여는 보증일 또는 담보제공일과 그 수익자를 표시한다. 부인 대상 행위 여부를 판단하기 위한 자료이다.

5. 소송계속 중인 채권

소송계속 중인 채권은 수소법원, 사건명, 사건번호 등을 기재하고, '소송계속 중이므로 부인'이라고 기재하는 것이 일반적이다. 채권액 중 일부만 다투어지고 있다면 다툼이 없는 부분은 시인하고, 나머지 부분만을 부인하여야 한다.

6. 장래구상권

주채권자가 전액 채권신고하고 장래구상권자도 신고한 경우에는 주채권자의 채권만 시인하고 장래구상권자의 신고는 부인하여야 한다(법 126조 3항 단서). 예를 들면 갑(보증보험회사)이 채무자가 을(채무자의 거래처)에 대하여 부담하는 채무에 대하여 이행보증보험증권, 하자보증보험증권을 발행하여 주었는데, 을이 채권 전액에 대하여 신고한 경우에는 갑이 장래 보험사고 발생에 따른 구상권자로 채권신고하더라도, 관리인은 을의 채권만을 시인하고 갑의 채권은 부인하여야 한다.

장래구상권자가 회생절차개시 후에 주채권자에게 채무를 변제하여 소멸시키더라도, 채권 전액이 소멸한 경우를 제외하고는 주채권자는 여전히 회생절차개시 당시에 가지는 채권의 전액에 관하여 권리를 행사할 수 있다(법 126조 2항). 위 사례에서 갑(보증보험회사)이 개시 후에 채무자를 대신하여 을(채무자의 거래처)에게 채권을 변제하더라도 그 전액을 변제하지 않는 한, 을은 개시 당시 채권 전액을 가지고 회생절차에서 권리를 행사할 수 있다.

장래구상권자가 개시 후에 주채권자에게 채권을 변제하여 주채권자의 채권 전액이 소멸한 경우에는 구상권의 범위 내에서 주채권자의 권리를 행사할 수 있다(법 126조 4항). 위 사례에서 갑(보증보험회사)이 개시 후에 채무자를 대신하여 을(채무자의 거래처)에게 채권 전액을 변제한 경우에는 을의 권리를 구상권의 범위 내에서 행사할 수 있다.

건설회사가 건설공제조합이나 대한주택보증 등의 보증을 받아 공사를 진행하는 경우 위와 같은 보증기관이 가지는 장래구상권은 보증사고 발생 전에는 미확정상태의 우발채무이다. 이러한 경우 관리인은 채권의 액수는 그대로 시인하되, 의결권은 우발채무의 현실화 가능성을 고려하여 시인하여야 하고, 시부인 당시 현실화 가능성을 파악하기 곤란한 때에는 의결권을 전부 부인하고 결의 집회에서 의결권에 대한 법원의 결정을 받아 해결하는 것이 좋다.[50] 채권내역이 다수인 경우에는 미발생구상채권 명세서를 첨부하는 것이 일반적이다.

장래구상권자만 신고한 경우에는 ① 주채권자의 신고가 있을 것에 대비하여 일응 부인하고, 주채권자의 신고가 없을 것이 명백하게 된 때에 그 이의를 철회하는 방식, ② 관리인이 신고기간의 말일이 도과하기 전에 주채권자의 채권을 목록에 기재하여 제출한 후(법 147조 4항), 법 126조 3항에 의하여 장래의 구상권자의 채권을 부인하는 방법, ③ 장래구상권자의 채권은 시인하되 의결권

50) 실제로는 현실화가능성이 없어 의결권을 부인한다는 취지를 기재하는 것이 일반적이며, 집회 당일에도 의결권이 부여되는 경우는 없다.

을 부인함으로써 장래구상권자의 제소책임을 없애고, 의결권은 관계인집회에서 정하는 방안(법 187조, 188조)이 제시된다. ①은 이미 시인된 장래의 구상권자의 채권을 다시 되돌려 부인할 수는 없기 때문에 의결권의 이중 부여 및 채권의 이중 변제 등의 문제가 생길 여지가 있어, 종래 회사정리법 하에서 취한 방식이다. 이 방식은 장래구상권자에게 획일적으로 조사확정재판의 제소책임을 부담시키는 결과가 된다. 대부분의 장래구상권은 조사확정재판을 신청할 실익이 없기 때문에 이와 같은 실무 처리는 장래구상권자에게는 받아들이기 힘든 면이 있었다. 현행 실무는 ② 또는 ③의 방법에 의한다. 다만, 어느 경우이든 주채권자의 채권을 목록에 기재한 상황이라면, 이와 같은 문제는 발생하지 않을 것이다.

주채권자, 장래구상권자가 모두 채권신고를 하였는데, 장래구상권자가 회생담보권자인 경우에는 법 126조 3항에 의할 경우 장래구상권자는 대위변제하더라도 주채권자를 대위하므로 회생채권자에 불과하다. 법 126조 3항의 취지는 동일한 채권에 대하여 중복된 권리 행사를 금지하는 것에 불과하고, 양자의 권리가 동일하다고 할 수는 없으므로, 주채권자와 장래구상권자는 자신이 속한 조에서 의결권을 행사하면 될 것이다. 구체적인 변제율 및 방법은 권리의 성격과 회생채권의 변제율을 종합하여 총 변제액이 주채권자의 채권액을 넘어서는 안 될 것이다.

개시 후의 대위변제액과 주채권자의 신고액과의 차액에 대하여 추후 보완신고를 할 수 없으며, 당초 채권자가 신고한 개시 후의 이자를 원금으로 변경하는 신고도 허용되지 않는다.[51] 대위변제로 인하여 장래구상권자가 보다 큰 권리를 취득하는 것은 용인할 수 없기 때문이다.

7. 채권자 불명인 신고

'홍길동 외 ○명' 방식으로 신고된 경우 신고서의 첨부서류로 채권자 특정이 가능할 경우에는 채권자 성명·명칭을 모두 정확히 기재하고, 불분명할 경

51) 대법원 2002. 1. 11. 선고 2001다11659 판결.

우에는 일응 부인하는 것으로 처리한다.

목록에 채권자 대표이사의 개인 채권으로 착오로 잘못 기재하였으나 채권자 회사가 같은 채권을 신고한 경우 채권자 명의가 목록 기재채권과 신고채권이 동일하지 않으므로, 목록 기재 채권이 채권신고로 실효되었다고 볼 수 없다. 채권자 회사 채권이 옳다면 목록에 기재된 대표이사 개인 채권에 대하여 부인한다. 부인사유는 '채권자 회사 명의로 채권신고하여 신고번호○○로 시인하였으므로 목록 기재 채권은 부인'으로 기재한다.

8. 공익채권 부인

보전처분 이후 법원의 허가를 받은 거래로 인한 채권, 신청 전 20일 이내에 계속적 공급계약으로 인해 발생한 물품대금채권은 '공익채권으로 부인'한다. 허가와 관련하여 비고란에 문서번호와 허가일을 기재한다.

9. 소액임차보증금

최우선변제권이 있는 경우 해당 부동산을 담보목적물로 하는 담보물 배분표 작성 시 회생담보권보다 선순위로 담보가치가 배분된다.

10. 어음원본의 제시가 없는 경우

어음원본 제시없는 채권신고는 '어음원본 미제시'를 사유로 하여 부인하고, 추후 어음원본을 제시하면 이의철회한다. 전자어음방식의 경우 부도어음 보유확인서를 징구하여 확인하거나, 거래은행이 전자적으로 서명한 부도어음확인서에 관리인이 원본대조의 취지를 기재하고, 날인할 수도 있다.

어음의 소지인을 피보험자로 하는 어음보험계약의 피보험자가 보험자로부터 어음금 상당액의 일부만을 보험금으로 지급받은 경우에는 피보험자와 보험자가 어음을 공동점유하고 있는 것으로 보아야 하고, 어음의 공동점유자인 보험자로부터 어음의 제시가 있었던 이상 피보험자가 현실로 어음을 제시하지

아니하였다 하여 이를 이유로 피보험자의 채권신고를 부인할 수 없다.[52)]

(전자)어음을 발행한 경우 목록을 작성하는 시점과 채권 시부인 시점별로 어음내역을 확인하여 최종 소지인을 확인한 후, 전 소유자의 신고는 '채무없음으로 부인'하고, 최종 소지인의 신고를 최고하여야 한다.

11. 추심채권자 및 전부채권자의 신고

추심채무자는 피압류채권에 대한 이행소송을 제기할 당사자적격을 상실하므로, 추심채권자만이 회생절차에 참가할 수 있다. 채권조사의 대상은 추심채무자의 제3채무자에 대한 피압류채권이다. 추심채권자의 집행채권액이 피압류채권의 액에 미치지 못하는 경우, 압류되지 않는 부분에 대하여는 추심채무자만이 회생절차에 참가할 자격이 있다. 수 인의 추심채권자가 채권신고를 한 경우에는 어느 한 추심채권자의 채권신고는 다른 모든 추심채권자를 위한 추심행위이므로, 신고순서에 따라 추심채무자의 채권액에 이를 때까지 순차 시인하고 나머지는 부인한다.

추심채권자의 신고에 의하여 시인하는 경우에도 추심채무자의 권리 및 의결권액을 시인하는 것이며, 시부인명세서의 채권자 란에는 추심채무자의 성명을 기재하고, 괄호 속에 신고 명의인은 추심채권자 ○○○임을 병기한다. 피압류채권이 시인된 경우에는 회생계획안에 추심채권자에 대한 변제 또는 공탁방법, 추심채권자와 추심채무자 사이에 추심권능에 관하여 다툼이 있는 경우에는 그 협의 또는 소송의 결과에 따라 권리를 행사할 수 있도록 하는 취지의 규정을 둔다.

전부명령이 있는 경우는 전부채권자의 채권을 시인하여야 하고, 본래의 채권자의 신고는 채권이 전부되었다는 이유로 부인한다.

12. 신탁의 경우

타익신탁의 경우에는 채권자가 제공받은 부동산이나 우선수익권을 위탁자

52) 서울고등법원 2004. 12. 29. 선고 2004나29882 판결.

의 재산이라 할 수는 없으므로 위탁자의 채권자는 회생담보권자가 아니라 회생채권자에 불과하다. 회생담보권으로 신고한 채권자에 대하여 회생담보권은 전액 부인하고 회생채권으로 시인하여야 하며, 회생담보권 부인사유는 '담보권 부존재' 또는 '수익권은 회생절차개시 당시 채무자의 재산상에 존재하는 담보권이 아니고, 제3자인 수탁자에 대한 권리에 해당됨'이라고 기재한다.

자익신탁의 경우에는 수탁자가 신탁부동산에 대한 근저당권 등 별도의 담보권을 제공한 경우에는 타익신탁의 경우와 마찬가지로 회생담보권은 전액 부인하고 회생채권으로 시인하여야 하고, 부인사유는 '담보권 부존재' 또는 '채권자의 근저당권은 채무자의 재산상에 존재하는 담보권이 아니라 채무자 외의 자가 회생채권자를 위하여 제공한 담보에 해당됨'이라고 기재한다. 수익권을 질권이나 양도담보의 목적물로 제공받은 채권자들의 경우 회생담보권자로 취급되어야 할 것이므로 신고된 회생담보권에 대하여 적어도 그 담보가액 범위 내에서는 이를 그대로 시인하여야 할 것이나, 조사보고서가 제출되기 전에는 '담보물의 가액을 평가할 수 없으므로 일응 부인'이라고 기재한다.[53)]

13. 포괄근저당의 경우

포괄근저당의 경우 근저당 피담보채권액이 담보목적물의 시가에 미달할 경우에 해당 근저당 피담보채권액은 당연히 회생담보권으로 시인하고, 다른 신용대출채권도 위 근저당의 최고액까지는 회생담보권으로 시인한다. 담보배분표에는 신용대출채권 중 회생담보권으로 인정한 부분도 담보가치를 배분한다.

14. 회생담보권에 대한 조사확정재판결과가 시·부인 결과와 상이한 경우

선순위 회생담보권자의 신고를 부인하고 후순위 회생담보권자의 신고를 시인하였으나 선순위 회생담보권자가 조사확정재판을 신청한 경우라면, 동인

53) 남동희, 부동산신탁의 위탁자에 대한 회생절차의 실무상 쟁점, 사법, 15호(2011. 3.), 146-147면.

이 승소한 경우와 패소한 경우를 가정하여 회생계획안을 작성한다.

후순위 담보권자가 제기한 조사확정재판 등에서 그 목적물 가액이 선순위 회생담보권을 평가할 때 전제로 하였던 것보다 고액으로 평가된 경우, 위 가액에서 이미 확정된 선순위 담보권의 회생담보권액을 공제한 나머지를 후순위 담보권자에게 배분한다는 견해와 위 가액을 기준으로 할 경우 선순위담보권에 배분되었을 금액을 공제한 나머지를 배분한다는 견해가 있다.[54] 후순위 담보권자는 선순위자에 대한 배분액 및 자신의 배분 순위를 알고서 담보권을 설정받은 것이므로, 후설과 같이 취급하여도 동인에게 불리할 바는 없다고 본다.

15. 선순위 공동저당

채권자 갑이 6억원의 채권을 담보하기 위하여 시가 6억원의 A물건과 3억원의 B물건 위에 1순위 공동저당을 가지고, 을과 병이 A물건과 B물건에 각 4억원의 채권에 관하여 2순위 저당권을 갖는 경우라면, 동시배당에 관한 민법 368조 1항을 유추하여 갑의 저당권에 A물건에서 4억원, B물건에서 2억원을 배분한 후, A물건에 대한 을의 저당권에 2억원, B물건에 대한 병의 저당권에 1억원을 각 배분한다.

V. 조사기간

조사기간은 신고기간의 말일부터 1주 이상 1월 이하의 기간 내로 법원이 정하며(법 50조), 관리인은 조사기간 말일까지 목록에 기재되거나 신고된 회생채권 등에 대한 시·부인표를 작성하여야 한다(규칙 63조 1항). 즉 관리인은 시·부인표를 작성, 제출하는 방식으로 조사기간 내에 이의를 제기한다.

채권조사에 시간이 부족할 경우 연장신청을 하여야 한다. 채권조사기간이 종결될 시점까지 감정평가가 완료되지 않아 회생담보권의 시·부인과 담보배분이 어려운 경우라면 반드시 연장신청을 하여야 한다. 목록단계라면 담보평가가

54) 실무연구회(상), 546-548면은 견해만을 소개하고, 일본 회사갱생법 159조가 후설의 입장임을 소개하고 있다.

이루어지지 않아 일응 회생채권으로 인정한다는 취지를 기재하면 족하다.

관리인은 전자소송 의무자이고, 관리인이 시부인표를 전자소송 사이트에 업로드한 시점에서 시부인표가 제출된 것으로 보게 된다. 만일 채권조사 기간 말일에 시부인표를 업로드하는 도중에 시스템 장애 내지 정기점검으로 인하여 전자문서 제출이 어려울 경우라면 즉시 출력본을 제출하도록 하여야 할 것이다.

사 견) 관리인이나 대리인이 법원으로부터 원격지에 소재하고, 장애 등이 발생한 시간이 말일 24시에 근접한 시점이라면 출력본의 제출도 불가능할 것이고, 불가능에 관리인 측의 귀책사유가 있다고 할 수는 없으므로 추완을 폭넓게 인정함이 타당하다. 조사기간 도과로 관리인의 이의가 없는 것으로 보아 신고채권을 모두 시인한 것으로 취급할 수도 있을 것이나, 권리관계가 엉망이 될 것이 자명하고, 이를 토대로 회생계획을 작성한다는 것도 채권자 일반의 이익이라는 관점에서 결코 바람직한 현상은 아니다. 법원으로서도 정기점검이 예정되어 있는 요일을 피하여 조사기간의 말일을 정하여야 할 것이다.

Ⅵ. 특별조사기일

신고기간 경과 후에 추후 보완신고된 회생채권과 신고기간 경과 후에 생긴 회생채권 등이 있는 경우에 이를 조사하기 위하여 특별조사기일을 지정한다(법 162조). 특별조사기일은 제2회 관계인집회와 병합하여 실시하는 것이 일반적이다. 특별조사기일에서의 조사는 재판장이 관리인에게 신고된 회생채권 등에 대한 조사결과를 진술하게 하는 방식에 의한다.

Ⅶ. 조사 이후의 조치

1. 이의 통지

조사기간 내 또는 특별조사기일에서 회생채권, 회생담보권에 관하여 이의가 있는 때에는 법원은 이를 그 권리자에게 통지하여야 한다(법 169조). 조사기간의 말일 또는 특별조사기일의 종료 후 1개월이 경과하면 실권효가 발생하므로 권리자에게 이의가 진술되었음을 알려주어 위 기간 내에 확정재판을 신청하도록 하기 위한 것이다.

2. 이의 철회

관리인이 이의를 한 후 다시 조사한 결과 그 채권을 시인할 필요가 있을 때에는 그 이의를 철회함으로써 조사기간 내에 또는 특별조사기일에서 행한 이의의 효력을 상실시킬 수 있다. 이의 철회는 특별조사기일에서 진술하거나 법정 외에서 법원에 대하여 그 취지를 서면으로 제출하면 된다. 관리인의 이의 철회는 재판부의 허가 사항이다.[55]

이의 철회 기간) 철회할 수 있는 기간은 이의의 대상인 권리가 확정될 때까지라고 보는 것이 일반적인 견해이다.[56] 위 견해에 의할 경우 관리인의 이의 후 이의채권의 보유자가 소정의 기간 내에 확정재판을 신청하지 않은 경우라면 관리인의 이의철회권도 상실된다는 결론에 이르게 된다. 그러나 이의철회 가능시점을 확정재판 제소기간과 연동시킬 근거는 없고, 확정재판 신청 기간이 도과하였더라도 관리인은 기존의 이의가 명백히 잘못된 것이라면 재판부의 허가를 얻어 기존의 이의를 철회할 수 있다고 본다. 다만, 그 시점은 이의철회의 결과를 회생계획안에 반영할 수 있는 최종 시점인 회생계획안 심리를 위한 관계인집회 기일까지라고 할 것이다.

실무 팁) 특수관계인 채권의 경우 관리인이 목록에 기재하더라도, 법원은 채권조사 단계에서 이를 일응 부인하도록 지도하는 경우가 있다. 이 경우 조사위원으로 하여금 채권의 존재 및 금액을 확인하도록 명하고, 조사결과를 토대로 이의를 철회하는 방식을 취하게 될 것이다. 조사결과 확인된 채권 및 금액에 대한 이의철회기간을 도과하지 않도록 주의하여야 할 것이다.

55) 이의철회 허가신청의 작성 사례는 부록의 양식 참조.

56) 실무연구회(상), 556면.

3. 회생채권자표 등의 기재와 효력

법원사무관 등은 채권조사의 결과를 회생채권자표와 회생담보권자표에 기재하여야 한다(법 167조 1항). 회생채권자표 등의 기재는 회생채권자, 회생담보권자와 주주·지분권자 전원에 대하여 확정판결과 동일한 효력이 있다(법 168조). 확정판결과 동일한 효력이란 기판력을 의미하는 것은 아니며, 회생절차 내에서의 불가쟁의 효력을 의미한다. 이러한 불가쟁의 효력으로 인해 채권자표의 기재는 이를 토대로 작성되는 회생계획안 및 이후의 절차진행 과정에서 이해관계인의 권리행사 및 관계인집회에 있어서 의결권 행사의 기준이 된다.[57] 불가쟁의 효력이 발생한 이상 관리인으로서는 더 이상 부인권을 행사하여 그 채권의 존재를 다툴 수 없고, 부인권행사의 적법성을 용인하는 전제에서 이미 확정된 회생채권자표 기재의 효력을 다투어 그 무효 확인을 구하는 것 역시 허용될 수 없다.

회생채권자표 등의 기재내용에 명백한 오류나 위산이 있는 경우에는 민사소송법의 규정에 따라 경정결정을 할 수 있다(법 33조, 민사소송법 211조). 이미 소멸된 채권이 이의 없이 확정되어 회생채권자표에 기재되어 있더라도 이로 인하여 채권이 있는 것으로 확정되는 것은 아니므로 명백한 오류인 경우에는 법원의 경정결정에 의하여 이를 바로잡을 수 있고, 그렇지 아니한 경우에는 무효 확인의 판결을 얻어 이를 바로잡을 수 있다.[58]

제4절 조사확정재판 및 조사확정재판에 대한 이의의 소

Ⅰ. 개 설

목록에 기재되어 있거나 신고된 회생채권 등의 조사는 조사기간을 두어 기일 외에서 조사하고, 이의가 제기된 채권의 존부 및 범위에 관하여는 변론절

57) 대법원 1991. 12. 10. 선고 91다4096 판결.

58) 대법원 1991. 12. 10. 선고 91다4096 판결.

차가 아닌 간이·신속한 결정절차인 조사확정재판 절차를 통하여 확정하며, 이에 대한 불복은 소송절차인 조사확정재판에 대한 이의의 소로 처리하며, 절차적 권리인 의결권의 존부 및 범위는 결의를 위한 관계인집회에서 관리인 등 이해관계인의 이의가 있을 경우 법원이 즉시 결정하는 방식으로 절차경제를 도모하고 있다.

Ⅱ. 회생채권 등의 확정

목록에 기재되어 있거나 신고된 회생채권 등은 ① 관리인이나 다른 회생채권자 등으로부터 조사기간 내 또는 특별조사기일에서 이의가 진술되지 않은 경우, ② 이의가 있었으나 철회된 경우, ③ 이의를 진술한 다른 회생채권자 등이 자신의 권리신고를 철회한 경우, ④ 이의가 있은 후에 제기된 회생채권 등의 조사확정재판 및 이에 대한 이의의 소 등의 결과에 의하여 그 이의가 제거된 경우에 확정된다.

회생절차개시결정으로 중단된 소송이 회생채권, 회생담보권에 관한 것이라 하더라도 조사기간 내에 또는 특별조사기일에 이의가 없으면 회생채권 등이 확정되고, 그 조사결과를 기재한 회생채권자표 등은 확정판결과 같은 효력이 있으므로 수계의 문제는 발생하지 않는다. 이의 없이 확정된 경우 법원은 취하를 권유하나, 대리인들은 취하를 하지 않는 경우가 많다. 이와 같은 문제는 사해행위와 구상금청구 등이 병합된 소송에서 많이 나타나며, 피보전채권에 대한 청구를 취하하는 것에 대해 대리인들이 부담을 느끼기 때문으로 보인다.

중단된 소송의 운명과 관련하여 당연종료된다는 견해, 관리인으로 하여금 수계하도록 한 후, 청구기각판결을 내린다는 견해, 관리인으로 하여금 수계하게 한 후 각하판결을 내린다는 견해, 수계가 불가능하므로 중단된 상태에서 각하판결을 내린다는 견해가 있다.[59] 수계 사항은 아니므로 수계를 전제로 하는 견해를 취할 수는 없고, 법 168조에 위반한 소송이므로 중단된 상태에서 각하

59) 실무연구회(상) 559-560면에서 제시된 견해들이며, 구체적으로 주장자나 근거 등은 적시하고 있지 않다.

판결을 내리면 족하다. 실제 소송에서도 각하판결을 내리고 있다.

이의가 진술된 경우 채권조사확정재판으로 청구취지를 변경하고, 관리인을 상대로 원고가 수계신청을 하여야 한다(법 172조 1항).

Ⅲ. 회생채권 등의 조사확정재판

1. 재판의 당사자

이의채권의 보유자가 이의자 전원을 상대로 신청한다(법 170조 1항). 즉 관리인만이 이의 한 경우 관리인, 관리인과 다른 회생채권자 또는 수인의 회생채권자 등이 이의를 한 경우에는 그 이의자 전원을 각 상대방으로 하여야 한다. 고유필수적 공동소송으로 해석되는바, 이의를 진술한 자 중 일부만을 상대로 한 채권조사확정재판은 부적법하다.

2. 신청기간

이의채권을 보유한 회생채권자 등이 조사확정재판을 신청하여야 하는 기간은 조사기간의 말일 또는 특별조사기일부터 1월 이내이다(법 170조 2항). 단기의 제소기간을 규정한 것은 채무를 되도록 빨리 확정함으로써 회생절차를 신속하게 진행하여 권리관계의 빠른 안정을 도모하고자 하는 것이므로, 법원이 그 기간을 늘이거나 줄일 수 없고, 위 기간은 불변기간이 아니므로 당사자가 책임질 수 없는 사유로 말미암아 그 기간을 지킬 수 없었다고 하더라도 소의 제기를 추후 보완할 수 없다.[60]

3. 심판의 대상

가. 채권의 존부와 금액 등

조사확정 재판의 심리의 대상이 되는 것은 목록에 기재되어 있거나 신고

60) 대법원 2003. 2. 11. 선고 2002다56505 판결.

된 것으로서 회생채권의 경우에는 그 존부와 금액, 비금전채권인 경우에는 급부의 내용, 일반의 우선권이 있는지 여부 등이고, 회생담보권의 경우에는 피담보채권의 존부와 금액, 권리의 우선순위가 그 대상이 된다.

조사기간 내에 신고하지 않은 채권을 새로이 주장할 수는 없으며, 채권표에 기재된 것보다 다액의 채권액이나 새로운 우선권을 주장할 수는 없다. 따라서 채권표에 기재되지 않은 권리, 액, 우선권의 유무 등의 확정을 구하는 소 또는 채권표에 기재되지 않은 권리에 관하여 소송이 계속되어 있는 경우의 그 수계신청 등은 모두 부적법하다.[61]

조사기간 내에 신고하지 아니한 채권을 새로이 주장할 수 없도록 하는 것은 관리인 등의 이의권 행사의 기회를 보장하기 위한 것인데, 다른 한편 신고채권자의 입장에서 보면 채권신고의 단계에서 그 권리에 관한 충분한 법률적 검토를 거쳐 정확히 신고한다는 것은 사실관계의 불명확성까지 감안할 때 매우 어려운 일인 점, 채권신고 단계에서 법률구성을 잘못한 결과를 오로지 신고채권자의 자기책임으로 돌리기보다는 신고채권자와 다른 채권자 등과의 이해관계를 합리적으로 조정할 필요가 있다는 입장에서 본다면 확정소송절차에서 당초의 신고채권과 그 발생원인사실부터 별개의 채권으로 보이는 것의 확정을 구하는 것은 허용되지 않는다 할 것이지만, 채권자표에 기재되어 있는 권리와 급부의 내용이나 수액에 있어서 같고 청구의 기초가 동일하지만 그 발생원인을 달리 하는 다른 권리의 확정을 구하는 경우와 같이 비록 법률상의 성격은 다르더라도 사회경제적으로 동일한 채권으로 평가되는 권리로서 그 채권의 확정을 구하는 것이 관리인 등의 이의권을 실질적으로 침해하는 것이 아니라면 그러한 채권의 확정을 구하는 것은 허용된다고 봄이 상당하다.[62]

회생담보권자는 그 채권액 중 담보권의 목적의 가액(선순위의 담보권이 있는 때에는 그 담보권으로 담보된 채권액을 담보권의 목적의 가액으로부터 공제한 금액을 말한다)을 초과하는 부분에 관하여는 회생채권자로서 회생절차에 참가할 수 있다(법 141조 4항). 회생담보권 채권액이 담보목적물의 가액에서 선순위 담보권의

61) 대법원 2000. 11. 24. 선고 2000다1327 판결.

62) 대법원 2007. 4. 12. 선고 2004다51542 판결.

채권액을 공제한 금액을 초과하지 않는다는 사실은 회생담보권 발생의 요건사실 중 하나로서 원고가 이를 주장·증명하여야 한다.[63] 회생담보권이 추가로 인정될 경우 주문에는 추가로 인정된 부분만을 기재하고, 회생담보권이 증액됨에 따라 감액된 회생채권 부분은 이유에서 설시한다.

주채무와 보증채무의 구별이 심판의 대상이 될 것인지와 관련하여 ① 주채무와 보증채무는 동일한 조에 속하여 각 채권의 액에 따라 동일한 비율의 의결권이 부여되는 등 법률상 동일하게 취급되고, 회생계획에서 형평의 원칙을 적용하여 변제조건에 있어서 일정한 차등을 둘 수 있느냐 하는 문제만이 생길 뿐이므로, 권리의 존부 및 액수에 다툼이 없는 경우 당해 채권이 주채무인지 여부는 회생계획의 어떠한 변제조항을 적용받는 채권이냐 하는 해석의 문제에 불과하여 이의 및 조사의 대상이 되지 않는다는 견해[64]와 주채무와 보증채무의 구별이 결의를 위한 관계인집회의 조분류, 회생계획의 변제율 등에 영향을 미침을 근거로 심판대상이 된다는 견해가 제시되고 있다.[65]

사 견) 법 170조 1항은 목록에 기재되거나 신고된 회생채권 등에 관하여 관리인 등이 이의를 한 경우를 확정재판 신청의 사유로 기재하고 있고, 이의란 목록기재 또는 신고내용대로의 법률효과를 부여할 수 없다는 이의자의 주장인 점, 보증채권이 주채권에 비하여 열후적인 취급을 받은 것이 현실인 점 등을 종합하면 확인의 이익을 인정함이 타당하다.

나. 의결권이 심판의 대상인지 여부

법 170조 3항은 조사확정재판의 대상으로 이의채권의 존부 또는 그 내용만을 규정하고 의결권을 그 대상에서 제외하고 있다. 의결권은 실체법적 권리의 문제가 아니라 단지 회생절차 내에서 어떠한 액만큼의 투표권을 행사할 수 있는가에 관한 절차법적 권리의 문제에 불과하고, 일단 결정된 의결권의 액이

---

63) 대법원 2012. 11. 15. 선고 2011다67897 판결.

64) 사법연수원, 전게서(5장, 주 46), 110－111면, 이 견해는 관리인이 회생계획 인가 후 당해 채권이 주채권임에도 불구하고 보증채권으로 계속 취급하려 한다면, 당해 채권의 보유자는 회생법원에 관리인으로 하여금 당해 채권을 보증채권이 아닌 주채권으로 취급하여 변제하도록 명하는 내용의 수행명령을 신청하여 다툴 수 있다고 한다(법 258조 1항).

65) 실무연구회(상), 562면에 제시된 견해이나, 주장자, 출처 등에 관하여 언급하지 않고 있다.

라도 법원이 직권 또는 신청에 의하여 '언제든지' 변경할 수 있는 등 아무런 확정력이 부여되어 있지 아니하므로(법 188조 3항), 조사확정재판이나 그에 대한 이의의 소처럼 엄격한 절차를 거쳐 확정하여야 할 필요성이 없다. 의결권에 관한 이의가 있는 경우 의결권을 행사하게 할 것인지 여부와 의결권을 행사하게 할 액은 법원이 결의를 위한 관계인집회에서 결정한다(법 188조 2항). 관계인집회기일 당시 조사확정재판이 확정된 경우에는 확정된 채권의 내용 및 액에 따라서 의결권을 행사하게 되고, 만일 아직 조사확정재판이 확정되지 아니한 경우라면 법원이 그동안 조사확정재판을 진행하면서 당해 이의채권의 내용 및 액에 관하여 형성된 심증에 터 잡아 불확정요소 등을 평가하여 이의채권에 대하여 어떠한 액수의 의결권을 부여할지 결정한다.

다. 목록에 기재되어 있지 않거나, 신고되지 않은 채권

조사확정재판의 신청에 의하여 그 확정을 구할 수 있는 것은 목록에 기재되어 있거나 신고된 채권으로서 조사를 거쳐 회생채권자표에 기재된 사항에 한한다(법 173조). 따라서 목록에 기재되어 있지 않거나 신고하지 아니한 권리, 급부의 내용, 수액, 우선권의 유무 등을 직접 조사확정재판에서 확정하는 것은 불가능하다.[66]

4. 결 정

조사확정재판에서 정할 대상은 이의채권의 존부와 그 내용이지 신청의 당부가 아니다(법 170조 3항). 따라서 심리결과 회생채권의 존재가 전부 인정되지 아니할 경우에는 조사확정재판을 기각하는 대신에 회생채권이 존재하지 아니한다는 취지의 결정을 한다.

조사기간이나 특별조사기일에서 회생채권의 일부에 대하여 시인하고 나머지를 이의한 경우 이의 없는 부분은 확정되고, 이의채권만이 조사확정재판의 대상이 된다. 확정된 부분은 회생채권자표에 기재되고(법 167조 2항), 결의를 위한 관계인집회에서 그 채권의 액만큼 의결권을 행사하며(법 187조 1항 단서, 188

66) 대법원 2003. 5. 16. 선고 2000다54659 판결.

조 1항), 인가된 회생계획에 따라 변제를 받게 된다(법 193조 1항). 미확정된 부분은 결의를 위한 관계인집회에서 의결권 이의의 대상이 되어 의결권 액을 법원이 결정하며(법 188조 2항, 규칙 68조), 그 권리가 확정된 경우에 한하여 회생채권자표에 기재되고(법 175조) 회생계획에 의한 변제를 받게 된다(법 197조).

조사확정재판은 간이·신속한 절차로 채권의 존부 및 내용을 확정하기 위한 제도이므로 결론을 뒷받침할 수 있을 정도로 이유의 요지만을 기재할 수 있다(규칙 66조 1항).

Ⅳ. 조사확정재판에 대한 이의의 소

1. 당사자 적격

이의채권의 보유자 또는 이의자가 조사확정재판에 불복할 경우 조사확정재판에 대한 이의의 소를 제기할 수 있다(법 171조 1항). 수인이 이의를 제기한 경우에, 이의채권의 보유자는 이의자 전원을 상대방으로 하여 채권조사확정재판을 신청하여야 하지만, 그 결과에 대하여 이의자가 불복할 경우 공동으로 이의의 소를 제기할 필요는 없고 각자 이의의 소를 제기하면 족하다.

이의채권의 보유자가 이의의 소를 제기하는 경우에는 필수적 공동소송이므로 이의자 전원을 공동피고로 하여야 한다. 따라서 이의자의 일부만을 피고로 하여 제기한 조사확정재판에 대한 이의의 소는 부적법하다.

이의자가 이의의 소를 제기하는 경우에는 이의자 전원이 필수적 공동소송의 원고로서 제소할 필요는 없고, 각 이의자가 단독으로 소송을 제기할 수 있다. 동일한 채권에 관한 이의의 소가 여러 개 계속된 경우에는 합일확정의 필요가 있으므로 변론을 병합한다(법 171조 5항).

2. 출소 기간

이의의 소는 채권조사확정재판의 결정서를 송달받은 날부터 1월 이내에 제기하여야 한다(법 171조 1항). 위 기간을 도과한 경우 이의의 소는 부적법하여 각하된다. 조사확정재판의 내용은 관리인 등의 신청에 의하여 회생채권자표·회생담보권자표에 기재되고(법 175조), 그 기재는 회생채권자 등 전원에 대하여 확정판결과 동일한 효력이 있다(법 176조 2항).

3. 관 할

이의의 소는 회생계속법원의 관할에 전속한다(법 171조 2항). 회생계속법원이란 회생사건이 계속 중인 재판부를 말하는 것이 아니라, 관서로서의 법원이다.

4. 변론 및 심리의 특칙

이의의 소의 변론은 조사확정재판의 결정서를 송달받은 날부터 1개월이 경과한 후가 아니면 개시할 수 없다(법 171조 4항). 동일한 회생채권 등에 관하여 복수의 이의의 소가 제기될 경우 합일확정이 필요하므로 새로운 이의의 소가 제기될 가능성이 있는 기간까지 변론의 개시시기를 제한한 것이다.

수개의 이의가 제기된 경우에는 변론을 병합하여 일체로서 심리·판단하므로(법 171조 5항), 서로 대립되는 소송의 변론이 병합될 수 있고, 원·피고의 지위가 겸유될 수 있다.

5. 재 판

이의의 소의 판결은 그 소가 부적법하여 각하하는 경우를 제외하고는 채권조사 확정재판의 결정을 인가하거나 변경하는 판결을 하여야 한다(법 171조 6항). 이의의 소의 판결의 태양으로는 ① 채권조사확정재판의 결정이 정당하다고 판단되어 원 결정을 인가하는 경우, ② 회생채권 등의 내용의 일부를 변경하는 경우, ③ 회생채권 등이 부존재한다는 취지의 조사확정재판을 취소하고 새로이 회생채권 등의 내용을 인정하는 경우, ④ 회생채권 등의 내용을 인정한 조사확정재판을 취소하고 새로이 회생채권이 부존재한다는 취지의 판결을 하는 경우 등이 있다.[67]

67) 실무연구회(상), 568면.

V. 이의채권에 관한 소송의 수계

1. 의 의

회생절차개시 당시 이미 회생채권 등에 관하여 소송이 계속 중인 경우에 이의채권의 보유자로 하여금 새로이 소송을 제기하도록 하는 것은 비경제적이고, 종래 소송의 경과를 존중할 충분한 필요가 있으므로 조사확정 재판 등에 의하지 않고, 중단된 소송을 수계하도록 한 것이다.

2. 수계 신청

수계가 필요한 소송은 이의가 있는 회생채권 등을 소송물로 하는 소송이다. 이행소송 외에 적극적 확인소송이나 채무자가 제기한 소극적 확인소송도 포함된다. 이 경우에도 회생채권 등에 대한 조사 결과 회생채권자표 등에 기재된 사항에 한하여 수계신청이 가능하고 기재되지 않은 사항을 주장하는 수계신청은 부적법하다.

수계의 대상이 되는 소송에 중재절차가 포함되는지에 관하여 서울회생법원에서는 당사자의 의사나 중재절차의 진행 정도 등을 개별적으로 판단하여 중재절차를 계속 진행하도록 하고 그 중재판정 내용을 조사확정재판에 반영하여 처리한 실무례가 다수 존재하고 있다고 한다.[68]

회생절차개시 당시 이미 소송이 계속 중이어서 수계할 사안 임에도 별도의 조사확정재판을 신청하는 것은 권리보호의 이익이 없어 부적법하다.[69]

지급명령에 대한 이의신청 기간 내에 개시결정이 있었던 경우에도 소송계속 중인 경우에 해당한다.[70]

---

68) 실무연구회(상), 569면.

69) 대법원 1991. 12. 24. 선고 91다22704 판결.

70) 대법원 2012. 11. 15. 선고 2012다70012 판결은 '독촉절차는 특별소송절차로서 민사소송법 464조에 의하여 소에 관한 규정이 준용되므로 동법 247조 2항이 준용되어 소송절차가 중단되고 그 이의신청 기간의 진행이 정지된다'는 취지로 판시한 바 있고, 위 판시에 대해 실무연구회(상) 및 '소송계속 중'이라는 요건에 대하여 긍정설을 취한 것이라는 취지로 평가한다.

소송수계신청을 하지 않고 부적법한 채권조사확정재판을 제기하였다가 수계의 대상인 종전 소송을 취하한 경우, 그 시점이 채권조사확정재판 제기기간 경과 후라면 새로운 채권조사확정재판 제기는 불가능하고, 위 소 취하로 인하여 기존의 부적법한 채권조사확정재판의 하자가 치유되어 그 소 제기 시에 소급하여 적법하게 되는 것도 아니다.[71]

단순히 당사자를 채무자에서 관리인으로 변경한다는 당사자 표시정정신청은 소송수계신청에 해당하지 아니한다.[72]

수계의 신청은 이의가 있는 채권에 관한 조사기간의 말일 또는 특별조사기일로부터 1월 이내에 하여야 하고(법 172조 2항, 170조 2항), 위 기간 경과 후 수계신청은 부적법하다.[73]

회생채권자, 회생담보권자가 수계신청을 하는 경우 이의자 전원을 계속중인 소송의 상대방으로 하여야 한다. 고유필수적 공동소송이므로 이의자 중 일부를 상대방으로 한 수계신청은 부적법하다.

3. 수계 후의 소송

회생채권자가 원고인 이행청구의 경우 "원고의 채무자 ○○○에 대한 회생채권은 금 ○○○원임을 확인한다.", 채무자가 원고인 채무부존재확인 청구의 경우 회생채권자가 수계신청을 한 다음 반소로서 "반소원고의 채무자 ○○○에 대한 회생채권은 금 ○○○원임을 확인한다."라는 식으로 각 청구취지를 변경한다.[74]

수계 후 소송에서 당사자는 종전 소송상태를 승계하므로 종전 소송수행의 결과를 전제로 소송행위를 하여야 한다. 다만 부인권은 회생절차개시 후에만 행사가능한 공격방법이므로 그 행사가 방해되지 아니한다.

---

71) 대법원 2001. 6. 29. 선고 2001다22765 판결.
72) 대법원 1997. 8. 22. 선고 97다17155 판결.
73) 대법원 2000. 2. 11. 선고 99다52312 판결.
74) 실무연구회(상), 570－571면.

VI. 집행력 있는 집행권원 또는 종국판결이 있는 회생채권 등의 확정소송

1. 특 칙

이의채권에 관하여 집행력 있는 집행권원이 있거나 종국판결이 있는 경우에는 이의자는 채무자가 할 수 있는 소송절차에 의하여만 이의를 주장할 수 있다(법 174조 1항). 즉 집행력 있는 집행권원에 대한 재심 및 청구이의의 소, 확정판결에 대한 재심, 미확정의 종국판결에 대한 상소로써 이의를 주장하여야 한다.

2. 집행력 있는 집행권원 및 종국판결

집행력 있는 집행권원이란 집행력 있는 정본과 동일한 효력을 가지고 곧 집행을 할 수 있어야 하고, 집행문이 필요한 경우에는 이미 집행문의 부여를 받았어야 한다.

종국판결은 회생채권·회생담보권의 피담보채무 또는 그것을 담보하는 담보물권의 존재에 관하여 소 또는 상소에 의하여 계속된 사건의 전부 또는 일부를 그 심급으로서 완결하는 판결을 말하고, 소송이 확정되었는지 여부, 이행판결 또는 확인판결 여부를 불문한다.

위 채권들도 집행력 내지 종국판결에 관한 취지가 목록에 기재되거나 신고되어야 법 174조에 의한 출소책임을 이의자에게 지울 수 있다(규칙 55조 1항 3호).

3. 소송의 수계

회생절차개시 당시 이미 소송이 계속 중인 때에는 이의자가 이의채권의 보유자를 상대로 그 소송을 수계하여야 한다(법 174조 2항).

회생절차개시결정이 변론종결과 판결선고 사이에 있는 경우 소송절차의 중단으로 기간의 진행은 정지되고(민사소송법 247조 2항), 채권조사결과 이의가 진술된 경우 이의자가 조사기간 말일로부터 1월 이내에 항소제기 및 소송수계절차를 취한다.

지급명령 송달 후 이의신청 기간 내에 회생절차개시결정 등의 소송중단사유가 생긴 경우에는 이의신청 기간의 진행이 정지되고, 지급명령을 신청한 채권자의 채권에 대하여 관리인 등이 이의하였다면 지급명령 자체로 집행력 있는 집행권원 또는 종국판결에 해당하지 아니하므로 법 174조가 적용될 수 없고, 이의채권의 보유자인 채권자가 법 172조 1항에 의하여 이의자 전원을 상대로 독촉절차를 수계하여야 할 것이다.[75)]

4. 이의의 주장 또는 수계를 하여야 하는 기간

이의의 주장을 하거나 소송을 수계하여야 하는 기간은 조사기간의 말일 또는 특별조사기일로부터 1월 이내이다(법 174조 3항, 170조 2항). 위 기간 내에 이익의 주장을 하지 않거나 수계신청을 하지 않는 경우에는, 이의자가 회생채권자 또는 회생담보권자인 경우에는 이의가 없었던 것으로 보며, 이의자가 관리인인 때에는 이의채권을 인정한 것으로 보므로(법 174조 5항), 회생채권 등은 목록에 기재되거나 신고된 대로 확정되며 회생채권자의 표에 기재되면 확정판결과 동일한 효력이 있다.

이상의 내용을 정리하면 다음과 같다.

<table>
<tr><th colspan="3">소송절차의 구분</th><th>소송절차의 중단수계</th></tr>
<tr><td rowspan="2">회생채권·
회생담보권에
관한 소송</td><td rowspan="2">이의</td><td>집행권원·
종국판결 有</td><td>소송절차중단(법 59조 1항)
채무자가 할 수 있는 소송절차에 의하여서만 이의를 주장할 수 있음(법 174조 1항)
회생채권 등의 보유자를 상대방으로 하여 소송절차를 수계(법 174조 2항)</td></tr>
<tr><td>집행권원·
종국판결 無</td><td>소송절차중단(법 59조 1항)
관리인 등이 채권조사기간 내 또는 특별조사기일에 이의(법 161조, 164조)
이의채권의 보유자가 채권조사기간 말일 또는 특별조사기일로부터 1월 이내에 소송절차를 수계(172조)</td></tr>
</table>

75) 실무연구회(상), 573면.

	이의 ×	소송절차중단(법 59조 1항) 채권은 신고한 내용대로 확정되고, 기존 소송은 소의 이익이 없어 각하
공익채권·환취권에 관한 소송		소송절차중단(법 59조 1항) 관리인 또는 상대방의 수계(법 113조, 59조 2항)
사해행위취소소송		소송절차중단(법 113조 1항) 관리인 또는 상대방의 수계(법 113조, 59조 2항)
조직법적·사단적 활동에 관한 소송		중단되지 않고 채무자가 당사자로 수행하며, 관리인이 수계할 수 없음

5. 사례 분석

Ⅰ. 사안의 경과

1. 의정부 2014가합5 물품대금**

판결선고 2017. 6. 2.: 가집행 문언 기재

2. 공탁일: 의정부 2017노9 사기미수 사건의 판결이유에 의하면 미지급 매매대금 상당액을 공탁하였다는 취지의 기재가 있고, 위 판결일시는 2017. 4. 19.이므로, 2017. 4. 19. 이전에 공탁이 이루어 졌음을 확인할 수 있음.**

3. 회생절차개시신청: 2018. 2. 27.

신청 당시 제출한 비교재무제표에 의하면, 2016년 말 선급금 358,529천원은 2017년 말 41,193천원으로 감액된 바, 차액에 상당하는 금액이 출급된 것으로 판단됨.

4. 보전처분 및 금지명령: 2018. 3. 5.

5. 항소심: 서울고등법원 2017나15 매매대금**

판결선고: 3. 9. 항소기각

6. 회생절차개시 2018. 3. 19.

7. 매매대금 사건의 확정 여부: 판결정본이 원피고 각 3. 15. 도달하였으므로, 현재 미

확정인 상태임

II. 판결 미확정에 따른 매매대금 채권의 취급

1. 판결 미확정인 소송의 중단 및 사후 처리

– 법 59조 1항에 의거 개시결정으로 위 소송절차는 중단되었음.

– 항소심 법원에 개시결정 및 소송절차 중단에 관하여 고지할 사안이며, 민사소송법 247조 2항에 의해 상고기간은 진행되지 않음.

– 일반론으로는 관리인이 채권조사기간 내 또는 특별조사기일에 이의(법 161조, 164조)할 경우 이의채권의 보유자가 채권조사기간 말일 또는 특별조사기일로부터 1월 내에 소송절차를 수계(법 172조)하여야 할 것이나, 종국판결이 있는 사안이므로 법 174조에 의거 채무자가 할 수 있는 방법인 상고에 의하여 이의를 제기하고, 원고를 상대로 소송절차를 수계하여야 할 것임.

2. 원고의 매매대금 채권을 목록에 추가하여야 함

원고의 채권은 신청 당시의 목록에는 누락되었으나, 개시 후 제출 예정인 목록에는 추가하여야 할 것으로 사료됨

3. 출급된 공탁금을 반환받아야 할 것인지 여부

매매대금은 회생절차개시 전 발생한 채무자에 대한 재산적 청구권으로서 회생채권에 해당하는 것으로 판단됨. 회생절차개시로 인하여 공탁금 출급은 사실상 회생채권 변제의 효과를 가져왔는바, 개시 전에 이미 가집행문에 의거 출급된 경우 그 처리가 문제될 수 있음.

권리관계가 미확정인 상태에서 가구제 조치를 통하여 채권을 회수한 행위는 채권자 평등원칙에 반하는 것으로 사료됨. 사후적인 해결방안과 관련하여 ① 주문 기재 금원을 일단 반환받고, 원고의 채권은 전술한 채권확정절차를 거친 후 권리변경 등 제반 절차로 나아가는 방안, ② 원고의 채권을 '소송 중이므로 부인'하고, 상고심 결과에 따라 처리하는 방안을 생각할 수 있음. ①의 방안은 미확정인 채권을 시인하는 결과가 될 수 있고, 반환청구를 할 근거도 약한 점에 비추어 ②의 방안이 보다 현실적인 것으로 사료됨.

Ⅶ. 소가 결정

회생채권 등의 확정에 관한 소송물가액은 회생계획으로 얻을 이익의 예정액을 표준으로 회생법원이 이를 정한다(법 178조). 실무상 소액의 인지(보통 1,000원)를 첨부하여 소를 제기한 후에 소가결정을 받아 인지를 보정한다.

구체적인 소가결정은 관리인이 제출한 회생계획안을 통해 각 채권자 조별 변제액의 현가를 토대로, 변제자금 조달방법, 회생계획 수행 정도 및 장래 수행가능성 등을 종합하여 결정한다고 한다. 본안 판결의 패소자가 항소하면서 종전에 결정된 소가를 감액 받을 의도로 재도의 소가결정신청을 하는 경우가 있으나, 각 심급마다 소가결정을 따로 할 근거가 없고, 소가결정에 대해서는 통상적인 방법의 불복도 허용되지 않으므로 재도의 소가결정신청은 허용되지 않는다. 다만 청구취지가 변경(확장)된 경우에는 변경된 청구에 관하여 소가가 결정된 적이 없는 이상 회생법원이 다시 그 소가를 결정하여야 한다.[76]

소가결정에 대하여는 즉시항고할 수 있다는 규정이 없으므로 불복할 수 없고, 특별항고는 가능하다.

Ⅷ. 재판의 효력

1. 확정판결과 동일한 효력

채권조사확정재판에 대한 이의의 소가 결정서의 송달일부터 1월 이내에 제기되지 아니하거나 각하된 때에는 채권조사확정재판은 회생채권자, 회생담보권자, 주주, 지분권자 전원에 대하여 확정판결과 동일한 효력이 있다(법 176조 2항). 채권조사확정재판에 대한 이의의 소가 취하된 때에도 같다. 회생채권 등의 확정에 관한 소송에 대한 판결은 소가 부적법하여 각하된 경우를 제외하고는 역시 회생채권자, 회생담보권자, 주주, 지분권자 전원에 대하여 확정판결과 동일한 효력이 있다(법 176조 1항). 회생채권 등의 확정에 관한 소송이라 함은

76) 실무연구회(상), 576-577면.

회생채권 등에 관한 이의를 해결하기 위한 일체의 소송이 포함되고, 확정판결과 동일한 효력이 있는 결정도 포함된다.

'확정판결과 동일한 효력'이란 회생절차 내에서의 불가쟁력에 불과하고 회생절차 밖에서는 인정될 수 없다. 다만 회생채권 등의 확정에 관한 소송의 당사자 사이에는 소송의 일반원칙에 따라 회생절차 밖에서도 판결효가 미친다.

2. 재판결과의 기재

법원사무관 등은 관리인, 회생채권자, 회생담보권자의 신청에 의하여 회생채권 또는 회생담보권의 조사확정재판 및 이에 대한 이의의 소 등의 결과를 회생채권자표 또는 회생담보권자표에 기재하여야 한다(법 175조). 신청인은 재판서의 등본 및 당해 재판의 확정에 관한 증명서를 제출하여야 하고(규칙 67조), 법원사무관 등은 소명자료가 제대로 첨부되었는지 여부를 검토한 후에 소송의 결과를 기재하여야 한다.

회생절차가 종결된 이후라도 회생채권 등 확정소송은 그대로 진행된다. 채권자의 권리가 확정되면 그 결과를 회생채권자표 또는 회생담보권자표에 기재하고(법 175조), 채권자는 미확정채권에 관한 회생계획의 규정에 의거 권리를 행사한다.

3. 소송비용의 상환

채무자의 재산이 회생채권 또는 회생담보권의 확정에 관한 소송(채권조사확정재판을 포함한다)으로 이익을 받은 때에는 이의를 주장한 회생채권자 또는 회생담보권자, 주주·지분권자는 그 이익의 한도에서 공익채권자로서 소송비용의 상환을 청구할 수 있다(법 177조). 여기서 소송비용이라 함은 회생채권 등의 확정에 관한 소송에 관하여 생긴 것을 말하고, 그 산정은 일반의 민사소송과 같다.

Ⅸ. 채권 시부인 사례

서울회생법원 제13부(나)
사건번호 2018 회합 100000 회생

회생담보권, 회생채권, 주주·지분권자, 벌금·조세 등의
목록·신고 및 시·부인표

2018년 4월 13일

채무자 ○○○○ 주식회사
법률상 관리인 사내이사 장그래

목 차

1. 회생담보권, 회생채권, 주주·지분권자, 벌금·조세 등의 목록·신고 및 시·부인 총괄표
2. 회생담보권 시·부인 명세서
3. 담보물 배분표
4. 회생채권 시·부인 명세서
5. 벌금·조세 등의 목록·신고 명세서
6. 주주·지분권자의 목록·신고 명세서

첨부 감정평가서(2건), 견적서(3건), 서울보증보험 미확정주채권 내역

1. 회생담보권, 회생채권, 주주·지분권자의 목록·신고 및 시·부인 총괄표

채무자: ○○○○ 주식회사 (단위: 원, 주)

구 분		건 수	신고액·목록기재액	시인액	부인액	의결권 인정액	비 고
회생담보권		4	3,665,785,209	2,590,557,838	1,075,227,371	2,590,557,838	회생채권 시인액 1,075,227,371원
회생채권	회생채권	50	7,833,704,993	6,433,470,678	1,395,834,315	2,994,536,058	의결권 불인정액 3,438,934,620원
	회생담보권 중 회생채권 시인액			1,075,227,371	(1,075,227,371)	1,075,227,371	
	소계	50	7,833,704,993	7,508,698,049	320,606,944	4,069,763,429	
합 계		54	11,499,490,202	10,099,255,887	1,395,834,315	6,660,321,267	

벌금·조세채권	4	76,516,140				시부인 대상 아님.
주식·출자지분	7	900,000,000	-	-	-	180,000주 (주당 5,000원) 시부인 대상 아님.

2. 회생담보권 시·부인 명세서

채무자: ○○○○ 주식회사 (단위: 원)

순번	신고번호	목록번호	담보권자	주소	담보권 종류 및 목적물	가치평가 및 배분	채권내용	신고액·목록기재액	회생담보권 시인액	회생담보권 부인액	회생담보권 의결권 인정액	회생채권 시인액	회생채권 의결권 인정액	시부인 사유	비고
1	담보1	담보1	중소기업은행 (은행장 김도진)	서울 중구 을지로 79	근저당권(공담) 경기도 ○○시 ○○면 ○○리 131, 131-3, 131-4, 131-9, 131-5, 131-24, 131-25 토지, 건물, 기계기구(16점) 1순위(2013.07.01) 채권최고액 1,800,000,000원	총평가액 1,881,795,540원	대여금채권							채무 없으므로 부인 (기술보증기금 대위변제) 개시후이자 담보권 부인하고 회생채권으로 시인하되 의결권 불인정	2018. 3. 19. 신고, 목록실효
						선순위배분액 0원	1. 원금	1,800,000,000	1,699,378,268	100,621,732	1,699,378,268	100,621,732	100,621,732		
						당배분액 1,699,378,268원	2. 개시전 이자	-	-	-	-	-	-		
						배분 후 잔액 182,417,272원	3. 개시후 이자	연 11%	-	연 11%	-	연 11%	-		
							소계	1,800,000,000	1,699,378,268	100,621,732	1,699,378,268	100,621,732	100,621,732		
2	담보2	담보2	㈜우리은행 (대표이사 손태승)	서울 중구 소공로 51 (회현동1가)	근저당권(공담) 경기도 ○○시 ○○면 ○○리 131-5, 131-24, 131-25 토지 2~4순위(2015.01.05) 채권최고액 240,000,000원 채권최고액 226,800,000원 채권최고액 120,000,000원 경기도 ○○시 ○○면 ○○리 131-19, 131-31, 131-32, 131-33, 131-10 토지, 건물, 기계기구 1~2순위(2014.08.05) 채권최고액 240,000,000원 채권최고액 226,800,000원 3순위(2014.09.25) 채권최고액 120,000,000원 4순위(2015.12.28) 채권최고액 480,000,000원	총평가액 1,219,161,000원	대여금채권							개시후이자 담보권 부인하고 회생채권으로 시인하되 의결권 불인정	보증기관 경기신용보증재단(보증액 22,493,423원) 물상보증인 장그래 2018.03.21. 신고, 목록실효
						선순위배분액 26,503,067원	1. 원금	833,979,692	833,979,692	-	833,979,692	-	-		
						당배분액 850,840,266원	2. 개시전 이자	16,860,574	16,860,574	-	16,860,574	-	-		
						배분 후 잔액 341,817,667원	3. 개시후 이자	연 15%	-	연 15%	-	연5%	-		
							소계	850,840,266	850,840,266	-	850,840,266	-	-		
3	담보3	담보4	○○캐피탈㈜ (대표이사 고희동)	서울시 ○○구 ○○로 506 (○○동)	리스담보권(단독) SEALER MACHINE, TY-701-120 SEALER MACHINE, LB-301	총평가액 15,144,000원	대여금채권							개시후이자 담보권 부인하고 회생채권으로 시인하되 의결권 불인정	연대보증인 박상덕 2018.03.21. 신고, 목록실효
						선순위배분액 0원	1.원금	2,929,838	2,929,838	-	2,929,838	-	-		
						당배분액 2,929,838원	2.개시전 이자		-	-	-	-	-		
						배분 후 잔액 12,214,162원	3.개시후 이자	연 25%	-	연 25%	-	연 25%	-		
							소계	2,929,838	2,929,838	-	2,929,838	-	-		

4	담보4		사회복지법인 열매나눔재단 (대표이사 이장호)	서울 중구 퇴계로20길 37, 302호 (남산동2가)	양도담보권(단독) 전자동 상자 봉합기(모델:ES-28, 2010년식)	총평가액 40,000,000원 선순위배분액 0원 당배분액 37,409,466원 배분 후 잔액 2,590,534원	대여금채권							개시후이자 담보권 부인하고 회생채권으로 시인하되 의결권 불인정	연대보증인 박상덕 2018.03.22. 신고, 목록실효
							1. 원금	35,348,330	35,348,330	-	35,348,330	-	-		
							2. 개시전 이자	2,061,136	2,061,136	-	2,061,136	-	-		
							3. 개시후 이자	연 4.5%	-	연 4.5%	-	연 4.5%	-		
							소계	37,409,466	37,409,466	-	37,409,466	-	-		
5	담보5	담보3	○○판지㈜ (대표이사 고길동)	충청북도 ○○시 ○○로 22	근저당권(공담) 경기도 ○○시 ○○면 ○○리 131, 131-3, 131-4, 131-9 토지, 건물 2순위(2017.09.11) 채권최고액 1,000,000,000원 3순위(2017.09.13) 채권최고액 500,000,000원 경기도 ○○시 ○○면 ○○리 131-5, 131-24, 131-25 토지, 건물 5순위(2017.09.11) 채권최고액 1,000,000,000원 6순위(2017.09.13) 채권최고액 500,000,000원 경기도 ○○시 ○○면 ○○리 131-19 토지, 건물 5순위(2017.09.20) 채권최고액 500,000,000원 경기도 ○○시 ○○면 ○○리 131-31, 131-10 토지건물 4순위(2017.09.20) 채권최고액 500,000,000원 양도담보권(단독) 기계기구(21점)	총평가액 2,446,008,540원	대여금채권								
						선순위배분액 2,264,795,349원	1. 원금	974,605,639	-	974,605,639	-	974,605,639	974,605,639		
						당배분액 0원	2. 개시전 이자	-	-	-	-	-	-	법 제100조 제1항에 의하여 담보권 부인하고 회생채권으로 시인 개시후이자 담보권 부인하고 회생채권으로 시인하되 의결권 불인정	2017.10.10. 공정증서 제157호에 의한 양도담보 2018.03.23. 신고, 목록실효
						배분 후 잔액 181,213,191원	3. 개시후 이자	연 11%	-	연 11%	-	연 11%	-		
							소계	974,605,639	-	974,605,639	-	974,605,639	974,605,639		
회생담보권의 합계							1.원금	3,646,863,499	2,571,636,128	1,075,227,371	2,571,636,128	1,075,227,371	1,075,227,371		
							2.개시전 이자	18,921,710	18,921,710	-	18,921,710	-	-		
							3.개시후 이자	-	-	-	-	-	-		
							소계	3,665,785,209	2,590,557,838	1,075,227,371	2,590,557,838	1,075,227,371	1,075,227,371		

3. 담보물 배분표

채무자: ○○○○ 주식회사 (단위: 원)

<table>
<tr><th rowspan="2">담보목적물</th><th colspan="4">담보설정현황</th><th rowspan="2">가치평가액</th><th colspan="4" rowspan="2">순위 및 배분내역</th><th rowspan="2">비고</th></tr>
<tr><th>순위</th><th>설정일자
(담보권 종류)</th><th>채권자</th><th>공담</th></tr>
<tr><td rowspan="9">[토지]
경기도 ○○시 ○○면 ○○리
131 공장용지 1063㎡
131-3 공장용지 1222㎡
131-4 공장용지 1218㎡
131-9 대 160㎡

[건물]
경기도 ○○시 ○○면 ○○리
131 제2종근린생활시설
131-3 제2종근린생활시설
131-4 제2종근린생활시설
131-9 제1종근린생활시설

[기계기구]
Semi-Auto Die Cutter, 자동톰슨기, 샤먼테이프기계, 자동풀발이기계, F4접지기계, 접지기계, 고속테이프부착기, 싸바리풀발이제작기계, 로라, 반자동식 접착기, 풀발이기계, 좌승식전동대차, 프리휘다, 후렉소프린터슬로터, 전자동그루어스티쳐, 밸트콘베어</td><td rowspan="2">1</td><td rowspan="2">2013. 7. 1
(근저당권)</td><td rowspan="2">중소기업은행</td><td rowspan="2">공담</td><td rowspan="9">1,852,447,540</td><td colspan="4">1순위</td><td rowspan="9">가치평가액
㈜대화감정평가법인
감정평가서(2건) 참조

좌승식전동대차 및
전자동그루어스티쳐는
견적서 참조</td></tr>
<tr><td>설정자</td><td>설정금액</td><td>배분액</td><td>배분잔액</td></tr>
<tr><td>2</td><td>2017. 9. 11
(근저당권)</td><td>○○판지㈜</td><td>공담</td><td>중소기업은행</td><td>1,800,000,000</td><td>1,672,875,201</td><td>179,572,339</td></tr>
<tr><td rowspan="6">3</td><td rowspan="6">2017. 9. 13
(근저당권)</td><td rowspan="6">○○판지㈜</td><td rowspan="6">공담</td><td colspan="4">2순위</td></tr>
<tr><td>설정자</td><td>설정금액</td><td>배분액</td><td>배분잔액</td></tr>
<tr><td>○○판지㈜</td><td>1,000,000,000</td><td>-</td><td>179,572,339</td></tr>
<tr><td colspan="4">3순위</td></tr>
<tr><td>설정자</td><td>설정금액</td><td>배분액</td><td>배분잔액</td></tr>
<tr><td>○○판지㈜</td><td>500,000,000</td><td>-</td><td>179,572,339</td></tr>
</table>

[토지] 경기도 ○○시 ○○면 ○○리 131-5 도로 12㎡ 131-24 대 84㎡ 131-25 도로 157㎡	1	2013. 7. 1 (근저당권)	중소기업은행	공담	29,348,000	1순위	설정자: 중소기업은행	설정금액: 1,800,000,000	배분액: 26,503,067	배분잔액: 2,844,933	
	2	2015. 1. 5 (근저당권)	㈜우리은행	공담		2순위	설정자: ㈜우리은행	설정금액: 240,000,000	배분액: 1,204,081	배분잔액: 1,640,852	
	3	2015. 1. 5 (근저당권)	㈜우리은행	공담		3순위	설정자: ㈜우리은행	설정금액: 226,800,000	배분액:	배분잔액: 1,640,852	
	4	2015. 1. 5 (근저당권)	㈜우리은행	공담		3순위	설정자: ㈜우리은행	설정금액: 120,000,000	배분액:	배분잔액: 1,640,852	
	5	2017. 9. 11 (근저당권)	○○판지㈜	공담		4순위	설정자: ○○판지㈜	설정금액: 1,000,000,000	배분액:	배분잔액: 1,640,852	
	6	2017. 9. 13 (근저당권)	○○판지㈜	공담		5순위	설정자: ○○판지㈜	설정금액: 500,000,000	배분액:	배분잔액: 1,640,852	
[토지] 경기도 ○○시 ○○면 ○○리 131-19 공장용지 611㎡ [건물] 경기도 ○○시 ○○면 ○○리 131-19 공장	1	2014. 8. 5 (근저당권)	㈜우리은행	공담	276,154,000	1순위	설정자: ㈜우리은행	설정금액: 240,000,000	배분액: 116,878,640	배분잔액: 159,275,360	가치평가액 ㈜대화감정평가법인 감정평가서(2건) 참조
	2	2014. 8. 5 (근저당권)	㈜우리은행	공담		2순위	설정자: ㈜우리은행	설정금액: 226,800,000	배분액: 111,007,239	배분잔액: 48,268,121	
	3	2014. 9. 25 (근저당권)	㈜우리은행	공담		3순위	설정자: ㈜우리은행	설정금액: 120,000,000	배분액: 48,268,121	배분잔액: -	
	4	2015. 12. 28 (근저당권)	㈜우리은행	공담		4순위	설정자: ㈜우리은행	설정금액: 480,000,000	배분액: -	배분잔액: -	

	5	2017. 9. 20 (근저당권)	○○판지㈜	공담		5순위				
						설정자	설정금액	배분액	배분잔액	
						○○판지㈜	500,000,000	-	-	
[토지] 경기도 ○○시 ○○면 ○○리 131-31 도로 4㎡ 131-32 도로 16㎡ 131-33 도로 9㎡ 131-10 공장용지 600㎡ [건물] 경기도 ○○시 ○○면 ○○리 131-10 제2종근린생활시설	1	2014. 8. 5 (근저당권)	㈜우리은행	공담	288,059,000	1순위				
						설정자	설정금액	배분액	배분잔액	
						㈜우리은행	240,000,000	121,917,279	166,141,721	
	2	2014. 8. 5 (근저당권)	㈜우리은행	공담		2순위				
						설정자	설정금액	배분액	배분잔액	
						㈜우리은행	226,800,000	115,792,761	50,348,960	
	3	2014. 9. 25 (근저당권)	㈜우리은행	공담		3순위				
						설정자	설정금액	배분액	배분잔액	
						㈜우리은행	120,000,000	50,348,960	-	
	4	2017. 9. 20 (근저당권)	○○판지㈜	공담		4순위				
						설정자	설정금액	배분액	배분잔액	
						○○판지㈜	500,000,000	-	-	
[기계기구] CARTRIDGE TYPE-1600 SINGLE FACER(FINGER LESS A/F YPE)	1	2015. 12. 28 (근저당권)	㈜우리은행	공담	625,600,000	1순위				
						설정자	설정금액	배분액	배분잔액	
						㈜우리은행	480,000,000	285,423,185	340,176,815	
[기계기구] SEALER MACHINE, TY-701-120 SHRINK MACHINE, LB-301	1	리스담보권	○○캐피탈㈜	단독	15,144,000	1순위				가치평가액 2018. 3. 27. ㈜대화감정평가법인 감정평가서 참조
						설정자	설정금액	배분액	배분잔액	
						○○캐피탈㈜		2,929,838	12,214,162	
[기계기구] 전자동 상자 봉합기(모델:ES-28, 2010년식)	1	양도담보권	사회복지 법인 열매나눔재단	단독	40,000,000	1순위				가치평가액 견적서 참조
						설정자	설정금액	배분액	배분잔액	
						사회복지법인 열매나눔재단		37,409,466	2,590,534	
합계					3,126,752,540			2,590,557,838	536,194,702	

4. 회생채권 시·부인 명세서

채무자: ○○○○ 주식회사

(단위: 원)

순번	신고번호	목록번호	채권자	주소	채권내용	목록기재액·신고액	시인액	부인액	의결권 인정액	시부인 사유	우선권	비고
1	채권1	채권8	신한카드㈜ (대표이사 임영진)	서울 중구 을지로 100, A동 21층(을지로2가, 파인에비뉴빌딩)	대여금채권							2018.03.09. 신고, 목록실효
					1. 원금	14,094,210	14,094,210	-	14,094,210			
					2. 개시전이자	339,194	339,194	-	339,194			
					3. 개시후이자	-	-	-	-			
					소계	14,433,404	14,433,404	-	14,433,404			
2	채권2		중소기업은행 (은행장 김도진)	서울 중구 을지로 79	대여금채권					채무없으므로 부인(기술보증기금 대위변제)		물상보증인 장그래 2018.03.19. 신고
					1. 원금	460,378,268	-	460,378,268	-			
					2. 개시전이자	38,959,690	-	38,959,690	-			
					3. 개시후이자	연 11%	-	-	-			
					소계	499,337,958	-	499,337,958	-			
3	채권3	채권11	㈜○○피앤씨 (대표이사 윤명주)	경기도 ○○시 ○○읍 ○○로 123-19	상거래채권							2018.03.19. 신고, 목록실효
					1. 원금	331,864,165	331,864,165	-	331,864,165			
					2. 개시전이자	-	-	-	-			
					3. 개시후이자	-	-	-	-			
					소계	331,864,165	331,864,165	-	331,864,165			
4	채권4	채권35	㈜○○인팩 (대표이사 강모연)	경기 ○○시 ○○면 ○○로 231번길 65-26	상거래채권							2018.03.19. 신고, 목록실효
					1. 원금	1,472,504	1,472,504	-	1,472,504			
					2. 개시전이자	-	-	-	-			
					3. 개시후이자	-	-	-	-			
					소계	1,472,504	1,472,504	-	1,472,504			
5	채권5		서울보증보험㈜ (대표이사 김상택)	서울 종로구 김상옥로 29, 4층(연지동)	미발생구상채권					우발채무로 인하여 의결권 부인		미확정주채권내역 첨부 2018.03.19. 신고
					1. 원금	158,928,160	158,928,160	-	-			
					2. 개시전이자	-	-	-	-			
					3. 개시후이자	-	-	-	-			
					소계	158,928,160	158,928,160	-	-			

6	채권6-1	채권3	중소기업진흥공단 (이사장 이상직)	경남 진주시 동진로 430	대여금채권					개시후이자 의결권 불인정		2018.03.19. 신고, 목록실효
					1. 원금	58,310,000	58,310,000	-	58,310,000			
					2. 개시전이자	2,238,165	2,238,165	-	2,238,165			
					3. 개시후이자	연 12%	연 12%	-	-			
					소계	60,548,165	60,548,165	-	60,548,165			
	채권6-2				대여금채권							
					1. 원금	150,000,000	150,000,000	-	150,000,000			
					2. 개시전이자	1,777,415	1,777,415	-	1,777,415			
					3. 개시후이자	연 12%	연 12%	-	-			
					소계	151,777,415	151,777,415	-	151,777,415			
	채권6		중소기업진흥공단 합계		대여금채권							
					1. 원금	208,310,000	208,310,000	-	208,310,000			
					2. 개시전이자	4,015,580	4,015,580	-	4,015,580			
					3. 개시후이자	-	-	-	-			
					소계	212,325,580	212,325,580	-	212,325,580			
7	채권7		㈜○○상사 (대표이사 홍길동)	서울 ○○구 ○○로 2길 20	대여금채권							2018.03.21. 신고
					1. 원금	130,000,000	130,000,000	-	130,000,000			
					2. 개시전이자	11,678,539	11,678,539	-	11,678,539			
					3. 개시후이자	-	-	-	-			
					소계	141,678,539	141,678,539	-	141,678,539			
					상거래채권							
					1. 원금		-	-	-			
					2. 개시전이자	-	-	-	-			
					3. 개시후이자	-	-	-	-			
					소계	-	-	-	-			
8	채권8	채권4	㈜○○대부 (대표이사 홍길동)	서울 ○○구 ○○로 2길 20	대여금채권							2018.03.21. 신고, 목록실효
					1. 원금	50,000,000	50,000,000	-	50,000,000			
					2. 개시전이자	2,804,866	2,804,866	-	2,804,866			
					3. 개시후이자	-	-	-	-			
					소계	52,804,866	52,804,866	-	52,804,866			

9	채권9		기술보증기금 (이사장 김규옥)	서울 관악구 보라매로3길 23, 17층(봉천동, 대교타워)	구상채권					개시후이자 의결권 불인정		2018.03.19. 신한은행의 구상금 및 2018.03.20. 기업은행의 구상금, 연대보증인 장그래 2018.03.22. 신고
					1. 원금	990,843,819	990,843,819	-	990,843,819			
					2. 개시전이자	-	-	-	-			
					3. 개시후이자	연 10%	연 10%	-	-			
					소계	990,843,819	990,843,819	-	990,843,819			
10	채권10	채권9	하나카드㈜ (대표이사 정수진)	서울 중구 을지로 66, 19층(을지로2가)	대여금채권					개시후이자 의결권 불인정		2018.03.22. 신고, 목록실효
					1. 원금	7,543,964	7,543,964	-	7,543,964			
					2. 개시전이자	466,760	466,760	-	466,760			
					3. 개시후이자	연 24%	연 24%	-	-			
					소계	8,010,724	8,010,724	-	8,010,724			
11	채권11		○○회계법인 (대표이사 이몽룡)	서울 ○○구 ○○로 234-8, 5층(○○동, ○○빌딩)	상거래채권							2018.03.22. 신고
					1. 원금	4,950,000	4,950,000	-	4,950,000			
					2. 개시전이자	-	-	-	-			
					3. 개시후이자	-	-	-	-			
					소계	4,950,000	4,950,000	-	4,950,000			
12	채권12	채권7	○○산업㈜ (대표이사 성춘향)	서울 ○○구 ○○로 82-33	대여금채권							2018.03.22. 신고, 목록실효
					1. 원금	20,000,000	20,000,000	-	20,000,000			
					2. 개시전이자		-	-	-			
					3. 개시후이자	-	-	-	-			
					소계	20,000,000	20,000,000	-	20,000,000			
13	채권13	채권19	한국전력공사 (사장 조환익)	경기도 의정부시 용민로 19번길 80	상거래채권							2018.03.22. 신고, 목록실효
					1. 원금	7,808,830	7,808,830	-	7,808,830			
					2. 개시전이자	-	-	-	-			
					3. 개시후이자	-	-	-	-			
					소계	7,808,830	7,808,830	-	7,808,830			
14	채권14		동작신용협동조합 (이사장 임정빈)	서울 동작구 상도로 179	대여금채권					개시후이자 의결권 불인정		연대보증인(특정 근보증) 장그래 2018.03.22. 신고
					1. 원금	46,717,000	46,717,000	-	46,717,000			
					2. 개시전이자	123,255	123,255	-	123,255			
					3. 개시후이자	연 14%	연 14%	-	-			
					소계	46,840,255	46,840,255	-	46,840,255			

15	채권15	채권2	미래에셋벤처투자㈜ (대표이사 김응석)	경기도 성남시 분당구 판교역로 241번길 20, 지하1층(삼평동, 미래에셋벤처 타워)	대여금채권(전환사채)							연대보증인 장그래 2018.03.23. 신고, 목록실효
					1. 원금	300,000,000	300,000,000	-	300,000,000			
					2. 개시전이자	201,038,465	201,038,465	-	201,038,465			
					3. 개시후이자	-	-	-	-			
					소계	501,038,465	501,038,465	-	501,038,465			
16	채권16		경기신용보증재단 (이사장 김병기)	경기 파주시 문화로 98	구상채권					개시후이자 의결권 불인정		2018.03.22. 신한은행의 구상금, 연대보증인 장그래 2018.03.23. 신고
					1. 원금	59,850,000	59,850,000	-	59,850,000			
					2. 개시전이자	577,229	577,229	-	577,229			
					3. 개시후이자	-	-	-	-			
					소계	60,427,229	60,427,229	-	60,427,229			
17	채권17	채권1	㈜신한은행 (대표이사 위성호)	서울 중구 세종대로9길 20(태평로2가, 대경빌딩)	대여금채권							연대보증인 장그래 2018.03.23. 신고, 목록실효
					1. 원금	78,148,153	78,148,153	-	78,148,153			
					2. 개시전이자	630,310	630,310	-	630,310			
					3. 개시후이자	-	-	-	-			
					소계	78,778,463	78,778,463	-	78,778,463			
18		채권5	신용협동조합중앙회 (회장 문철상)	대전 서구 한밭대로 745	대여금채권	46,640,000	-	46,640,000	-	채무 없으므로 부인(채권자명 목록기재 착오)		
					1. 원금							
					2. 개시전이자	-	-	-	-			
					3. 개시후이자	-	-	-	-			
					소계	46,640,000	-	46,640,000	-			
19		채권6	사회복지법인 열매나눔재단 (대표이사 이장호)	서울 중구 퇴계로20길 37	대여금채권					담보권이므로 부인		
					1. 원금	35,342,717	-	35,342,717	-			
					2. 개시전이자	-	-	-	-			
					3. 개시후이자	-	-	-	-			
					소계	35,342,717	-	35,342,717	-			
20		채권10	○○판지㈜ (대표이사 고길동)	충청북도 ○○시 ○○로 22	상거래채권					채무 없으므로 부인(담보권으로 신고하여 부인)		
					1. 원금	810,113,640	-	810,113,640	-			
					2. 개시전이자	-	-	-	-			
					3. 개시후이자	-	-	-	-			
					소계	810,113,640	-	810,113,640	-			

21		채권12	㈜○○산업 외 26명	경기 ○○시 ○○로 22 103-806	상거래채권							
					1. 원금	3,284,406,460	3,280,006,460	4,400,000	3,280,006,460			
					2. 개시전이자	-	-	-	-			
					3. 개시후이자	-	-	-	-			
					소계	3,284,406,460	3,280,006,460	4,400,000	3,280,006,460			
상거래채권 합 계					1. 원금	3,284,406,460	3,280,006,460					
					2. 개시전이자	-	-					
					3. 개시후이자	-	-					
					소계	3,284,406,460	3,280,006,460					
31		채권23	변학도(○○회계 법인)	서울시 ○○구 ○○동 1-23 ○○빌딩 5층	상거래채권					채무 없으므로 부인(채권자명 목록기재 착오)		
					1. 원금	4,400,000	-	4,400,000	-			
					2. 개시전이자	-	-	-	-			
					3. 개시후이자	-	-	-	-			
					소계	4,400,000	-	4,400,000	-			
49		채권42-1	장그래	강원도 ○○시 ○○로222번길 46, 109동 505호	특수관계인채권(가수금)							법률상 관리인 (사내이사)
					1. 원금	125,564,225	125,564,225	-	125,564,225			
					2. 개시전이자	-	-	-	-			
					3. 개시후이자	-	-	-	-			
					소계	125,564,225	125,564,225	-	125,564,225			
		채권42-2			특수관계인채권(미지급임금)							
					1. 원금	83,194,990	83,194,990	-	83,194,990			
					2. 개시전이자	-	-	-	-			
					3. 개시후이자	-	-	-	-			
					소계	83,194,990	83,194,990	-	83,194,990			
		채권42	장그래 합계		1. 원금	208,759,215	208,759,215	-	208,759,215			
					2. 개시전이자	-	-	-	-			
					3. 개시후이자	-	-	-	-			
					소계	208,759,215	208,759,215	-	208,759,215			

50		채권43	장백기	서울 ○○구 ○○동 ○○아파트 114-1208호	특수관계인채권							사내이사의 누이
					1. 원금	292,500,000	292,500,000	-	292,500,000			
					2. 개시전이자	-	-	-	-			
					3. 개시후이자	-	-	-	-			
						292,500,000	292,500,000		292,500,000			
회생채권의 합계					1. 원금	7,573,071,105	6,211,796,480	1,356,874,625	2,772,861,860			
					2. 개시전이자	260,633,888	221,674,198	38,959,690	221,674,198			
					3. 개시후이자	-	-	-	-			
					소계	7,833,704.993	6,433,470,678	1,395,834,315	2,994,536,058			

5. 벌금·조세 등의 목록·신고 명세서

채무자: ○○○○ 주식회사 (단위: 원)

순번	신고번호	목록번호	채권자	주소	채권내용	액수	비고
1	조세등1-1	조세등2	국민건강보험공단	서울 영등포구 여의공원로 101, 6층	건강보험료		
					1.본세	8,835,420	
					2.가산금	795,150	
					3.중가산금	-	
					소계	9,630,570	
	조세등1-2				연금보험료		
					1.본세	9,371,300	
					2.가산금	843,400	
					3.중가산금	-	
					소계	10,214,700	
	조세등1-3				고용보험료		
					1.본세	1,691,750	
					2.가산금	152,220	
					3.중가산금	-	
					소계	1,843,970	
	조세등1-4				산재보험료		
					1.본세	2,274,690	
					2.가산금	204,690	
					3.중가산금	-	
					소계	2,479,380	

					세목	금액	비고
	조세등1		국민건강보험공단 합계		1.본세	22,173,160	부과일 2017년 12월 ~ 2018년 2월 2018.03.12. 신고
					2.가산금	1,995,460	
					3.중가산금	-	
					소계	24,168,620	
2		조세등1-1	강서세무서	서울 강서구 마곡서1로 60	부가세		부과일 2018년 1월 납기일 2018년 1월
					1.본세	16,690,850	
					2.가산금	-	
					3.중가산금	-	
					소계	16,690,850	
		조세등1-2			근로소득세		부과일 2017년 6월 ~ 12월 납기일 2018년 1월
					1.본세	11,920,090	
					2.가산금	-	
					3.중가산금	-	
					소계	11,920,090	
		조세등1-3			사업소득세		부과일 2017년 7월 ~ 12월 납기일 2018년 1월
					1.본세	3,462,280	
					2.가산금	-	
					3.중가산금	-	
					소계	3,462,280	
		조세등1-4			퇴직소득세		부과일 2017년 10월, 11월 납기일 2017년 12월
					1.본세	714,860	
					2.가산금	-	
					3.중가산금	-	
					소계	714,860	

		조세등1-5			법인세		부과일 2017년 납기일 2017년 8월, 10월 (중간 예납)
					1.본세	18,389,430	
					2.가산금	-	
					3.중가산금	-	
					소계	18,389,430	
		조세등1	강서세무서 합계		1.본세	51,177,510	
					2.가산금	-	
					3.중가산금	-	
					소계	51,177,510	
3		조세등3	파주시청	경기 파주시 시청로 50	지방소득세		부과일 2017년 8월 ~ 12월 납기일 2018년 1월
					1.본세	890,490	
					2.가산금	-	
					3.중가산금	-	
					소계	890,490	
4		조세등4	강서구청	서울 강서구 화곡로 302	지방소득세등		부과일 2017년 10월 납기일 2017년 11월
					1.본세	279,520	
					2.가산금	-	
					3.중가산금	-	
					소계	279,520	
조세등의 합계					1.본세	74,520,680	
					2.가산금	1,995,460	
					3.중가산금	-	
					합계	76,516,140	

6. 주주·지분권자의 목록·신고 명세서

채무자: ○○○○ 주식회사

(단위: 원, 주)

순번	목록 번호	주주·지분권자	주소	주식·출자 지분의 종류	주식의 수		출자지분의 액수	비고
1	주식1	장그래	강원도 ○○시 ○○로222번길 46, 109동 505호	보통주식	주식의 수	88,960	88,960	법률상 관리인 (사내이사)
					출자지분의 액수	444,800,000	444,800,000	
2	주식2	안영이	서울 ○○구 ○○로1가길 5, 402호(○○동)	보통주식	주식의 수	30,000	30,000	
					출자지분의 액수	150,000,000	150,000,000	
3	주식3	○○○○㈜	경기도 ○○시 ○○면 ○○길 22-1	보통주식	주식의 수	22,040	22,040	자기주식
					출자지분의 액수	110,200,000	110,200,000	
4	주식4	열매나눔재단	서울 중구 남산동2가 19-8	보통주식	주식의 수	10,000	10,000	
					출자지분의 액수	50,000,000	50,000,000	
5	주식5	한석율	경기도 ○○시 ○○읍 ○○길 45, 101-208	보통주식	주식의 수	10,000	10,000	
					출자지분의 액수	50,000,000	50,000,000	
6	주식6	오상식	경기도 ○○시 ○○읍 ○○길 45-17, 106-107	보통주식	주식의 수	9,500	9,500	
					출자지분의 액수	47,500,000	47,500,000	
7	주식7	김동식	서울 ○○구 ○○동 1541 ○○아파트 809-1205	보통주식	주식의 수	9,500	9,500	
					출자지분의 액수	47,500,000	47,500,000	
합계					주식의 수	180,000	180,000	
					출자지분의 액수	900,000,000	900,000,000	

※ 주당 5,000원

X. 채권조사 확정재판 사례

1. 회생담보권 신고에 대한 이의

박원장 사건에서 건강보험공단에 대한 의료 및 요양급여에 대한 양도담보권자인 IBK기업은행의 회생담보권 신고가 있었다. 이에 대해 법률상 관리인인 박원장은 회생담보권 신고를 부인하고, 회생채권으로 시인하였다. 회생담보권 시부인 명세서의 기재는 다음과 같다.

다 음

신고번호	목록번호	담보권자	담보권종류 및 목적물	가치평가 및 배분	채권내용	신고액 목록기재액	시인액	부인액	의결권 인정액	회생채권 시인액	시부인사유	비 고
담보1	채권3	IBK기업은행㈜	-20××. 12. 18. 의료및요양급여채권양도담보 -담보가액 130,000,000원 -제3채무자 국민건강보험공단 20××. 12. 18. 통지	총평가액 0 선순위배분액 0 당 배분액 0 배분후 잔액 0	대여금						개시결정일(20××. 7. 1.)기준 미수령적립금 잔액이 없어 회생채권으로 시인	20××. 7. 28. 신고로 목록실효
					원금	67,794,490	-	67,794,490	-	67,794,490		
					개시전 이자	334,278	-	334,278	-	334,278		
					개시후 이자	연11%						
					소계	68,128,768	-	68,128,768	-	68,128,768		

2. 담보권자의 회생담보권 조사확정재판 신청

가. 신 청

신청취지

신청인의 채무자 박원장에 대한 회생담보권은 68,128,768원임을 확인한다.
라는 판결을 구합니다.

신청원인

1. 회생담보권 신고
2. 회생담보권에 대한 관리인의 이의
3. 이의의 부당성

채무자는 신청인과 대출거래 약정을 위하여 국민건강보험공단으로부터 수령할 채권(요양급여비용 및 의료급여비용)을 양도담보로 제공하였고, 신청인은 국민건강보험공단으로부터 수령할 위 채권을 양도받아 채권양도담보계약으로 담보를 취득하였음에도 채무자는 신청인이 취득한 채권양도담보계약을 담보권으로 인정하지 않고, 전액 부인하였습니다.

회생담보권이란 회생채권 또는 회생절차개시 전의 원인에 기하여 생긴 채무자 외의 자에 대한 재산상의 청구권으로 회생절차개시 당시 채무자의 재산상에 존재하는 유치권, 질권, 저당권, 양도담보권, 가등기담보권, 전세권 또는 우선특권으로 담보된 범위 내의 것을 말하는바(법 141조), 국민건강보험공단으로부터 수령할 채권의 정확한 자료제출 없이 미지급 적립금이 없음을 사유로 회생담보권을 전액 부인하는 것은 부당합니다.

4. 마치며

나. 답 변

신청취지에 대한 답변

1. 이 사건 신청을 기각한다.
2. 신청인의 채무자에 대한 회생채권은 금55,276,748원 임을 확인한다.

라는 판결을 구합니다.

신청이유에 관한 답변

1. 신청인은 채무자가 회생채권으로 시인한 68,128,768원을 회생담보권으로 인정하여 줄 것을 주장하고 있습니다.

2. 신청인 주장의 채권이 회생담보권으로 인정되려면 위 금액에 상당하는 금원이 개시결정일인 금년 7. 1.이전에 건강보험공단에 청구되었어야 합니다. 개시결정일 이후에 변제되지 않은 잔액은 일반 회생채권으로서 권리변경의 대상이 됩니다. 이는 아래의 판례에 비추어 명백합니다.

* 대법원 2013. 3. 28. 선고 2010다63836 판결 【회생담보권조사확정재판이의】

3. 신청인은 미지급적립금 평가를 하지 않고 담보권의 효력을 인정하지 않은 점을 지적하나, 금융기관인 신청인 스스로가 건강보험공단으로부터 직접 진료비청구액 상당을 수령하였다는 점에서 온당한 주장은 아닙니다. 신청인은 건강보험공단으로부터 금년 들어 75,663,660원을 수령한 바 있습니다(소을 제1호증 건강보험공단 수령내역). 소을 제1호증 중 개시 이후 임이 역수상 명백한 8. 12.자 1,284만원 상당은 6월분 청구액으로서 신청인이 수령한 것입니다. 즉, 신청인은 금년 초부터 개시결정 직전인 6월분에 상당하는 건강보험 등 청구액을 이미 수령한 관계로 개시결정 이전에 누적된 금액은 없습니다.

4. 신청인의 채권신고는 7. 28.에 이루어졌고, 당시 68,128,768원을 신고한바, 그렇다면 8. 12.자로 수령한 12,844,020원은 개시결정의 효력에 반하는 강제집행이라 할 것입니다. 결과적으로 법원의 허가없는 회생채권 변제 효과를 가져온 것이므로, 이를 관리인에게 즉시 반환하여야 할 것입니다.

다. 해 결

담당재판부는 개시결정일 전일 기준 미수령 적립금이 존재한다면 해당 범위 내에서는 이의철회가 필요한 사안임을 지적하였다. 이에 관리인은 사실조회 및 건강보험공단을 통해 수령한 확인서를 제출하고, 미수령 적립금이 없음을 입증하였다.[77] 종국에는 채권자가 개시 이후 수령한 금원을 변제계획에 반영하는 방식으로 화해종결하였다. 구체적인 상환일정은 아래 표와 같다.

77) 확정재판의 경우 이의자를 심문하는 것이므로 이의를 제기한 관리인이 마땅히 필요한 소명을 하여야 한다.

건강보험공단 개시후 수령분을 반영한 상환 일정표
채무자(법률상 관리인) 박원장

	채권자	변제할채권액		준비 년도	1차 년도	2차 년도	3차 년도	4차 년도	5차 년도	6차 년도	7차 년도	8차 년도	9차 년도	10차 년도	누적액
변경전	IBK 기업 은행(주)	원금	76,902,572						9,074,503	12,073,704	14,996,002	19,687,058		21,071,305	76,902,572
		개시전이자	433,242						51,123	68,019	84,482	110,910		118,708	433,242
		개시후이자							-	-	-	-		-	-
		계	77,335,814						9,125,626	12,141,723	15,080,484	19,797,968	-	21,190,013	77,335,814
		(변제비율)							11.80%	15.70%	19.50%	25.60%		27.40%	100.00%
산출 근거	차감 대상	개시후 수령금 (실변제액)	12,260,500												
	(개시후수령금의 현재가치 산정) 할인율 3.94%(회생계획안 별표 9. 변제액 현가 반영) 건강보험공단입금일 : 20XX4. 8. 12/대출금상환일 : 20××. 10. 17														
		조기변제일수							1,902	2,268					
		조기변제할인금액							1,664,427	1,302,538					
		실변제금액							7,461,199	4,799,301					12,260,500
		현재가치반영한금액 (상환으로보는금액)							9,127,528	6,104,107	-	-	-	-	15,231,635

	채권자	변제할채권액		준비 년도	1차 년도	2차 년도	3차 년도	4차 년도	5차 년도	6차 년도	7차 년도	8차 년도	9차 년도	10차 년도	누적액
변경후	IBK 기업 은행(주)	원금	76,902,572						-	5,971,865	14,996,002	19,687,058	-	21,071,305	61,726,230
		개시전이자	433,242						-	68,019	84,482	110,910		118,708	382,119
		개시후이자							-	-	-	-		-	
		계	77,335,814						-	6,039,884	15,080,484	19,797,968	-	21,190,013	62,108,349

제7장 채무자 재산의 확보

제 1 절 부인권

Ⅰ. 부인권에 대한 기본적 인식의 틀

1. 제도적 취지

부인권 제도는 회생절차개시신청 전 채무자가 지급불능이나 채무초과상태에 빠졌음에도 불구하고 그의 재산을 무상으로 제3자에게 증여하거나 염가로 매각함으로써 채권자 전체에 대한 책임재산을 절대적으로 감소시킴으로써 채권자 전체의 이익을 해하는 사해행위와 지급능력이 부족한 때에 특정의 채권자에게만 변제하거나 담보를 제공함으로써 다른 채권자와의 공평을 해하는 결과를 초래하는 편파행위의 효력을 부정하여 일탈된 재산의 회복을 목적으로 하는 제도이다(법 100조).[1]

파산절차상의 부인권(법 391조 이하)은 일탈된 재산을 회복하고 이를 현금화하여 권리순위에 따라 채권자들에게 배분하는 것을 목표로 한다. 반면, 회생절차상의 부인권은 회복한 재산을 반드시 현금화하여야 하는 것이 아니라 기업의 유지·재건을 위하여 기업의 수익력 내지 기업가치의 회복을 목적으로 하는 점에서 차이가 있다.[2] 부인권 행사 결과 채무자 앞으로 회복된 재산이 영업용 주요자산이라면 판매 후 리스와 같은 예외적인 경우가 아니라면, 수익력을 보존하는 차원에서 환가의 대상으로 삼기에는 적당치 않을 것이다. 부인대상행위가 생계를 함께 하는 부부 사이에 발생하였고, 채무자 및 수익자가 부인요건을 시인하는 경우에는 파산절차와 달리 반환의 절차를 거치지 않고 자금수지에만 반영하여 처리한 예도 있다.

2. 사해행위취소소송과의 근본적 차이

민법 406조의 채권자취소권과 부인권은 모든 채권자 공동의 이익을 위하

1) 대법원 2004. 1. 29. 선고 2003다40743 판결.
2) 실무연구회(상), 314면.

여 일탈된 재산의 회복을 도모하기 위한 제도라는 점에서 일응 유사한 측면이 있다. 그러나 채권자취소권은 개별채권자의 권리행사이고, 반환의 범위도 당해 채권자의 권리를 한도로 할 수밖에 없다.

부인권은 관리인(파산관재인)에게 전속하는 권한이며, 공적수탁자의 지위에서 모든 채권자의 이익을 도모하기 위하여 행사되는 권한이며, 채권자취소권과 같은 개별적인 피보전채권의 존재를 전제로 하는 권한이 아니다. 만약 관리인이 회생절차개시결정 전에 진행 중이던 사해행위소송을 수계할 경우, 채무자는 사해행위소송의 당사자도 아님에도 관리인이 수계로써 사해행위소송에 참가함은 물론 그 지위도 원고 측을 수계하는 것은 단순한 개별 채권자의 권리행사와는 차원을 달리하는 문제임을 보여준다.

수계 이후 관리인이 부인의 소로 청구취지를 변경할 경우 소송의 구조는 개별채권자 對 수익자의 구조에서 채권단 對 수익자의 구조로 변경된다. 그 의미를 분설하면 사해행위소송의 경우 피보전채권의 존재가 인정되지 않을 경우 사해행위청구를 기각하여야 할 것이나, 부인소송으로 소가 변경된 후라면 개별채권자의 피보전채권은 소송물이 아니므로 수계 전의 피보전채권 부존재의 항변은 부인권 행사에 대한 유효한 항변이 될 수 없다. 특정 피보전채권의 존재를 전제로 하지 않는 결과 수계 전 가액반환을 구하던 채권자는 자신의 채권범위 내에서만 권리를 행사하였을 것이나, 수계 후 관리인은 이에 구속되지 않으므로 수익전체의 반환을 구하는 것도 가능하다. 부인의 범위는 부인권을 행사할 당시의 가액을 기준으로 하는 것이 실무이고, 채권자의 채권액을 기준으로 하지는 않는다.

채무자의 행위가 부인된 경우 상대방은 반대급부의 반환(법 108조 3항 1호), 공익채권자로서 현존이익의 반환(2호), 이익이 현존하지 않을 경우 회생채권자로서 반대급부의 가액상환(3호), 이익이 일부만 현존할 경우 공익채권자로서 현존이익의 반환 및 회생채권자로서 반대급부와 현존이익과의 차액의 상환을 청구하는 권리(4호) 중 하나를 보유하는바, 이들 권리를 행사하려면 조문체계상 부인판결을 먼저 이행하여야 한다.

관리인이 원고 측을 수계하는 결과 기존 원고는 소송탈퇴 후 보조참가를 진행하는 것이 일반적인 실무의 흐름으로 보인다. 한편 탈퇴하지 않고 그대로 판결에 원고로서 명시하더라도 위법은 아니다.

부인권은 소, 부인의 청구 또는 항변의 방법으로 행사한다(법 105조 1항). 이와 달리 사해행위취소권은 항변의 방법으로 행사할 수 없다. 사해행위취소소송은 형성소송으로서 판결이 확정되어야 취소 및 원상회복의 효력이 발생한다. 부인소송은 이행·확인소송으로서 판결의 확정을 기다리지 않고 소장 등이 송달된 때에 그 효력이 발생한다.

3. 기업구조조정촉진법과의 관계[3)]

기업구조조정촉진법에 의한 채권금융기관 공동관리절차(일명 'Work Out')가 진행 중인 상황에서 조만간 공동관리절차가 중단되고 파산이 선고되리라는 사정을 알고서 아직 변제기가 도래하지 아니한 채권을 조기변제 받은 사안에서 상대방은 당시의 기업구조조정촉진법 3조가 "이 법은 기업구조조정 등에 관하여 규정하고 있는 다른 법률에 우선하여 적용한다"고 규정하고 있음을 들어,[4)] 부인의 대상이 될 수 없다고 주장하였다. 이에 대하여 대법원은 기업개선작업은 민법상 화해계약에 유사한 성질을 갖는 사적 정리절차로서, 채권금융기관협의회의 구성원에게만 그 약정에 따른 채권재조정 등 권리변경의 효력이 미치는 점을 근거로 모든 채권을 법원이 관여하는 법정 정리절차에서 집단적으로 취급하는 파산절차 중 채권자평등을 주된 목적으로 하는 부인권 규정을 배제한다고 볼 수 없다고 판단한 원심을 수긍하였다.[5)]

사 견) 위 대법원의 판시는 적용되는 채권자의 범위가 법정의 도산절차보다 협소한 공동관리절차로 인하여 부인권 규정이 배제된다고 볼 수 없다는 점을 명확히 하였다. 공동관리절차에서 이루어진 변제의 경우 부인권 행사의 제한사유로서 상당성의 법리가 적용될 수 있는지 문제될 수 있으나, 향후 파산절

3) 최근 위 법과 채무자 회생법의 통합이 논의되고 있다.

4) 위 판결 이후 "이 법은 기업구조조정 등에 관하여 다른 법률(「채무자 회생 및 파산에 관한 법률」은 제외한다)에 우선하여 적용한다"로 개정되었다(시행 2011. 5. 19. 법률 제10684호, 2011. 5. 19., 제정).

5) 대법원 2010. 6. 10. 선고 2010다6024 판결.

차로의 이행을 예상하고서 조기변제를 받은 사안이라면 사회적으로 필요하고 상당하였다거나 불가피하였다고 볼 수 없고, 채무자와 채권자의 통모 내지 변제강요의 정황도 있을 수 있는 상황에서는 위 변제행위가 사회적으로 상당한 행위였다고 평가할 수는 없을 것이다.

4. 제한적 해석의 필요성

부인권은 제척기간이 장기이고, 수익자의 입증부담이 크다. 여기에 부인사유도 매우 다양하다. 그 결과 거래안전을 침해할 가능성이 크고, 상대방의 반발을 사는 경우가 많다. 회생재단의 형성 및 수익력 보존, 채권자평등원칙 구현 등 제반 목적 달성을 위해 부인권의 행사가 불가피한 경우라도, 가능한 한 확장 및 유추해석을 경계하여야 한다.

Ⅱ. 부인권의 유형

1. 일반적 유형

현행법은 행위의 유형, 상대방, 행위의 시기를 기준으로, 고의부인, 위기부인, 무상부인을 규정하고 있다. 고의부인은 채무자가 회생채권자 또는 회생담보권자를 해할 것을 알고 한 행위(법 100조 1항 1호)를 대상으로 한다. 위기부인은 채무자가 지급의 정지, 회생절차개시의 신청 또는 파산의 신청[6]이 있은 후에 한 회생채권자 등을 해하는 행위와 담보의 제공 또는 채무 소멸에 관한 행위를 대상으로 한다. ① 채무자의 의무에 속하는 행위를 대상으로 하는 본지행위부인(법 100조 1항 2호), ② 채무자의 의무에 속하지 않는 행위를 대상으로 하는 비본지행위부인(법 100조 1항 3호)으로 구별된다. 무상부인은 채무자가 지급의 정지 등이 있은 후 또는 그 전 6월 내에 한 무상행위와 이와 동시하여야 할 유상행위를 대상으로 한다(법 100조 1항 4호).

이상의 부인유형을 표로 정리하면 다음과 같다.

6) 2호에서 위와 같이 규정하고, 이하 규정에서는 '지급의 정지 등'으로 규정하고 있다.

부인유형	시기	대상	상대방	채무자측 요건	수익자측 요건
고의부인	실질적 위기시기	-사해행위 -편파행위	제한 없음	사해의사 (관리인 입증)	사해성에 대한 악의 (수익자 입증)
위기부인 (본지부인)	지급정지 등이 있은 후	-의무 있는 편파행위 -사해행위	채권자	불요	위기시기 및 사해성에 대한 악의 (관리인 입증)
					특수관계인 악의 추정
위기부인 (비본지부인)	지급정지 등이 있은 후 또는 그 전 60일 이내	의무 없는 편파행위			위기시기 및 사해성에 대한 악의(수익자 입증)
	… 그 전 1년 이내 (특수관계인)				특수관계인 악의 추정
무상부인	지급정지 등이 있은 후 또는 그 전 6월 이내	무상행위	제한 없음		불요
	… 그 전 1년 이내 (특수관계인)				

2. 특수한 유형

일반적인 부인의 효과는 권리변경의 원인행위를 대상으로 하는 것이나, 원인행위를 부인할 수 없는 경우 성립요건·대항요건 구비행위를 부인해야 할 경우가 있다(법 103조).

부인권은 부인하고자 하는 행위에 관하여 상대방이 집행력 있는 집행권원이 있거나 그 행위가 집행행위에 의한 것이더라도 행사할 수 있다(법 104조).

Ⅲ. 공통 성립요건

1. 행위의 유해성

부인의 대상이 되는 행위는 회생채권자·회생담보권자를 해하는 행위일 것을 요한다. 채권자를 해한다는 것은 채무자가 책임재산을 감소시키는 행위를 함으로써 일반채권자를 위한 공동담보의 부족을 유발 또는 심화시킨 경우를 말한다. 이러한 행위가 부인대상이 되는지 여부는 그 목적물이 채무자의 전체

책임재산 가운데 차지하는 비중, 무자력의 정도, 법률행위의 경제적 목적이 갖는 정당성 및 그 실현수단인 당해 행위의 상당성, 행위의 의무성 또는 상황의 불가피성, 채무자와 수익자 간의 통모의 유무와 같은 공동담보의 부족위험에 대한 당사자의 인식의 정도 등 그 행위에 나타난 여러 사정을 종합적으로 고려하여, 그 행위가 궁극적으로 채권자로 될 자를 해하는 행위로 볼 수 있는지 여부에 따라 판단하여야 한다.7)

회생절차는 기업의 존속을 전제로 하는 절차이기는 하나, 공동담보의 부족 여부를 판단함에 있어서는 파산적 청산을 가정하여 채권자들의 배당률이 저감된다는 사정이 존재한다면 유해성이 인정된다고 할 것이다.8)

채무자가 공동담보의 부족을 유발 또는 심화시키는 사해행위를 한 경우 그 사해성(채무초과사실)은 행위 시는 물론 부인권을 행사할 당시(구체적으로는 부인청구의 판결 시, 부인의 소의 경우 사실심변론 종결 시)에도 존재하여야 하므로, 사해행위 당시에 그 사해행위로 불이익을 받는 채권자의 채권은 그 사해행위 이후에 개시된 회생절차에서도 여전히 채권으로 존재하여야 한다. 법 100조 1항 1호는 채권자를 해하는 행위라고 규정하지 않고, '회생채권자 또는 회생담보권자를 해하는 행위'라고 규정하고 있기 때문이다.9)

파산절차의 부인권 관련 규정인 391조 1호는 '파산채권자를 해하는 행위'라고만 규정하고 있는바, 별제권자는 파산선고 유무와 관계없이 담보권을 실행할 수 있기 때문에 달리 규정한 것이다.

부인의 대상이 되는 행위가 채권자에게 유해하다고 하더라도 행위 당시의 개별적·구체적 사정에 따라서는 당해 행위가 사회적으로 필요하고 상당하였다거나 불가피하였다고 인정되어 재산의 감소나 불공평을 감수하여야 한다고 볼 수 있는 경우가 있을 수 있고, 그와 같은 예외적인 경우에는 채권자 평등, 채무자의 보호와 이해관계의 조정이라는 파산법의 지도이념이나 정의관념에 비추어 부인권 행사의 대상이 될 수 없다고 보아야 한다. 행위의 상당성 여부는 행

7) 저자가 파산관재인으로 수행한 '서울고등법원 2011나55995 판결'로서, 상고없이 확정되었다.
8) 실무연구회(상), 378면.
9) 위 서울고등법원 2011나55995 판결.

위 당시 재산 및 영업 상태, 행위의 목적·의도와 동기 등 주관적 상태를 고려함은 물론, 변제행위에 있어서는 변제자금의 원천, 채무자와 채권자와의 관계, 채권자가 채무자와 통모하거나 동인에게 변제를 강요하는 등의 영향력을 행사하였는지 여부 등을 기준으로 하여 신의칙과 공평의 이념에 비추어 구체적으로 판단하여야 한다고 할 것이고, 그와 같은 부당성의 요건을 흠결하였다는 사정에 대한 주장·입증책임은 상대방인 수익자에게 있다.[10)]

행위의 유해성과 관련하여 전형적인 유형을 살펴본다.

가. 부동산 매각행위

저가매각뿐만 아니라 적정한 가격으로 매각한 경우에도 소비하기 쉬운 금전으로 환가하는 것은 채권자의 공동담보력을 감소시키는 것이므로 원칙적으로 일반채권자를 해하는 행위이며, 영업용 주요재산이라면 채무자의 수익력 내지 기업가치를 해하는 행위로서 부인 대상이 된다.[11)]

나. 변제행위

(1) 본지변제

변제기가 도래한 채권을 변제하는 본지변제가 위기시기에 행해진 경우 편파행위로서 위기부인의 대상이 됨은 물론 고의부인에도 해당할 수 있다. 고의부인에 비하여 위기부인의 요건이 보다 단순하므로 관리인으로서는 주위적으로 위기부인을, 예비적으로 고의부인을 주장·입증할 수 있을 것이다. 위기부인의 경우 사해의사를 요하지 않으나, 고의부인은 사해의사를 요한다.

부인의 대상인 행위는 총채권자의 공동담보가 되는 채무자의 일반재산을 절대적으로 감소시키는 이른바 사해행위뿐만 아니라 특정한 채권자에 대한 변

10) 대법원 2004. 3. 26. 선고 2003다65049 판결.

11) '부인권 행사에 관한 최근의 동향'은 적정가격에 의한 부동산의 매각을 모두 부인의 대상으로 한다면, 채무자의 자체적인 구조조정행위를 봉쇄하여 채무자가 도산절차 밖에서 경제적 위기를 극복할 길을 막아 버려 기업을 파탄에 빠지게 할 우려가 있으므로, 그 매각이 염가에 이루어진 것이 아닌 한 매각의 목적, 대금의 사용처 등을 종합적으로 판단하여 행위의 부당성 여부를 신중히 결정할 필요성이 있다는 입장을 취하고 있다'고 평가하는 견해가 있다(실무연구회(상), 319면). 그러나 적정가격에 의한 부동산의 매각이 사해행위 내지 부인 대상이 아니라는 취지의 판결은 아직 없는 것으로 보인다.

제나 담보의 제공과 같이 그 행위가 채무자의 재산관계에 영향을 미쳐 특정한 채권자를 배당에서 유리하게 하고 다른 채권자와의 공평에 반하는 이른바 편파행위도 포함된다. 그러나 위와 같은 고의부인이 인정되기 위해서는 주관적 요건으로서 채무자가 파산채권자 등을 해하는 것을 알았어야 하는데, 부인대상행위 유형화의 취지를 몰각시키는 것을 방지하고 거래안전과의 균형을 도모하기 위해서는, 특정채권자에게 변제하거나 담보를 제공하는 편파행위를 고의부인의 대상으로 할 경우, 회생절차가 개시되는 경우에 적용되는 채권자평등의 원칙을 회피하기 위하여 특정채권자에게만 변제 혹은 담보를 제공한다는 인식이 필요하다고 보아야 한다.[12)]

(2) 차입금에 의한 변제

채무자가 제3자로부터 자금을 차입하여 특정채권자에게 변제한 경우 다른 채권자와의 평등을 해하는 것으로서 원칙적으로 부인의 대상이 된다. 다만 제3자와 채무자가 차입금을 특정 채무를 소멸시키기 위하여 사용하기로 약정하고, 실제 그와 같은 약정에 따라 특정 채무에 대한 변제 등이 이루어졌으며, 차입과 변제 등이 이루어진 시기와 경위, 방법 등 제반 사정에 비추어 실질적으로 특정 채무의 변제 등이 당해 차입금에 의하여 이루어진 것이라고 볼 수 있고, 이자, 변제기, 담보제공 여부 등 차입금의 차입 조건이나 차입금을 제공하는 제3자와 채무자의 관계 등에 비추어 차입 이전과 비교할 때 변제 등 채무 소멸이 이루어진 이후에 채무자 재산이 감소되지 아니한 등의 사정이 인정된다면, 해당 변제 등 채무소멸행위는 전체적으로 보아 회생채권자 등을 해하지 아니하여 부인의 대상이 되지 아니하는 특별한 사정이 존재한다고 할 수 있다.[13)]

채무자의 재무구조에 변동이 없이 단순히 채권자의 교체가 일어난 것에 불과하다면 달리 채권자를 해하는 행위가 있었다고 볼 수 없으므로, 판례의 입장은 수긍할 수 있다.

(3) 담보권자에 대한 변제와 부인

파산절차에서는 별제권자인 담보권자는 파산선고와 무관히 담보권을 행사

12) 대법원 2015. 12. 10. 선고 2015다235582 판결.

13) 대법원 2011. 5. 13. 선고 2009다75291 판결.

할 수 있는 점, 파산절차의 부인권은 '파산채권자를 해하는 행위'만을 규제하고 있는 점, 담보권자에 대한 변제로 인하여 채무자의 재산에 설정된 담보권이 소멸되었다면 종국적으로 파산채권자들에게 이익이 되는 상황이 발생한 점 등의 사정을 종합하면 별제권자에 대한 변제는 부인의 대상이라고 보기는 어렵다.

회생절차에서도 동일한 판단이 가능할 것인지와 관련하여 살펴보면, 파산절차의 부인권이 보호를 예정하는 채권자는 '파산채권자'이나, 회생절차의 부인권은 '회생담보권자'도 보호의 대상으로 삼고 있고, 회생담보권의 행사는 파산절차와 달리 자유롭지 않은 점을 감안하면 회생담보권자에 대한 변제는 다른 회생채권자나 회생담보권자를 해하는 행위로 볼 여지가 있다.

사 견) 행위의 유해성 판단기준은 청산배당액인 점, 담보권자에 대한 변제로 인해 변제액만큼의 담보가치가 회생재단에 복귀되면 회생채권자에 대한 변제율이 상향될 것인 점, 회생담보권은 대부분의 회생계획에서 조기 완제를 규정하고 있는 점 등을 종합하면 청산배당액을 초과하지 않는 범위 내의 변제라면 기업가치 내지 수익력을 보전한다는 부인권의 목적에 반한다고 할 수는 없다고 본다. 다만, 후순위 담보권으로서 회생절차에서 회생채권으로 취급되었을 담보권에 대한 변제라면 달리 보아야 할 것이다.[14]

다. 담보권의 설정행위

기존채무에 대한 담보권의 설정은 채권자 평등을 해하는 것이므로 행위의 유해성에 의문이 없다. 예외적으로 자금난으로 사업을 계속 추진하기 어려운 상황에 처한 채무자가 자금을 융통하여 사업을 계속 추진하는 것이 채무 변제력을 갖게 되는 최선의 방법이라고 생각하고 사업의 계속에 필요한 물품을 공급받기 위한 방법으로 기존 물품대금채무 및 장래 발생할 물품대금채무를 담보하기 위하여 근저당권을 설정하여 주었고, 기존 채무를 위한 담보설정과 물품을 계속 공급받기 위한 담보설정이 불가피하게 동일한 목적 하에 하나의 행위로 이루어졌고, 당시의 제반 사정 하에서는 그것이 사업의 계속을 통한 회사의 갱생이라는 목적을 위한 담보제공행위로서 합리적인 범위를 넘은 것이 아

14) 실무연구회(상), 320면 이하는 외국의 학설만 제시하고, 실무의 입장을 제시하지는 않고 있다.

니라면 부인대상이 될 수 없을 것이나, 사업의 계속 추진과는 아무런 관계가 없는 기존 채무를 아울러 피담보채무 범위에 포함시켰다면 그 부분은 부인대상이 될 수 있다.15)

담보권 설정과 관련하여 상당성이 문제된 사안에서 관리인의 반박 준비서면을 소개한다.16)

1. 신청인이 원용한 판시 요지 및 사실관계

신청인이 원용한 대법원 2000다25842호 사건의 판시요지를 다시 인용합니다.

… (기재 생략) …

위 판시의 전제가 된 사실관계는 다음과 같습니다.

- 한신보일러는 조선맥주 홍천공장 보일러설비 제작 및 설치공사를 시행하였는데, 수급인이 공사대금의 지급을 지체하고, 1997.경부터 아파트 건설업체들의 부도로 난방 및 산업용 보일러의 수요가 격감되는 바람에 회사의 경영에 어려움이 생기면서 회사 운전자금이 부족하게 되었다.
- 중소기업은행과 이 사건 3부동산에 관하여 채권최고액 금 600,000,000원인 근저당권설정계약을 체결하고 금 500,000,000원을 대출받았고, 중소기업은행이 한신보일러에게 위 금 500,000,000원을 대출할 당시 중소기업은행은 한신보일러에 대하여 금 2,787,600,000원의 채권이 있었고, 이에 대한 담보로는 이 사건 3부동산에 관하여 채권최고액을 금 1,800,000,000원으로 하는 근저당권이 설정되어 있어 한신보일러에 대한 기존 채권을 포함한 총 채권에 비하여 담보가 부족하였으므로 부족한 담보를 보완하기 위하여 채권최고액 350,000,000원인 근저당권설정등기를 추가 경료하였으며, 한신보일러는 신규대출받은 위 금원을 실제로 회사의 운전자금으로 사용하였다.
- 1990.경부터 한신보일러에 버너 등 보일러제작에 필요한 물품을 공급하면서 외상매입대금채무에 대한 다른 담보 없이 한신보일러로부터 약속어음을 발행받고 외상거래를 하여 온 사실, 그러던 중 1997.경부터 아파트 건설업체들의 부도로 난방 및 산업용 보일러의 수요가 격감되어 (중략) …, 1997. 3.경부터 한신보일러에게 약속어음에 의한 대금결제를 거부하고 현금거래만을 요구하기 시작한 사실, 한신보일러는 남품업자들에게 회사의 자금 사정상 현금거래는 불가능하다고 하면서 부동산을 담보로 제공하겠으니 계속하여 물품을 공급하여 달라고 간청하였고, 납품업자들이 이를 받아들여 부동산을 담보로 제공받고 한신보일러에게 계속하여 물품을 공급한 사실, 물품을 계속 공급받기 위하여 부득이 수국에게 당시 이미 존재하던 수국에 대한 금 500,000,000여 원 상당의 물품대금채무 및 장차 발생할 물품대금채무를 담보하기 위하여 이 사건 2 부동산에 관하여 근저당권을 설정하여 준 사실, 그 후 한신보일러는 수국으로부터 금 777,909,955원 상당의 버너를 공급받는 등 납품업자들로부터 물품을 계속하여 공급받아 사업을 계속함으로써 원고에 대한 보증채무를 일부 변제할 수 있었다.

15) 대법원 2002. 3. 29. 선고 2000다25842 판결.

16) 채권조사절차에서 회생담보권을 부인하고 회생채권으로 시인하자, 채권자가 확정재판을 신청하였고, 관리인이 항변으로서 부인권을 행사한 사안이다.

2. 상당성의 개념과 적용 조건

위 판시 이후 대법원은 2004. 3. 26. 선고 2003다65049 판결을 통하여 상당성의 개념과 적용조건을 제시한 바 있습니다. 위 판시는 상당성이란 '행위 당시의 개별적·구체적 사정에 따라서는 당해 행위가 사회적으로 필요하고 상당하였다거나 불가피하였다고 인정되어 일반 파산채권자가 파산재단의 감소나 불공평을 감수하여야 한다고 볼 수 있는 경우'라고 정의하였습니다.

그 근거로서 위와 같은 예외적인 경우에는 채권자평등, 채무자의 보호와 도산관련 이해관계의 조정이라는 법의 지도이념과 정의관념을 들고 있습니다. 판단기준으로는 ① 행위 당시 재산 및 영업 상태, 행위의 목적·의도와 동기 등 주관적 상태, ② 변제자금의 원천, 채무자와 채권자와의 관계, 채권자가 파산자와 통모하거나 동인에게 변제를 강요하는 등의 영향력을 행사하였는지 여부 등을 종합하여, ③ 신의칙과 공평의 이념에 비추어 구체적으로 판단하여야 한다는 점을 제시하였고, 상당성에 대한 주장입증책임은 신청인에게 있음을 명백히 하였습니다.

3. 행위의 부당성

가. 신청인과 채무자 회사의 시장지배력

제지시장은 전통적인 공급자 우선시장입니다. 채무자 회사를 비롯한 제지회사가 전년도부터 급격히 어려워진 것은 신청인과 같은 공급업자들이 가격을 지속적으로 또는 급격히 인상하였기 때문입니다.

* 공급자들의 가격 인상 자체를 탓하는 취지는 아닙니다. 신청인은 Price Setter, 채무자 회사는 Price Taker라는 점을 지적하고자 하는 것이 본 취지입니다.

신청인과 같은 업체들은 가격을 유연하게 조정하여 왔으나, 채무자 회사는 가격을 즉시 올릴 수 없는 구조입니다. 최종소비자(스타벅스의 커피 슬리브 등) 가격은 상당기간 고정될 수밖에 없습니다. 그 결과 2017년에는 원가가 매출을 초과하는 기 현상이 벌어지게 된 것입니다. 이처럼 신청인과 채무자 회사의 시장에서의 위치는 큰 차이가 있습니다.

나. 행위 당시 채무자의 상황

행위 당시 채무자는 전술한 바와 같이 부채초과, 원가가 매출을 초과할 정도로 경영이 악화된 상황이었고, 계속기업으로서의 존속이 심히 의문시되고 있었습니다. 한마디로, 회생신청이 아닌 파산절차를 신청하더라도 이상할 것이 없는 상황이었습니다.

다. 담보권 설정의 목적

채무자 회사의 경영이 극도로 악화되었음은 공지의 사실이고, 이러한 상황에서 신청인은 기존채무에 대한 담보설정을 요구하였습니다. 신청인이 원용하는 판시의 사실관계 및 결론은 담보권을 설정함으로써 기업의 존립과 계속을 가능하게 하는 상황, 신규자금 공여나 동일한 조건의 거래계속과 같은 조건이 충족될 경우에만 의미가 있습니다. 그럼에도 신청인은 채무자 회사의 경영이 극도로 악화되자 담보권 설정을 요구하였고, 이후에는 현금결제만을 요구하였습니다. 채무자 재산에 대한 담보권을 확보한 후에도 현금결제만을 요구하는 행위는 채무자 회사의 계속이라는 목적과는 아무런 관련이 없으며, 어떠한 도산절차로 진입하더라도 별제권 내지 회생담보권을 취득함으로써 다른 회생채권(파산채권)에 대한 우월적 지위를 확보하고자 하는 것이 주된 목적이었음을 능히 추단할 수 있습니다.

라. 어음 수표의 발행·인수·배서

채무자가 기존 채무의 변제에 갈음하여 또는 변제를 위하여 어음, 수표를 발행, 인수 또는 배서하는 행위를 한 경우 권리추정력, 인적항변 절단 등 강력한 효력을 갖게 되므로, 유해성을 인정하는 것이 일반적인 견해이다.

2. 채무자의 행위

원칙적으로 채무자의 행위만이 부인대상이 되고, 채무자의 행위가 없이 채권자 또는 제3자의 행위만 있는 경우에는 부인대상이 없다. 가령 채무자가 배우자의 명의로 취득한 부동산의 경우 등기부의 갑구에는 배우자의 인적사항과 등기원인만이 기재될 뿐이므로, 채무자의 행위를 특정할 수 없다. 이 경우라면 부인권을 행사할 것이 아니라 명의신탁해지를 원인으로 한 이전등기를 구하여야 할 것이다.

상계도 채권자의 단독행위이므로 채무자의 행위로 볼 수 있는 것이 없어 부인의 대상이 되지 않는다. 그러나 상계적상을 발생시키는 채무자의 행위는 부인대상이며, 채무자의 행위가 부인된 경우 상계는 효력을 잃는다. 가령 채권자가 채무자를 종용하여 보험계약을 해지하도록 한 후, 해약환급금반환청구권과 자신의 대출금채권을 상계한 경우 채무자의 해지행위는 부인대상이며, 채무자의 행위가 부인될 경우 상계는 효력을 잃는다고 할 것이다. 대법원은 건설공제조합이 질권을 실행하기 위하여 출자증권을 취득하여 자신 앞으로 명의개서한 다음 융자원리금 채권과 출자증권의 취득대금 채무를 대등액에서 상계한다는 취지를 통지함으로써 질권을 실행한 사안에서, 조합이 출자증권을 취득한 행위는 특별한 사정이 없는 한 회생채권자를 해하는 것으로서 100조 1항 2호에 의하여 부인될 수 있고, 그 결과 상계행위는 효력이 유지될 수 없다고 판단한 바 있다.[17]

신탁법 8조 1항은 사해신탁의 경우 수탁자가 선의일지라도 민법 406조 1항의 취소 및 원상회복을 청구할 수 있도록 규정하고 있다.[18] 원고적격은 채권자로 한정되며, 채권자가 신탁의 사해성을 입증하여야 한다. 신탁설정행위가 부인대상에 해당할 경우 관리인은 부인의 소, 부인의 청구 또는 항변의 방법으로 재판상 행사할 수 있고(법 105조 1항), 부인권의 행사로 인하여 당해 신탁부동산은 채무자의 재산으로 원상회복된다(법 108조 1항).

벌금 등과 조세(법 140조 1항, 2항)에 관하여 그 징수의 권한을 가진 자에 대하여 한 담보의 제공 또는 채무의 소멸에 관한 행위는 부인대상에서 제외된다(법 100조 2항).[19]

3. 채권자의 행위만 있는 경우

가. 판례의 통모·가공 이론

채무자의 행위가 없이 채권자 또는 제3자의 행위만 있는 경우라면 예외적

---

17) 대법원 2011. 11. 24. 선고 2009다76362 판결.

18) 아울러 단서에서는 수익자가 수익권을 취득할 당시 채권자를 해함을 알지 못한 경우에는 부인대상이 되지 아니함을 규정하고 있다.

19) 파산절차의 부인 규정인 법 391조에는 100조 2항과 같은 규정이 없다. 벌금 등은 법 446조의 후순위채권이고, 조세 등은 법 473조 2호의 재단채권이다. 후순위채권은 어차피 파산절차에 참가할 가능성이 거의 없는 채권이고, 재단채권은 우선변제 및 수시변제의 대상이므로 부인대상으로 삼기에 적절치 않다.

으로 채무자가 채권자와 통모·가공하였거나 기타의 특별한 사정으로 인하여 채무자의 행위가 있었던 것과 동일시할 수 있는 사유가 있을 때에 한하여 부인의 대상이 될 수 있다.[20)]

(1) (주)나산 사건: 대법원 2002. 7. 9. 선고 99다73159 판결

갑은 나산건설(주)와 어음거래약정을 체결하였고, 1993. 1. 29. (주)나산은 위 채무를 연대보증하였고, 보증과 관련하여 금전적 대가를 받은 바는 없었다. (주)나산은 나산건설(주)의 모기업이고, 나산건설(주)는 그 계열회사이다. 1998. 1. 12. 갑은 나산건설(주)가 발행한 어음을 할인해 주었고, 이후 적법한 지급제시를 하였지만 지급거절되었다. (주)나산도 그 무렵 부도처리되었고, 이후 정리절차가 개시되었다. 갑의 채권신고에 대하여 관리인은 전액 이의를 진술하였다.

원심인 서울고법 1999. 12. 1. 선고 99나35685 판결은 계속적 보증의 경우 보증책임을 부담케 하는 직접적인 행위로서 부인의 대상이 되는 것은 1993. 12. 29.자 연대보증행위로서, "지급의 정지 등이 있기 전 6월 내에 한" 행위가 아님을 인정하면서도, 보증채무의 부종성을 근거로 1998. 1. 12.자 어음할인거래행위로 인하여 (주)나산의 연대보증채무가 구체적으로 발생한 점, 외견상 (주)나산의 행위가 직접 개재되지 않았다 하더라도, 나산건설(주)의 위 거래행위의 법률효과가 (주)나산에 미치게 되어 나산건설(주)의 위 채무부담행위는 (주)나산에 의하여 행위가 있은 것으로 법률적 평가를 함이 타당한 점을 근거로 무상부인의 성립을 인정하였다.

대법원은 근보증행위가 이루어진 시점에 대한 판단은 그 보증의 의사표시 당시를 기준으로 하여야 할 것이고, 주채무가 실질적으로 발생하여 구체적인 보증채무가 발생한 때를 기준으로 할 것은 아니라고 할 것이라는 전제에서 보증행위가 1993. 12. 29.에 이루어진 이상 6개월 기준을 충족하지 못하며, 1998. 1. 12.에 이루어진 갑의 어음할인 당시 (주)나산이 갑과 통모하여 가공하였다거나, (주)나산의 행위가 있었던 것과 동시할 만한 사정이 있다고 보기 어렵다고 판단하였다.

---

20) 대법원 2002. 7. 9. 선고 99다73159 판결.

(2) 해태전자(주) 사건: 대법원 2002. 7. 9. 선고 2001다46761 판결

1997. 8.경 해태전자와 피고는 매출채권을 담보로 제공하고 만기를 연장하기로 약정하고, 해태전자는 위 약정에 의거 피고에게 명판과 대표이사 인감을 날인하여 각 백지상태인 각서, 채권양도계약서, 채권양도통지서, 해태전자가 제3채무자들에게 가지는 외상매출금이 기재된 '매출채권명세서'를 각 교부하였다. 위 명세서에는 현대전자에 대한 채권은 기재되어 있지 않았고,[21] 그 후 해태전자가 피고에게 변동된 매출채권명세를 보고한 사실도 없었다. 피고는 해태전자와 현대전자 사이의 거래 사실을 우연히 알게 되어 1999. 12. 2. 위 채권양도계약서 등의 백지를 보충하고, 이를 현대전자에 통지하였고, 이 통지는 그 무렵 도달되었다. 이후 해태전자에 대한 정리절차가 개시되었다.

원심인 서울고법 2001. 6. 26. 선고 2000나52006 판결은 위 약정은 추상적, 방침적인 약정이며, 위 약정에 기하여 백지로 된 채권양도계약서 등을 교부한 것은 해태전자의 협력 없이도 원활하게 개개의 매출채권에 관한 양도계약이 체결되도록 피고에게 미리 해태전자의 대리권 내지 처분권한을 부여하여 자기대리의 형식으로 채권양도계약이 체결되도록 한 것이라는 전제에서, 1997. 8. 경의 약정과 그에 터 잡아 백지를 보충한 행위 및 대항요건을 갖추기 위한 피고의 통지행위는 해태전자를 대리 내지 대행한 것이므로, 결국 해태전자의 행위로 볼 수 있어 1999. 12. 2.자 채권양도계약 및 그 통지행위는 불공평한 담보제공 또는 불공평한 채무소멸에 관한 행위로서 해태전자의 행위 또는 그와 동일시할 수 있는 행위이므로, 위기 부인의 대상이 된다고 판시하였다. 한편 원고는 예비적으로 대항요건 부인을 주장하였으나, 주위적 청구를 인용함으로써 이에 대하여 판단하지는 않았다.

대법원은 해태전자와 피고가 해태전자의 대출채무를 담보하기 위하여 해태전자의 매출채권에 관한 채권양도를 목적으로 한 대물변제의 예약을 체결한 계약은 이른바 예약형 집합채권의 양도담보에 해당하는 것으로서, 그 예약을

21) 대법원은 "피고가 선택한 현대전자에 대한 해태전자의 매출채권은 해태전자가 피고에게 교부한 매출채권명세서에 기재되어 있지 아니한 것이므로 그러한 선택이 기본약정의 취지에 맞는 유효한 것인지는 별개의 문제이다"라고 판시한 바, 현대전자에 대한 매출채권이 빠져 있었다는 점은 별도의 쟁점은 아니었던 것으로 보인다.

일방적으로 완결할 수 있는 예약완결권을 피고에게 부여함과 동시에 해태전자가 매출채권명세서에 기재한 매출채권 중에서 대물변제로 양도·양수할 매출채권을 선택할 수 있는 선택권을 피고에게 부여하기로 하는 한편 피고가 위 선택권과 예약완결권을 행사할 경우 그 실효성과 편의를 위하여 피고가 해태전자를 대리하여 제3채무자에게 채권양도사실을 통지할 수 있도록 해태전자가 피고에게 그 대리권을 부여한 계약이라고 할 것이고, 이 사건 약정에 의하여, 피고는 대물로 할 해태전자의 매출채권을 선택하는 선택권, 대물변제 예약을 완결하여 채권양도계약을 성립시키는 예약완결권을 취득함과 더불어 해태전자를 대리하여 제3채무자에게 채권양도사실을 통지할 수 있는 대리권을 수여받았다고 판시하였다.

대법원은 위 법리를 근거로 매출채권 선택권과 예약완결권을 행사한 것은 피고의 행위이고, 원고가 부인 대상으로 삼고자 하는 해태전자의 채권양도행위가 있었던 것은 아닌 점, 피고의 예약완결권 행사행위를 해태전자의 행위와 동일시 할 만한 특별한 사정이 없는 점을 각 설시하고, 현대전자에게 채권양도사실을 통지한 행위는 예약완결일로부터 15일 이내의 행위임이 명백하므로 대항요건 부인에도 해당할 수 없다고 판시하였다.

(3) 창대산업 사건: 대법원 2011. 10. 13. 선고 2011다56637 판결

채무자는 2008. 3. 31. 예금부족으로 1차 부도가 났고, 2008. 4. 21.경 원고로부터 그 지급기일을 연장받으면서 2008. 4. 27. 그에 대한 담보로 채무자의 거래처에 대한 레미콘대금채권을 원고에게 양도하기로 약정하였다. 원고는 2008. 4. 30. 채무자에 대한 대금을 지급받기 위하여 위 약정 당시 채무자로부터 교부받은 채권양도계약서와 채권양도통지서의 백지 부분을 보충한 다음, 피고들에게 각 확정일자 있는 내용증명우편으로 채권양도통지를 하고, 그 무렵 도달되었다. 그런데 채무자는 원고가 예약완결의 의사표시를 한 당일인 2008. 4. 30. 약속어음 21장 액면 합계 855,326,500원을 결제하지 못하여 2차 부도가 났으며 당일 영업을 중단하였고 2008. 5. 6. 여신거래정지처분을 받았다.

대법원은 예약형 집합채권양도담보계약으로 인한 권리변동의 효력은 예약완결권이 행사됨으로써 발생하는 것이기는 하나, 이에 의하여 예약완결권, 양

도·양수할 대금채권에 대한 선택권, 채권양도사실 통지 대리권한까지 채권자에게 부여되는 것이므로, 특정 채권자에게만 담보를 제공함으로써 파산절차에서 채권자평등의 원칙을 회피하는 편파행위에 해당한다고 전제한 다음, 원고의 예약완결 의사표시 당시 채무자는 자금사정이 급격히 악화된 상태였고, 원고도 이러한 사정을 잘 알면서 자신의 채권을 미리 우선적으로 확보하기 위하여 채무자와 통모하여 채무자로부터 피고들에 대한 대금채권 관련 정보를 제공받아 예약완결권과 선택권을 행사하는 등 원고의 예약완결 의사표시는 실질적으로 채무자의 행위와 동일시할 만한 특별한 사정이 있었다고 할 것이므로 고의부인의 대상이 된다고 판시하였다.

나. 집행행위 부인 규정의 유추적용: 대법원 2011. 11. 24. 선고 2009다76362 판결[22)]

건설공제조합 등이 담보로 취득한 회원사의 출자증권에 대한 질권실행과 관련하여 회사정리법 이래로 판례는 부인긍정설의 입장을 취하고 있다.[23)]

전문건설공제조합이 조합에 대하여 출자지분을 보유하고 있던 2006. 6. 23. 갑 주식회사에 자금을 융자하면서 그 출자지분에 대한 출자증권에 질권을 설정받은 후, 2007. 6. 29. 갑 회사에 대한 회생절차개시결정이 있었고, 그 무렵인 2007. 6. 28. 질권을 실행하기 위하여 위 출자증권을 취득하여 자신 앞으로 명의개서한 다음 2007. 7. 2. 융자원리금 채권과 출자증권의 취득대금채무를 대등액에서 상계한다는 취지를 통지함으로써 질권을 실행한 사안이다.[24)]

22) 1심(서울중앙지방법원 2008가합51880) 및 원심(서울고등법원 2009나12650)은 통모·가공 및 동일시론을 근거로 피고가 출자증권을 취득하고, 융자원리금 채권과 출자증권의 취득대금채무를 대등액에서 상계한 행위에는 갑 주식회사의 행위가 전혀 포함되어 있지 않고 위 회사의 행위와 동일시 할 수 있는 것도 아니므로 부인의 대상이 되지 않는다는 취지로 원고의 청구를 기각하였다.

23) 회사정리법 하의 대법원 2003. 2. 28. 선고 2000다50275 판결은 질권의 목적물을 타에 처분하여 채권의 만족을 얻는 경우도 그 실질에 있어서 집행행위와 동일한 것으로 볼 수 있어 부인의 대상이 되는 행위에 포함된다고 해석함이 타당하다고 판시한 바 있다.

24) 회생절차개시신청이 있는 경우 등에는 약정인이 조합에 부담하는 모든 채무에 대한 기한의 이익을 상실한다는 점, 약정인이 기한의 이익을 상실하거나 조합에 대한 채무의 이행을 지연하는 경우 조합은 담보물에 대하여 법정절차 또는 일반적으로 적당하다고 인정되는 방법, 시기 및 가격 등에 의하여 처분 또는 추심 등의 방법으로 권리를 실행하여 변제충당할 수 있다는 점, 조합은 담보물 등으로부터 취득한 금전에서 처분에 소요된 비용을

대법원은 ① 104조에서 부인하고자 하는 행위가 '집행행위에 의한 것인 때'는 집행법원 등 집행기관에 의한 집행절차상 결정에 의한 경우를 당연히 예정하고 있다 할 것인데 그러한 경우에는 채무자의 행위가 개입할 여지가 없고, 또한 100조 1항 각 호에서 부인권의 행사 대상인 행위의 주체를 채무자로 규정한 것과 달리 104조에서는 행위주체에 관한 제한을 두지 않고 있는 점, ② 동일하게 회생채권자 또는 회생담보권자를 해하는 질권의 실행행위임에도 집행기관에 의하는지 여부라는 우연한 사정에 따라 부인의 대상이 되는지 여부가 결정되는 것은 불합리한 점을 근거로 집행기관에 의하지 아니하고 질권자가 직접 질물을 매각하거나 스스로 취득하여 피담보채권에 충당하는 등의 행위에 대해서도 집행기관에 의한 집행행위의 경우를 유추하여 104조 후단의 부인 대상이 될 수 있고, 위 집행행위를 채무자의 행위와 같이 볼 만한 특별한 사정이 있을 것을 요한다고 볼 수 없는 점을 근거로 위 출자증권은 채무자인 갑 회사가 영업을 계속하기 위하여 필요한 주요자산으로서 조합이 이를 취득함으로써 갑 회사의 회생에 현저한 지장을 가져올 것임을 쉽게 예상할 수 있으므로, 조합이 출자증권을 취득한 행위는 특별한 사정이 없는 한 회생채권자를 해하는 것으로서 100조 1항 2호에 의하여 부인될 수 있고, 그 결과 상계행위는 효력이 유지될 수 없다고 판단하였다.

다. 검 토

① (주)나산 사건과 관련하여 보증채무가 부종성을 갖는 결과 법률효과가 보증인에게 미친다는 사유만으로 엄연히 법률상 별개의 실체인 채무자의 행위가 있었던 것과 동일시할 수 있는 사유에 해당한다고 볼 수는 없다. 동일시할 사정이나 통모·가공은 구체적인 사실인정을 토대로 할 것이고, 합리적 근거없이 추정하거나, 법률적 평가의 문제로 환원할 수는 없다는 점에서 결론에 있어 대법원의 판단이 타당하다.

② 해태전자(주) 사건과 창대산업 사건의 경우 대동소이한 사실관계였던 것으로 보이나, 해태전자(주) 사건에서는 채권자의 행위만이 있을 뿐이고, 달

공제한 잔액을 조합의 채권과 상계할 수 있다는 점이 약관에 각 규정되어 있었다.

리 채권자의 행위를 채무자의 행위와 동일시할 사정도 없었다고 판시하였다. 채무자의 행위는 예약형 집합채권양도계약 뿐이고, 이후의 예약완결권행사 등은 채권자의 행위이므로 채무자의 행위가 없어 부인대상이 없다는 당연한 결론을 도출하고 있다.

창대산업 사건의 경우는 예약완결권을 행사할 당시 채무자의 무자력, 이에 대한 채권자의 인식, 집합채권양도계약과 예약완결권 행사의 시간적 간격 등에 비추어 고의부인의 전형적인 사실관계라고 할 수 있다. 위 판시가 고의부인을 적용한 것은 타당하나, 부인의 대상은 예약완결권 행사가 아니라, 집합채권양도계약이라고 봄이 타당하다. 예약완결권은 그 행사에 채무자의 의사나 행위가 개입할 여지가 없고, 집합채권양도계약의 실행행위에 불과하므로 여기에 채무자가 통모 내지 가공한다는 이론구성은 수긍하기 어렵다. 위 판시는 먼저 집합채권양도담보계약을 채무자의 편파행위로 규정하면서, 정작 부인대상은 예약완결권 행사로 처리하고 있는바, 예약완결권 행사와 관련된 일련의 사실관계는 법문에 없는 채무자의 통모로 의제하기보다는 (고의부인에 관한) 상대방의 악의에 관한 설시라고 보는 것이 자연스럽다.

③ 집행행위 부인규정을 유추한 사례는 전문건설공제조합 등에 대한 출자증권을 담보로 자금을 조달한 건설회사 등의 회생사건에서 위 출자증권은 회사의 계속을 위하여 반드시 확보하여야 하는 자산이라는 인식을 토대로 한 정책적인 판단을 제시한 것으로 보인다. 포괄적 금지명령이 내려진 상황이었다면 위 포괄적 금지명령의 효력에 반하는 질권실행으로 무효라고 볼 여지가 있을 것이나, 사건 검색을 해보면, 위 사건은 포괄적 금지명령이 이루어지지 않았다. 한편, 기한이익 상실조항의 유효성을 긍정하는 것이 일반적인 점, 개시결정 전이므로 회생절차에서만 권리를 행사하여야 한다는 제한을 받지 아니하는 점, 담보가치 이내에서 권리를 행사한 것이라면 다른 채권자를 해한다고 단정하기 어려운 점 등을 고려하면 위 질권실행행위는 유효한 담보권의 행사로 보는 것이 타당하다. 판례는 출자증권이 확보되지 않을 경우 건설사의 재건이 곤란해질 수 있다는 점을 배려한 것으로 보이나, 일반화하기에는 거래안전과의 관계에서 무리가 있다고 생각한다.

창대산업 사건도 예약형 집합채권양도담보를 설정하는 행위와 그 실행으로서 예약완결권의 행사가 있었던 점에서 질권설정 및 실행이라는 집행행위 유추사례와 실질적인 맥락을 같이한다. 즉 집행행위 유추 사안의 판시를 그대로 적용할 경우 '집행기관에 의하는지 여부라는 우연한 사정에 따라 부인의 대상이 되는지 여부가 결정되는 것은 불합리하므로 집행기관에 의하지 아니하고 양도담보권자가 직접 담보권을 실행하는 행위도 집행기관에 의한 집행행위의 경우를 유추하여 104조 후단의 부인 대상이 될 수 있다'고 보는데 문제가 없다. 위 두 판시를 유추해 보면 104조가 적용되려면 100조의 요건을 아울러 충족하여야 한다. 세부적으로 보면 위기부인·무상부인의 경우 채무자의 주관적 요건이 필요하지 않으므로 통모·가공이라는 채무자 측 요건은 불필요하고, 고의부인의 경우 사해행위·편파행위라는 채무자의 행위 외에 상대방과의 통모·가공 또는 상대방의 행위를 채무자의 행위와 동일시 할 수 있는 사정이 필요하다.

④ 통모·가공이론은 그 자체로 법문의 가능한 한계를 넘는 점, 현행 부인권에 관한 규정들은 그 범위가 넓고, 행사기간도 10년으로 장기인 점에 비추어 가급적 확장해석은 지양함이 타당한 점, 부인대상은 원인행위가 원칙이고, 행위의 효과를 법률적·경제적으로 완성하는 행위는 대항요건 및 성립요건 부인에 관한 별도의 규정을 두고 있는 점 등을 종합하면 통모·가공은 채무자 행위 부인의 문제로 다루면 족하고, 제3자의 행위를 채무자의 행위와 동일시하는 이론구성은 재고할 것을 제안한다. 아울러, 104조 후단을 유추적용하는 것도 부인유형을 세분화하고 있는 현행법의 태도에 비추어 해석상 무리가 있다고 생각한다.

Ⅳ. 개별적 성립요건

1. 고의부인

객관적으로 회생채권자 등을 해하는 행위가 있어야 하고(사해행위), 주관적으로 채무자가 행위 당시 그 행위에 의하여 회생채권자 등을 해한다는 사실을 인식하여야 한다(사해의사). 사해행위 및 사해의사는 관리인이 입증하여야 한다.

채무자가 자산초과 상태에서 한 편파행위의 경우 편파행위 당시 회생채권자 등을 해하는 것은 아니므로 장차 도산절차가 개시될 개연성이 있고, 채무자가 이러한 점을 예상하거나 예상할 수 있었던 경우에 한하여 편파의사가 추정된다고 할 것이나, 채무초과라는 채무자의 무자력을 유발 또는 심화시키는 사해행위의 경우 그 행위 당시 이미 일반채권자를 해하고 있다는 점에서 특별한 사정이 없는 한 사해의사가 추정되고 더 나아가 장차 도산절차가 개시될 개연성이 있고 채무자가 이러한 점을 예상하거나 예상할 수 있어야 하는 것은 아니다.[25)]

사해의사는 자신의 행위로 인하여 회생채권자 등에게 손해를 생기게 한 원인인 사실에 대한 인식이 있으면 족하고, 의도나 악의를 요하는 것은 아니다.

부인대상 행위로 인하여 이익을 받은 자가 그 행위 당시 채권자를 해하는 사실을 알지 못한 경우에는 채무자의 행위를 부인할 수 없다. 선의에 과실유무는 묻지 않는다.

신탁의 경우 수탁자는 신탁재산의 명의자 겸 관리인에 불과할 뿐 신탁행위로 인하여 이익을 받은 자라고 보기는 어렵고, 수탁자를 이익을 받은 자로 볼 경우에는 위탁자가 선의의 수탁자를 이용하여 특수관계인 등 악의인 제3자에게 수익권을 부여하는 경우 이를 부인하기 어렵다는 점 등의 문제가 있으므로 수익자를 이익을 받은 자로 보는 것이 타당하다.[26)]

2. 본지행위에 대한 위기부인

지급정지 등 위기시기에 행한 회생채권자 등을 해하는 행위를 사해의사 존부와 관계없이 부인하는 것이다. 본지행위에 대한 부인의 성립요건은 ① 객관적으로 회생채권자 등을 해하는 행위(사해행위)와 담보의 제공 또는 채무의 소멸에 관한 행위(편파행위)일 것, ② 시기적으로 채무자가 지급의 정지, 회생절차의 개시신청 또는 파산신청이 있은 후에 한 행위일 것, ③ 주관적으로 수익자가 행위 당시 지급정지 등이 있는 것 또는 회생채권자 등을 해하는 사실을

25) 전술한 서울고등법원 2011나55995 판결의 판시이유이다.

26) 남동희, 전게논문(6장, 주 53), 137면.

알고 있을 것이다.

지급정지란 지급불능을 추정하게 하는 사실로서 변제자력의 결핍으로 인하여 변제기가 도래한 채무를 일반적·계속적으로 변제하는 것이 불가능함을 명시적·묵시적으로 외부에 표시하는 것을 말하고, 변제자력의 결핍이란 채무자에게 채무를 변제할 수 있는 자산이 없고 변제의 유예를 받거나 변제하기에 족한 융통을 받을 신용도 없는 것을 말한다.[27] 시기적 요건 중 '지급의 정지'는 그것이 발생하여 회생절차개시에 이르기까지 계속하고 있을 것을 요하고, '회생절차개시의 신청 또는 파산의 신청이 있은 후'라는 것은 이러한 절차가 모두 부인권이 행사되어야만 하는 회생절차에 직결되어 있을 것을 요한다.[28] 외부적인 표시를 요하므로 주거래은행이 당해 기업을 부실징후기업으로 판단하여 부도유예협약 대상기업으로 결정한 사실만으로 지급정지 상태에 있었다고 할 수 없고,[29] 은행이나 어음교환소로부터 당좌거래정지처분을 받았다면 특별한 사정이 없는 한 지급정지 상태에 있었다고 할 것이다.[30]

3. 비본지행위에 대한 위기부인

비본지행위에 대한 위기부인은 담보의 제공 또는 채무의 소멸에 관한 행위를 부인의 대상으로 한다는 점에서 2호의 부인과 같은 점이 있으나, 채무자의 의무에 속하지 아니하는 행위(비본지행위)를 부인의 대상으로 한다는 점에서 차이가 있다. 이에 법은 2호의 부인보다 시기적 요건을 완화하여 부인대상을 지급정지 등이 있기 이전 60일 내에 이루어진 행위까지 확대하고, 선의의 입증책임도 수익자에게 부담시키고 있다.

위 부인의 성립요건은 ① 객관적으로 담보의 제공 또는 채무의 소멸에 관한 행위로서 그 행위 자체나 방법 또는 시기가 채무자의 의무에 속하지 아니하는 행위일 것, ② 시기적으로 채무자가 지급정지 등이 있은 후 또는 그 전 60

27) 대법원 2001. 6. 29. 선고 2000다63554 판결.
28) 실무연구회(상), 327면.
29) 대법원 2001. 6. 29. 선고 2000다63554 판결.
30) 대법원 2002. 11. 8. 선고 2002다28746 판결.

일 내에 한 행위일 것이다.

4. 무상부인

무상부인이란 채무자가 한 무상행위 또는 이와 동일시할 수 있는 유상행위를 부인하는 것이다. 무상부인은 그 대상인 채무자의 행위가 대가를 수반하지 않는 것으로서 사업의 수익력과 채권자 일반의 이익을 해할 위험이 특히 현저하기 때문에 채무자 및 수익자의 주관을 고려하지 아니하고 오로지 행위의 내용 및 시기에 착안하여 특수한 부인 유형으로서 인정되는 것이다.

무상행위라 함은 채무자가 대가를 받지 않고 적극재산을 감소시키거나 소극재산 즉 채무를 증가시키는 일체의 행위를 뜻하고, 채무의 면제, 권리의 포기와 같은 단독행위, 청구의 인낙과 같은 소송행위는 물론 채무자가 의무 없이 타인을 위하여 한 보증 또는 담보의 제공(물상보증)도 그것이 채권자의 주채무자에 대한 출연의 직접적인 원인이 되는 경우라 하더라도 채무자가 그 대가로서 경제적 이익을 받지 아니하는 한, 위에서 말하는 무상행위에 포함된다고 해석하여야 할 것이고, 이는 채무자가 같은 기업집단 내 계열회사를 위하여 보증을 한 경우에도 그대로 적용된다고 할 것이다.[31]

무상부인의 성립요건은 ① 객관적으로 채무자의 행위가 무상행위 또는 이와 동일시 할 수 있는 유상행위일 것, ② 시기적으로 채무자가 지급정지 등이 있은 후 또는 그 전 6개월 내에 한 행위일 것이다. 입증책임은 역시 관리인에게 있다.

---

31) 서울고법 1999. 12. 1. 선고 99나35685 판결.
무상성 판단기준과 관련하여 원고는 거래행위의 유·무상성의 구분은 거래의 형태와 내용, 거래에 이르게 된 경위 등을 종합하여 판단하여야 할 것으로, 계열회사로서 소유와 경영을 같이할 뿐 아니라 계열회사 상호간에 서로 지급보증을 제공함으로써 필요한 자금을 조달하는 등 이 사건 연대보증행위로 인하여 받은 경제적 이익이 없다고 할 수 없어 "무상행위"에 해당하지 않는다고 주장하였으나, "정리절차는 계열회사와는 별개로 정리회사의 정리재건과 이를 통한 총채권자의 만족을 목적으로 행하여지는 것이라는 점에 비추어 보면, 정리 전 회사가 이 사건 연대보증행위를 함으로써 같은 계열회사인 소외 회사와의 상호지급보증을 통한 자금조달의 편의를 얻는 이득을 보게 된다 하더라도 이러한 사정만으로 정리 전 회사가 보증의 대가로서 직접적이고 현실적인 경제적 이익을 받았다고 단정할 수는 없다"는 취지로 위 주장을 배척하였다.

5. 특수관계인을 상대방으로 한 행위에 대한 부인

본지행위에 대한 위기부인의 상대방이 특수관계인(시행령 4조)인 경우 행위 당시 지급의 정지 등이 있는 것 또는 회생채권자나 회생담보권자를 해하는 사실을 알고 있었던 것으로 추정한다(법 101조 1항). 비본지행위에 대한 위기부인의 상대방이 특수관계인인 경우 60일의 기간은 1년으로 연장되며, 상대방인 특수관계인은 행위 당시 채무자가 다른 회생채권자 또는 회생담보권자와의 평등을 해하게 되는 것을 알았던 것으로 추정한다(법 101조 2항). 무상부인의 상대방이 특수관계인인 경우 6월의 기간은 1년으로 연장한다(법 101조 3항).

V. 특별요건

1. 어음채무의 지급에 관한 부인의 제한

법 102조 1항은 채무자로부터 어음의 지급을 받은 자가 그 지급을 받지 아니하면 채무자의 1인 또는 여러 명에 대한 어음상의 권리를 상실하게 된 경우에는 법 100조 1항에서 규정한 부인유형에 해당하더라도 부인할 수 없도록 하고 있다.

2. 권리변동의 성립요건 또는 대항요건의 부인

지급의 정지 등이 있은 후 권리의 설정·이전 또는 변경을 제3자에게 대항하기 위하여 필요한 행위를 한 경우 그 행위가 권리의 설정·이전 또는 변경이 있은 날부터 15일을 경과한 후에 지급의 정지 등이 있음을 알고 한 것인 때에는 이를 부인할 수 있다(법 103조 1항 본문).

성립요건 또는 대항요건 자체를 독자적인 부인의 대상으로 규정하고 있는 취지는 성립요건 또는 대항요건 구비행위도 일반 규정에 의한 부인의 대상이 되어야 하지만, 권리변동의 원인이 되는 행위를 부인할 수 없는 경우에는 가능한 한 성립요건 또는 대항요건을 구비시켜 당사자가 의도한 목적을 달성시키면서 엄격한 요건을 충족시키는 경우에만 특별히 이를 부인할 수 있도록 하되,[32] 원인행위가 있었음에도 상당 기간 대항요건 등의 구비행위를 하지 않고 있다가 지급정지 등이 있은 후에 그 구비행위를 함으로써 일반 채권자들에게 예상치 않았던 손해를 주는 것을 방지하기 위한 것이다.[33]

위 부인의 성립요건은 ① 객관적으로 채무자가 권리의 설정·이전·변경의 성립요건 또는 대항요건을 구비하는 행위(부동산의 등기, 동산의 인도, 채권의 양도와 입질에 관한 통지와 승낙, 지시채권의 배서 교부, 차량등록 등)가 있을 것, ② 시기적으로 권리의 설정·이전·변경이 있은 날로부터 15일을 경과한 후에 대항요건 등의 구비행위가 이루어질 것,[34] ③ 주관적으로 수익자가 지급정지 등이 있음을 알고 있을 것이다. 입증책임은 관리인에게 있다.

지급 정지 등이 있기 전에 가등기 또는 가등록을 한 후 이에 의하여 본등기 또는 본등록을 한 경우는 부인대상이 아니다(법 103조 1항 단서).

3. 집행행위의 부인

부인권은 부인하고자 하는 행위에 관하여 상대방이 집행력 있는 집행권원이 있거나 그 행위가 집행행위에 의한 것이더라도 행사할 수 있다(법 104조). 사해행위 및 편파행위는 모두 부인의 대상이 되고, 동일한 행위가 집행권원을 보유한 채권자를 수익자로 한 경우 및 집행기관을 통한 집행행위의 경우에도 회생채권자 등을 해한다면 본질에 있어 차이가 없으므로, 위 규정을 통하여 새로운 부인 대상을 창설한 것이라고 할 수는 없다.[35]

가. 집행권원이 있는 경우

부인하고자 하는 행위에 관하여 상대방이 집행력 있는 집행권원이 있는

32) 대법원 2004. 2. 12. 선고 2003다53497 판결.

33) 실무연구회(상), 334면.

34) 15일의 기산점은 원인행위가 있은 날이 아니라 원인행위의 효력이 발생한 날이다.

35) 판례는 예외규정설을 취하고 있으나, 어떤 견해를 취하든 결과에 있어 차이는 없는 것으로 보인다.

경우는 ① 집행권원의 내용을 이루는 의무를 발생시키는 채무자의 원인행위, ② 집행권원 자체를 성립시킨 채무자의 소송행위, ③ 집행권원의 내용을 이루는 의무를 이행하는 행위가 있다.[36)]

①은 원인행위에 대한 부인의 문제, ②는 채무자의 소극적 소송행위(시효중단 해태, 답변서 또는 공격방어방법 부제출, 기일해태, 지급명령에 대한 이의신청 또는 판결에 대한 상소 부제기 등)에 대한 부인의 문제, ③은 집행권원 성립 이후 변제의 문제로 다루어진다. ②의 경우 원인행위를 부인하거나, 변론종결 이후의 사정을 주장하여 청구이의의 소를 제기할 수도 있을 것이므로, 소송행위만 부인하는 경우는 원인행위가 부인대상이 되지 않거나, 변론종결 이후에 발생한 사유가 없는 경우로 한정될 가능성이 많다.[37)]

①의 전형적인 사례는 금전지급의무 및 물건인도의무를 발생시키는 채무자의 행위를 부인하는 경우인바, 수익자는 채무자의 행위에 기초한 의무가 집행권원상 확정되었다는 항변을 할 수 없고, 채무자의 행위가 부인된 경우 집행권원의 내용을 이루는 의무는 소멸된다. 이 경우 원인행위의 효력이 소멸하는 것을 넘어 집행력까지 제거된다고 볼 수는 없으므로, 집행력을 제거하자면 청구이의의 소를 제기하여야 한다. ②와 관련하여 제3자가 채무자를 상대로 물건의 인도를 구하는 소를 제기하고, 위 소송에서 채무자가 사해의사를 가지고 인도의무의 기초가 된 사실관계에 관한 자백을 하고, 원고 청구를 인용하는 판결이 확정될 수 있다. 이 경우 관리인은 자백을 사해행위로서 부인할 수 있고, 인용될 경우 판결의 기판력 및 집행력은 회생절차와의 관계에서 소멸한다. 집행력을 배제하기 위해서는 청구이의이 소를 제기하여야 함은 동일하다. 집행권원의 내용을 이루는 의무 그 자체에 관하여는 부인의 효과가 미치지 않으므로 회생채권 등이 인정될 여지도 있다. 청구의 당부에 관한 사실관계에 대한 자백이 있고, 이후 회생절차가 개시된 경우 당해 소송절차는 중단되고, 관리인은 자백의 효력을 부인할 것을 고려하여야 한다.[38)]

36) 실무연구회(상), 335면.

37) 정문경, 부인권 행사에 관한 실무상 몇 가지 쟁점, 사단법인 도산법연구회, 도산법연구, 제2권 제2호, 45면.

38) 伊藤 眞, 전게서(6장, 주 7), 427면.

③의 경우 이행의 반환을 구하는 형태의 소송이 될 것이고, 변제 등으로 소멸한 상대방의 채권은 선이행을 조건으로 부활한다(법 109조 1항).

나. 집행행위에 의한 경우

집행행위는 집행기관에 의한 집행절차상 결정을 당연히 예정하고 있는 점, 법 104조는 행위주체를 제한하지 아니한 점 등에 비추어 채무자의 행위와 동일시할 사정 등을 요하지 아니한다. 집행행위는 집행권원이나 담보권의 실행에 의한 채권의 만족적 실현을 직접적인 목적으로 하는 행위를 의미하고, 담보권의 취득이나 설정을 위한 행위는 이에 해당하지 않는다. 집행행위에 대하여 부인권을 행사할 경우에도 행위 주체의 점을 제외하고는 법 100조 1항 각 호 중 어느 하나에 해당하는 요건을 갖추어야 한다.[39]

압류채권자가 제3채무자로부터 전부금을 수령한 경우 관리인은 채권의 만족이라는 변제의 효과를 부인하고, 변제금의 반환을 구할 수 있다. 제3채무자가 공탁한 경우에는 전부명령에 따른 채권의 이전 자체를 채무자로부터 채권자로의 채권양도와 동일시하여 부인할 수 있다. 경매절차의 경우 채권자의 만족과는 별개로 채무자로부터 매수인으로의 소유권이전을 양자 간의 양도와 동일시하여 부인할 경우가 있다. 이 경우 집행법원의 매각허가결정이 권리이전의 효력을 발생시키는 집행기관의 행위를 구성한다. 다만, 경매절차의 경우 매수인의 권리도 보호하여야 할 것이므로, ① 채권자가 매수인으로서 자신의 계산으로 낙찰 받고, ② 매수인이 수익자 측의 주관적 요건을 갖춘 경우로 한정된다. 매수인이 납부한 매각대금에 관한 배당절차가 중지되고, 인가 후 강제집행이 실효됨에 따라, 매수인은 집행기관에 그 반환을 구할 수 있다. 배당 후에는 집행이 종료하였으므로 채무자에게 공익채권으로서 지급을 구하거나, 배당금을 수령한 채권자에게 부당이득반환을 구할 수 있다. 다만, 부인의 대상이 되는 것은 집행기관의 집행행위가 아니라, 효과에 관하여 이와 동일시되는 채무자의 행위이므로 부인요건 해당 여부는 집행신청행위를 기준으로 판단하여야 한다.[40]

---

39) 대법원 2011. 11. 24. 선고 2009다76362 판결.

40) 伊藤 眞, 상게서, 428－429면.

4. 전득자에 대한 부인

부인권의 실효성을 확보하기 위해서는 전득자에 대해서도 부인의 효과가 미치도록 할 필요가 있다. 다만 거래안전에 대한 충분한 배려가 있어야 할 것이다. 세부적인 요건을 살펴보면 전득자의 전자에 대한 부인의 원인이 있어야 한다. 따라서 수익자에 대해서는 법 100조 내지 104호의 요건이 충족되어야 한다. 전득자에 대하여 고의부인이나 위기부인의 경우에는 전득자가 전득 당시 그 전자에 대하여 부인의 원인이 있음을 알고 있어야 하고(법 110조 1항 1호), 전득자가 특수관계인인 경우 그 전득자는 전득 당시 그 전자에 대하여 부인의 원인이 있음을 알지 못하였다는 것을 입증하여야만 부인을 면할 수 있도록 입증책임이 전환되며(법 110조 1항 2호), 무상부인의 경우에는 그 전자에 대하여 부인의 원인이 있으면 족하다(법 110조 1항 3호).

가령 갑 회사가 자기 또는 자회사가 개설한 은행 대출계좌에서 인출한 자금으로 자기앞수표를 발행받아 대표이사 을에게 교부하고, 을이 이를 병 회사 대표이사 정의 대리인인 무를 통해 정에게 자신의 채무변제 목적으로 교부하여, 정이 이 수표를 가수금으로 병 회사 은행계좌에 입금한 사안에서, 위 자기앞수표는 ① 갑 회사가 차용금의 변제, 증여, 대여 등 어떠한 명목으로든 을에게 교부하고, 을이 이를 정의 대리인 무를 통해 자신의 채무변제 명목으로 교부하여, 정이 다시 병 회사에게 대여 등의 명목으로 교부한 것이거나, ② 갑 회사가 대표이사 을의 행위에 의하여 정의 대리인 무를 통해 정에게 교부함으로써 을의 정에 대한 채무를 대위변제하고, 정이 다시 병 회사에 대여 등 목적으로 교부한 경우라면, 부채가 자산을 초과하고 거액의 어음채무 등을 결제할 자금을 마련하지 못하고 있던 갑 회사가 특수관계인인 을에게 재산을 교부한 것으로 갑 회사의 회생채권자 또는 회생담보권자를 해하여 법 100조 1항 1호에서 정한 부인의 대상이 되고, 이 경우 수익자인 을의 악의는 추정되며, 제1전득자인 정과 제2전득자인 병 회사도 전자에게 부인의 원인이 있음을 알았다고 볼 여지가 충분하고, 갑 회사의 정에 대한 자기앞수표의 교부는 부채초과 또는 사실상 지급불능 상태에서 타인의 채무를 대위변제한 것으로 회생채권자 등을 해하여 같은 호에서 정하는 부인의 대상이 되고, 이 경우 수익자인 정의 악의와 전득자인 병 회사의 악의가 모두 추정된다고 보아야 하므로, 병 회사가 정에게서 위 자기앞수표를 교부받은 행위는 전득자에 대한 부인권 행사의 대상이 된다.[41]

Ⅵ. 부인권의 행사

1. 주 체

가. 관리인 등

부인권 행사주체는 관리인 또는 관리인이 선임되어 있지 아니한 경우의 채무자(법인의 경우 그 대표자)로 한정되어 있다(법 105조 1항, 74조 4항). 따라서 회생채권자 등이 부인권을 대위하여 행사할 수 없고, 법원은 회생채권자 등 이해관계인의 부인권행사명령신청에 의하거나 직권으로 관리인에게 부인권 행사를 명할 수 있을 뿐이다(법 105조 2항).

채권조사기간 안에 또는 특별조사기일에 관리인이 아무런 이의도 제기하지 아니하고 다른 채권자들 역시 이의를 제기하지 아니하여 회생채권 등이 그대로 확정된 경우에는 그 후 부인권을 행사할 수 없다.[42]

나. 부인권 행사 명령 신청 기재례

부인권 행사 명령 신청

사　　건　20××회단○○**
신 청 인　채권자 **보증기금
피신청인　***

41) 대법원 2011. 5. 13. 선고 2009다75291 판결.
42) 대법원 2003. 5. 30. 선고 2003다18685 판결.

위 사건에 관하여 채무자는 회생절차개시 전 별지 목록 부동산을 양도하였습니다. 이는 부인권 행사요건에 해당함에도 관리인은 그 행사를 해태하고 있는바, 그 행사를 명하여 주시기 바랍니다.

1. 신청인과 피신청인의 지위

2. 부인대상 행위

별지 목록 부동산은 채무자가 20*1. 8. 22. 보존등기를 경료한 건물로서, 20××. 10. 14. 증여를 원인으로 배우자인 **에게로 이전등기가 경료(첨부서류 1 등기부등본, 첨부서류 2 채무자의 가족관계증명서)되었습니다.

3. 채무자의 행위는 채권자들을 해하는 행위입니다.

법 100조 1호에 의하면 채무자가 회생채권자 등을 해하는 행위를 한 경우 관리인이 이를 부인할 수 있다고 규정하고 있습니다. 상기와 같이 처인 **에게로 건물의 지분권이 이전된 경위에 관하여 채무자는 신청 당시 제출한 재산목록에서 "장인인 임**이 사위들인 채무자와 최○○에게 다가구주택의 관리차원에서 19**. 8. 22.자로 보존등기를 하여 준 것이므로 실질적으로 배우자에게 증여한 것이고, 추후에 증여를 원인으로 배우자 앞으로 이전등기가 이루어 진 것이며, **증여한 시점은 20××. 10. 14.이므로 채무발생 시점인 20**. 2. 28.보다 이전이므로 채권자를 해하는 행위도 아니었으므로, 위 건물에 대한 지분은 **의 특유재산에 해당한다"고 진술**하고 있습니다.

관리인 제출의 목록에 의하면 위 주장은 기술신용보증기금에 대한 20**. 4. 28.자 보증채무에 대하여는 타당할지 모르나, 우리에프아이제구차유동화전문회사에 대한 채무에 대하여는 설명이 빈약하며, 차용일자도 적시하지 않고 있습니다. 위 유동화전문회사에 대한 채무의 원채권자는 우리은행이고 여기에 기술신용보증기금이 보증을 한 것이며, 채무자가 연대보증인이 된 것입니다. **위 대출은 증여행위가 있기 전인 20**. 5. 7. 기술신용보증의 보증하에 6억950만원이 집행된 것(첨부서류 3 신용보증서)이며, 현재의 잔액이 137,382,646원이라는 것입니다.** 이러한 사실관계는 위 목록 및 첨부서류 3의 각 기재를 종합하여 인정할 수 있다고 할 것입니다.

채권자는 채무자의 주민등록초본을 토대로 모든 등기부를 조회한 결과 동인은 20**년 당시 대치동 은마아파트를 취득하였다가, 20**년도에 매도한 사실을 발견(첨부서류

4 등기부등본 및 폐쇄등기부등본)하였고 그 외에 당시 다른 재산을 보유하고 있지는 않았음을 확인하였습니다. 그렇다면 위 건물지분을 양도할 당시인 20××. 10. 14. 경 당해 지분은 채무자의 유일한 자산이었으며, 채무자는 채무초과의 상태에 있었다고 할 것입니다. 채무자는 장인이 등기명의는 본인 앞으로 해 준 것이나, 실질적으로 상대방인 배우자 **에게 증여한 것이라는 주장을 하나, 이는 등기의 추정력에 반하는 주장이며, 증여는 무상행위로서 채무자의 책임재산을 감소시키는 행위임에 의문이 없으며, 배우자에 대한 증여행위의 경우 배우자의 악의는 추정된다고 할 것이므로 채무자의 증여행위는 마땅히 부인의 대상이 된다고 할 것이고, 상대방은 이 사건 부동산에 관하여 부인의 등기를 이행할 의무를 부담한다고 할 것입니다.

4. 채무자는 **(주)의 주식 33.30%를 보유하고 있었으므로, 이 사건 부동산이 채무자의 유일한 재산이라고 할 수 없다고 주장하고 있으나, 이는 부인권의 요건과는 관련이 없는 주장입니다.

채무자는 20**. 12. 31. 현재 76만주의 주식을 보유하고 있었고, 지분금액은 주당 1만원으로 환산하면 이 사건 부동산 이외에도 7억6000만원 상당의 재산을 보유하고 있었으므로, 이 사건 부동산은 유일한 자산이 아니며, 채무초과의 상태에 있지 않았다는 주장을 개진하고 있습니다.

채무자 제출의 당시 사업계획서에 의하면 **20*1년 8억여원, 20*2년 18억 여원, 20*3년 24억 여원, 20*4년 52억 여원, 20*5년 71억 여원의 당기순이익이 발생할 것이라고 기재**되어 있고, 위 사업계획서 4면에는 자금조달 방안으로서 20*1년 유상증자 10억원, 차입금 15억원, 영업잉여금 16억여원, 20*2년에는 유상증자와 차임금으로 각 20억원, 영업이익으로 27억 여원, 20*3년에는 차입금 20억원, 영업이익 38억 여원, 20*4년에는 40억의 유상증자를 하고, 35억원의 대출을 상환하며, 70억원 상당의 영업잉여를 통하여 상기와 같은 자금을 조달할 것이라는 계획을 제시하고 있습니다.

이러한 계획은 그야말로 허황된 것이며, 투자자 및 채권자들을 호도하는 결과를 가져왔을 뿐입니다. **(주) 손익계산서(첨부서류 5)에 의하면 20**년말에는 7억5000여만원의 당기순손실이 발생하였으며, 20*1년 말에도 9억5000여만원의 당기순손실, 20*2년도에는 15억 6,000여만원의 당기순손실이 각 발생하였습니다. 2*3년도 분의 손익에 관하여는 채무자가 제출한 세무조정계산서 등에 포함되어 있지 않은 관계로 구체적인 금액을 적시할 수는 없으나, 위 회사는 20*4. 3. 31.자로 폐업(첨부서류 6 폐업사실증명)

을 하였다는 점에 비추어 이미 이 사건 증여가 있었던 20××. 10. 14.을 기준으로 약 2년 전인 20**년도에 7억 5000여만원, 1년 전인 20*1년도에 9억5000여 만원의 손실을 보았는바, 각 회계년도별 **(주)의 매출이 20**년도 17억여원, 20*1년도 13억여원에 불과하였다는 점에 비추어 이는 그 적자규모가 형언할 수 없을 정도로 큰 것이고, 이는 벤처기업으로서의 **(주)의 제품에 대한 시장의 냉혹한 평가의 결과라고 할 것이며, 이러한 회사의 주식에 대하여 경제적 가치를 부여한다는 것은 그 평가의 타당성을 신빙할 수 없도록 만들고 있습니다.

위 사업계획서를 작성한 회계사의 의견은 "주식의 가치는 현재의 자산가치와 미래 영업현금흐름의 현재가치로 구성된다고 할 수 있고, 20*2회계년도에 대한 결산 당시 자본잠식의 상태였으나, 기술집약형 소프트웨어 개발 및 판매사업을 영위하고 있었으며, 미래가치 및 회사가 개발한 소프트웨어의 가치를 감안하면 20*2년 말 시점에서 위 채무자의 33% 지분은 재산적 가치가 있었다"라는 것인바, 신청인이 확인한 3개년도 연속으로 매출의 약 50% 이상에 해당하는 적자를 보고 있었던 회사가 무슨 근거로 미래 현금흐름을 창출할 수 있다는 것인지 심히 의문스러우며, 주가는 시장의 평가인 것이지 전문가의 가정적 판단으로 함부로 재단할 수 없는 것이며, 이른바 블루칩이 아닌 소규모의 벤처기업의 주가는 더욱 그러합니다. 시장의 평가만큼 정확한 기준은 존재하지 않습니다. 위 회사는 이미 시장성이 없다는 평가를 받은 것이고 그 것이 경영실적으로 나타난 것이며, 이를 견디지 못하고, 20*4.4.경 폐업을 한 것입니다. 가사 일부 타당성을 인정한다고 하더라도 평가자는 정확히 위 주식의 가치가 얼마였는지에 관하여는 의견을 내지 못하고 있습니다.

5. 회생채권의 발생시기와 관련한 채무자 주장의 부당성

채무자는 20*1. 5. 7. 기술신용보증기금의 신용보증서를 담보로 2년거치 3년상환 조건으로 20*1. 5. 11. 우리은행에서 6억5000여만원을 대출받았고, 이후 이자를 잘 변제를 하던 중 20*3. 12. 5. 처음으로 분할원금상환을 연체하였고, 20*4.1. 경 기술신용보증기금에서 원리금을 대납하여 비로소 구상채무를 부담하게 되었다고 기술하고 있습니다.

20**년의 7억5000여만원, 20*1년도의 9억5,000여만원의 적자는 물론 위 증여가 있었던 20*2년 말 **(주)는 15억 6,000여만원의 손실을 보았습니다. 20*2년도의 매출액이 24억여원이었다는 점을 감안하면 이러한 손실은 비정상적으로 많은 액수이며, 채무자의 증여행위는 3개년도에 걸쳐 32억여원의 적자가 누적된 실질적 위기의 상황에서 채

무자의 재산을 절대적으로 감소시키는 결과를 가져왔으며, 채무자는 구상채권이 발생할 개연성을 이미 인지하고 있었다고 할 것입니다. 이는 회생채권자인 **보증기금을 해하는 행위임이 명백하며, 배우자에 대한 증여인 관계로 사해의 의사는 추정된다고 할 것이며, 상대방 스스로 선의임을 입증하여야 할 것입니다.

6. 결 어

전술한 바와 같이 채무자의 이 사건 부동산 증여행위는 부인의 요건을 충족한다고 하겠습니다. 다만 채무자가 관리인으로 선임되는 회생절차의 특성상 관리인이 적극적으로 부인권을 행사할 가능성은 없는 것으로 판단되는바, 부인권 행사를 명하여 주시기 바랍니다.

다. 부인권 행사명령 신청에 대한 관리인 의견서 작성 사례

1. 신청 요지

개시신청 직전인 2017. 11. 17. '서울 서초구 방배동 00-5 1003호'의 소유권을 처형인 정○○에게 이전한 것은 고의부인의 대상이라는 취지입니다.

2. 위 신청이유에 대한 반론

가. 개시 전 단계에서 충분한 소명을 하였습니다.

위 부동산의 매각 가액은 1억6,000만원이며, 임대차보증금 1,000만원, 담보대출 1억원을 공제한 5,000만원을 수령하여 채무자 회사의 운영자금으로 사용한 사실을 소명한 바 있습니다. 위와 같이 소명하면서 매매계약서, 시세조회자료, 입금증 및 거래내역을 각 제출하였습니다.

나. 행위의 상당성

위 매각 전후로 근저당권자가 우리은행에서 국민은행으로 변경되었고, 위 기금은 금년 1. 16.자 금 700만원 확정채권 일부 대위변제를 이유로 근저당권을 일부 이전받았습니다. 본 신청에 이른 이유는 위 매각 행위를 부인하여 채무자 회사 명의로 부동산을 회복함으로써 회생담보권자로 인정받으려는 취지로 보이나, 위 매각행위는 그 당시 상당한 행위로서 부인의 대상이 될 수 없습니다.

다. 대법원 2004. 3. 26. 선고 2003다65049 판결 요지(기재 생략)

채무자 회사는 2017년 5월 주거래처의 부도 등으로 자금경색이 심화되어 운영자금 부족에 허덕이던 상황이었습니다. 이러한 상황에서 회사의 주요한 자산이 아닌, 비업무용자산을 매각한 것이므로 채무자 회사의 수익력 감소를 초래한 바 없는 점, 매매가액은 시세를 초과하여 이루어진 점, 행위의 목적 자체가 금융을 통한 자금조달이 더 이상 어려운 상황에서 저가양도도 아니고, 시세를 초과하여 부동산을 매각하여 이를 통해 조달한 자금으로 운영자금으로 사용한 것인 점, 상대방이 형수였다고는 하나, 동일한 계약이 친인척이 아닌 제3자와 부동산중개업소를 통하여 이루어졌다면 신청인은 결코 본 신청을 할 엄두도 내지 못하였을 것인 점, 중개업자를 통해 제3자와 계약을 체결하였을 경우 결코 시세보다 높은 가액으로 매각하지는 못하였을 것인 점 등을 종합하면 본 매각은 상당한 행위로서 부인대상이 될 수 없습니다.

3. 결 어

신청인의 신청은 불과 700만원의 채권을 회생담보권으로 인정하기 위한 것인바, 본 행위를 부인할 경우 국민은행의 최고액 1억2,000만원의 근저당도 회생담보권으로 취급되어 채무자의 회생을 어렵게 할 것입니다.

신청인은 사해행위 등 유사사건을 수 없이 처리하여 본 전문가집단으로서, 상대방이 형수가 아닌 일반 제3자였다면 결코 본 신청을 하지 않았을 것입니다. 채무자 대표이사로서는 이 사건 부동산을 중개위탁도 하였으나, 운영자금이 필요한 시점에서 매각이 되지 않았고, 다급한 마음에 형수에게 도움을 청한 것입니다. 상대방은 형수로서 채무자 대표이사를 긍휼히 여기는 마음으로 시가보다 높은 가액으로 본 건 부동산을 매각하게 된 것입니다.

이상의 제반 사정을 종합하면 본 신청은 이유 없다고 할 것인바, 기각하여 주시기 바랍니다.

2. 절 차

부인권은 부인의 소, 부인의 청구 또는 항변의 방법으로 재판상 행사한다(법 105조 1항). 어느 수단을 택할지는 관리인이 판단한다.

사 견) 위와 같은 부인권 행사 방법에 관한 규정의 의미는 부인권의 행사는 소송행위일 것을 요한다는 것이다. 기존 이행소송 등에서 항변으로 행사할 수 있음은 당연한 것이다. 다만, 채권조사절차에서 법 100조를 적용하여 부인하였다면, 그것만으로는 부족하고, 추후 부인의 소 등을 제기하여야 할 것이다. 법 100조에 의해 부인한 이후, 이의채권의 보유자가 채권조사확정재판을 신청한 경우라면 해당 절차에서 항변으로 부인권을 행사하여 채권의 존부 등을 다툴 수 있다고 본다. 부인등기를 요하는 경우에는 별건으로 다시 부인권을 행사하여야 할 것이다.

부인소송의 성질에 관한 이행·확인소송설에 의하면 소송물은 부인권 자체가 아니라 부인의 효과로서 발생한 권리관계에 기한 이행청구권 또는 확인청구권이다. 청구취지에는 금전반환 또는 부인의 등기절차이행 등 부인권행사로 인하여 발생하는 법률효과를 구하고, 부인의 주장은 공격방어방법으로서 판결 이유 중에서 판단된다.

부인의 청구란 간이하게 부인의 목적을 달성할 수 있도록 결정에 의한 약식절차를 허용한 것이다. 결정절차이므로 관리인은 그 원인을 소명하면 족하다(법 106조 1항). 법원은 상대방을 심문한 후 이유를 붙인 결정으로 부인의 청구를 인용하거나 기각한다(법 106조 2항).

서울회생법원에서는 부인결정에 가집행문언을 붙이지 않는 것이 일반적이다. 이론상 채무자회생법에 규정이 없는 사항은 민사소송법에 의할 것이므로, 부인청구가 이행을 구하는 취지라면 가집행문언을 붙이지 못할 이유는 없다.

부인결정에 대한 이의의 소가 제기되고, 원 결정을 그대로 수긍할 경우 수소법원은 '원 결정을 인가한다'는 취지를 주문에 기재한다.

부인의 소와 부인의 청구사건은 회생(파산)계속법원의 관할에 전속한다(법 105조 3항, 396조 3항). 관할 규정의 문언과 취지, 채권자취소소송과 부인소송의 관계, 소송의 진행 정도에 따라 기대가능한 절차상의 편익 등을 종합해 보면, 채권자취소소송이 항소심에 계속된 후에는 수계에도 불구하고, 항소심법원이 소송을 심리·판단할 권한을 계속 가진다는 것이 최근 판례의 입장이다.[43]

---

43) 대법원 2017. 5. 30. 선고 2017다205073 판결.

사 견) ① 최초 채권자취소소송은 피보전채권인 구상금청구 등과 병합하여 진행되는 것이 일반적인 모습이다. 관리인(파산관재인)은 사해행위소송만을 수계하고, 구상금청구는 채권조사 결과에 따라 처리하게 된다. 위 병합된 소송의 계속 중 회생절차개시결정(파산선고)가 있고, 부인의 소로 청구를 변경한 경우에 위 전속관할 규정을 근거로 이송을 하는 것이 일반적인 실무로 보인다. 다만, 이송을 하지 않고 그대로 판단한다고 하여도 위법은 아니며, 그대로 절차를 진행하는 것이 여러 모로 타당하다. 위 판시도 항소심에서 수계 및 소 변경이 이루어진 경우 이송할 필요가 없다는 취지를 밝혔는바, 1심에서 수계 및 소 변경이 이루어진 경우 이송하지 않아도 위법이 아님을 간접적으로 확인한 것으로 판단된다. ② 전속관할은 관리인 등이 수계한 경우를 대상으로 한 것이 아니라, 병합된 청구를 고려하지 않은 단일의 부인소송을 전제로 한 규정으로 해석함이 타당하다. ③ 병합된 소송의 진행 중에 개시결정 등이 있었다는 우연적인 사정으로 회생법원 등으로 이송하는 것은 도산절차의 중요한 가치 중 하나인 절차경제에 반한다. 여기에 당사자들은 두 개의 법원에서 소송을 진행하여야 하는 부담이 추가된다. ④ 원고 입장에서도 피보전채권에 대한 판단과 (본래의 청구는 아니지만) 부인의 소에 대한 판단이 분리된다는 것은 심정적으로 쉽사리 받아들일 수 있는 것은 아니다. 피보전채권에 대한 판단은 사해행위소송과 달리 부인의 소와는 직접적인 관련이 없으나, 소 변경이 되더라도 원고는 이를 자신의 사건으로 받아들이고, 보조참가를 하는 것이 일반적이다.

3. 작성 사례(부인의 청구)

신 청 취 지

주위적으로

1. 청구인에게 상대방 이**은 386,411,506원을 지급하되, 이 사건 신청서 부본 송달시까지는 연 5%의, 그 다음 날부터 다 갚는 날까지 연 15% 비율에 의한 돈을 지급하라.
2. 신청비용은 상대방의 부담으로 한다.

3. 제1항은 가집행할 수 있다.
라는 재판을,

예비적으로
청구인에게
1. 상대방 이**은 86,411,506원을, 상대방 남**은 금 300,000,000원을 각 지급하되, 이 사건 신청서 부본 송달 시까지는 연 5%의, 그 다음 날부터 다 갚는 날까지 연 15% 비율에 의한 돈을 지급하라.
2. 신청비용은 상대방들의 부담으로 한다.
3. 제1항은 가집행할 수 있다.
라는 재판을 각 구합니다.

신 청 이 유

1. 청구인의 지위에 관하여

채무자 회사는 20**. *. 회생절차개시를 신청하여 같은 해 12. 2. 회생절차개시결정을 받았으며, 위 법원의 관리인 불선임결정을 통하여 기존 대표이사인 ○○○이 관리인으로 간주된 바 있습니다(소갑 제1호증 회생절차개시결정, 소갑 제2호증 등기사항전부증명서). 채무자 회생 및 파산에 관한 법률(이하 '법'이라 합니다.) 56조 1항은 회생절차개시결정이 있는 때에는 채무자의 업무의 수행과 재산의 관리 및 처분을 하는 권한은 관리인에게 전속하도록 규정하고 있습니다.

2. 부인대상행위에 관하여

채무자는 20**. 1. 25.부터 같은 해 8. 8.까지 7회에 걸쳐 86,411,506원을 상대방 이**에게 변제(소갑 제3호증 거래내역)하였고, 20**. 9. 8. 채무자 대표이사 ○○○이 보유하던 충남 연기군 ○○면 ○○리 산○번지에 대한 최고액 3억원의 근저당권부 채권을 기존 채무에 대한 변제조로 상대방 이**이 지정하는 남**에게 양도하였습니다(소갑 제4호증 등기부등본).

3. 부인권 행사의 요건에 관하여

가. 채무자 회사는 위 각 변제행위 당시 지급불능 상태에 있었습니다.

20**. 12. 당시 채무자는 상대방 이**에 대하여 원금 7억원 상당의 채무가 있었고,

이후의 변제내역은 다음의 표와 같습니다(소갑 제5호증 채무자 대표이사 진술서, 소갑 제6호증 이** 관련 상환금액, 소갑 제3호증 거래내역).

일자	금액	비고
20*2. 1. 25.	20,000,000	
20*2. 1. 31.	10,000,000	
20*2. 4. 5.	11,102,177	
20*2. 5. 6.	11,816,133	
20*2. 6. 7.	17,573,607	
20*2. 7. 5.	12,352,467	
20*2. 8. 8.	3,567,122	
합계	86,411,506	
20*1. 9. 8.	350,000,000	- 충남 연기군 ○○면 ○○리 산○번지 98,876M^{2}에 관하여 채무자 대표이사는 최고액 300,000,000원의 근저당권을 가지고 있었습니다. - 위 이**에 대한 채무변제조로 이**이 지정하는 남**에게 2010. 9. 8.자로 근저당권을 양도하였습니다. @ 변제금액에 대하여는 채무자대표이사와 위 이**이 다툼이 있는 것으로 판단되나(3.5억원은 채무자 대표이사의 생각이며(소갑 제4호증 진술서), 상대방으로서는 근저당 피담보채무의 정확한 금액을 입증하여야 할 것입니다.

상기 변제행위에 대한 부인과 관련하여 지급불능 시점과의 관련성이 문제될 것으로 판단됩니다. 서울고법 20**나55**5판결은 "채무자가 **자산초과 상태에서 한 편파행위의 경우**에는 그 편파행위 당시의 일반채권자를 해하는 것은 아니므로 **장차 파산절차가 개시될 개연성**이 있고, 채무자가 이러한 점을 **예상하거나 예상할 수 있었던 경우에 한하여 편파의사가 추정**된다고 할 것이나, **채무초과라는 채무자의 무자력상태를 유발 또는 심화시키는 사해행위의 경우에는 그 행위 당시에 이미 일반채권자를 해하고 있다는 점에서 특별한 사정이 없는 한 사해의사가 추정**되고 여기에서 더 나아가 장차 파산절차가 개시될 개연성이 있고 채무자가 이러한 점을 예상하거나 예상할 수 있어야 하는 것은 아니다"라고 판시하고 있습니다. 위 판시는 파산절차에 관한 것이나, 회생절차에서도 부인권 행사요건으로서 사해행위이든 편파행위이든 청산절차를 가정하여 당해 행위로 인하여 다른 채권자들의 배당률이 낮아질 때 행위의 유해성이 인정된다고 하는 점에 관하여 별다른 이론이 없습니다.

한편 ① 20** 회계년도 이래 매출은 계속 감소하였던 점(소갑 제8호증 회생절차개시신청서 11면), ② 20*1 회계년도에 비유동부채가 10억원 이상 증가하였고, 이는 유동부채를 일종의 대환을 통하여 장기성 부채로 전환한 결과이며, 실질적인 재무구조의 개선은 없었던 점(소갑 제8호증 10면의 부채변동 추이에 의하면 20**. 유동부채 2,487백만원이 20*1. 611백만원으로 감소하였고, 대신 비유동부채는 534백만원에서 1,490백만원으로 증가), ③ 회생절차개시신청서에 첨부된 채무자 대표이사 진술서(소갑 제9호증) 4면에 의하면 20**8. 7. 경 해외법인 청산과정에서 투자금을 회수하지 못한 사실, 리만사태로 인한 환차손, 20**. 8. 경 직영매장 폐쇄로 인한 시설투자금 15억원 상당의 손실 등이 발생한 사실이 기재되어 있는바, 20** 회계년도에 채무자의 재무상태는 급격히 악화된 점, ④ 이와 같이 채무자의 경영성과는 악화일로에 있었고, 결국 **신용보증기금 발행의 채무잔액확인서 (소갑 제10호증)에 의하면** 20*1. 12. 8. **대위변제로 인한 구상채무 7억9,800만원이 발생**하였고, **그 무렵 채무자 대표이사의 개인주택에 대하여도 가압류집행**이 이루어진 점, ⑤ 20*1 회계년도 재무상태표에 의하면 자산총액은 3,853,881,637원이었고, 이는 타인자본에 해당하는 부채 2,160,354,171원, 자기자본 1,693,527,466원으로 구성되어 있었으나, 회생을 신청한 20*1. 9. 30. 기준 재무상태표에 의하면 자산총액은 1,126,563,628원, 부채는 2,197,838,932원, **자본은 △1,071,275,304원으로서 완전자본잠식으로 나타나고 있는바**, 이는 회생을 신청하면서 회사의 재무현황을 제대로 공시하면서 그 동안 분식 등으로 드러나지 않았던 결손금이 현실화된 결과이며, **자본잠식의 원인은 해외투자실패, 환차손, 직매장폐쇄로 인한 손실, 위 이**에 대한 5억원 상당의 편파변제로 인한 자금의 사외유출 등의 사정들이** 20*1 **회계년도 이래로 누적된 결과로 보는 것이 합리적인 점(소갑 제11호증)**, ⑥ 대법원 2007. 11. 15. 자 2007마887 결정은 '법인이 채무초과 상태에 있는지 여부는 법인이 **실제 부담하는 채무의 총액과 실제 가치로 평가한 자산의 총액을 기준으로 판단하는 것이지 대차대조표 등 재무제표에 기재된 부채 및 자산의 총액을 기준으로 판단할 것은 아니다**'라고 판시하고 있는바, 채무자 회사의 재무상태표에 의하면 마치 20*1 회계년도까지는 별다른 문제가 없는 듯이 보이나, 실제로 전술한 바와 같은 중국투자손실, 직매장 폐쇄로 인한 15억원의 손실 등 사업환경의 악화로 결국 20*1. 12. **경 신용보증기금이 약 8억원 상당의 채무를 대위변제한 점에 비추어 적어도 바로 직전인** 20*1. 9. **근저당권 양도행위 당시 도산절차 개시의 개연성이 있었고, 그 개연성이 현실화되었다고 할 것입니다.**

나. 채무자의 변제행위는 채권자를 해하는 것입니다.

위 각각의 변제행위 당시 목록(소갑 제7호증)에 기재된 채권의 대부분이 현존하고 있었고, 여전히 변제되지 아니하고 회생절차에서 대부분 시인되었다는 점에서 상기 변제행위는 회생채권자를 해하는 행위라고 할 것입니다.

다. 상대방은 스스로 자신의 선의를 입증하여야 할 것입니다.

이에 관하여는 상대방의 주장을 본 후, 대응하도록 하겠습니다.

3. 예비적 청구의 근거에 관하여

채무자 대표이사에 의하면 근저당권부 채권양도의 실제 수익자는 상대방 이**이며, 등기부의 기재에 의하면 남**이라고 할 것인바, 심문과정에서 양자에 대한 청구를 모두 유지할 것인지, 이**에 대하여만 청구를 유지할 것인지에 관하여 결정하도록 하겠습니다.

4. 구석명 사항

상대방들은 근저당권부 채권을 양도할 당시 확정된 근저당 채권의 수액이 얼마인지 밝혀 주시기 바랍니다. 이에 터 잡아 신청취지 기재 금원을 정정하도록 하겠습니다.

소 명 방 법

(생 략)

20**. 9.

채무자 **(주) 법률상 관리인 ○○○

서울회생법원 제○부 귀중

4. 사해행위취소소송과 병합된 청구의 처리

회생절차개시결정으로 사해행위취소소송은 중단된다(법 113조 1항). 통상 함께 병합된 구상금청구도 중단된다.[44] 사해행위소송 등을 진행 중인 재판부에서 회생절차 진행사실을 당연히 알고 있다고 할 수는 없으므로 관리인은 미리 이를 고지함으로써 '소송절차 중단을 간과한 판결'의 문제가 발생하지 않도록 조치하여야 할 것이다.[45]

44) 대법원 1999. 7. 23. 선고 99다22267 판결, 대법원 2009. 10. 29. 선고 2009다58234 판결 등.
45) 대법원 1999. 12. 28. 선고 99다8971 판결, 대법원 2011. 10. 27. 선고 2011다56057 판결.

위 소송 중 관리인이 수계할 수 있는 것은 사해행위 부분에 한한다. 관리인이 사해행위소송을 수계하기 위해서는 담당 재판부의 허가를 득한 후, 위 허가서를 첨부하여 소송계속 중인 재판부에 수계허가를 신청한다. 관리인은 사해행위 부분만 원고 측을 수계하는 결과 사해행위 부분은 원고, 병합청구 부분은 피고로서의 지위를 겸유한다.

사해행위취소와 부인권은 별개의 법률요건이므로 청구취지를 부인소송으로, 청구원인을 부인권 행사요건에 맞게 각 변경하여야 할 것이다. 청구취지에서는 대상이 되는 계약의 취소를 구할 필요는 없다(이행·확인소송설).

병합된 청구는 수계의 문제가 아니며, 채권조사절차에서 시인할 경우 확정판결과 동일한 효력이 있으므로 위 병합청구는 각하될 것이다.[46] 만약 관리인이 이의할 경우 병합청구는 채권조사확정재판으로 청구취지를 변경하여 속행되며, 이의자인 관리인을 상대로 수계신청을 하여야 할 것이다(법 172조 1항).

5. 채권자가 집행한 처분금지가처분의 수계

채권자가 사해행위 및 구상금청구 등의 소를 제기하면서 처분금지가처분을 집행한 경우 위 가처분을 관리인이 수계할 수 있다는 주장이 일각에서 제기된다. 사해해위 소송에서 원고 측을 수계하므로, 그 전단계인 보전처분을 수계할 수 있음은 당연하다는 생각에 기초한 것으로 보인다.

그러나, 위 가처분의 피보전채권이 사해행위취소를 원인으로 한 원상회복청구권이라고 하더라도, 사해행위의 피보전채권에 관한 소송은 수계의 대상이 아닌 점, 피보전채권은 채권조사의 대상이고, 관리인은 잠재적 이의자인 점 등에 비추어 부정함이 타당하다.

위 가처분의 존재로 인하여 추후 부인판결 이후의 절차가 매우 번잡스러운 것은 사실이나, 명문의 근거가 없는 이상 편의만을 위하여 수계를 인정할 수는 없다고 본다.

---

46) 담당재판부는 취하를 권유하는 것이 일반적이다.

6. 부인소송 계속 중 배당 또는 매각이 이루어지는 경우[47)]

배당기일이 지정된 경우 배당금지급금지가처분을 신청하여야 할 것이다. 부인소송 계속 중 배당기일이 열릴 경우 ① 배당에 대한 이의 및 배당이의의 소를 별소로 제기하고, 기존 소송은 공탁금의 수령권한이 관리인에게 있다는 취지로 청구취지를 변경하는 방법, ② 배당이의를 하고, 기존 소송에서 배당금청구권의 양도를 구하는 식으로 청구취지를 변경하는 방법을 생각할 수 있다. ②의 방법은 배당이의의 소가 전속관할인 점에 비추어 의문이 있으나, 청구기초의 동일성이 유지되는 점, 전속관할 규정을 최초 소 제기 시로 축소해석하여 절차경제를 도모할 필요가 있는 점 등에 비추어 ②의 방법도 가능하다고 할 것이다.

배당금 지급금지 가처분 신청

채 권 자 채무자 유**의 파산관재인 윤덕주
채 무 자 신 * *
제3채무자 대한민국
위 법률상 대표자 법무부장관 박상기
서울 서초구 반포대로 158(서초동 1724) 서울고등검찰청
소관: 인천지방법원 세입세출외 현금출납공무원

신 청 취 지

1. 채무자는 제3채무자로부터 별지 목록 기재 채권을 추심하거나 타에 양도, 질권 설정 기타 일체의 처분행위를 하여서는 아니 된다.
2. 제3채무자는 채무자에게 위 채권을 지급하여서는 아니 된다.

라는 결정을 구합니다.

47) 저자가 파산관재인으로서 수행한 사건의 신청서이다.

신 청 이 유

1. 본 건 신청의 피보전권리

가. 채권자가 수계하고 있는 신용보증기금은 인천지방법원 20**가합54*90호 사해행위취소 등 사건의 원고이며, 20**신보그레이트제*차유동화전문회사는 서울중앙지방법원 20**가합51*038 사해행위취소 등 사건의 원고입니다.

나. **인천 서구 *동 71－2의 전소유자인 유**는 20**. 7. 24. 서울회생법원 20*단독으로부터 파산선고결정**을 받았으며, 본 관재인은 같은 날 위 유**의 파산관재인으로 선임되었습니다. 한편 이 사건 부동산의 **가처분권자인 신용보증기금과 2011신보그레이트제1차유동화전문유한회사는 이 사건 부동산에 관하여 채권자취소권에 의한 원상회복청구권을 피보전권리로 하는 처분금지가처분등기를 경료**한 바 있고, 위 본안 소송을 진행중에 있습니다. 파산선고 당시 계속 중이던 파산재단에 관한 소송은 중단되고, 채무자회생및파산에관한법률 382조 1항은 파산선고 당시 채무자가 가진 모든 재산은 파산재단에 속하도록 규정하고 있고, 동법 384조는 파산재단을 관리처분할 권한은 파산관재인에게 속하도록 규정하고 있습니다. 한편 **사해행위취소소송의 결과는 파산재단에 직접적인 영향이 있고, 관재인이 이를 수계하여 파산법상의 부인의 소로 청구취지를 변경하여 통일적으로 수행할 필요**가 있어, 위 법 406조 1항은 소송절차중단사유로 규정하고 있으며, 위 법 406조 2항, 347조 1항은 파산재단에 속하는 재산에 관하여 파산선고 당시 법원에 계속 되어 있는 소송은 파산관재인 또는 상대방이 이를 수계할 수 있다"라고 규정하고 있습니다. 한편 가처분권자들이 제기한 소송은 사해행위취소소송이므로, **파산관재인은 법 406조 1항, 2항, 347조 1항에 의거 원고 측을 수계할 수 있고, 이러한 견지에서 위 각 소송의 원고들을 수계하게 되었습니다.**

다. 위 소송의 원고인 **신용보증기금은 신청외 유**에 대한 694,300,527원의 채권을, 20**신보그레이트제*차유동화전문회사는 508,819,433원의 채권을 보유**하고 있으며, 위 유**는 채무초과로서 파산신청 직전인 20**. 10. 25. 유일한 재산인 '인천 서구 *동 71－2'의 소유권을 채무자들에게 이전한 바 있습니다. 그러나 전술한 본안소송 계속 중 **인천지방법원 20**타경35*30 부동산임의경매절차에 관한 최고가매각허가 및 배당기일(금년 2. 6.)이 지정**된 바 있고, 채권자는 위 사해행위의 수익자라 할 수 있는 채무자에 대하여 이 사건 부동산의 원상회복을 구할 권리가 있다 할 것이나, **대상 부동산이 임의경매절차에서 매각이 완료되어 가처분등기가 말소된 관계로 채권자가 채무자에 대하여 구할 수 있는 원상회복은 결국 수익자인 채무자가 위 경매절차에서 취득한 배당금청구**

권을 사해행위자인 신청 외 유에게 양도하는 방법으로 이뤄져야 할 것입니다(대법원 2013. 9. 13. 선고 2013다34945 판결 등)**. 결국 채권자는 채무자에 대하여 이 사건 부동산매매계약에 관한 사해행위취소권 및 그에 관한 원상회복청구권(신청 외 유**에게 배당금청구권을 양도하도록 할 수 있는 권리)을 본 건 신청에 있어 피보전권리로 보유하고 있다 할 것이며, 이는 첨부한 소명방법에 의하여 충분히 그 존재가 긍정된다 하겠습니다.

2. 본 건 신청의 보전의 필요성

인천지방법원의 임의경매절차는 이미 낙찰자의 매각대금 완납으로 인하여 현재 20**. 2. 6. 배당기일이 잡혀 있는 상황입니다. 채무자를 상대로 사해행위취소소송 등이 계속 중이나, 위 소송의 판결이 확정되기까지는 아직 일정 기간이 필요하고, 그 사이에 본 건 신청에 의하여 채무자에 대한 배당금의 지급이 금지되지 않는다면, 채무자는 위 배당기일에 근저당권자 등에게 배당하고 남은 잔액을 수령하고 이를 산일시킬 위험이 있습니다. 이 경우 채권자로서는 사해행위취소소송 등에서 승소판결을 얻더라도 채무자에 대하여 사해행위취소에 따른 원상회복 절차(배당금(경매잉여금)청구권의 양도 등)를 집행할 수 없는 곤경에 처하게 됩니다.

따라서 본 건 신청에는 그 보전의 필요성 역시 충분히 소명됩니다.

3. 결 론

채권자는 공적수탁자로서 모든 채권자의 이익을 대변하는 지위에 있음을 고려하여 본 건 신청을 인용하여 주실 것을 요청드립니다. 특히 현재 위 **배당기일이** 20**. 2. 6.**로 임박한 상황인바, 신속히 본 건 신청을 인용**하여 주실 것을 요청 드리며, 담보의 제공과 관련해서는 보증보험증권에 의하여 이를 갈음할 수 있도록 하여 주시기 바랍니다.

* 한편 귀원에 본안이 계속 중에 있으므로 본 사건도 귀원의 관할이 인정된다고 할 것입니다.

20*8. 4. **

채 권 자 채무자 유**의 파산관재인 윤덕주

○○법원 *민사부 귀중

별지목록

인천지방법원 20**타경35*30 부동산임의경매 사건에서 채무자[신**(4*0*12-*******), 유**(6**128-*******), 인천 서구 **로62번*길 **(**동)]에게 배당(지급)되는 배당금(잉여금) 지급청구권. 끝.

청구취지 및 원인 변경

Ⅰ. 청구취지 변경

변경 전

피고는, 원고 수계참가인에게 금 59,213,836원을 지급하되, 이 사건 청구취지변경서 송달일 다음 날부터 다 갚는 날까지 연 15%의 비율에 의한 돈을 지급하라.

변경 후

피고는, 원고수계참가인에게 인천지방법원 20**타경35*30 부동산임의경매절차에서의 배당금(경매잉여금)반환청구권을 양도하고, 소외 대한민국(소관: 인천지방법원 세입세출외 현금출납공무원)에게 그 취지를 통지하라.

라는 판결을 구합니다.

Ⅱ. 변경된 청구원인

본안 소송계속 중 귀원 20**타경35*30 부동산임의경매절차에 관한 최고가매각허가 및 배당기일(금년 2. 6.)이 지정된 바 있고, 위 배당금지급청구권은 현재 원고에 의해 처분금지가처분집행이 이루어진 상황입니다. 수계참가인은 사해행위의 수익자라 할 수 있는 위 피고들에 대하여 이 사건 부동산의 원상회복을 구할 권리가 있다 할 것이나, **대상 부동산이 임의경매절차에서 매각이 완료됨으로써 원상회복은 결국 수익자인 피고들이 위 경매절차에서 취득한 배당금(경매잉여금)청구권을 원고 수계참가인에게 양도하는 방법으로 이뤄져야 할 것입니다(대법원 2013. 9. 13. 선고 2013다34945 판결 등)**.

7. 부인소송 계속 중 회생절차의 종료

부인권은 회생절차의 진행을 전제로 관리인만이 행사할 수 있는 권리이므로 당해 절차의 종료에 의하여 소멸되고, 비록 회생절차 진행 중에 부인권이 행사되었다고 하더라도 이에 기하여 재산이 채무자에게 회복되기 이전에 회생절차가 종료한 때에는 부인권행사의 효과로서 상대방에 대하여 재산의 반환을 구하거나 또는 그 가액의 상환을 구하는 권리 또한 소멸한다고 보아야 할 것이므로 회생절차 폐지결정의 확정으로 그 소송의 원고인 관리인의 자격이 소멸함과 동시에 당해 소송에 관계된 권리 또한 절대적으로 소멸하고 어느 누구도 승계할 수 없다.[48)]

채권조사확정재판에 대한 이의의 소에서 항변의 방법으로 부인권이 행사된 후 소송의 계속 중에 회생절차가 종료한 때에는 그 소송절차는 중단되고 채무자와 사이에서 수계되지만, 부인의 항변은 이유 없게 된다.

선행하는 사해행위취소소송이 관리인에 의하여 부인소송으로 수계된 후에 회생절차가 종료한 경우에는 다시 부인소송절차가 중단되고, 회생절차개시 전에 사해행위취소소송을 제기하였던 회생채권자는 사해행위취소소송절차를 수계하여야 한다(법 113조 2항, 59조 4항).

Ⅶ. 부인권 행사의 효과

1. 원상회복

부인권 행사로 인하여 당해 재산은 채무자의 소유로 회복된다(법 108조 1항). 부인권 행사의 효과는 물권적으로 발생하고, 관리인의 부인권 행사에 의하여 일탈되었던 재산은 상대방의 행위를 기다리지 않고 당연히 채무자에게 복귀한다(물권적 효과설). 다만 그 효과는 관리인과 부인의 상대방 사이에서만 생기고 제3자에 대해서는 효력을 미치지 않는다(상대적 무효설).

원상회복과 관련하여 금전교부행위가 부인된 경우에는 상대방은 채무자로

48) 대법원 2016. 4. 12. 선고 2014다68761 판결 등.

부터 교부받은 액수와 동일 액수의 금전 및 교부받은 날 이후의 지연이자를 반환하면 된다. 이 의무는 선이행이며, 동시이행이 아니다. 회생재단의 충실을 위한 규정으로 판단된다.

2. 가액배상

관리인이 부인권을 행사할 당시 이미 그 대상이 되는 재산이 물리적으로 멸실, 훼손되거나 상대방이 제3자에게 처분하여 현존하지 않는다면 가액배상을 청구할 수 있다.[49)]

사해행위를 이유로 채권자취소권이나 부인권을 행사하는 경우 행위를 하지 않았다면 있었을 책임재산을 회복하도록 하여야 하고, 그보다 더 많은 책임재산을 회복하는 결과를 초래하는 것은 허용되지 않는다. 따라서 일반채권자들의 공동담보에 제공되지 않은 책임재산은 취소나 부인의 범위에서 제외되어야 한다. 채무자가 제3자에게 저당권이 설정되어 있는 재산을 양도한 경우, 양도한 재산 중에서 일반채권자들의 공동담보에 제공되는 책임재산은 저당권의 피담보채권액을 공제한 나머지 부분이다. 채권자취소나 부인권행사의 대상인 행위는 이와 같이 산정된 일반채권자들을 위한 책임재산의 범위 내에서 성립하므로, 피담보채권액이 양도한 재산의 가액을 초과할 때에는 재산의 양도가 채권자취소나 부인권행사의 대상이 되지 않는다. 채무자 소유인 여러 부동산에 공동저당권이 설정되어 있는 경우 책임재산을 산정할 때 각 부동산이 부담하는 피담보채권액은 특별한 사정이 없는 한 민법 368조의 규정 취지에 비추어 공동저당권의 목적으로 된 각 부동산의 가액에 비례하여 공동저당권의 피담보채권액을 안분한 금액이라고 보아야 한다. 공동채무자들이 하나의 부동산을 공동소유하면서 전체 부동산에 저당권을 설정한 경우에도 특별한 사정이 없는 한 위 법리가 적용된다.[50)]

---

49) 법에는 가액배상을 직접적으로 규정하고 있지 않으나 부인권제도의 취지와 선의의 무상취득자의 현존이익 반환의무를 규정한 법 108조 1항, 가액상환에 따른 상대방 채권의 회복을 규정한 법 109조 등을 근거로 인정하는 것이 일반적이다.

50) 대법원 2017. 5. 30. 선고 2017다205073 판결. 건물의 공유자가 공동으로 건물을 임대하고 임차보증금을 수령한 경우, 임차보증금 반환채무는 불가분채무에 해당하고, 공유자 전원

3. 무상부인과 선의자 보호

무상부인의 경우 상대방의 선·악을 불문하므로 상대방에게 가혹한 결과를 초래할 수 있다. 이에 상대방이 선의인 경우 반환의 범위를 현존이익을 한도로 제한하고 있다(법 108조 2항). 전득자도 전득 당시 선의였다면 반환범위는 현존이익을 한도로 한다(법 110조 2항).

4. 상대방의 지위

가. 반대이행에 대한 반환청구권

부인권의 목적은 원상회복에 있고, 채무자의 부당이득을 용인하는 것은 아니다. 채무자의 행위가 부인된 경우 상대방의 반대이행은 채무자의 재산에서 반환되어야 한다.

반대급부가 채무자의 재산 중에 현존하고 있다면 상대방은 그 반환을 구할 수 있고, 상대방은 관리인에 대하여 동시이행의 항변으로 대항할 수 있다. 반대급부는 현존하지 않으나 반대급부로 인하여 생긴 이익이 현존하고 있다면 상대방은 이익이 현존하는 한도 내에서 공익채권자로서 상환을 청구할 수 있다. 반대급부 및 그로 인한 이익 모두 현존하지 않는다면 상대방은 그 가액의 상환에 관하여 회생채권자로서 권리를 행사할 수 있다(법 108조).

나. 채권의 회복

채무 이행행위가 부인된 경우 상대방이 그가 받은 급부를 반환하거나 그 가액을 상환한 때에는 상대방의 채권이 회복된다(법 109조). 법문상 상대방은 선이행의무를 부담하며, 동시이행항변이나 부활한 채권을 자동채권으로 하는 상계로 대항할 수 없다.

으로부터 상가건물을 임차한 사람이 상가건물 임대차보호법에 따라 임차보증금에 관하여 우선변제를 받을 수 있는 권리를 가진 경우, 상가건물의 공유자 중 1인인 채무자가 처분한 지분 중 일반채권자들의 공동담보에 제공되는 책임재산은 우선변제권이 있는 임차보증금 반환채권 전액을 공제한 나머지 부분이라 판시한 사례이다.

5. 관계인집회 이후의 부인권 행사

회사정리법 하에서 서울고등법원은 피고가 담보목적물인 출자증권을 처분하여 그 대금이 피고의 일반재산에 혼입된 경우, 원고는 그 가액의 상환을 청구할 수 있고, 피고의 채권은 부활되지만, 담보권은 회복시킬 수 없으므로 원고는 담보권이 회복된 것과 동일한 경제적 이익을 상대방에게 제공할 의무를 지는 것이나, 원고의 이와 같은 의무와 피고의 가액배상의무가 동시이행관계에 있다고 할 수 없고, 원고가 출자증권의 처분 대가를 피고로부터 상환받고도 새로이 종전과 동일한 담보권(질권)을 설정하여 주지 아니함으로써, 피고의 담보권이 회복되지 못하는 결과가 발생한다 하더라도 피고는 정리담보권의 추완신고를 하고, 정리계획의 변경절차를 거치면 된다는 취지로 판시하였다.[51)]

대법원은 원고의 가액반환청구는 긍정하면서도, 관계인집회가 끝난 후에 비로소 부인권이 행사된 경우에 피고는 정리채권자 또는 정리담보권자로서 추완신고를 할 수 없어서 그 권리를 행사할 수 없게 되는데도 원심이 이 사건에 있어 피고가 정리담보권의 추완신고를 할 수 있는 것처럼 설시한 것은 적절하지 못함을 지적하였다. 그 대안으로 정리회사는 피고의 손실에 의하여 부당하게 이득을 얻은 것이므로 피고는 회사정리법 208조 6호 소정의 공익채권인 정리절차개시 후 회사에 대하여 생긴 부당이득청구권으로서 이를 원고에게 청구할 수 있고, 그 부당이득액은 위 행사할 수 없게 된 권리가 회사정리절차에서 신고할 수 있는 기간 내에 신고되었더라면 정리계획에서 인정되었을 것과 동일한 조건으로 지급되어야 할 것이라고 판시하여 공익채권설을 취하였다.[52)]

위 대법원 판시에 따르면 부인대상행위의 상대방이 결과적으로 더 우월한 공익채권자로서 취급받게 되어 부인대상 행위를 억제하려는 부인권제도의 취지에 반하게 되므로 법은 109조 2항에서 “채무자의 행위가 회생계획안 심리를 위한 관계인집회가 끝난 후 또는 240조의 규정에 의한 서면결의에 부치는 결정이 있은 후에 부인된 때에는 152조 3항의 규정에 불구하고 상대방은 부인된

51) 대법원 2003. 5. 28. 선고 2000다50275 판결의 원심인 서울고등법원 2000. 8. 22. 선고 2000나18969 판결.

52) 대법원 2003. 2. 28. 선고 2000다50275 판결.

날로부터 1월 이내에 신고를 추후보완할 수 있다"고 규정함으로써 추후보완신고 허용설을 입법화하였다.

Ⅷ. 부인권의 소멸

부인권은 회생절차개시일로부터 2년이 경과한 때에는 행사할 수 없다(법 112조 전문). 또한 부인의 대상이 되는 행위를 한 날로부터 10년이 경과한 때에도 같다(법 112조 후문).

지급정지의 사실을 안 것을 이유로 부인하는 경우에는 회생절차개시의 신청이 있는 날로부터 1년 전에 행하여진 행위는 부인할 수 없다(법 111조).

관리인은 부인의 상대방과 화해가 성립한 때와 같이 회생채권자의 이익에 합치될 경우 부인소송의 확정 전후를 묻지 않고 소송 외에서 회생법원의 허가를 받고 부인권의 행사를 포기할 수 있다.

개시결정 이전에 적법하게 제기된 채권자취소소송을 관리인이 수계하면, 채권자취소소송의 소송상 효과는 관리인에게 그대로 승계되므로, 청구변경의 방법으로 부인권을 행사한 경우, 특별한 사정이 없는 한, 제척기간의 준수 여부는 중단 전 채권자취소소송이 법원에 처음 계속된 때를 기준으로 판단하여야 한다.[53]

Ⅸ. 부인의 등기

법 26조 1항은 "등기원인인 행위가 부인된 때에는 관리인은 부인의 등기를 신청하여야 한다. 등기가 부인된 때에도 또한 같다"고 규정함으로써 관리인에게 부인의 등기를 신청할 의무를 부과하고 있다. 부인의 등기는 판결에 의한 등기이므로 관리인이 직접 신청하여야 하고, 촉탁에 의할 것은 아니다.

---

53) 대법원 2016. 7. 29. 선고 2015다33656 판결.

X. 특수문제: 직불동의·직불청구권과 부인권의 관계

1. 문제의 소재

건설업자 내지 제조업자가 기업회생절차 내지 파산신청 전 채권자들의 압박으로 인하여 공사대금 내지 물품대금채권을 양도하거나, 직불에 동의하고, 채권자들이 발주자를 상대로 양수금청구 내지 직불동의에 터잡은 물품대금(공사대금)청구를 진행하는 경우가 있다. 이후 채무자에 대한 파산선고 내지 회생절차개시결정이 이루어지고, 파산관재인 또는 관리인이 선임될 경우 부인권을 행사하여 위 채권양도행위 또는 직불동의를 부인하고 이를 파산재단(회생재단)으로 편입할 것인지가 실무상 문제된다.

주지하는 바와 같이 직불청구권은 수급사업자를 보호하기 위하여 하도급법 14조에 의하여 보장된 권리이다. 부인권과 직불청구권은 공히 그 나름의 정당성을 가진 것으로 평가되는바, 위 제도들의 상호관계 및 부인권 행사의 한계로서의 직불청구권의 지위를 명백히 할 필요가 있다.

이를 위하여 직불청구권의 행사주체로서 중소기업의 범위, 부인할 경우 공사대금 내지 물품대금청구의 소에 참가하여 직불동의라는 채무자의 행위를 부인하고(원고청구기각을 구함), 피고에 대하여 물품대금의 지급을 구하는 독립당사자참가, 압류 및 추심명령에 대한 해제 등 조치의 가능성이 문제된다.

2. 하도급법 14조 적용의 전제조건

'원사업자'란 중소기업자가 아닌 사업자로서 중소기업자에게 제조 등의 위탁을 한 자, 중소기업자 중 직전 사업연도의 연간매출액(또는 하도급계약 체결 당시 공시된 시공능력평가액의 합계액)이 제조 등의 위탁을 받은 다른 중소기업자의 연간매출액보다 많은 중소기업자일 것을 요한다(하도급법 2조 2항 1호, 2호).[54] 즉, 원사업자가 중소기업이 아니거나, 수급사업자보다 매출액이 많다면 하도급

54) 종래 매출액 기준과 상시 고용 종업원수라는 이원적 기준을 사용하였으나, 2015. 7. 24. 법률 13451호로 개정하면서, 매출액 기준만을 적용하고 있다.

법이 적용된다.

하도급법 2조 2항 2호 단서는 대통령령으로 정하는 연간매출액에 해당하는 중소기업자는 하도급법의 적용에서 제외하고 있고, 동법 시행령 2조 4항은 일정 매출액 미만, 일정 시공능력평가액 미만 등 기준을 제시하고 있다.

중소기업자 해당 여부는 중소기업기본법의 관련 규정에 의하여 판단할 것이다.

3. 검 토

하도급법의 중소기업자 등 요건과 동법 14조의 요건을 충족하는 사안이라면 직불동의, 채권양도 등을 부인하더라도 직불청구권이라는 유효한 항변의 대항을 받게 될 것으로 보인다.

중소기업자가 아닌 사업자 간의 제조 등 위탁, 원사업자가 중소기업자라도 수급사업자보다 매출액이 작은 경우, 원사업자가 하도급법 2조 2항 2호 단서에 해당하는 경우에는 직불청구권의 대항을 받지 않으므로 부인권 행사가 가능하다. 직불청구 내지 양수금청구의 소가 진행 중이라면 관리인으로서는 피고에 대하여는 하도급대금의 지급을 구하고, 원고에 대하여는 부인권 행사를 이유로 원고청구기각을 구하는 독립당사자참가를 적극 고려하여야 할 것이다.

제 2 절 법인의 이사 등에 대한 손해배상청구권 등의 조사확정재판

Ⅰ. 개 설

이사 등이 법인에 대하여 손해배상책임을 부담할 경우에는 자본충실을 위해 이들에 대한 조치가 필요함은 자명하다. 이에 관한 방법으로 회사법상의 대표소송이나, 민사소송을 제기할 수 도 있을 것이나, 법은 절차경제를 위해 간이·신속한 방법으로 손해배상채권의 존재 및 내용을 확인할 수 있는 제도를 마련하였다.

Ⅱ. 보전처분

법원은 법인인 채무자에 대하여 회생절차개시결정이 있는 경우 필요하다고 인정하는 때에는 관리인의 신청에 의하거나 직권으로 채무자의 발기인·이사(「상법」 401조의2 1항에 의해 이사로 보는 자를 포함)·감사·검사인 또는 청산인(이하 '이사 등'이라 한다)에 대한 출자이행청구권 또는 이사 등의 책임에 기한 손해배상청구권을 보전하기 위하여 이사 등의 재산에 대한 보전처분을 할 수 있다(법 114조 1항). 관리인은 위 청구권의 존재를 알게 된 경우 법원에 보전처분을 신청하여야 하고(법 114조 2항), 법원은 긴급한 필요가 있다고 인정하는 때에는 회생절차개시결정 전이라도 채무자의 신청에 의하거나 직권으로 보전처분을 할 수 있다(법 114조 3항).

법원은 관리위원회의 의견을 들어 위 보전처분을 변경 또는 취소할 수 있다(법 114조 4항). 보전처분과 취소변경처분에 대해서는 즉시항고를 할 수 있으나, 집행정지의 효력은 없다(법 114조 5항, 6항).

Ⅲ. 손해배상청구권 등의 조사확정재판

법원은 법인인 채무자에 대하여 회생절차개시결정이 있는 경우 필요하다고 인정하는 때에는 관리인의 신청에 의하거나 직권으로 이사 등에 대한 출자이행청구권이나 이사 등의 책임에 기한 손해배상청구권의 존부와 그 내용을 조사확정하는 재판을 할 수 있다(법 115조 1항). 법원의 직권에 의한 경우에는 조사확정절차를 개시하는 취지의 결정을 한다(법 115조 4항).

관리인은 위 청구권이 있음을 알게 된 때에는 법원에 조사확정 재판을 신청하여야 하고, 원인된 사실을 소명하여야 한다(법 115조 2항, 3항). 관리인의 신청 및 법원의 조사확정절차개시결정이 있은 때에는 시효의 중단에 관하여는 재판상의 청구가 있은 것으로 본다(법 115조 5항).

이사에 대한 출자이행청구권은 인수담보책임(상법 428조)을 의미한다. 손해배상청구권은 회사에 대한 상법 399조의 청구권을 의미하고, 제3자의 상법 401조의 청구권은 조사확정절차가 아니라, 통상의 소의 방법에 의한다.

법원은 결정을 하기 전에 이해관계인을 심문하여야 한다(법 115조 7항). 조사확정절차(조사확정결정이 있은 후의 것을 제외한다)는 회생절차가 종료한 때에는 종료한다(법 115조 8항). 이미 조사확정결정이 있는 경우에는 회생절차종료 시에도 조사확정절차는 종료되지 않고, 회생절차종료 시에 조사확정결정이 미확정인 경우에는 회생절차종료 후라도 이의의 소를 제기할 수 있다. 이의의 소가 이미 계속되어 있는 경우에는 이의의 소는 중단되고 채무자가 수계한다.

사 견) 회생에 임하는 회사들의 경우 주금이 제대로 납입되지 않은 경우가 간혹 발견된다. 주로 재무구조 개선 차원에서 증자를 단행하면서 증자대금을 가장납입하는 경우가 이에 해당한다. 이러한 사안이 출자이행청구의 대상이 될 것인지와 관련하여 논의가 있으나, 부정함이 타당하다. 출자이행청구는 인수담보책임을 추급하는 것이고, 인수담보책임은 유효한 신주발행을 전제로 하기 때문이다. 신주발행의 결의가 있기는 하지만 납입기일까지 주금의 납입이 전혀 이루어지지 않은 가장납입은 유효한 신주발행이라 할 수 없고, 신주발행이 유효한 것과 같은 외관을 형성하는 변경등기가 있었다고 하더라도 신주발행의 실체는 전혀 존재하지 않는 것이므로 이에 대하여 이사의 인수담보책임이 발생할 수는 없다. 가장납입의 경우 무상감자에 준하는 큰 폭의 1차 병합을 통해 가장납입된 구 주주의 지분을 무력화시키면 족하다고 본다.

Ⅳ. 이의의 소

조사확정의 재판에 불복이 있는 자는 결정을 송달받은 날부터 1월 이내에 이의의 소를 제기할 수 있다. 위 기간은 불변기간이다(법 116조 1항, 2항). 위 소를 제기하는 자가 이사 등인 때에는 관리인을, 관리인인 때에는 이사 등을 각각 피고로 하여야 한다(법 116조 3항).

위 소는 회생계속법원의 관할에 전속하며, 변론은 결정을 송달받은 날부터 1월을 경과한 후가 아니면 개시할 수 없다. 여러 개의 소가 동시에 계속되어 있는 때에는 법원은 변론을 병합하여야 한다(법 116조 4항, 5항). 부적법하여 각하하는 경우를 제외하고는, 원 결정을 인가·변경·취소하는 취지를 표시한다(법 116조 6항).

조사확정의 결정을 인가하거나 변경한 판결은 강제집행에 관하여는 이행을 명한 확정판결과 동일한 효력이 있다(법 116조 7항). 이의의 소가 기간 안에 제기되지 아니하거나 취하·각하된 때에도 같다(법 117조). 조사확정을 취소하는 판결이 확정되는 경우에는 손해배상청구권의 부존재에 관하여 기판력이 생긴다. 조사확정의 신청을 기각한 재판은 간이한 비송절차로는 손해배상을 명할 수 없다는 취지일 뿐, 손해배상청구권의 부존재에 관하여 기판력을 부여하는 것은 아니다.

제 3 절 환취권

Ⅰ. 의 의

회생절차개시는 채무자에게 속하지 아니하는 재산을 채무자로부터 환취하는 권리에 영향을 미치지 아니한다(법 70조). 회생절차개시 당시 채무자가 점유하고 있는 재산 중에는 채무자 이외의 자의 소유에 속하는 것이 있을 수 있다. 그러한 재산은 채무자의 재산은 아니므로 그 소유자가 이를 환취할 수 있다. 다만 환취의 대상이 된 재산이 채무자의 갱생에 필수적인 자산일 경우에 환취권을 쉽사리 인정할 경우 채무자의 갱생에 현저한 지장을 초래할 우려가 있으므로 해석에 의한 환취권의 확장은 경계해야 한다.

Ⅱ. 환취권의 기초가 되는 권리

1. 소유권

환취권의 기초가 되는 권리는 실체법에 의하여 결정되는데, 소유권이 보통이다. 예컨대 피담보채무를 변제하고 질물의 반환을 청구하는 권리, 임대차나 사용대차에 의하여 채무자가 사용하고 있는 토지·건물·기계기구 등을 계약종료 후에 소유자가 반환을 청구하는 권리, 채무자에게 수리가공을 위탁한 물건의 반환을 받을 권리 등이 이에 속한다.

부동산의 매매계약에 있어 당사자 사이의 환매특약에 따라 소유권이전등기와 함께 민법 592조에 따른 환매등기가 마쳐진 경우 매도인이 환매기간 내에 적법하게 환매권을 행사하면 환매등기 후에 마쳐진 제3자의 근저당권 등 제한물권은 소멸하는 것이므로, 환매권 행사 후 근저당권자가 파산선고를 받았다고 하더라도 매도인이 파산자에 대하여 갖는 근저당권설정등기 등의 말소등기청구권은 파산채권에 해당하지 아니하며, 매도인은 환취권 규정에 따라 파산절차에 의하지 아니하고 직접 파산관재인에게 말소등기절차의 이행을 청구할 수 있다고 할 것이다.[55)]

재산(토지, 금전 등)과 노무(토목공사 등)를 출자하여 아파트를 신축·분양하고 그 수익을 손익배분비율대로 배분하기로 한 공동사업약정은 민법상의 조합계약에 해당하고, 조합원이 조합해산을 원인으로 하여 조합원의 합유재산을 분배할 것을 청구하는 잔여재산분배청구권은 환취권에 해당하므로, 위 공동사업약정에 의하여 설립된 조합의 조합원은 조합재산을 보관 중인 다른 조합원에 대한 회생절차가 개시되더라도 그 조합원에 대하여 환취권을 행사하여 조합원의 합유재산을 분배하여 줄 것을 청구할 수 있다.[56)]

2. 채권적 청구권

환취권의 기초가 되는 권리는 반드시 소유권에 한하지 않고, 점유권, 채권적 청구권(예컨대, 전대차계약 종료를 원인으로 한 목적물반환청구권)도 환취권의 기초가 된다.

반대로 채무자 이외의 자의 소유에 속하는 재산을 채무자가 점유할 권리가 있는 경우에는 회생절차가 개시되었다고 하여 당연히 환취권의 대상으로

55) 대법원 2002. 9. 27. 선고 2000다27411 판결.

56) 대구지법 2007. 6. 28. 선고 2004가합16918, 2007가합6082 판결.

되는 것은 아니다. 예컨대 임차인에 대하여 회생절차가 개시되었다고 하여 임대인에게 당연히 해지권이 발생하는 것은 아니기 때문에(민법 637조), 임대인이 당연히 환취권을 보유하는 것은 아니다.[57] 민법 637조는 임차인이 파산선고를 받은 경우에 관한 규정이므로 회생절차개시와 동일하게 취급할 수는 없을 것이다. 민법 637조에 의하면 계약기간이 정하여져 있는 경우라도 파산관재인 또는 임대인은 파산선고를 이유로 임대차계약을 해지할 수 있고, 민법 635조 소정의 기간이 도과하면 임대차는 종료하며, 각 당사자는 해지로 인한 손해배상을 청구할 수 없도록 규정하고 있으므로 임차인이 파산선고를 받을 경우 임대인은 임대차계약을 해지하고 환취권을 행사할 수 있을 것이다. 회생절차가 개시된 경우라면 위 임대차는 미이행쌍무계약의 법리에 따라 처리하면 족하다. 다만, 현실적으로 임대인의 요구를 거절하기 어려운 경우가 많아, 법원의 허가를 받아 임대차 조건을 변경하거나, 임대차를 해지한 후 다른 장소로 영업장을 옮기는 경우도 상당수 있다. 이 과정에서 연체차임을 정산할 경우 이는 회생채권 변제에 해당하므로 관련 허가를 함께 진행하여야 할 것이다. 물론, 임대인은 임차보증금 반환채권에 관한 기한의 이익을 포기하고, 상계권을 행사할 수도 있다. 운용리스의 경우도 임대차와 동일하게 취급하는 것이 실무이므로 리스이용자에 대하여 회생절차개시결정이 있을 경우 리스제공자가 당연히 환취권을 보유한다고 할 수는 없을 것이다.

사 견) 계약해제로 인한 부당이득반환청구권의 경우 회생절차의 특칙을 적용하여야 한다. 계약과 동시에 기계 소유권이전, 대금은 인도 및 검수 확인 후 5개월 차에 금 1,000만원, 이후 매월 15일 1,000만원을 분할지급한다는 취지가 기재되어 있고, 총 대금 1억3,515만원 중 5,000만원이 이미 지급된 상태에서 회생절차가 개시된 사안이라면, 매도인의 의무는 종결되었고, 채무자의 대금지급의무만이 남은 것이므로 미이행쌍무계약에는 해당하지 아니한다. 채무자는 회생절차개시 전에 이미 반대급부의 이행을 받았으므로, 채무자의 지급거절 또는 이행지체가 있을 경우 매도인은 해제 및 손해배상에 관한 권리를 취득하고, 그 반환의무는 부당이득으로서 법 118조 1호의 회생채권에 해당한다.

57) 임재홍·백창훈(상), 393면.

민법의 일반원칙에 의하면 해제의 효과로서 부당이득은 원물반환이 원칙이고, 계약목적물은 특정성을 갖는 것으로 보이므로 기계 그 자체를 반환하여야 할 것이나, 이러한 원칙은 회생절차에서 수정이 불가피하다. 회생채권의 임의변제는 금지되고, 회생절차에서만 그 권리를 행사하여야 하는 관계로 반환의무의 이행은 그 자체로 한계가 있고, 특정물채권은 법 137조의 비금전채권으로서 회생절차가 개시된 때의 평가액으로 그 권리가액을 정한 후 채권시부인 및 회생계획에 반영하여야 할 것이다.

3. 소유권유보부 매매의 매도인과 금융리스 제공자

동산의 소유권유보부매매는 동산을 매매하여 인도하면서 대금 완납 시까지 동산의 소유권을 매도인에게 유보하기로 특약한 것을 말하며, 이러한 내용의 계약은 동산의 매도인이 매매대금을 다 수령할 때까지 대금채권에 대한 담보의 효과를 취득·유지하려는 의도에서 비롯된 것이므로, 매수인에 대한 회생절차에서 회생담보권으로 취급함이 타당하고, 매도인은 매매목적물인 동산에 대하여 환취권을 행사할 수 없다는 것이 판례이다.[58] 금융리스채권을 회생담보권으로 취급하는 통설·판례의 입장에서는 환취권을 부정한다.

사 견) 금융리스 및 소유권유보부매매는 무리하게 담보권으로 구성하기보다는 법 119조에 의하여 처리하는 것이 간명하다고 생각한다. 다만, 도산해지조항의 유효성이 인정되는 관계로 도산해지조항에 근거한 환취권을 주장할 경우 금융리스 등에 대한 법률구성과 무관히 환취권 행사가 가능하다고 본다.

4. 사해행위취소권

사해행위취소권도 환취권의 기초가 되는 권리가 될 수 있다는 것이 최근 판례이다.[59] 사실관계를 요약하면, "보증보험회사가 연대보증을 받아 보증보험계약을 체결하였고, 이후 보증보험계약의 상대방에 대한 회생절차가 개시되어

58) 대법원 2014. 4. 10. 선고 2013다61190 판결.
59) 대법원 2014. 9. 4. 선고 2014다36771 판결.

동인이 관리인으로 간주되었고, 개시신청을 한 다음 날 연대보증인이 동인 소유의 부동산을 계약 상대방의 명의로 소유권이전등기를 마쳤다."는 것이다. 보증보험회사는 관리인인 상대방을 상대로 사해행위의 취소를 구하는 소송을 제기하여 승소하였고, 상대방은 본인에 대한 회생절차가 개시된 이상 관리인인 자신은 선의의 전득자라고 주장하면서 상고하였다.

대법원은 '사해행위취소권은 사해행위로 이루어진 채무자의 재산처분행위를 취소하고 사해행위에 의해 일탈된 채무자의 책임재산을 수익자 또는 전득자로부터 채무자에게 복귀시키기 위한 것이므로 환취권의 기초가 될 수 있다. 수익자 또는 전득자에 대하여 회생절차가 개시된 경우 채무자의 채권자가 사해행위의 취소와 함께 회생채무자로부터 사해행위의 목적인 재산 그 자체의 반환을 청구하는 것은 환취권의 행사에 해당하여 회생절차개시의 영향을 받지 아니한다. 따라서 채무자의 채권자는 사해행위의 수익자 또는 전득자에 대하여 회생절차가 개시되더라도 관리인을 상대로 사해행위의 취소 및 그에 따른 원물반환을 구하는 사해행위취소의 소를 제기할 수 있다'고 판시하였다. 한편 회생절차개시결정에 따라 채무자의 재산에 대한 관리·처분의 권한이 관리인에게 전속된다고 하더라도 채무자의 재산권 자체가 관리인에게 이전되는 것은 아니므로 관리인을 사해행위의 전득자라고 할 수 없다는 이유를 들어, 수익자에 대한 회생절차의 관리인 지위를 근거로 선의의 전득자에 해당한다는 피고의 주장을 배척한 원심 판단을 수긍하였다.

사 견) 위 판시는 좀 더 검토가 필요하다. 다만, 선악이 문제될 경우 파산관재인을 선의의 제3자로 구성하는 일관된 판례의 입장을 고려하면, 관리인인 피고를 선의의 제3자로 구성하되, 권리남용으로 상고를 기각하는 것이 좀 더 일관성이 있는 구성으로 보인다.

5. 양도담보, 가등기담보와 환취권

양도담보권자는 환취권을 행사할 수 없고 회생절차에서 회생담보권자로서 취급된다. 가등기담보권자도 동일하다. 양도담보권의 피담보채권이 소멸한 경우에는 채무자가 더 이상 양도담보권의 목적이 된 재산을 보유할 권원이 없으므로 양도담보설정자는 양도담보의 목적이 된 재산권을 환취할 수 있다.[60]

Ⅲ. 선의·악의와 환취권

통정허위표시, 사기강박에 의한 의사표시와 같이 소유권의 귀속이 제3자의 선악에 좌우될 경우 관리인의 제3자성 및 선의의 귀속주체가 문제된다. 판례는 파산관재인과 관련하여 '파산관재인이 민법 108조 2항의 경우 등에 있어 제3자에 해당하는 것은 파산관재인은 파산채권자 전체의 공동의 이익을 위하여 선량한 관리자의 주의로써 그 직무를 행하여야 하는 지위에 있기 때문이므로, 그 선의·악의도 파산관재인 개인의 선의·악의를 기준으로 할 수는 없고 총파산채권자를 기준으로 하여 파산채권자 모두가 악의로 되지 않는 한 파산관재인은 선의의 제3자라고 할 수밖에 없고', 더 나아가 '파산관재인이 파산선고 전에 개인적인 사유로 채무자가 체결한 대출계약이 통정허위표시에 의한 것임을 알게 되었다고 하더라도 그러한 사정만을 가지고 파산선고시 파산관재인이 악의자에 해당한다고 할 수 없다'는 입장이다.[61]

이러한 판례이론에 따르면 파산관재인에게 악의가 인정될 여지는 없을 것으로 보이며, 이를 회생절차의 관리인에게 그대로 적용할 경우 선악이 문제되는 사안에서 환취권 행사는 사실상 어려울 것이다. 파산관재인과 관련한 위 논의는 회생실무에서도 대체로 인정받고 있으며, 다만 선악의 판단은 관리인을 기준으로 하는 것이 타당하다는 입장이다.[62]

사 견) 위 파산관재인에 대한 판례이론은 저축은행의 대규모 부실사태라는 경제적 위기 상황에서 법정책적 판단이 반영된 측면이 있음을 부인하기 어려운 점, 관리인과 채무자(채무자 대표이사)는 대부분의 사안에서 사실상 동일인인 점 등을 감안하면 위 판례이론을 회생절차에 그대로 적용할 수는 없다. 통

---

60) 대법원 2004. 4. 28. 선고 2003다61542 판결.

61) 대법원 2006. 11. 10. 선고 2004다10299 판결.

62) 실무연구회(상), 365면.

정허위표시 등의 무효를 선의의 제3자에게 대항할 수 없도록 한 것은 거래안전을 위한 것인데, 위 판례이론을 일관할 경우 회생재단의 이익만을 고려함으로써 오히려 거래안전에 역행하는 문제가 있다. 사해행위취소에 관한 전술한 대법원 2014다36771 판결은 관리인을 기준으로 선악을 판단하면서, 환취권의 행사를 용인한 바 있다. 이와 같이 관리인을 제3자로 본다면 선악의 판단은 채권자 전체가 아닌 관리인을 기준으로 파악하여야 한다. 관리인을 기준으로 선악을 판단할 경우 채무자와 관리인의 형식적 법인격이 상이함을 이용한 채무면탈행위도 규제할 수 있을 것이다.

Ⅳ. 환취권의 행사

환취권은 회생절차에 의하지 않고 재판상 또는 재판외에서 관리인에게 행사하며, 관리인은 채무자가 가지는 모든 방어방법으로 이에 대항할 수 있다. 환취권 행사의 시기에도 제한이 없다. 따라서 회생계획인가 후 환취권의 대상이 되는 재산에 관하여 회생계획으로 저당권이 설정되거나 처분대상이 된 경우에도 환취권 행사를 할 수 있다.

환취권이 인정되더라도 관리인이 임의로 재산을 인도할 수 없으며, 환취권 승인은 법원의 허가사항이다.

Ⅴ. 운송 중인 매도물의 환취

법 71조는 매도인이 매매의 목적인 물건을 매수인에게 발송하였으나 매수인이 그 대금의 전액을 변제하지 아니하고, 도달지에서 그 물건을 수령하지 아니한 상태에서 매수인에 관하여 회생절차가 개시된 때에는 매도인은 그 물건을 환취할 수 있다고 규정하고 있다. 이는 격지자간 매매에 있어서 매도인은 목적물인도의무를 먼저 이행하고, 대금은 추후에 지급받기로 하였는데 당해 목적물의 운송 중에 매수인에 대하여 회생절차가 개시된 경우, 매도인을 보호하기 위하여 인정되는 환취권이다.

위와 같은 경우 매도인은 운송인에 대하여 운송중지와 목적물의 반환을 구할 수 있다(상법 139조). 다만 현재에는 운송기간의 단축과 신용조사수단의 발달에 의하여 매수인의 신용정보도 쉽게 얻을 수 있기 때문에 이러한 환취권을 적용할 여지가 거의 없다.[63]

Ⅵ. 위탁매매인과 위탁자의 환취권

물건매수의 위탁을 받은 위탁매매인이 그 물건을 위탁자에게 발송한 경우에도 법 71조 1항의 규정에 따라 환취권이 인정된다(법 72조). 위탁매매인과 위탁자 사이의 법률관계는 민법상의 위임계약이지만, 위탁매매인이 위탁자를 위하여 구입한 물품을 위탁자를 위하여 발송한 경우는 격지자 간의 매매와 유사하므로 71조 1항을 준용하도록 한 것이다.[64]

위탁매매인이 위탁자로부터 받은 물건 또는 유가증권이나 위탁매매로 인하여 취득한 물건, 유가증권 또는 채권은 위탁자와 위탁매매인 또는 위탁매매인의 채권자 간의 관계에서는 이를 위탁자의 소유 또는 채권으로 보므로(상법 103조), 위탁매매인이 위탁자로부터 물건 또는 유가증권을 받은 후 파산 내지 회생절차가 개시된 경우 위탁자는 법 72조에 의하여 위 물건 또는 유가증권을 환취할 권리가 있다. 위탁매매의 반대급부로 위탁매매인이 취득한 물건, 유가증권 또는 채권에 대하여는 대체적 환취권을 행사하여 그 이전을 구할 수 있다.

외국 정부가 국내법원에서 파산선고를 받은 위탁매매인에 대한 세금청구권에 기하여 위탁자의 대상적 환취권의 목적이 되는 물건, 유가증권 또는 채권을 강제징수한 경우, 그로 인해 위탁매매인의 세금채무가 소멸되어 위탁매매인의 파산재단은 동액 상당의 부당이득을 얻은 것이 되며, 이 경우 위탁자는 위탁매매인의 파산재단에 대해 부당이득반환청구권을 가지게 되는데, 이는 법 179조 1항 6호의 공익채권 내지 473조 5호의 재단채권이다.[65]

---

63) 실무연구회(상), 368면.
64) 실무연구회(상), 370면.
65) 대법원 2008. 5. 29. 선고 2005다6297 판결.

Ⅶ. 대체적 환취권

1. 의 의

회생절차개시 전의 채무자 또는 회생절차개시 후의 관리인이 환취권의 목적인 재산을 이미 제3자에게 처분한 경우에는 그 재산의 반환은 이행불능에 이른다. 이 경우 환취권자에게 현물을 환취한 것과 동일한 수준의 보호를 하기 위하여 그 목적물의 반대급부 이행청구권의 이전 또는 당해 목적물의 반대급부로 받은 재산의 반환을 청구할 수 있도록 하는 것이 공평한바, 이를 대체적 환취권 또는 배상적 환취권이라 한다.

2. 내 용

가. 73조 1항의 환취권

환취권의 목적인 재산을 채무자가 회생절차개시 전에 또는 관리인이 회생절차개시 후에 제3자에게 양도하였지만, 제3자가 반대급부를 아직 이행하지 않은 경우에는 환취권자는 관리인에 대하여 반대급부 이행청구권의 이전을 구할 수 있다. 방법은 민법상 지명채권양도방식에 의할 것이다.

나. 73조 2항의 환취권

관리인이 반대급부의 이행을 받은 경우에는 그 반대급부로 받은 재산이 특정성을 가지고 있는 때에 한하여 그 재산의 반환을 청구할 수 있다. 특정성이 없는 경우에는 반대급부로 받은 재산 상당액에 관하여 부당이득반환청구권이 발생하고 이는 회생절차개시 후에 발생한 것이므로 공익채권이다(법 179조 6호). 반대급부로 받은 재산이 금전인 경우 특정성이 없어 부당이득반환청구만 가능할 것이나, 동산·어음·주식과 같은 유가증권은 반대급부라는 증명이 있다면 환취의 대상이 된다.

다. 채무자가 회생절차개시 전 반대급부의 이행을 받은 경우

① 채무자가 회생절차개시 전에 이미 반대급부의 이행을 받은 경우에는

그 반대급부로 받은 재산은 이미 채무자의 책임재산으로 되었으므로 대체적 환취권은 인정되지 않고, 부당이득반환청구권이 인정되고, 이는 회생채권으로 취급된다.

② (관리인이 아니라) 채무자가 회생절차개시 후에 반대급부의 이행을 받은 경우에는 변제를 한 제3자의 선악을 구별하여야 한다. 회생절차개시 이후 그 사실을 알지 못하고 한 채무자에 대한 변제는 회생절차와의 관계에 있어서도 그 효력을 주장할 수 있으므로(법 67조 1항), 변제자가 이중변제를 강요당하지는 않을 것이다. 채무자를 경유하여 관리인에게 특정성 있는 급부물이 현존하는 경우에는 그 특정물의 이행청구를, 채무자가 받은 이익이 있는 때에는 공익채권으로서 그 이익의 반환을 청구할 수 있다. 회생절차개시 이후 그 사실을 알고 한 채무자에 대한 변제는 채무자의 재산이 받은 이익의 한도에서만 회생절차와의 관계에서 그 효력을 주장할 수 있으므로(법 67조 2항), 그 이익을 초과하는 부분에 대한 관리인의 반대급부청구권은 존속하고, 환취권자는 해당 반대급부청구권의 이전을 구할 수 있다. 채무자가 이익을 받은 범위에서는 채무자에 대하여 특정물의 이행청구 및 부당이득반환청구권을 행사할 수 있을 것이다.[66]

라. 대체적 환취권에 의하여도 보호되지 않는 손해의 배상

대체적 환취권을 행사하여 반대급부청구권을 이전받거나 관리인이 반대급부로서 받은 재산을 급부받았지만, 환취권자가 완전한 만족을 얻지 못한 경우 잔액에 대하여 채무자에 의한 양도의 경우 회생채권으로, 관리인에 의한 양도의 경우 공익채권으로 청구할 수 있다.[67]

3. 대체적 환취권 관련 사례: 기아특수강 사건[68]

가. 사실관계

갑 은행이 을 회사에 대하여 어음할인대출채권에 대한 담보를 요구하였고,

66) 전병서, 파산법상 환취권고찰, 법조 제48권 제3호(1993.3.), 법조협회, 173－174면.

67) 전병서, 상게논문, 174면.

68) 서울지방법원 2003. 2. 27. 선고 2002가합19365 판결.

을 회사는 받을 어음 382매에 양도배서를 하여 갑 은행에 교부함으로써 이들을 양도담보로 제공하였고, 갑 은행은 어음금을 추심하여 기한이 도래한 어음할인대출채권의 변제에 충당하여 오다가 그때까지 남아 있던 을 회사에 대한 어음할인대출채권 잔액을 한국자산관리공사에 양도하면서, 어음할인대출채권에 대한 담보로 그때까지 보관하고 있던 나머지 받을 어음을 자산관리공사에게 넘겨주지는 아니하였고, 채권양도 후 받을 어음의 만기가 도래하면 그 어음금을 추심하여 이를 장부상 을 회사에 대한 예수금 명목으로 처리하여 두던 중 이 사건 받을 어음 중 병 회사 발행의 어음이 부도난 뒤 병 회사가 회생절차에 들어가자 그 어음채권을 병 회사에 대한 회생채권으로 신고하였고, 회생계획이 인가됨에 따라 "i. 일부채권 면제, ii. 일부채권 출자전환되어 1주당 15,000원으로 산정한 액면금 5,000원의 병 회사 보통주식 36,941주를 교부받았고, iii. 나머지 채권은 3년 거치 7년 균등분할상환"하는 내용으로 권리변경 되었다.

이에 따라 갑 은행은 병 회사가 발행한 액면금 5,000원의 기명식 보통주식 36,941주를 자신의 명의로 배정·교부받았고, 또한 병 회사로부터 회생절차 개시 이후부터 기말까지의 이자 상당액을 지급받았고, 이후 갑 은행은 파산선고를 받기에 이르렀다.

나. 법원의 판단

이 경우 위 받을 어음에 관하여는, 갑 은행이 피담보채권인 어음할인대출채권만을 자산관리공사에 양도함으로써 피담보채권이 소멸됨에 따라 갑 은행이 이 사건 받을 어음에 대하여 가지고 있던 양도담보권 역시 부종성의 원리에 의해서 소멸되었다.

을 회사는 이 사건 받을 어음의 소유자로서 갑 은행이 파산한 이후에도 그 받을 어음에 대하여 법 70조에 의한 환취권을 가지며, 위 주식과 채권은 곧 병 회사 발행어음이 변형된 반대급부로서 법 73조 2항에 의하여 을 회사가 이들에 대하여 대체적 환취권을 가지고, 갑 은행의 파산관재인이 지급받은 이자 상당액은 금전을 수령한 것이어서 일반재산과 구별되는 특정성이 없으므로 그 금액 상당이 파산재단의 부당이득이 되어, 을 회사는 이에 대하여 재단채권자의 지위를 갖는다.

갑 은행이 파산하기 전에 받을 어음을 정상적으로 추심하여 을 회사에 대한 예수금으로 처리하여 둔 금액은 갑 은행이 파산하기 전에 이미 갑 은행의 일반재산에 혼입됨에 따라 을 회사가 이에 대하여 환취권 혹은 대체적 환취권이나 재단채권을 가질 수 없고, 그 금액 상당의 부당이득에 대한 반환청구권은 파산채권으로 인정된다.

제4절 상계의 제한

Ⅰ. 제도의 취지

상계는 대립하는 동종의 채권·채무를 대등액에 있어 소멸하게 하는 일방적 의사표시이다(민법 492조). 법 144조 1항은 "회생채권자 또는 회생담보권자가 회생절차개시 당시 채무자에 대하여 채무를 부담하는 경우 채권과 채무의 쌍방이 신고기간 만료 전에 상계할 수 있게 된 때에는 회생채권자 또는 회생담보권자는 그 기간 안에 한하여 회생절차에 의하지 아니하고 상계할 수 있다. 채무가 기한부인 때에도 같다."라고 규정하여, 회생절차개시 이후라도 회생절차에 의하지 아니한 상계를 하는 것을 일정한 범위에서 허용하고 있다. 이는 회생채권자와 회생채무자 상호간에 상대방에 대한 채권·채무를 가지고 있는 경우에는 상계함으로써 상쇄할 수 있다는 당사자의 기대를 보호하고자 하는 것이다. 또한 채무가 기한부인 때에도 상계가 가능하도록 한 것은, 기한부 채무는 장래에 실현되거나 도래할 것이 확실한 사실에 채무의 발생이나 이행의 시기가 종속되어 있을 뿐 채무를 부담하는 것 자체는 확정되어 있으므로 상계를 인정할 필요성은 일반채권의 경우와 다르지 않기 때문이다. 그리고 회생절차개시 이후에도 상계할 수 있으려면 채권과 채무의 쌍방이 신고기간 만료 전에 상계할 수 있어야 하므로, 신고기간 만료 전에 기한부 채무의 기한이 도래한 경우는 물론 회생채권자가 기한의 이익을 포기하고 상계하는 것도 허

용된다.[69)]

Ⅱ. 파산절차와의 비교

상계는 회생절차보다는 파산절차에서 더욱 강력한 효력을 갖는다. 파산채권인 자동채권은 파산선고 시에 변제기가 도래된 것으로 간주되고(법 425조), 파산절차 진행 중에도 파산절차에 의하지 않고 상계할 수 있으며(법 416조), 파산채권이 파산선고 시에 해제조건부 채권인 경우뿐만 아니라 비금전채권인 경우에도 상계가 인정된다(법 417조). 상계의 시기에 관하여도 제한이 없다.

회생절차개시 이후 회생채권은 회생계획에 의하지 않고는 변제 등 이를 소멸시키는 행위(면제를 제외한다)를 할 수 없으므로 관리인의 상계는 법원의 허가가 없는 한, 허용되지 않는다(법 131조). 법원의 허가를 조건으로 제한적으로 상계를 허용하는 것은 회생담보권도 동일하다.[70)][71)] 자동채권에 관하여 변제기 도래를 의제하는 규정이 없으며, 신고기간 만료일까지 변제기가 도래하여야만 상계가능하다. 상계의 의사표시도 신고기간 만료일까지 하여야 한다(법 144조 1항).

상계를 제한하는 근거는 회생재단의 충실을 기하여 갱생을 도모할 필요가 있다는 점, 채권 시·부인 및 회생계획 작성 등 후속절차를 진행하기 위해서는 채권액을 일정 시점을 기준으로 확정할 필요가 있다는 점 등을 드는 것이 일반적이다.

---

69) 대법원 2017. 3. 15. 선고 2015다252501 판결.

70) 법 141조 2항에서 131조를 회생담보권에 관하여 준용하고 있다

71) 상계에 법원의 허가를 받도록 한 것은 민사소송절차에서와 같이 당사자 쌍방이 제출한 공격·방어방법을 토대로 자동채권과 수동채권의 존부 및 범위를 심리하여 실체적 권리관계를 확정할 것을 요하도록 한 것은 아니므로, 관리인의 상계허가신청에 대하여 허가결정이 내려지고 그 결정이 확정되었다 하더라도 상대방에 대한 자동채권의 존부 및 범위와 그에 따른 상계의 효력에 관하여는 별개의 절차에서 여전히 다툴 수 있다. 이 경우 자동채권의 존부 및 범위는 그 권리의 존재를 주장하는 측에서 증명할 책임이 있고, 법원의 상계허가결정에 의하여 자동채권의 존부 및 범위가 법률상 추정되어 그에 대한 증명책임이 상대방에게 전환되는 것은 아니다(대법원 2008. 6. 26. 선고 2006다77197 판결 참조).

Ⅲ. 상계의 요건

1. 상계적상

회생채권자·회생담보권자는 회생절차에 의하지 않으면 변제를 받을 수 없음에도 자신의 채무는 모두 이행할 것을 강제한다면 불공평한 점, 회생절차의 안정적 운영을 위해서는 일정 시점을 기준으로 채권·채무의 소멸여부를 확정할 필요성이 있다는 점 등에 비추어 상계를 완전히 불허하거나, 파산절차와 같이 광범위하게 허용할 수는 없다. 법은 회생절차개시 당시 회생채권자·회생담보권자가 채무자에 대하여 가지는 자동채권과 채무자가 회생채권자·회생담보권자에 대하여 가지는 수동채권이 채권 등의 신고기간 만료 전에 상계할 수 있게 된 때에는 그 기간 안에 한하여 회생채권자·회생담보권자에 의한 상계를 허용한다(법 144조 1항).

2. 자동채권

자동채권은 채권 등의 신고기간 만료 전까지 변제기가 도래하여야 한다. 자동채권은 해제조건부라도 무방하다. 회생절차에서는 채권의 현재화·금전화 원칙이 인정되지 않으므로 정지조건부 채권이나 비금전채권의 경우에는 상계가 인정되지 않는다. 정지조건부라도 개시 전에 조건이 성취된 경우 상계할 수 있음은 당연하다.

신고기간 만료 전까지 상계적상이 발생한 경우 그 기간 내에 상계할 수 있다는 것이므로, 상계권 행사를 위하여 자동채권을 신고할 필요는 없다.

3. 수동채권

수동채권의 변제기가 도래하지 않았더라도 자동채권을 보유한 회생채권자·회생담보권자는 기한의 이익을 포기하고 상계할 수 있다(법 144조 1항 후단).

수동채권이 회생절차개시 후의 차임 또는 지료채무인 경우에는 당기와 차기의 것에 한하여 상계가 허용된다(법 144조 2항, 3항). 이를 제한하지 않을 경우 회생채권자·회생담보권자는 장래의 차임·지료에 관하여 기한의 이익을 포기함으로써 채권 전액을 우선변제받는 결과가 될 것이므로 채권자평등의 원칙에 반하기 때문이다.

그러나 회생채권자 또는 회생담보권자가 보증금을 지급한 때에는 2기분의 차임 이외에 그 후의 차임에 관하여도 보증금에 상당한 액까지는 상계가 허용된다. 보증금에 상당한 부분에 관하여는 채무자는 현실적으로 차임을 미리 받은 것과 동일하고, 임차인과의 통모에 의하여 채무자 재산의 충실을 해할 염려가 없어 그 부분에 있어서는 상계를 인정하더라도 폐해가 없다고 할 수 있기 때문이다. 다만 이 경우 상계의 자동채권은 보증금반환청구권이 아니고 기존의 회생채권 또는 회생담보권이다. 보증금반환청구권은 임대차계약의 해제 또는 해지 시에 비로소 생기는 것으로서, 임대차의 계속을 전제로 하는 것이므로 자동채권으로서 아직 현실화되지 않았기 때문이다.[72]

부동산 임대차에서 수수된 임대차보증금은 차임채무, 목적물의 멸실·훼손 등으로 인한 손해배상채무 등 임대차에 따른 임차인의 모든 채무를 담보하는 것이고, 특별한 사정이 없는 한, 임대인의 임대차보증금반환채무는 장래에 실현되거나 도래할 것이 확실한 임대차계약의 종료시점에 이행기에 도달한다. 그리고 임대인으로서는 임대차보증금 없이도 부동산 임대차계약을 유지할 수 있으므로, 임대차계약이 존속 중이라도 임대차보증금반환채무에 관한 기한의 이익을 포기하고 임차인의 임대차보증금반환채권을 수동채권으로 하여 상계할 수 있고, 임대차 존속 중에 그와 같은 상계의 의사표시를 한 경우에는 임대차보증금반환채무에 관한 기한의 이익을 포기한 것으로 볼 수 있다.[73]

Ⅳ. 상계권의 행사

1. 시기적 제한

상계의 의사표시는 회생채권 등의 신고기간 만료 전에 하여야 한다(법 144

72) 임재홍·백창훈(상), 541면.

73) 대법원 2017. 3. 15. 선고 2015다252501 판결.

조 1항). 그 후에 상계의 의사표시가 행하여진 경우에는 비록 상계적상에 있다 하더라도 상계의 효력이 인정되지 않는다. 회생절차에 있어서는 회생계획의 작성 등을 위하여 회생채권 또는 회생담보권의 액 및 채무자가 갖는 채권액을 일정 시점까지 확정할 필요가 있기 때문이다.

법 144조는 신고기간 만료 전에 상계권을 행사할 것을 요하는 취지이므로 신고기간 개시 전이라도 상계적상이 갖추어진 경우 상계할 수 있음은 당연하다.

공제(Recoup)는 대립되는 채권채무관계를 전제로 하는 것이 아니므로 시기적 제한이 적용되지 않는다.[74] 공제가 문제된 사례 및 이에 대한 의견서의 요지를 제시하면 다음과 같다.

1. 관리인이 제시한 사실관계
- 7월(사용기간: 17. 6. 12~17. 7. 11) 전기요금 - 9,326,040원 신청당시 미납
- 8월분 납부(문서번호: 2017-00-10호)
- 7월 미납분 납부허가신청(문서번호: 2017-00-12호) 취하
- 한전의 입장: 8월분 전기요금을 7월분 미납금에 충당하였고, 이후 납부 건도 미납금에 먼저 충당한 관계로 현재 미납금이 없음

2. 한국전력의 충당에 관한 검토

한국전력의 미납요금 충당행위는 대립하는 채권의 존재를 전제로 하는 것이 아니라, 전기공급계약이라는 하나의 계약을 전제로 가감·정산하는 공제로 판단됩니다. ① 상계가 아닌 이상 상계권 행사 기간의 문제는 생기지 아니하며, ② 한국전력의 공제로 인하여 사실상 회생채권을 우선변제하는 효과가 발생한다고 하더라도 이는 관리인의 변제행위가 아닌 채권자의 권리행사의 결과이고, 그 권리행사에 위법사유는 없는 것으로 판단됩니다.

3. 향후의 처리

현재 채권자목록에는 한국전력의 7월 전기요금채권이 회생채권으로 기재되어 있는바, 채권조사절차에서 위 목록 기재에 관하여 이의하여야 할 것으로 사료됩니다.

74) 공제는 하나의 계약관계에서 발생한 채권·채무관계를 정산하는 것으로서, 별개의 계약관계를 전제로 하는 상계와 구별된다. 임차인의 보증금반환채권과 임대인의 연체차임 및 손해배상채권의 관계는 전형적인 공제의 예이다.

2. 상대방

회생절차개시 후에는 관리인에게 관리·처분권이 이전되므로 상계의 의사표시를 수령할 정당한 권리자는 관리인이다. 따라서 상계의 의사표시는 관리인에게 하여야 할 것이다. 보전관리인이 선임된 경우에는 보전관리인에게 하여야 한다.

채권신고는 법원에 대한 것이므로 채권신고서에 상계의 의사를 기재하였다는 것만으로 관리인에게 상계의 의사를 표명하였다고 볼 수 없다. 회생절차개시 사실을 모르고 채무자에 대하여 상계의 의사표시를 한 경우에는 법 67조 1항을 유추하여 회생절차와의 관계에 있어서도 그 효력을 주장할 수 있다고 할 것이다.[75]

3. 상계의 효과

상계에 의해 상계적상 시점으로 소급하여 채권채무가 소멸된다(민법 493조 2항). 기한미도래의 수동채권에 관하여 기한의 이익을 포기하고 상계한 경우에는 원금에 기한까지의 이자를 가산한 금액을 수동채권으로 하여야 한다. 무이자부채권인 때에는 중간이자를 공제할 필요는 없다. 채무자의 기한의 이익을 고려한 해석이다.[76]

파산절차의 경우 일부 후순위 파산채권을 자동채권액에서 공제한다(법 420조, 446조 1항 5호 내지 7호). 회생절차에서는 이에 대응하는 규정이 없으므로 고려할 필요가 없다.

4. 부인의 대상이 되는지 여부

상계의 의사표시에는 부인대상으로 볼 만한 채무자의 행위가 없는 점, 채무자의 행위와 동일시할 만한 사정이 있다고 보기도 어려운 점, 채권자는 도산절차가 개시되지 않았다면 당연히 상계권을 행사할 수 있었을 것이고, 법문상

75) 임채홍·백창훈(상), 544면.
76) 임채홍·백창훈(상), 545면.

상계가 금지되는 예외적인 경우를 제외하고, 원칙적으로 상계권의 행사는 채권자의 판단에 맡겨져 있는 점 등을 종합하면 상계권 행사를 부인의 대상으로 볼 수는 없다.

상계적상을 발생시키는 채무자의 행위가 부인 대상이 될 수 있음은 당연하다. 가령 회생절차개시신청이 있음을 알고 있는 채권자인 원고에게 어음의 매입을 의뢰하여 원고가 위 어음을 매입하고, 그로 인하여 채무자에게 지급하게 되는 어음매입대금을 자신의 위 채무자에 대한 채권의 변제에 충당하였고, 이후 개시결정이 있었다면 채무자의 어음매입의뢰행위는 결과적으로는 채무자의 채무를 소멸시키는 것으로서 고의부인의 대상이 된다.[77]

V. 상계의 금지

1. 취 지

상계를 무제한 인정할 경우 회생재단의 충실 및 운영자금 확보 측면에서 어려움을 초래할 수 있으므로, 법 145조는 상계가 금지되는 경우를 열거적으로 규정하고 있다. 상계의 담보적 기능에 대한 신뢰가 보호가치가 있다고 인정되는 때 기타 상계를 인정할 합리적 이유가 있는 때에는 예외적으로 상계가 허용되고 있다(법 145조 2호 단서, 4호 단서).

2. 상계가 금지되는 경우

가. 회생절차개시 후에 부담한 채무를 수동채권으로 하는 상계

회생채권자·회생담보권자가 회생절차개시 후에 채무자에 대하여 채무를 부담한 경우에는 이를 수동채권으로 하여 상계하는 것은 허용되지 않는다(법 145조 1호). 개시 후에 발생한 채권금액은 채무자에게 온전히 확보되어야 회생절차의 원활한 진행이 가능한 점, 회생계획에 의하지 않은 회생채권·회생담보권의 변제는 금지되는 점 등에서 근거를 찾을 수 있다.

---

77) 대법원 1993. 9. 14. 선고 92다12728 판결.

미이행 쌍무계약에서 관리인이 이행을 선택할 경우 상대방의 이행할 채무는 개시 후에 발생한 것이므로 개시 전에 발생한 채무자에 대한 채권과 상계할 수 없다. 회생절차개시 전에 발생한 채무자에 대한 채무를 회생절차개시 후에 채권자가 인수하는 경우도 상계금지의 적용을 받으며, 그 인수는 포괄승계로 인한 것이라도 관계없다.[78)]

나. 위기상태에 있음을 알면서 부담한 채무를 수동채권으로 하는 상계

회생채권자·회생담보권자가 지급정지, 회생절차개시신청, 파산신청이 있음을 알면서 채무자에 대하여 채무를 부담한 때에는 이를 수동채권으로 하는 상계는 허용되지 않는다(법 145조 2호 본문).

회생채권자·회생담보권자가 부담하게 된 채무에 대하여, ① 그 부담이 법률에 정한 원인에 기한 때(법 145조 2호 단서 가목), ② 회생채권자 또는 회생담보권자가 지급의 정지, 회생절차개시의 신청 또는 파산의 신청이 있은 것을 알기 전에 생긴 원인에 의한 때(법 145조 2호 단서 나목), ③ 회생절차개시시점 및 파산선고 시점 중 가장 이른 시점보다 1년 이상 전에 생긴 원인에 의한 때(법 145조 2호 단서 다목)에는 상계가 가능하다.

법 145조 2호 단서 나목의 '전에 생긴 원인'은 채권자에게 구체적인 상계기대를 발생시킬 정도로 직접적인 것이어야 하고, 개별적인 경우에 구체적인 사정을 종합하여 상계의 담보적 작용에 대한 채권자의 신뢰가 보호할 가치가 있는 정당한 것으로 인정되는 경우일 것을 요한다.[79)]

다. 타인의 회생채권·회생담보권을 회생절차개시 후에 취득한 경우의 상계

회생절차가 개시된 채무자의 채무자가 타인의 회생채권·회생담보권을 취득한 후 이를 자동채권으로 하여 채무자에 대한 채무와 상계하는 것은 허용되지 않는다(법 145조 3호).

가령 채무자에 대하여 3억원의 채무를 부담하고 있는 채무자가 채무자의

---

78) 대법원 2003. 12. 26. 선고 2003다35918 판결.

79) 대법원 2005. 9. 28. 선고 2003다61931 판결.

채권자로부터 3억원의 채권을 1억원에 취득하고 상계한다면 위 채무자는 1억원을 투자하여 3억원의 채무를 상계처리하는 결과가 될 것이다. 이러한 결과는 회생재단의 충실을 저해하는 것이므로, 당해 채무자는 자신의 채무는 전액 변제하고, 자신의 채권은 회생계획을 통하여 변제받아야 할 것이다.

라. 위기상태에 있음을 알면서 취득한 채권을 자동채권으로 하는 상계

회생절차가 개시된 채무자의 채무자가 지급의 정지, 회생절차개시의 신청 또는 파산의 신청이 있음을 알고 회생채권 또는 회생담보권을 취득한 후 채무자에 대한 채무와 상계하는 것은 허용되지 않는다(법 145조 4호 본문). 위기상태에 대한 악의를 요하는 점, 타인의 채권을 취득하는 것이 아닌 점이 3호와 다르다. 단, 2호 각목의 어느 하나에 해당하는 경우에는 상계가 가능하다(법 145조 4호 단서).

'전의 원인'의 의미는 2호와 같다. 가령, 골프장의 회원지위와 부지 및 건물에 대한 임대인의 지위를 겸유하는 자의 경우 위 입회계약은 입회금반환채권을 취득한 직접적인 원인이며, 골프장의 회생절차개시신청 전에 입회금의 거치기간이 모두 경과하여 언제든지 입회금을 반환받을 수 있는 상태였고, 골프장의 부지와 건물 등이 임대목적물이므로, 입회계약이 종료하는 상황이 되면 입회금반환채권과 임대보증금반환채권을 상계할 것으로 기대하는 것은 충분히 합리성이 있으므로, 임대차보증금반환채무에 관한 기한의 이익을 포기하고 상계하는 것은 허용된다.[80)]

제 5 절 미이행 쌍무계약

I. 원 칙

쌍무계약에 관하여 채무자와 그 상대방이 모두 회생절차개시 당시에 아직

80) 대법원 2017. 3. 15. 선고 2015다252501 판결.

그 이행을 완료하지 아니한 때에는 관리인은 계약을 해제 또는 해지하거나 채무자의 채무를 이행하고 상대방의 채무이행을 청구할 수 있다(법 119조 1항).

쌍방 당사자가 상호 대등한 대가관계에 있는 채무를 부담하는 계약으로서, 본래적으로 쌍방의 채무 사이에 성립·이행·존속상 법률적·경제적으로 견련성을 갖고 있어서 서로 담보로서 기능하는 것을 가리키는 것이므로, 위 규정이 적용되려면 서로 대등한 대가관계에 있는 계약상 채무의 전부 또는 일부가 이행되지 아니하여야 한다.[81)]

합작투자계약은 둘 이상의 당사자가 모여 상호출자하여 회사를 설립·운영하는 것을 목적으로 하는 계약으로서 본질적으로 조합계약에 해당하고, 계약당사자들로서는 상호 출자하여 회사를 설립함으로써 조합 구성에 관한 채무의 이행을 마쳤으며 그에 따라 계약에서 정한 바에 의하여 설립된 회사에 관한 의결권의 행사 또는 이사회의 구성 등을 위하여 서로 협조하여야 하는 의무 등이 남게 되었는바, 이러한 의무는 성립·이행·존속상 법률적·경제적으로 견련성을 갖고 있어서 서로 담보로서 기능한다고 할 수 없어 서로 대등한 대가관계에 있다고 보기 어려우므로 미이행쌍무계약에 관한 법리가 적용될 사안이 아니며, 오히려 일반적인 재산상의 계약과는 달리 서로 간의 고도의 신뢰관계를 전제로 하므로 일방 당사자에게 지급정지 등의 사유가 발생하고 장차 계약 당사자가 아닌 제3자인 관리인이 상대방으로 될 것으로 예상되는 경우에는 다른 당사자로서는 그로 인하여 초래될 상황에 대비할 정당한 이익을 갖는다고 보아야 할 것이다.[82)]

쌍방 미이행일 것을 요하며, 미이행의 사유는 묻지 않는다. 부수적 채무의 미이행에 불과한 경우 및 견련성이 없음에도 약정으로 상환이행하기로 정한 경우는 본 조의 미이행쌍무계약이 아니다. 개시 후에 상대방이 예약완결의 의사표시를 하여 쌍무계약이 성립될 경우 본 규정을 유추할 수 있다.[83)]

이행 또는 해제(해지)에 관한 선택권은 관리인에게 전속하므로 상대방이

81) 대법원 2007. 9. 6. 선고 2005다38263 판결.

82) 위 대법원 2007. 9. 6. 선고 2005다38263 판결.

83) 임채홍·백창훈(상), 352면.

자신의 채무를 이행하고 관리인의 이행을 구하는 등 선제적인 행위를 할 수는 없다. 따라서 관리인의 불이행을 채무불이행으로 보아 해제권을 행사할 수도 없다. 상대방의 이러한 부동적 지위를 지속시키는 것은 불공평하므로 상대방은 관리인에 대하여 계약의 해제나 해지 또는 그 이행 여부에 관한 확답을 최고할 수 있다. 관리인이 최고를 받은 후 30일 내에 확답을 하지 아니하는 때에는 관리인은 그 해제권 또는 해지권을 포기한 것으로 본다(법 119조 2항).[84] 법원은 관리인 또는 상대방의 신청에 의하거나 직권으로 위 기간을 늘이거나 줄일 수 있다(법 119조 6항).

계약의 해제 또는 해지를 선택할 경우는 재판부 허가사항, 이행을 선택할 경우에는 보고사항으로 운영하는 것이 실무이다.[85] 보고 후의 현실적인 이행이 개시 당시 정한 금액 기준을 초과할 경우 허가사항이다.

계약이 해제 또는 해지된 경우에는 상대방은 손해배상채권에 관하여 회생채권자로서 그 권리를 행사할 수 있고, 채무자가 받은 반대급부가 채무자의 재산 중에 현존하는 때에는 상대방은 그 반환을 청구할 수 있으며, 현존하지 아니하는 때에는 상대방은 그 가액의 상환에 관하여 공익채권자로서 그 권리를 행사할 수 있다(법 121조). 관리인이 이행을 선택하는 경우에는 상대방이 채무자에 대하여 가지는 채권은 공익채권이 된다(법 179조 7호).

쌍무계약에 대한 해제(해지)권을 행사할 수 있는 기한은 회생계획안 심리를 위한 관계인집회가 끝나기 전 또는 법 240조의 규정에 의한 서면결의에 부치는 결정이 있기 전까지이다(법 119조 1항 단서). 종래 회사정리법 하에서는 해제권 행사기간에 대한 제한이 없었던 관계로 채권의 추후보완신고 기간 이후 관리인이 해제권을 행사함으로써 발생하는 상대방의 손해배상채권은 위 법 241조에 의하여 실권될 수밖에 없었다. 현행법은 회생계획안 심리를 위한 관계인집회가 끝난 후 또는 법 240조의 규정에 의한 서면결의에 부치는 결정이 있

84) 파산절차에서는 파산관재인이 그 기간 안에 확답을 하지 아니한 때에는 계약을 해제 또는 해지한 것으로 본다(법 335조 2항).

85) 파산절차에 관한 법 492조 9호는 미이행쌍무계약의 이행청구를 법원 허가사항으로 정하고 있다. 이행청구는 파산재단의 채무 이행을 전제로 하는 것이므로, 파산재단의 이행능력, 이행청구가 파산재단 증식에 도움이 될 것인지 등 제반 사정을 심사하기 위한 취지로 보인다.

은 후에는 원칙적으로 회생채권의 추후보완신고를 할 수 없기 때문에(법 152조 3항), 형평의 원칙상 관리인의 해제권 행사를 위 시점 이전까지로 제한하였다. 관리인이 해제권을 행사한 경우 상대방은 1개월 이내에 자신의 손해배상청구권에 관하여 추후보완신고를 할 수 있다(법 152조 1항). 관리인이 아무런 조치 없이 위 기간을 도과할 경우 이행을 선택한 것으로 의제되어 계약내용에 따른 이행을 구할 수 있다.

Ⅱ. 미이행쌍무계약에 관한 특칙

1. 임대차계약

임대인인 채무자에 대하여 회생절차가 개시된 경우, 임차인이 주택임대차보호법 및 상가건물임대차보호법 소정의 대항력을 갖춘 때에는 위 규정에 의한 해제(해지)권을 행사할 수 없다(법 124조 4항). 위 규정은 대항력을 갖춘 임차권의 준물권성, 임차인 보호라는 정책적 고려의 산물이다.

회생담보권의 저당권설정등기보다 늦게 대항요건을 갖추었을 경우라면, 임의경매의 경우 임차권은 매각으로 소멸함에도 회생절차가 진행 중이라는 이유로 후순위인 임대차계약을 해지하지 못한다면 부동산의 매각이 어려워지고, 매각이 성사되어도 매매대금의 감액이 불가피하다는 점에서 결과적으로 후순위인 임차인이 우월적 지위를 누리게 되는 불합리성을 지적하는 견해가 있다.[86)]

사 견) ① 위 견해는 해지가 가능하다면, 자산의 매각을 통해 회생담보권을 변제하고, 후순위의 임차보증금반환채권은 일반의 회생채권으로서 다른 채권과 평등하게 취급하여야 한다는 인식에 터잡은 것으로 보인다. 그러나, 해지가 가능하다고 하더라도 임차인은 동시이행항변으로 대항할 수 있게 되고, 종국에는 임차인의 위 항변을 배제할 수 없다. 임차보증금반환채권에 대한 회생계획의 규정은 재임대 보증금으로 변제하거나, 재임대가 이루어지지 않을 경우

86) 실무연구회(상), 161－162면.

기간 만료 시 일정한 유예기간을 두고 현금변제하도록 하는 내용을 담는 것이 일반적이다. 이러한 회생계획의 규정은 해지를 금지하는 위 예외규정, 임차권의 준물권성, 동시이행항변 등 모든 사정을 종합하여 나온 결론으로서 채권자 평등에 우월하는 입법적 결단의 결과라고 생각한다.

2. 단체협약

파산절차와 달리 기업의 재건을 목적으로 하는 회생절차에서는 개시 이후에도 근로관계는 원칙적으로 유지된다고 할 것이다. 파산절차와 달리, 관리인은 단체협약에 관하여 법 119조를 원용하여 해지권을 행사할 수는 없다(법 119조 4항). 계속적 급부에 관한 법 122조 1항은 단체협약에 관하여는 적용되지 않으므로(법 122조 2항), 근로자는 단체협약 위반을 이유로 근로 제공을 거부할 수 있다.

정리해고, 단체협약의 개정 등은 근로기준법 등 관련 법령 및 법리에 의할 것이다.

제 6 절 도산해지조항

계약의 일방 당사자에게 지급정지, 파산, 회생절차의 개시신청 등의 사실이 발생한 경우 상대방에게 그 계약을 해제·해지할 수 있는 권능을 부여하거나, 해제·해지를 의제하는 계약조항(Ipso Facto Clause)이다. 건설도급계약이나 제작물공급계약 등의 경우 예외없이 이러한 조항을 두고 있고, 그 유효성에 대하여 약간의 견해대립이 있다.[87]

87) 반면에 기한이익 상실 조항(Acceleration Clause)은 유효라는 점에 관하여 별다른 이견은 없는 것으로 보인다.

Ⅰ. 각 견해의 고찰

1. 부정적인 입장

위 조항의 유효성에 관하여 부정적으로 보는 견해가 대세로 보인다. 그 근거는 ① 채무자는 그 동안 사용·수익하여 오던 계약 목적물의 사용·수익권을 상실하는 반면 계약 상대방은 환취권을 행사하여 계약 목적물의 점유를 회수할 수 있게 되므로, 그 목적물이 회생절차의 진행에 긴요한 경우에는 채무자의 회생에 큰 지장을 초래하게 되는 점, ② 위 조항의 효력을 인정할 경우 상대방에게 회생절차개시 이전에 항상 해제(해지)권이 발생하여 법이 관리인에게 선택권을 부여한 의미가 몰각된다는 점 등을 제시하고 있다.

2. 판례의 입장[88)]

① 도산해지조항의 적용 결과가 개시 후 채무자에 미치는 영향이라는 것은 당해 계약의 성질, 그 내용 및 이행 정도, 해지사유로 정한 사건의 내용 등의 여러 사정에 따라 달라질 수밖에 없으므로 도산해지조항을 일반적으로 금지하는 법률이 존재하지 않는 상태에서 그와 같은 구체적인 사정을 도외시한 채 도산해지조항은 어느 경우에나 회사정리절차의 목적과 취지에 반한다고 하여 일률적으로 무효로 보는 것은 계약자유의 원칙을 심각하게 침해하는 결과를 낳을 수 있을 뿐만 아니라, 상대방 당사자가 채권자의 입장에서 채무자의 도산으로 초래될 법적 불안정에 대비할 보호가치 있는 정당한 이익을 무시하는 것이 될 수 있는 점, ② 관리인은 개시 당시에 존재하는 재산에 대한 관리·처분권을 취득하는 데 불과하고, 채무자가 사전에 지급정지 등을 정지조건으로 하여 처분한 재산에 대하여는 처음부터 관리·처분권이 미치지 아니한다는 점 등을 근거로 도산해지조항이 부인권의 대상이 되거나 공서양속에 위배된다는 등의 이유로 효력이 부정되어야 할 경우를 제외하고, 도산해지조항으로 인하여 회생절차개시 후 채무자에게 영향을 미칠 수 있다는 사정만으로는 그 조항이

---

88) 대법원 2007. 9. 6. 선고 2005다38263 판결.

무효라고 할 수 없다는 입장이다. 한편 ③ 관리인의 선택권을 부여한 취지에 비추어 도산해지조항의 효력을 무효로 보아야 한다거나 적어도 회생절차개시 이후 종료 시까지의 기간 동안에는 도산해지조항의 적용 내지는 해지권의 행사가 제한된다는 등으로 해석할 여지가 없지는 않을 것임을 지적하였다.

판례의 입장은 원칙적으로 유효설의 입장으로 평가할 수 있다. 다만, 도산해지조항이 부인의 대상이 될 수 있음을 시사하고 있으나, 어떤 상황에서 어떤 규정을 적용할 수 있을 것인지 쉽사리 말하기 어렵다. 도산해지조항 그 자체가 공서양속에 반하는 경우도 없다고 보기는 어려우나, 쉽사리 상정하기는 어렵다.

Ⅱ. 검 토

1. 입법적 해결의 필요성

회생절차의 수행에 긴요한 재산을 확보할 수 없어 회생에 지장을 초래할 수 있으므로, 위 조항을 무효로 보거나 효력을 제한하여야 한다는 주장은 회생재단의 입장만을 고려한 것으로 균형을 잃은 해석이고, 거래안전의 요구도 무시할 수 없다. 회생신청을 고려하는 채무자로서는 사전에 상대방의 해지권 행사 여부, 대체자산의 획득가능성 등 제반사정을 고려하여야 할 것이다.

미이행쌍무계약에 대한 관리인의 선택권을 형해화할 수 있으므로, 위 조항의 효력을 제한하여야 한다는 주장은 상대방의 해제(해지)권보다 관리인의선택권에 우월적 지위를 인정하는 것이나, 이와 같이 볼 근거는 없다. 회생의 필요성과 상대방의 권리제한이 동의어는 아니다.

관리인의 선택권은 회생절차 수행에 관한 전략적 선택지일 뿐, 사전에 상대방에게 이를 배제할 권한이 주어져 있음에도 관리인의 선택에 의해 상대방의 권리가 배제된다는 구성은 수긍하기 어렵다.

도산절차의 기본은 민사적으로 확정된 권리관계에 대한 존중을 그 출발점으로 삼는 것이므로 개시 전에 확정되거나 현실화된 상대방의 권리를 미이행쌍무계약이나 권리변경이라는 명목으로 일반적인 한계를 넘어 특별히 제한하기 위해서는 해석론을 넘어 입법적 결단이 필요하다고 생각한다. 위 조항의 효력을 제한하는 명문규정을 두어야만 관리인의 선택권이 현실적으로 기능하게 될 것이다.

2. 논의의 연장: 리스계약의 해지

도산해지조항의 주된 논의 분야는 리스계약의 해지에 관한 것이다. 운용리스계약의 리스료는 해당 기간의 사용대가이므로 운용리스계약을 미이행쌍무계약으로 규율하는 것에는 이견이 없는 것으로 보인다. 금융리스계약의 리스료채권은 회생담보권이며, 동 계약은 미이행쌍무계약으로 볼 수 없다는 것이 일반적인 견해이다.

회생담보권으로 구성하는 견해를 취할 경우 쌍방미이행 쌍무계약에 해당하지 않으므로 리스료채권을 법 121조 2항의 공익채권이라고 볼 여지가 없고, 리스계약이 당사자 사이의 합의로 해지되어 리스회사가 리스물건을 회수한 이상 설령 회수하지 못한 리스료채권이 있더라도 이는 회생절차개시결정 전의 원인으로 생긴 재산상 채권으로 회생채권에 해당할 뿐이다. 쌍방미이행 쌍무계약설에 의하여 리스계약을 쌍무계약으로 보고 리스이용자의 선택에 따라 해제하였다 하더라도 해제에 따른 원상회복으로 리스물건을 회수한 리스회사로서는 회생채권자로서 권리를 행사할 수 있을 뿐 공익채권자로서 권리를 행사할 수 있는 것은 아니다.[89]

사견으로는 금융리스계약도 미이행쌍무계약으로 보고, 공익채권으로 규율함이 타당하다고 본다. ① 도산해지조항이 포함된 리스계약을 쌍방미이행 쌍무계약으로 파악하는 경우 도산해지조항의 효력은 원칙적으로 부정되어야 하고, ② 리스료채권을 회생담보권으로 파악한다고 하여 당연히 도산해지조항의 효력이 인정되는 것은 아니며, 도산해지조항의 효력이 인정되는지 여부는 도산해지조항이 회생절차상 부인권을 인정한 취지를 몰각시킨다거나 공서양속에 위반되는 등의 사정이 있는지를 개별적으로 검토하여 결정하여야 할 것

89) 울산지법 2011. 6. 30. 선고 2009가합3025 판결.

이라는 견해가 제시되나,[90] 관리인의 선택권과 상대방의 해제(해지)권은 병존적으로 존재하는 권리이며, 관리인이 이행을 선택하여도 도산해지조항의 효력이 유효한 이상 상대방은 해지권을 행사할 수 있다고 본다. 리스료채권의 성격에 관한 논의와 도산해지조항의 인정여부는 별다른 관련이 없는 것으로 보이며, 도산해지조항이 부인대상이 되거나, 공서양속에 반하는 경우도 쉽사리 상정하기 어렵다.

결론적으로, 입법에 의해 도산해지조항의 효력을 제한한다면, 관리인의 이행선택에 의해 리스료채권은 공익채권이 된다. 그 결과 결의성립을 보다 용이하게 할 수 있음은 물론, 회생담보권은 통상 조기·전액 변제를 요하나, 공익채권으로 구성함으로써 매기의 지급분만을 자금수지에 반영하여 리스 기간 동안 해당 물건을 안정적으로 사용하게 되는 장점도 있다. 리스채권자로서도 애초에 의도하였던 분할급부를 회생절차개시 이후에도 지속적으로 확보하게 되므로 동인의 보호에도 부족함이 없다.

금융리스의 경우 리스 이용자의 해지권 행사를 제한하는 규정이 있는바, 위 규정도 입법에 의해 그 효력을 제한할 필요가 있다. 금융리스 물건은 리스이용자의 선택과 편의를 위하여 제공된 물건이므로, 리스제공자에게 불측의 손해를 줄 우려가 있으나, 리스 물건은 태생적으로 리스이용자의 사업상 필요에

90) 실무연구회(상), 383-384면.
위 견해는 ① 개시 전에 해지하거나, 개시결정 당시 최고기간이 도과한 경우라면, 권리행사는 유효하므로 리스물건에 대한 환취권을 행사할 수 있고, 약정에 따라 잔존리스료·규정손해금을 회생채권으로 청구할 수 있다는 점, ② 개시 후에는 리스채권을 회생담보권으로 파악하는 경우 리스채권자는 회생절차개시 후의 리스료 미지급을 이유로 하여 해지권을 행사할 수는 없고, 리스계약을 미이행 쌍무계약으로 파악하는 경우 리스회사는 리스이용자의 채무불이행을 이유로 리스계약을 해지할 수 있다는 점을 각 지적한다. ①의 논의는 금융리스채권의 성격에 관한 논의와 관계없이 원론적으로 타당하다. 다만, 담보권설의 입장에서는 해지권 행사가 포괄적 금지명령 하에서는 금지될 것이다. ②의 논의 중 미이행 쌍무계약을 전제로 한 설시는 리스계약을 미이행 쌍무계약으로 파악하는 경우 도산해지조항의 효력은 원칙적으로 부정하여야 한다는 전제에 터 잡은 것이므로, 개시 후 관리인의 이행선택으로 공익채권화되었음에도 이를 이행하지 않을 경우 해지권을 행사할 수 있다는 취지의 기재로 보인다. 그러나, 리스료채권(리스계약)의 성질에 관한 논의와 도산해지조항의 유효성에 관한 논의는 동 규정의 효력을 제한하는 명문의 규정이 없는 우리 법의 해석으로는 상호 무관한 것으로 파악하여야 한다. 따라서, 개시 후에 관리인의 이행선택이 있고, 개시 후의 불이행이 없더라도, 도산해지조항에 근거한 해지권의 행사를 막을 수는 없다고 본다.

의하여 제작된 것이므로, 대부분의 리스이용자는 리스를 그대로 유지하기를 원한다는 점에서 위와 같은 불측의 손해가 발생하는 경우는 많지 않을 것이다.

제8장 기업가치의 배분

회생계획안의 제출 전 또는 그 후에 채무자의 사업을 청산할 때의 가치가 채무자의 사업을 계속할 때의 가치보다 크다는 것이 명백하게 밝혀진 때에는 법 222조에 따라 청산 등을 내용으로 하는 회생계획안의 작성을 허가하는 경우가 아닌 한, 법원은 회생계획인가결정 전까지 관리인의 신청에 의하거나 직권으로 회생절차폐지의 결정을 할 수 있다(법 286조 2항). 계속기업가치가 청산가치를 초과할 경우 계속기업가치를 각 채권자들에게 배분하여야 할 것인바, 배분의 기준으로 공정·형평의 원칙(법 217조), 평등의 원칙(법 218조), 청산가치 보장의 원칙(법 243조 1항 4호) 등이 제시되고 있다.[1)]

제 1 절 배분의 기본원칙

Ⅰ. 공익채권 우선

공익채권은 회생절차에 의하지 아니하고, 수시로 변제하고(법 180조 1항), 회생채권과 회생담보권에 우선하여 변제한다(법 180조 2항). 그 외 회생채권자, 회생담보권자, 주주·지분권자는 회생절차에서만 그 권리를 행사할 수 있는바, 회생담보권자, 일반의 우선권 있는 회생채권자, 그 외의 회생채권자, 잔여재산의 분배에 관하여 우선적 내용이 있는 종류의 주주·지분권자, 그 외의 주주·지분권자 순으로 배분을 받게 된다(법 217조).[2)] 결국 공익채권자에게 배분될 기업가치를 제외한 나머지를 권리배분의 순서에 따라 배분하게 될 것인바, 그 세부적인 설계가 회생계획이라고 할 것이다. 만약 공익채권이 다액이라면 회생계

1) 위 원칙을 준수하는 회생계획안이라고 하더라도 결국 채권자들의 동의를 받아야 한다. 회생절차에서는 조별 법정다수결의 원칙이 적용되어, 모든 조에서 법정다수의 동의가 있으면 반대 채권자에 대하여도 (청산가치보장의 원칙을 준수하는 한) 회생계획에 따른 권리변경이 이루어진다. 일부 조에서 법정다수의 동의를 얻지 못하여 부결된 경우에도 공정한 거래가액 이상을 변제한다는 취지의 권리보호조항을 두고 강제인가를 할 수 있다(법 244조).

2) 법 217조 1항에 따른 배분순위는 140조 1항 및 2항의 청구권에 대하여는 적용되지 않는다(법 217조 2항).

획의 수행가능성이 문제될 것이므로, 공익채권의 발생은 가급적 억제하는 것이 바람직하다.

Ⅱ. 조별 다수결 원칙의 적용

회생계획안에 따른 권리배분을 받을 것인지에 관하여 각 조별로 다수결의 원칙이 적용되므로 반대한 채권자도 자신이 속한 조의 결정에 구속된다. 회생계획에 따른 변제액의 현가가 청산배당액보다 높아야 한다는 청산가치보장의 원칙(법 243조 1항 4호)은 회생계획안의 적법요건인 동시에, 반대채권자에 대하여도 회생계획의 효력을 미치게 하는 근거가 된다.

위 권리자들은 회생담보권자의 조, 일반의 우선권 있는 회생채권자의 조, 그 외의 회생채권자의 조, 잔여재산의 분배에 관하여 우선적 내용을 갖는 종류의 주식 또는 출자지분을 가진 주주·지분권자의 조, 그 외 주주·지분권자의 조로 나누어 각 조별로 결의에 참여하고(법 236조 2항),[3] 회생계획안의 가결을 위해서는 법 237조의 규정에 의한 조별 동의를 요한다. 회생채권자의 조는 의결권을 행사할 수 있는 회생채권자의 의결권의 총액의 3분의 2 이상에 해당하는 의결권을 가진 자의 동의, 회생담보권자의 조는 의결권을 행사할 수 있는 회생담보권자의 의결권의 총액의 4분의 3 이상에 해당하는 의결권을 가진 자의 동의(청산이나 영업양도를 내용으로 하는 회생계획안(법 222조)에 관하여는 의결권 총액의 5분의 4 이상에 해당하는 의결권을 가진 자의 동의), 주주·지분권자의 조는 의결권을 행사하는 주주·지분권자의 의결권의 총수의 2분의 1 이상에 해당하는 의결권을 가진 자의 동의를 각 요한다. 간이회생절차의 회생채권자 조의 경우 의결권을 행사할 수 있는 회생채권자의 의결권 총액의 2분의 1을 초과하는 의결권을 가진 자의 동의 및 의결권자의 과반수의 동의로 결의가 성립할 수 있다(법 293조의8).

---

3) 권리의 성질과 이해관계를 고려하여 2개 이상의 조를 하나의 조로 분류하거나 하나의 조에 해당하는 자를 2개 이상의 조로 분류할 수 있다. 다만 회생담보권자, 회생채권자, 주주·지분권자는 각각 다른 조로 분류하여야 한다(법 236조 3항).

Ⅲ. 부채초과의 경우 주주·지분권자 의결권 배제

1. 의결권 배제의 근거

주주·지분권자는 회생절차개시 당시 채무자의 부채총액이 자산총액을 초과하는 때에는 의결권이 없고(법 146조 3항),[4)5)] 인가된 회생계획의 변경계획안을 제출할 당시 부채초과의 경우에도 동일하다(법 146조 3항 단서, 4항). 주주·지분권자의 의결권을 배제하는 근거와 관련하여 부채초과의 경우 잔여재산분배청구권이 인정되지 않음을 논거로 드는 것이 일반적인 견해이다. 회생절차는 파산원인이 있는 경우에 한하지 않고 사업의 계속에 현저한 지장을 초래함이 없이는 변제기에 있는 채무를 변제할 수 없는 경우에 개시할 수 있으므로, 계산상으로는 회사의 재산이 채무 총액보다 많은 경우가 있을 수 있고, 그러한 경우에는 주주·지분권자가 잔여재산에 대하여 이익을 갖고 있으므로 그 이해를 회생절차에 반영하는 것이 필요하고, 회생절차의 개시 당시 회사의 부채의 총액이 자산의 총액을 초과하는 경우 이외에는 주주에게 그가 가진 주식의 수에 따라 관계인집회에서 의결권을 갖도록 규정한 것이다.[6)] 잔여재산분배청구권과 주주의 의결권을 연관시킨다면 채무자가 보유한 자기주식의 의결권도 부정하는 것이 타당하고, 상법상 무의결권주식도 주주를 포함한 이해관계인의 권리를 조정하는 회생절차에서는 의결권을 인정하여야 한다.[7)]

---

4) 구 회사정리법 129조 3항은 '회사에 파산의 원인인 사실이 있는 때에는 주주는 의결권을 가지지 아니한다'고 규정하고 있었고, 1998. 2. 24. 개정 당시 대법원 90마954 결정을 입법화하면서 '개시당시 회사의 부채의 총액이 자산의 총액을 초과하는 경우에는 주주는 의결권을 가지지 아니한다'고 개정되어, 현재에 이르고 있다.

5) 일본 회사갱생법(平成十四年十二月十三日 法律第百五十四号) 166조 2항도 동일한 취지를 규정하고 있다(前項の規定にかかわらず、更生会社が更生手続開始の時においてその財産をもって債務を完済することができない状態にあるときは、株主は、議決権を有しない). 이와 달리 민사재생법은 우리의 회생채권에 해당하는 재생채권만을 권리변경의 대상으로 삼는 결과 회사갱생법과 같은 주주의 의결권 제한에 관한 규정을 두고 있지 않다.

6) 대법원 2005. 6. 15. 자 2004그84 결정.

7) 임채홍·백창훈(상), 579면.

2. 부채 초과 여부의 판단 시점

부채 초과 여부의 판단은 개시결정 당시를 기준으로 함은 법문의 규정상 명백하다. 그 근거는 회생절차개시 후 관리인은 지체 없이 재산의 가액을 평가하고 개시 시점을 기준으로 재산목록과 대차대조표를 작성하여야 하는 점, 회생계획안이 작성되기 전에도 의결권을 행사할 수 없는 주주는 관계인집회에 소환되지 아니하고 그 의결권 유무는 이의의 대상이 되도록 되어 있는 점, 회생담보권은 회생절차개시 당시 채무자 재산에 존재하는 담보물권으로 담보된 범위의 것에 한하고 담보권의 목적의 가액을 초과하는 채권은 회생채권으로 보게 되어 있어 회생담보권의 범위는 회생절차개시 시에 확정하도록 되어 있는 점, 회생절차는 회생절차개시를 계기로 한 관념적인 청산절차의 성격도 가지고 있는 점 등을 종합하면 회생절차개시 당시를 기준으로 채무자의 재산의 가액을 평가하여 주주의 의결권 유무를 미리 확정하는 것이 절차진행을 명확하게 하고 회생담보권자와의 사이에 균형을 유지할 수 있으며 또 회생절차의 성격에도 부합되기 때문이다.[8]

이에 대하여 주주의 정당한 권리가 절차의 편의와 명확성만을 이유로 희생당해서는 안 되는 점, 회생절차개시 이후 부동산 시가의 앙등과 같이 회사의 재산상태는 수시로 변동될 여지가 많기 때문에 구체적 타당성을 도모할 필요가 있는 점, 회생담보권자의 범위 확정의 문제와 주주의 의결권은 차원을 달리하는 문제인 점, 회생절차가 관념적 청산절차라는 것과 재산평가의 기준시점은 직접적인 관련이 없고, 회생절차의 개시로부터 회생계획의 작성, 인가, 수행이라고 하는 일련의 절차를 통해 관념적 청산이 이루어지는 점, 변경계획안 제출 당시의 자산총액이 부채총액을 초과하는 경우에는 주주의 의결권을 박탈하지 않는다는 규정은 이미 개시결정시의 재산평가로 인한 부당함이 발생할 수 있다는 점을 내포하고 있을 뿐 아니라 현실적으로도 통상 개시결정 시로부터 인가 시까지 1년 정도의 시일이 소요되는 점에 비추어 그 평가의 기준시를 회생절차개시결정 당시로 못 박는 것은 타당하다고 볼 수 없는 점, 주주에게 불리

8) 대법원 1991. 5. 28. 자 90마954 결정.

한 내용으로 회생계획이 작성되는 경우 그 결의를 저지하는 주주의 권한을 박탈할 수 있는 유일한 근거는 회사의 자산상태가 채무초과에 이르러 주주가 회사재산에 대하여 갖는 권리는 단지 허무의 것에 지나지 않는다는 점에 있다고 할 것인 점을 근거로 자산평가의 기준 시는 의결권행사에 가장 가까운 시점(현실적으로는 회생계획안 작성시)을 기준으로 평가하여야 한다는 견해도 제시된다.9) 이 견해는 '회생절차개시 당시'라는 문언을 삭제하여야 한다는 입법론도 아울러 개진하고 있다.10)

사 견) 생각건대 ① 법 146조 3항이 개시결정 당시를 기준시점으로 규정한 이상 문언에 반하여 회생계획안 작성 시를 원칙적 기준으로 대체할 수는 없는 점, ② 개시결정 이후 회생계획을 작성하는 시점까지는 대체로 6개월을 넘지 않는 것이 일반적이고, 그동안 재정적 파탄에 이른 채무자의 자산가치가 급격히 앙등하여 부채초과 상태가 해소되는 경우는 지극히 이례적인 경우인 점 등을 종합하면 법 146조 3항의 규정이 부당하다고 단정하기는 어렵다. 다만 의결권 유무를 떠나서 주주·지분권자에게도 회생계획안 제출권이 인정되는 점(법 221조 2호), 잔여재산에 관한 주주·지분권자의 이익이 확인된다면 이들의 의결권을 보장하는 것이 공정·형평의 원칙에 부합하는 점 등을 종합하면 개시결정 이후 회생계획안 작성시점까지 부채초과 상태가 명백히 해소된 경우까지도 위 규정에 의해 주주의 의결권이 배제된다고 하는 것은 과도한 해석이라고 본다.11)

3. 부채의 범위 및 평가

부채는 재무상태표에 기재된 부채총액 자체가 아니라, 조사위원이 채무자

9) 박형준, 회사정리법상 주주의 지위, 재판자료 86집: 회사정리법·화의법상의 제문제, 법원도서관(2000), 427면 내지 430면.

10) 특히 임채홍·백창훈(상), 582면은 위 개정은 대법원 90마954 결정의 결론만을 입법화하면서 구체적 타당성을 기할 수 있는 길을 원천봉쇄하였다고 비판하고, 위 대법원 결정은 '기록에 의하면 정리계획안 작성의 기초가 된 1988. 12. 31. 현재의 수정대차대조표 및 그 후 추완신고된 부외부채 등과 정리절차개시 이전의 사유로서 절차개시 이후에 확정된 내용을 반영한 수정대차대조표에 의하여도 여전히 채무초과상태이었음을 알 수 있으므로 어차피 논지는 이유없다'고 판시함으로써 개시결정 당시를 기준으로 하는 것이 부당할 경우 다른 시점을 기준으로 하는 것을 완전히 배제한 것은 아니라고 주장한다.

11) 윤덕주, 전게논문(2장, 주 53), 293면.

가 제시한 재무상태표를 실사한 후 확정한 부채액이다. 우발채무의 현실화가능성, 장기대여금과 같은 장기성부채에 대한 적절한 현가평가 등을 반영한 것이라고 할 수 있다.[12]

조사위원의 실사는 기업회계기준서와 감사기준에 따라 이루어 질 것이므로, 기업회계기준서에 입각하여 작성된 재무상태표에 부채로 계상된 항목은 합리적 근거없이 부채총액 계산에서 배제해서는 안 될 것이다.

4. 자산의 평가기준

가. 용어사용의 문제

회생절차에서 계속기업가치는 개별자산의 평가기준이 아니라, 평가의 결과를 의미한다. 따라서 개별자산을 계속기업가치에 의하여 평가한다는 용어는 부적절하다. 청산가치는 평가기준 및 평가결과로서의 의미를 모두 가질 수 있다고 보며, 달리 이를 대체할 만한 용어는 없는 것으로 보인다. 처분가치라는 용어를 사용하기도 하나,[13] 청산가치를 의미하는 것인지 시가 내지 공정가치를 의미하는 것인지 불명확하여 오해의 소지가 있다. 위 견해는 처분가치를 분리처분 및 조기매각을 전제로 한 '협의의 청산가치'와 정상시장에서의 매각을 전제하는 '광의의 청산가치'로 구별하고 있으나, 광의의 청산가치는 공정가치 내지 시가를 의미하는 것으로 파악하면 별도로 처분가치라는 개념을 사용할 실익은 크지 않다고 본다. 특정자산을 계속기업가치를 기준으로 평가한다는 것은 기업의 유지 및 존속을 전제로 하는 것이므로 그 평가는 공정가치 또는 시가를 의미한다. 따라서 개별자산의 평가기준으로서 계속기업가치라는 용어는 지양하고, 공정가치 또는 시가로 명확히 함이 타당하다.[14]

나. 청산가치를 기준으로 하여야 한다는 견해

주주에 대한 의결권 부여 여부에 관한 근거를 상법상 잔여재산분배청구권

12) 실무연구회(하), 28면.
13) 주진암, 재산평가와 관련한 몇 가지 문제점, 회생과 파산 1(2012년), 97면 내지 99면.
14) 윤덕주, 전게논문, 294면.

(상법 538조)에서 구한다면 회생재단의 평가는 청산가치를 기준으로 이루어지는 것이 논리적인 점, 1998년 회사정리법 개정 시 계속기업가치의 개념은 정리절차 개시의 경제성을 판단하기 위하여 청산가치와 동시에 도입된 개념으로 양 가치의 비교 시에 의미가 있는 점, 계속기업가치에 의한 평가는 최소한 회생계획안의 권리분배가 청산가치를 초과하는 것이 전제가 되어야 하나, 회생계획안이 인가의 최소기준인 청산가치와 동일하게 작성되고 주주에게 분배되는 몫이 없다고 가정한다면 계속기업가치를 근거로 자산을 평가하여 주주에게 의결권을 부여하더라도 주주는 회생계획으로 분배받을 몫이 없게 되는 극단적인 사례가 존재하는 점 등을 근거로 제시한다.[15)]

다. 계속기업가치를 기준으로 한다는 견해

계속기업가치를 기준으로 하는 견해 중 주주는 계속기업가치의 귀속주체로서 금액이나 기간의 제한 없이 무한정 영업이익을 분배받을 수 있는 지위에 있으므로 자산은 계속기업가치로 평가하여야 한다는 견해가 있다. 이 견해는 계속기업가치가 청산가치나 자산총액보다 크다는 것을 전제로, 계속기업가치는 자기자본과 타인자본으로 구성되고, 자기자본가치는 미래 수취할 배당금의 현가라는 재무공식을 이용하여 계속기업가치에서 순금융부채(타인자본가치)를 차감한 금액이 양수(+)인 경우 의결권을 인정할 수 있다고 한다.[16)]

그 외 자산에 내재된 미래 경제적 효익은 기업실체의 미래 현금흐름 창출에 기여하는 잠재력을 말하므로 자산을 시가로 평가한 총액은 계속기업가치와 일치하게 될 것이나, 현실적으로는 양자의 불일치가 일반적이므로 조사보고서의 자산과 부채 총액을 단순 비교할 것이 아니라 계속기업가치와 부채총액도 함께 비교하고, 자산총액과 계속기업가치 중 어느 하나가 부채총액을 초과하는 때에는 그 원인을 밝혀 부채초과 여부를 신중하게 판단하여야 한다는 견해[17)]도 제시되고 있다.

---

15) 이원삼, 전게논문(5장, 주 57), 314면 내지 315면.
16) 윤남근, 전게논문(2장, 주 32), 651면 이하.
17) 주진암, 전게논문, 93－94면.

라. 소 결[18)]

회생절차란 기업의 존속을 전제로 하는 제도이므로 주주의 의결권 유무를 판단할 기준이 되는 자산의 평가는 적어도 청산가치에 의할 수는 없다고 본다. 청산가치를 기준으로 하는 견해는 상법상의 청산이 회생절차에서 의미하는 청산가치에 입각하여 이루어 질 것이라고 단정하는 오류에 기인한 것으로 보인다. 상법상 청산은 엄연히 공정가치에 입각한 재산처분을 전제하는 것이지, 파산적 청산을 염두에 둔 제도는 아니다. 물론 청산회사의 경우 사실상 재산처분시 공정가치를 관철하지 못할 것으로 예상되나, 이러한 사실상의 제약이 있다고 하여 상법상 청산이 청산가치를 전제로 이루어진다고 볼 수는 없다.

아울러 위 견해대로 청산가치에 입각하여 자산을 평가한다면 주주의 의결권이 인정될 만한 사례는 거의 없을 것으로 보이며, 청산가치와 계속기업가치가 일치하는 회생계획의 존재가능성만으로 청산가치에 입각한 자산평가를 정당화할 수는 없다.

관리인은 취임 후 지체 없이 채무자에게 속하는 모든 재산의 회생절차개시 당시의 가액을 평가하고(법 90조), 일반적으로 공정·타당하다고 인정되는 회계관행에 따라 회생절차개시 당시 채무자의 재산목록 및 대차대조표를 작성하여 법원에 제출하여야 한다(법 91조, 94조). 법원은 조사위원을 선임한 때에는 기간을 정하여 조사위원에게 위 사항들을 조사하도록 한다(법 87조 3항). 관리인의 의무로 규정된 재산목록 등 작성과 재산가액 평가는 대개 조사위원이 행하고, 조사위원은 공정·타당한 회계관행에 따라 채무자가 제시한 재무상태표의 자산 및 부채란에 대한 실사 후 수정재무상태표를 작성하게 된다. 공정·타당한 회계관행이란 기업회계기준서 및 회계감사기준을 말하는 것이고, 그 결과인 수정재무상태표에 나타난 자산총액은 청산가치는 아니며, 계속기업가치와도 직접적인 관련이 없다. 청산가치의 산정은 위 실사재무상태표의 자산란에 청산손실을 차감하여 계산한 결과를 말하고, 계속기업가치는 특정자산의 평가의 문제가 아니라 채무자가 향후 창출가능할 것으로 예측되는 현금흐름의 현가의

18) 윤덕주, 전게논문, 296면 내지 298면.

합에 비영업가치를 가산한 금액일 뿐이다.

요컨대 법 146조 3항의 '회생절차개시 당시 채무자의 부채총액과 자산총액'은 법 90조 이하의 규정에 따라 실사한 자산과 부채의 가액을 말하는 것이지 청산가치나 계속기업가치와는 직접적인 관련이 없다. 주주·지분권자의 의결권 유무는 위 실사재무상태표의 자산란과 부채란의 금액을 대조하여 판단하면 족하고, 조사위원의 의견에 대한 이해관계는 법원과 관리위원회의 감독권(법 88조, 81조 1항, 17조 1항 2호), 회생계획 인부 결정에 대한 항고(법 247조), 조사위원의 손해배상책임(88조, 82조), 채권자협의회 등의 의견제시권 등으로 규율하면 족하다.

계속기업가치를 주장하는 첫 번째 견해는 회생계획에서 회생절차가 종결될 때까지는 배당을 금지하는 조항을 두는 것이 일반적인 점, 조기종결을 예정할 경우 이익배당에 관한 규정을 둘 수도 있으나, 언제, 얼마의 배당금을 지급할 것인지 알 수 없는 상황에서 배당가능성에 관한 원론적 규정을 두는 것을 넘어 그 금액과 시점을 특정하는 것은 불가능하므로 자기자본가치를 계산하는 것도 불가능한 점, 계속기업가치가 자기자본과 타인자본으로 구성된다는 설명은 타당하나, 이는 가치배분의 문제이지 개시결정 당시 주주의 의결권 여부를 판단하기 위한 자료가 되기에는 적절치 않은 점 등을 종합하면, 주주의 의결권 유무를 판단하기 위한 지침이 되기에는 구체성이 부족한 것으로 보인다.

계속기업가치를 주장하는 두 번째 견해는 우선 자산의 공정가치 평가와 계속기업가치는 적어도 이론적으로는 일치하여야 한다는 주장을 담고 있다. 이 주장대로라면 할인율이 사전적으로 결정되는 문제가 발생한다. 가령 매년 100만원의 현금흐름이 발생한다고 가정할 경우 현금흐름할인법을 적용한 계속기업가치의 산식과 자산의 공정가치를 등식으로 만들어 이를 충족하는 할인율을 구하는 과정을 거치게 된다. 이렇게 볼 경우 현금흐름이 결정되면 할인율이 자동적으로 결정되는 결과가 되는바, 이는 가치평가이론과 부합하지 않는다. 자산의 평가는 자산의 존재 및 가치를 규명하는 작업인 반면, 계속기업가치산정은 미래수익력을 평가하는 것이므로 양자는 직접적인 관계가 없고, 불일치하는 것이 오히려 자연스럽다. 자산총액과 계속기업가치 중 어느 하나가 부채총액을 초과하는 때에는 그 원인을 밝혀 부채초과 여부를 신중하게 판단하여야 한다는 주장과 관련하여 우선 자산총액이 부채총액을 초과할 경우 의결권을 부여하면 될 것이므로 별다른 문제가 없는 것으로 보인다. 계속기업가치에는 자기자본가치와 타인자본가치가 포함되는 것이므로 계속기업가치와 부채총액을 비교한다는 것은 첫 번째 견해와 동일한 한계가 있는 것으로 보인다.

Ⅳ. 공정·형평의 원칙

1. 판례의 입장: 상대우선설

법원이 회생계획의 인가를 하기 위하여는 법 243조 1항 2호에 따라 회생계획이 공정하고 형평에 맞아야 한다. 공정·형평이란 법 217조 1항이 정하는 권리의 순위를 고려하여 이종의 권리자들 사이에는 회생계획의 조건에 공정하고 형평에 맞는 차등을 두어야 하고, 법 218조 1항이 정하는 바에 따라 동종의 권리자들 사이에는 회생계획의 조건을 평등하게 하여야 한다는 것을 의미한다.[19)]

이 원칙은 선순위 권리자에 대하여 수익과 청산 시의 재산분배에 관하여 우선권을 보장하거나 후순위 권리자를 선순위 권리자보다 우대하지 않아야 됨을 의미한다고 할 것이어서, 회생채권자의 권리를 감축하면서 주주의 권리를 감축하지 않는 것은 허용되지 아니하고, 다만 주식과 채권은 그 성질이 상이하여 단순히 채권의 감축 비율과 주식 수의 감소 비율만을 비교하여 일률적으로 우열을 판단할 수는 없고, 자본의 감소와 그 비율, 신주발행에 의한 실질적인 지분의 저감 비율, 장래 출자전환이나 인수·합병을 위한 신주발행을 예정하고 있는 경우에는 그 예상되는 지분 비율, 그에 따라 채무자가 보유하게 될 순자산 중 기존주주의 지분에 따른 금액의 규모, 변제될 채권의 금액과 비율, 보증채권의 경우 주채무자가 그 전부 또는 일부를 변제하였거나 변제할 개연성이 있다면 그 규모 등을 두루 참작하여야 한다. 법 218조 1항은 '같은 성질의 권

19) 대법원 2015. 12. 29. 자 2014마1157 결정.

리를 가진 자 사이에서는 평등하여야 한다'고 규정하고 있는데, 여기에서의 평등이라는 의미는 형식적인 평등을 말하는 것이 아니라 공정·형평의 관념에 반하지 않는 실질적인 평등을 말하는 것으로서, 모든 권리를 반드시 법 217조 1항의 5종류의 권리로 나누어 각 종류의 권리를 획일적으로 평등하게 취급하여야만 하는 것은 아니고, 각 권리 내부에 있어서도 회생채권이나 회생담보권의 성질의 차이 등을 고려하여 이를 더 세분하여 차등을 두더라도 형평의 관념에 반하지 아니하는 경우에는 그와 같이 할 수 있다.[20]

이러한 판례이론은 이른바 공정하고 형평에 맞는 차등의 개념과 관련한 상대우선설을 취한 것으로 평가되며, 실무도 상대우선설에 입각하여 각 조별로 권리변경 및 변제조건에 적절한 차등이 유지되고 있는지를 검토하고 있다.[21] 이에 의할 경우 선순위 권리자의 만족이 후순위 권리자의 만족보다 상대적으로 큰 경우, 선순위권리자의 면제율이 후순위권리자의 면제율보다 낮은 경우, 소액상거래채권을 변제시기 및 비율 등에 있어 우대하는 것 등은 본 원칙을 위배하는 것이 아니다.

2. 절대우선설의 의미: 미국 도산법의 태도

절대우선설은 선순위권리자가 완전한 만족을 받지 못하는 한 후순위권리자는 만족을 받을 수 없다는 입장이며, 이를 일관하면 채무초과인 채무자의 주주·지분권자의 권리는 100% 소각해야만 공정·형평의 원칙을 준수하는 결과가 될 것이나, 현행법의 해석으로는 인정할 수 없는 이론이다.

미국 도산법이 취하고 있는 절대우선설은 강제인가(Cramdown)의 경우를 전제로 한 것이고, 권리변경된(Impaired) 모든 조가 동의하는 경우(Consensual Confirmation)라면 불공정한 차별이 있는지 여부를 검토할 필요가 없다. 즉 권리변경된 적어도 1개조가 동의한다는 전제 하에, 나머지 조의 반대에도 불구하고 ① Not Discriminate Unfairly, ② Fair and Equitable의 기준을 충족할 경우 회생계획을 인가하는 것을 Cramdown이라 부른다.

20) 대법원 2004. 12. 10. 자 2002그121 결정.

21) 실무연구회(상), 605면.

가. Cram-Down of Secured Claims

회생담보권자의 반대에도 불구하고 회생계획을 인가하기 위해서는 회생담보권의 피담보채권액과 할인율(이른바 Cramdown Interest Rate)의 결정이 선행되어야 한다. 전자의 경우는 담보물을 대체하기 위한 비용(what it would cost the debtor to replace the encumbered property)의 산정이 주된 과제이며, 후자의 이자율은 우대금리에 위험프리미엄을 가산하여 산정한다. 가령 $100,000의 채권에 대하여 공정가치 $75,000(Replacement Cost)의 담보가 설정되어 있을 경우 강제인가를 위해서는 회생계획에 따른 변제액의 현재가치가 $75,000 이상이어야 할 것이다. 한편 채권자가 Section 1111(b) election을 한 경우라면 회생계획에 따른 변제액의 현재가치가 $75,000 이상이어야 한다는 점은 동일하나, 총변제액의 명목가치가 $100,000 이상이어야 한다는 요건이 추가된다(the stream of payments under the plan have a discounted present value of $75,000, and that the face amount of the plan payments totals at least $100,000.).[22]

회생담보권자가 담보물에 대하여만 권리를 행사하겠다고 특약을 정하는 경우가 있다. 이러한 채권자를 Nonrecoursed Creditor라고 하며, 회생절차에서도 담보되지 않은 부분에 대하여 Deficiency Claim을 제기할 수 없다. Section 1111(b)는 이러한 채권자라도 담보되지 않은 부분에 관하여 채무자에 대한 권리행사를 허용하고 있다(right of recourse against the estate). 한편 회생담보권자로서 예정부족액에 관하여 Deficiency Claim을 보유한 자는 예정부족액에 대하여 회생채권자로서의 권리를 갖는다고 할 것이나, 이러한 이중적 지위를 포기하고, 예정부족액을 포함하여 전체를 회생담보권으로 취급받을 수 있다. 자신의 예정부족액에 대하여 회생채권으로서의 권리를 행사할 수 없게 됨은 당연하나, 피담보채권 전액을 변제받는다는 의미는 변제총액의 현재가치가 애초에 담보되지 않았던 부분을 포함한 피담보채권의 금액과 일치하여야 한다는 의미는 아니다. 즉 이러한 채권자는 자신의 총 채권의 명목가치만을 회생계획에 의하여 보장받으며, 이러한 명목가치는 담보물의 공정가치와 일치하여야 한

22) David G. Epstein, Steve H. Nickles, Principles of Bankruptcy Law, Thompson/West, 2007, p. 104.

다. 회생계획에 따른 변제로 인하여 변제가 지연되는 부분(이자요소)에 관하여는 여하한 보상도 받을 수 없다(By using §1111(b)(1)(B), the undersecured creditor can waive any deficiency claim. In exchange, the debtor is forced to pay the secured creditor the full amount of its debts. But the debtor is not required to pay the present value of the entire claim, only the present value of that portion of the claim equal to the value of the collateral.).[23)]

회생계획에서 변제기간을 대단히 장기로 정한다면 회생담보권자로서는 애초에 담보되었던 부분(담보물의 공정가치)보다 더 적은 금액만을 변제받게 되는 경우가 있을 수 있으나, 이는 청산가치보장원칙에 위배된다(The present value of these payments must equal the "secured" portion of the loan. This prevents a debtor from stretching out the payments for an inordinate amount of time).

회생담보권자로서 10만불의 채권 중 7만불의 공정가치를 가진 자산을 담보로 가지고 있을 경우, 그 자의 채권은 7만불과 3만불의 두 가지로 나누어진다. 이 자가 Section 1111(b)의 권리를 행사한다면 10만불 전체에 대하여 회생담보권자로서 변제를 받을 수 있고, 3만불의 회생채권자로서의 지위는 상실된다. 이 자는 회생계획을 통하여 10만불을 받게 되지만 분할변제로 인하여 완제되는 시기는 늦추어 지는 것이 일반적이고, 변제 총액이 10만불에 이르기만 하면 되므로, 이자요소에 해당하는 금액에 대한 권리는 상실된다. 다만 변제가 지연되더라도 예정변제총액의 현재가치는 담보물의 공정가치와 일치하여야 할 것이다. 한편 채권자의 입장에서는 회생계획에서 정한 변제기간이 단기인 경우에 이 제도를 이용할 실익이 크다고 할 것이다. 변제기간이 장기인 경우보다 단기인 경우에 변제총액의 현재가치가 더 커질 것이기 때문이다.

나. Cram-Down of Unsecured Claims: Absolute Priority Rule

If a class of unsecured creditors votes against the plan, then equity may not receive anything under the plan. Similarly, if a class of preferred stockholders votes against the plan, then junior/common stockholders may

23) Elizabeth Warren, Chapter 11: Reorganizing American Business, Wolters Kluwer Law & Business, pp. 157–159

not receive anything under the plan. Thus, a class that votes against the plan must be paid in full, or else the plan must provide that any classes junior to the non-consenting class will get nothing.[24)]

구 주주들이 회생계획인가 후 회사 지분을 그대로 보유하고자 할 경우 회생채권자들에게 전액 변제할 것을 요한다. 이는 회사가 청산할 경우 채권자들이 주주보다 잔여재산 분배 등에 있어 우선한다는 회사법의 일반원칙을 명문화한 것이다. 회생채권자들이 회생계획에 반대하거나 전액 변제를 받지 못할 경우 구 주주들의 지분은 회생채권자들에게 안분하여 배분되거나, 제3자에게 매각 후 매각대금을 회생채권자들에게 배당하게 될 것이다. 상장회사와 같이 규모가 큰 기업의 경우 회생채권자들은 일부는 현금으로, 일부는 회생계획 인가 후 회사의 지분으로 변제를 받는 것이 가능하지만 소유와 경영의 구별이 모호한 소규모 회사의 경우 새로운 인수인이 등장할 가능성이 많지 않고, 기존 경영진도 지분없이 인가 후 회사를 운영하는 것을 그다지 달가워하지 않을 가능성이 많아, 회생채권자들이 반대할 경우 사실상 청산으로 갈 수밖에 없는 문제가 있다.[25)]

이러한 문제의식을 기초로 Los Angeles Lumber Products Co. 사건(1939)에서 법원은 현금 내지 그에 상응하는 새로운 출자가 있을 경우 구 주주가 인가 후 회사의 지분을 계속 보유할 수 있다는 원칙을 제시하였다(New Value Exception). 한편 Bank of America v. 203 North LaSalle Street Partnership(1999) 판결은 항소법원의 판단을 파기하면서 '시장을 통한 출연 재산의 정당한 평가절차를 거치지 않고 구 주주만이 인가 후 회사의 지분을 보유할 수는 없다'고 판시한 바 있다(Section 1129(b)(2)(B) bars old equity from contributing new value and receiving ownership interests in the reorganized entity when that opportunity is afforded only to them, without some sort of market valuation to test the adequacy of their pro-posed contribution.). 즉, 구 주주만이 출자를 할 수 있다고 본다면 Absolute Priority Rule에 반한다는 것이다. 위 판결 이후 법원은 구 주주의 단독 출자권

24) David G. Epstein, Steve H. Nickles, *i.d.*, p.105.

25) Elizabeth Warren, *i.d.*, pp. 155-156.

을 제한하거나, 경쟁입찰과 같은 시장평가절차를 거치거나, 양자를 모두 요구하는 추세에 있다고 한다.[26]

3. 회생채권자와 기존 주주의 권리감축 비율

가. 상대적지분비율법

(1) 개 념

공정하고 형평에 맞는 차등원칙을 적용함에 있어 가장 문제가 되는 것은 회생채권자의 권리변경 대비 기존 주주의 권리감축비율이다. 실무상 일반적으로 사용되는 방법은 상대적지분비율법이다. 이는 기존주식의 병합 및 회생채권 일부 출자전환, 위 병합 및 출자전환 후 증가된 자본금 규모를 적정화하기 위한 재병합 과정을 거친 후 ① 최종적인 기존 주주의 지분율과 ② 가장 낮은 현가변제율을 가지는 회생채권자 등에 대한 현가변제율을 비교하여 ①이 ②보다 작아야만 공정·형평의 원칙을 준수하는 것이라는 이론구성이다.

(2) 상대적지분비율법 적용사례

×기술(주)는 발행주식 총 1,885,700주 중에서 자기주식 83,180주는 무상소각 하고, 나머지 1,802,250주에 대하여 액면가 500원의 보통주 2주를 액면가 500원의 보통주 1주로 병합하기로 하였다. 그 결과는 아래와 같다.

구분		기존주식			주식병합에 따른 감소			주식병합 후		
주주명	관계	주식수	금액	지분율	주식수	금액	감소율	주식수	금액	지분율
김대표	관리인	510,000	255,000,000	27.05%	255,000	127,500,000	50.00%	255,000	127,500,000	28.29%
이이사	임원	190,000	95,000,000	10.08%	95,000	47,500,000	50.00%	95,000	47,500,000	10.54%
박이사	임원	190,000	95,000,000	10.08%	95,000	47,500,000	50.00%	95,000	47,500,000	10.54%
이00		151,200	75,600,000	8.02%	75,600	37,800,000	50.00%	75,600	37,800,000	8.39%
신00		85,050	42,525,000	4.51%	42,525	21,262,500	50.00%	42,525	21,262,500	4.72%
×기술	자기주식	83,180	41,590,000	4.41%	83,180	41,590,000	100.00%	0	0	0.00%

26) David G. Epstein, Steve H. Nickles, *i.d.*, p.105－106.

50명		676,270	338,135,000	35.86%	338,135	169,067,500	50.00%	338,135	169,067,500	37.52%
합계		1,885,700	942,850,000	100.00%	984,440	492,220,000	52.21%	901,260	450,630,000	100.00%

회생채권 일부에 대한 출자전환 및 재병합 결과는 아래와 같다.

구분		기존주식 병합 후			출자전환			주식병합 및 출자전환 후		
주주명		주식수	자본금	지분율	주식수	금액	지분율	주식수	자본금	지분율
기존 주식	김대표	255,000	127,500,000	28.29%				255,000	127,500,000	5.67%
	이이사	95,000	47,500,000	10.54%				95,000	47,500,000	2.11%
	박이사	95,000	47,500,000	10.54%				95,000	47,500,000	2.11%
	이○○	75,600	37,800,000	8.39%				75,600	37,800,000	1.68%
	신○○	42,525	21,262,500	4.72%				42,525	21,262,500	0.95%
	자사주	0	0	0.00%				0	0	0.00%
	이○○외 49명	338,135	169,067,500	37.52%				338,135	169,067,500	7.52%
소 계		901,260	450,630,000	100.00%				901,260	450,630,000	20.05%
출자 전환 신주 발행	대여채권				1,126,188	1,689,287,581	25.05%	1,126,188	563,094,000	25.05%
	확정 구상채권				634,273	951,410,536	14.11%	634,273	317,136,500	14.11%
	상거래채권				692,016	1,038,046,510	15.39%	692,016	346,008,000	15.39%
	전환사채상환 채권				793,581	1,190,373,758	17.65%	793,581	396,790,500	17.65%
	정부지원금 반환채권				3,518	5,278,173	0.08%	3,518	1,759,000	0.08%
	정부지원금반 환미확정채권				미확정			미확정		
	미발생 구상채권				미확정			미확정		
	특수관계자 채권				344,651	516,978,980	7.67%	344,651	516,978,980	7.67%
소 계					3,594,227	5,391,375,538	79.95%	3,594,227	1,797,113,500	79.95%
합 계		901,260	450,630,000	100.00%	3,594,227	5,391,375,538	79.95%	4,495,487	2,247,743,500	100.00%

위 과정을 거친 결과 최종적으로 기존 주주의 지분율은 20.05%가 되었다. 회생채권자들에 대한 현가변제율 계산결과는 아래와 같다.[27)]

구분	시인된 총 채권액(A)	변제액	현가액(B)	현가변제율 (B/A)
대여채권	2,685,623,316	992,121,276	745,926,867	27.77%
확정구상채권	1,522,691,827	558,764,917	420,107,677	27.59%
상거래채권	1,674,268,567	636,222,057	479,701,671	28.65%
전환사채상환채권	1,889,482,156	699,108,398	525,624,991	27.82%
정부지원금반환채권	8,378,053	3,099,880	2,330,646	27.82%
정부지원금반환 미확정채권	1,370,000,000	미확정		
미발생구상채권	47,000,000	미확정		
특수관계자채권	516,978,980	0	0	0.00%

상대적지분비율법의 판단기준에 의하면 기준 주주의 지분률 20.05%는 가장 낮은 현가변제율 27.59%보다 낮으므로 공정·형평의 원칙에 반하지 아니한다고 보게 될 것이다.

(3) 필요적 감자규정 삭제 이후 실무의 변화

2014년 법이 개정되면서 부채초과인 주식회사의 경우 필요적으로 발행주식 총수의 1/2 이상을 소각하거나, 2주 이상을 1주로 병합하여야 한다는 법 205조 3항이 삭제되었고, 자본감소 시 채무자의 자산 및 부채와 수익능력 외 법 206조의 신주발행에 관한 사항을 고려하도록 하였다(법 205조 2항 1호 및 2호). 위 개정으로 인해 자산초과는 물론 부채초과의 경우라도 기존 주주의 지분을 소각하지 않을 수 있는 근거가 마련되었다.

기존의 실무는 법인인 채무자의 경우 현금변제비율을 초과하는 부분은 출자전환으로 처리하는 경우가 일반적이고, 회생계획안에 할증발행을 규정할 경우 법원이나 관리위원회는 채무면제익에 대한 법인세 부담 및 이로 인한 회생계획의 수행가능성을 우려하여 수정을 권고하는 경우가 많았다. 액면발행에 의

27) 조사기준일 현재의 예금은행 운전자금대출 가중평균 대출금리 4.32%(한국은행 통계자료 20××. 9.)를 적용하였다.

한 출자전환 신주발행과 위 필요적 감자규정이 결합될 경우 기존 주주의 지분은 병합 및 출자전환 전과 비교하면 매우 낮은 수준으로 변경되어 회사의 지배권이 채권자로 이전되는 현상이 일반화되었다고 할 수 있다.

위 개정법은 부채와 자산, 채무자의 수익능력 등을 고려하여 주식소각 여부 및 그 비율을 결정하도록 함으로써 채무자의 경영진이 지배권 이전을 우려하여 조기 회생신청을 주저하게 되는 현실에 대한 다소의 유인책으로서의 의미는 가질 수 있다. 자산초과의 경우라면 주주도 회사의 재산에 관하여 권리를 가지므로 주식소각 등에 대한 제한사유에 해당할 것이고, 부채초과라도 수익능력을 회생계획기간 동안의 자금수지로 해석하고, 그 자금수지를 분석한 결과 채권자들에게 충분한 만족이 주어진다면 역시 주식소각 등에 대한 제한사유에 해당할 것이다.

한편, 필요적 감자규정이 삭제되었다고 하여 구주병합의 필요성이 없어진 것은 아니지만, 구체적인 회생계획을 작성함에 있어 일단 구주병합을 하지 않은 상태에서 회생채권의 현가변제율과 비교한 후, 구주의 지분비율이 현가변제율보다 낮다면 공정·형평의 원칙을 준수한 것이 된다. 그 결과 구주의 지분은 출자전환 신주발행 후에도 상당 부분 유지될 수 있다는 점은 과거와 비교하여 상당히 고무적인 현상이다. 다만, 실무 현장에서는 과거의 경험을 답습하여 무의식적으로 2주 병합을 하는 경우를 볼 수 있는바, 주의를 요하는 대목이다. 최근 서울회생법원은 중소기업지분보유조항의 활용을 장려하고 있는바, 구주를 병합하지 않은 상태에서 위 제도를 적극 활용할 경우 기존 주주의 지분을 상당 부분 보호하는 효과를 가져 올 수 있을 것으로 기대된다.

주주와 채권자 간의 관계에서 출자전환비율과 발행가액의 결정, 자본감소 여부의 문제는 결국 회생계획인가 후 채무자의 최종적인 자본구조(기존주주와 채권자들의 지분비율)를 여하히 구성할 것인가의 문제이다. 이와 관련하여 아직까지 상대적지분비율법 이외의 기준은 제시된 바 없다. 위 기준은 너무 기계적이라 융통성이 없고, 채권자와의 협상의 여지를 남겨 두기 어렵다는 단점에도 불구하고, 구 주주의 지분비율이라는 것은 단순히 재무적인 계산으로 환원할 수 없고, 청산가치보장, 공정·형평 등 기본 원칙에 의한 제한을 받는다는 점에서 현재로서는 정당성을 인정할 수밖에 없을 것이다.

나. 명목변제율이 100%인 경우 구 주주의 권리감축 요부

(1) 문제점

명목변제율이 100%라도, 변제기가 유예될 경우 현가변제율이 이에 미치지 못하게 됨은 당연하다. 만약 주주의 권리를 감축하지 않을 경우 상대적지분비율법의 요건을 충족하지 못하게 되고, 결국 공정·형평의 원칙에 반하는 것은 아닌지 문제된다.

이에 관한 리딩케이스가 동양시멘트(주) 사건(중앙 2013회합195호)인바, 그 쟁점 및 법원의 판단을 살펴본다.

(2) 동양시멘트(주) 사건의 관련 회생계획 요지

① 회생채권 대여채권, 회생채권 회사채 채권의 권리변경과 변제방법

시인된 원금 및 개시전 이자의 전액을 현금으로 변제하되, 제1차년도(2014년)부터 제7차년도(2020년)에 걸쳐 10%, 10%, 15%, 35%, 10%, 10%, 10%를 순차로 변제하며, 개시후 이자는 전액 면제한다.[28]

② 주주의 권리변경

회생계획안 인가 전에 발행한 보통주 134,198,068주(자기주식 4,527주 포함)에 대하여 액면가 500원의 보통주 5주를 액면가 500원의 보통주 4주로 병합한다.

③ 예상수익금 초과 시 처리방법

예상수익금을 초과하는 영업수익금 또는 자산매각 대금이 발생한 때에는 법원의 허가를 얻어 공익채권의 변제, 운전자금의 사용, 회생담보권 및 회생채권의 변제 등으로 사용한다. 다만 회생계획안 제6장 제2절의 비업무용자산의 실사가치(감정가치기준 등을 포함하며, 이하 같음)를 초과하는 매각대금이 발생한 때에는 그 초과매각대금 중 처분비용을 차감한 잔액을 법원의 허가를 얻어 회생담보권과 회생채권의 조기변제에 사용할 수 있다. 법원의 허가를 얻어 채권을 조기변제할 경우, 회생채권에 대하여 연 4.44%의 이자율로 할인하여 변제

---

28) 회생채권자 조의 동의율은 54.85%로서 결의요건을 충족하지 못하였다.

할 수 있고, 담보권에 대하여는 회생담보권 원금 및 개시 전 이자에 조기변제일까지의 기발생경과이자를 합산한 금액을 조기변제할 수 있다. 다만 회생 계획안 제6장 제2절의 비업무용자산 중 동양파일, 동양파워에 한하여 실사가치를 초과하는 매각대금으로 조기변제를 할 경우에는 회생채권에 대하여 법원의 허가를 얻어 4.44%의 할인이자율을 적용하지 아니할 수 있다. 조기변제의 경우 조기상환수수료는 면제한다.

위 회생계획과 관련하여 채무자는 자산초과로서 필요적 감자의 대상이 아니었던 점, 명목변제율은 100%이나, 현가변제율은 85.18%에 불과하였고, 그럼에도 구 주주의 지분비율은 그대로 유지시켰다는 점에서 공정·형평의 원칙을 위반한 것은 아닌지 문제되었다.

(3) 원심의 판단

인가결정에는 자세히 언급되어 있지 않으나, 초과수익금 발생 시 회생채권 등에 대한 변제를 규정한 점, 비업무용자산을 실사가치를 초과하여 매각할 경우 그 초과수익금을 회생채권 등의 조기변제에 사용한다고 규정한 점, 비업무용 자산 중 일부를 실사가치 이상으로 매각하여 발생한 초과수익금으로 회생채권을 변제할 경우 할인율을 적용하지 않은 금액으로 조기변제할 것을 규정한 점 등 회생채권자에 대한 변제율을 높일 수 있는 장치가 있음을 근거로 강제인가결정을 하였다.[29)]

(4) 항고심의 판단[30)]

① 이 사건 회생계획안에 따르면, 회생절차가 종료될 때까지 채무자 회사의 이익이 발생하는 경우에도 주주에게 이익이 배당되지 않고 우선적으로 항고인을 비롯한 회생채권자에 대한 채권변제에 사용하기로 계획되어 있고, ② 기존 주주들이 보유 주식 수에 비례하여 신주를 배정받을 권리가 있다는 내용을 정하고 있지 않으므로, 주주는 제3자에게 신주가 인수됨으로써 추가적인 주식가치 및 지분비율 하락이라는 불이익을 당할 가능성이 있는 점, ③ 예상수익금을 초과하는 영업수익금 또는 자산매각 대금, 비업무용 자산의 실사가치를

29) 실무연구회(상), 608－609면.

30) 서울고등법원 2014라426 결정이며, 재항고(2014마1145)는 심리불속행으로 기각되었다.

초과하는 매각대금이 발생한 때에는 그 초과매각대금을 회생담보권과 회생채권의 조기변제로 사용할 수 있도록 하며, 비업무용 자산 중 동양파일 주식회사, 동양파워 주식회사에 관하여 실사가치를 초과하는 매각대금으로 조기변제할 경우에는 회생채권에 대하여 4.44%의 할인율을 적용하지 아니할 수 있고, 조기변제 시 조기상환수수료도 면제하도록 하여 회생채권자에 대한 추가적인 보호장치를 마련한 점, ④ 회생담보권 물상보증채권에 대하여 개시 후 이자를 전액 면제하고 있는바, 회생채권자에 대하여 현가율을 제고할 수 있도록 추가적인 현금변제 내지 출자전환을 하게 되는 경우 회생채권자를 선순위자인 회생담보권자보다 우대하는 결과가 될 수도 있어 오히려 공정·형평의 원칙에 반하게 될 수 있는 점, ⑤ 상대적지분비율법은 기존 주주의 권리감축의 정도를 파악하는 방법으로 단순한 감자비율이 아니라 감자 및 신주발행 후 변동된 기존 주주의 주식지분비율을 주주의 권리 감축률로 보는 것이어서 회생계획에서 출자전환 등에 의한 신주발행이 전제된 사안에서의 주식과 채권의 권리감축 정도를 비교하는 평가방법이므로, 회생계획에서 출자전환 등에 의한 신주발행이 예정되어 있지 않다면 상대적지분비율법을 적용하기 곤란할 뿐 아니라, 채권과 주식이라는 근본적인 차이 때문에 회생채권의 감축비율과 주식 수의 감소비율에 따른 단순 비교만에 의할 수는 없는 점 등을 근거로 항고를 기각하였다.

(5) 소 결

명목변제율이 100%라도 현가변제율이 이에 미치지 못할 경우 주주의 권리를 제한하지 않는다면 공정·형평의 원칙에 반한다고 본다. 주주의 권리를 그대로 유지할 경우 개시 후 이자를 지급하여 차액을 보전하되, 자금수지가 이에 미치지 못할 경우 주주의 권리를 감축할 수밖에 없다.

판례의 태도 중 회생채권자의 변제율 제고와 관련이 있는 것은 할인율을 적용하지 않는다는 내용뿐이다. 이 또한 자산매각으로 초과이익이 발생함을 전제로 하는 것이므로 인가 여부를 판단하는 단계에서 이를 속단할 수 없다.

판시 ①은 회생계획의 일반적 내용이므로 회생채권자에 대한 특별한 보호장치로 평가하기에는 미흡하다. 판시 ②와 관련한 주주의 신주인수권은 본래

신기술의 도입, 재무구조의 개선 등 회사의 경영상 목적을 달성하기 위하여 필요한 경우 정관에 정하는 바에 따라 주주 외의 자에게 신주를 배정함으로써 제한(상법 418조 2항)될 수 있는 상대적 권리이므로, 신주인수권을 보장하는 규정이 없다고 하여 채권자와의 이익균형이 지켜졌다고 볼 수 없고, 공정·형평의 원칙이 준수되었는지 여부는 회생채권자와 기존주주를 비교대상으로 하는 것이므로, 장래 제3자가 신주를 인수할 경우 기존 주주의 지분율이 떨어질 것이라는 사정만으로 이 원칙이 충족되었다고 볼 수 없다.

임광토건(주) 사건(서울중앙지방법원 2011회합161)에서는 개시 후 이자를 지급하여 현가변제율을 높이는 방안은 자금수지상 어려웠고, 원금을 현금변제 부분과 출자전환 부분으로 나누고, 개시후 이자를 지급하는 방안은 채권자와 채무자 모두 원하지 않아, 법원은 기존주식 5주를 4주로 병합하는 조항만을 둔 회생계획안을 인가하였는바,[31] 동양시멘트(주)와 임광토건(주) 사건에서 나타난 법원의 태도는 이론적인 측면보다는 기업의 갱생이라는 절차의 종국목적을 우선시 한 정책적 배려의 산물로 보인다.

다. 중소기업지분보유조항(SME Equity Retention Plan)의 활용

상대적지분비율법을 일관할 경우 회사의 지배권은 기존경영자로부터 채권자로 이전하게 된다. 기존 경영자는 회사에 대한 지배권 상실, 회생채권자는 낮은 변제율로 인해 쌍방 간에 불만이 있을 수 있다. 이에 대한 대안으로 서울회생법원은 2017년 말부터 위 제도를 활용하고 있다. 그 개요는 다음과 같다.[32]

	인가 직후	인가 후 3년 내	인가 후 4년 이상
기존 경영자 * 부실경영자 제외	상대적지분비율법에 의한 감자된 기존 주식 보유 * 이익배당 불가 * 의결권 제한 없음	상환전환우선주 보유자에게 배당가능이익 한도 내 상환(또는 기존 경영자 등이 우선매수)	매입 주식 보통주 전환

31) 실무연구회(상), 608면.

32) 서울회생법원·서울지방변호사회 심포지엄 자료, 23-24면, 한편 서울회생법원 2016회합100248 (주)보임기술 사건에서 이와 같은 방식이 최초로 채용되어 인가되었다. 위 조항을 적용할 경우의 본문 및 정관의 기재례, 주주간 계약의 작성 사례는 각 9장을 참조할 것.

채권자 * 현금변제분 제외	상대적지분비율법에 의한 상환전환우선주(만기 3년) 출자전환 * 배당가능이익 한도 내 상환 * 의결권은 있으나, 주주간 계약에 의하여 관리인과 공동행사, 주가에 중대한 영향이 있는 특별거래는 단독행사	위 받은 초과수익 가액만큼 상환전환우선주 소각(또는 기존 경영자 등에게 매도)	잔여 주식 보통주 전환
기업지배권	사실상 기존 경영자의 지배권 유지		상환실적, 매입실적에 좌우될 것 임

제도의 취지) 회생계획을 작성하는 입장에서 보자면, 각 연차별로 약간의 여유를 두고서 자금수지를 계획하는 것이 일반적인데, 위 여유자금은 다음 연도의 운영자금이나 예비자금 정도 수준에 그쳐야 하고, 이를 넘는 수준의 과도한 기말 현금을 유보할 수는 없다. 여유자금이 지나치게 많을 경우 이를 변제재원으로 사용하지 않는다면 채권자들이 반발할 것이고, 관리위원회도 연차별 여유자금이 너무 많지 않도록 지도하고 있는 실정이다. 위 주식상환자금으로서의 배당가능이익이 현출될 정도라면, 위 자금은 변제재원으로 사용하고 출자전환 비율을 줄이는 것이 당연한 처리이기 때문이다. 요컨대, 자금수지계획에 있어 위와 같은 실무를 고려하면, 위 제도는 회생계획에서 추정한 자금수지를 초과달성하는 상황이 발생할 경우에만 의미가 있다. 결국, 관리인을 비롯한 경영진에 대한 인센티브의 의미로서의 성격을 갖는다고 평가할 수 있고, 향후 그 성과가 주목된다.

위 중소기업지분보유조항을 적용할 경우 이에 관한 주주 간 협약을 요하나, 개별적으로 위 계약을 체결하는 것은 현실적으로 어렵다. 회생계획에 대한 동의는 인가 후의 자본구조에 대한 동의를 당연히 내포하는 것이므로 회생계획의 규정을 좀 더 구체화한다면 굳이 위와 같은 계약은 불필요하다고 본다.

4. 강제인가의 기준으로서 공정한 거래가격

회생계획안에 대하여 관계인집회 또는 서면결의에서 법정의 액 또는 수 이상의 의결권을 가진 자의 동의를 얻지 못한 조가 있는 경우에도 법원은 권리보호조항을 두고 회생계획을 인가할 수 있다(법 244조). 이와 관련하여 동 조 2호 및 3호의 공정한 거래가격(가액)의 의미가 다투어지고 있다.

이에 관하여 판례[33] 및 실무는 청산가치를 기준으로 공정한 거래가격을 정하고 있다. 서울회생법원의 실무는 '법원이 정하는 공정한 거래가격'의 하한을 '청산가치'로 하고, 구체적인 사안에 따라 청산가치와 계속기업가치 사이에서 권리자의 정당한 권리가 보장될 수 있도록 실무를 운영하고 있다고 한다.[34]

한편 이러한 입장표명에도 불구하고 청산배당액 이상을 변제하는 권리보호조항을 둔 경우는 초창기에 약간의 사례가 있을 뿐이고, 대부분 원계획대로 인가하고 있다.[35] 즉, 부결된 회생계획안 자체가 이미 부동의한 조의 권리자에게 권리의 실질적 가치를 의미하는 해당 기업의 청산가치 이상을 분배할 것을 규정함으로써 법 244조 1항 각 호의 요건을 충족하고 있다고 인정되는 경우에는, 법원이 부동의한 조의 권리자를 위하여 그 회생계획안의 조항을 그대로 권리보호조항으로 정하고 인가를 하는 것도 허용된다.[36]

이에 대하여 일반인가의 경우와 강제인가의 경우 동일한 청산가치보장의 원칙이 적용된다면 양 제도는 차이가 없어지는 결과가 되므로 강제인가에 있어서는 절대우선 원칙이 관철되어야 하는 점, 문언상 '공정한 가격'을 청산가치로 볼 수는 없는 점 등을 근거로 청산가치에 적정수준의 계속기업 잉여가치(계속기업가치와 청산가치의 차액)가 더해져야 하고(이른바 '청산가치 $+\alpha$') '청산가치 $+\alpha$'가 채권총액에 미치지 못하는 한 하위의 권리자는 $+\alpha$ 를 가져서는 안 된

---

33) 대법원 2004. 12. 10. 자 2002그121 결정.
"정리계획안에 부동의한 조가 있는 경우에 법원이 정할 수 있는 정리채권자에 대한 권리보호조항은 정리회사가 계속기업으로서 존속함을 전제로 한 정리계획안에 정리채권자조가 부동의한 경우에도 최소한 청산을 전제로 하였을 때 정리채권자조가 배당받을 수 있는 금액 상당을 변제받을 수 있도록 배려하는 한편, 그 요건이 충족된 경우에는 법원이 여러 사정을 참작하여 정리채권자조의 부동의에도 불구하고 정리계획안을 인가할 수 있도록 한 데에 그 취지가 있는 것이고, 따라서 여기서 회사재산의 평가는 기업재산을 해체·청산함이 없이 이를 기초로 하여 기업활동을 계속할 경우의 가치(계속기업가치)에 의할 것이 아니라 원칙적으로 도산기업이 파산적 청산을 통하여 해체·소멸되는 경우에 기업을 구성하는 개별 재산을 분리하여 처분할 때의 가액을 합산한 금액(청산가치)에 의하여야 한다".

34) 실무연구회(하), 77면 이하.

35) 실무연구회(하), 86면 내지 89면.

36) 대법원 2007. 10. 11. 자 2007마919 결정.

다는 주장이 유력하다.[37]

사 견) 위 견해는 공정한 가격(가액)을 청산가치로 해석하는 것은 법문의 한계를 유월한 것이라고 주장하나, 위 법문에서 공정한 가격(가액)을 정하는 주체는 법원이다. 공정한 가격을 문언대로 해석하면 이는 공정시장가치, 시가, 계속기업가치 등을 의미할 것이나, 이러한 가격은 법원이 정하는 것이 아니며, 감정인 등의 평가를 거쳐 산정된다는 점에서 위 견해가 반드시 문언에 충실한 해석이라고 단정하기는 어렵다. 또한 강제인가 시에는 절대우선원칙이 관철되어야 한다는 주장도 법문의 근거를 찾기 어렵다. 결국 법문의 '공정한 가격(가액)'에서 '공정'은 법 243조 1항 2호의 공정과 동일한 의미로 해석하는 것이 자연스럽다. 결론적으로 공정한 가격(가액)을 청산가치로 파악하는 실무 및 판례의 입장이 법문 전체의 취지에 부합하는 것으로 보인다.[38] 첨언하자면, 회생계획을 작성하면서 이미 청산가치 이상을 변제하는 것으로 정하고 있으므로, 유력설이 주장하는 '청산가치 + @'는 이미 강제인가의 대상이 된 회생계획에 이미 담겨 있는 점, 유사한 표현이기는 하지만 법원이 정하는 공정한 거래가격이란 결국 청산가치를 하한으로, 공정가치를 상한으로 하는 어느 지점의 금액일 수밖에 없고, 이 금액은 이미 회생계획에 반영되어 있는 점, 일부 채권자들의 무리한 요구를 차단할 필요성 등을 종합하면 원 회생계획을 그대로 인가하는 것도 충분히 권리보호조항으로 기능할 수 있다고 할 것이다.

V. 평등의 원칙

1. 실질적 평등의 원칙

회생계획의 조건은 같은 성질의 권리를 가진 자 간에는 평등하여야 한다(법 218조 1항). 여기에서의 평등이라는 의미는 형식적인 평등을 말하는 것이 아니라 공정·형평의 관념에 반하지 않는 실질적인 평등을 의미한다. 동일한 조로 분류된 채권을 모두 동일한 취급을 하여야 하는 것은 아니며, 합리적인 이

37) 오수근, 청산가치보장의 원칙, 민사판례연구, 29권, 박영사(2007. 3), 437면 이하.

38) 윤덕주, 전게논문, 298면 내지 299면.

유를 고려하여 개별 조 내부에서 보다 세분하여 차등을 두더라도 공정·형평의 관념에 반하지 아니하는 경우에는 합리적인 범위 내에서 차등을 둘 수 있는 것이며, 다만 같은 성질의 채권에 대하여 합리적인 이유 없이 감면의 비율이나 변제기를 달리하는 것과 같은 차별은 허용되지 아니한다.[39]

2. 평등원칙의 예외

가. 채권자의 동의 및 소액채권 등의 예외

평등의 원칙은 불이익을 받는 자의 동의가 있는 때(법 218조 1항 단서 1호), 채권이 소액인 회생채권자 및 회생담보권자, 회생절차개시 후의 이자(법 118조 2호), 회생절차개시 후의 불이행으로 인한 손해배상금 및 위약금(법 118조 3호), 회생절차참가의 비용(법 118조 4호)에 대한 청구권을 가지는 자에 대하여 다르게 정하거나 차등을 두어도 형평을 해하지 아니하는 경우에는 예외가 인정된다(법 218조 1항 단서 2호).

소액채권의 경우 조기변제를 규정하는 경우가 많다. 어느 정도가 소액인지는 채무자의 부채규모, 자금수지 등 제반사정을 종합하여 법원 및 관리위원회와 협의하여 결정하여야 할 것이다.

2호의 채권은 채권신고 및 조사의 대상이나, 권리변경 시 일반회생채권보다 열후하게 다루어 개시 후 이자를 면제하는 것이 일반적이며, 법 191조 3호는 2호 내지 4호의 채권은 의결권을 배제하고 있다.

나. 일반규정에 의한 예외

법 218조 1항 3호는 '그 밖에 동일한 종류의 권리를 가진 자 사이에 차등을 두어도 형평을 해하지 아니하는 때'라는 일반규정을 두고 있다. 위 규정에 근거하여 상거래채권을 우대하고, 보증채권을 열후하게 취급하는 실무가 확립되어 있다. 상거래채권은 대체로 소액이고, 영세사업자인 점, 회생계획의 원만한 수행을 위해서는 이들과의 계속적인 거래관계 유지가 불가피한 점 등을 근거로 다른 채권에 비하여 우대하여도 평등의 원칙에 반하지 않으며, 보증채권

39) 대법원 2000. 1. 5. 자 99그35 결정.

도 주채무자가 따로 있는 점, 보증의무를 부담함에 있어 별도의 대가가 수수되지 않는 경우도 많은 점 등을 근거로 주채권에 비하여 열후하게 취급하여도 실질적 평등을 해한다고 볼 수 없다는 것이 일반적 견해이다.

다만 보증채권을 전액 면제시키는 것은 차등의 정도가 너무 심하여 공정·형평이나 평등의 원칙에 위반된다.[40]

다. 특수관계인에 대한 예외

회생절차개시 전에 채무자와 대통령령이 정하는 범위의 특수관계에 있는 자의 채무자에 대한 금전소비대차로 인한 청구권(법 218조 2항 1호), 회생절차개시 전에 채무자가 대통령령이 정하는 범위의 특수관계에 있는 자를 위하여 무상으로 보증인이 된 경우의 보증채무에 대한 청구권(법 218조 2항 2호), 회생절차개시 전에 채무자와 대통령령이 정하는 범위의 특수관계에 있는 자가 채무자를 위하여 보증인이 된 경우 채무자에 대한 보증채무로 인한 구상권(법 218조 2항 3호)은 다른 회생채권과 다르게 정하거나 차등을 두어도 형평을 해하지 아니한다고 인정되는 경우에는 다른 회생채권보다 불이익하게 취급할 수 있다. 이러한 특수관계 여부는 개시결정 당시를 기준으로 판단하며, 개시결정 이후 채권이 양도된 경우 양수인의 채권은 특수관계인 회생채권 등으로 취급한다.

지배주주, 특수관계인 및 계열회사의 채무자에 대한 채권은 이들이 채무자의 파탄에 원인을 제공한 정도, 채권의 종류 및 금액, 채권의 발생시기·발생경위, 다른 채권자들에 대한 권리변경의 정도와의 비교, 다른 계열회사에 대한 유사한 도산절차에서 규정하고 있는 권리변경의 정도 등을 종합적으로 고려하여 합리적인 범위 내에서 권리변경의 정도를 달리하여도 실질적 평등원칙에 의하여 정당화된다고 할 것이다.[41] 구체적으로는 채무자의 부실경영에 이들이 중대한 책임이 있는 경우, 사기나 횡령 등 불법행위를 저지른 경우, 과소한 출자, 자신의 이익을 위하여 채무자를 도구로 이용한 경우를 들 수 있다.[42] 이들은 실질적으로 채무자에 대하여 손해배상의무를 부담하고 감소된 자본을 보충

40) 위 대법원 2000. 1. 5. 자 99그35 결정.
41) 대법원 2006. 10. 27. 자 2005그65 결정.
42) 실무연구회(상), 616면.

하여야 할 지위에 있다고 보아야 하므로, 채무자에 대한 채권의 내용을 변경함에 있어, 여러 사정을 종합적으로 고려하여, 다른 동종의 회생채권의 권리변경 내용과는 다른 내용으로 특수관계인인 회생채권자의 권리를 변경할 수 있고 나아가 그 회생채권을 면제할 수도 있다.[43] 회생채권자와 채무자 사이의 결합관계 및 부실화에 대한 기여가 인정되는 이상 구체적으로 확정된 회생채권 중 전부 또는 일부가 특별한 혜택 없이 정상적으로 체결된 거래관계에 의하여 발생한 것이라고 하더라도 그러한 사정만으로 권리변동에 차등을 두는 것이 불합리하다고 볼 것은 아니다.[44]

청산가치보장의 원칙과 공정·형평의 원칙은 병렬적인 것이므로, 공정·형평의 원칙을 근거로 특수관계인의 채권을 면제하는 회생계획은 청산가치보장의 원칙에 반한다는 견해가 제시되나, 형평의 원칙을 보다 상위 원칙으로 보아 형평에 따른 열후화가 이루어진 이상 다른 회생채권자들이 전액 변제를 받기 전에는 변제를 받을 수 없다는 것이 일반적인 견해이며, 판례의 입장도 기본정신에 있어 동일한 것으로 보인다.[45]

사 견) 청산가치보장의 원칙은 당사자의 처분을 허용하는 상대적인 원칙이나, 공정·형평의 원칙은 회생절차 전반을 지배하는 보다 상위의 원칙으로서 당사자의 처분대상이 아닌 점, 공정·형평의 원칙 준수 여부는 전술한 판례이론 및 그 동안의 실무 사례 집적으로 충분한 유형화가 이루어진 관계로 그 적용 대상이 비교적 예측가능한 점, 위 채권들을 그대로 존치시킬 경우 구조조정의 장애요인으로 작용할 수 있는 점 등에 비추어 통설적 견해를 지지한다.

Ⅵ. 청산가치보장의 원칙

1. 개 념

채권자가 동의한 경우가 아닌 한, 회생계획에 의한 변제방법은 채무자의

43) 대법원 2007. 11. 29. 자 2004그74 결정.
44) 서울고등법원 2002. 8. 28. 자 2002라285 결정.
45) 실무연구회(상), 617면. 다만, 청산가치보장원칙 위반이라는 견해의 출처에 대하여는 언급이 없다.

사업을 청산할 때 각 채권자에게 변제하는 것보다 불리할 수 없다(법 243조 1항 4호). 이 원칙은 사업을 청산하는 것보다 영업을 계속하면서 채무를 변제하는 것이 채권자 일반의 이익에 부합한다는 회생절차의 기본 정신인 동시에 결의에 반대한 채권자에게 결의의 효력이 미치는 근거가 된다. 1차 조사보고서 제출 이후 이를 반영한 회생계획안이 제출되면 조사위원은 회생계획안의 심리를 위한 관계인집회 5일 전까지 청산배당액과 회생계획에 의한 연도별 변제액의 현가를 환산·비교하여, 회생계획안의 청산가치보장 여부를 기재한 2차 조사보고서를 제출한다.

2. 판단 기준

가. 각 채권자에게 청산가치를 보장할 것

모든 개별채권자에 대한 회생계획기간 동안의 변제액의 현가가 청산배당액을 초과하여야 한다. 이를 확인하기 위해서는 채권자별로 청산배당액 및 청산배당률, 현가변제액 및 현가변제율을 각 산정하여야 한다. 채권의 성격에 따른 청산배당률은 모두 상이할 것이므로, 채권의 분류를 고려하지 않은 청산배당률(= 청산가치/시인된 총 채권액)은 본 원칙과는 관련이 없다.

나. 청산배당액 및 배당률의 산정

청산배당액 및 청산배당률은 각 자산에 대한 채권자들의 우선순위를 고려하여 회생담보권, 회생채권, 공익채권 등에 배당할 금액을 계산한다. 파산절차에서는 담보목적물에 관한 한 별제권자가 최우선 순위(법 411조, 412조)이며, 나머지 일반재산에 대하여는 재단채권자(법 473조, 476조), 일반의 우선권 있는 파산채권(법 441조), 파산채권(법 423조), 후순위파산채권(법 426조) 순으로 배당한다. 별제권자의 경우 우선순위가 상이하므로 청산배당률도 상이하나, 회생채권자의 경우 동일한 청산배당률이 적용된다.

회생담보권자가 수 인인 경우 특정인에 대한 현가변제율이 청산배당률에 미달하는 경우가 있을 수 있다. 위 담보권자에 대하여는 개시 후 이자를 지급하여 그 차이를 보전하여야만 청산가치보장원칙을 충족할 수 있다.

다. 출자전환주식의 가치 고려

회생계획에서 출자전환을 예정하고 있을 경우 출자전환신주의 가치도 청산가치보장 여부를 판단함에 있어 고려하여야 한다. 다만 기존 회생계획에 의한 현가변제율이 청산배당률을 초과한다면 출자전환주식의 가치를 평가하기 위해 상당한 시간과 비용을 출연하는 것은 무의미하다.

라. 판단 시점

회생계획안의 청산가치보장 여부는 회생계획안에 대한 인가여부를 결정하는 시점을 기준으로 판단한다. 조사위원의 보고서는 개시결정 당시를 기준으로 하므로, 인가여부를 판단하는 시점까지 중대한 사정변경이 발생하였다면 재검토가 필요할 것이다. 다만 이러한 경우는 드문 것이 현실이므로 대개의 경우 개시결정 당시를 기준으로 평가한 청산가치를 상회하는 회생계획이 입안되었다면 이 원칙은 충족되었다고 볼 것이다.

마. 할인율의 결정

청산가치보장원칙의 준수여부를 확인하기 위해서는 회생계획기간 동안의 변제액을 현재가치로 할인하여야 한다. 할인율이 높을 경우 현가변제율은 낮아지게 되고, 그 결과 청산가치를 보장하기 위해 지급해야 하는 금액은 증가하게 될 것이므로 어느 정도의 할인율을 적용할 것인지는 본 원칙 충족 여부는 물론 회생계획의 수행가능성의 측면에서도 중요한 의미를 갖는다. 계속기업가치산정에 적용되는 할인율은 채무자의 위험프리미엄을 감안하여 산정되는 것임에 반하여, 청산가치보장 여부를 판단하기 위한 기준으로서의 할인율은 채권자가 청산가치 상당액을 타에 대출하고 이자를 수령할 경우와 비교하여 그 효익이 작지 않아야 한다는 측면에서 기회비용의 의미를 가지며, 그 기회비용이란 결국 시장이자율에 상응하는 개념이라고 할 수 있다. 시장이자율은 회생담보권자와 회생채권자 모두에게 동일하게 적용된다. 시장이자율이 무엇을 의미하는 것인지 자체도 논란의 대상이 될 수 있을 것이나, 한국은행이 발표하는 예금은행 평균대출이자율, 예금은행 운전자금대출 가중평균금리 등 평균적인 위험도를 가지고 있는 자에 대출할 경우 적용가능한 금리라고 할 것이다. 다만 위 할인율은 계속기업가치 산정 시 적용된 할인율을 초과할 수는 없다고 할 것이다.[46]

3. 조세채권의 분할변제와 청산가치보장 여부

가. 법 140조를 근거로 한 청산가치보장의 원칙 제한

파산절차에서 우선권 있는 국세 등은 재단채권으로서 최우선변제대상인바, 청산가치를 가장 먼저 배분받게 된다. 한편 조세채권은 회생채권으로서 국세징수법 또는 지방세기본법에 의하여 징수할 수 있는 청구권(국세징수의 예에 의하여 징수할 수 있는 청구권으로서 그 징수우선순위가 일반 회생채권보다 우선하는 것을 포함한다)에 관하여 3년 이하의 기간 동안 징수를 유예하거나 체납처분에 의한 재산의 환가를 유예하는 내용을 정하는 때에는 징수의 권한을 가진 자의 의견을 들어야 하고(법 140조 2항), 3년을 초과하는 기간 동안 징수를 유예하거나 체납처분에 의한 재산의 환가를 유예하는 내용을 정하거나, 채무의 승계, 조세의 감면 또는 그 밖에 권리에 영향을 미치는 내용을 정하는 때에는 징수의 권한을 가진 자의 동의를 얻어야 한다(법 140조 3항).[47] 위 규정에 따라 조세채권 등에 대하여 3년의 기간 동안 동일한 금액을 분할하여 납부할 것을 회생계획에서 정한 경우 위 분할변제액의 현가는 청산배당액에 미치지 못하게 된다. 이러한 논리로 회생계획을 불인가한 사례도 있어,[48] 종래 회생계획에서 3년 차 말에 그 차액을 추가로 납입한다는 규정을 두기도 하였다. 현재 서울회생법원은 조세채권의 현가할인액이 낮아지는 것은 법 140조의 변제유예 규정에 의한 것이므로 청산가치보장의 원칙에 위반되는 것이 아니라는 입장을 취하고 있다.

---

46) 실무연구회(상), 294－295면.

47) 징수권자의 동의서를 회생계획에 첨부하는 것이 실무이다.

48) 부산고등법원 2007. 9. 21. 자 2007라147 결정.
'조세채권 등의 청산가치 배당률이 100%임은 앞서 본 바와 같은데, 이 사건 회생계획에서 조세채권 등에 대하여 이자를 전혀 고려하고 있지 않은 채 원금 전체의 분할상환만을 정하고 있어 변제액의 현재가치가 청산가치에 미치지 못함도 분명하다'는 등의 사유를 들어 1심의 인가결정을 취소한 바 있다.

나. 검 토

법 140조 1항에 규정된 채권들은 권리변경을 불허하는 채권들이고, 파산절차에서는 후순위채권에 불과하다. 우선권 있는 국세 등은 파산절차에서는 재단채권으로서 수시변제 및 우선변제로 보호받는다. 1항의 채권들은 파산절차에서 후순위채권 임에도 회생절차에서는 권리변경을 불허하는 것은 그 금액이 대체로 작다는 점 외에도 법질서 수호라는 공익목적을 고려한 것이라 할 수 있다. 조세채권은 1항에 규정된 채권들에 비하여 보다 우월적인 보호를 받아야 함이 마땅하나, 조세채권은 1항의 채권에 비하여 규모가 크고, 일시에 납부할 경우 자금수지의 압박으로 회생계획의 수행가능성이 문제될 수 있음을 고려하여 변제유예의 특칙을 둔 것으로 판단되며, 1항의 채권보다 낮은 수준의 보호를 당연히 예정하고 있다고 볼 수는 없다.

결국 법 140조 2항 및 3항의 규정을 근거로 청산가치보장원칙을 제한하는 해석은 1항과의 관계, 조세채권의 도산법 전체에서의 지위 등에 비추어 3년 이하 분할변제의 경우에도 징수권자의 동의가 없는 한 수용할 수 없다고 본다. 변제액의 현가가 청산가치에 미달할 경우 채권자의 동의에 의해서만 정당화될 수 있기 때문이다. 법문상으로도 법 140조 2항은 징수유예 및 환가유예를 규정하고 있을 뿐이다. 반면 법 140조 3항은 징수권자의 동의를 조건으로 감면까지 가능하도록 하고 있다. 그렇다면, 3년의 분할변제를 정하면서 현가보전에 관한 규정을 두지 않을 경우, 변제액의 현가가 청산가치에 미달하게 될 것이고, 법문에 없는 감면 또는 그에 준하는 사항을 담는 결과가 될 것이므로 징수권자의 동의가 필요하다고 본다.

다만, 실무적으로 징수권자는 조세 등 채권에 대하여 인가시점까지, 길게는 인가시점을 넘어 18개월분의 가산금을 부가하여 신고하기도 한다. 본 채권들은 시·부인의 대상이 아니고, 이의의 방법은 채무자가 할 수 있는 방법인 행정소송에 의하여야 한다(법 157조). 따라서, 대부분의 관리인들은 절차의 조기종결을 위해 (중)가산금을 포함한 전액을 3년 분할변제하는 것으로 회생계획을 작성하는 것이 일반적이다. 이러한 실무는 청산가치 보전이라는 정도를 넘어 국세징수법 19조 4항이 법 140조에 따른 징수의 유예를 받았을 때에는 유예기간 동안 가산금을 징수하지 않는다고 규정한 것과 모순되는 실무운영은 아닌지 의문이 있다.

4. 청산가치보장의 원칙 검토 사례

×기술(주)의 청산배당액(률)과 현가변제액(율) 등은 다음과 같다.

구분		시인된 총 채권액				청산시	
		원금	개시전이자	개시후이자	계(A)	배당액	배당률
회생담보권		0	0	0	0	0	0
회생채권	대여채권	2,628,446,493	52,962,364	4,214,459	2,685,623,316	171,392,173	6.38%
	확정구상채권	1,500,000,000	10,175,453	12,516,374	1,522,691,827	97,175,751	6.38%
	상거래채권	1,674,161,820	106,747	0	1,674,268,567	106,849,135	6.38%
	전환사채 상환채권	1,600,000,000	289,482,156	0	1,889,482,156	120,583,721	6.38%
	정부지원금 반환채권	8,378,053	0	0	8,378,053	534,674	6.38%
	정부지원금반환 미확정채권	1,370,000,000	0	0	1,370,000,000	미확정	
	미발생구상채권	47,000,000	0	0	47,000,000	미확정	
	특수관계자채권	516,978,980	0	0	516,978,980	32,992,769	6.38%
	소계	9,344,965,346	352,726,720	16,730,833	9,714,422,899	529,528,224	5.45%
조세채권 등		76,501,296	6,402,220	0	82,903,516	82,903,516	100.00%
공익채권		210,825,530	0	0	210,825,530	210,825,530	100.00%
합계		9,632,292,172	359,128,940	16,730,833	10,008,151,945	823,257,270	8.23%

구분		계속사업시		
회생담보권		변제액	현가액(B)	현가변제율(B/A)
회생채권	대여채권	0	0	0
	확정구상채권	992,121,276	745,926,867	27.77%
	상거래채권	558,764,917	420,107,677	27.59%
	전환사채상환채권	636,222,057	479,701,671	28.65%
	정부지원금반환채권	699,108,398	525,624,991	27.82%

	정부지원금반환 미확정채권	3,099,880	2,330,646	27.82%
	미발생구상채권	미확정		
	특수관계자채권	미확정		
	소계	2,889,316,528	2,173,691,852	22.38%
조세채권 등		82,903,516	76,224,870	91.94%
공익채권		210,825,530	210,825,530	100.00%
합계		3,183,045,574	2,460,742,253	24.59%

위 표에서 보는 바와 같이 조세채권을 제외한 모든 채권에 대하여 청산가치보장원칙이 준수되고 있음을 알 수 있고, 조세채권을 분할변제하는 결과 현가변제율이 청산배당률에 미치지 못하게 되었고, 이는 청산가치보장에 반하는 것임은 전술한 바와 같다.

제 2 절 각 권리별 가치의 배분: 권리변경

Ⅰ. 회생담보권자에 대한 권리변경

회생담보권자에 대한 권리변경에 있어 가장 중요한 원칙은 청산가치보장이다. 청산가치를 보장하기 위하여 담보권을 실행하였을 경우에 얻을 수 있는 이익 이상을 분배하여야 한다는 것이 최소한의 전제조건이다.

가. 담보물 매각

구체적인 권리변경의 태양은 담보물의 매각을 통한 변제가 전형적이다. 담보물을 매각한 후 담보물의 청산가치 상당액을 분배하면서 그 전부 또는 일부를 매각대금이 아닌 채무자의 주식으로 분배하는 것은, 청산가치보장의 원칙에 반하고, 권리순위에 있어 최선순위인 회생담보권자의 지위를 파산의 위험 또는 추가적인 권리변경의 위험이 남아 있는 가장 열등한 권리순위에 있는 주주의 지위로 전락시키는 것이므로, 당해 담보권자가 동의하거나, 위 주식이 현금과 실질적으로 동등한 가치를 지니고 있고 유동성 및 안정성 등의 측면에서도 현금에 준할 정도의 성질을 갖고 있다는 등의 특별한 사정이 없는 한 이는 회생담보권의 실질적 가치를 훼손하는 것이므로 허용될 수 없다.[49]

자산매각계획을 수립할 때에는 매각시점과 금액을 신중히 추정하여야 한다. 특정시기에 자산매각대금으로 회생담보권을 변제하기로 계획하고 있음에도 불구하고 자산이 매각되지 않으면 그에 대한 연체이자 내지 개시 후 이자를 지급하게 되어 자금수급계획에 차질이 발생할 수 있다. 예정된 시기에 매각을 실현하지 못하여 특정 채권자에게 매각을 위임할 경우 연체이자가 발생하지 않는다는 규정을 두는 것이 일반적이다. 매각예상가액은 기존 감정평가금액을 기준으로 하되, 매각과 관련하여 발행할 것으로 예상되는 중개수수료, 제세공과금, 영업용 자산을 매각할 경우 대체 사업장 획득비용(임차보증금과 이전비용)과 차임 등을 아울러 고려해야 한다.

나. 분할변제

자금수지가 충분할 경우 분할변제의 형식을 취할 수도 있다. 변제기가 유예되는 결과 현가변제율은 낮아질 것이고, 부족분을 개시 후 이자로 보전한다. 구체적인 이율의 산정은 원론적으로 말하면 채권자와의 협상에 의할 것이나, 무리한 경우가 아닌 한 담보권자의 요구를 무시하기는 어렵다.

분할변제를 통한 변제 유예는 담보물의 존속기간을 넘지 못하고 담보물의 존속기간을 판정할 수 없는 때에는 10년을 넘지 못한다(법 195조). 존속기간이 10년 이상인 경우라도 그것이 판정될 수 있다면, 해당 년수가 분할변제의 최장기간이다. 동산에 대한 담보권자, 리스회사가 가지는 회생담보권에 관하여는 존속기간 내에 단기의 변제가 이루어지도록 회생계획안을 작성하여야 한다.[50]

다. 청산가치와 공정가치의 차액 귀속 주체

청산가치와 공정가치의 차액을 회생담보권자와 채무자 중 누구에게 귀속시킬 것인지도 문제될 것인바, ① 회생담보권으로 인정된 금액 전부를 회생담

49) 대법원 2008. 6. 17. 자 2005그147 결정.
50) 실무연구회(상), 655－656면.

보권 변제방법에 따라 변제하는 방안, ② 회생담보권으로 인정된 금액과 청산가치 배당액의 중간 금액을 회생담보권 변제방법에 따라 변제하고, 나머지 금액은 회생채권과 동일한 조건으로 변제하는 방안, ③ 회생담보권 중 청산가치를 초과하는 부분 전부를 회생채권과 동일한 조건으로 변제하는 방안을 각 고려할 수 있을 것이나,[51] 현실적으로는 ①에 의하는 경우가 많을 것이다.

라. 청산가치와 회생담보권 금액 차이에 따른 차등

담보권자 간에도 담보물의 청산가치가 회생담보권액을 상회하는 경우에는 전액을 변제하고, 그렇지 못한 회생담보권자에게는 일부를 감면하는 등의 내용을 정하였다고 하여 평등의 원칙을 위반하였다고 볼 수는 없다.[52]

사례연구) 회생담보권자 간의 형평에 반함을 들어 인가결정에 대한 항고가 있었고, 이에 대한 관리인 측의 준비서면을 소개한다.

Ⅰ. 회생계획의 구조

신청인은 유아이제이십차유동화전문(유)(양도 전 중소기업은행)와 비교하여 형평에 반한다는 주장을 개진하는 것으로 보입니다. 위 주장 검토의 전제로서 인가된 회생계획의 관련 규정을 정리하면 다음과 같습니다.

가. 회생계획에 정한 권리변경 및 변제방법

- 유아이제이십차유동화전문(유)

원금 및 개시 전 이자의 100%를 준비년도(2018년)에 현금으로 변제합니다. 관리인은 담보물 매각을 적극적으로 추진하여야 하며, 최우선 회생담보권자에게 매각(경매)를 위임 할수 있습니다. 이 경우 매각(경매)방식과 권리변경 및 변제방법은 본 회생계획안 제3장 2절 4항에 따릅니다.

- 회생담보권(상거래채권)

원금 및 개시 전 이자의 50%는 면제하고, 50%는 현금으로 변제하되, 현금변제할 금액의 2%는 제1차 연도(2019년)에 변제하고, 98%는 제2차 연도(2020년)에 변제합니다.

위 규정에 의거한 구체적인 권리변경 내역은 다음과 같습니다.

51) 실무연구회(상), 654면.

52) 대법원 2008. 6. 17. 자 2005그147 결정.

신고번호	목록번호	채권자	변동 후 시인한 총채권액	권리변경(출자전환/면제)				현금변제할 채권액			
				원금(출자전환)	개시전 이자(출자전환)	개시후 이자(면제)	합계	원금	개시전 이자	개시후 이자	합계
담보권 1	담보권 1-1~1-2	중소기업은행 (대표이사 김도진)	-	-	-	-	-				
추완 담보권 1-1	담보권 3	전문건설 공제조합 (이사장 유대운)	50,335,500	-	-	-	-	50,000,000	335,500	3,861,353	54,196,853
명의 변경 1		유아이제이십차 유동화전문(유) (대표이사 김명배)	660,000,000	-	-	-	-	660,000,000	-	24,230,137	684,230,137
합계			710,335,500					710,000,000	335,500	28,091,490	738,426,990

신고번호	목록번호	채권자	변동 후 시인한 총채권액	권리변경(출자전환/면제)				현금변제할 채권액			
				원금(출자전환)	개시전 이자(출자전환)	개시후 이자(면제)	합계	원금	개시전 이자	개시후 이자	합계
담보권 2	담보권 2	㈜○○스틸 (대표이사 ○○○)	65,546,680	32,773,340	-	-	32,773,340	32,773,340	-	-	32,773,340
합계			65,546,680	32,773,340	-	-	32,773,340	32,773,340	-	-	32,773,340

나. 시부인 표 및 회생계획 별표 6의 담보배분 내역(담보물 내역 기재 생략)

담보설정현황				가치평가액	순위 및 배분내역			
순위	설정일자(담보권의 종류)	채권자	공담					
1	2012.12.28. (근저당권)	중소기업 은행	공담	725,546,680	1순위			
					설정자	설정금액	배분액	배분 후 잔액
					중소기업은행	660,000,000	660,000,000	65,546,680
2	2016.12.14. (근저당권)	㈜00 스틸	공담		2순위			
					설정자	설정금액	배분액	배분 후 잔액
					㈜00스틸	300,000,000	-	65,546,680

다. 회생계획 별표 6-1의 자산 매각 계획(담보물 내역 기재 생략)

순번	자산명 자산내역	감정가액	매각예상금액(주1)	청산가치	회수예상금액(주2)	매각예정연도
1	토지	434,530,000	378,475,630	265,063,300	375,069,349	2018년
2	건물	291,016,680	253,475,528	177,520,175	251,194,249	2018년
계		725,546,680	631,951,158	442,583,475	626,263,598	

주 1) 경매법원 최근1년간 용도별매각(2017.10.~2018.09.)통계 매각가율 87.1%
주 2) 예상 매각수수료 0.9%를 제외한 금액

라. 저가 매각에 대비한 규정

본 회생계획은 저가 매각에 관한 규정을 두고 있습니다. 즉, 회생계획 3장 2절. 4에 의하면 "담보목적물(충남 당진시 ○○면 ○○리 4*-6번지 토지 및 건물)을 제반 사정상 520,000,000원 이상으로 저가 매각을 해야 하는 경우에는 법원의 허가를 받아 담보권 순위에 따라 순차적으로 변제 했을 때 변제받지 못한 담보권이 발생하더라도 담보목적물에 관하여 일체의 권리(근저당권, 압류, 가압류, 가처분)는 회생법원의 촉탁에 의하여 말소할 수 있습니다"라고 기재되어 있습니다. 한편, 별표 10에서는 5억2,000만원 선에서 저가 매각할 경우의 자금수지를 규정하고 있습니다.

Ⅱ. 신청인 주장의 부당성

신청인은 자신의 시인된 담보권 전액을 변제받지 못함을 들어 하였음을 들어, 항고한 것으로 보이나, 채권 시부인은 기업가치를 배분받을 기준 금액을 정하는 의미에 불과하고, 실제로 배분될 기업가치 그 자체를 의미하는 것은 아닙니다.

가. 위와 같은 내용의 회생계획이 작성된 배경

위와 같은 회생계획을 마련함에 있어, 1순위 회생담보권자는 준비년도인 전년도에 매각하여 변제할 것, 매각에 관한 권한을 위임하여 줄 것을 요구한 바 있습니다. 담보권의 대부분을 차지하는 위 채권자의 주장을 무시할 수 없었던 관계로 매각 위임에 관한 사항을 회생계획에 규정하였고, 회생계획을 작성하는 중에도 지속적으로 담보물의 매각 가능 여부, 매각 가액 등에 관하여 관리인, 위 채권자, 관리위원회, 조사위원이 수시로 접촉하면서 적정 매각가에 담보물을 처분하고자 하였습니다.

그러나, 감정가에 입각한 매매는 불가능한 것으로 판명되었고, 이는 조사위원과 관리위원회에도 충분히 고지되었던 사항입니다. 이러한 배경 하에서 회생계획안에 저가매각에 대비한 규정을 두게 된 것입니다. 즉, 1순위 담보권자가 자신의 일방적 이익을 관철하기 위하여 2순위인 신청인의 이익을 희생시킨 것은 아닙니다.

나. 회생채권자와의 관계에서 공정·형평의 원칙을 준수

한편, 감정가에 입각한 매각이 어려워짐에 따라, 1순위 담보권자는 저가 매각 이후 자신의 근저당권이 말소촉탁에 의해 소멸한다는 점에 관하여 동의하기에 이르렀고, 회생계획의 저가매각 자금수지를 그대로 관철하면 신청인에게 배분될 가액은 없게 되는 것이나, 회생채권자보다는 우월한 취급을 하여야 할 것이기에 청산가치를 보장하는 내용의 회생계획을 작성하게 된 것입니다.

다. 담보권자 간의 공정·형평 원칙 준수

한편, 저가매각에 따라 1순위 담보권자도 1억4,000만원의 담보권이 종국에는 면제되기에 이른 점, 위 담보권자가 만족을 얻은 후에야만 담보물에 관한 권리를 주장할 수 있는 신청인으로서는 위 저가매각에 따라 담보물 없는 담보권자로서 사실상 회생채권자에 불과한 지위에 있으나, 감정평가 금액이 생각보다 높게 나오면서, 청산가치를 보장하여야 하는 관계로 위와 같은 내용으로 권리변경이 이루어진 점 등에 비추어 1순위 담보권자에 비하여 신청인을 부당하게 차별하였다고 할 수는 없습니다.

Ⅲ. 결　어

이상에서 본 바와 같이 본 회생계획은 신청인을 차별한 것이 아니라, 저가매각에 따라 배분액이 없음에도 청산가치를 보장하기 위하여 50%의 현금변제를 규정한 점, 선순위담보권자도 1억원 넘는 피담보채권액을 면제당한 점, 회생채권자보다 우월한 취급을 한 점에 비추어 공정·형평의 원칙을 준수하고 있다고 할 것입니다.

마. 기타 사항

그 밖에 회생담보권의 권리변경과 관련하여 ① 담보권의 존속 및 소멸에 관한 규정, ② 담보목적물 처분 시 기존 담보권의 말소에 관한 규정, ③ 처분대금의 사용방법에 관한 규정, ④ 보험사고 발생 시의 처리방법에 관한 규정, ⑤ 담보권자의 물상대위에 관한 규정이 거의 예문과 같이 삽입된다.[53)]

담보권 실행경매 조항의 허용 여부에 관하여 견해가 대립하나, 서울회생법원의 실무는 위 조항을 삽입하지 않는 것이 일반적이라고 한다.[54)]

Ⅱ. 회생채권자에 대한 권리변경

소액·다수이며, 영세한 상거래채권자의 경우 면제 및 출자전환을 최소화하고, 조기변제를 규정하는 등 금융기관 회생채권보다는 유리하게 규정하는 것이 일반적이다.

53) 각각의 기재례는 회생계획 작성 사례를 참조할 것.

54) 이에 대한 상세한 사항은 실무연구회(상), 663－664면 참조.

특수관계인 채권은 다른 채권보다 열등한 취급을 하는 것이 일반적이다. 대체로, 100% 출자전환을 규정하는 경우가 많다. 특수관계인에 대한 현금변제율이 지나치게 높은 사안에서 법원이 회생채권자 조를 세분화하겠다는 취지를 전달하여 100% 출자전환을 유도한 사례도 있다.[55)]

임대차보증금, 영업보증금, 콘도입회보증금 등은 해당 목적물이나 계약이 타에 양도되는 시점에서 양수인 등으로부터 수령한 자금으로 변제하도록 하는 것이 일반적이다. 이러한 방법으로도 미변제되는 부분은 별도로 규정을 두어야 할 것이다.

전환권·신주인수권·주식매수선택권은 모두 소멸하는 것으로 정하는 것이 일반적이다. ×기술(주) 사건의 경우에도 전환권과 주식매수선택권을 소멸하는 것으로 규정하였다. 전환권과 신주인수권 등을 소멸시키는 것은 권리변경의 한계를 유월한 것이라는 주장은 전술한 바와 같다.

조세채권 등에 대하여 3년을 초과하는 기간 동안의 징수유예 또는 권리감면을 규정하려면, 징세권자의 동의서를 첨부하여야 한다. 국제징수법 19조 1항에 의해 유예기간 동안의 (중)가산금은 발생하지 않는다. 실무상, 과세관청은 조세채권을 신고하면서 인가시점까지, 길게는 18개월분의 (중)가산금을 미리 얹어서 신고하는 경우가 있음은 전술하였다. 절차경제를 위해 관리인이 이의하지 않을 뿐이고, 그 처리가 정당하다는 의미는 아니므로, 금액이 과다하다면 소로써 다투어야 할 것이다.

이의 있는 회생채권 또는 회생담보권으로서 그 확정절차가 종결되지 아니한 것이 있는 때에는 그 권리확정의 가능성을 고려하여 회생계획에 이에 대한 적당한 조치를 정하여야 한다(법 197조 1항). 누락된 미확정 회생채권의 경우 채권확정을 전제로 권리의 성질 및 내용에 비추어 가장 유사한 회생채권 또는 회생담보권의 권리변경 및 변제방법을 적용하되, 다툼이 있는 경우에는 관리인의 신청에 의하여 법원이 이를 결정한다는 조항을 둔다. 법 109조 2항의 규정에 의

55) 회생채권자 중 특수관계인의 의결권 비중이 높은 상황에서, 법원이 회생채권자조를 금융기관 대여채권, 상거래 채권, 일반 대여채권 등으로 세분화한다면 결의성립이 더욱 어렵게 될 것이다.

하여 신고할 수 있는 채권에 관하여도 적절한 규정을 두어야 한다(법 197조 2항).

장래구상권자가 채권자의 채권 신고 이후에 대위변제를 한 경우에는 채권자의 회생채권이 그 동일성을 유지하면서 구상권자에게 변제 비율에 따라 이전될 뿐이며, 신고기간 경과 후에 대위변제를 함으로써 구상금 채권이 발생하였다고 하더라도 구상권자가 대위변제액과 채권자의 채권 신고액과의 차액에 대하여 추완 신고를 할 수 없으며, 신고된 회생채권 중 이자를 원금으로 변경하는 신고도 허용되지 아니한다.[56]

변제의 방법으로 사채를 발행하는 것은 원칙적으로 허용되지 않는다. 전환사채의 발행은 제3자 신주배정방식의 M&A를 계획하고 있다면 허용하기 곤란하다.[57]

Ⅲ. 자본구조와 지배구조의 변경: 주주의 권리변경과 출자전환

1. 주주의 권리변경

가. 영구기업가치의 배분

채무자가 회생계획 기간 동안 현금변제하지 못하는 부분은 영구기업가치를 통하여 배분할 수밖에 없다. 영구기업가치를 배분하는 방법은 채무자에 대한 영구적인 채권자의 지위를 부여하는 것이고, 채무자에 대한 영구적인 채권자와 주주는 동의어이다.

기존 주주의 지분을 그대로 유지시킨 상태에서 채권자들에 대한 출자전환이 이루어진다면, 자본충실에 역행하고, 향후 M&A 추진도 어려워 질 것이다. 결국, 기존 주식에 대한 감자 후 회생채권자 등에 대해 출자전환 방식으로 신주를 발행하여 증자를 한 다음 채무자 자본금 규모의 적정화를 위해 다시 주식병합을 하는 것이 전형적인 처리 방식이다. 주식병합 등으로 기존 주주의 지분율은 줄어들고, 빈자리를 출자전환 채권자들이 차지함으로써 채무자 내부의 지배구조 변동이 일어난다.

56) 대법원 2002. 1. 11. 선고 2001다11659 판결.

57) 실무연구회(상), 669면.

나. 임의적 자본감소

채무자의 자본을 감소하는 때에는 감소할 자본의 액과 자본감소의 방법을 정하여야 하고(법 205조 1항), 채무자의 자산과 부채, 수익력을 참작하여 정하여야 한다(동조 2항). 회생계획으로 자본을 감소할 경우 상법 343조(주식의 소각) 2항, 439조(자본감소의 방법, 절차) 2항·3항, 440조 및 441조(주식병합의 절차), 445조(감자무효의 소) 및 446조(준용규정)의 적용을 배제하여 절차의 신속을 도모하고 있다. 자본감소의 방법으로 주금액을 감소시키는 방법은 거의 활용되지 않으며, 기존 주식을 병합하거나 소각하는 방법으로 자본을 감소시키는 것이 일반적이다.

회생절차개시 당시 주식회사인 채무자의 부채총액이 자산총액을 초과하는 때에는 회생계획에 필요적으로 발행주식의 2분의 1 이상을 소각하거나 2주 이상을 1주로 병합하는 방법으로 자본을 감소하도록 규정한 법 205조 3항이 삭제된 점은 전술한 바와 같다.

사 견) ① 위 조항이 삭제되었다는 것은 1/2이라는 강제적 기준을 폐지하였을 뿐이다. 회생계획으로 회생채권자 등의 권리를 감축한다면 주주의 권리도 최소한 그 이상으로 감축하여야 하고, 상대적지분비율법에 의하여 감축비율이 정하여 진다. 부채초과인 채무자가 낮은 변제비율에도 불구하고, 주주의 권리를 감축하지 않는 내용의 회생계획안을 강행할 경우, 공정·형평의 원칙에 반한다. 법원으로서는 회생계획안 배제 내지 수정명령으로 대응하여야 할 것이다. ② 조사위원의 조사결과 주금이 현실적으로 납입되지 않은 경우라면 해당 주식은 무상소각할 수밖에 없다. 주금을 납입하지 않은 채무자라면 먼저 자본감소절차를 진행한 후에 회생절차에 진입하는 것이 향후 지분율 측면에서 유리하다.

기존 주식에 대한 100% 감자도 이론적으로 가능하고, 기존 주식을 100% 감자 후, 제3자 배정 신주의 100%를 인수자에게 배정하는 방식의 M&A와 같이 현실적으로 필요한 경우도 있다.[58]

---

58) 이에 관한 학설대립 및 실무사례는 실무연구회(상), 694－695면.

다. 징벌적 자본감소

주식회사인 채무자의 이사나 지배인의 중대한 책임이 있는 행위로 인하여 회생절차개시의 원인이 발생한 때에는 회생계획에 그 행위에 상당한 영향력을 행사한 주주 및 그 친족 그 밖에 대통령령이 정하는 범위의 특수관계에 있는 주주가 가진 주식의 3분의 2 이상을 소각하거나 3주 이상을 1주로 병합하는 방법으로 자본을 감소할 것을 정하여야 한다.[59] 부실경영에 영향력을 행사한 지배주주 등의 주식을 전부 소각하였다 하여 공정·형평에 어긋난다고 할 수 없고, 이는 위 주식이 담보로 제공되었다하여 달리 볼 수 없다는 것이 실무의 경향이다. 한편, 대주주의 주식이 담보로 제공된 경우라도 명목변제율이 100%에 이르는 점, 위 주식을 담보로 발행된 회사채를 매입한 다수의 채권자를 보호할 필요성 등 구체적 타당성을 고려하여 징벌적 감자를 실행하지 않은 사례도 있다.[60]

부실경영에 책임이 있는 지배주주 및 특수관계인은 자본감소 후 법 206조에 의하여 신주를 발행하는 경우에도 이를 인수할 수 없다(법 205조 5항 본문).

2. 출자전환

가. 출자전환의 법적 성격에 관한 논의

출자전환의 법적성격에 관하여 여러 가지 견해가 주장되나, 별다른 실익이 없는 논쟁이라고 생각한다. 기존 채권을 주식으로 전환하는 것은 (현물)출자일 뿐이다. 출자전환을 출자로 구성하기 어려웠던 이유는 개정 전 상법 하에서 회사에 대한 채권으로 주금과 상계할 수 없었기 때문이다. 상법 개정으로 회사가 동의할 경우 양자를 상계하는 것이 가능하게 되었으므로, 부채를 자본으로 대체하는 현상은 출자로 보는 것이 자연스럽다.[61]

---

59) 1998. 2. 24. 개정된 회사정리법 221조 4항에 처음 규정되어 현재까지 유지되고 있다. 동조 5항에 의한 강제소각 대상 주주의 신주인수권 제한도 마찬가지이다.

60) 실무연구회(상), 696면.

61) 2011년 개정으로 신주의 인수인은 회사가 동의할 경우 납입채무와 주식회사에 대한 채권을 상계할 수 있게 되었고(상법 421조 2항의 반대해석), 납입에 관하여 상계로써 회사에 대항하지 못한다고 규정하였던 334조는 삭제되었다.

나. 채무면제익에 대한 법인세법 및 시행령의 규정 분석

출자전환에 관한 최대 쟁점은 채무면제익의 처리이다. 채무면제익은 발행가액 중 시가초과분, 시가가 액면가에 미달할 경우 액면가와 발행가의 차액으로 정의할 수 있다. 채무면제익에 대한 법인세법 및 시행령의 관련 규정은 다음과 같다.[62]

「법인세법」	「법인세법 시행령」
제15조(익금의 범위) ① 익금은 자본 또는 출자의 납입 및 이 법에서 규정하는 것은 제외하고 해당 법인의 순자산(純資産)을 증가시키는 거래로 인하여 발생하는 수익의 금액으로 한다. ③ 제1항에 따른 수익의 범위와 구분 등에 관하여 필요한 사항은 대통령령으로 정한다.	제11조(수익의 범위) 법 제15조 제1항의 규정에 의한 수익은 법 및 이 영에서 달리 정하는 것을 제외하고는 다음 각 호에 규정하는 것으로 한다. 6. 채무의 면제 또는 소멸로 인하여 생기는 부채의 감소액(법 제17조 제1항 제1호 단서의 규정에 따른 금액을 포함한다)
제17조(자본거래로 인한 수익의 익금불산입) ① 다음 각 호의 구분에 따른 수익은 내국법인의 각 사업연도의 소득금액을 계산할 때 익금에 산입(算入)하지 아니한다. 1. 주식발행액면초과액: 액면금액 이상으로 주식을 발행한 경우 그 액면금액을 초과한 금액(무액면주식의 경우에는 발행가액 중 자본금으로 계상한 금액을 초과하는 금액을 말한다). 다만, 채무의 출자전환으로 주식 등을 발행하는 경우에는 그 주식 등의 … 시가를 초과하여 발행된 금액은 제외한다. ② 제1항 제1호 단서에 따른 초과금액 중 제18조 제6호를 적용받지 아니한 대통령령으로 정하는 금액은 해당 사업연도의 익금에 산입하지 아니하고 그 이후의 각 사업연도에 발생한 결손금의 보전(補塡)에 충당할 수 있다.	제15조(주식발행액면초과액 등) ④ 법 제17조 제2항에서 "대통령령으로 정하는 금액"이란 다음 각 호의 규정에 따른 금액을 말한다. 1. 「채무자 회생 및 파산에 관한 법률」에 따라 채무를 출자로 전환하는 내용이 포함된 회생계획인가의 결정을 받은 법인이 채무를 출자전환하는 경우로서 당해 주식등의 시가(시가가 액면가액에 미달하는 경우에는 액면가액)를 초과하여 발행된 금액 ⑤ 법 제17조 제2항의 규정에 따라 내국법인이 익금에 산입하지 아니한 금액 전액을 결손금의 보전에 충당하기 전에 사업을 폐지하거나 해산하는 경우에는 그 사유가 발생한 날이 속하는 사업연도의 소득금액계산에 있어서 결손금의 보전에 충당하지 아니한 금액 전액을 익금에 산입한다.
제18조(평가이익 등의 익금불산입) 다음 각 호의 수익은 내국법인의 각 사업연도의 소득금액을 계산할 때 익금에 산입하지 아니한다. 6. 무상(無償)으로 받은 자산의 가액과 채무의 면제 또는 소멸로 인한 부채(負債)의 감소액 중 대통령령으로 정하는 이월결손금을 보전하는 데에 충당한 금액	

62) 위 규정들에 대한 연혁적 논의는 실무연구회(상), 749-751면.

현행 법인세법이 소득의 개념에 관한 순자산증가설에 입각하고 있다는 점은 주지하는 바이고, 법인세법 시행령 11조 6호는 '채무의 면제 또는 소멸로 인하여 생기는 부채의 감소액'을 익금으로 규정한다. 동법 17조 1항은 주식발행액면초과액에 대하여 익금불산입하고 있는바, 이는 자본거래에 해당하기 때문이다.[63] 반면, 동법 17조 1항 1호 단서는 출자전환으로 발행된 주식의 발행가와 시가의 차액을 익금산입하고 있다.[64] ×기술(주)의 경우 할증발행을 한 사안이므로, 상당한 정도의 채무면제익이 발생하였다. 동법 18조 6호는 '채무면제 또는 소멸로 인한 부채의 감소액 중 대통령령이 정하는 이월결손금의 보전에 충당된 금액'을 각 사업연도의 소득금액계산에 있어 익금불산입하고 있다. 이 규정으로 인해 채무면제익을 누적된 이월결손금과 상계할 수 있고, 이월결손금이 고갈되고, 수익이 발생한 년도까지 과세가 이연되게 되는 것이다. ×기술(주)의 경우 이월결손금이 많이 누적되어 있어 할증발행으로 인한 채무면제익을 이월결손금과 상계함으로써, 회생계획 기간 동안 법인세비용이 발생하지 않는 것으로 추정하였다.[65]

이월결손금의 보전에 충당하고도 남은 금액은 이를 당해 사업연도의 익금에 산입하지 아니하고, 그 이후의 각 사업연도에 발생하는 결손금의 보전에 충당할 수 있다(동법 17조 2항). 결손금의 보전에 충당하기 전에 사업을 폐지하거나 해산하는 경우에는 과세이연은 종료되고, 전액을 익금산입한다(동법 시행령 15조 5항).

다. 발행가액을 정하는 방법

액면발행 후 병합한다면, 채무면제익의 발생을 막고, 자본을 적정한 수준으로 유지하여 M&A에 대비할 수 있다는 이점 등으로 인하여 거의 원칙적인 형태라고 할 수 있다.

---

63) 회사와 주주 간의 거래로서 순자산의 증가를 수반하지 않는 거래이다. 이에 대비되는 개념이 손익거래이다.

64) 부채를 자본으로 대체하는 것으로 본질적으로 자본거래인 점, 채무면제익의 발생을 막자면 액면발행이 불가피하고, 그 결과 기존 주주의 지분 비율이 큰 폭으로 감소하는 점 등에 비추어 회생절차에 대한 배려가 부족한 것은 아쉬운 점이다.

65) 후술하는 X기술(주)의 회생계획 개요와 별표를 참조할 것.

이월결손금이 누적되어 있을 경우 채무면제익에 대한 고려가 상대적으로 덜 중요하므로, 할증발행도 가능하다. ×기술(주)의 경우 이월결손금이 충분한 상황이었으므로 할증발행의 형식을 취하였다. 이 방식을 취하고자 할 경우 조사위원의 조사단계에서 이월결손금 효과를 보고서에 적시하여 향후 논쟁의 소지를 줄여야 할 것이다. 할증발행에 의할 경우 기존 주주의 지분율도 액면발행에 비해서는 높아지는 효과가 있다.

라. 출자전환과 보증채무의 소멸범위

(1) 견해의 대립

채권이 출자전환된 경우 보증인의 채무 소멸여부 및 소멸범위에 관하여 논의가 있다. 출자전환과 달리 회생채권의 변제에 갈음하여 전환사채를 발행하는 경우에는 회생채권자는 채권자일 뿐이므로, 전환권 행사 이전에는 전환사채의 평가액만큼 보증채무가 소멸하는 것으로 구성할 수는 없다.[66)]

종래 ① 출자전환을 대물변제로 보아 교부받은 주식의 액면금액만큼 보증채무 소멸을 인정한다면 채권자에게 지나치게 불리하므로, 현실적인 금전적 만족이 없는 한 보증채무 소멸을 인정할 수 없다는 불소멸설, ② 출자전환을 현물출자의 한 방법으로 보아, 주식을 취득함과 동시에 채권은 만족을 얻어 소멸하므로 출자전환의 효력발생 시점에서 채권액 전부에 대한 보증채무 소멸을 인정하는 소멸설, ③ 출자전환된 주식의 시가 상당액에 해당하는 채권만이 소멸된 것으로 보아야 한다는 시가평가액 소멸설이 대립하였다.

판례의 입장은 출자전환에 의한 신주발행의 효력발생일 당시를 기준으로 회생채권자가 인수한 신주의 시가를 평가하여 출자전환으로 변제에 갈음하기로 한 회생채권의 액수를 한도로 그 평가액에 상당하는 채무액이 변제된 것으로 취급하고, 출자전환 무렵 출자전환주식의 주당 가치가 발행가액을 넘고 있었다 하더라도, 채무자 회사의 보증인의 보증채무는 위 주식의 발행가액에 출자전환 받은 주식수를 곱하여 산출한 액수를 한도로 소멸할 뿐 이를 넘은 부분까지 소멸한다고 볼 수 없다는 입장이다. 아울러 출자전환주식의 평가와 관련

66) 대법원 2005. 1. 27. 선고 2004다27143 판결.

하여 회생계획에 따른 채무자 회사의 재무구조와 발행주식 수의 변동은 곧 대규모의 유상증자가 실시되리라는 사정을 반영하여 형성될 것이므로, 출자전환 후 회생계획에 따라 곧이어 실시될 유상증자에 따른 재무구조 변동과 발행주식 수 증가 등을 아울러 고려하여 출자전환주식의 주당 순자산가치 등을 평가하여야 하고, 보증채무의 소멸 범위를 확정하기 위하여 출자전환주식의 가치를 평가하는 경우, 채무자 회사의 기업가치나 그 출자전환주식의 주당 가치에 관한 주장·증명책임은 그 출자전환에 의하여 보증채무가 소멸하였음을 주장하는 당사자에게 있다는 것이다.[67]

(2) 검 토

불소멸설은 사실상 회생계획의 권리변경효를 부정하는 점에서 의문이 있다. 소멸설의 경우 주금액과 상계를 금지하는 상법의 제한규정에 반한다는 점이 가장 큰 맹점으로 지적되었으나, 2011년 상법 개정으로 이러한 난점은 해소되었다고 본다. 다만 일괄적으로 소멸 여부를 판단하는 것은 보증인과 채권자 간의 이익균형의 관점에서 문제가 있고, 보증인은 출자전환으로 자신의 모든 보증채무가 소멸한다고 기대할 수도 있으나, 이는 정당한 기대이익이라고 볼 수는 없고, 보증인의 정당한 기대이익은 출자전환 신주의 시가 상당액을 초과하여서는 인정할 수 없다고 할 것이므로, 기본적으로 판례의 관점에 동의한다. 다만, 발행가액을 한도로 소멸의 범위를 제한하여 보증인을 열후하게 취급하는 근거 설시는 부족한 것으로 보인다. 판례의 입장은 비상장주식의 경우에는 적용에 상당한 난점이 있을 것이고, 비상장주식의 시가평가가 문제될 경우 상증법 등 대체적인 평가수단을 적용할 수밖에 없을 것이다.

마. 금융기관의 출자전환 주식 취득

법 206조 4항은 출자전환의 경우 금융기관의 유가증권 취득 및 재산운용을 제한하는 내용의 법령의 적용을 배제하고 있다. 출자전환에 의하여 금융기관 등이 채무자의 주식 또는 출자지분을 취득하는 경우에는 투자나 회사의 지배를 주된 목적으로 하는 것이 아니라 구조조정의 일환으로 주식 또는 출자지

67) 대법원 2010. 3. 25. 선고 2009다45344 판결.

분을 취득하는 것이므로 남용의 우려가 없어 이를 허용하는 것이다.[68]

동일인이 채무자 회사의 발행주식(상법 344조의3 1항에 따른 의결권 없는 주식 제외) 총수의 100분의 30 이상을 소유하는 최다출자자가 될 경우 대규모기업집단에 편입시켜야 한다(독점규제 및 공정거래에 관한 법률 시행령 3조 1호). 또한 투자기업이 직접 또는 종속기업을 통하여 간접적으로 피투자기업의 의결권 있는 주식의 20% 이상을 보유하고 있다면 명백한 반증이 있는 경우를 제외하고는 유의적인 영향력이 있는 것으로 보아 지분법을 적용하여야 하므로, 채무자를 관계회사로 인식 후, 채무자의 손익발생 등의 경영성과를 반영하여야 한다. 은행 등 법정의 금융기관이 아닌 경우라도, 위와 같은 사정으로 출자전환에 난색을 표하는 경우가 있다. 이 경우 출자전환주식 중 일부를 무의결권 주식으로 발행할 수밖에 없을 것이다.

제 3 절 회생계획안

Ⅰ. 회생계획안의 의의

회생계획안이란, 이해관계인의 권리변경 및 변제방법 등 법정의 사항을 규정한 계약이다. 관계인집회의 심리와 결의를 거쳐 법원의 인가결정을 받음으로써 회생계획은 당사자에 대한 구속력을 갖게 된다.

회생계획안을 작성할 때에는 ① 가결가능성만을 염두에 두지 말고 현실적으로 수행가능한 회생계획안을 작성할 것, ② 자금수급계획을 먼저 수립하고 난 후 자금운용이 가능한 범위 내에서 권리변경계획을 수립할 것, ③ 자금조달계획은 1차 조사보고서의 내용 범위 내에서 수립할 것, ④ 신규차입은 가급적 회생계획기간의 마지막 단계에서 추진하되 적정차입금 규모를 감안할 것, ⑤ 가급적 조기에 자본잠식을 해소하도록 하되 그렇지 못할 경우에는 사업계획을 작성함에 있어 이로 인한 영업력의 감소를 반영할 것, ⑥ 권리변경계획은 조세

68) 실무연구회(상), 763면.

등 청구권·회생담보권·상거래 회생채권·나머지 회생채권의 순서로 수립할 것, ⑦ 채무를 면제하거나 출자전환하는 내용의 권리변경을 정할 때에는 채무면제이익의 발생에 따른 조세부담을 고려할 것, ⑧ 변제조건에 차등을 둘 경우에는 합리적인 이유가 있을 것, ⑨ 각 이해관계인들에게 돌아갈 가치(출자전환된 주식·지분권 포함)의 현가가 청산가치 이상이 되도록 할 것 등 기본 원칙을 준수하여야 한다.[69]

Ⅱ. 회생계획안의 제출권자

회생계획안의 제출권자는 관리인, 채무자, 목록에 기재되어 있거나 신고한 회생채권자·회생담보권자·주주·지분권자 등이다(법 220조, 221조). 법문상 회생계획안 제출은 관리인의 고유한 의무이자 권한이다. 다른 제출권자들은 제출의무가 있는 것은 아니다.

사 견) 회사의 부채 총액이 자산 총액을 초과하여 주주가 의결권을 가지지 않는 경우라도 주주는 회생계획안을 제출할 수 있다. 기존 주주 중 상당수는 채무자의 대표이사 등 임원진이고, 회생계획 인가 후에도 이들 대부분이 임원으로서 채무자를 경영하는 것이 일반적인 현실에서 회사의 최종적인 자본구조 내지 지배구조에 관하여 절대우선설을 취하지 않는 이상 이들의 이해관계를 전적으로 배제할 수는 없는 점, 문언상으로도 부채초과의 경우 주주의 의결권을 배제하면서도('146조 3항의 경우에는 그러하지 아니하다'라는 단서규정 없이) 회생계획안 제출권자로 주주를 명시하고 있는 점 등에 비추어 부채초과라 하여 달리 볼 것은 아니다.

사전계획안이 제출된 때에는 관리인은 법원의 허가를 받아 회생계획안을 제출하지 아니하거나 제출한 회생계획안을 철회할 수 있다(법 223조 6항).

69) 실무연구회(상), 623면.

Ⅲ. 회생계획안의 제출기간

1. 원 칙

회생계획안의 작성·제출시기는 회생채권 등의 신고기간 만료 후 법원이 정한 기간 내이다. 위 규정에 의하여 법원이 정하는 기간은 회생채권·회생담보권 및 주식의 신고기간 만료일로부터 4월(채무자가 개인인 경우는 2월)을 넘지 못한다(법 220조 1항, 50조 1항 4호). 관리인은 위 기간 안에 회생계획안을 작성할 수 없는 때에는 그 기간 안에 그 사실을 법원에 보고하여야 한다(법 220조 2항).

2. 사전계획안[70)]

채무자의 부채의 2분의 1 이상에 해당하는 채권을 가진 채권자 또는 이러한 채권자의 동의를 얻은 채무자는 회생절차개시의 신청이 있은 때부터 회생절차개시 전까지 회생계획안을 작성하여 법원에 제출할 수 있다(법 223조 1항). 사전계획안을 제출한 채권자 외의 채권자는 회생계획안의 결의를 위한 관계인집회의 기일 전날 또는 법 240조 2항에 따라 법원이 정하는 기간 초일의 전날까지 그 사전계획안에 동의한다는 의사를 서면으로 법원에 표시할 수 있다(법 223조 3항).

사전계획안을 제출하는 자는 회생절차개시 전까지 회생채권자·회생담보권자·주주·지분권자의 목록(법 147조 2항 각 호의 내용을 포함하여야 한다), 법 92

---

70) 최근 한국형 P－Plan과 관련하여 논의가 활발한 분야이다. 2018. 4. 20. 인가된 ㈜레이크스힐스순천 사건(서울회생법원 2018회합100038)이 사전계획안을 적용하여 인가된 첫 사례로 제시되고 있다. ㈜레이크스힐스순천은 ㈜우리은행과 2017. 12. 31.까지 절차를 진행하였으나 여의치 않자, ㈜골프존카운티와 매각대금 700억원의 조건부인수계약(Stalking Horse 방식)을 체결하고 채권자인 ㈜우리은행 등 과반수 이상의 동의를 얻어, 인가전 M&A를 내용으로 하는 사전계획안을 작성·제출하였다. 법원은 2018. 3. 5. 회생절차개시결정을 함과 동시에, 매각주간사를 선정하여 스토킹호스 방식에 의한 M&A절차를 진행하기로 결정하고, 조사위원에게 사전계획안의 적정성과 수행가능성 조사를 명하였다. 인수의향기업 중 강동콘소시엄이 골프존카운티의 제시 조건보다 높은 금액으로 입찰하였고, 골프존카운티가 강동콘소시엄이 제시한 조건보다 유리한 조건(투자금 증액, 입회보증금채권자에 대한 이용쿠폰 증가, 투자금액 중 사채발행분에 대한 이율 6%에서 5%로 하락, 직원 고용보장 3년에서 5년으로 연장)으로 우선청약권을 행사하여 최종인수예정자로 선정되었다.

조 1항 각 호에 규정된 사항을 기재한 서면 및 그 밖에 대법원규칙으로 정하는 서면을 법원에 제출하여야 한다(법 223조 4항). 법 223조 4항의 목록은 법 147조 1항의 목록과 동일한 효력이 인정된다(법 223조 5항).

사전계획안이 제출된 때에는 관리인은 법원의 허가를 받아 회생계획안을 제출하지 아니하거나 제출한 회생계획안을 철회할 수 있다(법 223조 6항). 사전계획안을 제출하거나 그 사전계획안에 동의한다는 의사를 표시한 채권자는 결의를 위한 관계인집회에서 그 사전계획안을 가결하는 때에 동의한 것으로 본다(법 223조 7항 본문). 사전계획안의 내용이 그 채권자에게 불리하게 수정되거나, 현저한 사정변경이 있거나 그 밖에 중대한 사유가 있는 때에는 결의를 위한 관계인집회의 기일 전날(회신기간 종료일)까지 법원의 허가를 받아 동의를 철회할 수 있다(법 223조 7항 및 8항 각 단서). 사전계획안을 법 240조 1항에 따라 서면결의에 부친 경우 사전계획안을 제출하거나 같은 조 2항의 회신기간 전에 그 사전계획안에 동의한다는 의사를 표시한 채권자는 위 회신기간 안에 동의한 것으로 본다(법 223조 8항 본문).

Ⅳ. 회생계획안의 내용

절대적 기재사항, 임의적 기재사항, 상대적 기재사항으로 대별할 수 있다. 절대적 기재사항을 누락할 경우 회생계획안은 부적법하고 법원은 인가결정을 할 수 없다. 임의적으로 시정하지 않을 경우 수정명령을 내리고, 이에 불응할 경우 회생계획안을 배제 또는 불인가할 수밖에 없다. 법 193조 1항은 ① 회생채권자 등의 권리변경, ② 공익채권의 변제, ③ 변제자금의 조달방법, ④ 초과수익금의 용도, ⑤ 알고 있는 개시 후 기타 채권의 내용을 절대적 기재사항으로 나열하고 있다.

기재가 누락되어도 회생계획의 적법성에는 영향이 없으나, 이를 회생계획에 기재하여야만 효력이 있게 되는 임의적 기재사항으로는 정관변경에 관한 조항, 자본감소에 관한 조항, 신주 내지 사채 발행에 관한 조항, 합병·해산에 관한 조항 등이 있다(법 193조 2항).

상대적 기재사항은 해당사항이 있는 경우 회생계획에 반드시 기재하여야 하고 누락된 경우 절대적 기재사항이 누락된 경우와 동일한 취급을 받게 되는 조항이다.[71] ① 이의있는 회생채권 또는 회생담보권으로서 그 확정절차가 종결되지 아니한 것이 있는 때에는 그 권리확정의 가능성을 고려하여 회생계획에 이에 대한 적당한 조치를 정하여야 한다는 것(법 197조 1항), ② 채무자에게 속하는 권리로서 분쟁이 해결되지 아니한 것이 있는 때에는 회생계획에 화해나 조정의 수락에 관한 사항을 정하거나 관리인에 의한 소송의 수행 그 밖에 권리의 실행에 관한 방법을 정하여야 한다는 것(법 201조), ③ 회생채권 및 회생담보권 중 법 131조 단서, 132조 1항 및 2항의 규정에 의하여 변제한 것은 회생계획에 이를 명시하여야 한다는 것(법 198조) 등이다.

V. 회생계획안의 구체적인 작성요령

1. 회생계획안의 체계

회생계획안은 크게 회생계획안 제출에 이르기까지의 경과 및 현황, 회생계획안의 요지, 권리변경의 세부적인 내용과 기타 부수 규정이 포함된 본문, 별표목록으로 구성된다. 별표목록에는 구체적인 채무변제계획표나 사업계획서, 추정 손익계산서와 자금수지표 등이 첨부된다.

2. 회생계획안 제출에 이르기까지의 경과와 현황

이 부분에는 ① 회사의 개요, ② 회생절차개시신청에 이르게 된 사정, ③ 회생절차개시신청 후의 경과를 기재한다.

가. 회사의 개요

회사의 개요에는 ① 사업목적, ② 연혁, ③ 본사 및 공장, ④ 주요 생산제품 현황, ⑤ 자본금 및 주주현황, ⑥ 조직 및 인원 현황, ⑦ 관계회사 현황, 건

71) 절대적 기재사항과 동일하게 '명시하여야 한다', '정하여야 한다'는 방식으로 규정되어 있다.

설회사의 경우 운영 중인 현장의 개요를 각 기재한다.

나. 회생절차개시신청에 이르게 된 사정

이 부분에는 회사가 경제적 파탄에 이르게 된 사정을 상세히 기재한다. 대부분 신청서, 답변서, 조사보고서를 통하여 확정된 내용을 이기하는 정도의 간단한 작업이다.

제 1 장 회생계획안 제출에 이르기까지의 경과와 현황72)

제 1 절 회생절차개시신청에 이르기까지의 경과

1. 채무자 회사에 대한 일반사항

가. 채무자 회사의 개요

나. 사업목적

다. 주요 연혁

라. 자본금 현황

마. 주주현황 및 전환사채 발행현황

바. 조직 및 인원 현황

사. 관계회사 현황

아. 재무 현황

조사기준일(20××. 9. 17.) 현재 실사 수정 후 요약 재무상태표상의 자산과 부채의 현황은 다음과 같습니다. 그 세부적인 내용은 [별표1]과 같습니다.

2. 회생절차의 개시신청에 이르게 된 사정

채무자 회사는 … 회생절차개시신청에 이르게 되었고, 채무자 회사가 재정적 어려움에 이르게 된 주요 요인은 다음과 같습니다.

---

72) 종래에는 제1장과 제2장만 높임말을 사용하였으나, 최근의 실무는 회생계획 전체에 걸쳐 높임말을 사용하고 있다.

다. 회사회생절차개시신청 후의 경과

이 부분에는 회생절차개시신청 후의 절차진행 상황과 관리인이 경영정상화를 위하여 취한 조치와 향후 경영방침을 기재한다. 이 부분은 회생절차와 관련된 이해관계인에게 그 동안의 경과를 설명하고, 회사의 자구노력과 향후 계획을 밝힘으로써 회생계획안 작성에 관한 이해를 돕기 위하여 기재하는 것이다.

제 2 절 회생절차개시신청 후의 경과

1. 회생절차개시신청 후 개시결정에 이르기까지의 경과

채무자 회사는 20××년 8월 18일에 서울회생법원에 회생절차개시를 신청하여 20××년 9월 17일 회생절차개시결정을 받았으며, 조사위원으로 ○○회계법인이 선임되어 채무자 회사의 재산상황 등에 대한 조사를 실시하게 되었습니다.

2. 회생절차개시 후의 경과

채무자는 회생절차개시결정 후 법률에서 정한 회생절차의 충실한 이행과 더불어 전 임직원이 일치단결하여 채무자의 경영정상화를 위해 최선의 노력을 경주하고 있습니다. 회생절차개시 후의 주요 경과사항은 다음과 같습니다.

20××. 09. 17. 회생절차개시결정 및 조사위원 선임
20××. 10. 02. 회생채권자, 주주의 목록 제출
20××. 11. 03. 회생담보권, 회생채권, 주식·출자지분 목록·신고 및 시·부인표 제출
20××. 11. 19. 조사위원 ○○회계법인 조사보고서 제출
20××. 12. 09. 주요사항 요지 통지
20××. 01. 10. 회생계획안 제출

3. 회생절차개시 후의 개선 노력

채무자 회사는 20××. 9. 17. 자 서울회생법원의 회생절차개시결정과 동시에 관리인 불선임 결정에 의거 대표이사인 김대표가 법률상관리인으로서 회생업무를 수행하여 왔습니다. 관리인은 업무에 충실하기 위하여 법원의 결정사항을 준수하고, 성실하게 회사를 운영함은 물론 지출을 최소화하여 채권자들에 대한 채무변제를 극대화하기 위한 노력에 최선을 다하고 있습니다.

3. 회생계획안의 요지

요지는 ① 회생계획안 입안의 기초, ② 변제할 채권의 내역, ③ 권리변경과 변제방법의 요지, ④ 결언의 순으로 기재한다.

가. 회생계획안 입안의 기초

회사의 자산과 부채 현황, 사업계획을 간략히 언급한 다음 채권자들의 권리에 변경을 가하게 된 점에 대한 양해를 구하는 내용을 기재한다.

제 2 장 회생계획안의 요지

제 1 절 회생계획안 입안의 기초

본 회생계획안은 채무자 회생 및 파산에 관한 법률에 따라 채권자, 주주, 종업원, 기타 이해관계인들 여러분들의 이해 조정과 채무자 회사의 회생이라는 명제 하에서 공정성과 형평성을 기하면서 채무자의 회생이 가능하도록 작성하였습니다.

조사기준일(20××. 9. 17) 현재 수정 후 재무상태표상 자산총계는 1,260,541천원이며, 부채 총계는 8,995,489천원으로 부채가 자산을 7,734,948천원만큼 초과합니다.

이러한 재무상황과 경영환경을 고려할 때, 채무자가 안고 있는 원금과 이자를 전액 변제한다는 것은 사실상 매우 어려운 실정으로 부득이 본 회생계획안에서는 각 회생채권의 채권 종류에 따라 채권 일부를 면제받고 변제조건을 달리하여 변제능력 범위 내에서 채권자의 권리를 일부 변경하고자 합니다.

본 회생계획안을 제출함에 있어서 관리인 이하 모든 임직원들은 본 회생 계획안이 채권자 및 이해관계인 여러분의 인내와 이해를 전제로 하고 있다는 사실에 대하여 매우 송구스럽게 생각하오며 채무자의 재정상태는 비록 파탄에 이르렀으나, 경영의 합리화와 이익의 극대화를 통하여 본 회생계획안의 실행에 매진하여 기필코 회생에 성공함으로써 채권자 및 이해관계인 여러분의 기대와 은혜에 보답하겠습니다. 이해관계인 제위께서는 계속적인 지도와 아낌없는 협조를 부탁드립니다.

나. 변제할 채권의 내역

변제할 채권의 내역에는 시인되어 확정된 채권의 내역과 변동 사항을 기재한다. 구체적으로는 채권조사기간(특별조사기일 포함)동안 관리인이 시인한 채권액에서 이의를 철회하거나 확정재판 등을 통하여 확정된 채권액을 더하고, 신고철회, 변제 등으로 소멸한 채권액을 제외한 나머지 금액을 조별로 기재한다.

제 2 절 시인된 총 채권액의 내역

1. 변제대상 채권액

채권조사기간에 관리인이 시인한 채권에서 변제할 채권의 내역은 다음과 같습니다. 그 세부적인 내역은 [별표 4]와 같습니다.

(단위: 원)

구분	채권구분	조사기간 내 시인된 채권액				변동액	시인된 총 채권액
		원금	개시전이자	개시후이자	합 계		
회생채권	대여채권	2,628,446,493	52,962,364	4,214,459	2,685,623,316	0	2,685,623,316
	확정구상채권	500,000,000	3,215,795	378,328	503,594,123	1,019,097,704	1,522,691,827
	상거래채권	1,674,161,820	106,747	0	1,674,268,567	0	1,674,268,567
	전환사채 상환채권	1,600,000,000	289,482,156	0	1,889,482,156	0	1,889,482,156
	정부지원금 반환채권	8,378,053	0	0	8,378,053	0	8,378,053
	정부지원금반환미확정채권	0	0	0	0	1,370,000,000	1,370,000,000
	미발생 구상채권	47,000,000	0	0	47,000,000	0	47,000,000
	특수관계자 채권	516,978,980	0	0	516,978,980	0	516,978,980
	소 계	6,974,965,346	345,767,062	4,592,787	7,325,325,195	9,714,422,899	9,714,422,899
조세채권 등		76,501,296	1,095,710	0	77,597,006	5,306,510	82,903,516
합 계		7,051,466,642	346,862,772	4,592,787	7,402,922,201	2,394,404,214	9,797,326,415

2. 주요변동 내역

상기 표와 같이 채무자 회사의 경우 회생담보권은 존재하지 않으며, 회생채권 및 조세 등 채권의 주요 변동내역은 다음과 같습니다.

가. 회생담보권의 변동 내역

해당사항 없습니다.

나. 회생채권의 변동 내역

(1) 추완 신고된 회생채권

채권신고기간 이후 추완 신고된 회생채권은 기술신용보증기금 1건에 금 1,019,996,624원, ○○○텔레캅㈜ 1건 금 897,920원이며, 그 자세한 내역은 [별표 3－2]와 같습니다.

(2) 신고 철회한 회생채권

해당사항 없습니다.

(3) 이의 철회된 회생채권

국가연구개발사업 정부지원금 반환채무로 신고된 한국산업기술평가관리원 금 1,370,000,000원에 대하여 부인하여 신고하였으나, 국가연구개발사업에 대하여 [산업통상자원부 고시 제20××－76호(20××. 4. 22.)] 「산업기술혁신사업 공통 운영요령」제33조(사업결과의 평가)의 1항 4호"불성실수행"등 사유 발생 시 반환의무가 확정될 수 있다고 주장하여, 미확정채권으로 채권액이 인정되는 것으로 판단되어 이의를 철회하고 시인하였으며, 그 세부적인 내역은 [별표 3－3]과 같습니다.

(4) 소멸된 회생채권

해당사항이 없습니다.

(5) 명의 변경된 회생채권

양도인 ○○산업개발㈜에서 양수인 ○○웍스㈜로 채권 전액 금 1,361,000,000원을 20××. 12. 5.자로 양도하였으며, 그 자세한 내역은 [별표 3－4]와 같습니다.

다. 조세채권 등의 변동 내역

(1) 추완 신고된 조세채권 등

채권신고기간 이후 추완 신고된 채권 등은 국민건강보험공단 1건으로 54,170,729원이며, 그 자세한 내역은 [별표 3－1]과 같습니다.

(2) 신고 철회한 회생채권

해당사항 없습니다.

(3) 이의 철회된 회생채권

해당사항이 없습니다.

(4) 소멸된 회생채권

해당사항이 없습니다.

다. 권리변경·변제방법의 요지 및 결언

회생채권 등에 대한 권리변경과 변제방법의 요지를 간략히 기재하고, 권리변경에 대한 양해를 구하는 취지, 계획의 성공적인 수행을 위해 최선을 다하겠다는 취지를 각 기재한다.

제 3 절 권리변경과 변제방법의 요지

채무자는 채권자들에 대한 최선의 이익을 도모하는 한편, 채무자의 회생을 전제로 공정성과 형평성의 이념에 입각하여 권리변경과 변제방법을 기준을 마련하였으며, 변제할 채권액은 다음과 같습니다.

(단위: 원)

구분		시인된 총채권액	권리변경		권리변경 후 변제할 채권액
			출자전환금액	면제금액	
회생담보권		0	0	0	0
회생채권	대여채권	2,685,623,316	1,689,287,581	4,214,459	992,121,276
	확정구상채권	1,522,691,827	951,410,536	12,516,374	558,764,917
	상거래채권	1,674,268,567	1,038,046,510	0	636,222,057
	전환사채 상환채권	1,889,482,156	1,190,373,758	0	699,108,398
	정부지원금 반환채권	8,378,053	5,278,173	0	3,099,880
	정부지원금 반환미확정채권	1,370,000,000	미확정		
	미발생 구상채권	47,000,000	미확정		

	특수관계자 채권	516,978,980	516,978,980	0	0
소계		9,714,422,899	5,391,375,538	16,730,833	2,889,316,528
조세채권 등		82,903,516	0	0	82,903,516
총계		9,797,326,415	5,391,375,538	16,730,833	2,972,220,044

1. 회생담보권의 권리변경과 변제방법

해당사항 없습니다.

2. 회생채권의 권리변경과 변제방법

가. 원금 및 개시 전 이자

(1) 대여채권[73]

시인된 원금 및 개시 전 이자에 대하여 63%는 출자전환하고 37%는 현금변제하되, 그 변제 할 채권액에 대하여 1차년도에 1%, 2차년도에 2%, 3차년도부터 4차년도까지 매년 9%, 5차년도부터 6차년도까지 매년 10%, 7차년도부터 8차년도까지 매년 13%, 9차년도에 16%, 10차년도에 17%를 변제합니다. 출자전환은 본 회생계획안 제10장 제4절에 의하여 채무자가 신규로 발행하는 주식의 효력발생일에 당해 회생채권 변제에 갈음하는 것으로 하였습니다.

(2) 상거래채권

… 다만, 권리변경 후 현금변제할 금액이 금 2,000,000원 이하인 채권은 그 현금변제 대상금액을 1차년도에 전액 변제합니다.

(3) 정부지원금반환 미확정채권

[산업통상자원부 고시 제20××-76호(20××. 4. 22.)] 「산업기술혁신사업 공통 운영요령」 제33조(사업결과의 평가)의 1항 4호 "불성실수행"등 사유 발생으로 반환의무가 확정된 경우, 시인된 원금 및 개시 전 이자에 대하여 63%는 출자전환하고 37%는 현금변제하되, 그 변제 할 채권액에 대하여 1차년도에 1%, 2차년도에 2%, 3차년도부터 4차년도까지 매년 9%, 5차년도부터 6차년도까지 매년 10%, 7차년도부터 8차년도까지 매년 13%, 9차년도에 16%, 10차년도에 17%를 변제합니다.

73) 확정구상채권, 전환사채 상환채권, 정부지원금 반환채권의 권리변경도 동일한 관계로 기재를 생략하였다.

반환의무 확정일이 1차년도 이후에 발생하는 경우에도 동일하게 변제하되, 이미 변제기일이 경과된 채권은 그 후 최초로 도래하는 변제기일에 합산하여 변제합니다.

출자전환은 본 회생계획안 제10장 제4절에 의하여 채무자가 신규로 발행하는 주식의 효력발생일에 당해 회생채권 변제에 갈음하는 것으로 하였습니다.

(4) 미발생구상채권

보증기관이 대위변제하여 채권금액이 확정 될 경우, 확정된 대위변제 채권의 원금 및 개시 전 이자에 대하여 63%는 출자전환하고 37%는 현금변제하되, 그 변제 할 채권액에 대하여 1차년도에 1%, 2차년도에 2%, 3차년도부터 4차년도까지 매년 9%, 5차년도부터 6차년도까지 매년 10%, 7차년도부터 8차년도까지 매년 13%, 9차년도에 16%, 10차년도에 17%를 변제합니다.

대위변제가 1차년도 이후에 발생하는 경우에도 동일하게 변제하되, 이미 변제기일이 경과된 채권은 그 후 최초로 도래하는 변제기일에 합산하여 변제합니다.

출자전환은 본 회생계획안 제10장 제4절에 의하여 채무자가 신규로 발행하는 주식의 효력발생일에 당해 회생채권 변제에 갈음하는 것으로 하였습니다.

(5) 특수관계자채권

시인된 원금 및 개시 전 이자에 대하여 100%를 출자전환하는 것으로 하였습니다.

출자전환은 본 회생계획안 제10장 제4절에 의하여 채무자가 신규로 발행하는 주식의 효력발생일에 당해 회생채권 변제에 갈음하는 것으로 하였습니다.

나. 개시 후 이자

회생채권의 대여채권, 확정 구상채권, 상거래채권, 전환사채 상환채권, 정부지원금 반환채권, 정부지원금 반환 미확정채권, 미발생 구상채권, 특수관계자 채권의 개시 후 이자는 전액 면제합니다.

3. 조세채권 등의 권리변경과 변제방법

채무자 회생 및 파산에 관한 법률 제140조에 의하여 본 회생계획안 인가결정일 이후 변제기일까지 국세징수법 또는 국세징수의 예에 의한 징수 및 체납처분은 유예되므로, 확정된 조세채권 등의 본세에 회생계획 인가결정일 전일까지 발생한 조세채권 등의 가산금 및 중가산금을 포함한 금액을 인가결정일 이후 제1차년도부터 제3차년도까지 매년 균등분할변제합니다. 다툼이 있는 경우에는 이의신청 또는 소송 제기를 통하여 확정되는 것으로 하며, 또한 법원의 허가를 얻어 조기에 변제할 수 있습니다.

4. 장래의 구상권의 권리변경과 변제방법

가. 회생절차개시결정 이후 채무자를 위한 보증인, 물상보증인(담보목적물의 제3취득자를 포함합니다), 기타 제3자가 자기의 출자로 인하여 회생담보권자 또는 회생채권자에게 변제한 경우에는 채무자에 대하여 구상권을 취득합니다.

나. 구상권자는 채권자의 권리변경 전의 채권이 회생절차에 의하거나 회생절차에 의하지 아니하고 모두 소멸된 경우에 한하여 자기의 구상권을 행사할 수 있으며, 채무자는 회생계획에 의하여 변제하여야 할 회생담보권 또는 회생채권의 잔액 범위 내에서 구상권자의 구상권 비율에 따라 변제합니다.

다. 채무자 회생 및 파산에 관한 법률 시행령 제4조에 해당하는 특수관계인이 회생절차개시결정 이후 대위변제 등으로 채무자에 대하여 취득하는 구상권은 전액 면제하는 것으로 하되, 이때 면제되는 구상권의 금액은 전항의 구상권의 비율을 산정함에 있어서 총액에 산입합니다.

5. 조사확정재판 계속 중인 미확정 회생채권의 권리변경과 변제방법[별표 15]

조사확정재판 계속 중인 회생채권 신고번호 [채권17] 채권자 ㈜제일테크의 신고액금 835,510,942원을 손해배상사건(서울중앙지방법원, 사건번호 20××가합○○○○)의 미확정을 사유로 부인하였으며, 손해배상사건의 조정회부(20××머○○○○) 절차에서 20××. 12. 19. 자 조정에 갈음하는 명령에 대하여 원고와 피고가 모두 이의포기서를 제출하였으므로, 위 채권의 현실화 금액은 금 0원으로 예상됩니다. [별표 16]

제 4 절 주주의 권리변경

1. 주식병합에 의한 자본의 감소[별표 11-1]

본 회생계획안 인가 결정 전에 발행한 주식 총 1,885,700주 중에서 자기주식(목록번호 [주식54]) 83,180주는 무상소각 하고, 나머지 1,802,250주에 대하여 액면가 500원의 보통주 2주를 액면가 500원의 보통주 1주로 각 병합하는 것으로 하였습니다. 다만, 주식 병합으로 인하여 발생하는 1주 미만의 단주는 관리인이 법원의 허가를 얻어 무상 소각합니다.

2. 출자전환에 의한 신주발행[별표 11-2]

회생채권의 출자전환에 의한 신주발행은 액면가 500원의 보통주식 1주를 대여채권,

확정구상채권, 상거래채권, 전환사채상환채권, 정부지원금반환채권, 정부지원금 반환미확정채권, 미발생구상채권, 특수관계자채권에 대하여 주당 1,500원으로 발행하도록 하였습니다. 다만, 출자전환으로 인하여 발생하는 1주 미만의 단주는 관리인이 법원의 허가를 얻어 무상 소각하는 것으로 하였습니다. 출자전환은 본 회생계획안 제10장 제4절에 의하여 채무자 회사가 신규로 발행하는 주식의 효력발생일에 당해 회생채권 변제에 갈음하는 것으로 하였습니다.

3. 출자전환 후 주식재병합에 의한 자본금의 감소[별표 11-2]

회생채권의 출자전환 후 회사자본금 규모의 적정화를 위하여 발행주식 1주당 액면가 500원의 보통주 3주를 액면가 500원의 보통주 1주로 각 재병합하였습니다. 단, 주식병합으로 인하여 발생하는 1주 미만의 단주는 관리인이 법원의 허가를 얻어 무상 소각하는 것으로 하였습니다.

제 5 절 결 언

본 회생계획안은 채권자, 주주, 종업원 및 이해관계인 여러분의 이익을 최대한 보호하고 회사의 경영정상화를 조기에 달성하는 균형점을 찾고자 하였으며, 모든 채권자들에게 공정하고 형평에 맞는 회생계획을 수립하고자 노력하였습니다.

다만, 현재 채무자가 처해있는 여건으로 볼 때 회사의 정상화와 채무를 변제함에 있어 일정기간을 요하므로 회생채권자 및 공익채권자 여러분의 일부 권리를 변경하고 변제기간을 유예할 수밖에 없었던 점에 대하여 매우 송구스럽게 생각하고 있습니다. 채무자가 이해관계인 여러분의 고통에 보답하는 길은 회사가 경영정상화를 반드시 달성하여 채권자 여러분에게 더 이상 피해를 입히지 않고, 회생계획안에 따라 정상적으로 채무를 변제하는 것이라 생각합니다. 이를 위하여 관리인과 회생회사의 임직원은 모든 노력을 다 하겠으며 앞으로도 이해관계인 여러분의 계속적인 지원과 협조를 부탁드립니다.

끝으로 이 회생계획안이 제출되기까지 협조와 지원을 아끼지 않았던 채권자 여러분과 모든 관계자분들께 진심으로 깊은 감사드립니다.

4. 본문과 별표목록

가. 본 문

전형적인 본문의 구성은 다음과 같다.

제 3 장 회생담보권 및 회생채권에 대한 권리변경과 변제방법
제 1 절 총 칙
제 2 절 회생담보권의 권리변경과 변제방법
제 3 절 회생채권의 권리변경과 변제방법
제 4 절 신고하지 않은 채권의 권리
제 5 절 미확정 회생채권 및 부인권 행사로 부활될 회생채권의 처리
제 6 절 장래의 구상권
제 4 장 공익채권의 변제방법
제 5 장 변제자금의 조달
제 1 절 영업수익금
제 2 절 보유자산(부동산 등) 처분
제 3 절 차입금
제 4 절 기타 수익금
제 6 장 자구노력의 추진
제 7 장 예상 초과 수익금의 처리방법
제 8 장 예상 수익금 부족시의 처리방법
제 9 장 회생회사를 인수할 자
제10장 분쟁이 해결되지 아니한 권리
제11장 주주의 권리 변경과 신주의 발행
제 1 절 주주의 권리제한
제 2 절 신주의 발행
제 3 절 자본의 감소
제 4 절 출자전환에 의한 신주발행
제 5 절 주식소각, 주식병합 및 출자전환 후의 자본금의 변동
제12장 사채의 발행
제13장 정관의 변경
제14장 임원의 선임 및 해임
제15장 관리인의 보수
제16장 운영자금의 조달방법
제17장 회생절차의 폐지신청
제 1 절 회생절차의 조기종결 시 채무자 감독

나. 별표목록

회생계획안 뒤에 첨부되는 별표는 사안마다 같지는 않으나, 대략적인 것은 다음과 같다. 본문과 별표가 불일치하지 않도록 채무자 및 대리인이 번갈아 확인할 필요가 있다.

① 재무상태표 및 손익계산서

② 추완신고 채권의 시부인 명세서

③ 이의철회 내역

④ 신고철회 내역

⑤ 소멸한 채권의 내역

법원의 허가를 받고 변제한 채권의 내역, 변제시기, 허가일자, 문서번호를 각 특정한다. 대위변제나 채권양도가 있는 경우 명의변경된 채권내역으로 별표를 작성한다.

⑥ 회생담보권·회생채권의 변동 및 권리변경 총괄표와 상세내역

⑦ 회생담보권·회생채권의 변제계획 총괄표와 상세 내역

청산가치보장의 원칙은 개별 채권자별로 준수되어야 하므로, 각 회생 담보권자, 회생채권자별로 현가변제율, 청산배당률을 각 산정하여 비교 가능성을 제고하여야 한다.

⑧ 담보물건 명세서(소멸되는 담보권 명세서)

담보로 제공된 채무자 소유 물건, 담보평가액을 초과하여 담보권으로 인정되지 않은 담보권의 내역, 존속을 정하지 않은 결과 소멸할 담보권의 내역, 담보 목적의 지상권으로서 담보권과 함께 말소되어야 할 지상권의 내역을 각 기재한다.

⑨ 주주의 권리변경 및 출자전환에 따른 신주배정 내역

이사·지배인 등의 책임 있는 행위로 파탄에 이른 경우에는 2/3 이상 감자

하여야 한다(법 205조 4항).

회생계획에서 기존 주식의 감자와 회생채권자·회생담보권자에 대한 출자전환을 계획한 경우, 회생계획에서 회생담보권자, 회생채권자, 기존 주주의 순으로 차등이 생기도록 기존 주식의 감자 비율을 조정하여야 한다. 실무상 부채초과로 주식가치가 없다고 볼 수 있는 경우에는, 기존 주주의 감자·출자전환 후의 예상 지분율, 회생담보권자·회생채권자의 현가변제율 등을 고려하여 감자 비율을 조정한다. 감자－출자전환－주식재병합 이후의 기존 주주의 지분율이 가장 낮은 현가변제율을 가진 회생채권자 등에 대한 현가변제율보다 낮아야 한다.

⑩ 사업계획서 및 자금수지표

채무 변제시의 우선순위를 고려하여 일반적으로 공익채권, 조세 등 채권, 회생담보권, 회생채권 상거래채권, 대여채권 등의 순서로 권리 변경 및 변제계획을 수립하고, 미확정채무의 현실화가능성을 고려하여 변제예상액을 자금수지에 반영한다.

공익채권에 대하여 지급을 유예할 경우 적어도 관계인집회 전까지 공익채권자의 동의서를 징구하여야 한다. 동의를 받지 못한 경우 자금수지를 변경할 수밖에 없다.

조세채권은 3년 이하의 기간 동안 징수를 유예하는 경우에는 징수권 자의 의견조회만 거치면 되지만, 3년을 초과하는 기간 동안 징수를 유예하는 경우에는 징수권자의 동의를 받아야 한다(법 140조 2항, 3항).

출자전환에 따른 채무면제이익에 대한 법인세를 고려하여야 한다. 이월결손금이 소진되는 시점에 법인세가 부과될 것으로 예상된다면, 이를 자금수지에 반영하여야 한다.

⑪ 기 타

권리확정소송 중인 채권의 내역, 명의변경된 채권내역 등을 별지로 작성할 수도 있다.

다. ×기술(주)의 별지[74]

[별표 1]

수정 재무상태표

(20××년 ○○월 ○○일 현재[75])

(단위: 천원)

과 목		채 무 자 제시금액	실사조정		실사가치
			차변	대변	
Ⅰ.	**유동자산**	**3,196,236**			**531,253**
(1)	**당좌자산**	**2,570,116**			**208,815**
	현금및현금등가물	42,918			42,918
	매출채권	711,323		551,463	159,860
	단기대여금	61,241		61,241	-
	미수수익	9,362		9,362	-
	미수금	121,402		115,365	6,037
	과제예치금	5,295		5,295	-
	선급금	1,084,638		1,084,638	-
	선급비용	8,713		8,713	-
	부가세대급금	4,914		4,914	-
	이연법인세자산	520,310		520,310	-
(2)	**재고자산**	**626,120**			**322,438**
	제품	216,679		159,839	56,840
	원재료	20,819		15,817	5,002
	저장품	12,708		12,708	-
	재공품	375,914		115,318	260,596
Ⅱ.	**비유동자산**	**4,802,727**			**729,289**
(1)	**투자자산**	**14,300**			**14,300**
	장기대여금	14,300			14,300
(2)	**유형자산**	**226,981**			**202,211**
	차량운반구	1	3,999		4,000
	비품	27,894		1,193	26,701
	연구개발비품	96,749			96,749
	시설장치	61,700		27,576	34,124
	비품(생산용)	40,637			40,637
(3)	**무형자산**	**2,353,560**			**436,169**

74) 계속기업가치를 배분하는 구체적인 태양을 제시하는 것이 본서의 목적이고, 별지들은 법원별·관리위원별로 선호하는 양식이 다를 수 있다.

75) 조사기준일을 의미한다.

	산업재산권	9,961			9,961
	개발비	2,332,391		1,917,391	415,000
	소프트웨어	11,208			11,208
(4)	**기타비유동자산**	**2,207,886**			**76,608**
	이연법인세자산	2,131,278		2,131,278	-
	임차보증금	74,508			74,508
	기타보증금	2,100			2,100
	자산총계	**7,998,963**			**1,260,541**
Ⅰ.	**유동부채**	**8,403,612**			**7,536,276**
	매입채무	1,093,205	825,799		267,406
	지급어음	1,361,000			1,361,000
	미지급금	459,547		(91,389)	368,158
	예수금	19,272		19,526	38,798
	부가세예수금	7,591	4,915		2,676
	단기차입금	3,527,679		1,600	3,529,279
	미지급비용	96,807	39,686		57,121
	선수수익	8,378			8,378
	유동성전환사채	1,600,000		303,460	1,903,460
	사채할인발행차금	(426,926)		426,926	-
	전환사채상환할증금	657,059	657,059		-
Ⅱ.	**비유동부채**	**1,416,437**			**1,459,213**
	장기차입금	600,000			600,000
	임대보증금	7,700	7,700		-
	퇴직급여충당부채	416,171		3,476	419,647
	퇴직연금자산	(54,559)			(54,559)
	주.임.종 장기차입금	447,125			447,125
	미확정구상채무	-		47,000	47,000
	부채총계	**9,820,049**			**8,995,489**
Ⅰ.	**자본금**	**942,850**			**942,850**
	보통주자본금	942,850			942,850
Ⅱ.	**자본잉여금**	**677,464**			**677,464**
	주식발행초과금	361,434			361,434
	자기주식처분이익	254,484			254,484
	전환권대가	61,546			61,546
Ⅲ.	**자본조정**	**(48,125)**			**(48,125)**
	자기주식	(48,125)			(48,125)
Ⅳ.	**미처리결손금**	**(3,393,275)**			**(9,307,137)**
	자본총계	**(1,821,086)**			**(7,734,948)**
부채와 자본총계		**7,998,963**			**1,260,542**

[별표 2]

추정 손익계산서

채무자: ×기술㈜

(단위: 원)

구분	20×1년	20×2년	20×3년	20×4년	20×5년	20×6년	20×7년	20×8년	20×9년	20×10년
	1차년도	2차년도	3차년도	4차년도	5차년도	6차년도	7차년도	8차년도	9차년도	10차년도
매출액	5,343,002,703	6,263,322,902	7,282,375,986	7,603,601,053	7,922,225,620	8,237,603,151	8,549,138,988	8,856,290,834	9,158,568,616	9,455,533,821
매출원가	3,801,083,540	4,530,428,420	5,267,536,680	5,499,887,334	5,730,356,978	5,958,477,952	6,183,820,128	6,405,991,246	6,624,636,824	6,839,439,673
매출총이익	1,541,919,163	1,732,894,483	2,014,839,306	2,103,713,719	2,191,868,643	2,279,125,198	2,365,318,860	2,450,299,587	2,533,931,792	2,616,094,148
판매비와 관리비	1,819,126,160	1,838,363,003	1,870,464,270	1,899,007,348	1,933,644,586	1,973,819,945	2,015,330,385	2,057,543,789	2,100,999,012	2,145,149,627
영업이익	(277,206,997)	(105,468,520)	144,375,036	204,706,371	258,224,057	305,305,253	349,988,474	392,755,799	432,932,780	470,944,521
법인세	0	0	0	0	0	0	0	0	0	0
당기순손익	**(277,206,997)**	**(105,468,520)**	**144,375,036**	**204,706,371**	**258,224,057**	**305,305,253**	**349,988,474**	**392,755,799**	**432,932,780**	**470,944,521**
(매출원가율)	71.14%	72.33%	72.33%	72.33%	72.33%	72.33%	72.33%	72.33%	72.33%	72.33%
(판매비와 관리비율)	34.05%	29.35%	25.68%	24.98%	24.41%	23.96%	23.57%	23.23%	22.94%	22.69%
(영업이익율)	(5.19%)	(1.68%)	1.98%	2.69%	3.26%	3.71%	4.09%	4.43%	4.73%	4.98%

[별표 3-1]

추완 조세채권 등 명세서

채무자: ×기술㈜ (단위: 원)

신고번호	목록번호	채권자	주소	채권내용	목록금액	추완신고금액	비고
추완 조세1	조세 등3-1	국민건강보험공단	서울시 서초구 사임당로 32, 3~5층(재우빌딩)	국민연금보험료			20××년 6월-8월 분
				1. 보험료	22,990,320	22,990,320	
				2. 연체금	559,280	2,069,030	
				소계	23,549,600	25,059,350	
	조세 등 3-2			국민건강보험료			20××년 6월-8월 분
				1. 보험료	18,632,140	18,632,140	
				2. 연체금	456,290	1,676,680	
				소계	19,088,430	20,308,820	
	조세 등 3-3			산재보험료			20××년 6월-8월 분
				1. 보험료	2,064,830	2,064,830	
				2. 연체금	26,290	891,720	
				소계	2,091,120	2,956,550	
	조세 등 3-4			고용보험료			20××년 6월-8월 분
				1. 보험료	4,081,990	4,081,990	
				2. 연체금	51,980	1,762,920	
				소계	4,133,970	5,844,910	
국민건강보험공단 합계				1. 보험료	47,769,280	47,769,280	
				2. 가산금	1,093,840	6,400,350	
				소계	48,863,120	54,169,630	

[별표 3-2]

추완 회생채권 시·부인 명세서

채무자: ×기술㈜

(단위: 원)

신고번호	목록번호	채권자	주소	채권내용	추완신고액	시인액	부인액	의결권인정액	시부인사유	비고
추완 1		기술신용보증기금 (이사장 김한철)	부산광역시 남구 문현금융로33	확정구상채권					개시후 이자는 의결권 부인	1. 외환은행 대여채무 원금 660,000,000원 및 개시전이자 대위변제(20××. 9. 30) 2. 신한은행 대여채무 원금 255,000,000원 및 개시전이자 대위변제(20××. 10. 1) 3. 신한은행 대여채무 원금 85,000,000원 및 개시전이자 대위변제(20××. 10. 1) 20××. 11. 6. 자 채권신고
				1. 원금	1,000,000,000	1,000,000,000	0	1,000,000,000		
				2. 개시전 이자	6,959,658	6,959,658	0	6,959,658		
				3. 개시후 이자	12,138,046	12,138,046	0	0		
				소계	1,019,097,704	1,019,097,704	0	1,006,959,658		
추완 2	채권 20	케이티텔레캅㈜ (대표이사 최영익)	서울시 구로구 가마산로 291	상거래채권(경비용역)					목록(채권20)으로 시인하였으므로 부인	20××. 11. 6. 자 채권신고
				1. 원금	897,920		897,920	0		
				2. 개시전 이자			0	0		
				3. 개시후 이자			0	0		
				소계	897,920	0	897,920	0		
추완회생채권 합계					1,019,995,624	1,019,097,704	897,920	1,006,959,658		

[별표 3-3]

조사기간 이후 이의 철회된 회생채권의 변동사항

채무자: ×기술㈜ (단위: 원)

구분			채권내용	목록기재액·신고액	조사기일 내 시부인액			이의철회액	이의철회후 시부인액			이의철회 사유	비고
신고번호	목록번호	채권자			시인액	부인액	의결권 인정액		시인액	부인액	의결권 인정액		
채권 19		한국산업기술평가관리원 (원장 ○○○)	정부지원금 반환 미확정채권									미확정 채권으로 시인하되, 의결권 부인	20××. 11. 26.자 법원허가: (×기술 회생 20××-19호)
			1. 원금	1,370,000,000	0	1,370,000,000	0	1,370,000,000	1,370,000,000	0	0		
			2. 개시전 이자		0		0		0	0	0		
			3. 개시후 이자		0		0		0	0	0		
			소계	1,370,000,000	0	1,370,000,000	0		1,370,000,000	0	0		
소계				1,370,000,000	0	1,370,000,000	0		1,370,000,000	0	0		

[별표 3-4]

조사기간 이후 명의변경된 회생채권의 변동사항

채무자: ×기술㈜ (단위: 원)

신고 번호	목록 번호	채권자(양도인)	채권내용	양도인 시인 채권액	양수인 채권액	명의변경 후 양도인 채권액	명의변경후채권자 (양수인)	변경사유
	채권 43	리연산업개발㈜ (대표이사 김○○)	어음금 채권				케이000스㈜ (대표이사 000)	20××. 12. 5. 자 채권양수도 계약 체결 20××. 12. 5. 자 채권명의변경신고
			1. 원금	1,361,000,000	1,361,000,000	0		
			2. 개시전이자	0	0	0		
			3. 개시후이자	0	0	0		
			소계	1,361,000,000	1,361,000,000	0		
합계				1,361,000,000	1,361,000,000	0		

[별표 4]

회생담보권 및 회생채권의 변동 및 권리변경 총괄표

채무자: ×기술㈜

(단위: 원)

구분		조사기간내 시인된 채권액				변동내역			시인된 총채권액	권리변경				권리변경 후 변제할 채권액		
										출자전환			면제			
		원금	개시전 이자	개시후 이자	합계	추완신고	명의 변경	이의철회액		원금	개시전 이자	합계	개시후 이자	원금	개시전이자	합계
회생담보권		0	0	0	0	0	0	0	0	0	0	0	0	0	0	0
회생채권	대여채권	2,628,446,493	52,962,364	4,214,459	2,685,623,316	0	0	0	2,685,623,316	1,655,921,291	33,366,290	1,689,287,581	4,214,459	972,525,202	19,596,074	992,121,276
	확정 구상채권	500,000,000	3,215,795	378,328	503,594,123	1,019,097,704	0	0	1,522,691,827	945,000,000	6,410,536	951,410,536	12,516,374	555,000,000	3,764,917	558,764,917
	상거래채권	1,674,161,820	106,747	0	1,674,268,567	0	0	0	1,674,268,567	1,037,980,327	66,183	1,038,046,510	0	636,181,493	40,564	636,222,057
	전환사채 상환채권	1,600,000,000	289,482,156	0	1,889,482,156	0	0	0	1,889,482,156	1,008,000,000	182,373,758	1,190,373,758	0	592,000,000	107,108,398	699,108,398
	정부지원금 반환채권	8,378,053	0	0	8,378,053	0	0	0	8,378,053	5,278,173	0	5,278,173	0	3,099,880	0	3,099,880
	정부지원금 반환미확정채권		0	0	0	0	0	1,370,000,000	1,370,000,000	미확정						
	미확정 구상채권	47,000,000	0	0	47,000,000	0	0	0	47,000,000	미확정						
	특수관계자 채권	516,978,980	0	0	516,978,980	0	0	0	516,978,980	516,978,980	0	516,978,980	0	0	0	0
	소계	6,974,965,346	345,767,062	4,592,787	7,325,325,195	1,019,097,704	0	1,370,000,000	9,714,422,899	5,169,158,771	222,216,767	5,391,375,538	16,730,833	2,758,806,575	130,509,953	2,889,316,528
조세채권 등		76,501,296	1,095,710		77,597,006	5,306,510	0	0	82,903,516	0	0		0	76,501,296	6,402,220	82,903,516
합 계		7,051,466,642	346,862,772	4,592,787	7,402,922,201	1,024,404,214	0	1,370,000,000	9,797,326,415	5,169,158,771	222,216,767	5,391,375,538	16,730,833	2,835,307,871	136,912,173	2,972,220,044

[별표 5]

회생담보권의 변동 및 권리변경

채무자: ×기술㈜ (단위: 원)

<table>
<tr><th rowspan="3">신고
번호</th><th rowspan="3">목록
번호</th><th rowspan="3">채권자</th><th colspan="4">조사기간내 시인된 채권액</th><th colspan="3">변동내역</th><th rowspan="3">시인된
총채권액</th><th colspan="4">권리변경</th><th colspan="3" rowspan="2">권리변경 후 변제할 채권액</th></tr>
<tr><th rowspan="2">원금</th><th rowspan="2">개시전
이자</th><th rowspan="2">개시후
이자</th><th rowspan="2">합계</th><th rowspan="2">원금</th><th rowspan="2">개시전
이자</th><th rowspan="2">개시후
이자</th><th colspan="3">출자전환</th><th>면제</th></tr>
<tr><th>원금</th><th>개시전
이자</th><th>합계</th><th>개시후
이자</th><th>원금</th><th>개시전이
자</th><th>합계</th></tr>
</table>

해당사항없음

[별표 6-1]

회생채권 대여채권의 변동 및 권리변경

채무자: ×기술㈜　　(단위: 원)

신고번호	목록번호	채권자	조사기간내 시인된 채권액				변동내역			시인된 총채권액	권리변경				권리변경 후 변제할 채권액		
											출자전환			면제			
			원금	개시전 이자	개시후 이자	합계	원금	개시전 이자	개시후 이자		원금	개시전 이자	합계	개시후 이자	원금	개시전 이자	합계
채권 7	채권 46	중소기업진흥공단	300,000,000	2,056,510	0	302,056,510	0	0	0	302,056,510	189,000,000	1,295,601	190,295,601	0	111,000,000	760,909	111,760,909
채권 10	채권 41	한국외환은행㈜	1,000,000,000	30,280,177	4,214,459	1,034,494,636	0	0	0	1,034,494,636	630,000,000	19,076,512	649,076,512	4,214,459	370,000,000	11,203,665	381,203,665
채권 11	채권 40	신한은행㈜	1,025,684,119	20,569,929	0	1,046,254,048	0	0	0	1,046,254,048	646,180,995	12,959,055	659,140,050	0	379,503,124	7,610,874	387,113,998
채권 2	채권 31	외환카드㈜	291,860	5,147	0	297,007	0	0	0	297,007	183,872	3,243	187,115	0	107,988	1,904	109,892
채권 8	채권 39	신한카드㈜	2,470,514	50,601	0	2,521,115	0	0	0	2,521,115	1,556,424	31,879	1,588,303	0	914,090	18,722	932,812
	채권 42	한○○	300,000,000	0	0	300,000,000	0	0	0	300,000,000	189,000,000	0	189,000,000	0	111,000,000	0	111,000,000
합계			2,628,446,493	52,962,364	4,214,459	2,685,623,316	0	0	0	2,685,623,316	1,655,921,291	33,366,290	1,689,287,581	4,214,459	972,525,202	19,596,074	992,121,276

[별표 6-2]

회생채권 확정구상채권의 변동 및 권리변경

채무자: ×기술㈜ (단위: 원)

신고번호	목록번호	채권자	조사기간내 시인된 채권액				변동내역			시인된 총채권액	권리변경				권리변경 후 변제할 채권액		
											출자전환			면제			
			원금	개시전 이자	개시후 이자	합계	원금	개시전 이자	개시후 이자		원금	개시전 이자	합계	개시후 이자	원금	개시전 이자	합계
채권4		한국무역보험공사	500,000,000	3,215,795	378,328	503,594,123	0	0	0	503,594,123	315,000,000	2,025,951	317,025,951	378,328	185,000,000	1,189,844	186,189,844
추완 1		기술보증기금	0	0	0	0	1,000,000,000	6,959,658	12,138,046	1,019,097,704	630,000,000	4,384,585	634,384,585	12,138,046	370,000,000	2,575,073	372,575,073
합계			500,000,000	3,215,795	378,328	503,594,123	1,000,000,000	6,959,658	12,138,046	1,522,691,827	945,000,000	6,410,536	951,410,536	12,516,374	555,000,000	3,764,917	558,764,917

[별표 6-3]

회생채권 상거래채권의 변동 및 권리변경

채무자: ×기술㈜ (단위: 원)

신고번호	목록번호	채권자	조사기간내 시인된 채권액				변동내역			시인된 총채권액	권리변경				권리변경 후 변제할 채권액		
											출자전환			면제			
			원금	개시전 이자	개시 후 이자	합계	원금	개시 전 이자	개시 후 이자		원금	개시 전 이자	합계	개시 후 이자	원금	개시 전 이자	합계
채권 1	채권 13	명칭 기재 생략	91,307,743			91,307,743				91,307,743	56,610,801	0	56,610,801	0	34,696,942	0	34,696,942
채권 3	채권 9		13,986,722			13,986,722				13,986,722	8,671,768	0	8,671,768	0	5,314,954	0	5,314,954
채권 9	채권 19		271,295			271,295				271,295	168,203	0	168,203	0	103,092	0	103,092
채권 13	채권 12		638,000			638,000				638,000	395,560	0	395,560	0	242,440	0	242,440
채권 15	채권 21		10,256,100			10,256,100				10,256,100	6,358,782	0	6,358,782	0	3,897,318	0	3,897,318
채권 16	채권 17		225,500			225,500				225,500	139,810	0	139,810	0	85,690	0	85,690
이하 28인			1,557,476,460	104,747		1,557,583,207				1,557,583,207	965,635,403	66,183	965,701,585	0	591,841,057	40,564	591,881,621
합계			1,674,161,820	104,747	0	1,674,268,567	0	0	0	1,674,268,567	1,037,980,327	66,183	1,038,046,509	0	636,181,493	40,564	636,222,057

[별표 6-4]

회생채권 전환사채상환채권의 변동 및 권리변경

채무자: ×기술㈜ (단위: 원)

신고번호	목록번호	채권자	조사기간내 시인된 채권액				변동내역			시인된 총채권액	권리변경				권리변경 후 변제할 채권액		
											출자전환			면제			
			원금	개시전 이자	개시 후 이자	합계	원금	개시 전 이자	개시 후 이자		원금	개시 전 이자	합계	개시 후 이자	원금	개시 전 이자	합계
채권 12	채권 44	○○투자조합	800,000,000	144,670,434	0	944,670,434	0	0	0	944,670,434	504,000,000	91,142,373	595,142,373	0	296,000,000	53,528,061	349,528,061
채권 14	채권 45	001호투자조합	800,000,000	144,811,722	0	944,811,722	0	0	0	944,811,722	504,000,000	91,231,385	595,231,385	0	296,000,000	53,580,337	349,580,337
합계			1,600,000,000	289,482,156	0	1,889,482,156	0	0	0	1,889,482,156	1,008,000,000	182,373,758	1,190,373,758	0	592,000,000	107,108,398	699,108,398

[별표 6-5]

회생채권 정부지원금반환채권의 변동 및 권리변경

채무자: ×기술㈜

(단위: 원)

신고번호	목록번호	채권자	조사기간내 시인된 채권액				변동내역			시인된 총채권액	권리변경				권리변경 후 변제할 채권액		
											출자전환			면제			
			원금	개시전 이자	개시후 이자	합계	원금	개시전 이자	개시후 이자		원금	개시전 이자	합계	개시후 이자	원금	개시전 이자	합계
	채권 36	산업인력공단 서울지역본부	8,378,053	0	0	8,378,053	0	0	0	8,378,053	5,278,173	0	5,278,173	0	3,099,880	0	3,099,880
합계			8,378,053	0	0	8,378,053	0	0	0	8,378,053	5,278,173	0	5,278,173	0	3,099,880	0	3,099,880

[별표 6-6]

회생채권 정부지원금반환 미확정채권의 변동 및 권리변경

채무자: ×기술㈜ (단위: 원)

신고번호	목록번호	채권자	조사기간내 시인된 채권액				변동내역			시인된 총채권액	권리변경				권리변경 후 변제할 채권액		
			원금	개시전 이자	개시후 이자	합계	원금	개시전 이자	개시후 이자		출자전환 원금	출자전환 개시전 이자	출자전환 합계	면제 개시후 이자	원금	개시전 이자	합계
채권 19		한국산업기술평가관리원	0	0	0	0	1,370,000,000	0	0	1,370,000,000	미확정						
합계			0	0	0	0	1,370,000,000	0	0	1,370,000,000	미확정						

[별표 6-7]

회생채권 미발생구상채권의 변동 및 권리변경

채무자: ×기술㈜ (단위: 원)

신고번호	목록번호	채권자	조사기간내 시인된 채권액				변동내역			시인된 총채권액	권리변경				권리변경 후 변제할 채권액		
											출자전환			면제			
			원금	개시전 이자	개시후 이자	합계	원금	개시전 이자	개시후 이자		원금	개시전 이자	합계	개시후 이자	원금	개시전 이자	합계
채권 6		서울보증보험	47,000,0000	0	0	47,000,000	0	0	0	47,000,000	미확정						
합계			47,000,0000	0	0	47,000,000	0	0	0	47,000,000	미확정						

[별표 6-8]

회생채권 특수관계자채권의 변동 및 권리변경

채무자: ×기술㈜ (단위: 원)

신고번호	목록번호	채권자	조사기간내 시인된 채권액				변동내역			시인된 총채권액	권리변경				권리변경 후 변제할 채권액		
											출자전환			면제			
			원금	개시전 이자	개시후 이자	합계	원금	개시전 이자	개시후 이자		원금	개시전 이자	합계	개시후 이자	원금	개시전 이자	합계
	채권 47	김대표	338,738,900	0	0	338,738,900	0	0	0	338,738,900	338,738,900	0	338,738,900	0	0	0	0
	채권 48	이이사	81,789,350	0	0	81,789,350	0	0	0	81,789,350	81,789,350	0	81,789,350	0	0	0	0
	채권 49	박이사	80,040,040	0	0	80,040,040	0	0	0	80,040,040	80,040,040	0	80,040,040	0	0	0	0
	채권 52	김상무	16,410,690	0	0	16,410,690	0	0	0	16,410,690	16,410,690	0	16,410,690	0	0	0	0
합계			516,978,980	0	0	516,978,980	0	0	0	516,978,980	516,978,980	0	516,978,980	0	0	0	0

[별표 7]

회생채권 조세 등 채권의 변동 및 권리변경

채무자: ×기술㈜

(단위: 원)

신고번호	목록번호	채권자	조사기간 내 신고된 채권액				변동내역			변동 후 시인한 총 채권액	권리변경(면제)			권리변경 후 변제할 채권액			
			원금	가산금	중가산금	합계	원금	가산금	중가산금		원금	가산금	중가산금	원금	가산금	중가산금	합계
조세 등 1	조세 등 2	서초구청	2,703,590	1,870	0	2,705,460	0	0	0	2,705,460				2,703,590	1,870	0	2,705,460
	조세 등 1	서초세무서	26,028,426	0	0	26,028,426	0	0	0	26,028,426				26,028,426	0	0	26,028,426
추완 조세 1	조세 등 3	국민건강보험공단	47,769,280	1,093,840	0	48,863,120	0	5,306,510	0	54,169,630				47,769,280	6,400,350	0	54,169,630
합계			76,501,296	1,095,710	0	77,597,006	0	5,306,510	0	82,903,516				76,501,296	6,402,220	0	82,903,516

[별표 8]

회생담보권 및 회생채권 변제계획 총괄표

채무자: ×기술㈜ (단위: 원)

구분		권리변경 후 변제할 채권액	1차년도	2차년도	3차년도	4차년도	5차년도	6차년도	7차년도	8차년도	9차년도	10차년도
			20×1년	20×2년	20×3년	20×4년	20×5년	20×6년	20×7년	20×8년	20×9년	20×10년
회생담보권		0	0	0	0	0	0	0	0	0	0	0
회생채권	대여채권	992,121,276	9,921,213	19,842,425	89,290,915	89,290,915	99,212,128	99,212,128	128,975,766	128,975,766	158,739,404	168,660,616
	확정 구상채권	558,764,917	5,587,649	11,175,298	50,288,843	50,288,843	55,876,491	55,876,491	72,639,439	72,639,439	89,402,387	94,990,037
	상거래채권	636,222,057	12,864,291	12,593,086	56,668,887	56,668,887	62,965,431	62,965,431	81,855,060	81,855,060	100,744,691	107,041,233
	전환사채 상환채권	699,108,398	6,991,084	13,982,168	62,919,755	62,919,755	69,910,840	69,910,840	90,884,092	90,884,092	111,857,344	118,848,428
	정부지원금 반환채권	3,099,880	30,999	61,998	278,989	278,989	309,988	309,988	402,984	402,984	495,981	526,980
	정부지원금 반환미확정채권	미확정										
	미발생구상채권	미확정										
	특수관계자 채권	0	0	0	0	0	0	0	0	0	0	0
	소 계	2,839,088,468	36,318,861	56,621,607	254,797,237	254,797,237	283,108,041	283,108,041	368,040,455	368,040,455	452,972,867	481,283,667
조세채권 등		82,903,516	27,634,506	27,634,505	27,634,505	0	0	0	0	0	0	0
합 계		2,972,220,044	63,029,742	85,289,480	287,081,894	259,447,389	288,274,878	288,274,878	374,757,341	374,757,341	461,239,807	490,067,294

[별표 9-1]

회생채권 대여채권의 변제계획

채무자: ×기술㈜ (단위: 원)

신고번호	목록번호	채권자	시인된 총 채권액	현금변제할 채권액	1차년도	2차년도	3차년도	4차년도	5차년도	6차년도	7차년도	8차년도	9차년도	10차년도
					20×1년	20×2년	20×3년	20×4년	20×5년	20×6년	20×7년	20×8년	20×9년	20×10년
채권 7	채권 46	중소기업진흥공단	302,056,510	111,760,909	1,117,609	2,235,218	10,058,482	10,058,482	11,176,091	11,176,091	14,528,918	14,528,918	17,881,745	18,999,355
채권 10	채권 41	한국외환은행㈜	1,034,494,636	381,203,665	3,812,037	7,624,073	34,308,330	34,308,330	38,120,367	38,120,367	49,556,476	49,556,476	60,992,586	64,804,623
채권 11	채권 40	신한은행㈜	1,046,254,048	387,113,998	3,871,140	7,742,280	34,840,260	34,840,260	38,711,400	38,711,400	50,324,820	50,324,820	61,938,240	65,809,378
채권 2	채권 31	외환카드㈜	297,007	109,892	1,099	2,198	9,890	9,890	10,989	10,989	14,286	14,286	17,583	18,682
채권 8	채권 39	신한카드㈜	2,521,115	932,812	9,328	18,656	83,953	83,953	93,281	93,281	121,266	121,266	149,250	158,578
	채권 42	한○○	300,000,000	111,000,000	1,110,000	2,220,000	9,990,000	9,990,000	11,100,000	11,100,000	14,430,000	14,430,000	17,760,000	18,870,000
합계			2,685,623,316	992,121,276	9,921,213	19,842,425	89,290,915	89,290,915	99,212,128	99,212,128	128,975,766	128,975,766	158,739,404	168,660,616

[별표 9-2]

회생채권 확정구상채권의 변제계획

채무자: ×기술㈜

(단위: 원)

신고번호	목록번호	채권자	시인된 총 채권액	권리변경 후 변제할 채권액	1차년도 20×1년	2차년도 20×2년	3차년도 20×3년	4차년도 20×4년	5차년도 20×5년	6차년도 20×6년	7차년도 20×7년	8차년도 20×8년	9차년도 20×9년	10차년도 20×10년
채권 4		한국무역보험공사	503,594,123	186,189,844	1,861,898	3,723,797	16,757,086	16,757,086	18,618,984	18,618,984	24,204,680	24,204,680	29,790,375	31,652,274
추완 1		기술신용보증기금	1,019,097,704	372,575,073	3,725,751	7,451,501	33,531,757	33,531,757	37,257,507	37,257,507	48,434,759	48,434,759	59,612,012	63,337,763
합계			1,522,691,827	558,764,917	5,587,649	11,175,298	50,288,843	50,288,843	55,876,491	55,876,491	72,639,439	72,639,439	89,402,387	94,990,037

[별표 9-3]

회생채권 상거래채권의 변제계획

채무자: ×기술㈜ (단위: 원)

신고 번호	목록 번호	채권자	시인된 총 채권액	권리변경 후 변제할 채권액	1차년도 20×1년	2차년도 20×2년	3차년도 20×3년	4차년도 20×4년	5차년도 20×5년	6차년도 20×6년	7차년도 20×7년	8차년도 20×8년	9차년도 20×9년	10차년도 20×10년
채권 1	채권13	명칭 기재 생략	91,307,743	34,696,942	346,969	693,939	3,122,725	3,122,725	3,469,694	3,469,694	4,510,602	4,510,602	5,551,511	5,898,481
채권 3	채권9		13,986,722	5,314,954	53,150	106,299	478,346	478,346	531,495	531,495	690,944	690,944	850,393	903,542
채권 15	채권21		10,256,100	3,897,318	38,973	77,946	350,759	350,759	389,732	389,732	506,651	506,651	623,571	662,544
	채권1		6,435,000	2,445,300	24,453	48,906	220,077	220,077	244,530	244,530	317,889	317,889	391,248	415,701
	채권2 외 24인[1]		17,283,544	6,567,748	6,567,748									
	채권8		8,800,000	3,344,000	33,440	66,880	300,960	300,960	334,400	334,400	434,720	434,720	535,040	568,480
	채권11		32,827,054	12,474,281	124,743	249,486	1,122,685	1,122,685	1,247,428	1,247,428	1,621,657	1,621,657	1,995,885	2,120,627
	채권24		35,474,033	13,480,133	134,801	269,603	1,213,212	1,213,212	1,348,013	1,348,013	1,752,417	1,752,417	2,156,821	2,291,624
	채권27		85,559,750	32,512,705	325,127	650,254	2,926,143	2,926,143	3,251,271	3,251,271	4,226,652	4,226,652	5,202,033	5,527,159
	채권28		5,742,000	2,181,960	21,820	43,639	196,376	196,376	218,196	218,196	283,655	283,655	349,114	370,933
	채권43		1,361,000,000	517,180,000	5,171,800	10,343,600	46,546,200	46,546,200	51,718,000	51,718,000	67,233,400	67,233,400	82,748,800	87,920,600
합계			1,674,268,567	636,222,057	12,864,291	12,593,086	56,668,887	56,668,887	62,965,431	62,965,431	81,855,060	81,855,060	100,744,691	107,041,233

1) 소액상거래채권은 권리변경된 금액을 1차년도에 변제하는 것으로 정하였는 바, 편의상 합산한 금액으로 표시하였다.

[별표 9-4]

회생채권 전환사채상환채권의 변제계획

채무자: ×기술㈜

(단위: 원)

신고번호	목록번호	채권자	시인된 총 채권액	권리변경 후 변제할 채권액	1차년도	2차년도	3차년도	4차년도	5차년도	6차년도	7차년도	8차년도	9차년도	10차년도
					20×1년	20×2년	20×3년	20×4년	20×5년	20×6년	20×7년	20×8년	20×9년	20×10년
채권 12	채권 44	○○투자조합	944,670,434	349,528,061	3,495,281	6,990,561	31,457,525	31,457,525	34,952,806	34,952,806	45,438,648	45,438,648	55,924,490	59,419,771
채권 14	채권 45	001호 투자조합	944,811,722	349,580,337	3,495,803	6,991,607	31,462,230	31,462,230	34,958,034	34,958,034	45,445,444	45,445,444	55,932,854	59,428,657
합계			1,889,482,156	699,108,398	6,991,084	13,982,168	62,919,755	62,919,755	69,910,840	69,910,840	90,884,092	90,884,092	111,857,344	118,848,428

[별표 9-5]

회생채권 정부지원금반환채권의 변제계획

채무자: ×기술㈜ (단위: 원)

신고 번호	목록 번호	채권자	시인된 총 채권액	권래변경 후 변제할 채권액	1차년도	2차년도	3차년도	4차년도	5차년도	6차년도	7차년도	8차년도	9차년도	10차년도
					20×1년	20×2년	20×3년	20×4년	20×5년	20×6년	20×7년	20×8년	20×9년	20×10년
	채권 36	산업인력공단 서울지역본부	8,378,053	3,099,880	30,999	61,998	278,989	278,989	309,988	309,988	402,984	402,984	495,981	526,980
합계			8,378,053	3,099,880	30,999	61,998	278,989	278,989	309,988	309,988	402,984	402,984	495,981	526,980

[별표 9-6]

회생채권 정부지원금반환 미확정채권의 변제계획

채무자: ×기술㈜ (단위: 원)

신고번호	목록번호	채권자	시인된 총 채권액	권리변경 후 변제할 채권액	1차년도	2차년도	3차년도	4차년도	5차년도	6차년도	7차년도	8차년도	9차년도	10차년도
					20×1년	20×2년	20×3년	20×4년	20×5년	20×6년	20×7년	20×8년	20×9년	20×10년
채권 19	채권 36	한국산업기술평가관리원	1,370,000,000	미확정										
합계			1,370,000,000											

[별표 9-7]

회생채권 미발생구상채권의 변제계획

채무자: ×기술㈜ (단위: 원)

신고 번호	목록 번호	채권자	시인된 총 채권액	권리변경 후 변제할 채권액	1차년도	2차년도	3차년도	4차년도	5차년도	6차년도	7차년도	8차년도	9차년도	10차년도
					20×1년	20×2년	20×3년	20×4년	20×5년	20×6년	20×7년	20×8년	20×9년	20×10년
채권6		서울보증보험	47,000,000	미확정										
합계			47,000,000											

[별표 9-8]

회생채권 특수관계자 채권의 변제계획

채무자: ×기술㈜ (단위: 원)

신고번호	목록번호	채권자	시인된 총 채권액	권리변경 후 변제할 채권액	1차년도	2차년도	3차년도	4차년도	5차년도	6차년도	7차년도	8차년도	9차년도	10차년도
					20×1년	20×2년	20×3년	20×4년	20×5년	20×6년	20×7년	20×8년	20×9년	20×10년
	채권 47	김대표	338,738,900	0	0	0	0	0	0	0	0	0	0	0
	채권 48	이이사	81,789,350	0	0	0	0	0	0	0	0	0	0	0
	채권 49	박이사	80,040,040	0	0	0	0	0	0	0	0	0	0	0
	채권 52	김이사	16,410,690	0	0	0	0	0	0	0	0	0	0	0
합계			516,978,980	0	0	0	0	0	0	0	0	0	0	0

[별표 10]

회생채권 조세 등 채권의 변제계획

채무자: ×기술㈜ (단위: 원)

신고 번호	목록 번호	채권자	신고된 총 채권액	권리변경 후 변제할 채권액	1차년도	2차년도	3차년도	4차 년도	5차 년도	6차 년도	7차 년도	8차 년도	9차 년도	10차 년도
					20×1년	20×2년	20×3년	20×4년	20×5년	20×6년	20×7년	20×8년	20×9년	20×10년
조세등 1	조세등 2	서초구청	2,705,460	2,705,460	901,820	901,820	901,820	0	0	0	0	0	0	0
	조세등 1	서초세무서	26,028,426	26,028,426	8,676,142	8,676,142	8,676,142	0	0	0	0	0	0	0
추완 조세1	조세등 3	국민건강보험 공단	54,169,630	54,169,630	18,056,544	18,056,543	18,056,543	0	0	0	0	0	0	0
합계			82,903,516	82,903,516	27,634,506	27,634,505	27,634,505	0	0	0	0	0	0	0

[별표 11-1]

주주명부 및 주식병합

채무자: ×기술㈜ (단위: 주, 원)

신고 번호	목록 번호	주주명	기존주식주식수			주식병합에 따른 감소			주식병합 후			비고
			주식수	자본금	지분율	주식수	자본금	감소율	주식수	자본금	지분율	
주식1	주식25	성명 기재 생략	3,750	1,875,000	0.20%	1,875	937,500	50.00%	1,875	937,500	0.21%	
주식2	주식24		6,250	3,125,000	0.33%	3,125	1,562,500	50.00%	3,125	1,562,500	0.35%	
주식3	주식5		52,920	26,460,000	2.81%	26,460	13,230,000	50.00%	26,460	13,230,000	2.94%	
주식4	주식7		22,680	11,340,000	1.20%	11,340	5,670,000	50.00%	11,340	5,670,000	1.26%	
	주식1 외 26인		613,990	306,995,000	32.55%	306,995	153,497,500	50.00%	306,995	153,497,500	34.5%	
	주식31	김대표	510,000	255,000,000	27.05%	255,000	127,500,000	50.00%	255,000	127,500,000	28.29%	관리인
	주식32	이이사	190,000	95,000,000	10.08%	95,000	47,500,000	50.00%	95,000	47,500,000	10.54%	임원
	주식33	박이사	190,000	95,000,000	10.08%	95,000	47,500,000	50.00%	95,000	47,500,000	10.54%	임원
	주식34 외 19인	성명 기재 생략	208,930	104,465,000	11.10%	104,465	52,232,500	50.00%	104,465	52,232,500	11.58%	
	주식54	×기술㈜	83,180	41,590,000	4.41%	83,180	41,590,000	100.00%	0	0	0.00%	자기주식
	주식55	성명 기재 생략	2,000	1,000,000	0.11%	1,000	500,000	50.00%	1,000	500,000	0.11%	직원
	주식56		2,000	1,000,000	0.11%	1,000	500,000	50.00%	1,000	500,000	0.11%	
합 계			1,885,700	942,850,000	100.00%	984,440	492,220,000	52.21%	901,260	450,630,000	100.00%	

[별표 11-2]

신주출자전환 및 재병합에 따른 주주명세표

채무자: ×기술㈜

(단위: 주, 원)

구분	신고번호	목록번호	채권자명/주주명	주식병합 및 출자전환 후				주식 재병합에 따른 감소			주식 재병합 후		
				금액	전환가액	주식수	지분율	주식	자본금	감소율	주식	자본금	지분율
기존주주	주식1	주식25	성명 기재 생략	937,500	-	1,875	0.04%	1,250	625,000	66.67%	625	312,500	0.04%
	주식2	주식24		1,562,500	-	3,125	0.07%	2,084	1,042,000	66.69%	1,041	520,500	0.07%
	주식3	주식5		13,230,000	-	26,460	0.59%	17,640	8,820,000	66.67%	8,820	4,410,000	0.59%
	주식4	주식7		5,670,000	-	11,340	0.25%	7,560	3,780,000	66.67%	3,780	1,890,000	0.25%
		주식1 외 26인		153,497,500	-	306,995	6.82%	204,673	102,336,500	66.67%	102,322	51,161,000	6.82%
		주식31	김대표	127,500,000	-	255,000	5.67%	170,000	85,000,000	66.67%	85,000	42,500,000	5.67%
		주식32	이이사	47,500,000	-	95,000	2.11%	63,334	31,667,000	66.67%	31,666	15,833,000	2.11%
		주식33	박이사	47,500,000	-	95,000	2.11%	63,334	31,667,000	66.67%	31,666	15,833,000	2.11%
		주식1 외 34인	성명 기재 생략	52,232,500	-	104,465	2.33%	69.651	34,825,500	66.67%	34,814	17,407,000	2.33%
		주식54	×기술㈜	0	-	0	0.00%	0	0	0.00%	0	0	0.00%
		주식55	성명 기재 생략	500,000	-	1,000	0.02%	667	333,500	66.70%	333	166,500	0.02%
		주식56		500,000	-	1,000	0.02%	667	333,500	66.70%	333	166,500	0.02%
기존주주 합계				450,630,000	-	901,260	20.05%	600,860	300,430,000	66.67%	300,400	150,200,000	20.05%
출자전환	채권7	채권46	중소기업진흥공단	190,295,601	1,500	126,863	2.82%	84,576	42,288,000	66.67%	42,287	21,143,500	2.82%
	채권10	채권41	한국외환은행㈜	649,076,512	1,500	432,717	9.63%	288,478	144,239,000	66.67%	144,239	72,119,500	9.63%
	채권11	채권40	신한은행㈜	659,140,050	1,500	439,426	9.77%	292,951	146,475,500	66.67%	146,475	73,237,500	9.78%
	채권2	채권31	외환카드㈜	187,115	1,500	124	0.00%	83	41,500	66.94%	41	20,500	0.00%

	채권8	채권39	신한카드㈜	1,588,303	1,500	1,058	0.02%	706	353,000	66.73%	352	176,000	0.02%
		채권42	한○○	189,000,000	1,500	126,000	2.80%	84,000	42,000,000	66.67%	42,000	21,000,000	2.80%
	대여채권 소계			1,689,287,581		1,126,188	25.05%	750,794	375,397,000	66.67%	375,394	187,697,000	25.05%
출자 전환	채권4		한국무역보험공사	317,025,951	1,500	211,350	4.70%	140,900	70,450,000	66.67%	70,450	35,225,000	4.70%
	추완1		기술신용보증기금	634,384,585	1,500	422,923	9.41%	281,949	140,974,500	66.67%	140,974	70,487,000	9.41%
	확정 구상채권 소계			951,410,536		634,273	14.11%	422,849	211,424,500	66.67%	211,424	105,712,000	14.11%
출자 전환	채권1	채권13	성명 기재 생략	56,610,801	1,500	37,740	0.84%	25,160	12,580,000	66.67%	12,580	6,290,000	0.84%
	채권3	채권9		8,671,768	1,500	5,781	0.13%	3,854	1,927,000	66.67%	1,927	963,500	0.13%
	채권9	채권19		168,203	1,500	112	0.00%	75	37,500	66.67%	37	18,500	0.00%
	채권13	채권12		395,560	1,500	263	0.01%	176	88,000	66.67%	87	43,500	0.01%
	채권15	채권21		6,358,782	1,500	4,239	0.09%	2,826	1,413,000	66.67%	1,413	706,500	0.09%
	채권16	채권17		139,810	1,500	93	0.00%	62	31,000	67.01%	31	15,500	0.00%
	채권18	채권25		2,431,502	1,500	1,621	0.04%	1,081	540,500	66.69%	540	270,000	0.04%
	채권20	채권33		6,392	1,500	4	0.00%	3	1,500	75.00%	1	500	0.00%
		채권1		3,989,700	1,500	2,659	0.06%	1,773	886,500	66.68%	886	443,000	0.06%
		채권2		1,023,000	1,500	682	0.02%	455	227,500	66.71%	227	113,500	0.02%
		채권3		291,400	1,500	194	0.00%	130	65,000	67.00%	64	32,000	0.00%
		채권4		122,760	1,500	81	0.00%	54	27,000	67.06%	27	13,500	0.00%
		채권5		2,728,000	1,500	1,818	0.04%	1,212	606,000	66.68%	606	303,000	0.04%
		채권6		17,050	1,500	11	0.00%	8	4,000	72.73%	3	1,500	0.00%
		채권7		22,940	1,500	15	0.00%	10	5,000	68.75%	5	2,500	0.00%
		채권8		5,456,000	1,500	3,637	0.08%	2,425	1,212,500	66.67%	1,212	606,000	0.08%
		채권10		58,488	1,500	38	0.00%	26	13,000	67.50%	12	6,000	0.00%

		채권11		20,352,773	1,500	13,568	0.30%	9,046	4,523,000	66.67%	4,522	2,261,000	0.30%
		채권14		178,684	1,500	119	0.00%	80	40,000	66.94%	39	19,500	0.00%
		채권15		572,880	1,500	381	0.01%	254	127,000	66.75%	127	63,500	0.01%
		채권16		98,890	1,500	65	0.00%	44	22,000	66.67%	21	10,500	0.00%
		채권18		905,696	1,500	603	0.01%	402	201,000	66.67%	201	100,500	0.01%
		채권20		556,710	1,500	371	0.01%	248	124,000	66.84%	123	61,500	0.01%
		채권22		3,469,905	1,500	2,313	0.05%	1,542	771,000	66.68%	771	385,500	0.05%
		채권23		81,840	1,500	54	0.00%	36	18,000	66.67%	18	9,000	0.00%
		채권24		21,993,900	1,500	14,662	0.33%	9,775	4,887,500	66.67%	4,887	2,443,500	0.33%
		채권26		70,618	1,500	47	0.00%	32	16,000	67.35%	15	7,500	0.00%
		채권27		53,047,045	1,500	35,364	0.79%	23,576	11,788,000	66.67%	11,788	5,894,000	0.79%
		채권28		3,560,040	1,500	2,373	0.05%	1,582	791,000	66.68%	791	395,500	0.05%
		채권29		69,142	1,500	46	0.00%	31	15,500	66.67%	15	7,500	0.00%
		채권30		186,525	1,500	124	0.00%	83	41,500	66.92%	41	20,500	0.00%
		채권35		13,640	1,500	9	0.00%	6	3,000	66.67%	3	1,500	0.00%
		채권37		416,776	1,500	277	0.01%	185	92,500	66.67%	92	46,000	0.01%
		채권38		159,290	1,500	106	0.00%	71	35,500	66.67%	35	17,500	0.00%
		채권43		843,820,000	1,500	562,546	12.51%	375,031	187,515,500	66.67%	187,515	93,757,500	12.51%
	상거래채권 소계			1,038,046,510		692,016	15.39%	461,354	230,677,000	66.67%	230,662	115,331,000	15.39%
출자전환	채권12	채권44	○○투자조합	595,142,373	1,500	396,761	8.83%	264,508	132,254,000	66.67%	132,253	66,126,500	8.83%
	채권14	채권45	001호투자조합	595,231,385	1,500	396,820	8.83%	264,547	132,273,500	66.67%	132,273	66,136,500	8.83%
	전환사채 상환채권 소계			1,190,373,758		793,581	17.65%	529,055	264,527,500	66.67%	264,526	132,263,000	17.65%
출자전환		채권36	산업인력공단서울지역본부	5,278,173	1,500	3,518	0.08%	2,346	1,173,000	66.69%	1,172	586,000	0.08%

	정부지원금 반환채무 소계			5,278,173		3,518	0.08%	2,346	1,173,000	66.69%	1,172	586,000	0.08%
출자전환	채권19		한국산업기술평가관리원	미정		미정					미정	미정	
	정부지원금 반환 미확정채권 소계			미정		미정					미정	미정	
출자전환	채권9		서울보증보험	미정		미정					미정	미정	
	미확정 구상채권 소계			미정		미정					미정	미정	
출자전환		채권47	김대표	338,738,900	1,500	225,825	5.02%	150,550	75,275,000	66.67%	75,275	37,637,500	5.02%
		채권48	이이사	81,789,350	1,500	54,526	1.21%	36,351	18,175,500	66.67%	18,175	9,087,500	1.21%
		채권49	박이사	80,040,040	1,500	53,360	1.19%	35,574	17,787,000	66.67%	17,786	8,893,000	1.19%
		채권52	김감사	16,410,690	1,500	10,940	0.24%	7,294	3,647,000	66.67%	3,646	1,823,000	0.24%
	회생채권 특수관계자 채권 소계			516,978,980		344,651	7.67%	229,769	114,884,500	66.67%	114,882	57,441,000	7.67%
출자전환 신주발행 소계				5,391,375,538		3,594,227	79.95%	2,396,167	1,198,083,500	66.67%	1,198,060	599,030,000	79.95%
합 계						4,495,487	100.00%	2,997,027	1,498,513,500	66.67%	1,498,460	749,230,000	100.00%

[별표 12]

변제액의 현가와 청산시 배당액

채무자: ×기술㈜ (단위: 원)

구분		시인된 총 채권액				청산시		계속사업시		
		원금	개시전이자	개시후이자	계(A)	배당액	배당률	변제액	현가액(B)	현가 변제율 (B/A)
회생담보권		0	0	0	0	0	0	0	0	0
회생 채권	대여채권	2,628,446,493	52,962,364	4,214,459	2,685,623,316	171,392,173	6.38%	992,121,276	745,926,867	27.77%
	확정구상채권	1,500,000,000	10,175,453	12,516,374	1,522,691,827	97,175,751	6.38%	558,764,917	420,107,677	27.59%
	상거래채권	1,674,161,820	106,747	0	1,674,268,567	106,849,135	6.38%	636,222,057	479,701,671	28.65%
	전환사채상환채권	1,600,000,000	289,482,156	0	1,889,482,156	120,583,721	6.38%	699,108,398	525,624,991	27.82%
	정부지원금반환채권	8,378,053	0	0	8,378,053	534,674	6.38%	3,099,880	2,330,646	27.82%
	정부지원금반환 미확정채권	1,370,000,000	0	0	1,370,000,000	미확정		미확정		
	미발생구상채권	47,000,000	0	0	47,000,000	미확정		미확정		
	특수관계자채권	516,978,980	0	0	516,978,980	32,992,769	6.38%	0	0	0.00%
	소 계	9,344,965,346	352,726,720	16,730,833	9,714,422,899	529,528,224	5.45%	2,889,316,528	2,173,691,853	22.38%
조세채권 등		76,501,296	6,402,220	0	82,903,516	82,903,516	100.00%	82,903,516	76,224,870	91.94%
공익채권		210,825,530	0	0	210,825,530	210,825,530	100.00%	210,825,530	210,825,530	100.00%
합 계		9,632,292,172	359,128,940	16,730,833	10,008,151,945	823,257,270	8.23%	3,183,045,574	2,460,742,253	24.59%

주 1) 총 청산가치 금 831,573,000원 중 청산비용 1%를 제외한 금 823,257,270원을 배당함.
주 2) 현재가치를 산정하기 위한 할인율은 예금은행의 운전자금대출 가중평균 대출금리 4.32%(한국은행 통계자료 20××.09.)를 적용함.
주 3) 대여채권과 확정구상채권의 경우, 시인된 총채권액에서 개시후이자를 제외한 원금과 개시전이자에 대비한 현가변제율은 27.82%임.

[별표 13]

사업계획서

채무자: ×기술㈜

(단위: 원)

1. 추정기간	채무자는 20××년부터 20××년까지를 회생계획 기간으로 하여 회생채권을 변제할 계획을 수립하고 있으며, 향후 10년간의 사업소득에 의한 손익추정을 적용하였습니다.
2. 추정 기초금액	사업계획서의 추정 기초금액은 20××. 9. 17. 자를 기준으로 조사된 과거 재무제표를 적용하였습니다.
3. 매출액의 추정	채무자 회사의 매출수량 추정은 과거 정상적인 매출이 발생한 20××년부터 20××년 동안의 채무자회사의 M/S를 산정하여 동 M/S에 해당하는 비율만큼 일본의 관련 산업 전문 리서치 기관인 Techno ** Research Co., Ltd.의 향후 ** 시장 추정자료(20××년~20××년)를 이용하여 매출수량을 추정하고, 현재 시장에서 거래되고 있는 성능이 유사한 경쟁회사 제품의 매출단가에 대비하여 신규 시장진입에 따른 시장개척 등의 불리한 요소를 고려하여 90% 수준에서 산정하여 추정하였습니다.
4. 비용의 추정	1) 매출원가 과거에 매출한 제품과 추정기간 매출할 제품이 상이하고 과거 공정상의 불량 등으로 인하여 단순히 과거의 원가율을 기준으로 향후 제품매출원가율을 추정하는 것은 올바른 추정방법이 아니라고 판단되어, 제품을 생산하기 위하여 예상되는 제품단위당 주요 공정별 단위당 원가를 추정하여 제품원가율을 산정하고 추정 제품매출액에 추정 제품원가율을 적용하여 제품매출원가를 산정하였습니다. 2) 판매비와 관리비 판매비와 관리비는 인건비와 인건비 연동 변동비, 매출액 연동 변동비 및 고정비로 구분하여 추정하였으며, 추정 시 각 항목별 과거 비용 발생내역, 향후 비용 발생 추이, 향후 인력계획 및 투자계획 등을 고려하여 추정하였습니다. 3) 영업외 손익 향후 영업외 손익은 발생하지 않는 것으로 가정하였습니다. 4) 법인세 비용 영업이익에서 공제 가능한 세무상 이월결손금을 및 이월세액공제를 차감한 금액인 법인세과세표준에서 법인세율(2억원미만 10%, 초과분: 20%, 지방소득세 10%)을 적용하여 산정하였습니다.
5. 추정 자금수지표	상기의 소득과 비용을 바탕으로 한 연도별 추정 자금수지표는 [별첨15]와 같습니다.

[별표 14]

추정자금수지표

채무자: ×기술㈜ (단위: 원)

구분		시인된 총 채권액	변제할 채권총액	1차년도	2차년도	3차년도	4차년도	5차년도	6차년도	7차년도	8차년도	9차년도	10차년도	합계
				20×1년	20×2년	20×3년	20×4년	20×5년	20×6년	20×7년	20×8년	20×9년	20×10년	
자금의 원천														
1. 전기이월액(개시자금)				2,354,280	16,309,608	57,866,138	68,468,048	133,642,949	51,896,896	76,801,685	59,788,780	85,238,326	64,413,367	
2. 영업활동조달자금				(165,546,676)	(6,792,848)	223,002,243	274,248,078	323,984,223	372,015,206	418,159,558	462,249,940	504,133,102	543,669,685	2,949,122,512
	영업이익			(277,206,997)	(105,468,520)	144,375,036	204,706,371	258,224,057	305,305,253	349,988,474	392,755,799	432,932,780	470,944,521	2,176,556,774
	감가상각비			111,660,321	98,675,672	78,627,207	69,541,707	65,760,166	66,709,953	68,171,083	69,494,142	71,200,322	72,725,164	772,565,738
	법인세등			0	0	0	0	0	0	0	0	0	0	0
3. 운전자금의증(감)				515,731,065	197,322,496	139,702,556	116,760,648	(49,674,847)	10,368,403	10,242,104	10,097,974	9,937,734	9,763,077	970,251,211
4. 유형자산의 투자				62,373,789	63,683,639	65,020,995	66,386,436	67,780,551	69,203,943	70,657,225	72,141,027	73,655,989	75,202,764	686,106,358
자금의원천 합계				287,810,600	126,846,010	297,683,804	324,622,290	206,528,826	313,179,667	357,744,436	400,206,887	440,414,848	478,229,998	3,233,267,365
자금의 운용														
회생채권	대여채권	2,685,623,316	992,121,276	9,921,213	19,842,425	89,290,915	89,290,915	99,212,128	99,212,128	128,975,766	128,975,766	158,739,404	168,660,616	992,121,276
	확정구상채권	1,522,691,827	558,764,917	5,587,649	11,175,298	50,288,843	50,288,843	55,876,491	55,876,491	72,639,439	72,639,439	89,402,387	94,990,037	558,764,917
	상거래채권	1,674,268,567	636,222,057	12,864,291	12,593,086	56,668,887	56,668,887	62,965,431	62,965,431	81,855,060	81,855,060	100,744,691	107,041,233	636,222,057
	전환사채상환채권	1,889,482,156	699,108,398	6,991,084	13,982,168	62,919,755	62,919,755	69,910,840	69,910,840	90,884,092	90,884,092	111,857,344	118,848,428	699,108,398
	정부지원금반환채권	8,378,053	3,099,880	30,999	61,998	278,989	278,989	309,988	309,988	402,984	402,984	495,981	526,980	3,099,880
	정부지원금반환미확정채권	1,370,000,000	미확정	미확정	미확정	미확정	미확정	미확정	미확정	미확정	미확정	미확정	미확정	미확정
	미발생구상채권	47,000,000	미확정	미확정	미확정	미확정	미확정	미확정	미확정	미확정	미확정	미확정	미확정	미확정
	특수관계자채권	516,978,980	0	0	0	0	0	0	0	0	0	0	0	0
	소계	9,714,422,899	2,889,316,528	35,395,236	57,654,975	259,447,389	259,447,389	288,274,878	288,274,878	374,757,341	374,757,341	461,239,807	490,067,294	2,889,316,528
조세채권 등		82,903,516	82,903,516	27,634,506	27,634,505	27,634,505	0	0	0	0	0	0	0	82,903,516
공익채권		210,825,530	210,825,530	210,825,530	0	0	0	0	0	0	0	0	0	210,825,530
자금운용 합계		10,008,151,945	3,183,045,574	273,855,272	85,289,480	287,081,894	259,447,389	288,274,878	288,274,878	374,757,341	374,757,341	461,239,807	490,067,294	3,183,045,574
차기이월액(기말의현금)				16,309,608	57,866,138	68,468,048	133,642,949	51,896,896	76,801,685	59,788,780	85,238,326	64,413,367	52,576,071	

[별표 15]

회생채권 미확정채권의 현실화 예상액

채무자: ×기술㈜

(단위: 원)

신고 번호	목록 번호	채권자	신고금액	시인액	부인액	현실화 예상액	예상근거	비고
채권17		㈜제일테크	835,510,942	0	835,510,942	0	손해배상사건(서울중앙지방법원, 사건번호 20××가합557**7)의 미확정 사유로 부인하였으며, 손해배상사건의 조정회부(20××머5**9)절차에서 20××. 12. 19. 자 조정에 갈음하는 명령(상호 채권채무가 없는 것으로 함)에 대하여 원고와 피고가 모두 이의포기서를 제출하여, 현실화 가능성 없음	
합 계			835,510,942	0	835,510,942	0		

제 4 절 회생계획안의 수정·변경 및 배제

I. 회생계획안의 수정 및 변경

회생계획안 작성의 시간적 제약, 감정평가 미완료, 추완신고 등으로 인해 수정 또는 변경의 필요가 발생한다. 수정은 제2회 관계인집회기일이 종료되기 전까지 행할 수 있는 것으로서 이해관계인에게 불리한 영향을 주는 내용의 변경까지도 가능하고, 변경은 제2회 관계인집회가 종료된 후부터 회생계획안에 대한 결의까지 사이에 이해관계인에게 불리한 영향을 주지 아니하는 범위에서 회생계획안의 내용을 변경하는 것이다.

회생계획안 제출자는 심리를 위한 제2회 관계인집회의 기일 또는 240조의 규정에 의한 서면결의에 부치는 결정이 있는 날까지는 법원의 허가를 얻어 계획안을 수정할 수 있다(법 228조). 수정을 신청할 수 있는 자는 제출자에 한하고, 그 외의 자는 자신에게 불리한 사항이 규정되어 있다고 하여 수정을 신청할 수는 없다.

법원은 이해관계인의 신청 또는 직권으로 회생계획안의 제출자에 대하여 계획안의 수정을 명할 수 있고(법 229조 1항), 제출자는 이에 응하여야 한다(법 229조 2항). 이해관계인은 수정명령을 통하여 회생계획안의 불합리한 점을 교정할 수 있다. 제2회 관계인집회 이후에 수정명령을 발한 경우 법원은 제2회 관계인집회를 속행하거나 재개할 수 있다. 법원의 수정명령에 의하여 회생계획안이 수정되는 것이 아니고, 회생계획안 제출자가 다시 수정허가신청을 하여야 한다.

회생계획안 제출자는 회생채권자·회생담보권자, 주주·지분권자에게 불리한 영향을 주지 않는 한도에서, 제3회 관계인집회에서도 법원의 허가를 얻어 회생계획안을 변경할 수 있다(법 234조). 회생계획안에 대한 심리가 종료된 후이므로 이해관계인들의 권리를 보장하기 위하여 변경의 한계를 둔 것이다. '불리한 영향'이라 하는 것은 이해관계인의 권리 내용이 실질적으로 불리하게 되는 것을 말하며, 다른 사람이나 다른 조와의 관계에서 상대적 지위저하는 포함되지 않는다. 당사자가 동의할 경우 불리한 영향을 미치는 변경도 가능하다.

Ⅱ. 회생계획안의 배제

회생계획안이 ① 법률의 규정을 위반한 경우, ② 공정하지 아니하거나 형평에 반하는 경우, ③ 수행불가능한 경우 법원은 회생계획안을 관계인집회의 심리 또는 결의에 부치지 아니할 수 있다(법 231조). 계획안의 배제는 계획안의 제출 후 제3회 관계인집회의 기일을 지정하기까지 언제라도 할 수 있다.

복수의 회생계획안이 제출되었을 경우, 법원은 복수의 회생계획안 중에서 위 요건에 반하는 회생계획안을 배제할 수 있다. 쌍방의 이해관계를 고려하여 배제되지 않은 회생계획안의 제출자에게 배제되는 회생계획안의 주요 내용 중 수용가능한 것을 기재하도록 수정명령을 내릴 수도 있다.[76] 양 계획안 모두 배제사유가 없다면, 법원이 어느 하나의 회생계획안을 지정하여 심리 및 결의에 붙일 수는 없다. 다른 경우는 별 문제가 없으나, 두 개의 계획안이 모두 결의요건을 충족한 경우 법원은 회생담보권자, 회생채권자, 주주·지분권자가 어떤 회생계획안을 가장 선호하는가를 따져 그 중 1개의 회생계획안만을 인가하여야 할 것이다. 1개안을 선택하기 위하여 선택의 결의를 함에 있어서는 각 조의 의결권의 비를 3/4(9) : 2/3(8) : 1/2(6)으로 집계하여 다수의 찬성을 얻은 안을 선택한다. 가령, 회생담보권자의 조는 A안, 회생채권자, 주주·지분권자의 조는 B안에 찬성할 경우 위 비율을 적용하면 (9 : 14)로 B안이 선택된다.[77]

회생계획안을 배제하는 결정에 대하여는 불복할 수 없다(법 13조).

계획안이 배제되면 그 계획안에 대하여는 이후의 절차를 진행하지 않으며, 수정도 허용되지 않는다. 제출기간을 다시 정하지 않으면 회생절차는 회생계획안의 제출이 없음을 이유로 폐지될 수밖에 없다(법 286조 1항 1호).

회생절차개시에 중대한 책임이 있는 경영자나 특수관계인 등이 회생절차를 남용하여 정당한 채권자 등의 회생을 바탕으로 채무를 감면받은 후 다시 정

76) 실무연구회(상), 792－793면

77) 실무연구회(상), 794면

상화된 기업을 인수하여 경영권을 회복하는 것을 방지하기 위하여 일명 '유병언 법'으로 불리는 개정이 있었다. 위 개정은 회생계획안의 배제에 관한 특칙과 소극적 인가요건의 신설을 내용으로 한다.

① 회생계획안이 i) 채무자의 영업, 사업, 중요한 재산의 전부나 일부의 양수, ii) 채무자의 경영권을 인수할 목적으로 하는 주식 또는 출자지분의 양수, iii) 채무자의 주식의 포괄적 교환, 주식의 포괄적 이전, 합병 또는 분할합병 중 어느 하나를 내용으로 하는 경우일 것, ② 회사인 채무자의 이사(상법 401조의2 1항에 따라 이사로 보는 자를 포함)나 해당 이사와 101조 1항에 따른 특수관계에 있는 자, 회사인 채무자의 감사, 회사인 채무자의 지배인 중 어느 하나에 해당하는 자의 중대한 책임이 있는 행위로 인하여 회생절차개시의 원인이 발생할 것, ③ 영업양수인 등이, i) 중대한 책임이 있는 이사 등의 자금제공, 담보제공이나 채무보증 등을 통하여 영업양수 등을 하는 데에 필요한 자금을 마련한 경우, ii) 현재 및 과거의 거래관계, 지분소유관계 및 자금제공관계 등을 고려할 때 중대한 책임이 있는 이사 등과 채무자의 경영권 인수 등 사업운영에 관하여 경제적 이해관계를 같이하는 것으로 인정되는 경우, iii) 중대한 책임이 있는 이사 등과 배우자, 직계혈족 등 대통령령으로 정하는 특수관계에 있는 경우의 3가지 중 어느 하나에 해당할 것이라는 요건에 모두 해당할 경우 법원은 회생계획안을 관계인집회의 심리 또는 결의에 부치지 아니할 수 있다(법 231조의2 1항).

회생계획안이 영업양수 등을 내용으로 하는 경우로서 영업양수인 등 또는 그와 대통령령으로 정하는 특수관계에 있는 자가 ① 채무자를 상대로 형법 347조(사기)·347조의2(컴퓨터 등 사용사기)·349조(부당이득)·355조(횡령, 배임)·356조(업무상의 횡령과 배임)·357조(배임수증재)의 죄(형법 또는 다른 법률에 따라 가중 처벌되는 경우 및 미수범을 포함한다)를 범하여 금고 이상의 실형을 선고받고 그 집행이 끝나거나(집행이 끝난 것으로 보는 경우를 포함한다) 집행이 면제된 날부터 10년이 지나지 않은 경우, ② 채무자를 상대로 위 죄를 범하여 금고 이상의 형의 집행유예 또는 선고유예를 선고받고 그 유예기간 중에 있는 경우, ③ 법을 위반하여 금고 이상의 실형을 선고받고 그 집행이 끝나거나(집행이 끝난 것으로 보는 경우를 포함한다) 집행이 면제된 날부터 5년이 지나지 않은 경우, ④ 이 법을 위반하여 금고 이상의 형의 집행유예 또는 선고유예를 선고받고 그 유예기간 중에 있는 경우의 어느 하나에 해당할 경우 법원은 회생계획안을 관계인집회의 심리 또는 결의에 부쳐서는 아니 된다(법 231조의2 2항).

법원은 위와 같은 사유를 확인하기 위하여 필요한 경우 채무자, 관리인, 그 밖의 이해관계인 등에게 정보의 제공 또는 자료의 제출을 명할 수 있다(법 231의2 3항). 법 231조의2의 적용을 면탈할 목적으로 거짓의 정보를 제공하거나 거짓의 자료를 제출하고, 회생계획인가의 결정이 확정된 경우 해당 정보를 제공하거나 해당 자료를 제출한 자는 5년 이하의 징역 또는 5천만원 이하의 벌금에 처한다(법 644조의2).

제 5 절 회생계획안의 인가 요건

Ⅰ. 법 243조의 요건: 적극적 요건

법원은 ① 회생절차 또는 회생계획의 법률적합성, ② 회생계획의 공정·형평·수행 가능성, ③ 회생계획에 대한 결의의 성실·공정, ④ 청산가치보장원칙 준수 여부(채권자가 동의한 경우 제외), ⑤ 합병 또는 분할합병을 내용으로 한 회생계획의 경우 타 회사 주주총회 등의 합병계약서 또는 분할합병계약서 승인결의 여부(상법상 승인결의를 요하지 아니하는 경우 제외), ⑥ 행정청의 인·허가 등 처분이 필요한 경우 행정청의 의견과 중요한 점에서 차이가 있는지 여부,[78] ⑦ 주식의 포괄적 교환을 내용으로 하는 회생계획에 관하여는 타 회사 주주총회의 포괄적 교환계약서의 승인결의 여부(상법상 승인결의를 요하지 않는 경우 제외)를 각 심사하여 인가여부를 결정한다(법 243조 1항).

법률적합성원칙 위반 여부가 문제된 사례들의 경우 실제로 위법이 인정된

---

78) 행정청의 허가·인가·면허 그 밖의 처분을 요하는 사항을 정하는 회생계획안에 관하여는 법원은 그 사항에 관하여 그 행정청의 의견을 들어야 한다(법 226조 2항).

경우는 드물다.[79] 회생계획안이 제출될 경우 법원 및 관리위원회가 결의에 붙이기 전에 사전심사를 하므로 위법사유는 대부분 걸러지기 때문이다. 또한 회생절차가 법률의 규정에 위반하는 경우에도 그 위반의 정도, 채무자의 현황 기타 모든 사정을 고려하여 계획을 인가하지 아니하는 것이 부적당하다고 인정하는 때에는 법원은 인가의 결정을 할 수 있다(법 243조 2항). 인가요건의 존부를 판단하는 기준 시는 인부결정을 하는 시점이다. 따라서 기일통지를 받지 못한 이해관계인이 기일에 출석하여 이의 없이 결의에 참가한 경우, 행정청에 대한 의견청취절차를 누락하였으나, 추후 이를 거친 경우와 같이 인부결정 전까지 하자의 치유가 인정된다.

수행가능성원칙은 채무자가 회생계획에 정해진 채무변제계획을 모두 이행하고, 다시 회생절차에 들어오지 않을 수 있는 건전한 재정상태를 구비할 수 있는지 여부에 관한 것이다.[80] 조사위원은 회생계획안의 심리 및 결의를 위한 관계인집회 전에 그 수행가능성에 대하여 조사한 제2차 조사보고서를 제출한다. 회생계획안이 수행불가능하고, 수정명령으로도 그 흠결을 제거할 수 없다고 판단되면 결의에 붙일 것이 아니라 배제결정을 하여야 한다(법 231조).

결의의 성실·공정 원칙 위반의 예로는 i) 관리인 등에 의한 의결권자에 대한 기망, 협박, 뇌물 공여, ii) 회생계획에 의하지 아니한 특별 이익 교부 약속, iii) 계속 중인 채권조사확정재판에 대한 이의의 소를 취하하거나 화해에 응할 것을 약속하는 경우, 인가결정 후 특정내용의 계약을 체결할 것을 약속하는 경우 등이 있다. 다만 결의의 불공정 등과 회생계획안의 가결 사이에 인과관계가 없는 것이 명확하다면 회생계획을 불인가할 수 없다. 인과관계가 있는지 여부를 심사할 때에도 사전에 해당 의결권자의 의결권을 배제하지 않는 이상 그 의결권 액이나 수를 가결요건의 분모에서 차감해서는 아니 된다. 법 190조 1항에

---

79) 실무연구회(하), 59면 이하에서 몇 가지 사례를 소개하고 있으나, 위법이 인정된 경우는 수권자본 규모의 확충 등 정관변경을 내용으로 하는 정리계획변경이 주주에게 실질적으로 불리한 영향을 미치는 경우 관계인집회의 개최 및 주주조의 결의를 거치지 아니한 정리법원의 정리계획변경결정이 위법하다고 한 대법원 1992. 6. 15. 자 92그10 결정이 유일하다.

80) '정상기업으로서의 건전한 재무상태와 적정한 자본구성을 유지할 수 있는 능력'이라는 말로 표현하기도 한다.

의하여 결의에 관하여 재산상의 이익을 수수하는 등 부당한 이익을 얻을 목적으로 그 권리를 취득한 것으로 인정되어 의결권이 배제된 경우에는 불인가의 문제가 발생하지 않는다.[81)]

회생계획안이 행정청의 허가 등을 전제로 할 경우 이는 수행가능성과 관련되며, 반드시 의견을 조회하여야 한다. 회원제 골프장을 대중제로 전환하는 경우 특별시장 등의 승인(체육시설의 설치·이용에 관한 법률 12조), 재단법인의 기본재산 처분을 내용으로 하는 회생계획의 경우 주무관청의 허가(민법 45조 3항, 42조 2항) 등 특별요건들이 결부되어 있을 경우 특히 중요한 요건이다.

Ⅱ. 법 243조의2의 요건: 소극적 요건

1. 임의적 불인가결정

회생계획안에 전술한 법 231조의2 1항의 사유가 있을 경우 법원은 회생계획의 불인가 결정을 할 수 있다(법 243조의2 1항).

2. 필요적 불인가결정

회생계획안이 법 231조의2 2항에 해당할 경우 법원은 필요적으로 회생계획의 불인가 결정을 하여야 한다(법 243조의2 2항).

3. 정보제공 의무

법원은 위 소극적 인가요건의 존부를 확인하기 위하여 필요한 경우에는 채무자, 관리인, 보전관리인, 그 밖의 이해관계인 등에게 정보의 제공 또는 자료의 제출을 명할 수 있다(법 231조의2 3항). 법 243조의2의 적용을 면탈할 목적으로 허위의 정보를 제공한 자 등은 형사처벌의 대상이 된다(법 644조의2, 649조 4호의3).

---

81) 실무연구회(하), 65면.

제 6 절 부동의한 조가 있는 경우의 인가 : 강제인가

Ⅰ. 의 의

회생계획안에 대하여 관계인집회 또는 서면결의에서 법정의 액 또는 수 이상의 의결권을 가진 자의 동의를 얻지 못한 조가 있는 경우에도 법원은 계획안을 변경하여 그 조의 회생채권자 등을 위하여 권리보호조항을 두고 회생계획인가의 결정을 할 수 있다(법 244조).

계획안에 관하여 관계인집회에서 법정의 액 또는 수 이상의 의결권을 가진 자의 동의를 얻지 못할 것이 명백한 조가 있는 때에는 법원은 계획안작성자의 신청에 의하여 미리 그 조의 회생채권자, 회생담보권자 또는 주주나 지분권자를 위하여 각 방법에 의하여 그 권리를 보호하는 조항을 정하고 계획안을 작성할 것을 허가할 수 있다. 이와 같은 경우 법원은 신청인과 위에서 정한 조의 권리자 1인 이상의 의견을 들어야 한다(법 244조 2항, 3항).

Ⅱ. 권리보호조항

회생계획안에 부동의한 조가 있는 경우에 법원이 정할 수 있는 회생채권자에 대한 권리보호조항은 회생회사가 계속기업으로서 존속함을 전제로 한 회생계획안에 회생채권자조가 부동의한 경우에도 최소한 청산을 전제로 하였을 때 회생채권자조가 배당받을 수 있는 금액 상당을 변제받을 수 있도록 배려하는 한편, 그 요건이 충족된 경우에는 법원이 여러 사정을 참작하여 회생채권자조의 부동의에도 불구하고 회생계획안을 인가할 수 있도록 한 데에 그 취지가 있는 것이고, 따라서 여기서 회사재산의 평가는 기업재산을 해체·청산함이 없이 이를 기초로 하여 기업활동을 계속할 경우의 가치(계속기업가치)에 의할 것이 아니라 원칙적으로 도산기업이 파산적 청산을 통하여 해체·소멸되는 경우에 기업을 구성하는 개별 재산을 분리하여 처분할 때의 가액을 합산한 금액(청

산가치)에 의하여야 한다.[82)]

구체적인 권리변경 조항 설정의 방법은 다음과 같다.

① 회생담보권자에 관하여 그 담보권의 목적인 재산을 그 권리가 존속되도록 하면서 신회사에 이전하거나 타인에게 양도하거나 채무자에게 유보하는 방법

② 회생담보권자에 관하여는 그 권리의 목적인 재산을, 회생채권자에 관하여는 그 채권의 변제에 충당될 채무자의 재산을, 주주·지분권자에 관하여는 잔여재산의 분배에 충당될 채무자의 재산을 법원이 정하는 공정한 거래가격(담보권의 목적인 재산에 관하여는 그 권리로 인한 부담이 없는 것으로 평가한다) 이상의 가액으로 매각하고 그 매각대금에서 매각비용을 공제한 잔금으로 변제하거나 분배하거나 공탁하는 방법

③ 법원이 정하는 그 권리의 공정한 거래가액을 권리자에게 지급하는 방법

④ 그 밖에 1호 내지 3호의 방법에 준하여 공정하고 형평에 맞게 권리자를 보호하는 방법

Ⅲ. 강제인가결정 시 고려할 사항

① 현가변제율이 청산배당률을 크게 상회하는 점, ② 계속기업가치의 대부분이 채무 변제에 투입된 점, ③ 동의된 조의 동의율이 높은 점, ④ 부동의된 조의 부동의율이 높지 않고(근소한 차로 부결), 전체 의결권 중 동의 의결권의 비율이 높은 점, ⑤ 부동의된 조 또는 전체 채권자 수를 기준으로 한 동의율이 높은 점, ⑥ 부동의 사유가 비합리적인 점(전액 현금변제 주장, 회사 내규에 따른 부동의 등), ⑦ 근로자들의 고용관계가 보장되는 점, ⑧ 수행가능성이 높거나 M&A 가능성이 높은 점, ⑨ 폐지될 경우 사회적 파장이 큰 점 등을 긍정적 요소로, ① 수행가능성이 낮은 점(조사보고서 또는 회생계획 대비 매출 실적 부진 등), ② 현가변제율과 청산배당률의 차이가 근소한 점, ③ 부동의된 조의 동의율이 낮은 점, ④ 전체 의결권 중 부동의 의결권 액수가 큰 점, ⑤ 부동의된 조 또는

82) 대법원 2004. 12. 10. 자 2002그121 결정.

전체 채권자 수를 기준으로 한 동의율도 낮은 점, ⑥ 반대 채권자의 의사가 합리적인 점, ⑦ 재도의 신청사건으로 속행기일 지정조차 부결된 점, ⑧ 부동의한 채권자들이 사적 회생방법을 모색하고 있는 점, ⑨ 고용관계에 미치는 영향이 낮은 점, ⑩ 사회·경제적 파급효과가 적은 점 등을 부정적 요소로 고려하여 비교·형량하여 판단한다.[83)]

Ⅳ. 의견서 작성 사례

1. 매출 및 손익현황

채무자의 매출 및 손익현황은 다음과 같습니다.

단위: 만원

계 정 과 목	20×1년	20×2년	20×3년	20×4년
	금 액	금 액	금 액	금 액
Ⅰ. 매 출 액	81,142	274,401	289,365	264,497
Ⅱ. 매 출 원 가	9,426	52,170	50,157	32,435
	11.6%	19%	17.33%	12.26%
Ⅲ. 매 출 총 이 익	71,715	222,230	239,208	232,061
Ⅳ. 판매비와 관리비	59,942	158,871	217,574	214,313
Ⅴ. 영업 이익(손실)	11,773	63,358	21,633	17,748
Ⅵ. 영 업 외 수 익	0	0	0	
Ⅶ. 영 업 외 비 용	0	0	6,382	
Ⅷ. 당기순이익(손실)	11,773	63,358	15,251	17,748

한편 상기와 같은 사업규모를 유지하기 위하여 26인의 임직원이 근무하고 있습니다(소갑 제9호증 조직도).

2. 이 사건 회생계획에 의한 변제금액 및 비율

이 사건 회생계획에 의거 채무자는 확정된 회생채권액 금 1,443,999,895원 중 금 1,137,871,523원을 변제하기로 하였고, 명목변제율은 78.8%(1,137,871,523/1,443,999,895)

83) 실무연구회(하), 79면.

에 이릅니다.

3. 채무자의 조세 및 과태료 부담에 관하여

채무자는 10억원이 넘는 국세 및 지방세, 과태료 등을 고지받은 바 있습니다. 이 중 금년 12월을 인가시점으로 가정하여 그 무렵까지의 중가산금을 반영한 금 943,151,719원을 국세3년, 과태료 7년에 걸쳐 납부하는 것으로 회생계획을 작성하였고, 7년 분할 상환에 대한 동의를 받기위해 채무자 및 대리인은 상당한 노력을 진행한 바 있습니다.

4. 강제인가의 필요성

금일 불출석함으로써 반대의사를 표명한 **캐피탈(주)의 회생담보권은 *,900만원에 불과합니다. 위 채권자는 *,900만원 외에 회생담보권으로 신고한 채권 중 일부인 700만원 상당이 회생채권으로 인정됨에 따라 반대한 것으로 보이나, 동 채권자의 반대로 인하여 국가 등과 회생채권자들이 20억원이 넘는 금원을 변제받을 기회를 상실하게 되었습니다.

비록 인가를 위해 각 조별 법정다수의 동의가 필요한 것을 모르는 바는 아니나, 이 사건 회생담보권의 총액은 000만원에 불과하고, 이 중 *,900만원 권리자의 반대로 전체 회생계획이 무산된다는 것은 지나친 횡포라고 할 것입니다.

더욱이 회생계획안은 회생담보권에 관하여 준비년도인 금년도에 변제를 예정하고 있는 관계로 위 채권자는 불과 2주 안에 자신의 담보권을 완제받을 수 있는 상황입니다.

사정이 이러하다면 강제인가 결정을 하더라도 반대한 회생담보권자의 피해는 미소한 반면, 강제인가결정이 내려지지 않을 경우 다른 회생채권자 및 국세 등 채권자는 회복할 수 없는 손해를 입게 된다고 할 것입니다. 회생채권자 등과 반대한 회생담보권자의 전술한 이익교량의 사정을 종합하면, 이 사건은 강제인가결정이 필요한 사안으로 판단됩니다.

5. 이 사건 회생절차 폐지의 파급효과

불과 *,700만원의 채권을 갖는 회생담보권자의 고의적인 불출석으로 폐지에 이른다면 10억원이 넘는 국세 등 채권에 기초한 압류집행이 하시라도 이루어질 수 있습니다. 그렇게 되면 채무자의 병원운영은 불가능해지고, 26인의 직원은 해고가 불가피하게 될 것입니다. 한편 30억원에 가까운 연매출을 올리고, 순익을 내고 있는 업체를 종국에는 파산으로 내몬다는 것은 도산법 전반의 정신에 반할 뿐 아니라, 국민경제적으로도 크나큰 손실이라고 할 것입니다.

V. 인가결정 후에 취할 조치

인가결정 후 관리인은 회생계획에 정해진 바에 따라, 자본변경, 임원의 선임 및 해임, 정관변경의 등기를 하여야 한다. 구체적인 등기행위는 법원의 촉탁에 의한다.[84]

제 7 절 인가결정의 효력과 불복

I. 개 요

법원은 회생계획의 인가 여부의 결정을 선고하고 그 주문, 이유의 요지와 회생계획이나 그 요지를 공고하여야 한다. 이 경우 송달은 하지 아니할 수 있다(법 245조 1항). 인가결정이 확정되면 이후에는 누구도 인가 요건의 흠결을 주장하지 못한다.

인부의 결정에 대하여는 즉시항고를 할 수 있으나, 목록에 기재되지 아니하거나 신고하지 아니한 회생채권자·회생담보권자·주주·지분권자는 항고권자가 아니다(법 247조 1항 단서). 회생계획인가의 결정에 대한 항고는 회생계획의 수행에 영향을 미치지 아니한다. 다만, 항고법원 또는 회생계속법원은 항고가 이유있다고 인정되고, 회생계획의 수행으로 생길 회복할 수 없는 손해를 예방하기 위하여 긴급한 필요가 있음을 소명한 때에는 신청에 의하여 항고에 관하여 결정이 있을 때까지 담보를 제공하게 하거나 담보를 제공하게 하지 아니하

84) 각 허가신청서의 양식은 부록에 첨부하였다.

고 회생계획의 전부나 일부의 수행을 정지하거나 그 밖에 필요한 처분을 할 수 있다(법 247조 3항). 회생계획불인가의 결정에 대한 항고가 있는 때에는 회생계속법원은 기간을 정하여 항고인에게 보증으로 대법원규칙이 정하는 범위 안에서 금전 또는 법원이 인정하는 유가증권을 공탁하게 할 수 있다(법 247조 4항). 법원이 정하는 기간 안에 보증을 제공하지 아니하는 때에는 법원은 결정으로 항고를 각하하여야 한다(법 247조 5항). 불인가결정에 대한 항고가 기각되고 채무자에 대하여 파산선고가 있거나 파산절차가 속행되는 때에는 보증으로 제공한 금전 또는 유가증권은 파산재단에 속한다(법 247조 6항).

Ⅱ. 효력발생시기

회생계획은 인가의 결정이 있는 때로부터 효력이 발생한다(법 246조). 인가결정에 대하여 항고하더라도 집행정지의 효력은 없다. 불인가결정에 대하여 항고심에서 인가하는 경우 또는 항고심에서 변경결정을 하는 경우에는 항고심 결정 시에 효력이 발생한다. 서면결의의 경우 회생계획인가결정의 공고가 있은 날의 다음날부터 효력이 생긴다.

즉시항고기간의 도과, 즉시항고에 대한 각하 또는 기각결정의 확정 또는 재항고기간의 도과나 재항고에 대한 각하 또는 기각 결정에 의하여 인가결정은 확정되고, 이후 누구도 인가 요건의 흠결을 다툴 수 없다.

Ⅲ. 인가결정의 효력

1. 면책효와 권리변경효

회생계획인가의 결정이 있는 때에는 계획의 규정 또는 법의 규정에 의하여 인정된 권리를 제외하고 채무자는 모든 회생채권과 회생담보권에 관하여 그 책임을 면하고, 주주의 권리와 채무자의 재산상에 있는 모든 담보권은 소멸한다(법 251조 본문).

채권을 양도담보로 제공하였다면 담보권자는 제3채무자로부터 금전의 교부를 받을 수 없으며, 주식에 관하여 질권이 설정되어 담보권자가 이를 점유하고 있었다면 이를 채무자에게 반환하여야 한다. 부동산 위에 설정된 담보권이 소멸하는 경우에 함께 설정된 지상권이 오로지 담보목적인 경우라면 담보권으로 구성하여 권리변경이 되지 아니하고, 소멸되는 담보권으로 보아 직권으로 말소를 촉탁하는 것이 실무이다. 회생계획안에는 말소될 담보권의 내역과 말소될 지상권의 내역을 함께 기재한다. 회생계획의 내용상 당연히 말소되어야 할 담보권이 있다하더라도 등기말소의 허가를 받아야 하며, 허가서에는 해당 회생계획조항의 사본(말소될 담보권의 내역이 포함된 담보물건 명세서 등)을 첨부한다. 담보권 말소의 허가를 득한 후, 다시 등기말소촉탁을 신청한다.[85]

면책효는 채무소멸이 아니라, 책임만이 면제됨에 그친다(자연채무).[86]

관리인이 채권의 존재를 알면서도 목록에 기재하지 아니하고 채권자도 회생절차개시사실을 통지받지 못하는 등의 사정으로 채권신고를 하지 못한 경우, 당해 채권은 실권되지 않음은 전술한 바와 같다. 관리인이 특정 채권을 목록에 기재하지 않았더라도, 채권자가 회생절차개시결정을 통지 받았거나 다른 경로(전화 등 상당한 방법)로 회생절차의 개시사실을 알게 된 경우에는 실권효를 적용할 수 있다고 할 것이다.

채권신고 및 조사를 거쳐 확정된 권리를 관리인의 잘못으로 권리변경 및 변제대상에서 제외되거나, 소멸한 것으로 잘못 기재하더라도 실권되지 않는다.[87] 공익채권이나 환취권(법 70조), 법 140조 1항의 청구권은 면책의 대상이 아니다.

법 251조 단서는 회생계획인가의 결정에 따른 회생채권 등의 면책에 대한 예외를 정한 것으로서 그에 해당하는 청구권은 한정적으로 열거된 것으로 보아야 한다. 따라서 위 규정에 열거되지 아니한 과징금 청구권은 회생계획인가의 결정으로 면책된다.[88] 건축법상의 이행강제금, 부담금 등 국세징수법 및 지

85) 실무연구회(하), 100-102면, 단, 담보물의 가치보전이 목적인 지상권이라면 말소촉탁의 대상이라고 보기는 어렵다.

86) 대법원 2001. 7. 24. 선고 2001다3122 판결, 대법원 2003. 3. 14. 선고 2002다20964 판결.

87) 대법원 2008. 6. 26. 선고 2006다77197 판결.

88) 대법원 2013. 6. 27. 선고 2013두5159 판결.

방세징수법의 규정에 의한 체납처분 절차를 준용하고 있는 채권들이라 하여 달리 볼 것은 아니라고 본다.

인가결정이 있는 때에는 회생채권자 등의 권리는 회생계획의 규정에 따라 변경된다. 권리변경의 효과는 회생절차가 폐지되더라도 존속하게 된다. 출자전환 주식의 효력발생일은 기존 주식 소각 또는 병합의 효력발생일의 다음 날로 기재하는 것이 일반적이다.

2. 효력의 범위

회생계획의 면책 및 권리변경효는 채무자, 회생채권자, 회생담보권자, 주주·지분권자, 회생을 위하여 채무를 부담하거나 담보를 제공한 자, 신회사(합병 또는 분할합병으로 인하여 설립된 신회사를 제외)에 대하여 미친다(법 250조 1항). 회생채권자 또는 회생담보권자가 채무자의 보증인 기타 채무자와 함께 채무를 부담하는 자에 대하여 가진 권리와 채무자 이외의 자가 회생채권자 또는 회생담보권자를 위하여 제공한 담보에는 영향이 없다(법 250조 2항).

채권자의 권리가 실권된 경우에도 위 채권자의 보증인이나 물상보증인에 대한 권리에는 영향을 미치지 않는다. 신탁부동산에 관하여 신탁자의 채권자의 채권을 위하여 근저당권설정등기를 경료하였다면, 수탁자는 신탁자를 위한 물상보증인과 같은 지위를 갖게 되므로 면책효 및 권리변경효가 미치지 않는다. 채권자가 신고를 하지 아니함으로써 변제의 대상으로 규정되지 않았다 하더라도, 이로써 실권되는 권리는 채권자가 신탁자에 대하여 가지는 채권에 한하고, 수탁자에 대하여 가지는 신탁부동산에 관한 담보권과 그 피담보채권에는 아무런 영향이 없다.[89]

주채무를 면책적으로 인수하는 내용의 회생계획이 인가·확정되었다고 하더라도 채권에 대한 실질적인 만족을 얻은 것으로는 볼 수는 없어, 보증인의 책임 범위에는 아무런 영향이 없고, 면책적 채무인수에 있어 보증책임의 소멸을 규정하고 있는 민법 459조는 적용이 배제된다.[90]

89) 대법원 2003. 5. 30. 선고 2003다18685 판결.

90) 대법원 2005. 10. 28. 선고 2005다28273 판결.

회생절차는 공익상의 필요에서 재정적 궁핍으로 파탄에 직면한 채무자의 재건을 위하여 채무 또는 책임을 감소시켜 되도록 부담이 가벼워진 상태에서 영업을 계속하여 수익을 올릴 수 있는 여건을 만들어 주자는 것이므로, 채무자의 채무에 관해서는 면책 등 광범위한 변경을 가하여 그 이해의 조정을 하게 되지만, 보증인 등 제3자가 부담하는 채무를 경감시키는 것은 회생절차가 달성하고자 하는 본래의 목적과는 전혀 무관하고, 보증인 등에 대하여 갖는 권리까지도 마찬가지로 소멸 또는 감축되게 된다면, 채무자의 재건에 직접 필요한 범위를 넘어 채권자에게 일방적인 희생을 강요하게 되는 셈이 되어 오히려 채무자의 재건을 저해하는 요인이 될 수 있다. 보증인의 책임을 면제하는 것과 같은 내용은 회생계획으로 정할 수 있는 성질의 것이 아니고, 설사 그와 같은 내용을 규정했다고 하더라도 그 부분은 회생계획으로서 효력이 없다. 채권자가 회생계획안에 대하여 동의 또는 부동의하였다고 하더라도 특별한 사정이 없는 한 일반적으로 회생계획안에 기재된 개개의 내용에 대하여 사법상 법률효과의 발생을 의도하는 의사표시를 한 것으로 볼 수는 없으므로, 보증면제조항이 포함된 회생계획안에 대하여 동의하였다는 사정만으로는 보증인에 대하여 보증채무를 면제한다는 개별적인 의사를 표시하였다고 볼 수 없다.[91] 채권자가 중소기업진흥공단, 신용보증기금, 기술보증기금인 경우 보증채무의 부정성에 대한 예외가 인정된다.

3. 권리변경의 시기: 개인과 법인의 차이

채무자가 법인인 경우 권리변경 및 면책은 인가결정 그 자체의 효력이다. 즉, 선고시 또는 공고의 익일에 이와 같은 효력이 발생한다.

채무자가 개인인 경우 권리변경 및 면책의 효력은 최종 변제를 완료한 다음 날에 발생하는 것으로 회생계획에 기재한다. 인가 후 폐지의 경우 채권자들은 권리변경된 채권만을 주장할 수 있으므로, 법인과 동일한 시점에 면제의 효력을 발생시킬 경우 채권자들의 반발이 예상되기 때문이다. 한편, 채무자 입장

---

91) 대법원 2005. 11. 10. 선고 2005다48482 판결.

에서도 채무면제익에 대한 소득세가 발생할 수 있으므로, 10차년도 말까지 해당 자금을 유보하는 측면도 있다.

박원장 사건 회생계획의 관련 기재는 다음과 같다.

> (1) 원금 및 개시 전 이자
> 원금 및 개시 전 이자의 21.2%를 면제하고 78.8%를 현금변제하되, 현금으로 변제할원금 및 개시전 이자는 5차년도 11.8%, 6차년도 15.7%, 7차년도 19.5%, 8차년도 25.6%, 10차년도 27.4%를 각 변제한다.
> (2) 개시 후 이자
> 개시 후 이자는 전액 면제한다.
> (3) 면제되는 회생채권의 면제시기
> 면제대상 채권액은 현금변제할 채무의 변제가 완료된 다음 날에 면제된다.

이러한 차이는 견련파산사건의 채권확정절차에서 중요한 차이를 가져 올 것이다. 일반적인 설명은 인가 전 폐지의 경우 권리변경효가 발생하지 않았으므로 기존 채권신고를 원용할 수 있으나,[92] 인가 후 폐지의 경우 권리변경효가 발생하였으므로, 새로이 채권신고 및 조사절차를 거쳐야 한다는 것이다. 인가 후 폐지의 견련파산절차에서 채권 시·부인은 권리변경을 전제로 이후의 변제분과 미변제에 따른 지연손해금을 반영하는 방식에 의할 것이다.

개인이 채무자인 경우 인가 전 폐지라면 동일한 설명이 적용될 것이다. 인가 후 폐지의 경우 권리변경효가 발생하지 않았지만, 채권신고 및 조사로부터 상당한 기간이 경과한 관계로 종래의 채권신고를 원용하기 어렵고, 회생계획에 따른 변제분에 대한 충당과 미변제에 따른 지연손해금의 문제도 발생하므로 새로이 채권신고 및 조사절차를 거치는 것이 불가피하다.

4. 강제집행 등 실효

회생계획인가결정이 있는 때에는 회생절차개시결정에 의하여 중지된 파산

92) 채권조사 이후의 변동분을 반영하기 위해서는 그 한도에서 파산절차에서도 채권신고 및 조사가 필요하다고 할 것이다.

절차, 강제집행, 가압류, 가처분, 경매절차는 그 효력을 잃는다(법 256조 1항 본문). 법 58조 5항의 규정에 의하여 속행된 절차 또는 처분은 영향이 없다. 효력을 잃은 파산절차에서의 재단채권(법 473조 2호 및 9호에 해당하는 것을 제외)은 공익채권이 된다(법 256조 2항).

징수우선순위가 일반 회생채권보다 우선하지 아니하는 것에 기한 체납처분은 명문의 규정이 없으므로 실효되지 않고, 법 58조 5항에 의하여 취소할 수 있다.

징수우선순위가 일반 회생채권보다 우선하는 것에 기한 체납처분과 조세채무담보를 위하여 제공된 물건의 처분절차는 영향이 없다. 위 절차들은 법 58조 3항에 의하여 인가결정 시까지 유예될 뿐이다. 따라서 회생계획에서는 분할변제를 규정하고, 위 분할변제 기간 동안 체납처분을 유예하는 방식으로 규정한다.

Ⅳ. 회생계획 인부결정에 대한 즉시항고

1. 항고권자

회생계획의 인가 여부의 결정에 대하여는 즉시항고를 할 수 있다. 다만, 목록에 기재되지 아니하거나 신고하지 아니한 회생채권자·회생담보권자·주주·지분권자는 항고권이 없다(법 247조 1항).

법 247조 1항 단서는 '목록에 기재되지 아니하거나 신고하지 아니한' 채권자 등의 항고권을 배제하고 있으나, '목록에 기재되지 아니하고 신고하지 아니한'으로 읽어야 한다. 이들은 인가결정에 의해 실권될 것이고, 불인가될 경우 권리에 영향이 없으므로 불복할 법률상 이익이 없다.[93] 다만, 절차보장을 받지 못하여 자신의 채권을 신고할 수 없었던 사정이 있는 경우라면 실권의 제재를 받지 아니하므로, 인가결정에 대한 항고를 인정함이 타당하다.

목록에 기재되거나 신고한 회생채권자·회생담보권자·주주·지분권자는

93) 실무연구회(하), 117면.

의결권 여부, 결의참가여부, 권리확정여부를 묻지 않고 항고권이 인정된다. 의결권이 없는 회생채권자 등은 자신의 권리를 소명하여야 한다(법 247조 2항).

공익채권에 대한 권리변경은 공익채권자의 동의가 없는 한 허용되지 않고, 회생절차에 의하지 않고 수시 및 우선변제를 받을 수 있으므로(법 180조 1항, 2항) 인부결정을 다툴 법률상 이익이 없다. 법 140조 1항의 채권자에 대하여도 권리변경이 불허되므로 항고권이 없다. 법 140조 2항 및 3항의 조세 등 채권은 회생채권으로서 목록에 기재되거나 신고한 이상 항고권이 인정된다.

결의에 찬성한 채권자라도 인가요건 구비 여부에 관하여 다툴 이익이 인정되나, 결의에 반대한 채권자는 불인가결정에 대하여 항고할 수 없다.

채무자, 회생을 위하여 채무를 부담하거나 담보를 제공한 자도 회생계획의 효력을 받으므로 항고권이 인정된다. 관리인의 경우 견해가 대립하나, 회생계획의 인가 여부에 관한 관리인이 이해관계는 다른 채권자들과 비교하여 가볍지 않으므로 항고권을 인정함이 타당하다. 관리인이 회생채권 등을 보유한 경우 회생채권자 등의 자격으로 항고를 제기할 수 있음은 당연하다.

2. 절 차

즉시항고는 인부결정의 공고가 있은 날부터 14일 이내에 하여야 하며(법 13조 2항), 2,000원의 인지를 첨부한다. 회생법원은 기간을 정하여 항고인에게 보증으로 대법원규칙이 정하는 범위 안에서 금전 또는 법원이 인정하는 유가증권을 공탁하게 할 수 있다(법 247조 4항). 항고장이 제출된 경우 회생법원은 1주일 이내에 항고인에게 보증으로 공탁하게 할 것인지 여부를 결정하여야 한다(규칙 71조 1항).

보증으로 공탁하게 할 금액은 회생채권자와 회생담보권자의 확정된 의결권액(그 액이 확정되지 않은 경우에는 목록에 기재되거나 신고된 의결권액)의 총액의 20분의 1에 해당하는 금액 범위 내에서 정한다(규칙 71조 2항). 위 금액을 정함에 있어 ① 채무자의 자산·부채의 규모 및 재산상태, ② 항고인의 지위 및 항고에 이르게 된 경위, ③ 향후 사정변경의 가능성, ④ 그 동안의 절차 진행경과 및 그 밖의 여러 사정을 각 고려하여야 한다(규칙 71조 3항). 항고가 기각되고 채무자에 대하여 파산선고가 있거나 파산절차가 속행되는 때에는 보증으로 제공한 금전 또는 유가증권은 파산재단에 속한다(법 247조 6항).

항고인이 정해진 기간 내에 보증을 제공하지 아니한 때에는 회생법원은 결정으로 항고장을 각하하여야 한다(법 247조 5항, 규칙 71조 4항). 항고장 각하결정에 대하여 즉시항고를 할 수 없고, 특별항고만이 가능하다.[94]

3. 항고심의 심판

항고인은 자신의 이익에 관한 사유만을 항고이유로 주장할 수 있으나, 인가요건의 존부는 직권조사사항이므로 항고법원은 항고이유로 적시한 사유 이외에 모든 인가요건을 심리한다.

관계인집회에서의 회생계획안에 대한 동의 또는 부동의의 의사표시는 조를 단위로 하는 집단적 화해의 의사표시로서 재판절차상의 행위이고 관계인 사이에 일체 불가분적으로 형성되는 집단적 법률관계의 기초가 되는 것이어서 민법 107조 이하 의사표시의 하자에 관한 규정은 적용 또는 유추적용될 수 없고, 관계인집회에서 회생계획안에 관하여 일부의 조에서 법정 다수의 동의를 얻지 못한 경우에 법 244조에 따라 권리보호조항을 정하여 회생계획을 인가할 것인지 여부는 법원의 재량에 속하는 사항이므로, 법원이 권리보호조항을 정하여 정리계획안을 인가하지 않았음을 이유로 항고할 수 없다.[95]

인가요건 판단의 기준 시는 항고심 결정 시이므로, 인가 후의 사정변경이 있을 경우 이를 고려하여 판단하되, 조사위원 보고서가 어떤 전제하에 작성된 경우에는 그 전제가 과연 실현가능한지 여부를 보수적인 관점에서 검토하여야 할 것이다.[96] 인가된 회생계획을 취소하자면 먼저 권리보호조항을 정한 후 회생계획이 유지될 수 있을 것인지를 먼저 심사하여야 한다.[97]

94) 대법원 2011. 2. 21. 자 2010마1689 결정.
95) 대법원 2014. 3. 18. 자 2013마2488 결정.
96) 부산고법 2007. 9. 21. 자 2007라147 결정.
97) 대법원 2000. 1. 5. 자 99그35 결정.

항고심이 회생계획 인가결정에 대한 즉시항고를 받아들여 그 인가결정을 취소하는 결정을 한 경우에 그에 대한 재항고 역시 즉시항고에 해당한다.[98)]

인가결정을 공고하는 것은 다수의 이해관계인에게 미치는 영향이 크므로, 송달의 어려움으로 인한 회생절차의 지연을 방지하고 회생계획 인가 여부의 결정을 확정하는 시기의 통일성을 확보하기 위한 것이다. 인가결정의 취소결정 역시 동일한 필요성이 인정되므로, 법 245조 1항이 유추적용된다. 따라서 항고심이 회생계획 인가결정에 대한 즉시항고를 받아들여 그 인가결정을 취소하고 1심법원으로 환송하는 결정을 하는 경우에 항고심법원은 그 주문과 이유의 요지를 공고하여야 하며, 위 항고심결정에 대하여 법률상의 이해관계를 가지고 있는 사람은 그 공고일부터 14일 이내에 재항고를 할 수 있고, 또한 그 공고가 있기 전에 재항고를 하는 것도 허용된다.[99)]

98) 대법원 2011. 6. 29. 자 2011마474 결정.
99) 대법원 2014. 10. 8. 자 2014마667 전원합의체 결정.

제9장 회생계획의 주요 기재례

서론에 해당하는 1장(회생계획안 제출에 이르기까지의 경과와 현황), 2장(회생계획안의 요지)은 생략하고, 회생계획안의 본문의 작성사례를 통해 회생계획의 구조와 권리변경의 세부적인 내용을 살펴보기로 한다.

이하의 내용은 특정회사나 업종을 전제로 한 것은 아니며, 가장 전형적인 사안의 기재례를 가급적 모두 소개하는데 중점을 두고 있다. 그밖에 최근 서울회생법원이 시행하고 있는 중소기업지분보유조항에 대한 기재례도 소개하였다.

제 1 절 회생담보권 및 회생채권에 대한 권리변경과 변제방법

Ⅰ. 총 칙

1. 용어의 정의

본 회생계획안에서 사용하는 용어의 정의는 다음과 같습니다.

(1) 「준비년도」란 회생절차개시결정일(20XX년 10월 5일)로부터 20XX년 12월31일까지를 말합니다.

(2) 「회생계획기간」이라 함은 준비년도와 그 다음 년도인 20XX년부터 10년간의 기간으로 하고 20XX년 12월 31일에 종료하는 것으로 합니다.

(3) 「제1차년도」라 함은 준비년도의 다음 년도인 20XX년 1월 1일부터 20XX년 12월 31일까지를 말하며, 제2차년도 이후의 각 차년도는 순차적으로 매년 1월 1일부터 같은 해 12월 31일까지로 합니다.

(4) 「개시 전 이자」란 회생절차개시결정일 전일(20XX년 10월 4일)까지 회생담보권 및 회생채권에 대해 발생한 이자, 연체이자, 지연손해금 등으로 조사기간 내에 또는 특별조사기일에 시인되어 확정된 것을 말합니다.

(5) 「개시 후 이자」라 함은 회생절차개시결정일(20XX년 10월 5일)부터 회생담보권 및 회생채권 등의 원금변제가 완료되는 시점까지의 미변제 원금에 대

하여 발생하는 이자 및 지연손해금을 말합니다.

(6) 「연체이자」란 이 회생계획에 따른 채무의 변제를 변제기일에 이행하지 못할 경우 그 미변제 금액에 대하여 발생하는 지연손해금을 말합니다.

(7) 「금융기관」이란 은행법, 기타 법률에 의하여 금융업무를 행하는 기관을 말합니다.

(8) 「보증기관」이란 관계 법령에 따라 채무의 보증을 업으로 하는 기관으로서 채무자 회사를 위하여 보증한 기관을 말합니다.

(9) 「특수관계인」이란 채무자 회생 및 파산에 관한 법률 시행령 제4조에 규정된 법인, 그 밖의 단체, 개인 및 그 밖에 이에 준하는 자를 말합니다.

(10) 「물상보증」이란 채무자 회사가 자기의 재산을 타인의 채무의 담보로 제공하는 것을 말합니다.

(11) 「대여채권」이란 채무자 회사에 대한 금전의 대여(어음할인, 그 밖에 이와 비슷한 방법을 통하여 교부한 금전을 포함합니다)에 따른 채권을 말하며, 금융기관이 제3자와의 거래를 통하여 채무자 회사가 발행, 배서, 인수나 보증한 어음(수표를 포함합니다)을 취득함으로써 채무자 회사에 대하여 가지는 채권을 포함합니다.

(12) 「구상채권」이란 채무자 회사의 다른 채권자에 대한 채무를 변제 기타 자기의 출재로 소멸하게 한 채권자가 그로 인하여 채무자 회사에 대하여 가지는 채권을 말합니다.

(13) 「보증채권」이란 채무자 회사가 주채무자의 채무이행을 보증하거나 연대하여 보증한 경우에 채권자가 보증인인 채무자 회사에 대하여 가지는 채권을 말합니다.

(14) 「중도금대출보증채권」이란 관계회사 및 채무자가 분양한 공동주택, 주택, 오피스텔 및 상가의 수분양자가 계약금 및 중도금을 납부하기 위해 금융기관 등으로 부터 제공받은 대출에 대하여 채무자가 보증한 지급보증을 말합니다.

(15) 「상거래채권」이란 채무자 회사의 영업으로 인하여 채권자가 채무자 회사에 대하여 가지는 채권으로서 대여금채권이 아닌 것을 말하며, 금융기관이 아닌 채권자가 채무자 회사가 발행, 배서, 인수나 보증한 어음을 취득함으로써

채무자 회사에 대하여 가지는 채권을 포함합니다.

(16) 「담보신탁」이란 채무자 회사가 위탁자로서 채무이행의 담보를 위해 신탁한 재산에 관하여 채권자가 수익권을 가지는 경우를 말합니다.

(17) 「손해배상채권」이란 채무자 회사의 채무불이행 또는 불법행위로 인하여 채무자 회사로부터 손해를 배상받을 채권을 말합니다.

(18) 「임차보증금반환채권」이란 임차인인 채권자가 임대인인 채무자 회사에게 지급한 보증금 중 임대차종료 후 차임 기타 임대차와 관련하여 생긴 채권의 변제에 충당하고 남은 금액을 반환받을 채권을 말합니다.

(19) 「미발생구상채권」[1]이란 보증기관 등이 회생계획인가일 이후 채무자 회사의 다른 채권자에 대한 채무를 변제 기타 자기의 출재로 소멸하게 함으로써 채무자 회사에 대하여 가지게 될 구상채권을 말합니다.

(19) 「조세 등 채권」이란 국세징수법 또는 지방세법에 의하여 징수할 수 있는 채권(국세징수의 예에 의하여 징수할 수 있는 채권으로서 그 징수 우선순위가 일반 회생채권보다 우선하는 것을 포함합니다.)을 말합니다.

2. 변제기일

본 회생계획안에 의하여 매년 변제할 원금 및 이자는 별도의 정함이 없는 경우에는 당해년도의 12월 30일(단, 공휴일인 경우에는 그 직전 영업일)에 변제하며, 위 변제기일 전이라도 관리인은 법원의 허가를 받아 회생담보권 또는 회생채권의 전부 또는 일부를 수시로 변제할 수 있고, 이때 관리인은 본 회생계획안의 제7장 제1절(예상수익금 초과시 처리방법)에 의한 할인율을 적용하여 계산한 조기변제일에 있어서의 현재가치 상당액을 변제합니다. 이 경우 관리인은 허가를 받은 날로부터 1개월 이내의 날을 조기변제일로 합니다.

3. 변제장소

본 회생계획에서 정하는 변제는 채무자 회사의 본점 소재지나 채무자 회

1) 종래 '미확정'이라는 용어를 사용하였으나, 최근 실무는 '미발생'으로 표현한다.

사가 지정하여 통지하는 장소에서 행합니다. 다만, 금융기관에 대하여는 해당 금융기관의 본점과 지점으로 할 수 있습니다. 채권자와 협의하여 채권자가 지정한 예금계좌에 입금함으로써 변제할 수 있으며, 그 경우 그 입금증으로 상환영수증 또는 변제확인서를 대체할 수 있습니다.

4. 회생담보권·회생채권 변제시 채권자 확인방법

회생담보권 및 회생채권 변제시 법인은 법인등기부등본·법인인감증명서를, 개인은 신분증·인감증명서를, 채권자의 대리인은 채권자 본인의 위임장 및 인감증명서를 제시하여야 하며, 채무자는 회생담보권자 및 회생채권자가 제시한 서류로 채권자 본인임을 확인한 후 변제합니다. 다만, 회생담보권자 및 회생채권자가 미리 지정한 금융기관의 계좌로 입금하는 방식으로 변제할 수 있으며, 회생담보권자 및 회생채권자가 금융기관인 경우 위와 같은 채권자 확인절차를 거치지 아니하고 해당 금융기관이 발행한 상환확인서 또는 상환영수증으로 이에 갈음할 수 있습니다.

5. 변제충당 순서

가. 본 회생계획안 인가일 이후의 회생담보권 및 회생채권의 변제충당 순서는 원금, 개시 전 이자, 개시 후 이자, 연체이자 순으로 합니다.

나. 변제재원의 부족으로 변제계획에 따라 당해 년도 채권을 전액변제 할 수 없는 경우에는 회생담보권 원금, 회생채권 원금의 순으로 당해 년도 변제예정금액에 비례하여 변제하며, 나머지가 있을 경우에는 회생담보권 개시 전 이자, 회생채권 개시 전 이자, 회생담보권 개시 후 이자, 회생채권 개시 후 이자, 회생담보권 연체이자, 회생채권의 연체이자 순으로 당해 년도 변제 예정금액에 비례하여 변제하되 당해 년도 변제 예정액 중 미변제 분은 다음 년도 변제기일에 우선하여 변제합니다.

다. 금융기관의 대출과목별 변제충당 순서는 회생담보권 및 회생채권별 변제금액의 범위 내에서 해당 금융기관이 정하는 바에 따릅니다.

6. 채권양도의 특례

회생담보권자 또는 회생채권자에 관하여 개시결정일(20××.10. 5) 이후 채권양도 등의 원인으로 채권자가 변경되었다 하더라도 채권의 승계취득자에 대하여 개시결정일 당시의 채권자 및 채권액을 기준으로 하여 본 회생계획안의 권리변경과 변제방법을 적용합니다. 채권자의 변경으로 인하여 종전의 회생담보권 또는 회생채권에 관하여 수인의 채권자가 있게 된 경우에는 각 채권자들의 채권액 비율에 따라 배분하여 권리변경 및 변제방법을 적용합니다.

7. 변제 미이행시의 처리

본 회생계획안에 따른 채무의 변제를 변제기일에 이행하지 못하였을 경우에는 미변제금액에 대하여 변제기일 익일부터 실제 변제일까지 실제 변제일 당일 ○○은행 일반자금대출 연체이자율(연체이자율이 없는 채권자는 ○○은행 일반자금대출 연체이자율)을 적용하여 계산한 연체이자를 가산하여 변제합니다. 다만, 개시 전 이자 및 개시 후 이자의 미변제 금액에 대하여는 적용하지 아니합니다.

8. 기한의 이익 상실

회생절차가 폐지되는 경우에는 회생담보권 및 회생채권에 대하여 본 회생계획안에서 정한 변제기일에 불구하고 그 기한이 도래하는 것으로 합니다.

9. 변제금액의 확정

회생계획안상 채권자별 권리변경 및 변제방법에 의해 산정된 금액 및 변제일이 별표 채권자별 변제계획표의 금액 및 변제기일과 상이한 경우에는 회생계획안 본문에서 정한 변제방법에 의해 산정된 변제일 및 변제금액을 기준으로 합니다.

10. 권리변경 시 단수 처리방법

회생담보권, 회생채권 권리변경 시 발생하는 "1"원 미만의 금액은 면제합니다.

11. 외화표시채권의 원화환산 기준

외화표시채권은 외화로 변제하거나 변제 당일에 ○○은행이 최초로 고시하는 대고객 전신환매도율로 환산한 원화로 변제합니다. 다만, 외화표시채권을 원화로 대위변제한 구상금채권자에 대하여는 대위변제한 시점의 ○○은행 대고객 전신환매도율을 적용하여 환산한 원화로 변제합니다.

12. 미회수 어음 및 수표 등의 처리

채무자 회사가 발행하여 견질 및 융통 등으로 제공된 어음 및 수표는 채권 회수 등 어떤 목적으로도 추심 또는 교환에 회부할 수 없으며, 본 회생계획에서 정한 변제기일에 어음, 수표 및 사채권증서 원본을 회사에 반환하고 위 어음 등에 의해 담보되는 채권을 회생계획에 따라 변제받습니다. 채권자가 위 어음 등의 원본을 분실하였을 경우에는 제권판결 등 이를 무효화하는 법적 절차를 완료한 이후에만 회생계획의 권리변경 및 변제비율에 따라 변제받을 수 있습니다.

13. 회계년도

본 회생계획안의 회계년도의 표시는 매년 1월 1일부터 같은 해 12월 31일까지로 합니다.

14. 기타 본 회생계획안의 용어 및 문언 해석에 이의가 있을 경우에는 채무자 회생 및 파산에 관한 법률의 취지에 따라 해석하되, 다툼이 있을 경우에는 법원의 해석에 따릅니다.

Ⅱ. 회생담보권의 권리변경과 변제방법

1. 회생담보권(대여채권)

가. 회생담보권(대여채권)의 내역

관리인이 조사기간에 시인한 회생담보권 대여채권과 변동내역은 다음과 같습니다.

(단위: 원)

목록번호	신고번호	채권자	시인된 채권액				변동내역				변동 후 시인된 총채권액
			원금	개시전 이자	개시후 이자	계	원금	개시전 이자	개시후 이자	계	
	2	건설공제조합	1,600,000,000	0	0	1,600,000,000	0	0	0	1,600,000,000	1,600,000,000
	3	주택도시보증공사	1,949,960,724	0	0	1,949,960,724	0	0	0	1,949,960,724	1,949,960,724
	7	전기공사공제조합	56,507,400	0	0	56,507,400	0	0	0	56,507,400	56,507,400
합 계			3,606,468,124	0	0	3,606,468,124	0	0	0	3,606,468,124	3,606,468,124

나. 권리변경 및 변제방법

(1) 원금 및 개시 전 이자

원금 및 개시 전 이자 전액을 변제하되, 제1차년도(20××년)부터 제10차년도(20××년)까지 10년간 매년 균등분할하여 변제합니다.

(2) 개시 후 이자

원금 및 개시 전 이자에 대하여 연 ×.766%의 이자율을 적용하여 준비년도(20××년)에 발생한 이자는 제1차년도(20××년)에 변제하고, 제1차년도(20××년)부터 발생하는 이자는 매 발생년도에 변제합니다.[2)]

2) 조사보고서에서 변제금액의 현가산정시 적용한 이자율을 적용하는 것이 일반적이다. 다만, 회생담보권자에 대한 개시 후 이자율은 협상의 영역이므로, 회생담보권자의 요구에 따라 좀 더 높아질 수도 있고, 담보배분과정에서 청산가치에 미달할 경우 청산가치를 보장하기 위해 개시 후 이자를 지급하거나, 이미 규정된 개시 후 이자율을 좀 더 높여야 할 수도 있다.

* 다른 기재례

1. (1) 원금 및 개시 전 이자

원금 및 개시 전 이자의 100%를 현금으로 변제하되, 현금변제할 금액의 76%는 제1차년도(2018년)에, 9%는 제2차년도(2019년)에, 7%는 제3차년도(2020년)에, 8%는 제4차년도(2021년)에 각 변제합니다.

1. (2) 개시 후 이자

개시 후 이자는 면제합니다.

2. (1) 원금 및 개시 전 이자

전액을 현금변제하되, 제2차년도(20××년)부터 제4차년도(20××년)까지 3년간 균등분할 변제합니다.

2. (2) 개시 후 이자

개시 후 이자는 전액 면제합니다. 다만 ○○은행에 대해서는 미변제 원금에 대하여 연 1%의, ○○저축은행에 대해서는 미변제 원금에 대하여 연 5%의 이자율을 적용하여 준비년도부터 제1차년도(20××년)까지 발행하는 이자는 제1차년도(20××년)에 변제하고, 제1차년도 이후에 발행하는 이자는 발생년도에 변제합니다.

다. 권리변경 후 채무자가 변제할 회생담보권 대여채권은 다음과 같습니다.

(단위: 원)

목록 번호	신고 번호	채권자	변동 후 시인된 총채권액	권리변경(출자전환/면제)				권리변경 후 변제할 채권액			
				원 금	개시전 이자	개시후 이자	합계	원 금	개시전 이자	개시후 이자	합계
	2	건설공제 조합	1,600,000,000	-	-	-	-	1,600,000,000	0	806,472,685	2,406,472,685
	3	대한주택 보증(주)	1,949,960,724	-	-	-	-	1,949,960,724	0	982,868,788	2,932,829,512
	7	전기공사 공제조합	56,507,400	-	-	-	-	56,507,400	0	28,482,297	84,989,697
합 계			3,549,960,724	-	-	-	-	3,606,468,124		1,817,823,770	5,424,291,894

라. 세부적인 권리변경내역은 <별표 8－2>와 같으며 권리변경 후 원금 및 이자의 구체적인 변제계획은 <별표 10－2>와 같습니다.

2. 회생담보권(물상보증 채권)

가. 회생담보권(물상보증 채권)의 내역

관리인이 조사기간에 시인한 회생담보권 물상보증 채권과 변동내역은 다음과 같습니다.

(단위: 원)

목록번호	신고번호	채권자	시인된 채권액				변동내역				변동 후 시인된 총채권액
			원금	개시전 이자	개시후 이자	계	원금	개시전 이자	개시후 이자	계	
	1	(주)**저축은행	113,638,821	0	0	113,638,821	0	0	0	0	113,638,821

나. 권리변경 및 변제방법

(1) 원금 및 개시 전 이자

① 주채무자로부터 우선변제 받거나, 주채무자로부터 제공받은 담보물건을 처분하여 변제받도록 합니다.

② 주채무자에 대한 담보권 실행 후 또는 주채무자가 변제하여야 할 주채무를 이행하지 않고 그 불이행 상태가 1년 동안 계속되는 경우에는 관리인은 법원의 허가를 받아 채권자에게 담보물의 처분권한을 위임하고, 이로써 채무자는 물상보증 책임을 면합니다.

(2) 개시 후 이자

개시 후 이자는 전액 변제합니다.

* 다른 기재례: 회생담보권 보증채권[3)]

1. (1) 원금 및 개시 전 이자

우선 주채무자로부터 변제받거나 주채무자로부터 제공받은 담보물건을 처분하여 변제받습니다. 다만 채무자가 물상보증인인 경우에는 담보목적물을 처분하여 변제합니다. 채무자가 물상보증인인 경우를 제외하고 주채무자에 대한 담보권을 실행 완료하고 채무자의 회생계획인가결정일 이후 주채무자가 변제하여야 할 주채무를 이행하지 않고 그 불이행

3) 실무연구회(상), 667면.

상태가 1년 동안 지속되는 때(이하 '채무자가 변제할 사유'라 합니다)에는 주채무자에 의하여 변제되지 아니한 채권 잔액은 담보 자산의 처분에 따라 회수된 금액 범위 내에서 즉시 변제하고, 변제되지 아니한 채권 잔액의 100%를 '채무자가 변제할 사유' 발생일이 속하는 년도 말에 현금변제합니다.

1. (2) 개시 후 이자

미변제 원금에 대하여 '채무자가 변제할 사유' 발생일의 다음날부터 완제일까지 연 2%의 이자율을 적용하여 년도 말에 현금변제합니다.

2. (1) 원금 및 개시 전 이자[4)]

부동산 신탁계약에 따라 신탁재산을 환가하여 받을 수 있는 수익금으로 우선 변제하고, 주채무자로부터 변제받거나 주채무자로부터 제공받은 담보물건을 처분하여 변제받도록 하되, 변제 후 채무의 잔액이 있는 경우에는 다음과 같이 변제합니다.

① 제1차년도(20×1년) 변제기일 이전에 신탁재산이 환가되는 경우는 미지급 원금 및 개시 전 이자를 제1차년도(20×1년)에 전액 현금으로 변제합니다.

② 제1차년도(20×1년) 변제기일이 지난 후 신탁재산이 환가되는 경우는 미지급 원금 및 개시 전 이자를 그 환가 해당년도의 변제기일에 전액 현금변제합니다.

2. (2) 개시 후 이자

제1차년도(2014년) 변제기일이 지난 후 신탁재산이 환가되는 경우는 미지급 원금 및 개시 전 이자에 대하여 환가일 다음날부터 완제일까지 연 6%의 이자율을 적용하여 산정한 개시 후 이자를 그 해당연도 변제기일에 현금으로 변제합니다.

다. 권리변경 후 채무자가 변제할 회생담보권 물상보증 채권은 다음과 같습니다.

(단위: 원)

목록 번호	신고 번호	채권자	변동 후 시인된 총채권액	권리변경(출자전환/면제)				권리변경 후 변제할 채권액			
								원 금	개시전 이자	개시후 이자	합계
	1	(주)**저축은행	113,638,821	-	-	-	-	-	-	-	-
합 계			113,638,821	-	-	-	-	-	-	-	-

4) 채무자가 주채무자의 채무를 보증하면서 그 소유의 부동산에 관하여 신탁회사에 담보신탁등기를 경료하고 그 우선수익권을 채권자에게 담보로 제공하는 경우이다.

라. 세부적인 권리변경내역은 <별표 8－4>와 같으며 권리변경 후 원금 및 이자의 구체적인 변제계획은 <별표 10－4>와 같습니다.

3. 담보권의 존속 및 소멸[5)]

가. 담보권의 존속

회생담보권자의 담보권은 본 회생계획안에 의하여 권리변경된 회생담보권을 피담보채권으로 하는 담보권으로서 종전의 순위에 따라 존속합니다. 그러나 회생담보권으로 인정되지 아니한 담보권과 담보목적의 지상권 등은 소멸합니다.

나. 담보권의 소멸

본 회생계획안에 따라 채무자가 회생담보권 중 변제할 금액에 해당하는 채무를 변제하는 경우에는 채무자의 재산상에 있는 모든 담보권(담보권자가 채무자에 대하여 가지고 있는 근저당권, 양도담보권, 질권 등)은 소멸되며, 담보권자는 즉시 근저당권의 경우 근저당권등기의 말소, 양도담보권의 경우 동산의 인도, 견질 및 담보조로 제공된 유가증권의 반환 등 점유하고 있는 담보물을 채무자에게 반환하고, 담보권의 소멸 및 그에 따른 처리에 필요한 제반절차를 즉시 이행하여야 합니다. 담보권자가 위 절차를 이행하지 않을 경우에는 법원은 해당 담보목적물에 존재하는 담보권 말소를 촉탁할 수 있습니다.

4. 담보목적물의 처분 및 처분대금의 사용방법

가. 채무자가 담보목적물을 처분할 경우 매매계약이 완료된 후 소유권이전등기 시 필요한 경우, 법원은 해당 물건에 관한 회생담보권자의 담보권 말소를 촉탁할 수 있습니다.

나. 채무자가 자구계획에 의해 법원의 허가를 받아 담보목적물을 매각할 경우에는 매각대금에서 그 처분으로 인하여 발생하는 제세금 및 매각 관련 기

---

5) 4항에서 8항은 회생담보권에 관하여 예문과 같이 기재되는 조항들이다.

타 비용을 공제한 실입금액으로 권리설정 순위에 따라 권리변경 후 변제할 회생담보권 금액 범위 내에서 변제하되, 당해 담보목적물의 회생담보권을 모두 변제하기에 부족한 경우에는 그 회생담보권의 변제는 원금, 개시 전 이자, 개시 후 이자 순으로 변제하고, 같은 순위의 것 중에서는 변제기일이 먼저 도래하는 순서에 따르며, 잔여 회생담보권액은 본 회생계획안에 의한 회생담보권 변제방법에 따라 변제합니다. 담보목적물에 대한 회생담보권자가 복수일 경우에는 회생담보권자의 담보권 순위에 따라 순차적으로 변제하고, 동순위 회생담보권자가 있을 경우에는 그 회생담보권자들의 채권액 비율에 비례하여 변제합니다.

다. 담보목적물의 처분으로 인한 변제대금이 회생담보권 변제액에 미달하거나 부득이한 사정으로 계획한 기간 내에 담보목적물의 매각이 이루어지지 못할 경우, 미변제 회생담보권은 본 회생계획안에 따른 본래의 변제계획에 따릅니다. 다만, 채무자가 물상보증인인 경우에는 담보목적물의 처분으로 인한 변제대금이 회생담보권 변제액에 미달하는 경우, 미변제 담보권은 면제합니다.

라. 회생담보권을 변제한 후 남은 처분대금은 법원의 허가를 받아 공익채권의 변제자금이나 채무자의 운영자금으로 사용할 수 있습니다.

5. 담보목적물 처분 위임

담보목적물이 본 회생계획안의 매각예정년도 내에 매각되지 않을 경우, 관리인은 자산매각 계획년도의 다음 년도에 법원의 허가를 받아 당해 담보목적물에 관한 최우선순위 회생담보권자에게 그 매각을 위임할 수 있습니다. 이 경우 최우선순위 회생담보권자는 담보목적물을 매각함에 있어 그 매각조건에 관하여 관리인을 통하여 법원의 허가를 받아야 하며, 처분권한의 위임일 다음 날부터 실변제일까지는 그 담보목적물의 처분으로 인한 변제예상금액에 대한 연체이자는 발생하지 않습니다.

6. 보험사고 발생시 처리

가. 관리인은 보험계약이 만료된 때에는 계속하여 보험계약을 체결합니다.

나. 관리인이 위와 같이 담보목적물에 대한 보험가입의무를 이행치 않을 경우 회생담보권자가 보험료를 지불하여 보험계약을 체결할 수 있으며, 보험료로 지출된 금액은 채무자에 대한 공익채권으로 봅니다. 채무자는 이를 우선적으로 변제하여야 하며, 그 원금에 대하여 본 회생계획안에 따른 회생담보권의 개시 후 이자율에 따라 지연손해금을 지급합니다.

다. 보험에 가입되어 있는 담보목적물에 대하여 보험사고가 발생한 경우, 관리인은 법원의 허가를 받아 해당 보험금을 이재물건의 복구에 사용하여야 합니다. 복구한 물건에 대하여는 잔존 회생담보권을 피담보채권으로 하여 종전 순위에 따라 담보권을 설정합니다.

라. 관리인이 보험금으로 이재물건을 복구하지 아니할 경우에는 당해 이재물건에 설정되어 있는 담보권의 순위에 따라 본 회생계획안에 의하여 변제하여야 할 회생담보권의 범위 내에서(○%의 현가율을 적용하여) 조기 변제하되, 당해 담보목적물의 회생담보권을 모두 변제하기에 부족한 경우에는 변제기일이 먼저 도래하는 회생담보권의 원금, 개시 전 이자, 개시 후 이자 순으로 변제하고, 남은 금액이 있을 경우에는 같은 방법으로 다음 년도 회생담보권을 변제합니다.

마. 관리인이 이재물건의 복구나 채권변제에 사용하고 남은 금액이 있을 경우에는 법원의 허가를 받아 채무자의 운영자금으로 사용할 수 있습니다.

7. 담보권자의 물상대위권

가. 회생담보권자의 담보목적물이 훼손된 경우 당해 담보목적물의 복구가 가능한 경우에는 관리인은 법원의 허가를 받아 해당 담보목적물의 멸실·훼손·공용징수로 인하여 지급되는 손해배상금이나 보상금을 수령하여 담보목적물의 복구에 사용하여야 하며, 복구된 물건에 대하여는 잔존 회생담보권을 피담보채권으로 하여 종전의 순위에 따라 담보권을 설정하여야 합니다.

나. 회생담보권자의 담보목적물이 멸실·공용징수되거나 또는 훼손된 경

우, 관리인이 손해배상금이나 보상금을 수령하여 담보목적물을 복구하지 아니하는 때에는 그 담보목적물에 설정되어 있는 담보권의 순위에 따라 본 회생계획안에 의하여 변제하여야 할 회생담보권의 범위 내에서(○%의 현가율을 적용하여) 조기변제하되 당해 담보목적물의 회생담보권을 모두 변제하기에 부족한 경우에는 변제기일이 먼저 도래하는 회생담보권의 원금·개시 전 이자·개시 후 이자 순으로 변제하고, 남는 것이 있으면 같은 방법으로 다음 연도 회생담보권을 변제합니다.

다. 관리인이 담보목적물의 복구나 회생담보권의 변제에 사용하고 남는 금원은 법원의 허가를 받아 채무자의 운영자금으로 사용할 수 있습니다.

Ⅲ. 회생채권의 권리변경과 변제방법

1. 회생채권(금융기관 대여채권)

가. 시인한 총채권액의 내역

관리인이 조사기간에 시인한 회생채권(금융기관 대여채권)과 변동내역은 다음과 같습니다.

(단위: 원)

목록번호	신고번호	채권자	시인된 채권액				변동내역				변동 후 시인된 총채권액
			원금	개시전 이자	개시후 이자	계	원금	개시전 이자	개시후 이자	계	
	2	건설공제조합	0	3,910,130	0	3,910,130	0	0	0	0	3,910,130
	3	주택도시보증공사	3,650,039,276	15,331,472	0	3,665,370,748	0	0	0	0	3,665,370,748
	7	전기공사공제조합	692,600	245,630	0	938,230	0	0	0	0	938,230
채권 8	4	㈜부산저축은행	1,000,000,000	10,169,096	0	1,010,169,096	0	0	0	0	1,010,169,096
채권 12	50	(주)**은행	2,784,788,430	41,954,506	0	2,826,742,936	-2,223,000,000	-20,381,053	0	-2,243,381,053	583,361,883
채권 13	13	㈜국민은행	1,531,470,394	22,424,099	0	1,553,894,493	800,000,000	0	0	800,000,000	2,353,894,493
채권 14	14	(주)KEB하나은행	1,516,277,166	22,493,326	0	1,538,770,492	-747,861,591	-7,918,553	0	-755,780,144	782,990,348
합 계			10,483,267,866	116,528,259	0	10,599,796,125	-2,170,861,591	-28,299,606	0	-2,199,161,197	8,400,634,928

나. 권리변경 및 변제방법

(1) 원금 및 개시 전 이자

원금 및 개시 전 이자의 64%는 출자전환하고 36%는 현금변제하되, 변제 할 채권을 6차년도(20××년)까지 거치한 후 변제 할 채권의 16.6%는 제7차년도(20××년)에 변제하고, 변제 할 채권의 83.4%는 제8차년도(20××년)부터 제10차년도(20××년)까지 3년간 매년 균등분할 변제합니다. 출자전환 대상채권액은 본 회생계획안 제11장 제4절에 의하여 채무자가 신규로 발행하는 주식의 효력 발생일에 당해 회생채권의 변제에 갈음합니다.

(2) 개시 후 이자

개시 후 이자는 전액 면제합니다.

다. 권리변경 후 채무자가 변제해야 할 대여채권 내역은 다음과 같습니다.

(단위: 원)

목록번호	신고번호	채권자	변동후 시인된 총채권액	권리변경(출자전환/면제)				권리변경 후 변제할 채권액			
				원 금 (출자전환)	개시전이자 (출자전환)	개시후 이자 (면제)	합계	원 금	개시전 이자	개시후 이자	합계
	2	건설공제조합	3,910,130		2,502,483	0	2,502,483	0	1,407,647	0	1,407,647
	3	주택도시보증공사	3,665,370,748	2,336,025,137	9,812,142	0	2,345,837,279	1,314,014,139	5,519,330	0	1,319,533,469
	7	전기공사공제조합	938,230	443,264	157,203	0	600,467	249,336	88,427	0	337,763
채권8	4	(주)부산저축은행	1,010,169,096	640,000,000	6,508,221	0	646,508,221	360,000,000	3,660,875	0	363,660,875
채권12	50	(주)**은행	583,361,883	359,544,595	13,807,010	0	373,351,605	202,243,835	7,766,443	0	210,010,278
채권13	13	(주)국민은행	2,353,894,493	1,492,141,052	14,351,423	0	1,506,492,476	839,329,342	8,072,676	0	847,402,017
채권14	14	(주)KEB하나은행	782,990,348	491,785,968	9,327,855	0	501,113,823	276,629,607	5,246,918	0	281,876,525
합 계			8,400,634,928	5,319,940,016	56,466,338	0	5,376,406,354	2,992,466,259	31,762,315	0	3,024,228,574

라. 세부적인 권리변경내역은 <별표 8-5>와 같으며 권리변경 후 원금 및 이자의 구체적인 변제계획은 <별표 10-5>와 같습니다.

2. 회생채권(미발생 구상채권)

가. 회생채권(미발생 구상채권)의 내역

관리인이 조사기간에 시인한 회생채권(미발생 구상채권) 및 이후의 변동내역은 다음과 같습니다.

(단위: 원)

목록 번호	신고 번호	채권자	시인된 채권액				변동내역				변동 후 시인된 총채권액
			원금	개시전 이자	개시후 이자	계	원금	개시전 이자	개시후 이자	계	
	2	건설공제 조합	99,157,893,925	0	0	99,157,893,925	-707,007,420	0	0	98,450,886,505	98,450,886,505
	3	주택도시 보증공사	86,202,937,980	0	0	86,202,937,980	-873,600,000	0	0	85,329,337,980	85,329,337,980
	95	서울보증 보험	4,801,937,840	0	0	4,801,937,840	0	0	0	4,801,937,840	4,801,937,840
합 계			190,162,769,745	0	0	190,162,769,745	-1,580,607,420	0	0	188,582,162,325	188,582,162,325

나. 권리변경 및 변제방법

(1) 원금 및 개시 전 이자

보증기관 등이 채무자 회사를 위하여 대위변제할 경우 대위변제금의 65%는 출자전환하고 35%는 현금으로 변제하되, 현금변제할 금액의 15%는 제1차 연도(2019년)부터 제3차 연도(2021년)까지 3년간 매년 균등분할변제하고, 40%는 제4차 연도(2022년)부터 제7차 연도(2025년)까지 4년간 매년 균등분할변제하고, 45%는 제8차 연도(2026년)부터 제10차 연도(2028년)까지 3년간 매년 균등분할변제합니다. 단, 대위변제가 제2차연도(2020년) 이후에 이루어지는 경우 이미 변제기일이 경과된 금액은 그 후 최초로 도래하는 변제기일에 합산하여 변제합니다.

(2) 개시 후 이자

개시 후 이자는 전액 면제합니다.

다. 권리변경 후 채무자가 변제해야 할 회생채권(미발생 구상채권)의 내역은 다음과 같습니다.

(단위: 원)

목록번호	신고번호	채권자	변동 후 시인된 총채권액	권리변경(출자전환/면제)				권리변경 후 변제할 채권액			
				원 금 (출자전환)	개시전 이자 (출자전환)	개시후 이자 (면제)	합계	원 금	개시전 이자	개시후 이자	합계
	2	건설공제조합	98,450,886,505	미확정	미확정	미확정	미확정	미확정	미확정	미확정	미확정
	3	주택도시보증공사	85,329,337,980	미확정	미확정	미확정	미확정	미확정	미확정	미확정	미확정
	95	서울보증보험	4,801,937,840	미확정	미확정	미확정	미확정	미확정	미확정	미확정	미확정
합 계			183,780,224,485	미확정	미확정	미확정	미확정	미확정	미확정	미확정	미확정

라. 세부적인 권리변경내역은 <별표 8−6>과 같으며, 권리변경 후 원금 및 이자의 구체적인 변제계획은 <별표 10−6>과 같다.

3. 회생채권(일반보증채권)

가. 회생채권(일반보증채권)의 내역

관리인이 조사기간에 시인한 회생채권(일반보증채권) 및 이후의 변동내역은 다음과 같습니다.

(단위: 원)

목록번호	신고번호	채권자	시인된 채권액				변동내역				변동 후 시인된 총채권액
			원금	개시전 이자	개시후 이자	계	원금	개시전 이자	개시후 이자	계	
	82	(주)공동저축은행	468,104,000	7,172,609	9,005,976	484,282,585	0	0	0	0	484,282,585
	105	청성저축은행	702,156,000	10,518,079		712,674,079	0	0		0	712,674,079
합 계			1,170,260,000	17,690,688	9,005,976	1,196,956,664	0	0	0	0	1,196,956,664

나. 권리변경 및 변제방법

(1) 원금 및 개시 전 이자

(가) 우선 주채무자로부터 변제받거나 주채무자로부터 제공받은 담보물건을 처분하여 변제받도록 합니다.

(나) 주채무자에 대한 담보권 실행 후 또는 채무자 회사의 회생계획인가일 이후 주채무자가 변제하여야 할 주채무를 이행하지 않고 그 불이행 상태가 1년(단, 주채무의 변제기일이 회생계획인가일 이후 도래하는 경우에는 그 변제기일로부터 1년)동안 계속되는 경우(이하 이 절에서 '채무자 회사가 변제할 사유'라 합니다)에는 변제되지 않은 회생채권 잔액의 ○○%는 출자전환하고 ○○%는 현금으로 변

제하되, 현금변제할 금액은 채무자 회사가 변제할 사유가 발생한 년도부터 제10차년도(○○○○년)까지 균등분할변제합니다. 단, 채무자 회사가 변제할 사유가 제2차년도(○○○○년) 이후에 발생하는 경우 이미 변제기일이 경과된 금액은 그 후 최초로 도래하는 변제기일에 합산하여 변제합니다.

(다) 출자전환 대상 채권액은 본 회생계획안 제○장 제○절에 의하여 채무자가 신규로 발행하는 주식의 효력발생일에 당해 회생채권의 변제에 갈음하여 소멸합니다.

(2) 개시 후 이자

개시 후 이자는 전액 면제합니다.

다. 권리변경 후 채무자가 변제해야 할 일반보증채권 내역은 다음과 같습니다.

(단위: 원)

목록번호	신고번호	채권자	변동 후 시인된 총채권액	권리변경(출자전환/면제)				권리변경 후 변제할 채권액			
				원금(출자전환)	개시전 이자(출자전환)	개시후 이자(면제)	합계	원금	개시전 이자	개시후 이자	합계
	82	(주)공동저축은행	484,282,585	미확정	미확정	미확정	미확정	미확정	미확정	미확정	미확정
	105	청성저축은행	712,674,079	미확정	미확정	미확정	미확정	미확정	미확정	미확정	미확정
	합 계			미확정	미확정	미확정	미확정	미확정	미확정	미확정	미확정

라. 세부적인 권리변경 내역은 <별표 8-8>과 같으며, 권리변경 후 원금 및 이자의 구체적 변제계획은 <별표 10-8>과 같습니다.

4. 회생채권(중도금대출 보증채권)[6]

가. 회생채권(중도금대출 보증채권)의 내역

관리인이 조사기간에 시인한 회생채권(중도금대출 보증채권) 및 이후의 변동내역은 다음과 같습니다.

6) 흔히 '집단대출 보증채권'이라 불리는 것이다.

(단위: 원)

목록번호	신고번호	채권자	시인된 채권액				변동내역				변동 후 시인된 총채권액
			원금	개시전 이자	개시후 이자	계	원금	개시전 이자	개시후 이자	계	
	35	(주)장백저축은행	10,621,900,000	122,888,422	0	10,744,788,422	0	0	0	0	10,744,788,422
	153	(주)서울저축은행	8,052,300,000	26,002,839	0	8,078,302,839	0	0	0	0	8,078,302,839
합 계			18,674,200,000	148,891,261	0	18,823,091,261	0	0	0	0	18,823,091,261

나. 권리변경 및 변제방법

(1) 원금 및 개시전 이자

(가) 중도금대출보증채권은 우선 주채무자로부터 변제받도록 합니다. 다만, 해당 부동산의 소유권이전등기가 완료되어 주채무자 소유로 된 부동산에 회생채권자의 담보권설정이 이루어지고 회생채권자의 주채무자에 대한 부동산 담보대출 등의 과목으로 대환되는 날에 채무자가 보증한 중도금대출보증채무는 소멸되는 것으로 합니다.

(나) 주채무자에게 변제받지 못하고 그 불이행상태가 1년 동안 계속되는 때(이하 '채무자가 변제할 사유'라고 합니다)에는 주채무자에 의하여 변제되지 아니한 채권액의 65%는 출자전환하고 35%는 현금으로 변제하되, 현금변제할 금액은 … (중략) … 변제합니다.[7] 출자전환 대상채권액은 본 회생계획안 제11장 제4절에 의하여 채무자가 신규로 발행하는 주식의 효력발생일에 당해 회생채권 변제에 갈음합니다.

(2) 개시 후 이자

개시 후 이자는 전액 면제합니다.

다. 권리변경 후 채무자가 변제해야 할 중도금대출 보증채권 내역은 다음과 같습니다.

7) 전기한 회생채권(일반보증채권)과 동일하므로 생략하였다.

(단위: 원)

목록 번호	신고 번호	채권자	변동 후 시인된 총채권액	권리변경(출자전환/면제)				권리변경 후 변제할 채권액			
				원금 (출자전환)	개시전 이자 (출자전환)	개시후 이자 (면제)	합계	원금	개시전 이자	개시후 이자	합계
	35	(주)장백저축은행	10,744,788,422	미확정	미확정	미확정	미확정	미확정	미확정	미확정	미확정
	153	(주)서울저축은행	8,078,302,839	미확정	미확정	미확정	미확정	미확정	미확정	미확정	미확정
합 계			18,823,091,261	미확정	미확정	미확정	미확정	미확정	미확정	미확정	미확정

라. 세부적인 권리변경 내역은 <별표 8-9>와 같으며, 권리변경 후 원금 및 이자의 구체적인 변제계획은 <별표 10-9>와 같습니다.

*** 다른 기재례: 회생담보권 보증채권**[8]

채무자가 제3자를 위하여 보증채무를 부담하면서 신탁재산을 그 채권자에게 담보로 제공할 경우, 그 채권자는 회생채권자이고, 신탁자산의 처분대금으로부터 우선변제 받을 지위에 있다.

시인된 신탁 관련 보증채권은 부동산 신탁계약에 따라 신탁재산을 환가하여 받을 수 있는 수익금으로 우선 변제하고, 그리고 주채무자로부터 변제받거나, 주채무자로부터 제공받은 담보물건을 처분하여 변제받습니다. 주채무자에 대한 담보권을 실행하고, 채무자의 회생계획인가결정일 이후 주채무자가 변제하여야 할 주채무를 이행하지 않고 그 불이행 상태가 1년 동안 지속되는 때(이하 '채무자가 변제할 사유'라 합니다)에는 주채무자에 의하여 변제되지 아니한 채권 잔액 중 시인액 범위 내에서 76%는 출자전환하고 24%는 현금변제하되, 변제할 채권의 68%는 제3차년도(2015년)부터 제6차년도(2018년)까지 4년간 매년 균등분할 변제하고, 32%는 제7차년도(2019년)부터 제10차년도(2022년)까지 4년간 매년 균등분할 변제합니다. 다만 '채무자가 변제할 사유'가 제3차년도(2015년) 변제기일 이후에 발생하는 경우 이미 변제기일이 경과한 채권은 그 후 최초로 도래하는 변제기일에 합산하여 변제합니다.

8) 실무연구회(상), 689-690면.

5. 회생채권(특수관계인 대여채권)

가. 회생채권(특수관계인 대여채권) 내역

관리인이 조사기간에 시인한 회생채권(특수관계인 대여채권) 및 이후의 변동 내역은 다음과 같습니다.

(단위: 원)

신고번호	채권자	시인된 채권액				변동내역				변동 후 시인된 총채권액
		원금	개시전 이자	개시후 이자	계	원금	개시전 이자	개시후 이자	계	
151	이**	1,300,000,000	22,750,000	0	1,322,750,000	0	0	0	0	1,322,750,000
합 계		1,300,000,000	22,750,000	0	1,322,750,000	0	0	0	0	1,322,750,000

나. 권리변경 및 변제방법

(1) 원금 및 개시 전 이자

원금 및 개시 전 이자의 90%는 출자전환하고 10%는 현금변제하되, 변제할 채권의 100%는 제10차년도(20××년)에 전액변제합니다. 출자전환 대상채권액은 본 회생계획안 제11장 제4절에 의하여 채무자가 신규로 발행하는 주식의 효력발생일에 당해 회생채권 변제에 갈음합니다.[9)]

(2) 개시 후 이자

개시 후 이자는 전액 면제합니다.

다. 권리변경 후 채무자가 변제해야 할 특수관계인대여채권 내역은 다음과 같습니다.

(단위: 원)

신고번호	채권자	변동 후 시인된 총채권액	권리변경(출자전환/면제)				권리변경 후 변제할 채권액			
			원금 (출자전환)	개시전 이자 (출자전환)	개시후 이자 (면제)	합계	원금	개시전 이자	개시후 이자	합계
151	이**	1,322,750,000	1,170,000,000	20,475,000	0	1,190,475,000	130,000,000	2,275,000	0	132,275,000
합 계		1,322,750,000	1,170,000,000	20,475,000	0	1,190,475,000	130,000,000	2,275,000	0	132,275,000

라. 세부적인 권리변경 내역은 <별표 8－11>과 같으며, 권리변경 후 원

9) 특수관계인 채권은 다른 채권에 비하여 열후적으로 취급하며, 100%출자전환 등 가급적 현금출연을 하지 않는 방향으로 규정하는 것이 일반적이다.

금 및 이자의 구체적인 변제계획은 <별표 10-11>과 같습니다.

6. 회생채권(상거래채권)

가. 회생채권(상거래채권) 내역

관리인이 조사기간에 시인한 회생채권(상거래채권) 및 이후의 변동내역은 다음과 같습니다.

(단위: 원)

구분	채권자	시인된 채권액				변동내역				변동 후 시인된 총채권액
		원금	개시전 이자	개시후 이자	계	원금	개시전 이자	개시후 이자	계	
상거래 채 권	세화산업(주) 외 150건[10]	7,717,462,626	3,586,614	0	7,721,049,240	3,213,731,066	0	0	3,213,731,066	10,934,780,306

나. 권리변경 및 변제방법

(1) 원금 및 개시 전 이자

원금 및 개시 전 이자의 55%는 출자전환하고, 45%는 현금변제하되 1차년도(20××년)까지 거치 후 각 채권자별로 제2차년도(20××년)에는 현금으로 변제할 채권의 5백만원까지 변제하고, 제3차년도(20××년)에는 미변제 잔액 중 10백만원까지 변제하고, 제4차년도(20××년)에는 미변제잔액 중 20백만원까지 변제하고, 제5차년도(20××년)에는 미변제 잔액 중 40백만원까지 변제하고, 제6차년도(20××년)에는 미변제잔액 중 80백만원까지 변제하고, 제7차년도(20××년)에는 미변제 잔액을 전액 변제합니다.[11] 출자전환 대상채권액은 본 회생계획안 제11장 제4절에 의하여 채무자가 신규로 발행하는 주식의 효력발생일에

10) 도표의 양이 지나치게 많은 관계로, 목록번호 및 신고번호, 개별채권자의 명칭과 채권액 등을 생략하고, 총액을 기준으로 개괄적으로 기재하였다. 실제의 회생계획에서는 이를 모두 기재하여야 한다.

11) 상거래 회생채권에 대한 변제방법을 규정하는 방법으로는 ① 매년의 변제액을 총 채권액에 대한 비율로 규정하는 방법, ② 매년 변제액의 상한선을 규정하는 방법, ③ 양자를 혼용하는 방법이 있다. 위 기재는 ②의 방법에 의한 것이다. ②의 방법은 소액상거래채권자를 우대하기 위한 방법인바, 고액의 상거래채권자가 채권을 분할하여 양도함으로써 조기변제를 받을 경우 이러한 취지가 몰각될 수 있다. 이를 방지하기 위하여 채권양도에 관한 특례규정을 누락하지 않도록 한다.

당해 회생채권 변제에 갈음합니다.

* 다른 기재례

1. 시인된 원금 및 개시전 이자에 대하여 62%는 출자전환하고 38%는 현금변제하되, 그 변제할 채권액에 대하여 1차년도(20××년)에 1%, 2차년도(20××년)에 2%, 3차년도(20××년)부터 4차년도(20××년)까지 매년 9%, 5차년도(20××년)부터 6차년도(20××년)까지 매년 10%, 7차년도(20××)부터 8차년도(20××년)까지 매년 13%, 9차년도(20××년)에 16%, 10차년도(20××년)에 17%를 변제합니다.12)
   다만, 권리변경 후 현금변제할 금액이 금 2,000,000원 이하인 채권은 그 현금변제 대상금액을 1차년도(20××년)에 전액 변제합니다.
   출자전환은 본 회생계획안 제10장 제4절에 의하여 채무자가 신규로 발행하는 주식의 효력발생일에 당해 회생채권 변제에 갈음하는 것으로 합니다.

2. **(1) 우선변제 상거래채권**13)
   원사업자가 각 채권자에게 직접 지급하는 공사대금은 해당 공사미수금이 회수되는 시점에 우선변제 대상으로 지정된 채무의 100%를 변제합니다. 다만 원사업자로부터 각 채권자에게 직접 지급되는 공사대금이 우선 변제대상으로 지정된 채무금액보다 적을 경우에는 변제 후 미변제금액의 75%는 출자전환하고 25%는 현금변제하되 현금변제할 금액은 잔여 회생기간에 매년 균등분할변제합니다.

2. **(2) 일반 상거래채권**
   원금 및 개시 전 이자의 75%는 출자전환하고 25%는 현금변제하되, 현금변제할 금액은 제1차년도(2013년)부터 제10차년도(2022년)까지 매년 균등분할변제합니다.

(2) 개시 후 이자

개시 후 이자는 전액 면제합니다.

다. 권리변경 후 채무자가 변제해야 할 상거래채권 내역은 다음과 같습니다.

---

12) ①의 방법에 의한 것으로 가장 일반적인 기재례이다.

13) 직불청구권이 보장되는 하도급업자들의 채권을 우선변제 상거래채권으로 취급하는 경우의 기재례이다(실무연구회(상), 689면).

(단위: 원)

구 분	채권자	변동 후 시인된 총채권액	권리변경(출자전환/면제)				권리변경 후 변제할 채권액			
			원금 (출자전환)	개시전 이자 (출자전환)	개시후 이자 (면제)	합계	원 금	개시전 이자	개시후 이자	합계
상거래 채 권	세화산업(주) 외 150건	10,934,780,306	6,012,156,531	1,972,638	0	6,014,129,169	4,919,037,161	1,613,976	0	4,920,651,138

라. 세부적인 권리변경 내역은 <별표 8－12>와 같으며, 권리변경 후 원금 및 이자의 구체적인 변제계획은 <별표 10－12>와 같습니다.

7. 회생채권(임원급여 및 퇴직금채권)

가. 회생채권(임원급여 및 퇴직금채권) 내역

관리인이 조사기간에 시인한 회생채권(임원급여 및 퇴직금채권) 및 이후의 변동내역은 다음과 같습니다.

(단위: 원)

목록 번호	신고 번호	채권자	시인된 채권액				변동내역				변동 후 시인된 총채권액
			원금	개시전 이자	개시후 이자	계	원금	개시전 이 자	개시후 이 자	계	
	추완 60	김대표	0	0	0	0	12,000,000	0	0	12,000,000	12,000,000
	추완 61	이**	0	0	0	0	59,053,000	0	0	59,053,000	59,053,000
	추완 62	이청	0	0	0	0	8,800,000	0	0	8,800,000	8,800,000
	추완 63	정구왕	0	0	0	0	31,643,040	0	0	31,643,040	31,643,040
합 계			0	0	0	0	111,496,040	0	0	111,496,040	111,496,040

나. 권리변경 및 변제방법

(1) 원금 및 개시 전 이자

원금 및 개시 전 이자의 80%는 출자전환하고 20%는 현금변제하되, 변제할 채권의 100%를 10차년도(20××년)에 전액변제합니다. 출자전환 대상채권액은 본 회생계획안 제11장 제4절에 의하여 채무자가 신규로 발행하는 주식의 효력발생일에 당해 회생채권 변제에 갈음합니다.

(2) 개시 후 이자

개시 후 이자는 전액 면제합니다.

다. 권리변경 후 채무자가 변제해야 할 임원급여 및 퇴직금채권 내역은 다음과 같습니다.

(단위: 원)

목록번호	신고번호	채권자	변동 후 시인된 총채권액	권리변경(출자전환/면제)				권리변경 후 변제할 채권액			
				원금(출자전환)	개시전 이자(출자전환)	개시후 이자(면제)	합계	원금	개시전 이자	개시후 이자	합계
	추완60	김대표	12,000,000	9,600,000	0	0	9,600,000	2,400,000	0	0	2,400,000
	추완61	이**	59,053,000	47,242,400	0	0	47,242,400	11,810,600	0	0	11,810,600
	추완62	이청	8,800,000	7,040,000	0	0	7,040,000	1,760,000	0	0	1,760,000
	추완63	정구왕	31,643,040	25,314,432	0	0	25,314,432	6,328,608	0	0	6,328,608
합 계			111,496,040	89,196,832	0	0	89,196,832	22,299,208	0	0	22,299,208

라. 세부적인 권리변경 내역은 <별표 8-13>과 같으며, 권리변경 후 원금 및 이자의 구체적 변제계획은 <별표 10-13>과 같습니다.

8. 회생채권(임차보증금반환채권)

* 우선변제권이 없는 일반 임차보증금반환채권의 경우이다. 주택임대차보호법, 상가건물 임대차보호법의 우선변제권 요건을 갖추었더라도 임차보증금 중 임대목적물의 담보가치를 초과하는 부분은 여기에 해당한다.

가. 시인한 총 채권액의 내역

조사기간에 시인된 회생채권(임차보증금반환채권)과 그 이후의 변동내역은 다음과 같습니다.

(기재 생략)

나. 권리변경 및 변제방법

(1) 임대차계약기간이 만료되거나 중도에 적법하게 해지되어 그 반환사유가 발생하고 임차인이 임대목적물을 인도하는 경우에는 종전 임차보증금의 ○○%는 출자전환하고 ○○%는 현금으로 변제하되, 현금변제할 금액은 임대목적물

의 인도와 동시에 전액 변제합니다.

* "현금변제할 금액은 회생채권(대여금채권)의 변제방법과 동일하게 변제합니다"라고 정할 수도 있다. 이는 우선변제권이 없는 일반 임차보증금반환채권을 다른 회생채권과 동등하게 취급하는 원칙적인 경우의 기재례이다. 그러나 채무자 회사의 사정에 따라서는 회생계획의 수행을 위하여 임차목적물을 매각하는 데 임차인의 협조가 필수적인 경우, 차임수입 또는 재임대를 통한 자금유입이 회생계획 수행에 중요한 의미를 가지는 경우 등 일반 임차보증금반환채권을 다른 회생채권보다 우대할 필요성이 있을 수 있고, 그와 같은 합리적 이유가 있는 경우에는 다른 회생채권보다 현금변제율을 높이거나, 회생담보권(임차보증금반환채권)과 동일하게 전액 변제하는 것으로 정할 수도 있다.

(2) 출자전환 대상채권액은 본 회생계획안 제○장 제○절에 의하여 채무자가 신규로 발행하는 주식의 효력발생일에 당해 회생채권의 변제에 갈음하여 소멸합니다.

(3) 개시 후 이자는 면제합니다.

* 임차인이 임대목적물을 인도한 이후부터는 미반환 임차보증금에 대하여 개시 후 이자를 변제하는 것으로 정하는 예도 있다.

다. 권리변경 후 채무자 회사가 변제해야 할 회생채권(임차보증금반환채권)은 다음과 같습니다.

(기재 생략)

라. 회생채권(임차보증금반환채권)의 세부적인 권리변경 내역은 <별표 ○-○>과 같고, 원금 및 이자의 구체적인 연도별 변제계획은 <별표 ○-○>과 같습니다.

9. 회생채권(조세 등 채권)

가. 회생채권(조세 등 채권) 내역

신고된 조세 등 채권 및 그 변동내역은 다음과 같습니다.

(단위: 원)

목록번호	신고번호	채권자	신고한 금액				변동액			변동 후 총 채권액
			본세	가산금	중가산금	계	본 세	가산금	중가산금	
	조세 등 1	근로복지공단 (인천북부지사)	178,410,370	0	-	178,410,370	285,964,310	213,205,920	-	677,580,600

(단위: 원)

목록 번호	신고 번호	채권자	신고한 금액				변동액			변동 후 총 채권액
			본세	가산금	중가산금	계	본 세	가산금	중가산금	
	조세 등 2	여수시장	130,208,610	5,468,740	-	135,677,350	0	0	-	135,677,350
	조세 등 3	국민연금공단 (북인천지사)	94,908,690	0	-	94,908,690	-20,272,320	0	-	74,636,370
	조세 등 4	국민건강 보험공단 (인천부평지사)	32,082,640	1,604,120	-	33,686,760	-8,460,280	0	-	25,226,480
	조세 등 5	한국장애인 고용촉진공단 (인천지사)	6,000,000	2,592,000	-	8,592,000	0	0	-	8,592,000
	추완조세 등 1	구리시	1,540,000	0	-	1,540,000	17,090	46,700	-	1,603,790
	추완조세 등 2	단원구청장	761,120	272,400	-	1,033,520	0	0	-	1,033,520
	추완조세 등 3	북인천세무서	8,604,220	7,206,022	-	15,810,242	333,770,663	0	-	349,580,905
합 계			452,515,650	17,143,282	-	469,658,932	591,019,463	213,252,620	-	1,273,931,015

나. 권리변경 및 변제방법

채무자 회생 및 파산에 관한 법률 제140조 제2항에 의하여 인가결정일 이후 변제기일까지 국세징수법 또는 국세징수의 예에 의한 징수는 유예될 수 있으므로, 채무자는 회생계획인가결정일(예상일 20××. 6.30) 전일까지 발생한 조세채권의 가산금 및 중가산금을 포함한 원금 100%를 변제하되, 변제할 채권의 100%는 제1차년도(20××년)부터 제3차년도(20××년)까지 3년간 매년 인가결정일과 동일한 날짜에 균등분할하여 변제합니다. 회생계획인가결정일로부터 3년간 국세징수법 및 국세징수의 예에 의한 징수 및 체납처분에 의한 환가는 유예합니다. 다툼이 있는 경우에는 이의신청 또는 소 제기를 통하여 확정하는 것으로 합니다. 단, 법원의 허가를 얻어 조기에 변제할 수 있습니다.

* 다른 기재례[14)]

채무자 회생 및 파산에 관한 법률 제140조 제2항에 의하여 회생계획인가결정일 이후 변제일까지 국세징수법 또는 국세징수의 예에 의한 징수 및 체납처분에 의한 재산의 환가는 유예될 수 있으므로, 채무자는 회생계획인가결정일 전일까지 발생한 조세 등 채권의 가산금 및 중가산금을 포함한 금액을 조세 등 채권자의 동의를 얻어 서초세무서와 국민건강보험공단에 대하여는 제1차년도(2013년)에 10%를, 제2차년도(2014년)에 20%를, 제3차년도(2015년)에 20%를, 제4차년도(2016년)에 20%를, 제5차년도(2017년)에 5%를, 제6차년도(2018년)에 2%를, 제7차년도(2019년)에 20%를, 제8차년도(2020년)에 3%를 매년 인가결정일과 동일한 날짜에 변제하고, 서초구청, 서대전세무서에 대하여는 제1차년도(2013년)부터 제3차연도(2015년)까지 3년간 매년 인가결정일과 동일한 날짜에 균등분할 변제합니다.

다. 권리변경 후 채무자가 변제해야 할 벌금·조세 등 채권내역은 다음과 같습니다.

(단위: 원)

목록 번호	신고 번호	채권자	변동 후 총 채권액	권리변경(면제)				권리변경 후 변제할 채권액			
				본세	가산금	중가산금	합계	본 세	가산금	중가 산금	합 계
	조세 등 1	근로복지공단 (인천북부지사)	677,580,600	-	-	-	-	464,374,680	213,205,920	-	677,580,600
	조세 등 2	여수시장	135,677,350	-	-	-	-	130,208,610	5,468,740	-	135,677,350
	조세 등 3	국민연금공단 (북인천지사)	74,636,370	-	-	-	-	74,636,370	0	-	74,636,370
	조세 등 4	국민건강보험공단 (인천부평지사)	25,226,480	-	-	-	-	23,622,360	1,604,120	-	25,226,480
	조세 등 5	한국장애인고용 촉진공단 (인천지사)	8,592,000	-	-	-	-	6,000,000	2,592,000	-	8,592,000
	추완조세 등 1	구리시	1,603,790	-	-	-	-	1,557,090	46,700		1,603,790
	추완조세 등 2	단원구청장	1,033,520	-	-	-	-	761,120	272,400	-	1,033,520
	추완조세 등 3	북인천세무서	349,580,905	-	-	-	-	342,374,883	7,206,022	-	349,580,905
합 계			1,273,931,015	0	0	0	0	1,043,535,113	230,395,902	0	1,273,931,015

14) 실무연구회(상), 681면, 징수권자 중 동의한 자와 동의하지 않은 자가 있는 경우의 기재례이다.

라. 세부적인 권리변경 내역은 <별표 8－14>와 같으며, 권리변경 후 구체적인 변제계획은 <별표 10－14>와 같습니다.

Ⅳ. 신고하지 않은 채권의 처리

채무자 회생 및 파산에 관한 법률 제251조에 의거 회생담보권자의 목록 및 회생채권자의 목록에 기재되지 않고, 신고도 되지 아니한 회생담보권·회생채권은 그 권리가 소멸됩니다.

Ⅴ. 미확정 회생담보권·회생채권 및 부인권 행사로 부활될 회생채권의 처리

1. 미확정 회생담보권·회생채권

회생담보권자의 목록·회생채권자의 목록에 기재된 채권, 신고기간 내에 신고된 회생담보권·회생채권 중에서 조사기간 내에 이의가 제기되어 회생채권 등의 확정소송이 진행되고 있는 것은 2018년 5월 25일 현재 다음과 같습니다.

(단위: 원)

구분	신고번호	채권자명	채권내용	채권액	관할법원	사건번호	비고
회생담보권	담보 3	주택도시보증공사	미발생구상채권(주채권)	48,978,316,000	서울회생법원	20××회확10	분양대금채권담보
	담보 7	전기공사공제조합	연대보증	16,647,166	서울회생법원	20××회확19	
	담보 4	(주)AK저축은행	대여채권	1,010,169,096	서울회생법원	20××회확16	공사대금채권담보
	담보 5	(주)서울저축은행	대여채권	2,020,338,194			
	담보 6	(주)부산저축은행	대여채권	1,010,169,096			
		소 계		4,040,676,386			
	회생담보권 합계			53,035,639,552			

회생채권[15]	채권12 외 21인	한국전력공사 부산사업본부 남부산지점 외 21인	상거래채권 (공사비) 등	24,125,785,560	서울회생법원	20XX회확2 외 21건	
	회생채권 합계			24,125,785,560			
총합계				77,161,425,112			

2. 미확정 회생담보권·회생채권의 권리변경과 변제방법

가. 조사확정재판이나 이의의 소, 기타 소송에 의하여 회생담보권 및 회생채권으로 확정되었을 경우에는 회생담보권 및 회생채권에 대하여 그 권리의 성질 및 내용에 비추어 가장 유사한 회생채권 또는 회생담보권의 권리변경과 변제방법에 따라 변제합니다.

나. 위 "가"항에 따라 가장 유사한 권리변경 및 변제방법을 적용하는 것에 관하여 다툼이 있는 경우에는 관리인의 신청에 의하여 본 회생사건을 담당하는 법원이 이를 결정합니다.

다. 회생담보권 및 회생채권 조사확정재판이나 확정소송에 의하는 채권 이외에 미확정채권이 회생담보권 또는 회생채권으로 확정되는 경우에는 위 가. 나. 항에 따라 권리변경 및 변제방법을 정합니다.

3. 부인권 행사로 부활될 회생채권에 관한 권리변경 및 변제방법

가. 신고기간 만료 후 관리인이 부인의 소 또는 부인의 청구를 제기하여 그에 관한 재판이 확정된 후 1개월 이내에 상대방이 신고를 추후보완하고 그 상대방이 받은 이행을 반환하거나 그 가액을 상환한 경우, 그 추후보완된 신고가 시인되거나 그에 관한 채권조사확정재판 등이 확정되면 그 권리의 성질 및 내용에 비추어 가장 유사한 회생채권 또는 회생담보권의 권리변경 및 변제방법을 적용합니다.

15) 편의상 수인의 채권자, 금액 등을 합산하여 표시하였다.

나. 위 “가”항에 따라 가장 유사한 권리변경 및 변제방법을 적용하는 것에 관하여 다툼이 있는 경우에는 관리인의 신청에 의하여 본 회생사건을 담당하는 법원이 이를 결정합니다.

Ⅵ. 장래의 구상권

1. 회생절차개시결정 이후 채무자를 위한 보증인, 물상보증인(담보목적물의 제3취득자를 포함합니다), 기타 제3자가 자기의 출재로 인하여 회생담보권자 또는 회생채권자에게 변제한 경우에는 채무자에 대하여 구상권을 취득합니다.

2. 다만, 구상권자는 채권자의 권리변경 전의 채권이 회생절차에 의하여, 또는 회생절차에 의하지 아니하고 모두 소멸된 경우에 한하여 자기의 구상권을 행사할 수 있으며, 채무자는 이 회생계획안에 의하여 변제하여야 할 회생담보권 또는 회생채권의 잔액 범위 내에서 구상권자들의 구상권 비율에 따라 변제합니다.

3. 회생절차개시 당시의 채무자의 관계회사 및 특수관계인이 채무자에 대하여 가지고 있는 채권이나 회생절차개시결정 이후 대위변제 등으로 채무자에 대하여 취득하는 구상권은 전액 면제한다. 이때 면제되는 구상권의 금액은 전항의 구상권의 비율을 산정함에 있어서 총액에 산입합니다.

제 2 절 공익채권의 변제방법

1. 회생계획안 작성기준일 현재 미지급 공익채권 및 이후 발생하는 공익채권은 본 회생절차 종료 시까지 영업수익금과 기타 재원으로 법원의 허가를 받아 수시로 변제합니다.

2. 공익채권 공사대금채권

가. 변제할 공익채권 내역

(1) 공익채권 공사대금채권 내역

(단위: 원)

목록번호	신고번호	채권자	채 권 액	비 고
채권17	100	주광건설(주)	634,828,080	
채권18	55	대안건철(주)	599,255,000	
채권19	추완48	(주)미백창호	139,260,000	
채권20	24	(주)에이스테크시스템	297,486,290	
채권21	30	증산토건(주)	452,693,000	
채권22	19	신건공영(주)	774,818,000	
38인[16]			7,032,644,636	
합 계			9,930,985,006	

(2) 공익채권 임금채권 내역

목록번호	신고번호	채권자	채 권 액	비 고
		김삼만 외 84명	599,975,682	
합 계			599,975,682	

나. 권리변경 및 변제방법

(1) 원금 및 개시 전 이자

① 공익채권 공사대금채권

㉠ 채무조정 합의된 경우

원금 및 개시 전 이자의 50%는 출자전환하고 50%는 현금변제하되 1차년도(20××년)까지 거치 후 각 채권자별로 제2차년도(20××년)에는 현금으로 변제할 채권의 5백만원까지 변제하고, 제3차년도(20××년)에는 미변제 잔액 중 10백만원까지 변제하고, 제4차년도(20××년)에는 미변제잔액 중 20백만원까지 변제하고, 제5차년도(20××년)에는 미변제잔액 중 40백만원까지 변제하고, 제6차년도(20××년)에는 미변제잔액 중 80백만원까지 변제하고, 제7차년도(20××년)에는 미변제 잔액을 전액 변제합니다. 출자전환 대상채권액은 본 회생계획

16) 유사한 내용이므로 합계 금액만을 표시한 것이다.

안 제11장 제4절에 의하여 채무자가 신규로 발행하는 주식의 효력발생일에 당해 공익채권의 변제에 갈음합니다.

㉡ 채무조정 미합의된 경우

채무조정 미합의된 경우에는 변제할 채무를 법원의 허가를 받아 변제합니다.

② 공익채권 임금채권

변제할 채권의 전액을 제1차년도(20××년)부터 제2차년도(20××년)까지 2년간 매년 균등분할 변제합니다.

(2) 개시 후 이자

개시 후 이자는 전액 면제합니다.

다. 공익채권에 대한 세부적인 채무조정 합의내용은 <별표 9>와 같으며, 권리변경 후 원금 및 이자의 구체적인 변제계획은 공익채권 공사대금채권<별표 11－1>, 공익채권 임금채권<별표 11－2>와 같습니다.

라. 공익채권 공사대금채권에 대한 채무조정합의서는 본 회생계획안의 유첨 1과 같습니다.

마. 공익채권 임금채무에 대한 확약서는 본 회생계획안의 유첨 2와 같습니다.

제 3 절 변제자금의 조달

Ⅰ. 영업수익금

변제자금은 영업수익금으로 충당함을 원칙으로 합니다.

Ⅱ. 보유자산(부동산 등) 처분

영업수익금과 별도로 법원의 허가를 받아 보유자산(부동산 등) 매각 시에는

본 회생계획안에 따라 처분하여 변제자금 등으로 충당합니다.[17]

Ⅲ. 차입금

영업수익금 및 자산의 매각대금이 변제자금의 충당에 부족할 때에는 법원의 허가를 받아 금융기관으로부터 차입하여 이를 변제자금에 충당할 수 있습니다.

Ⅳ. 기타 수익금

기타 수시로 발생하는 수익금은 법원의 허가를 받아 변제자금에 충당할 수 있습니다.

제 4 절 자구노력의 추진

채무자는 경영의 조기정상화를 위하여 다음과 같이 자구노력을 추진합니다.

1. 비업무용자산의 조기매각실현

채무자가 보유중인 비업무용자산을 조기에 매각하여 회생채권 변제자금에 충당합니다.

(단위: 백만원)

자 산 명	내용	주수/구좌	가 치 평가액	조기매각 가능액			비고
				주수/구좌	가 액	처분시기	
출자증권	건설공제조합 출자 증권	1,500	1,977	1,275	1,680	20××년	
정기예금	예금(질권설정)	1	106	1	106	20××년	
합 계			2,083		1,786		

17) 자산 매각을 예정하고 있을 경우 자산의 명칭(부동산, 유가증권, 시설이용권 등), 자산 내역, 감정가액, 매각 예상금액, 회수예상금액(중개수수료, 양도소득세, 이전비용, 신규 공장의 임차보증금 등을 차감한 금액), 매각 예정년도를 각 특정한다.

2. 현금유동성 중시의 경영으로 미수채권 조기회수

(단위: 백만원)

미 수 채 권	금액	비고
공사미수금 회수	6,989	조사위원평가액
단기대여금 회수	45	
재고자산(선급공사비)	2,443	

3. 영업능력의 회복과 수익성 제고[18)]

가. 부도의 영향으로 추락한 신용도를 회복하기 위하여 매출증대, 이익률 개선 및 원가절감을 기본방향으로 설정합니다.

나. 단기적으로 현재 진행 중인 사업장을 통하여 지속성을 유지하고 소규모 공사시장을 집중 공략할 것이며, 20세대 미만 재건축을 포함한 아파트 리모델링 사업, 오피스 신축사업 등에 역량을 집중합니다.

다. 중기적으로 20××년 말까지 축적한 사업실적 및 APT브랜드 인지도를 바탕으로 강점이 있는 공종의 실적 지분참여를 통하여 메이저 업체들이 주도하는 컨소시엄에 참여하거나, 지주공동사업개발 등을 통하여 금융권의 신용도 회복을 한 다음 PF사업을 재가동합니다.

라. 장기적으로 20××년부터 금융권의 신용회복을 통한 재원조달을 통해 대규모 공사시장으로 진입을 목표로 하고 있으며, 이러한 목표가 달성될 수 있도록 수익성을 강화하고, 신규사업기회를 발굴할 수 있도록 영업혁신, 경영혁신, 관리혁신을 지속적으로 추진합니다.

4. 투명하고 공개적인 기업경영

관리인을 비롯한 채무자의 전 임·직원은 회사의 정상화를 위해 투명하고 공개적인 윤리경영체제를 확립하여 협력업체, 금융권 및 관계당국으로부터 신뢰를 받는 기업이 되도록 노력합니다.

---

18) 건설사 회생계획의 전형적인 기재례이다. 단기적으로 소형빌라 등을 공략하고, 중장기적으로 신용도를 제고하여 대형 프로젝트를 수주하겠다는 내용이 주를 이룬다.

제 5 절 예상 초과 수익금의 처리방법

1. 예상을 초과하는 영업수익금 또는 자산 매각대금이 발생한 때에는 법원의 허가를 받아 공익채권의 변제, 운전자금 사용, 회생담보권 및 회생채권의 변제 등으로 사용합니다.

2. 조세채권을 제외한 회생담보권, 회생채권을 조기변제할 경우 법원의 허가를 받아 해당 채권에 대하여 연 3.88%의 할인율을 적용하여 채권액을 변제합니다. 다만, 조기변제를 원하지 않는 채권자의 경우 이 회생계획에 따른 변제기일에 변제합니다.

* 다른 기재례

법원의 허가를 받아 채권을 조기 변제할 경우, 회생담보권은 변제 당일의 3년 만기 국고채 수익률에 2%를 가산한 금리로 할인하여 변제하며, 회생채권은 변제당일의 3년 만기 국고채 수익률에 4%를 가산한 금리로 할인하여 변제합니다.[19)]

제 6 절 예상수익금 부족시의 처리방법

예상수익금의 부족으로 본 회생계획안상의 변제금액을 변제할 수 없을 때에는 다음 순서에 따라 변제합니다.

1. 우선 회생담보권의 원금, 회생채권의 원금 순으로 당해 년도 변제예정금액에 비례하여 변제합니다.

2. 나머지가 있을 경우에는 회생담보권의 개시 전 이자, 회생채권의 개시 전 이자, 회생담보권의 개시 후 이자, 회생채권의 개시 후 이자 순으로 당해 년도 변제예정금액에 비례하여 변제합니다.

---

19) 초과수익금이 있을 경우 면제되는 채무변제에 사용할 수 있을 것인가에 관하여 논의가 있으나, 기업재건에 부정적인 영향을 미치는 점, 제3자 인수를 어렵게 하는 점 등에 비추어 부정함이 타당하다(실무연구회(상), 729－730면). 면제된 채무의 부활가능성에 대한 논의는 이론적인 수준에 그치며, 실제 문제되는 경우는 없는 것으로 보인다.

3. 당해 년도의 변제예정액 중 미변제 금액은 다음 년도에 우선 변제합니다.

제 7 절 채무자를 인수할 자

1. 관리인은 채무자의 경영정상화와 채무변제의 극대화를 위하여 필요하다고 인정되는 경우 법원의 허가를 받아 M&A에 착수하여 채무자의 제3자 인수가 성사되도록 추진하여야 하며, 그 절차는 공개 입찰 방식으로 투명하고 공정하게 진행하고 관리인은 그 진행 상황을 수시로 법원에 보고하여야 합니다.

2. 채무자의 인수의향자는 관리인에게 인수의향서를 제출하고 관리인은 인수의향자의 정당한 제의에 적극적으로 응하여야 하고, 관리인이 M&A에 소극적이거나 특별한 사정이 있는 경우 인수의향자는 직접 법원에 인수의향서를 제출할 수 있습니다.

3. 채무자의 인수자는 유상증자의 책임을 지며, 관리인 및 이해관계인은 필요한 경우 채무자 회생 및 파산에 관한 법률 제282조에 따라 회생계획의 변경을 신청할 수 있습니다.

제 8 절 분쟁이 해결되지 아니한 권리

회생절차진행 중 채무자에게 속하는 권리로서 분쟁이 발생하여 화해, 조정의 수락 또는 소송수행에 필요한 의사결정을 함에 있어 관리인은 법원의 허가를 받아야 합니다.

제 9 절 주주의 권리변경

Ⅰ. 주주의 권리제한

1. 회생절차가 종료될 때까지 주주에 대하여 이익배당을 하지 아니합니다.

2. 본 회생계획안에 특별한 정함이 없는 한, 회생절차 진행 중에는 주주총회를 개최하지 않으며, 주주는 의결권을 행사할 수 없습니다.

* 다른 기재례(관리인 불선임)

> 회생계획에 특별이 정함이 없는 한 채무자는 회생절차 진행 중에 법원의 허가를 받아 주주총회를 개최할 수 있습니다. 주주는 법원의 허가 없이 개최된 주주총회에서 의결권을 행사 할 수 없습니다.

Ⅱ. 신주의 발행

채무자는 법원의 허가를 받아 다음과 같이 신주를 발행할 수 있습니다.

1. 주식의 종류: 기명식 보통주

2. 1주의 액면금액: 500원

3. 신주의 발행은 수권자본금 범위 내에서 관리인이 법원의 허가를 받아 수차에 걸쳐 발행할 수 있습니다.

4. 신주를 발행하고자 하는 경우에는 관리인은 정관에 정한 발행예정 주식총수의 범위 안에서 발행할 주식 수, 신주를 인수할 자, 신주의 배정방법(제3자 배정 포함), 발행가액과 납입기일, 단주 및 실권주의 처리, 기타 신주발행에 관한 사무절차에 관하여 법원의 허가를 받아 정합니다. 다만 회생절차종결 이후에는 상법에 따라 처리합니다(이하 같습니다).

5. 신주발행의 효력은 신주 납입금 납입기일의 다음 영업일에 발생합니다.

Ⅲ. 자본의 감소[20]

1. 주식병합에 의한 자본 감소

가. 주식병합의 방법

본 회생계획안 인가결정 전에 발행한 주식 총 1,885,700주 중에서 자기주식(목록번호 [주식54]) 83,180주는 무상소각하고, 나머지 1,802,250주에 대하여 액면가 500원의 보통주 2주를 액면가 500원의 보통주 1주로 병합합니다. 다만, 주식 병합으로 인하여 발생하는 1주 미만의 단주는 관리인이 법원의 허가를 받아 무상소각합니다.

나. 자본감소의 효력발생일

주식병합에 따른 자본감소의 효력은 본 회생계획안 인가일에 발생합니다.

다. 주권의 제출

병합되는 주권의 소지자는 본 회생계획안 인가일로부터 30일 이내에 해당 주권을 관리인에게 제출하여야 합니다.

2. 주식소각 및 병합 후의 납입 자본

주식소각 및 병합 이후의 채무자의 자본금은 450,630,000원(901,260주)이 됩니다. 단, 단주의 발생 등으로 인하여 주식병합 후의 자본금은 위와 다를 수 있습니다.

(단위: 주, 원)

구분		기존주식			주식병합에 따른 감소			주식병합 후			비고
주주명	관계	주식수	금액	지분율	주식수	금액	감소율	주식수	금액	지분율	
김대표	관리인	510,000	255,000,000	27.05%	255,000	127,500,000	50.00%	255,000	127,500,000	28.29%	
이이사	임원	190,000	95,000,000	10.08%	95,000	47,500,000	50.00%	95,000	47,500,000	10.54%	
박이사	임원	190,000	95,000,000	10.08%	95,000	47,500,000	50.00%	95,000	47,500,000	10.54%	
이○○		151,200	75,600,000	8.02%	75,600	37,800,000	50.00%	75,600	37,800,000	8.39%	
신○○		85,050	42,525,000	4.51%	42,525	21,262,500	50.00%	42,525	21,262,500	4.72%	
×기술	자사주	83,180	41,590,000	4.41%	83,180	41,590,000	100.00%	0	0	0.00%	
이○○ 외49명		676,270	338,135,000	35.86%	338,135	169,067,500	50.00%	338,135	169,067,500	37.52%	
합계		1,885,700	942,850,000	100.00%	984,440	492,220,000	52.21%	901,260	450,630,000	100.00%	

20) ×기술(주)의 사례이며, 출자전환 시 할증발행을 한 사안이다.

Ⅳ. 채권의 출자전환에 따른 신주발행

본 회생계획안의 권리변경에 따라 회생채권자가 주금을 신규로 납입하지 아니하고 채권액을 출자로 전환하는 경우, 관리인이 법원의 허가를 받아 아래와 같이 신주를 발행하고 신주발행의 효력발생일에 변제에 갈음합니다.

1. 회생채권(대여채권, 확정구상채권, 상거래채권, 전환사채상환채권, 정부지원금반환채권, 특수관계자채권)

가. 주식의 종류: 기명식 보통주식

나. 1주의 액면금액: 500원

다. 1주의 발행가액: 보통주 1주당 1,500원을 발행가액으로 한다.

라. 발행할 주식수: 3,594,227주

마. 신주발행으로 증가하는 자본금의 액 : 1,797,113,500원, 다만, 단주의 처리로 인하여 자본금이 위와 일치하지 않을 경우에는 실제의 신주발행 결과에 따릅니다.

바. 신주발행으로 감소되는 부채액: 5,391,375,538원

사. 신주발행의 효력발생일: '제10장 제3절 주식병합에 의한 자본감소'의 효력발생일 다음날에 효력이 발생하며. 관리인은 법원의 허가를 받아 신주를 발행합니다.

아. 단주의 처리: 1주 미만의 단주는 법원의 허가를 받아 무상 소각합니다.

2. 회생채권(정부지원금 반환 미확정채권, 미발생구상채권)

가. 주식의 종류: 기명식 보통주식

나. 1주의 액면금액: 500원

다. 1주의 발행가액: 보통주 1주당 1,500원을 발행가액으로 합니다.

라. 발행할 주식수: 미확정

마. 신주발행으로 증가하는 자본금의 액: 미확정

바. 신주발행으로 감소하게 되는 부채액: 미확정

사. 신주발행의 효력발생일: 채무가 확정된 날로부터 1개월이 되는 날이 속한 달의 초일에 효력이 발생하며, 관리인이 법원의 허가를 받아 신주를 발행합니다.

아. 단주의 처리: 1주 미만의 단주는 법원의 허가를 받아 무상 소각합니다.

3. 주식병합, 출자전환 후의 자본금 변동

(단위: 주, 원)

구분		기존주식 주식병합 후			출자전환			주식병합 및 출자전환 후		
주주명		주식수	자본금	지분율	주식수	금액	지분율	주식수	자본금	지분율
기존 주식	김대표	255,000	127,500,000	28.29%				255,000	127,500,000	5.67%
	이이사	95,000	47,500,000	10.54%				95,000	47,500,000	2.11%
	박이사	95,000	47,500,000	10.54%				95,000	47,500,000	2.11%
	이○○	75,600	37,800,000	8.39%				75,600	37,800,000	1.68%
	신○○	42,525	21,262,500	4.72%				42,525	21,262,500	0.95%
	×기술	0	0	0.00%				0	0	0.00%
	이○○외49명	338,135	169,067,500	37.52%				338,135	169,067,500	7.52%
소 계		901,260	450,630,000	100.00%				901,260	450,630,000	20.05%
출자 전환 신주 발행	대여채권				1,126,188	1,689,287,581	25.05%	1,126,188	563,094,000	25.05%
	확정 구상채권				634,273	951,410,536	14.11%	634,273	317,136,500	14.11%
	상거래채권				692,016	1,038,046,510	15.39%	692,016	346,008,000	15.39%
	전환사채 상환채권				793,581	1,190,373,758	17.65%	793,581	396,790,500	17.65%
	정부지원금 반환채권				3,518	5,278,173	0.08%	3,518	1,759,000	0.08%
	정부지원금반환 미확정채권				미확정			미확정		
	미발생 구상채권				미확정			미확정		
	특수관계자 채권				344,651	516,978,980	7.67%	344,651	516,978,980	7.67%
소 계					3,594,227	5,391,375,538	79.95%	3,594,227	1,797,113,500	79.95%
합 계		901,260	450,630,000	100.00%	3,594,227	5,391,375,538	79.95%	4,495,487	2,247,743,500	100.00%

* 중소기업지분보유조항을 적용한 기재례

제4절 출자전환에 따른 신주발행

이 회생계획의 권리변경에 따라 회생채권자가 주금을 신규로 납입하지 아니하고 회생채권액을 출자전환하는 경우, 관리인은 법원의 허가를 받아 다음과 같이 신주를 발행하고, 발행되는 신주의 효력발생일에 해당 회생채권의 변제에 갈음합니다. 이때 발생하는 1주 미만의 단주는 관리인이 법원의 허가를 받아 무상소각합니다. 신주를 배정받을 채권자가 신주발행을 위한 관련자료 등을 제출하지 아니하거나 기타 사유로 인하여 채무자 회사가 신주발행을 할 수 없는 경우 채무자 명의로 일괄배정할 수 있습니다. 이 경우 채무자 회사는 신주를 발행할 수 없었던 사유가 해소된 이후에 해당 채권자에게 신주를 양도합니다.

1. 회생채권(미발생구상채권)의 신주발행

가. 주식의 종류 : 기명식 보통주

나. 1주의 액면가액 : 500원

다. 주식의 발행가액 : 500원

라. 발행할 주식의 수 : 미정

마. 신주발행으로 인하여 증가하는 자본금의 액 : 미정

바. 신주발행으로 인하여 감소되는 부채액 : 미정

사. 신주발행 효력발생일 : 채무자 회사가 변제할 사유가 성립되어 해당 회생채권이 확정된 날이 속한 분기의 다음 분기 초일에 효력이 발생합니다.

2. 그 밖의 회생채권의 신주발행

가. 주식의 종류 : 기명식 상환전환우선주

나. 1주의 액면가액 : 500원

다. 주식의 발행가액 : 500원

라. 발행할 주식의 수 : 16,833,681주

마. 신주발행으로 인하여 증가하는 자본금의 액 : 8,416,861,430원

바. 신주발행으로 인하여 감소되는 부채액 : 8,416,861,430원

사. 신주발행 효력발생일 : 이 회생계획인가일 다음 영업일에 발생합니다.

아. 상환에 관한 사항

1) 상환조건 : 채무자 회사는 상환기간 내에 상환할 권리가 있으며, 상환기간 내에 수회에 걸쳐 상환전환우선주를 분할상환하거나 또는 일부상환할 수 있습니다. 다만 상환액은 채무자 회사의 배당가능이익을 한도로 합니다.

2) 상환방법 : 채무자 회사는 상환권을 행사하고자 하는 날의 1개월 전까지 서면으로 본 건 우선주 주주에게 상환할 우선주의 수, 상환가액, 지급일 및 우선주 주권을 제시하여야 하는 장소를 기재한 상환통지서를 송부하여야 합니다. 다만 통지는 공고로 갈음할 수 있습니다.

3) 상환기간 : 2018년 1월 1일부터 2020년 12월 31일까지

4) 상환가격 : 본 건 상환시점 기준 우선주 1주당 액면가 500원에 상환할 우선주의 주식수를 곱한 금액으로 합니다. 다만 기지급된 배당금이 있는 경우 이를 차감하여 계산합니다.

5) 상환의 효력 : 상환한 주식은 소각하여 소멸합니다.

자. 전환에 관한 사항

1) 전환조건 : 본 건 우선주의 존속기간은 2020. 12. 31.까지로 하며, 아.항에 따라 상환하여 소멸한 우선주를 제외한 나머지 우선주는 존속기간 만료와 동시에 보통주로 자동전환됩니다.

2) 자동전환 효력발생일 : 2021년 1월 1일

3) 조기전환 : 채무자는 우선주의 존속기간 만료일 이전에 우선주 주주에 대하여 보통주 전환을 청구할 수 있으며, 이 경우 채무자는 전환권을 행사하고자 하는 날의 1개월 전까지 서면으로 본 건 우선주 주주에게 전환할 우선주의 수, 전환비율, 전환일, 우선주 주권을 제시하여야 하는 장소를 기재한 전환청구서를 송부하여야 합니다. 다만 통지는 공고로 갈음할 수 있습니다. 전환의 효력은 2주 이상의 일정한 기간 내에 주권을 제출할 것을 공고한 기간의 만료일의 다음날에 각 그 전환의 효력이 발생합니다.

4) 전환비율 : 본 건 전환시점 기준 우선주 1주를 보통주 1주로 전환합니다.

5) 전환가격 : 발행가액과 동일합니다. 다만 우선주 발행 이후로서 전환 전에 합병, 무상증자, 주식분할, 주식병합 시 전항의 전환비율에 따라 전환가격을 조정합니다.

6) 전환으로 발행할 주식의 종류 : 기명식 보통주

차. 의결권에 관한 사항 : 우선주 1주당 1개의 의결권을 보유합니다.

카. 이익배당에 관한 사항 : 본 건 우선주의 우선배당률은 0.0%로 합니다. 다만, 본 건 우선주의 주주는 보통주의 배당이 있을 경우 보통주와 동일한 배당률로 배당에 참가합니다.

타. 잔여재산분배 : 본 건 우선주의 주주는 청산에 의한 잔여재산분배시 출자전환금액의 한도에서 보통주에 우선하여 잔여재산의 분배를 받습니다.

파. 신주인수권 : 본 건 우선주는 발행회사의 신주 및 주식관련사채의 발행에 있어 보통주와 동일한 인수권을 가집니다.

위 조항을 적용하기 위해서는 주주 간 계약이 필요하다. 그 기재례는 다음과 같다.

주주 간 계약서

회생채무자 주식회사 00기술(이하 "회사"라 한다)의 법률상관리인 대표이사 ***(이하 "법률상관리인"이라 한다), 회사의 기존주주 ***(이하 "기존주주"라 한다) 및 회사의 인가된 회생계획안에 따라 출자전환을 통해 회사의 주식을 취득한 [ ](이하 "신주주"라 하고, 회생계획안에 따라 출자전환을 통해 회사의 주식을 취득한 자로서 본 계약과 동일한 주주간계약서를 체결한 자들을 "신주주들"이라 한다)(이하 각자를 "당사자"라 하고 모두 합하여 "당사자들"이라 한다)은 2017년 [ ]월 [ ]일 다음과 같이 본 주주간 계약(이하 "본 계약"이라 한다)을 체결한다.

-다 음-

제1조(목적)

본 계약은 "법률상관리인", "기존주주"와 "신주주들" 사이에 회사지배구조에 관한 사항 및 주식의 양도에 관한 사항 등 일정기간 "기존주주"의 경영권을 보장함과 동시에 "신주주들"의 권리를 보호하기 위한 제반사항을 규정함을 목적으로 한다.

제2조(이사 및 대표이사의 선임과 임기)

① 회생계획인가결정 당시 "회사"의 현 대표이사, 이사는 회생계획의 인가에도 불구하

고 전원 유임된다.
② 유임되는 대표이사, 이사의 임기는 본 회생계획의 인가 이후 최초로 개최되는 주주총회의 결의에 의하여 후임 대표이사, 이사가 선임될 때까지로 한다.
③ 인가 이후 최초로 개최되는 주주총회는 회생계획인가일로부터 50일 이내에 개최한다. 다만 위 기간은 회생법원의 허가를 얻어 1회에 한하여 30일의 범위 내에서 연장할 수 있다.
④ 인가 이후 최초로 개최되는 주주총회에서 선임될 이사의 수는 사내이사 2인, 사외이사 1인으로 한다.
⑤ 사내이사 1인 및 대표이사는 "법률상관리인"으로 하고, 나머지 사내이사 1인과 사외이사 1인은 "법률상관리인"이 지명한다.
⑥ "기존주주"와 "신주주"는 "법률상관리인" 및 전항에 따라 지명된 자들이 "회사"의 대표이사 및 이사로 선임되도록 그 의결권을 인가 이후 최초로 개최되는 주주총회에서 행사하거나, 의결권을 "법률상관리인"에게 위임하여야 한다.
⑦ 본조에 따라 선임된 이사 및 대표이사의 임기는 3년으로 한다.

제3조(이사의 변경과 해임)
① "법률상관리인"이 자신이 지명한 이사를 그 임기 중에 변경하고자 서면으로 나머지 당사자에게 요청하는 경우, "법률상관리인"은 이사회를 소집하여 주주총회 소집을 결의하고, "기존주주" 및 "신주주"는 주주총회에서 "법률상관리인"이 지명한 이사로의 변경이 가능하도록 의결권을 행사하여야 한다.
② "기존주주"와 "신주주"는 "법률상관리인" 및 "법률상관리인"이 지명한 이사의 변경 및 해임을 요청할 수 없다. 다만 다음 각 호의 어느 하나에 해당하는 경우에는 그러하지 아니한다.

1. 대표이사 또는 이사가 「채무자 회생 및 파산에 관한 법률」 제74조 제2항 제1호에서 정한 사유에 해당하는 경우
2. 대표이사 또는 이사가 그 직무에 관하여 부정행위 또는 법령이나 정관에 위반한 중대한 사실이 있는 경우

③ 해임, 사임, 사망 등 사유로 이사가 임기 중에 공석이 되는 경우 "기존주주" 및 "신주주"는 주주총회에서 "법률상관리인"이 지명하는 자가 이사로 선출되도록 주주총회에서 의결권을 행사하여야 한다.

제4조(이사회의 결의방법)
① 이사회는 재적이사 과반수의 출석으로 유효하게 성립된다.

② 이사회의 결의는 본 계약 또는 정관 및 법령에서 달리 규정하지 아니하는 한 재적이사 과반수의 출석과 출석이사의 과반수의 찬성이 있어야 한다. 단, 다음의 사항은 이사회 결의에 앞서 "신주주들" 4분의 3 이상의 사전 동의를 얻어야 한다.

1. 인가 후 "회사"의 지점, 사무소의 설치, 폐쇄 및 자회사의 설립
2. 인가 후 "회사"의 정관변경
3. 인가 후 "회사"의 합병, 조직변경, 해산, 청산, 파산에 관한 사항
4. 인가 후 "회사"의 증자, 감자 등 자본변경에 관한 사항
5. 인가 후 "회사"의 자산 전부 매각 또는 주요 자산의 매각
6. 인가된 회생계획의 수정, 변경
7. 인가 후 제3자의 자금차입에 대한 보증
8. 인가 후 사업의 전부 또는 일부의 중단, 포기
9. 인가 후 타 회사에 대한 투자

제5조(주주총회 의결권의 행사방법)

"신주주들"은 다음의 사항을 제외하고는 "법률상관리인"에게 주주총회 의결권을 위임한다.

1. 회생계획안에 정해진 인가 후 회사의 내부자(내부자의 친척이나 관계회사를 포함한다)에 대한 보상 및 급여의 변경
2. 인가 후 "회사" 주주에 대한 배당, 기타 가치의 분배
3. 인가 후 상환전환우선주를 가진 자의 경제적 지분권에 관한 정리계획에 따라 지급될 필요가 있는 배당금, 기타 가치의 분배에 관한 포기 또는 상환유예 결정
4. 인가 후 "회사" 자산의 전부 또는 주요자산의 매각에 관한 사항
5. 인가 후 "회사"의 합병, 조직변경, 해산, 청산, 파산에 관한 사항
6. 회생계획의 수정 또는 어떤 방식으로든 채권자의 상환전환우선 주주의 지위에 영향을 주는 것

제6조(주식양도의 제한)

각 당사자들은 주식을 양수하는 자가 본 계약의 당사자의 지위를 승계하며, 본 계약상의 의무를 이행할 것에 동의한다는 취지의 확인서를 제출하는 경우에 한하여 보유 주식의 전부 또는 일부를 양도할 수 있다.

제7조(본 계약의 효력 존속기간)

본 계약은 "회사"가 "신주주들"에게 상환전환우선주를 발행한 날로부터 2020년 12월 31일까지 유효하며, 인가된 회생계획에 따라 상환전환우선주가 보통주로 전환되는 경우 효력을 상실한다.

제8조(인가된 회생계획과의 관계)
본 계약에 정함이 없는 사항은 회생계획안 제10장 제4절「출자전환에 따른 신주발행」에서 규정된 바에 따른다.

제9조(계약의 해지)
① 각 당사자가 본 계약을 위반할 경우, "상대방 당사자"는 본 계약을 해지할 수 있다.
② 전항에 따라 본 계약이 해지되는 경우, 계약을 해지한 "당사자"는 계약을 위반한 "상대방 당사자"가 보유한 주식을 1주당 액면가의 50%로 할인된 가격에 매도할 것을 청구할 수 있다.

2017년 월 일

"기 존 주 주" 성 명
주민등록번호
주 소
"법률상관리인" 성 명
주민등록번호
주 소
"신 주 주" 회 사 명
법인번호
주 소
대표이사

V. 채권의 출자전환 후 주식재병합에 의한 자본 감소

1. 주식재병합 방법

전 제3절에 의한 기존주식의 병합과 전 제4절에 의한 회생채권의 일부 채권액 출자전환 후에 회사 자본금규모를 적정화하기 위하여 액면가 500원의 보통주 3주를 액면가 500원의 보통주 1주로 재병합합니다. 단, 주식재병합으로 인하여 발생하는 1주 미만의 단주는 법원의 허가를 받아 무상소각합니다.

2. 자본감소의 효력발생일

주식재병합에 따른 자본감소의 효력은 전 제4절의 출자전환에 의한 신주발행의 효력발생일로부터 1영업일 후에 발생합니다.

3. 주식재병합 후 납입자본금

주식재병합에 따른 자본의 감소 및 자본금 내역은 다음과 같습니다

(단위: 주, 원)

구분		주식재병합전 (구주병합, 신주발행)			주식재병합에 따른 감소			주식병합 및 출자전환 후		
주주명		주식수	자본금	지분율	주식수	자본금	지분율	주식수	자본금	지분율
기존 주식	김대표	255,000	127,500,000	5.67%	170,000	85,000,000	66.67%	85,000	42,500,000	5.67%
	이이사	95,000	47,500,000	2.11%	63,334	31,667,000	66.67%	31,666	15,833,000	2.11%
	박이사	95,000	47,500,000	2.11%	63,334	31,667,000	66.67%	31,666	15,833,000	2.11%
	이○○	75,600	37,800,000	1.68%	50,400	25,200,000	66.67%	25,200	12,600,000	1.68%
	신○○	42,525	21,262,500	0.95%	28,350	14,175,000	66.67%	14,175	7,087,500	0.95%
	×기술	0	0	0.00%	0	0	0.00%	0	0	0.00%
	이○○외49명	338,135	169,067,500	7.52%	225,442	112,721,000	66.67%	112,693	56,346,500	7.52%
소 계		901,260	450,630,000	20.05%	600,860	300,430,000	66.67%	300,400	150,200,000	20.05%
출자 전환 신주 발행	대여채권	1,126,188	563,094,000	25.05%	750,794	375,397,000	66.67%	375,394	187,697,000	25.05%
	확정 구상채권	634,273	317,136,500	14.11%	422,849	211,424,500	66.67%	211,424	105,712,000	14.11%
	상거래채권	692,016	346,008,000	15.39%	461,354	230,677,000	66.67%	230,662	115,331,000	15.39%
	전환사채 상환채권	793,581	396,790,500	17.65%	529,055	264,527,500	66.67%	264,526	132,263,000	17.65%
	정부지원금 반환채권	3,518	1,759,000	0.08%	2,346	1,173,000	66.69%	1,172	586,000	0.08%
	정부지원금 반환미확정채권	미확정			미확정			미확정		
	미발생 구상채권	미확정			미확정			미확정		
	특수관계자 채권	344,651	516,978,980	7.67%	229,769	114,884,500	66.67%	114,882	57,441,000	7.67%
소 계		3,594,227	1,797,113,500	79.95%	2,396,167	1,198,083,500	66.67%	1,198,060	599,030,000	79.95%
합 계		4,495,487	2,247,743,500	100.00%	2,997,027	1,498,513,500	66.67%	1,498,460	749,230,000	100.00%

주 1) 단주발생 등으로 인하여 자본금이 위와 일치하지 않을 경우 실제 신주발행 결과에 따릅니다.

주 2) 주식병합, 출자전환 및 주식재병합 후의 지분율 및 자본금의 상세한 내역은 [별표 11-1]과 [별표 11-2]와 같습니다.

VI. 전환사채의 전환청구권 및 주식매수선택권의 소멸

회생절차개시 전 발행한 전환사채에 부여된 전환청구권은 본 회생계획안에 대한 인가일에 모두 소멸됩니다.

회생절차개시 전 임직원 등에게 부여된 주식매수선택권 중 회생절차개시 결정일까지 행사되지 않았거나 행사기간이 도래하지 아니한 권리는 본 회생계획안에 대한 인가일에 모두 소멸됩니다.

제10절 사채의 발행

채무자는 본 회생계획안 인가결정일 이후부터 회생절차가 종료될 때까지 관련법규 및 채무자의 자금사정과 유가증권발행시장의 형편에 따라 사채를 분할하여 발행할 수 있습니다. 다만, 사채의 발행규모와 발행시기 등 구체적인 사항은 각 사채를 발행할 때마다 관리인이 법원의 허가를 받아 처리합니다.[21]

제11절 정관의 변경

1. 정관을 다음과 같이 변경한다.

구분	변경 전	변경 후	비고
제5조 발행예정주식의 총수[22]	이 회사가 발행할 주식의 총수는 0000주로 한다.	이 회사가 발행할 주식의 총수는 0000주로 한다.	
제10조 (신주인수권)	1. 이 회사의 주주는 신주발행에 있어서 그가 소유한 주식수에 비례하여 신주의 배정을 받을 권리를 가진다. 2. 제1항의 규정에 불구하고 다음 각호의 경우에 주주외의 자에게 신주를 배정할 수 있다.		

21) 전형적인 기재례이다. 사채발행의 유형 및 기재례는 실무연구회(상), 731－737면 참조

	가. 자본시장과 금융투자업에 관한 법률 제165조의6에 따라 이사회의 결의로 일반공모 증자방식으로 신주를 발행하는 경우(개정 2010. 3.20) 나. 우리사주조합원에게 배정하는 경우 다. 주식매수선택권의 행사로 인하여 신주를 발행하는 경우 라. 자본시장과 금융투자업에 관한 법률제165조의16의 규정에 의하여 주식예탁증서(DR) 발행에 따라 신주를 발행하는 경우(개정 2010. 3. 20) 마. 회사가 경영상 필요로 외국인투자촉진법에 의한 외국인투자를 위하여 신주를 발행하는 경우 바. 주권을 거래소 상장 혹은 협회등록하기 위하여 신주를 모집하거나 인수인에게 인수하게 하는 경우 사. 중소기업창원지원법이나 벤처기업육성에 관한 특별조치법에 의한 관련투자자(중소기업창업투자회사, 신기술사업투자조합 등)에게 신주를 배정하는 경우 아. 회사의 장기적인 발전, 신규영업의 진출, 사업목적의 확대 또는 긴급한 자금조달을 위해 신주를 배정하는 경우 자. 기타 상법 제418조 제2항의 규정에 따라 신기술의 도입, 재무구조개선 등 회사의 경영상 목적을 달성하기 위하여 필요한 경우 차. 〈신설〉 카. 〈신설〉	차. 공익채권 및 회생담보권, 회생채권을 출자전환하여 신주를 발행하는 경우. 카. M&A를 통한 재무구조 개선을 위하여 유상신주를 발행하는 경우.	

22) 정관변경에 관하여 "필요성이 있을 때에는 관리인이 법원의 허가를 얻어 변경합니다."라고 규정하고 있더라도, 원 회생계획상 고려대상이 아니었던 제3자의 인수·합병에 의한 회생절차의 진행 및 종결을 위한 정관변경은 전체적인 회생계획의 기본적인 구도가 변경되는 결과를 초래하므로 이러한 정관변경을 회생계획변경절차에 의하지 아니하고 원 회생계획의 정관변경조항에 기한 법원의 정관변경허가결정만으로 하는 것은 허용될 수 없다(대법원 2005. 6. 15. 자 2004그84 결정). 따라서 제3자 유상증자나 M&A를 계획하고 있

2. 회생계획 기간 중에 정관 변경이 필요한 경우에는 관리인은 법원의 허가를 얻어 정관을 변경할 수 있습니다.

* 중소기업지분보유조항을 적용할 경우의 기재례는 다음과 같다.

구분	변경 전	변경 후
제5조(회사가 발행할 주식의 총수)	당 회사가 발행할 주식의 총수는 1,000,000주로 한다	당 회사가 발행할 주식의 총수는 5,000,000주로 한다
제9조의1 (우선주식의 이익배당, 주식의 전환 및 상환)	〈신설조항〉	1. 회사는 이익의 배당, 잔여재산의 분배, 의결권 행사, 상환 및 전환 등에 관하여 내용이 다른 종류의 주식을 발행할 수 있다. 2. 제5조의 발행예정주식총수 중 우선주, 상환 및 전환우선주의 발행한도는 3,000,000주로 한다. 3. 회사는 의결권이 없는 주식을 발행할 수 있다. 이 경우 의결권 없는 주식의 주주는 주주총회 결의, 이사의 책임면제결의에서 의결권을 행사할 수 없다. 4. 우선주에 대한 배당률은 연 0.0% 이상, 20% 이내에서 발행 시에 이사회에서 정한다. 5. 회사가 발행 시에 달리 정하지 아니하는 경우 우선주식의 존속기간은 발행일로부터 10년으로 하고 위 기간만료와 동시에 보통주식으로 전환된다. 그러나 위 기간 중 소정의 배당을 완료할 때까지 그 기간을 연장한다. 6. 전환비율은 상환전환우선주 1주당 보통주 1주로 하되, 발행 시에 이사회에서 전환비율을 다르게 정할 수 있다. 7. 회사는 이익으로 상환하는 상환전환우선주를 발행할 수 있다. 가. 상환금액은 직전년도 말 재무상태표상의 배당가능이익을 재원으로 하며, 회사는 상환기간 내에 수회에 걸쳐 분할 상환하거나 또는 일부 상환할 수 있다. 나. 상환기간은 상환전환우선주의 발행일로 부터 1년 이상 10년 이내의 범위에서 발행 시에 이사회가 정한다. 다. 상환주식의 상환가액은 액면가액, 발행가

다면 미리 수권자본 규모를 확충해 두어야 한다.

		액, 발행가액에 시장금리를 고려하여 정한 이율에 따라 계산된 금액을 가산하여 산출한 금액 또는 이를 조정하여 정한 금액 중에서 이사회가 정한다. 8. 회사는 다음 조건에 따라 상환전환우선주식 발행총수 범위 내에서 보통주식으로 전환되는 전환주식을 발행할 수 있다. 가. 상환전환우선주의 존속기간은 1년 이상 10년 이내의 범위에서 발행 시에 이사회가 정하며, 존속기간 만료와 동시에 상환전환우선주는 보통주로 전환된다. 나. 전환비율은 상환전환우선주대 보통주 비율을 1대1로 전환하는 것을 원칙으로 하되, 구체적인 전환비율, 조정사유, 전환비율 조정기준일 및 조정방법 등은 이사회에서 정한다. 다. 기타 전환에 관한 사항은 이사회의 결의로 정할 수 있다.
제14조 (신주인수권)	(1) 당회사의 주주는 신주발행에 있어서 소유한 주식에 비례하여 신주를 배정받을 권리를 가진다. (2) 전항의 규정에도 불구하고 다음 각 호의 경우에는 기존 주주의 신주인수권을 인정하지 아니하고 주주총회 또는 이사회의 결의로 신주의 배정비율이나 신주를 배정받을 자를 정할 수 있다. 1) 주주총회 또는 이사회의 결의로 일반공모증자방식으로 신주를 발행하는 경우 2) 우리사주 조합원에게 신주를 우선배정하는 경우 3) 주식매수 선택권의 행사로 인하여 신주를 발행하는 경우 4) 주식예탁증서(DR)발행에 따라 신주를 발행하는 경우 5) 회사가 경영상 필요로 외국인 투자를 유치하기 위하여 신주를 외국법인 또는 외국인에게 우선 배정하는 경우 6) 신기술사업금융지원에 관한 법률에 의한 신기술사업금융회사와	(1) 〈좌동〉 (2) 1) 내지 8) 〈좌동〉 9) 회생담보권 및 회생채권을 출자전환하여 신주를 발행하는 경우 10) M&A를 통한 재무구조 개선을 위하여 유상신주를 발행하는 경우

	신기술투자조합, 중소기업창업지원법에 의한 중소기업창업투자회사와 중소기업창업투자조합 및 법인세법 규정에 의한 기관투자자에게 배정하는 경우 7) 회사가 첨단기술 도입, 사업다각화, 해외진출, 원활한 자금조달 등 전략제휴에 따라 법인 및 개인에게 신주를 배정하는 경우 8) 회사가 신기술의 도입, 재무구조개선 등 회사의 경영상 목적을 달성하기 위하여 필요한 경우 국내외 법인 또는 개인투자자에게 신주를 발행하는 경우	
	(3) 주주가 신주인수권의 일부 또는 전부를 포기하거나 상실한 경우와 신주발행에 있어서 단주가 발생하는 경우그 처리방법은 주주총회 또는 이사회결의로 정한다.	(3) 〈좌동〉

제12절 임원의 선임 및 해임

1. 채무자의 현 대표이사, 이사는 본 회생계획의 인가에도 불구하고 전원 유임합니다.

2. 유임되는 대표이사, 이사의 임기는 본 회생계획의 인가 이후 최초로 개최되는 주주총회의 결의에 의하여 후임 대표이사, 이사가 선임될 때까지로 합니다.

3. 위 2. 항의 인가 이후 최초로 개최되는 주주총회는 회생계획인가일로부터 50일 이내에 개최합니다. 위 기간은 법원의 허가를 받아 1회에 한하여 30일의 범위 내에서 연장할 수 있습니다.

4. 인가 이후 최초로 개최되는 주주총회의 결의에 의하여 대표이사, 이사를 선임하는 경우를 제외하고는, 채무자의 이사는 매년 인가결정일이 속한 달에 주주총회의 결의에 의하여, 대표이사는 위 주주총회의 결의 후 지체 없이

개최한 이사회 결의에 의하여 선임합니다. 다만 채무자가 회생절차 종료를 앞두고 필요한 경우에는 위 본문이 정한 기간이 도래하기 전이라도 법원의 허가를 받아 주주총회 및 이사회를 개최하여 기존 대표이사, 이사를 해임하고 새로운 대표이사, 이사를 선임할 수 있습니다.

5. 위 2. 항 및 4.항에 의하여 선임된 채무자의 대표이사, 이사는 채무자 회생 및 파산에 관한 법률 제74조 제2항 제1호에서 정한 사유에 해당하지 아니하여야 합니다.

6. 위 1.항에 의하여 유임된 대표이사에게 채무자 회생 및 파산에 관한 법률 제74조 제2항 각호의 사유가 있다고 인정되는 경우 또는 위 2.항 및 4.항의 방법에 의하여 선임된 대표이사가 위 5.항의 요건을 갖추지 못한 경우, 법원은 제3자를 관리인으로 선임하는 결정을 할 수 있습니다.

7. 법원이 위 6.항에 의하여 제3자를 관리인으로 선임하는 경우, 그 관리인은 법원의 허가를 받아 기존 대표이사, 이사를 해임함과 아울러 새로운 대표이사, 이사를 선임할 수 있습니다.

8. 위 7.항에 의하여 선임된 대표이사, 이사의 임기는 1년으로 합니다.

9. 위 7.항에 의하여 선임된 대표이사, 이사의 보수는 관리인이 법원의 허가를 받아 정합니다.

10. 위 7.항에 의하여 선임된 대표이사, 이사의 임기 중 대표이사 또는 이사의 변경 또는 충원의 필요가 있는 경우, 관리인이 법원의 허가를 받아서 이를 행하며, 이 경우 변경 또는 충원된 대표이사 또는 이사의 임기는 종전 대표이사 또는 이사의 잔여 임기까지로 합니다.

제13절 관리인의 보수[23)]

1. 관리인의 보수는 법원의 결정에 따라 지급합니다.

2. 법원이 관리인의 경영실적 등을 평가한 결과 아래 각호의 사유가 있다고 인정하는 경우에는 결정에 의하여 관리인에게 특별보상금을 지급할 수 있습니다.

가. 관리인이 그 경영수완에 의하여 회생계획이 예정한 경영목표를 초과하여 달성한 때

나. 관리인의 능력과 노력에 기인하여 회사의 재산상황이 관리인의 최초 취임 당시보다 현저히 개선된 때

다. 관리인이 능동적으로 신규자본을 물색, 유입하거나 다른 우량기업과 인수, 합병을 이룩함으로써 채무자의 회생에 현저한 기여를 한 때

3. 법원은 전항의 특별보상금에 갈음하여 일정한 가격에 주식을 매수할 권리(스톡옵션)를 관리인에게 부여할 수 있습니다.

4. 위 2, 3항의 경우, 관리인에 대한 처우는 관련 회생실무준칙의 규정에 의합니다.

5. 대주주 기타 특수관계에 있는 주주가 능동적으로 신규자본을 물색·유입하거나 다른 우량기업과 인수·합병을 이룩함으로써 채무자에 현저한 기여를 한 때에는 법원의 허가를 받아 대주주 기타 특수 관계에 있는 주주에게 일정한 가격에 주식을 매수할 수 있는 권리(스톡옵션)를 부여할 수 있습니다.

제14절 운영자금의 조달방법

운영자금의 조달은 영업수익금으로 충당함을 원칙으로 합니다. 다만, 부득

23) 관리인을 선임하는 경우의 기재례이다. 관리인 불선임의 경우에는 '회생절차 진행 중에 주주총회는 대표이사, 이사의 보수를 정할 수 있습니다. 다만 주주총회에서의 보수결정의 효력은 법원이 그에 관한 허가 또는 결정을 하는 때로부터 발생합니다'라는 취지를 기재한다.

이한 경우에는 법원의 허가를 받아 금융기관 등으로부터의 차입 또는 기타 방법에 의하여 조달합니다.

제15절 회생절차의 종결 및 폐지

Ⅰ. 회생절차의 종결

1. 관리인은 「채무자 회생 및 파산에 관한 법률」 제283조(회생절차의 종결) 및 「서울회생법원 실무준칙」 제251호(회생절차의 조기종결)에 정한 바에 따라 이 회생계획의 수행가능성과 관련하여 아래의 사항을 고려한 결과 회생계획의 수행에 지장이 없다고 인정되는 때에는 조기에 회생절차의 종결신청을 할 수 있습니다.

가. 회생계획상 주요 부분의 변제가 차질 없이 이행되고 있는지 여부

나. 채무자 회사의 총자산이 총부채를 안정적으로 초과하고 있는지 여부

다. 채무자 회사가 회생계획상 예정된 영업이익 수준을 대폭 초과 달성하거나 수년간 계속하여 상당한 정도로 초과 달성하고 있고 앞으로도 그 수준을 유지할 가능성이 높은지 여부

라. 제3자가 채무자 회사를 인수하여 향후 회생계획수행에 필요한 자금조달이나, 경상이익의 실현에 지장이 없는지 여부

2. 회생절차를 조기에 종결하는 경우 채권자협의회는 채무자 회사의 회생계획수행을 감독할 새로운 협의체를 구성할 수 있습니다. 새로이 구성되는 채권자협의체의 구성과 운영 및 활동범위에 관하여는 채권자협의회와 관리인이 회생절차종결 이전에 법원의 허가를 받아 협약을 체결하여 정하기로 합니다.

Ⅱ. 회생절차의 폐지신청

다음의 각 경우에 관리인은 회생절차의 폐지를 신청하여야 합니다.

1. 채무자가 회생계획에 따른 변제를 제대로 이행하지 못하고, 앞으로도 변제의 지체가 계속될 것으로 예상되는 경우

2. 영업실적이 본 회생계획상 예정된 사업계획의 수준에 비하여 현저히 미달하고, 가까운 장래에 회복될 전망이 보이지 않는 경우

3. 본 회생계획에서 정한 자산매각계획을 실현하지 못하여 향후 자금수급계획에 현저한 지장을 초래할 우려가 있는 경우

4. 공익채권이 과다하게 증가하여 향후 회생계획의 수행에 지장을 초래할 우려가 있는 경우

5. 노사쟁의 기타 회사내부의 분규나 이해관계인의 불합리하고 과다한 간섭 등이 계속되어 회사운영에 심각한 차질이 발생한 경우

제16절 기타 사항

1. 채무자는 「서울회생법원 실무준칙」 제253호(외부감사인에 의한 회계감사)의 정함에 따라 매년 외부감사인으로부터 회계감사를 받습니다.

2. 본 회생계획안에 언급되지 않은 사항은 채무자 회생 및 파산에 관한 법률, 채무자 회생 및 파산에 관한 규칙(대법원 규칙 제000호), 서울회생법원 실무준칙에 근거하여 법원의 허가를 받아 시행합니다.

3. 본 회생계획안의 용어나 자구 해석에 다툼이 있는 경우 서울회생법원의 해석에 따릅니다.

제10장 회생계획의 수행과 종결

제 1 절 회생계획의 수행

Ⅰ. 관리인에 의한 회생계획 수행과 보고

회생계획인가결정이 있으면 관리인은 지체 없이 그 계획을 수행하여야 하므로(법 257조 1항), 회생계획수행의 담당자는 관리인이다.

법원은 회생계획 수행의 적절성을 보장하기 위하여 관리인에게 채무자의 업무 및 재산상황 등의 보고를 명할 수 있다. 회생절차개시결정 당시 "회생절차개시일 이후 매월 회생채무자의 업무 및 재산의 관리상태 기타 부수상황에 관한 보고서를 작성하여 다음달 20일까지 회생법원에 제출하여야 한다"는 명령을 발하며, 이 명령의 효력은 회생계획인가 후에도 지속된다.

Ⅱ. 법원에 의한 감독

1. 관리인에 대한 임면권

법원은 관리인에게 일정한 사유가 있을 경우 심문절차를 거쳐 관리인을 해임할 수 있다(법 83조 2항). 관리인은 법원의 해임결정에 대하여 즉시항고 할 수 있으나, 집행정지의 효력이 없으므로(법 83조 4항), 일단 해임결정이 내려지면 지체 없이 임무종료에 따른 계산보고서를 작성·제출해야 한다.

해임사유	상세내용·예시
74조 2항 1호	채무자의 재정적 파탄의 원인이 대표이사 등이 행한 재산의 유용 또는 은닉이나 그에게 중대한 책임이 있는 부실경영에 기인한 것이 기존 대표이사의 관리인 선임 후 발견된 때
82조 1항	- 회생절차 진행 도중 비자금을 조성하거나 특정인의 편의를 보아 주는 명목으로 금품을 수수한 경우 - 법원의 허가가 필요한 업무에 대하여 허가를 받지 않은 경우 - 업무를 수행함에 있어 특정인의 이해에 치중하는 경우 - 관리인이 회생계획 수립이나 그 수행가능성 검토와 관련하여 조사위원과 별도의 용역계약을 체결하거나 조사위원 보수 이외에 별도 보수를 지급하는 경우 - 회생계획안의 작성·제출을 게을리 한 경우

경영능력 부족	합리적 이유 없이 회생계획에서 정한 영업이익을 2년 연속 달성하지 못하거나 회생계획에 따른 변제의무를 이행하지 못하는 경우
기타 상당한 이유	위 기재에 상당할 정도의 임무 해태가 있는 경우

2. 각종 허가 및 보고의무를 통한 감독

법원은 관리인이 제출하는 월간보고서 및 분기보고서와 결산기마다 작성되는 재무상태표 및 손익계산서를 통하여 채무자의 업무, 재산상황과 그 동향을 파악하여 관리인의 회생계획수행업무를 감독한다.

법원과 관리위원회는 정기적으로 채무자의 경영실태와 회생계획 수행상황을 점검·확인하여야 하며, 관리인에게 업무, 재산상황 및 그 동향에 대한 구두설명 및 자료보고를 요구하고, 지출허가 후에 영수증 등 증빙을 점검하고, 필요 시 공장검증 등을 통하여 영업 현장을 점검한다.

3. 감사에 의한 감독

채무자에 대한 경영의 투명성을 높이기 위하여 채권자협의회의 의견을 들어 법원이 직접 감사를 선임한다(법 203조 4항).

감사는 채무자의 업무처리가 적정한지 여부를 확인하기 위하여 수시로 회계장부 기타 채무자의 내부 서류를 열람하고 영업현장 등을 점검하여야 한다. ① 법원의 허가 없는 자금의 조성과 지출, ② 회계계정의 부적절한 처리 여부, ③ 부당한 수입감소 또는 지출증가가 있는지 여부, ④ 채무자 조직의 능률성, ⑤ 채무자 내부에 파벌 또는 이익집단, 관리인에 대한 부당한 경영 간섭의 존부, ⑥ 노동생산성의 저하, 근로 분위기의 해이 기타 채무자 운영에 있어 부정적 요인의 존부, ⑦ 준칙 252호 관련 자회사의 운영에 관한 사항, ⑧ 관리인이 조사를 요구한 사항에 대한 점검·확인 등이 주된 점검 사항이다.

감사는 관리인의 분기보고서 제출 시, 별도로 감사의견서를 법원에 제출하여야 한다. 감사의견서에는 채무자의 업무처리 과정에 상법 413조에 규정된 사항이 있는지 여부를 명기하여야 하고, 특히 ① 회계 및 자금관계 보고내용의 적부, ② 당해 분기 감사실적의 개요, ③ 자회사에 관한 사항, ④ 기타 특이사항 등에 대한 의견을 포함하여야 한다.

감사는 상법 412조에 규정된 임무를 수행하는 외에 법원으로부터 직접 명령을 받은 사항을 조사·보고하여야 한다.

감사는 ① 이사 이상의 직에 있는 사람이 관련된 비위 사실을 발견한 때, ② 채무자 내부의 특이한 사정으로서 공개가 부적절한 사항, ③ 채무자에 대해 시정을 촉구하였음에도 불구하고 적절한 조치가 되지 아니한 사항, ④ 급속을 요하거나 사안의 성질상 통상적인 체계를 거쳐서 보고하기에 부적절한 사항에 대하여는 그 내용을 지체 없이 법원에 직접 보고한다.

관리인은 감사로 하여금 직무를 수행하기에 충분한 인적·물적 시설을 제공하여야 하고, 관리인이 결재하는 서류를 모두 결재 전 또는 결재 후 지체 없이 감사의 공람에 제공하여야 한다. 감사가 그 직무를 수행하기 위하여 이사 또는 관계 부서에 대하여 회계장부 기타의 자료를 요청하거나 보고를 요청하는 때에는 관계자는 지체 없이 이를 제공 또는 보고하여야 한다.

이사는 채무자 내부에 정관 또는 법령에 위반되는 사항이 있거나 채무자에 손해를 미칠 염려가 있는 사실을 발견한 때에는 지체 없이 이를 감사에게 보고하여야 한다(상법 412조의2).

감사는 경영에 직접 관여할 수 없고, 관리인의 직무를 침범할 수 없다. 감사는 그 업무를 수행함에 있어 채무자의 통상적인 업무수행에 지장을 주지 않도록 각별히 유념하여야 하며, 채무자의 장부, 공람서류 기타 감사를 위하여 제공된 문서와 자료는 신속히 열람한 후 반환하여야 한다. 감사는 그 직무상 알게 된 사실을 누설하거나 공개하여서도 아니 된다.

4. 외부감사를 통한 감독

회생절차가 개시된 모든 채무자는 매년 의무적으로 적절하고 책임 있는 외부인의 회계감사를 받아야 한다. 다만 채무자가 「주식회사의 외부감사에 관한 법률」의 적용을 받지 아니하고, 영세한 소규모 법인인 경우 등이라면 법원의 직권으로 또는 관리인이 매 회계년도 개시 후 4월 이내에 법원의 허가를 받은 경우 외부 회계감사를 면제할 수 있다(준칙 253호 2조, 4조).

회생절차개시신청 전 3년 이내에 채무자에 대하여 외부회계감사 또는 경영컨설팅 등을 한 적이 있는 외부감사인은 회생계획인가 회계년도부터 3년간, 당해 채무자의 조사위원직을 수행하였던 외부감사인은 회생계획인가 회계년도 익년부터 3년간 당해 채무자의 외부감사인으로 선정될 수 없다. 동일한 외부감사인과는 3개 회계년도를 초과하는 기간 연속하여 회계감사계약을 체결할 수 없다. 다만 상당한 이유가 있고 그에 대한 법원의 허가를 미리 받은 경우에는 예외이다(준칙 253호 5조).

관리인은 반기 또는 기말마다 외부회계감사의 감사보고서를 법원에 제출하여야 하고, 외부회계감사의 감사보고서와 관리인이 제출하는 반기·연간보고서 사이에 다른 점이 있다면 그 원인을 밝혀야 한다.

5. 채권자협의회에 의한 감독

채권자협의회는 채무자의 비용 부담 하에 변호사, 회계사 등의 조력을 받을 수 있고, 관리인의 해임에 관한 의견을 제시하는 등의 방법으로 회생계획의 수행을 감독할 수 있다(법 21조 1항). 채권자협의회는 채권자 일반의 이익을 위하여 필요한 때에는 법원의 허가를 받아 변호사, 법무법인, 회계사, 회계법인 그 밖의 전문가를 선임하여 조력을 받을 수 있고(규칙 42조 1항), 변호사 등으로부터 용역을 제공받기 전 또는 제공받은 후, 법원에 채무자로 하여금 용역계약에서 정해진 비용 및 보수의 전부 또는 일부를 채권자협의회 또는 변호사 등에게 지급하도록 명하는 취지의 신청을 할 수 있다(규칙 42조 4항). 이 경우 법원은 해당용역의 제공이 채권자 일반의 이익 증진에 기여하거나 기여할 내용 및 정도 등을 참작하여 합리적인 범위 내에서 채무자가 부담할 비용 및 보수를 결정한다(규칙 42조 6항).

채권자협의회는 회생계획인가 후 ① 회생계획을 제대로 수행하지 못하는 경우, ② 회생절차의 종결 또는 폐지 여부의 판단을 위하여 필요한 경우, ③ 회생계획의 변경을 위하여 필요한 경우 중 어느 하나에 해당하는 경우에는 법원에 채무자의 재산 및 영업상태에 대한 실사를 청구할 수 있다(법 21조 1항 4호, 259조).

Ⅲ. 법원의 수행명령 및 담보제공명령

1. 수행명령

법원은 회생계획의 효력이 미치는 자와 관리인에 대하여 회생계획의 수행에 관하여 필요한 명령을 발할 수 있다(법 258조 1항). 수행명령은 회생계획인가 후 절차의 종결 또는 폐지에 이르기까지 회생법원이 회생계획의 효력을 받는 자 또는 관리인에 대하여 회생계획의 수행에 관하여 필요한 작위·부작위를 명하고 일정한 권한을 주는 등 일정한 법률관계를 형성함을 내용으로 하는 재판이다. 수행명령의 상대방은 채무자, 회생채권자, 회생담보권자 또는 주주나 지분권자, 회생을 위하여 채무를 부담하거나 담보를 제공하는 자, 신회사(합병 또는 분할합병으로 설립되는 신회사를 제외한다) 및 관리인이다.

수행명령은 직권에 의하므로, 신청이 있는 경우 이는 직권발동을 촉구하는 의미에 불과하다. 결국 수행명령신청에 대한 결정이 없더라도 위법은 아니다. 수행명령에 대하여는 불복할 수 없으나(법 13조 1항), 그 위반에 대하여는 500만원 이하의 과태료의 제재(법 660조 2항)가 가능할 뿐이다. 한편, 회생채권자 중 일부에 대하여 변제가 지체되고 있더라도, 회생절차가 종결 전이라면 회생계획에 의해서만 변제를 받을 수 있고, 보전조치나 집행조치를 취할 수 없다. 그 결과 특정 채권자에 대해서만 변제를 소홀히 할 경우 해당 채권자에 대한 효율적인 구제수단으로는 미흡한 측면이 있다.

2. 담보제공명령

법원은 회생계획의 수행을 확실히 하기 위하여 필요하다고 인정하는 때에는 회생계획의 규정 또는 채무자회생법의 규정에 의하여 채권을 가진 자와 이의 있는 회생채권 또는 회생담보권으로서 그 확정절차가 끝나지 아니한 것을 가진 자를 위하여 상당한 담보를 제공하게 할 수 있다(법 258조 2항). “수행을 확실하게 하기 위하여 필요한 때”라 함은 인가결정 후의 사정의 변경 또는 채무의 일부를 불이행함에 따라 권리자의 권리실행에 대한 불안이 큰 때를 말한다.

제 2 절 회생계획의 변경

회생계획안의 제출자는 회생계획안의 심리를 위한 관계인집회의 기일 또는 법 240조의 규정에 의한 서면결의에 부치는 결정이 있는 날까지는 법원의 허가를 받아 회생계획안을 수정할 수 있다(법 228조). 법원도 이해관계인의 신청에 의하거나 직권으로 회생계획안의 제출자에 대하여 회생계획안을 수정할 것을 명할 수 있고, 회생계획안의 제출자는 법원이 정하는 기한 안에 회생계획안을 수정하여야 한다(법 229조). 이해관계인에게 불리한 영향을 주지 아니하는 경우라면 회생계획안 결의를 위한 관계인집회에서도 법원의 허가를 받아 회생계획안을 변경할 수 있다(법 234조). 위 변경 내지 수정은 회생계획안이 인가되기 전의 수정 내지 변경을 의미한다.

인가된 회생계획을 수행하던 중 부득이한 사유로 회생계획에 정한 사항을 변경할 필요가 생긴 때에는 회생절차가 종결되기 전에 한하여 법원은 관리인, 채무자 또는 목록에 기재되어 있거나 신고한 회생채권자·회생담보권자·주주·지분권자의 신청에 의하여 회생계획을 변경할 수 있다(법 282조 1항). 회생채권자·회생담보권자·주주·지분권자에게 불리한 영향을 미칠 것으로 인정되는 회생계획의 변경신청이 있는 때에는 회생계획안의 제출이 있는 경우의 절차에 관한 규정을 준용한다.[1] 다만, 이 경우에는 회생계획의 변경으로 인하여 불리한 영향을 받지 아니하는 권리자를 절차에 참가시키지 아니할 수 있다(동조 2항). 종전의 회생계획에 동의한 자가 ① 변경회생계획안에 관하여 결의

1) 종전과 같이 회생계획안 제출·심리·결의·인가의 단계를 거쳐야 한다.

를 하기 위한 관계인집회에 출석하지 아니한 경우, ② 변경회생계획안에 대한 서면결의절차에서 회신하지 아니한 경우에는 변경회생계획안에 동의한 것으로 본다(동조 4항). 조의 분류 및 의결권은 원 회생계획에 의한 권리변경을 전제로 하고, 부채 초과 여부는 변경회생계획안 제출 당시의 재무상태표에 의하여 판단한다.

'부득이한 경우'란 회생계획인가 당시 그러한 사정이 예상되었다면 회생계획의 내용이 달라졌을 것이라는 가정적 판단이다. 인가 후 경제상황의 급변, 법령의 개폐와 같은 일반적인 사정변경, 합병계획의 상대방 회사에 대한 합병무효의 판결이 확정된 경우, 행정청으로부터 인·허가를 예정대로 받지 못하였거나 취소당한 경우, 관련기업의 부도, 주력 공장의 소실, 종업원의 장기 파업 등이 해당한다.

'변경할 필요'는 회생계획의 전부 또는 일부가 수행 불능 또는 현저하게 곤란하게 되는 상황에 처해 있으나 회생계획을 변경하면 그러한 상태를 회피하고 채무자의 회생을 도모할 수 있는 경우를 말한다. 회생계획의 인가는 수행가능성을 전제로 한 것이므로, 단순히 경영부진에 따라 회생계획의 수행이 곤란하다는 이유로 이해관계인의 권리를 감축하는 내용으로 변경하는 것은 쉽게 용인할 수 없으며, 이해관계인의 의사와 변경된 회생계획에 의한 채무자의 회생가능성을 충분히 고려하여야 한다.[2)]

'불리한 영향을 미치는 경우'란 이해관계인의 권리가 원회생계획에 비하여 질적·양적으로 감소·불안정하게 되는 경우를 말한다. 권리의 재감축, 담보권 해제, 변제기 연장, 초과수익금의 사용처를 채권의 조기변제에서 운전자금으로 변경하는 경우 등이 이에 해당한다. 현금변제조항을 출자전환 조항으로 변경하는 경우 변제기, 채무자의 객관적 가치를 고려하여야 할 것이나, 일응 불리한 것으로 본다. 자본 또는 출자액의 감소, 신주 또는 사채발행, 지분권자의 가입, 이익·이자배당, 영업의 양도 등 이해관계인의 채무자에 대한 지위에 변동을 가져올 염려가 있는 부분의 추가·변경은 불리한 영향을 미치는 경우에 해당할 가능성이 크다. 현가할인율을 적용하여 일시변제하는 변경도 기한의 이익을 침

2) 실무연구회(하), 161－162면.

해하므로 불리한 변경에 해당한다.[3)]

불리한 영향을 미치지 않는 경우에는 회생계획인가 요건 구비 여부에 따라 회생계획변경결정·회생계획변경 불허가결정을 한다. 신청권자, 신청방식, 신청시기 등에 관한 흠결이 있는 경우 회생계획변경신청을 결정으로 각하한다.

제 3 절 회생절차의 종결

I. 개 설

회생계획에 따른 변제가 시작된 이후 회생계획의 수행에 지장이 없어 회생절차의 목적을 달성할 수 있는 경우에 법원은 관리인, 신고한 회생채권자 또는 회생담보권자의 신청 또는 직권으로 회생절차를 종결한다(법 283조). 통상 이를 조기종결이라 부른다.[4)] 간이회생절차의 경우 소액영업소득자의 효율적인 재기를 위하여 특별한 사정이 없는 한 회생계획 인가결정일부터 2개월 내에 종결함을 원칙으로 한다(준칙 201호 13조).

II. 종결의 요건

1. 회생계획에 따른 변제 시작

준비년도에도 얼마간의 변제가 이루어지도록 회생계획을 작성하고, 인가 후 즉시 조기종결을 위한 준비작업을 진행하는 경우가 일반적인 것으로 보인다. 다만 회생계획인가결정(또는 법 282조에 의한 회생계획변경결정)에 대한 (재)항고가 제기되어 확정되지 않은 경우, 부인의 청구(소)가 진행 중인 경우라면 해

3) 실무연구회(하), 163－164면.

4) 그 밖에 개시된 회생절차가 종료되는 사유는 ① 회생절차개시결정의 취소결정(법 54조), ② 회생계획불인가결정(법 242조 이하), ③ 회생절차의 폐지결정(법 286조, 287조, 288조), ④ 항고심에서의 회생계획인가결정에 대한 취소결정(법 247조) 등이 있다.

당 절차의 종국 전까지는 종결결정을 할 수 없을 것이다.

2. 회생계획의 수행에 지장이 없다고 인정되는 때

가. 판단기준

수행가능성의 판단 시 ① 회생계획상 주요 부분의 변제가 차질 없이 이행되고 있는 경우, ② 채무자의 총자산이 총부채를 안정적으로 초과하고 있는 경우, ③ 채무자가 회생계획상 예정된 경상수지 수준을 대폭 초과달성하거나 수년간 계속하여 상당한 정도로 초과달성하고 있고 앞으로도 그 수준을 유지할 가능성이 높은 경우, ④ 제3자가 채무자를 인수하여 향후 회생계획 수행에 필요한 자금조달이나 경상이익의 실현에 지장이 없다고 보이는 경우를 긍정적인 요소로, ① 회생계획에 따른 변제를 제대로 이행하지 못하고 있고 앞으로도 변제의 지체가 계속될 것으로 예상되는 경우, ② 영업실적이 회생계획상 예정된 사업계획의 수준에 비하여 현저히 미달하고 있고 가까운 장래에 회복될 전망이 보이지 않는 경우, ③ 회생계획에서 정한 자산매각계획을 실현하지 못하여 향후 자금수급계획에 현저한 지장을 초래할 우려가 있는 경우, ④ 공익채권이 과다하게 증가하여 향후 회생계획의 수행에 지장을 초래할 우려가 있는 경우, ⑤ 노사쟁의, 기타 채무자 내부의 분규나 이해관계인의 불합리하고 과다한 간섭 등이 계속되어 채무자 운영에 심각한 차질이 발생한 경우를 부정적인 요소로 고려하며, 이들을 종합하여 조기종결 여부를 결정한다.[5)]

나. 채권자협의체에 의한 감독

회생절차를 조기종결하는 경우에 향후 채무자의 회생계획의 수행을 확보

---

5) 회생실무준칙 14호, 회생절차의 조기종결에 관한 규칙 3항의 규정이다. 위 준칙을 대체한 준칙 251호는 3조에서 ① 총자산이 총부채를 안정적으로 초과하는 경우, ② 제3자가 채무자를 인수하였거나, 채무자의 매출이나 영업실적이 양호하여 회생계획 수행에 필요한 자금조달이 가능한 경우, ③ 담보물이 처분되지 않았더라도 회생절차를 계속하는 것이 담보물 처분에 유리할 것으로 판단되지 않는 경우, ④ 회생절차를 종결하면 채무자의 영업이나 매출이 개선될 것으로 예상되는 등 회생계획의 수행가능성이 높아지는 경우를 기준으로 제시하고, 이 중 전부 또는 일부를 충족할 경우 조기종결을 원칙으로 한다는 취지를 규정하고 있다. 종래의 준칙과 신 준칙은 본질적으로 다른 것이라고 보기는 어렵고, 종래의 기준도 여전히 조기종결 여부를 판단할 때 고려하여야 할 중요 변수이다.

하기 위한 적절한 수단을 강구할 필요가 있다고 판단되는 경우에는 법원은 관리인에게 주요 채권자들의 협의체가 회생절차의 조기종결 후 채무자의 회생계획 수행을 감독하는 방안을 마련하도록 권고한다(준칙 251호 4조 1항).

채권자협의체는 특별한 사정이 없는 한 채권자협의회의 구성원을 그 구성원으로 하되, 관리인은 필요한 경우 채권자협의회의 구성원이 아닌 자를 그 구성원으로 정할 수 있다.[6] 관리인은 법원으로부터 위 권고를 받은 때에는 채권자협의체와 사이에 채권자협의체 내부의 구성과 운영 및 활동 범위에 관하여 필요한 사항을 정한 협약을 체결한다. 회생절차 종결 전에 협약을 체결할 경우에는 법원의 허가를 요한다. 다만, 인가된 회생계획에서 달리 정하고 있는 경우에는 그에 의한다(준칙 251호 5조 1항, 2항).

채권자협의체의 활동 범위는 채무자에게 월간보고서나 분기보고서를 협의체에 제출하도록 하고, 회생계획에서 예상된 범위를 벗어나는 지출 및 중요 자산의 처분에 관하여 별도로 보고하는 등의 방법으로 회생계획의 적정한 수행을 감독하기 위하여 필요한 한도 내에서 정하여야 한다(준칙 251호 5조 3항).[7]

Ⅲ. 종결의 절차

종결결정은 법원이 관리인, 신고한 회생채권자 또는 회생담보권자의 신청에 의하여 또는 직권으로 행한다(법 283조).

회생절차종결결정을 한 경우에는 그 주문과 이유의 요지를 공고하여야 한다. 그러나 이를 송달할 필요는 없다(법 283조 2항).

주식회사인 채무자에 대한 회생절차를 종결한 경우 법원은 감독행정청 등에게 그 취지를 통지하여야 한다(법 283조 3항, 40조 1항). 통지의 대상이 되는 감독행정청은 채무자의 업무를 감독하는 행정청, 금융감독위원회, 채무자의 주된

---

6) 회생실무준칙 14호 하에서는 관리위원회의 승인사항으로 규정하였다.

7) 회생실무준칙 14호 5항 바호는 채무자의 영업비밀에 속하는 정보나 자료의 제출을 요구하거나 경영판단에 속하는 행위에 대하여 간섭하거나 시설투자 및 인력확충 등에 필요한 자금지출의 통제를 하는 등 채무자의 사업활동 및 경영권의 본질적인 영역에 속하는 사항에 관하여는 감독권을 행사할 수 없다는 취지를 규정하였으나, 현행 준칙 하에서도 달리 볼 것은 아니다.

사무소 또는 영업소(외국에 주된 사무소 또는 영업소가 있는 때에는 대한민국에 있는 주된 사무소 또는 영업소를 말한다)를 관할하는 세무서장 등이다(법 40조 1항).

회생절차종결결정이 확정되지 않았더라도 법원사무관 등은 직권으로 지체 없이 등기·등록의 대상이 되는 채무자 재산에 대하여 보전처분결정·회생절차개시결정·회생계획인가결정의 각 기입등기의 말소 및 회생절차종결결정의 기입등기를 각 촉탁한다(법 24조 1항, 5항, 23조 1항 3호, 27조).

Ⅳ. 종결결정의 효과

1. 관리인의 권한소멸과 채무자의 권한회복

채무자의 업무수행권 및 재산의 관리·처분권은 채무자(종결당시의 대표이사 등)에게 복귀되고, 채무자는 더 이상 법원의 감독을 받지 아니한다.

회생절차종결로 관리인의 임무가 종료하므로 관리인은 임무종료에 따른 계산보고를 지체 없이 하여야 한다(84조). 관리인이 임무종료에 따른 계산보고를 하지 아니하면 형사처벌을 받을 수도 있다(648조 2항).

관리인 등이 퇴직하는 때에는 보수와는 별도로 퇴직금을 지급 할 수 있다. 퇴직금의 액수는 채무자의 퇴직금 규정, 재직기간, 관리인 등이 수행한 업무의 양과 질, 퇴직 사유 기타 제반사정을 종합하여 정하되, 상당한 이유가 있는 때에는 퇴직금을 지급하지 아니할 수 있다(준칙 211호 3조 2항). 퇴직금을 지급하지 아니할 수 있는 경우로는 법 74조 2항에 의하여 선임된 관리인이 회생절차종결 이후에도 계속 경영권을 유지하는 경우, 법 74조 3항에 의하여 채무자의 대표자를 관리인으로 보게 되는 경우가 이에 해당한다.[8]

① 관리인이 경영수완에 의하여 회생계획이 예정한 경영목표를 초과하여 달성한 때, ② 관리인의 능력과 노력에 기인하여 채무자의 재산상황이 당해 관리인의 최초 취임 당시에 비하여 현저하게 개선된 때, ③ 관리인이 능동적으로 신규자본을 물색·유입하거나 다른 우량기업과 인수·합병을 이룩함으로써 채

8) 실무연구회(하), 252면.

무자의 회생에 현저한 기여를 한 때에는 채무자의 규모와 재정상황, 기여도 등을 종합적으로 고려하여 특별보상금을 지급할 수 있다. 특별보상금은 3억원을 한도로 하고, 이에 갈음하여 일정한 가격으로 주식을 매수할 권리(스톡옵션)를 부여할 수 있다(준칙 211호 3조 3항 내지 5항).

2. 소송절차의 수계

소송절차 중 재산관계 소송으로서 회생채권 또는 회생담보권에 관계없는 것은 중단되고 채무자가 수계한다(법 59조 4항). 회생절차개시 당시 중단된 소송으로서 회생절차 중 수계되지 않았던 소송은 채무자가 당연 수계한다(법 59조 3항).

종결 당시 계속 중인 채권확정소송은 중단 후 채무자가 수계하되, 회생계획의 미확정채권에 준하여 처리해야 할 것이므로 청구취지를 변경할 필요는 없다.

부인권은 회생절차개시결정 이전에 부당하게 처분된 채무자 재산을 회복함으로써 채무자를 유지·갱생시키고자 인정된 법상의 특유한 제도로서 회생절차의 진행을 전제로 관리인만이 행사할 수 있는 권리이므로 회생절차의 종결에 의하여 소멸하고, 비록 회생절차 진행 중에 부인권이 행사되었다고 하더라도 이에 기하여 채무자에게로 재산이 회복되기 이전에 회생절차가 종료한 때에는 부인권 행사의 효과로서 상대방에 대하여 재산의 반환을 구하거나 또는 그 가액의 상환을 구하는 권리 또한 소멸한다고 보아야 할 것이므로, 부인의 소 또는 부인권의 행사에 기한 청구의 계속 중에 회생절차종결결정이 확정된 경우에는 관리인의 자격이 소멸함과 동시에 당해 소송에 관계된 권리 또한 절대적으로 소멸하고 어느 누구도 이를 승계할 수 없다.[9]

3. 채무자에 대한 절차적 구속(법 55조)의 소멸

자유로이 자본의 감소, 신주 또는 사채의 발행, 합병, 정관변경 등을 할 수 있고, 이익이 있는 경우에는 이익배당을 할 수 있다.

---

9) 대법원 2007. 2. 22. 선고 2006다20429 판결.

4. 개별적 권리행사의 제약 해소

회생채권에 관하여는 회생절차가 개시된 후에는 법에 특별한 규정이 있는 경우를 제외하고는 회생계획에 규정된 바에 따르지 아니하고는 변제하거나 변제받는 등 이를 소멸하게 하는 행위(면제를 제외한다)를 하지 못하고(법 131조 본문), 이에 따라 개별적인 보전처분이나 강제집행을 할 수 없었다. 회생절차 종결 후에는 이러한 제약이 해소되어 회생채권자 등은 법 255조 2항에 따라 회생채권자표 등에 기하여 채무자, 신채무자 및 회생을 위하여 채무를 부담하거나 또는 담보를 제공한 자에 대하여 강제집행을 할 수 있다.

5. 이사 등의 선임에 관한 특칙

이사 및 대표이사 선임은 회생계획에 의하여야 하나(법 193조 2항), 회생절차가 종결되면 채무자는 법원의 감독으로부터 벗어나고 모든 절차적 구속으로부터 해방되어 대표이사나 이사·감사의 선임도 자율적으로 할 수 있는 것이 원칙이나, 법 203조 2항 단서의 규정에 의하여 이사, 대표이사 또는 감사로 유임되지 못한 자는 회생절차종결의 결정이 있은 후라도 채무자의 이사, 또는 감사로 선임되거나 대표이사로 선임될 수 없다(법 284조).

제 4 절 회생절차의 폐지

회생절차의 폐지란 회생계획을 완수하지 못하고 중도에 회생절차가 종료되는 것이다. 유형화하면 회생계획을 인가받은 후에 폐지되거나, 인가를 받지 못하고 폐지되는 경우가 있을 수 있고, 양자는 파산선고 여부 및 후속 파산절차에서의 채권의 취급과 관련하여 차이를 가져온다. 법원은 폐지여부를 결정하기 위하여 조사위원으로 하여금 채무자의 재산 및 영업상태를 실사하게 할 수 있다(법 259조).

Ⅰ. 인가 전 폐지

1. 법 286조 1항에 의한 폐지

① 법원이 정한 기간 또는 연장한 기간 안에 회생계획안의 제출이 없거나 그 기간 안에 제출된 모든 회생계획안이 관계인집회의 심리 또는 결의에 부칠 만한 것이 못되는 때(법 286조 1항 1호), ② 회생계획안이 부결되거나 결의를 위한 관계인집회의 제1기일부터 2월 이내 또는 연장한 기간 안에 가결되지 아니하는 때(2호), ③ 회생계획안이 법 239조 3항의 규정에 의한 기간[10] 안에 가결되지 아니한 때(3호), ④ 법 240조 1항의 규정에 의한 서면결의에 부치는 결정이 있은 때에 그 서면결의에 의하여 회생계획안이 가결되지 아니하거나, 서면결의에서 가결되지 아니한 회생계획안에 대하여 속행기일이 지정되었으나, 그 기일에서 가결되지 아니한 때(4호)에는 법원의 직권으로 회생절차폐지 결정을 하여야 한다.

1호의 경우 제출기간 경과 후이나 폐지결정 전에 회생계획안이 제출된 경우 관계인집회의 심리 및 결의에 붙이고 있다. '회생계획안이 관계인집회의 심리 또는 결의에 부칠 만한 것이 못되는 때'라고 하려면 회생계획안 배제결정이 선행되어야 하고, 2호 후단과 3호의 폐지사유는 회생절차의 신속을 위한 것이므로 기간 내에 가결되지 않을 경우 반드시 회생절차를 폐지하여야 한다.[11]

사 견) 회생절차의 신속은 3호의 기간을 통해 해당 목적을 충분히 달성할 수 있다. 집회기일이 지정된 이후 위임장 징구비율이 저조하거나, 주요 담보권자의 변동이 일어나는 경우 관계인집회기일의 연기가 불가피하다. 담보권이 유동화회사로 이전될 경우 양도인은 양도예정이라는 이유로 의결권 행사에 난색을 표명하고, 양수인은 아직 채권자가 아니므로 의결권자가 아니라고 나온다면, 관리인으로서는 매우 난감한 상황이 발생할 수 있다. 위 양수도 계약이 관계인집회 이후의 일자에 종결될 경우 양도인은 집회 자체에 무관심하거나, 출석하더라도 찬성하는 것은 부담스러워한다. 결국, 반대하고, 집회의 속행을 구

10) 회생절차개시일부터 1년 이내 또는 불가피한 사유로 연장된 기간을 말한다.

11) 실무연구회(하), 258면.

하는 이상의 협조를 구하기는 어렵다. 이러한 상황에서 2월 내지 연장된 기간이 모두 소진되었을 경우 속행기일을 지정할 수 없어 부결로 처리할 수밖에 없다. 위 처리는 절차경제를 위하여 본질적인 해결을 외면하는 것이다. 절차경제는 1년의 제한 내에서만 추구하고, 2호 후단의 사유는 삭제할 것을 제안한다.

2. 법 286조 2항에 의한 폐지

회생계획안의 제출 전 또는 그 후에 채무자의 사업을 청산할 때의 가치가 채무자의 사업을 계속할 때의 가치보다 크다는 것이 명백하게 밝혀진 때에는 법 222조에 따라 청산 등을 내용으로 하는 회생계획안의 작성을 허가하는 경우가 아닌 한, 관리인의 신청에 의하거나 직권으로 회생절차폐지의 결정을 할 수 있다(법 286조 2항).

2014. 12. 30. 법률 12892호로 개정 당시 청산가치가 계속기업가치를 초과할 경우 1회 관계인집회 전이라도 회생계획안 제출을 명하지 않고 관리인이나 채권자 등의 신청 또는 직권으로 필요적 폐지를 규정하고 있었던 285조가 삭제되었다. 개정 전 286조 2항은 회생계획안제출명령이 있은 후 청산가치가 계속기업가치를 초과함이 명백한 경우, 관리인의 신청 또는 직권으로 임의적 폐지를 규정하고 있었다. 개정법은 양자를 통합하여 회생계획안 제출 전후의 폐지 여부를 모두 임의적인 것으로 하였다.

사 견) 위와 같이 임의적 폐지로 선회한 이유가 무엇인지 논의가 있을 수 있으나, 인가 전 M&A의 기회를 주겠다는 정도 이상을 넘어, 폐지결정이 임의적인 이상 사업의 존속을 내용으로 하는 회생계획안의 제출도 해석상 가능하다고 본다. 계속기업가치의 측정은 다분히 추정에 의존할 수밖에 없음에도, 추정된 기업가치만을 기준으로 회생절차 폐지 여부를 결정하는 것은 채무자 입장에서 받아들이기 어려운 경우가 많고, 회생절차도 자율적인 구조조정의 일환이므로 채권자가 청산가치의 일부를 포기할 경우 사업의 계속을 내용으로 하는 회생계획안의 제출도 가능하다고 할 것이다. 다만, 어느 경우가 이에 해당할 것인지에 대한 기준정립, 절차규정 보완 등이 필요하다.

3. 법 287조 1항에 의한 폐지

채무자가 목록에 기재되어 있거나 신고한 회생채권자와 회생담보권자에 대한 채무를 완제할 수 있음이 명백하게 된 경우 법원은 관리인, 채무자, 목록에 기재되어 있거나 신고한 회생채권자 또는 회생담보권자의 신청에 의하여 회생절차폐지의 결정을 하여야 한다(법 287조 1항). 실무상 이 규정을 적용하여 폐지된 사례는 없다.[12)]

4. 법 293조의5 3항에 의한 폐지

간이회생절차개시 이후 회생계획인가결정 확정 전까지 채무자가 소액영업소득자에 해당하지 아니하거나 개인인 소액영업소득자가 신청일 전 5년 이내에 개인회생절차 또는 파산절차에 의한 면책을 받은 사실이 밝혀진 경우 간이회생절차를 폐지한다.

Ⅱ. 인가 후 폐지

1. 회생계획의 수행가능성이 없을 것

회생계획인가의 결정이 있은 후 회생계획을 수행할 수 없는 것이 명백하게 된 때에도 법원은 관리인이나 목록에 기재되어 있거나 신고한 회생채권자 또는 회생담보권자의 신청에 의하거나 직권으로 회생절차폐지의 결정을 하여야 한다(법 288조 1항).

수행가능성이란 회생계획을 통하여 채무자가 예정하고 있는 자금수지를 실현할 수 있는지에 관한 판단이라 할 것이다. ① 영업실적이 예정된 자금수지에 미달하고, 회복될 가능성이 없는 경우, ② 공익채권이 과다하게 증가한 경우 등이 전형적인 사례이다. 변제기 도래 전이라도 예정된 변제기에 변제할 수 없음이 명백하다면 폐지사유가 된다.

12) 실무연구회(하), 260면.

사 견) 수행가능성을 판단함에 있어 채무자가 제시한 자금수지는 장기적인 추정치로서, 추세를 보여주는 자료일 뿐 매년 자금수지에 기재한 현금흐름이 발생할 것이라는 확증은 아니며, 이러한 확증은 누구도 할 수 없다. 특정년도에 영업부진 등으로 자금수지를 달성하지 못할 가능성은 어느 회생계획이든 충분히 존재하며, 10년의 기간 동안 추세를 유지할 수 있을 것인지 신중히 판단하여 결정하여야 한다.

2. 의견청취 절차

법원은 회생계획의 수행가능성이 없음을 이유로 폐지결정을 하기 전에 기일을 열어 관리위원회·채권자협의회 및 이해관계인의 의견을 들을 수 있다. 다만, 기일을 열지 아니하는 때에는 기한을 정하여 관리위원회·채권자협의회 및 이해관계인에게 의견을 제출할 기회를 부여하여야 한다(법 288조 2항). 기일이나 기한을 정하는 결정은 공고하여야 하며, 확정된 회생채권 또는 회생담보권에 기하여 회생계획에 의하여 인정된 권리를 가진 자 중에서 알고 있는 자에 대하여는 송달하여야 한다(동조 3항). 실무상 기일을 개최하는 경우는 드물며 의견조회로 갈음하는 것이 일반적이다.

Ⅲ. 폐지결정에 대한 불복

폐지결정에 대하여는 법 290조에 의해 준용되는 법 247조에 따라 즉시항고를 할 수 있다(법 290조, 247조 1항). 단 목록에 기재되지 아니하거나 신고하지 아니한 회생채권자·회생담보권자·주주·지분권자는 항고권이 없다(247조 1항 단서). 법 247조 1항 단서와 마찬가지로 '목록에 기재되지 아니하고 신고하지 아니한'으로 읽어야 한다. 위 단서 규정이 채무자를 명시하고 있지 않으므로 관리인 이외에 채무자도 항고할 수 있다. 공익채권자는 인가 여부를 불문하고 항고권이 있다. 의결권이 없는 회생채권자·회생담보권자·주주·지분권자는 1항의 규정에 의한 즉시항고를 하는 때에는 회생채권자·회생담보권자·주주·지분권자인 것을 소명하여야 한다(법 247조 2항).

즉시항고는 폐지결정의 공고가 있은 날부터 14일 이내에 하여야 하며(법 13조 2항), 2,000원의 인지를 첨부한다. 회생법원은 기간을 정하여 항고인에게 보증으로 대법원규칙이 정하는 범위 안에서 금전 또는 법원이 인정하는 유가증권을 공탁하게 할 수 있다(법 247조 4항). 항고장이 제출된 경우 회생법원은 1주일 이내에 항고인에게 보증으로 공탁하게 할 것인지 여부를 결정하여야 한다(규칙 71조 1항). 보증으로 공탁하게 할 금액은 회생채권자와 회생담보권자의 확정된 의결권액(그 액이 확정되지 않은 경우에는 목록에 기재되거나 신고된 의결권액)의 총액의 20분의 1에 해당하는 금액 범위 내에서 정한다(규칙 71조 2항). 위 금액을 정함에 있어 ① 채무자의 자산·부채의 규모 및 재산상태, ② 항고인의 지위 및 항고에 이르게 된 경위, ③ 향후 사정변경의 가능성, ④ 그 동안의 절차 진행경과 및 그 밖의 여러 사정을 각 고려하여야 한다(규칙 71조 3항). 항고인이 정해진 기간 내에 보증을 제공하지 아니한 때에는 회생법원은 결정으로 항고장을 각하하여야 한다(규칙 71조 4항). 항고장 각하결정에 대하여 즉시항고를 할 수 없고, 특별항고만이 가능하다.[13]

즉시항고를 제기하더라도 집행정지의 효력이 없다는 특별한 정함이 있는 경우가 아니므로, 즉시항고는 집행정지의 효력이 있다(법 13조 3항). 집행정지의 효력을 인정하더라도 폐지결정이 내려진 이상 향후 파산절차를 염두에 두어야 할 것이므로 채무자 재산을 산일시킬 수 있는 조치는 취하지 않는 것이 바람직하다.[14]

항고법원의 판단에 대하여 공고일로부터 14일 이내에 재항고를 할 수 있고, 공고가 있기 전에 재항고를 하는 것도 허용된다.[15]

13) 대법원 2011. 2. 21. 자 2010마1689 결정.

14) 실무연구회(하), 272면도 신규사업이나 상무에 속하지 않는 행위에 대하여 법원이 허가할 수 없는 경우가 많을 것이라는 점을 지적하고 있다.

15) 대법원 2014. 10. 8. 자 2014마667 전원합의체 결정.

Ⅳ. 폐지결정의 효력

1. 회생절차개시로 인한 각종 제약의 소멸

폐지결정이 확정될 경우 회생절차개시로 인한 각종의 제약이 해소된다. 관리인의 권한이 소멸하는 결과 업무수행권 및 재산의 관리·처분권이 채무자로 복귀되고, 채권자의 개별적 소구 및 집행이 가능해진다. 다만 파산이 선고될 경우 재산의 관리·처분권은 파산관재인에게 속하고, 채권자들은 파산절차에서 자신의 권리를 행사하여야 한다. 부인권은 관리인의 전속적 권한이므로 법 6조 1항 및 2항에 의한 파산선고 및 법 6조 6항에 의해 파산관재인이 수계하는 경우가 아닌 한 소송종료선언에 의해 종료되고, 수계의 문제는 발생하지 않는다.

2. 불소급효

폐지결정은 소급효가 없으며, 인가 전 폐지의 경우라도 채권확정의 효력은 유지된다. 인가 후 폐지의 경우 면책 및 권리변경효를 포함하여 회생계획의 수행과 법의 규정에 의하여 생긴 효력은 영향이 없다(법 288조 4항). 따라서 신고하지 않아 회생계획인가결정으로 실권된 채권은 회생절차가 폐지되더라도 부활하지 않는다.

3. 강제집행 등의 운명

개시결정에 의하여 중지된 강제집행, 보전처분 및 담보권실행 등을 위한 경매절차는 인가 전 폐지의 경우 속행되며, 인가 후 폐지의 경우 회생계획 인가결정에 의하여 위 절차들은 실효되었으므로 속행의 대상이 없고, 새로이 절차를 진행하여야 한다.

4. 공익채권 변제

회생절차폐지의 결정이 확정된 때에는 법 6조 1항의 규정에 의하여 파산선고를 하여야 하는 경우를 제외하고 관리인은 채무자의 재산으로 공익채권을 변제하고 이의 있는 것에 관하여는 그 채권자를 위하여 공탁을 하여야 한다.

5. 권리확정절차의 처리

인가 후 폐지의 경우 필요적 파산을 규정하고 있고, 인가 전 폐지의 경우 파산선고 여부는 임의적이다. 다만, 어느 경우이든 파산의 원인된 사실이 존재할 것이 필요하다(법 6조 1항 및 2항).

폐지결정 당시 계속 중인 권리확정 절차는 파산선고에 따라 파산관재인이 선임되는 경우와 파산이 선고되지 않음으로써 채무자가 관리·처분권을 회복하는 경우에 따라 그 취급이 상이할 수밖에 없다.

가. 파산이 선고된 경우

인가 전 폐지	조사확정재판	- 법 6조 6항에 의해 중단[16)] - 인가 전 폐지의 경우 별도의 조사절차가 필요 없으므로,[17)] 파산관재인 또는 상대방이 바로 수계 및 청구취지 변경
	이의의 소	
인가 후 폐지	조사확정재판	새로이 채권신고 및 조사가 필요하므로 종국처리
	이의의 소	

나. 파산이 선고되지 않은 경우

인가 전 폐지	조사확정재판	종료[18)]
	이의의 소	- 관리인이 상대방인 경우: 중단되고, 채무자가 수계 후 일반의 민사소송으로 청구취지 변경 - 다른 채권자나 주주·지분권자가 상대방인 경우: 종료[19)] - 관리인 및 다른 채권자 등이 상대방인 경우: 관리인 부분은 중단 및 수계, 다른 채권자 부분은 종료

16) 법 6조 6항의 '소송절차'에 채권조사확정재판도 포함되는 것으로 해석함이 일반적 견해이다.
17) 인가 전에 법 6조 2항에 의한 파산선고가 있는 경우 회생절차에 의한 채권의 신고·이의·조사·확정은 파산절차에서 행하여진 신고·이의·조사·확정으로 본다(법 6조 5항 본문).

인가 후 폐지[20]	조사확정재판	- 관리인이 상대방인 경우: 중단 및 채무자 수계
	이의의 소	- 다른 채권자나 주주·지분권자가 상대방인 경우: 중단없이 속행

제 5 절 회생절차 폐지와 파산선고

Ⅰ. 임의적 파산선고

인가 전 폐지의 경우 법원은 채무자에게 파산의 원인이 되는 사실이 있다고 인정하는 때에는 채무자 또는 관리인의 신청에 의하거나 직권으로 파산을 선고할 수 있다(법 6조 2항 2호, 3호).[21]

인가 전 폐지된 경우 기업을 현 상태대로 유지하면서 사업을 계속할 것인지 여부는 채무자의 판단에 맡기는 것이 타당하고, 실무적으로도 인가 전 폐지의 경우 직권파산 선고는 자제하고 있다.[22]

Ⅱ. 필요적 파산선고

파산선고를 받지 아니한 채무자에 대하여 회생계획인가가 있은 후 회생절차폐지 또는 간이회생절차폐지의 결정이 확정된 경우 법원은 그 채무자에게 파산의 원인이 되는 사실이 있다고 인정하는 때에는 직권으로 파산을 선고하여야 한다(법 6조 1항).

---

18) 회생절차 내에서 심문에 의한 간이한 확정절차이므로 통상의 소로 변경하기에 부적합하므로, 권리확정은 신소제기에 의한다.

19) 기판력이 채무자에게 미치지 않으므로 통상의 민사소송으로 변경할 실익이 없다.

20) 인가결정에 의한 면책 및 권리변경효가 유지되고 있으므로 채권을 확정할 필요가 있는 상황이다.

21) 파산선고를 받지 아니한 채무자에 대하여 회생절차개시신청 또는 간이회생절차개시신청의 기각결정이 확정된 경우도 임의적 파산선고 사유이다(법 6조 2항 1호).

22) 실무연구회(하), 282면.

제 6 절 폐지결정에 대한 항고 사례

1. 원 결정의 요지

조사위원이 산정한 채무자의 청산가치는 1,646,023,000원, 계속기업가치는 −269,366,000원으로 사업을 운영할수록 적자가 계속 누적되는 점, 위 조사위원의 조사방법이나 평가가 합리성을 결여하였다거나 부적정한 점이 발견되지 아니한 점, 채무자가 회생을 위하여 자기 소유 공장을 매각하여야 하는 이상 영업운영을 위하여 사업장을 이전하거나 기존 사업장을 새로운 소유자로부터 임차하는 비용을 배제할 수 없는 점 등을 근거로 청산가치가 계속기업가치보다 큰 것이 명백하다고 인정하고, 법 293조의3 1항, 286조 2항을 적용하여 폐지결정을 내린 바 있습니다.

2. 청산가치 및 계속기업가치 산정과정의 개요

가. 청산가치 산정의 원칙

…(생략)…

나. 계속기업가치 산정의 원칙

…(생략)…

3. 조사위원이 평가한 기업가치의 개요

가. 채무자의 청산가치

먼저 조사위원이 채무자의 재무상태표를 토대로 작성한 실사재무상태표의 자산 란은 다음과 같습니다.

(단위: 원)

계정과목	채무자 제시금액	수정금액		조사수정 후 금액
		차변	대변	
자 산				
유동자산	550,960,212			252,856,223
1. 당좌자산	470,132,486	-	-	190,068,713
현금및현금성자산	67,401,069	-	270,714	67,130,355
매출채권	402,491,624	-	279,553,266	122,938,358
부가세대급금	228,763	-	228,763	0

선납세금	11,030	-	11,030	0
2. 재고자산	80,827,726	-	-	62,787,510
제품	60,134,026	-	18,040,216	42,093,810
원부재료	20,693,700	-	-	20,693,700
비유동자산	1,342,347,390	-	-	1,805,558,921
1. 투자자산	15,456,916	-	-	15,216,916
전신전화가입권	240,000	-	240,000	0
퇴직연금운용자산	15,216,916	-	-	15,216,916
2. 유형자산	1,326,890,474	-	-	1,790,342,005
토지	887,055,470	244,508,530	-	1,131,564,000
건물	419,020,360	209,513,320	-	628,533,680
감가상각누계액	(-)41,902,036	41,902,036	-	0
기계장치	83,463,637	-	74,313,637	9,150,000
감가상각누계액	(-)60,918,008	60,918,008	-	0
차량운반구	47,659,190	-	34,459,190	13,200,000
감가상각누계액	(-)33,882,464	33,882,464	-	0
비품	14,021,637	-	6,127,312	7,894,325
감가상각누계액	(-)6,127,312	6,127,312	-	0
시설장치	18,500,000	-	18,500,000	0
자산총계	**1,893,307,602**	**596,851,670**	**431,744,128**	**2,058,415,144**

위 실사를 토대로 평가한 청산가치는 다음과 같습니다.

(단위: 원)

계 정 과 목	조사후금액	청산손실		청산가치
		청산손실금액	청산손실률(%)	
I. 유동자산	252,856,223	-	-	186,935,523
(1) 당좌자산	190,068,713	-	-	172,307,999
현금및현금성자산	67,130,355	-	0.00	67,130,355
매출채권	122,938,358	17,760,714	14.51	105,177,644
(2) 재고자산	62,787,510	-	-	14,627,524
제품	42,093,810	33,675,048	80.00	8,418,762
원부재료	20,693,700	14,484,938	70.00	6,208,762
II. 비유동자산	1,805,558,921	-	-	1,459,087,548
(1) 투자자산	15,216,916	-	-	15,216,916
퇴직연금운용자산	15,216,916	-	0.00	15,216,916
(1) 유형자산	1,790,342,005	-	-	1,443,870,632

토지	1,131,564,000	238,420,534	21.07	893,143,466
건물	628,533,680	98,680,446	15.70	529,853,234
기계장치	9,150,000	915,000	10.00	8,235,000
차량운반구	13,200,000	1,350,500	10.23	11,849,500
비품	7,894,325	7,104,893	90.00	789,432
자산총계	2,058,415,144	412,392,073	20.03	1,646,023,071

나. 채무자의 계속기업가치

① 손익과 영업현금흐름의 추정

조사위원이 산정한 채무자 회사의 추정손익과 영업현금흐름은 다음과 같습니다.

(단위: 원)

구분	1차년도	2차년도	3차년도	4차년도	5차년도
Ⅰ.매출액	2,099,664	2,137,458	2,175,932	2,215,099	2,254,971
Ⅱ.매출원가 * 필요시 CGS로 표시	1,939,474	1,924,987	1,959,616	1,994,869	2,030,756
원가율	92.37%	90.06%	90.06%	90.06%	90.06%
Ⅲ.매출총이익 * 필요 시 GP로 표시	160,190	212,471	216,316	220,230	224,215
Ⅳ.판매비와 관리비	234,841	239,021	243,275	247,607	252,016
Ⅴ.영업이익	(-)74,651	(-)26,550	(-)26,959	(-)27,377	(-)27,801
Ⅵ.소득세 등	-	-	-	-	-
Ⅶ.당기순이익	(-)74,651	(-)26,550	(-)26,959	(-)27,377	(-)27,801

구분	6차년도	7차년도	8차년도	합 계
Ⅰ.매출액	2,295,560	2,336,880	2,378,944	17,894,509
Ⅱ.매출원가	2,067,289	2,104,479	2,142,339	16,163,808
원가율	90.06%	90.06%	90.05%	90.33%
Ⅲ.매출총이익	228,272	232,401	236,605	1,730,700
Ⅳ.판매비와 관리비	256,505	261,075	265,727	2,000,067
Ⅴ.영업이익	(-)28,234	(-)28,674	(-)29,122	(-)269,366
Ⅵ.소득세 등	-	-	-	-
Ⅶ.당기순이익	(-)28,234	(-)28,674	(-)29,122	(-)269,366

(단위: 천원)

구분	1차년도	2차년도	3차년도	4차년도	5차년도
세후당기순이익	(-)74,651	(-)26,550	(-)26,959	(-)27,377	(-)27,801

감가상각비	35,208	3,781	3,781	3,781	3,781
순영업현금흐름	(-)39,443	(-)22,769	(-)23,178	(-)23,596	(-)24,020

구분	6차년도	7차년도	8차년도	합 계
세후당기순이익	(-)28,234	(-)28,674	(-)29,122	(-)269,366
감가상각비	3,781	3,781	3,781	61,675
순영업현금흐름	(-)24,453	(-)24,893	(-)5,341	(-)207,691

② **영구기업가치 및 비영업 자산의 가치**

회생기간동안의 현금흐름이 부(-)이므로 영구기업가치를 고려할 필요가 없었고, 비영업자산의 가치는 누락함으로써 계속기업가치를 '0'으로 추정하였습니다.

4. 채무자의 계속기업가치

가. 회생계획 기간 동안의 현금흐름 추정

(1) 원가 추정

채무자의 과거 연도별 영업손익은 다음과 같습니다.

(단위: 천원)

구 분	20*1년	20*2년	20*3년	합계
매출액	2,577,548	2,404,098	2,684,698	7,666,344
매출원가	2,211,538	2,052,771	2,297,003	6,561,312
매출총이익	366,010	351,327	387,695	1,105,032
판매비와 관리비	135,891	148,063	173,142	457,096
영업이익	230,119	203,264	214,553	647,936
〈비율분석〉				
매출총이익률	14.20%	14.61%	14.44%	14.41%
영업이익률	8.93%	8.45%	7.99%	8.45%

위 도표에서 보듯 채무자 회사의 원가 구조는 매출의 85~6% 내외에서 비교적 일정한 흐름을 유지하고 있습니다. 매출원가는 매출과 대체로 비례하는 것이므로 특정 시점에 갑자기 큰 폭으로 증감하기는 어렵습니다. 조사위원은 추정기간 동안 원가율이 4% 정도 증가하는 것으로 추정하였는바, 채무자 회사의 원가는 대체로 85% 수준에서 일정한 점에 비추어 1차년도 말 공장을 이전함으로써 이전비와 차임이 발생한다는 이유만으로 4%나 원가율이 증액된다는 것은 납득하기 어렵습니다.

그렇다면 채무자 회사의 최근 3개년도의 매출액 대비 원가율을 적용한 매출총이익에서 회생계획 기간 동안의 차임과 이전비를 차감하는 것이 보다 현실성 있는 추정이라 할 것입니다.

먼저 조사위원이 추정한 이전비 및 차임을 검토하도록 하겠습니다.

(단위: 천원)

구 분	1차년도	2차년도	3차년도	4차년도	5차년도	6차년도	7차년도	8차년도	합 계
임차료	48,000	51,840	52,773	53,723	54,690	55,674	56,677	57,697	431,074
이전비용	20,000	-	-	-	-	-	-	-	20,000
합계	68,000	51,840	52,773	53,723	54,690	55,674	56,677	57,697	451,074

우선 1차년도 말에 이전을 예정하는 것이므로 1차년도분 차임은 발생하지 않음에도 4,800만원의 차임이 발생한다고 가정한 것은 명백한 오류입니다.

이전비용과 차임을 고려하고, 최근 3개년도 평균원가율 85.85%를 적용할 경우와 조사보고서를 비교하면 다음과 같습니다.

(단위: 천원)

항목		1차년도	2차년도	3차년도	4차년도	5차년도
조사 보고서	매출액	2,099,664	2,137,458	2,175,932	2,215,099	2,254,971
	매출원가	1,939,474	1,924,987	1,959,616	1,994,869	2,030,756
	원가율	92.37%	90.06%	90.06%	90.06%	90.06%
	GP	160,190	212,471	216,316	220,230	224,215
수정사항 반영	매출원가 * 원가율 85.85%	1,802,562	1,835,008	1,868,038	1,901,662	1,935,893
	차임	0	51,840	52,773	53,723	54,690
	이전비	20,000	-	-	-	-
	GP	277,102	250,610	255,121	259,714	264,388

항목		6차년도	7차년도	8차년도	계
조사보고서	매출액	2,295,560	2,336,880	2,378,944	17,894,509
	매출원가	2,067,289	2,104,479	2,142,339	16,163,808
	원가율	90.06%	90.06%	90.05%	90.33%
	GP	228,271	232,401	236,605	1,730,701
수정사항 반영	매출원가 * 원가율 85.85%	1,970,738	2,006,211	2,042,323	15,362,436

	차임	55,674	56,677	57,697	383,074
	이전비	-	-	-	20,000
	GP	269,148	273,992	278,924	2,128,999

(2) 판관비 추정

조사위원은 5인을 기준으로 각 연봉 3,000만원을 기준으로 2차년도 이후 1.8%의 물가상승률만큼 급여가 인상되는 것으로 가정하고, 퇴직급여 8.33%를 추가하였습니다. 그 결과 1차년도부터 연간 1억6,300만원의 인건비가 소요되고, 그 금액은 매년 증가율만큼 증가하게 됩니다. 채무자의 20*2년과 20*3년의 매출액은 각 24억원과 26억8,500만원 상당이며, 이 기간 동안 판관비 항목에 계상된 인건비 중 급·상여, 퇴직급여 외 변동성 판관비에 해당하는 복리후생비와 여비교통비를 모두 합하더라도 이 기간 동안 인건비성 비용은 각 6,311만원과 8,365만원에 불과합니다. 위 기간의 전체 판관비도 각 1억4,800만원과 1억7,314만원으로서 조사위원의 추정과는 많은 차이가 있습니다. 조사위원이 추정하는 기간 동안의 평균적인 매출액은 1차년도 21억원 상당에서 출발하여 매년 증액시키는 구조인바, 24억원과 26억8,500만원 상당의 매출을 달성한 년도보다 인건비 등 판관비 지출이 더 많이 발생한다는 것은 도저히 받아들일 수 없는 추정이라고 하겠습니다.

(3) 소결론: 채무자가 창출할 현금흐름 현가의 합계

① 10년의 변제기간 적용

조사위원은 8개년도의 현금흐름만 반영하였으나, 이는 계속기업의 가정을 도외시한 것입니다. 가동연수라는 것은 민사손해배상의 범위를 결정할 경우 유용한 개념이나, 기업가치평가에 원용할 성질은 아닙니다. 또한 채무변제기간은 10년의 범위에서 채무자가 정하는 것이지, 조사위원이 임의로 정할 성질도 아닙니다.

② 생계비 반영

조사위원은 생계비를 고려하지 않았는바, 채무자가 개인인 이상 생계비는 당연히 고려하여야 합니다. 가족 구성원 중 미성년이 없으므로 채무자는 1인가구이며, 1인가구 최저생계비의 150%는 974,898원이며, 년 단위로 환산할 경우 1,170만원입니다.

* 조사위원은 기업가치가 (-)이므로 굳이 이를 반영하지 않은 것으로 보입니다.

③ 조사보고서와 상이한 가정들의 요약

- 회생계획 기간 10년, 9차년도와 10차년도에 8차년도와 동일한 금액의 매출 실현
- 매출원가는 채무자의 최근 3개년도 평균매출원가율을 적용하여 계산한 매출원가에 조사위원이 제시한 이전비용과 차임을 가산

– 생계비는 년 1,170만원이 소요되며, 매년 소비자물가상승률 예측치 1.8%만큼 증액

– 판관비는 조사위원이 추정한 회생계획 기간 동안의 매출액에 대하여 2015년 기준 매출액 대비 판관비율을 적용

– 현금흐름 산정 시 감가상각비는 무시

④ **채무자가 창출할 10년간 현금흐름의 현가**

(단위: 천원)

항목	1차 년도	2차 년도	3차 년도	4차 년도	5차 년도	6차 년도	7차 년도	8차 년도	9차 년도	10차 년도	합계
매출액	2,099,664	2,137,458	2,175,932	2,215,099	2,254,971	2,295,560	2,336,880	2,378,944	2,378,944	2,378,944	
매출원가	1,939,474	1,924,987	1,959,616	1,994,869	2,030,756	2,067,289	2,104,479	2,142,339	2,142,339	2,142,339	
원가율	92.37%	90.06%	90.06%	90.06%	90.06%	90.06%	90.06%	90.05%	90.05%	90.05%	
매출총이익	160,190	212,471	216,316	220,230	224,215	228,271	232,401	236,605	236,605	236,605	
이상은 조사위원의 결론이며, 3개년도 평균 매출원가율을 적용한 매출총이익을 계산하고, 다시 이전비와 차임을 차감한 후의 매출총이익은 다음과 같습니다.											
매출원가 *원가율 85.85%	1,802,562	1,835,008	1,868,038	1,901,662	1,935,893	1,970,738	2,006,211	2,042,323	2,042,323	2,042,323	
매출총이익	297,102	302,450	307,894	313,437	319,078	324,822	330,669	336,621	336,621	336,621	
차임	0	51,840	52,773	53,723	54,690	55,674	56,677	57,697	57,697	57,697	
이전비	20,000	–	–	–	–	–	–	–			
GP	277,102	250,610	255,121	259,714	264,388	269,148	273,992	278,924	278,924	278924	
* 1차년도 말에 공장을 이전할 예정이므로, 1차년도에는 차임이 발생할 수 없음은 전술한 바와 같습니다. 판관비는 조사위원이 추정한 회생계획 기간 동안의 매출액에 2015년 기준 매출액 대비 판관비율을 곱하여 산정하였습니다.											
판관비	135,428	137,866	140,348	142,874	145,446	148,064	150,729	153,442	153,442	153,442	
영업이익	141,674	112,744	114,773	116,840	118,942	121,084	123,263	125,482	125,482	125,482	1,225,767
생계비	11,700	11,911	12,125	12,343	12,565	12,792	13,022	13,256	13,495	13,738	126,947
잉여현금흐름	129,974	100,833	102,648	104,497	106,377	108,293	110,241	112,226	111,987	111,744	1,098,821
현가계수	0.9247	0.8551	0.7908	0.7312	0.6762	0.6253	0.5782	0.5347	0.4945	0.4572	
현가	120,190	86,225	81,170	76,411	71,931	67,714	63,744	60,007	55,372	51,093	733,857

나. 10차년도 이후의 현금흐름도 반영하여야 합니다.

계속기업의 가정은 채무자가 법인이냐, 자연인이냐에 따라 달라지는 기준은 아닙니다. 기업은 운영주체와는 오롯이 독립적으로 존재하는 것인바, 채무자가 개인이라는 이유로 현금흐름을 제한적으로 산정하는 것은 가치평가의 원칙을 도외시한 것입니다.

10차년도 이후에도 10차년도의 잉여현금흐름 111,744천원이 계속적으로 발생하고, 위 현금흐름은 무성장을 가정할 경우 계산결과는 1,372,776천원(=111,744/8.14%)이고, 여기에 10년현가 0.4572를 적용한 627,633천원이 계속기업가치에 가산되어야 합니다.

다. 비영업자산의 처분가치를 추가해야 합니다.

채무자 소유 주택의 공정가치는 242,500천원이며, 이를 가산해야 합니다.

라. 소결론

위 분석을 토대로 산정된 채무자의 계속기업가치는 1,603,991천원입니다.

* 733,857+627,633+242,500

5. 청산가치

조사위원은 다음의 과정을 거쳐 청산가치를 산정하였습니다.

(단위: 원)

계 정 과 목	조사후금액	청산손실		청산가치
		청산손실금액	청산손실률(%)	
I. 유동자산	252,856,223	-	-	186,935,523
(1) 당좌자산	190,068,713	-	-	172,307,999
현금및현금성자산	67,130,355	-	0.00	67,130,355
매출채권	122,938,358	17,760,714	14.51	105,177,644
(2) 재고자산	62,787,510	-	-	14,627,524
제품	42,093,810	33,675,048	80.00	8,418,762
원부재료	20,693,700	14,484,938	70.00	6,208,762
II. 비유동자산	1,805,558,921	-	-	1,459,087,548
(1) 투자자산	15,216,916	-	-	15,216,916
퇴직연금운용자산	15,216,916	-	0.00	15,216,916
(1) 유형자산	1,790,342,005	-	-	1,443,870,632
토지	1,131,564,000	238,420,534	21.07	893,143,466
건물	628,533,680	98,680,446	15.70	529,853,234
기계장치	9,150,000	915,000	10.00	8,235,000
차량운반구	13,200,000	1,350,500	10.23	11,849,500

(단위: 원)

계 정 과 목	조사후금액	청산손실		청산가치
		청산손실금액	청산손실률(%)	
비품	7,894,325	7,104,893	90.00	789,432
자산총계	2,058,415,144	412,392,073	20.03	1,646,023,071

이 중 부동산의 청산가치에 관한 조사보고서의 기재는 다음과 같습니다.

공장(토지와 건물)과 아파트는 감정평가액과 KB부동산시세에 회생 개시일 전 3개월간의 인천지방법원의 평균 낙찰가율을 적용하여 청산가치를 산출하였습니다. 위 경매 낙찰가율은 경매관련 전문인터넷사이트 하우스인포(www.houseinfo.co.kr)를 참조하였습니다.

관할법원	소재지	대상물건	평균낙찰가율
인천지방법원	인천광역시	공장	78.93%
인천지방법원	인천광역시	아파트	95.64%

이에 대하여 채무자 보유 부동산 내역 및 이에 대한 **해당지역 평균낙찰률**을 다시 적용하도록 하겠습니다.

* 회생사건실무(상), 4판, 292면은 부동산의 청산가치는 해당 지역 법원 경매의 평균 낙찰률을 적용하도록 하고 있고, 해당 지역 법원이란 해당 부동산 경매사건에 대한 관할법원을 의미한다고 할 것입니다.

채무자 소유 부동산의 지목별, 법원별 낙찰가율을 적용하여 산정한 청산가치는 다음과 같습니다.

(단위: 원)

부동산	감정가	지목	관할법원	낙찰가율	
**리 1360-5	233,120,000	공장용지	수원	0.7017	163,580,304
위 지상건물	167,718,000	2종 근생		0.7389	123,926,830
**리 1360-6	281,765,000	대		0.7898	222,537,997
위 지상건물	163,301,000	1종 근생		0.7389	120,663,109
**리 1360-7	399,735,000	공장용지		0.7017	280,494,050
위 지상건물	130,900,000	2종 근생		0.7389	96,722,010
**리 1360-11	88,690,000	대		0.7898	70,047,362
**리 1360-14		대		0.7898	
인천 연수동 아파트	242,500,000		인천	0.9363	227,052,750

계	1,707,729,000				1,305,024,412

위 결과를 토대로 재산정한 청산가치는 다음과 같습니다.

<table>
<tr><th>계 정 과 목</th><th>청산가치</th><th>청산가치(수정)</th></tr>
<tr><td>I. 유동자산</td><td>186,935,523</td><td rowspan="7">186,935,523</td></tr>
<tr><td>(1) 당좌자산</td><td>172,307,999</td></tr>
<tr><td>현금및현금성자산</td><td>67,130,355</td></tr>
<tr><td>매출채권</td><td>105,177,644</td></tr>
<tr><td>(2) 재고자산</td><td>14,627,524</td></tr>
<tr><td>제품</td><td>8,418,762</td></tr>
<tr><td>원부재료</td><td>6,208,762</td></tr>
<tr><td>II. 비유동자산</td><td>1,459,087,548</td><td></td></tr>
<tr><td>(1) 투자자산</td><td>15,216,916</td><td rowspan="2">15,216,916</td></tr>
<tr><td>퇴직연금운용자산</td><td>15,216,916</td></tr>
<tr><td>(1) 유형자산</td><td>1,443,870,632</td><td rowspan="3">1,305,024,412</td></tr>
<tr><td>토지</td><td>893,143,466</td></tr>
<tr><td>건물</td><td>529,853,234</td></tr>
<tr><td>기계장치</td><td>8,235,000</td><td>8,235,000</td></tr>
<tr><td>차량운반구</td><td>11,849,500</td><td>11,849,500</td></tr>
<tr><td>비품</td><td>789,432</td><td>789,432</td></tr>
<tr><td>자산총계</td><td>1,646,023,071</td><td>1,528,050,783</td></tr>
</table>

6. 결 어

이상에서 살펴본 바와 같이 채무자의 계속기업가치는 1,603,991천원, 청산가치는 1,528,050천원으로서 갱생의 가치가 있다고 할 것인바, 폐지결정을 재고하여 주시기 바랍니다.

20**. 1. .

채무자(법률상 관리인) * * *

인천지방법원 회생○단독 귀중

부록: 주요 허가신청 양식

1. 관리인 인장조제보고 및 책임각서 제출

- 회생절차개시결정이 나면 기존 대표이사에서 관리인 또는 법률상 관리인으로 명의인이 바뀌고, 기존 회사의 법인인감(사용인감 포함)은 회수되며 새로운 관리인 등의 명의로 인장조제보고를 한다.
- 인장조제
  - 관리인 선임시 : "(주) OOO 관리인 홍길동"으로 인장제조
  - 관리인 불선임시 : "(주)OOO 법률상 관리인 대표이사 홍길동"으로 인장제조

2. 인감신고서류 제출

- 인감신고서 1부, 인감대지 1부, 관리인의 인감증명서 1부, 관리인 주민등록초본 1부, 관리인 선임등기에 필요한 별지목록 1부
  * 접수방법 : 신고서는 스캔하여 전자로 접수하되 원본은 재판부로 직접 제출한다.

인 감 신 고 서

<table>
<tr><td rowspan="2"></td><td rowspan="2">(법인인감도장날인)</td><td colspan="2">상　호: 주식회사 ○○산업
본　점: 서울 마포구 ○○동 200-27 2층
(인감대지 첨부란)
관리인　이○○</td></tr>
<tr><td></td><td>.　　.　　. 제출</td></tr>
</table>

위와 같이 인감을 신고합니다.

2017년 12월 18일

신고인 (상호) 주식회사 ○○산업
(본점) 서울 마포구 ○○동 200-27 2층
관리인 이○○
주소 ○○시 ○○구 ○○동 ○○○아파트 ○○○동 ○○○호

(법인인감도장날인) (법인인감도장날인)

서울중앙지방법원 등기국 귀중

(주)

1. 신고인란에는 인감대지의 기재사항(주민등록번호와 인감제출연월일 제외)을 기재하고 인감제출자가 상호사용자, 회사의 대표자 또는 관리인이나 보전관리인인 경우에는 그 주소도 기재하여야 합니다.
2. 신고인란의 날인은 인감제출자가 지배인인 경우와 인감을 재제출하는 경우를 제외하고는 인감증명법에 의하여 신고한 인감으로 하고 그 인감증명을 첨부하여야 합니다.
3. 지배인이 인감을 제출하는 경우에는 상업등기규칙 제35조 제3항의 서류를 첨부하여야 합니다.
4. 인감을 재제출하는 경우에는 '인감신고서' 옆에 '(재제출)'이라고 부기하여야 합니다.

인 감 대 지

	(법인인감도장날인)	상 호: 주식회사 ○○산업 본 점: 서울 마포구 ○○동 200-27 2층 (인감대지 첨부란) 관리인 이○○	
			. . . 제출

	(법인인감도장날인)	상 호: 주식회사 ○○산업 본 점: 서울 마포구 ○○동 200-27 2층 (인감대지 첨부란) 관리인 이○○	
			. . . 제출

	(법인인감도장날인)	상 호: 주식회사 ○○산업 본 점: 서울 마포구 ○○동 200-27 2층 (인감대지 첨부란) 관리인 이○○	
			. . . 제출

	(법인인감도장날인)	상 호: 주식회사 ○○산업 본 점: 서울 마포구 ○○동 200-27 2층 (인감대지 첨부란) 관리인 이○○	
			. . . 제출

재판부 보고사항

주식회사 ○○산업

우)03993 서울 마포구 ○○동 200-27 2층 / ☎ 02-300-3100 / 팩스 02-300-43**

문서번호: 회생 제2017 - ○○호　　담당 사장 김○○ (02-300-3100)
시행일자: 2017. 12. 15
사　　건: 2017간회합00473 간이회생
수　　신: 서울회생법원 제○부
참　　조: 관리위원 ○○○
제　　목: 법률상 관리인 인장 조제보고

---

1. 폐사는 귀원으로부터 2017년 12월 15일자로 회생절차개시결정을 받은 회사입니다.
2. 아래와 같이 관리인 인장을 조제하였음을 보고합니다.

\- 아　　래 -

1. 법률상 관리인: 이○○
2. 관리인 인장 조제내역: 첨부 참조

(첨부)　1. 법인인장 조제내역 및 책임각서　○부
　　　　2. 회수한 법인인감내역　○부
　　　　3. 인감신고서　○부
　　　　4. 인감대지　○부
　　　　5. 별지목록　○부

채무자 주식회사 ○○산업

법률상 관리인[1] 대표이사 이○○

---

1) 관리인을 별도로 선임하지 않고, 기존 대표자를 관리인으로 볼 경우의 명칭이다.

법인인장 조제내역 및 책임각서와 회수한 법인인감내역

① 법인인장 조제내역

구분	인장	사용부서	용도	관리책임자	
				정	부
법인인장		관리인실	법원제출문서 등 주요사항 일반상거래용 금융기관용	관리인 이○○	사장 김○○

② 인장에 대한 책임각서

인장에 대한 책임각서

제목: 법인사용인장에 대한 관리책임의 건

폐사는 2017년 12월 15일 15시부로 회생개시결정을 받음에 따라 관리인은 법인, 사용인장을 조제하고 사용함에 있어 본 인장에 대하여 다음과 같이 책임을 지고 관리자로서 주의의무를 다하겠습니다.

구분	인장	사용부서	용도	관리책임자	
				정	부
법인인장		관리인실	법원제출문서 등 주요사항 일반상거래용 금융기관용	관리인 이○○	사장 김○○

③ 회수한 법인인장 내역

구분	인장번호	인장	사용부서	용도	관리책임자
법인인감			본사	회사 주요사항	관리인 이○○
사용인감			관리팀	은행용 / 대관업무 등	

* 추가할 사용인감이 있는 경우 용도구분하여 내역에 포함하면 됩니다.
* 인장조제 및 인감신고시 필요서류는
- 법인인장 조제내역 및 책임각서와 회수한 법인인장내역
  : 법인인장 조제내역 1부, 책임각서 1부, 회수한 법인인장내역 1부
- 관리인인감신고서: 인감신고서 1부, 인감대지 1부, 관리인인감증명서 1부, 관리인 주민등록초본 1부, 관리인 선임등기에 필요한 별지목록 1부

별 지 목 록

구분	성명	주소	주민등록번호	원인
대표이사 / 법률상 관리인	이○○	○○시 ○○구 ○○동	○○○○○○-○○○○○○	2017. ○○. ○○ 관리인불선임결정

재판부 허가사항

주식회사 ○○엠플러스

우)03993 서울시 구로구 ○○로 19, ○동 136호(구로동, ○○상가)/☎02-300-31**/팩스 02-300-43**

문서번호 : 간이회생 제2017 - ○○호 담당 사장 김00 (02-300-3100)
시행일자 : 2017. 12. 15
사 건 : 2018간회합1000** 간이회생
수 신 : 서울회생법원 제11부
제 목 : 회생채권 변제 허가신청

1. 폐사는 2017. 12. 15.일자로 회생절차개시결정을 받은 회사입니다.
2. 폐사는 난방변좌 및 수전(수도꼭지) 제작을 주업으로 하는 업체로서, 수전제작과 관련하여 최근 수년 동안 인력공급회사를 통하여 공급받은 일용근로자들을 사용하여 단순작업인 수전조립을 진행하고 있습니다.
3. 위 인력공급회사는 (주)**시스템이며, 위 회사와의 계약관계는 상호 급부가 견련관계에 있다고 할 수 없어 미이행쌍무계약으로 의율할 수는 없고, 물품대금이 아닌 관계로 신청 전 20일 이내에 발생한 계속적 공급계약에 의한 물품대금으로서 공익채권에 해당한다고 보기도 어려운 것으로 사료됩니다.
4. 이에 위 (주)**시스템이 파견한 인력들에 대한 용역비용을 회생채권으로 변제하고자 본 허가를 신청하게 되었습니다. 회생채권임에도 변제를 구하는 사유는 다음과 같습니다.

다 음

위 회사로부터 3년 전부터 인력을 공급받아 왔고, 그 인원은 월 평균 10인 정도로 숫자가 많은 관계로 지방에서 위 정도 숫자의 인력을 파견할 수 있는 업체는 제한되어 있는 점, 단순작업이기는 하나 숙련되는 시간은 2개월 정도 소요되고, 타 회사를 통해 새로운 근로자가 파견될 경우 작업속도 및 불량률 등에 있어 차이를 가져올 수 있는 점, 그 동안 대체로 동일한 근로자들이 계속 파견되어 온 관계로 작업 숙련도 및 작업에 대한 이해도가 높은 점, 향후에도 이와 같은 단순작업은 일용근로자로 충원할 예정이며, 정규직 고용은 채무자의 자금수지 및 현황에 비추어 어려움이 있는 점 등을 종합하여 금년 5월분 용역대금을 지급하고자 합니다.

5. 위와 같은 사정에 의거 채무자 회생 및 파산에 관한 법률 제132조 제2항에 따라 아래와 같이 회생채권의 변제 허가를 구하는 바입니다.

- 아 래 -

가. 변제할 채권의 내역

(단위: 백만원)

채권자명	파견인원	총 용역비용	변제사유	채무 발생시기 및 내역
○○㈜		25	전술한 바와 같음	2015년 5월분 용역비
㈜□□	80	20	용역 제공 거부	

나. 지급 시점 : 재판부 허가 후 즉시

다. 지급 전후의 시재

구분	보유자금 (2018. 00. 00)	용역대금 지급	지급 후 보유자금	비 고
가용자금				

첨부서류 : 1. 생산도급계약서
2. 견적서
3. 세금계산서

서울시 구로구 ○○로 19, ○동 136호(구로동, ○○상가)

주식회사 ○○엠플러스

법률상 관리인 대표이사 박○○

재판부 허가사항

주식회사 ○○산업

우)03993 서울 마포구 ○○동 200-27 2층 / ☎ 02-300-3100 / 팩스 02-300-43**

문서번호: 회생 제2017 - ○○호　　담당 사장 김○○ (02-300-3100)

시행일자: 2017. 12. 15

사　　건: 2017간회합00473 간이회생

수　　신: 서울회생법원 제○부

제　　목: 이의철회 허가신청2)

1. 폐사는 2017년 12월 ○일 회생절차개시를 신청하여 2017년 12월 15일 회생절차개시결정을 받은 회사입니다.
2. 폐사는 2017. ○○. ○○. 제출한 회생담보권 및 회생채권 시·부인 명세표 중 회생채권 관련 자료를 재검토한 결과 아래와 같이 부인한 회생채권에 대한 이의를 철회하고자 하오니 허가하여 주시기 바랍니다.

\- 아　　래 -

1. 기존 시부인 결과 및 이의철회 후 채권 내역

가. 기존 시부인 결과

(단위: 원)

구 분				조사기간 시부인 내용			시부인 사유	비고
신고번호	채권자명	채권내용	목록기재액·신고액	시인액	부인액	의결권 인정액		
		원금						
		개시 전 이자						
		개시 후 이자						
합 계								

2) 채권신고에 대하여 관리인이 이의한 이후, 이를 철회하고자 할 경우 재판부 허가사항이다.

나. 이의철회 후 채권내역

(단위: 원)

<table>
<tr><th colspan="4">구 분</th><th colspan="3">이의철회 후 시부인액</th><th rowspan="2">이의철회 사유</th><th rowspan="2">비고</th></tr>
<tr><th>신고 번호</th><th>채권자명</th><th>채권 내용</th><th>목록기 재액 · 신고액</th><th>시인액</th><th>부인액</th><th>의결권 인정액</th></tr>
<tr><td></td><td></td><td>원금</td><td></td><td></td><td></td><td></td><td rowspan="4"></td><td rowspan="4"></td></tr>
<tr><td></td><td></td><td>개시 전 이자</td><td></td><td></td><td></td><td></td></tr>
<tr><td></td><td></td><td>개시 후 이자</td><td></td><td></td><td></td><td></td></tr>
<tr><td colspan="4">합 계</td><td></td><td></td><td></td></tr>
</table>

2. 이의 철회사유

당사가 정부지원하에 운영하고 있는 국책과제들에 대하여 [산업통상자원부 고시 제20××-76호 (20××. 04. 22.)] 「산업기술혁신사업 공통 운영요령」 제32조에 의해 성과평가를 진행하며, 동 요령 제33조(사업결과의 평가) 1항 4호의 "불성실수행"으로 평가된 사업에 대해 동 요령 제44조(문제과 제에 대한 참여제한 및 환수 등) 2항에 의해 정부출연금의 일부 또는 전부를 환수할 수 있도록 하고 있으므로, 당사가 진행 중인 과제의 평가가 완료되지 않은 이상 미확정채권으로 시인하되, 채권의 현실화 가능성이 없어 의결권은 부인하고자 합니다.

첨부서류:

서울 마포구 ○○동 200-27

주식회사 ○○산업

관리인 이○○

재판부 허가사항

주식회사 ○○산업

우51**3 / 경남 창원시 의창구 ○○대로 3**번길 6,7층 / 전화 055-2**-3*** / 전송 055-2**-****

문서번호: 2017-00-24호
시행일자: 2017. 10. 02.
사　　건: 2017회합 10** 회생
수　　신: 창원지방법원 제○파산부
참　　조: 관리위원 ○○○
제　　목: 사전한도 허가신청(10월)[3]

1. 폐사는 2017년 08월 31일자로 회생절차개시신청을 하였고, 2017년 09월 04일 보전처분 및 포괄적 금지명령을 받은 바 있습니다.

2. 폐사의 계속적인 영업활동을 위하여 아래와 같이 사전한도(허가일로부터 1개월)를 지정받고자 하오니 허가하여 주시기 바랍니다.

- 아　　래 -

1. 지출예정액: 월 262,047,802원(한도)

3) 일상적인 지출의 경우 대략적인 소요비용을 예측하여 포괄적으로 허가를 받을 필요가 있다. 이렇게 할 경우 매번 허가를 받아야 하는 번거로움을 피할 수 있다. 업종의 특성에 비추어 사전한도허가가 필요할 경우 미리 주무관리위원과 협의하여야 할 것이다. 본 양식은 창원지역 예식장 사건에서 사용한 양식인바, 법원별로 차이가 있을 수 있다.

순서	거래처명	전월금액	당월금액(사전한도)	비고
1	기재 생략	660,000	660,000	네이버광고3건
2		330,000	330,000	기장료
3		1,650,000	1,650,000	716호 로비 임차료
4		3,405,490	3,405,490	711호외 4건 임차료
5		29,292,795	29,292,795	관리비
6	4대보험료	4,857,850	6,000,000	건강,연금,고용,산재
7	갑근세(소득세, 주민세)	2,891,330	3,000,000	주민세,소득세,사업소득세
8	일용직임금	27,439,390	36,900,000	매주금요일 지급(5주차)
9	직원급여	30,930,533	35,537,449	직원급여
	합계	101,457,388	116,775,734	

2. 지출예정일: 매입시 현금 결제 및 주단위/ 격주단위 현금결제 예정

3. 일괄집행허가 사유

폐사는 ○○업을 주업으로 하는 업체로 ○○에 필요한 물건을 주단위 또는 격주단위로 결제하고 있습니다. 또한 매주 ○○부, ○○부, ○○부, 관리부에서 일용직을 고용하여 주단위로 임금을 지급하고 있어 사전한도 승인을 받고자 합니다. 현재 10월의 경우 ○○성수기로 거래처 원자재 및 임금이 전달보다 30% 이상 더 지급 될 것으로 예상하고 있습니다. 기존에 거래처 외상대금 및 일용직 임금 관련하여 매주 승인을 받고 있습니다. 이점을 고려하여 1개월분 사전한도를 지정받고자 합니다.

붙 임: 1. 세금계산서 각1부
2. 직원급여대장 각1부. 끝.

경남 창원시 ○○구 ○○대로 **번길 ○층

○○주식회사

법률상 관리인 대표이사 ○○○

관리위원 허가위임

주식회사 ○○산업

우)03993 서울 마포구 ○○동 200-27 2층 / ☎ 02-300-3100 / 팩스 02-300-43**

문서번호: 간이회생 제2017 - ○○호　　　담당 사장 김○○ (02-300-3100)
시행일자: 2017. 12. 15
사　　건: 2017간회합00473 간이회생
수　　신: 서울회생법원 제○부
제　　목: 2017년 12월분 급여 지급 허가신청서

1. 폐사는 2017년 12월 15일자로 회생절차개시결정을 받은 회사입니다.
2. 아래와 같이 2017년 12월분 급여를 지급하고자 신청하오니 허가하여 주시기 바랍니다.

- 아　　래 -

1. 대상급여 및 산정기간: 2017년 12월분 (2017. 12. 1 ~ 2017. 12. 31)
2. 지급예정일: 2017. 12. 29
3. 총급여액: ○○○액

구분	금 월				전 월	
	인원	총급여액	인원	총급여액	인원	총급여액
임원						
직원						
합계						

4. 본 건 지급 전후 보유자금

구분	보유자금 (2017. ○○. ○○)	급여 지급	지급 후 보유자금	비 고
가용자금				

첨부서류: 1. 회사 내부 지급결의서 사본 1부
　　　　　2. 2017년 12월분 직원 급여대장 사본 1부. 끝.

서울 마포구 ○○동 200-27

주식회사 ○○산업

관리인 이○○

관리위원 허가위임

주식회사 ○○산업

우)03993 서울 마포구 ○○동 200-27 2층 / ☎ 02-300-3100 / 팩스 02-300-43**

문서번호: 간이회생 제2017 - ○○호　　담당 사장 김○○ (02-300-3100)
시행일자: 2017. 12. 15
사　　건: 2017간회합00473 간이회생
수　　신: 서울회생법원 제○부
제　　목: 원자재 구입 허가신청

1. 폐사는 2017년 12월 15일자로 회생절차개시결정을 받은 회사입니다.
2. 폐사는 그동안 PP 7411, PP 7412 원사를 사용하여 왔고, 위 제품은 가격은 다소 높으나, …… 이라는 특성으로 인하여 불량률 저감 및 안정적 품질확보를 가능하게 하는 장점이 있습니다. 폐사는 그 동안 지속적으로 위 제품을 생산에 투입함으로써 거래처와 굳건한 신뢰를 구축하여 왔습니다.
3. 구입 대상 물품을 생산하는 업체는 8개사가 있으며, 그 중 지속적으로 거래하던 아래의 3개사에 견적을 받아 비교한 후 ㈜○○○유화의 제품으로 구입하고자 합니다.

- 아　　래 -

- ㈜○○○유화(서울 ○○구 ○○동 ○○)
- ㈜□□□(서울 ○○구 ○○동 ○○)
- ㈜◇◇◇(서울 ○○구 ○○동 ggg

4. 위 3개사의 견적내용은 아래 [견적비교표]와 같습니다.[4)]

4) 통상적인 구매허가신청에서는 비교견적을 첨부하는 것이 일반적이고, 법원도 이를 권장하고 있다. 다만, 오랫동안 거래해 온 매입처인지 여부, 장기간의 거래를 통해 이미 타 매입처에 비하여 최소한 대등한 구매조건을 보장받아 왔는지 여부, 복수견적을 받기 위한 시간과 비용으로 인하여 생산일정에 차질이 발생할 가능성이 있는지 여부, 기존 매입처가 회생절차의 주요 상거래채권자인지 여부 등은 기존 매입처로부터의 구매를 정당화하는

[견적비교표]

품명	수량 (M/T)	입찰사항						비고
		㈜○○○유화		㈜□□□		㈜◇◇◇		
		단가 (M/T당/원)	입찰금액 (원)	단가 (M/T당/원)	입찰금액 (원)	단가 (M/T당/원)	입찰금액 (원)	
PP H7411	6	1,410,000	8,460,000	1,450,000	8,700,000	1,440,000	8,640,000	
PP H7412	6	1,410,000	8,460,000	1,450,000	8,700,000	1,440,000	8,640,000	
합계	12		16.920,000		17,400,000		17,280,000	

5. 상기 3개 업체를 비교하여 ㈜○○○유화에서 구입하고자 합니다.
6. 자재대금 지급일시: (예: 법원 허가 후 즉시)

[참고] 원자재 구입대금 결제 전후 자금 보유내용

구분	보유자금 (2000. ○. ○.)	원자재구입 결재 금액	결재 후 보유자금	비 고
가용자금	58,461,251원	16,920,000원	41,541,251원	

첨부서류: 1. 내부 구매품의서 1부
2. ㈜○○○유화 견적서 1부
3. ㈜□□□ 견적서 1부
4. ㈜◇◇◇ 견적서 1부. 끝.

서울 마포구 ○○동 200-27
주식회사 ○○산업
관리인 이○○

사유가 될 수 있다고 본다.

관리위원 허가위임

주식회사 ○○산업

우)03993 서울 마포구 ○○동 200-27 2층 / ☎ 02-300-3100 / 팩스 02-300-43**

문서번호: 간이회생 제2017 - ○○호　　　담당 사장 김○○ (02-300-3100)
시행일자: 2017. 12. 15
사　　건: 2017간회합00473 간이회생
수　　신: 서울회생법원 제○부
제　　목: 운영비 차입 허가신청[5)]

---

1. 폐사는 2017년 12월 15일자로 회생절차개시결정을 받은 회사입니다.
2. 폐사는 회생절차개시결정일 현재 현금시재가 부족하여 운영비를 차입하여 사용할 수밖에 없는 실정이므로, 현재로서는 유일하게 가능한 차입선인 ○○○으로부터 아래와 같이 자금을 차입하고자 하오니 허가하여 주시기 바랍니다.

- 아　　래 -

1. 차입금액: ○○○원
2. 용도: 임직원 급여 및 필요 자재구입과 운영비 지급
3. 이자율: 연 ○%
4. 상환방법:

첨부서류: 1. 차입자금 사용계획 1부
　　　　　2. 금전소비대차계약서(안) 1부
　　　　　3. 공익채권자 명부(채권자, 채권액, 전화번호, 팩스번호) 1부. 끝.

서울 마포구 ○○동 200-27
주식회사 ○○산업
관리인 이○○

---

5) 위 차입금은 공익채권에 해당한다. 회사의 자금수지를 어렵게 할 수 있으므로, 사전에 충분한 검토가 필요하다. 아울러, '허가사항과 위임사항에 관한 결정'을 참조하여 관리위원회에 허가권이 위임되었는지 확인하여야 할 것이다.

관리위원 허가위임

주식회사 ○○산업

우)03993 서울 마포구 ○○동 200-27 2층 / ☎ 02-300-3100 / 팩스 02-300-43**

문서번호: 간이회생 제2017 - ○○호 담당 사장 김○○ (02-300-3100)
시행일자: 2017. 12. 15
사 건: 2017간회합00473 간이회생
수 신: 서울회생법원 제○부
제 목: 정관의 변경 허가신청

1. 폐사는 2017년 12월 15일자로 회생절차개시결정을 받은 회사입니다.
2. 귀원으로부터 인가받은 회생계획안 제12장(정관의 변경)에 근거하여 다음과 같이 정관변경 절차를 진행하고자 허가를 구하는 바입니다.

- 다 음 -

변경 및 신설 예정인 정관의 기재는 다음과 같습니다.

구분	조항	변경 전	변경 후
회사가 발행할 주식의 총수	제5조	당 회사가 발행할 주식의 총수는 494,000주로 한다.	당 회사가 발행할 주식의 총수는 2,000,000주로 한다.
신주인수권	신설 제17조		제17조 신주인수권 1. 회사가 신주를 발행하는 경우 주주들은 각자 보유한 주식수에 비례하여 신주 인수권을 갖는다. 2. 회사는 제1항의 규정에도 불구하고 재무구조 개선 등의 목적으로 M&A를 추진하여 유상증자에 성공할 경우와 회생담보권 및 회생채권을 출자전환하는 경우 법원의 허가를 득하여 주주 이외의 제3자에게 신주를 배정할 수 있다.

첨부서류: 1. 변경 전 정관 사본 1부
2. 정관 변경 목록 1부. 끝.

서울 마포구 ○○동 200-27

주식회사 ○○산업

관리인 이○○

재판부 허가사항

주식회사 ○○산업

우)03993 서울 마포구 ○○동 200-27 2층 / ☎ 02-300-3100 / 팩스 02-300-43**

문서번호: 회생 제2017 - ○○호　　담당 사장 김○○ (02-300-3100)
시행일자: 2017. 12. 15
사　　건: 2017간회합00473 간이회생
수　　신: 서울회생법원 제○부
참　　조: 관리위원 ○○○
제　　목: 주주의 권리변경 및 신주발행 허가신청

1. 폐사는 2017년 12월 15일자로 회생계획인가결정을 받은 회사입니다.
2. 폐사는 귀원으로부터 인가받은 회생계획 제10장(주주의 권리변경과 신주발행)의 내용에 근거하여 주주의 권리변경(주식병합, 출자전환, 주식재병합)에 의한 신주발행절차를 진행하고자 아래와 같이 허가를 구하는 바입니다.

- 아　　래 -

1. 주식병합에 의한 자본 감소

가. 주식병합의 방법

회생계획인가결정 전에 발행한 주식 300,000주(기명식 보통주식 1주당 액면가 5,000원)는 기명식 보통주식 2주를 1주로 병합한다. 단 주식병합으로 발생하는 1주 미만의 단주는 법원의 허가를 득하여 무상소각한다.

나. 자본감소의 효력발생일

주식병합에 따른 자본감소의 효력은 2017년 12월 15일(회생계획안 인가결정일)에 발생한다.

다. 주식병합 후의 납입자본금(단위: 주, 천원)

구 분	주식병합 전		자본감소(주식병합)		주식병합 후	
	주식수	자본금	주식수	자본금	주식수	자본금
합 계	300,000	1,500,000	150,000	750,000	150,000	750,000

2. 채권의 출자전환에 따른 신주의 발행

회생계획의 권리변경에 따라 회생채권자가 주금을 신규로 납입하지 아니하고 채권액을 출자로 전환하는 경우 아래와 같이 신주를 발행하며 신주발행의 효력발생일에 변제에 갈음한다.

가. 주식의 종류: 기명식 보통주

나. 1주의 액면금액: 5,000원

다. 주식의 발행가액: 보통주 1주당 금 5,000원을 발행가액으로 한다.

라. 신주발행의 효력발생일: 주식병합에 의한 자본감소의 효력발생일 다음 날(2017년 12월 16일)[6]에 효력이 발생하며, 관리인은 법원의 허가를 얻어 신주를 발행한다.

단, 회생채권 미발생구상채권은 구상채권이 확정된 날부터 1개월이 되는 날이 속하는 달의 다음 달 초일에 효력이 발생하며, 관리인은 법원의 허가를 얻어 신주를 발행한다.

마. 출자전환 후 자본금(단위: 주, 천원)

구 분	출자전환 전		출자전환		출자전환 후	
	주식수	자본금	주식수	자본금	주식수	자본금
합 계	150,000	750,000	1,056,999	5,284,995	1,206,999	6,034,995

3. 출자전환 후 주식재병합에 의한 자본의 감소

가. 주식재병합의 방법

채무자 회사의 자본금 규모의 적정화를 위하여 액면가 5,000원의 보통주 5주를 액면가 5,000원의 보통주 1주로 재병합한다. 단 주식재병합으로 인하여 발생되는 1주 미만의 단주는 법원의 허가를 얻어 무상소각한다.

6) 다음 날이 휴일인 경우가 있으므로, '1영업일 후'로 표현하는 것이 정확하다.

나. 자본감소의 효력발생일: 출자전환에 의한 신주발행의 효력발생일 다음 날(2017년 12월 17일)

다. 주식재병합 후 자본금

(단위: 주, 천원)

구 분	주식재병합 전		자본감소(주식재병합)		주식재병합 후	
	주식수	자본금	주식수	자본금	주식수	자본금
합 계	1,206,999	6,034,995	965,590	4,827,950	241,392	12

첨부서류: 1. 주식병합 전후의 자본금 변동현황 1부
2. 출자전환 대상채권 및 출자전환 후 자본금 변동현황 1부
3. 주식재병합 전후의 자본금 변동현황 1부. 끝.

채무자 주식회사 ○○산업
관리인 이○○

재판부 허가사항

주식회사 ○○산업

우)03993 서울 마포구 ○○동 200-27 2층 / ☎ 02-300-3100 / 팩스 02-300-43**

문서번호: 회생 제2017 - ○○호 담당 사장 김○○ (02-300-3100)
시행일자: 2017. 12. 15
사 건: 2017간회합00473 간이회생
수 신: 서울회생법원 제○부
제 목: 임원퇴임 및 신규임원선임 허가신청

1. 폐사는 2017년 12월 15일자로 회생계획안인가결정을 받은 회사입니다.
2. 폐사는 대표이사, 이사, 감사 등 현 임원은 회생계획안인가결정으로 전원 퇴임하게 되어 아래와 같이 기존 임원해임 및 신규 임원선임 절차를 진행하고자 아래와 같이 허가를 구하는 바입니다.

- 아 래 -

1. 임원해임

가. 해임내역

순번	직 위	성 명	주 소	담당업무	해임일자	비고
1					2000. 00. 00. (회생계획 인가결정일)	
2					2000. 00. 00. (회생계획 인가결정일)	
3					2000. 00. 00. (회생계획 인가결정일)	
4					2000. 00. 00. (회생계획 인가결정일)	비등기 임 원

5					2000. 00. 00. (회생계획 인가결정일)	
6					2000. 00. 00. (회생계획 인가결정일)	비등기 임 원

나. 해임사유

회생계획안인가결정에 따라 현재의 전 임원 해임함.

회생계획안 '제14장 임원의 선임 및 해임, 제1항'에 회생회사의 현임원은 회생계획안의 인가와 동시에 전원 퇴임하도록 규정되어 있음.

2. 신규 임원선임

가. 선임 내역

순번	직 위	성 명	주 소	담당업무	임기	비고
1	대표이사				법원의 선임허가일로부터 2000. ○○. ○○.까지	
2	이사				법원의 선임허가일로부터 2000. ○○. ○○.까지	종임 (상무)
3	이사				법원의 선임허가일로부터 2000. ○○. ○○.까지	부장 보직

나. 선임사유

- 이사 ○○○: 현재 상무이사 직위로 공무 및 회사업무 전반에 대하여 업무를 수행하고 있으므로 선임
- 이사 □□□: 현재 부장 직위로 경영기획팀의 업무를 수행하고 있으며, 상법상 필요 이사 수 충족을 위해 선임

다. 선임 임원의 보수 및 처우

- 이사 ○○○: 급여는 현재 지급하고 있는 상무이사직급으로서의 급여체계와 동일하게 적용하고, 직위 및 호칭은 현재와 같이 상무이사로 함.
- 이사 □□□: 급여는 현재 지급하고 있는 부장직급으로서의 급여체계와 동일하게 적용하고, 직위 및 호칭은 현재와 같이 부장으로 함

첨부서류: 1. 회생계획안의 해당 조항 제14조 임원의 선임 및 해임 사본 1부

2. 사직서 6부

3. 선임 임원의 이력서 및 취임 승낙서 각 1부. 끝.

서울 마포구 ○○동 200-27

주식회사 ○○산업

관리인 이○○

재판부 허가사항

주식회사 ○○산업

우)03993 서울 마포구 ○○동 200-27 2층 / ☎ 02-300-3100 / 팩스 02-300-43**

문서번호: 회생 제2017 - ○○호　　담당 사장 김○○ (02-300-3100)
시행일자: 2017. 12. 15
사　　건: 2017간회합00473 간이회생
수　　신: 서울회생법원 제○부
제　　목: 주주총회 개최 허가신청

1. 폐사는 2017년 12월 15일 회생계획인가결정을 받은 회사입니다.
2. 폐사는 귀원으로부터 인가 받은 회생계획 제13장(임원의 선임 및 해임)에 근거하여 주주총회를 개최하고자 아래와 같이 허가를 구하는 바입니다.

- 아　　래 -

1. 주주총회 개최 일시 및 장소

가. 일시: 2000. ○○. ○○. ○○:○○

나. 장소: 서울시 마포구 ○○동 200-27, 본점 회의실

2. 안건

회생계획 제13장 제2항에 근거한 대표이사, 이사의 해임 및 선임

가. 해임 대상자

순번	현 직위	성 명 (생년월일)	주 소	담당업무	보수(연봉)	비 고
1	이사/대표이사					
2	이사					전무

나. 선임 대상자

순번	선임될 직위	성 명 (생년월일)	주 소	담당업무	보수(연봉)	비 고
1	이사/대표이사					㈜ㅇㅇ 은행 (대표 채권자)
2	이사					상동

첨부서류: 1. 회생계획 중 해당 제13장(임원의 선임 및 해임) 사본 1부
2. 법인등기부 등본 1부
3. 선임 대상 임원의 이력서 및 취임 승낙서 각 1부. 끝.

서울 마포구 ○○동 200-27
주식회사 ○○산업
관리인 이○○

사항색인

저자 약력

윤 덕 주

고려대학교 및 동 대학원 졸
변호사(사법연수원 35기)
서울중앙지방법원 및 서울회생법원 파산관재인
다수의 기업회생 및 일반회생 사건 대리
한국방송통신대학교, 서울디지털대학교, 성신여자대학교, 중앙법률사무교육원 등 출강
現 법무법인 세령 대표변호사

저서 및 논문

비엔나협약상의 위험이전규정에 대한 INCOTERMS 및 UCC와의 비교법적 고찰(2002.2. 고려대학교 법학석사학위 논문)
미국상법, 진원사(2013년 刊)
계속기업가치 · 청산가치의 측정과 적용(변호사, 제49집)
절차보장이 이루어지지 않은 회생채권의 면책 여부 및 법적 지위(서울지방변호사회, 판례연구, 제13집 2권)
개인파산제도에 있어 면제재산 제도의 적정성 제고방안(인권과 정의 제467호)
금융리스와 회생절차 : 담보권설의 재검토(인권과 정의 제482호)
보험해약환급금과 면제재산(법률신문 2019.2.11. 4674호)

윤덕주 변호사의 도산포럼 http://dosanforum.com

사례중심 기업회생 — 기업가치의 평가와 배분 —

초판발행 2019년 7월 10일

지은이 윤덕주
펴낸이 안종만 · 안상준

기획/편집 이승현
표지디자인 조아라
제 작 우인도 · 고철민

펴낸곳 (주) 박영사
서울특별시 종로구 새문안로3길 36, 1601
등록 1959. 3. 11. 제300-1959-1호(倫)
전 화 02)733-6771
f a x 02)736-4818
e-mail pys@pybook.co.kr
homepage www.pybook.co.kr
ISBN 979-11-303-3288-8 93360

정 가 59,000원